L'ENNEMI

GEORGES BUISSON

L'ENNEMI

BERNARD GRASSET
PARIS

ISBN 978-2-246-85463-0

Dès ma première enfance, une flèche de la douleur s'est plantée dans mon cœur. Tant qu'elle y reste, je suis ironique – si on l'arrache, je meurs.

Søren Kierkegaard, *Le Journal du séducteur.*

Écoutez chef, je m'en charge, moi, de lui apprendre le respect au bleu-bite.

Roger Nimier, *Le hussard bleu.*

Héritiers ou parricides ? L'un et l'autre, à proportions variables, car l'homme le plus libre, voire le plus révolté, ne peut rejeter tout l'héritage (l'hérédité, la culture, etc.) et le plus fidèle à la tradition paternelle ne peut être un décalque absolu du père. Le meilleur héritier est celui qui fait fructifier l'héritage au-delà de ce que le père aurait pu prévoir et même approuver…

Gustave Thibon, *L'Illusion féconde.*

La nuit renonce à apporter le repos aux ombres qui la peuplent. Accablée par la canicule de l'été 1976, elle les laisse vaquer à leurs occupations. Dans un café des Sables-d'Olonne, un homme incline son buste sur une table en terrasse. Sa main droite se déplace nerveusement sur une feuille de papier. Ses muscles crispés impriment au stylo-feutre de brusques mouvements qui font tomber les mots comme des sentences :

Je m'appelle Georges comme mon grand-père.
Je suis venu ce 1er août pour le continuer.

Il se redresse, solennel et ému, le manuscrit du faire-part de naissance entre ses doigts noueux. Sa joie est empreinte de gravité. Il reçoit chaque bonheur avec circonspection. Est-ce la consolation d'un chagrin passé ou bien la promesse d'un malheur à venir ? La vie ne lui offre pas d'autres voies. Il a appris qu'il serait père avant le réveillon de Noël 1975 ; quelques jours après, il enterrait le sien : Georges, paternel adoré et respecté, descendant d'une lignée de petits Français dont la seule ambition était de s'extraire de la misère à laquelle ils semblaient condamnés, s'en est allé. Sa douleur était vive, mais elle ne devait pas être vaine. Il lui fallait l'inscrire dans un plus grand dessein. Prier pour un héritier. Sa mère, dotée d'une solide culture populaire, a alors fait le test du pendule au-dessus du ventre de sa femme pour le rassurer. La petite masse en laiton suspendue à un fil a oscillé de droite à gauche, puis de gauche à droite. Un garçon était attendu. Les deux événements pourraient être ainsi indissociablement liés : la naissance de son fils et la mort de son père.

En cette nuit, la prédiction se révèle exacte. Il peut accueillir son enfant dans le monde en désignant la place qu'il devra occuper. Lester son nouveau-né du souvenir de celui qui l'a précédé. À l'aube, il retournera à la maternité, embrassera sa femme, prendra son fils dans les bras et lui promettra d'être toujours à ses côtés.

Je m'appelle Georges et je suis né un 1er août. Cet homme est mon père. Il a écrit une histoire que j'ai choisi de ne pas continuer.

Exorde

Et quand Dieu veut s'attacher réellement un homme, il appelle son plus fidèle écuyer, son plus sûr messager, qui est le chagrin, et lui dit : « Cours après lui, rattrape-le, ne le lâche pas d'une semelle... »

Søren Kierkegaard, *Journal, 1834-1846.*

Je sens les tremblements parcourir son corps jusqu'à sa main, que je tiens fort dans la mienne. Elle porte des lunettes de soleil, ne dit mot de tout le trajet. Elle s'arrête devant l'entrée de l'école élémentaire Saint-François-de-Sales, boulevard Pereire, dans le XVIIe arrondissement de Paris ; elle attend que j'en franchisse le seuil et me fonde dans la cohue joyeuse et criarde. Pour quelques heures, je serai à l'abri. Une fois encore, elle n'ira pas travailler. Une fois encore, elle ira trouver refuge, non loin de là, chez sa belle-mère.

La petite dame âgée lui ouvre la porte de son appartement de la rue Poncelet. Elle regarde pudiquement son visage et n'ose l'embrasser ; elle ne lui pose aucune question, l'invite à s'asseoir pour partager son silence. Puis elle se décide à se saisir du téléphone en bakélite de couleur ivoire, et à composer un numéro sur le cadran : « C'est madame Buisson à l'appareil. Il faut que vous veniez de toute urgence chez moi ! Je suis avec Christine. Je ne peux rien vous dire... Je vous attends. »

Les trois femmes sont à présent réunies autour de la table en merisier du salon que protège une épaisse nappe en dentelle. Il y a là mes deux grand-mères : Mamie, du côté paternel ; Bonne-maman, du côté maternel. Elles soutiennent Maman. L'une cherche à accrocher son regard, l'autre lui prend la main pour lui donner du courage. Maman lâche une première phrase sans conséquence, puis s'arrête, surprise de parvenir à prononcer un mot. Elle reprend la parole sur le même registre anodin, épuise les banalités. Au bout de quelques minutes, elle se livre enfin. Elle raconte ce qui se sait déjà, et ce qu'elle a tu toutes ces années. Elle se défait de la honte. Elle n'est plus paralysée par la crainte de tout briser.

Août 1965, La Tranche-sur-Mer. Les adolescents marchent au bord de l'eau. Les groupes de garçons et de filles se croisent, se jaugent, s'interpellent, se rapprochent. Ma mère est avec sa sœur aînée. Elle rencontre un jeune homme singulier, vêtu d'un polo noir et d'un short assorti, avec un ballon de volley pour seule compagnie. Il s'appelle Patrick Buisson. Il a seize ans, elle en a quatorze. Ils font connaissance. Un bal est organisé pour la fête de l'Assomption. Premier flirt pendant que le chanteur Christophe crie *Aline* dans la sono.

Dès lors, ils se retrouvent chaque été dans cette station balnéaire de la côte atlantique où leurs familles ont pris l'habitude de séjourner. Il lui parle de politique, de ses lectures, l'enrôle pour de longues campagnes à mobylette sur la route des hauts lieux de la Vendée militaire : monuments, ruines et moulins, tous ces témoignages de pierres et de vent de la guerre civile qui ravagea les contrées de l'Ouest durant la Révolution française. L'éducation sentimentale est une affaire sérieuse qui, dans son cas, a manifestement été négligée.

Avec les années, l'amour de vacances joue les prolongations à Paris et les rendez-vous se multiplient. Lui ne se compose plus un air mystérieux ; il met à nu son tempérament qu'il qualifie de passionné. « Excessif », corrige ma mère *in petto*. Car si personne n'a appris au jeune homme la manière dont il convient de séduire une jeune fille, il ne sait pas non plus comment s'y prendre pour la retenir. Leur histoire s'écrit en pointillé. Les séparations se font dans les cris, les réconciliations, en chansons. Il l'emmène écouter Léo Ferré qui donne des récitals à Bobino ou à la « Mutu ». Sur scène, Léo remercie Satan. Dans le public germent des « graines d'ananar », sans Dieu ni maître. « Nous deux, c'est extra ! », préfèrent reprendre en cœur les amoureux. Mais à vingt ans « quand on aime, c'est jusqu'à la mort. On meurt souvent et puis l'on sort. On va griller une cigarette. L'amour, ça s'prend et puis ça s'jette ».

Patrick Buisson ne fume plus la cigarette qu'il délaisse pour la pipe, bourrée avec du tabac aromatisé de la marque Clan. Ça lui donne un genre. Il se met également à délaisser ma mère pour une flamboyante étudiante d'extrême gauche, une « ex » de Jacques Sauvageot, dirigeant de l'Union nationale des étudiants de France (UNEF) et figure de Mai 68, aux côtés de Daniel Cohn-Bendit et d'Alain Geismar. Ça lui donne du style. Une prise de guerre pour celui qui ne descella pas les pavés durant le joli mois de mai. Ensemble, ils passent leurs journées à la Bibliothèque nationale : ils préparent l'agrégation d'histoire. Il échoue, elle le quitte. Maman en fait de même, après avoir appris leur liaison.

Il tente tout d'abord de récupérer la jeune trotskiste dont il placarde les photos sur les murs de sa chambre. Sans succès. Ma mère devient, décrète-t-il alors, la femme de sa vie. Il a besoin d'elle et prévient que si elle ne retourne pas auprès de lui, il se pourrait qu'il commette l'irréparable, le définitif, l'impensable... Il va se foutre en l'air ! fait-il comprendre à son père, chargé de répercuter la menace et de lui donner du crédit. Ce dernier, d'ordinaire distant et réservé, transmet le message à Maman, qu'il estime toutefois préférable de maquiller d'un euphémisme bienséant : « Mon fils ne peut pas vivre sans vous ! » Dans le café où il vient remplir son devoir, le père guette, mal à l'aise, les signes d'une réponse favorable. Maman hésite. Elle a besoin de temps et d'être rassurée. Le fils entreprend lui-même de l'apaiser quelque temps plus tard : il lui demande de l'épouser.

Février 1975. Voilà dix années que Patrick Buisson et ma mère se fréquentent. Le mariage a lieu à Plouharnel, village calé au fond de la baie de Quiberon, dans le Morbihan. Dans la plus stricte intimité. Elle lui a pardonné, il trouve le moyen d'être rancunier. Les raisons ne lui manquent pas pour justifier une cérémonie en catimini : leurs multiples séparations ; son échec à l'agrégation ; la lignée de petits commerçants de sa future belle-famille. Tout lui fait honte, à l'exception de sa propre conduite. Mais enfin, puisqu'il s'agit de l'événement d'une vie, il a tenu à soigner l'organisation. Il a requis un prêtre de sa connaissance, un moine de l'abbaye bénédictine Sainte-Anne de Kergonan, toute proche. Dieu et plus sûrement son ministre donnent leur bénédiction ; la famille sort de l'église Saint-Armel pour accueillir les jeunes mariés. La mer pour tout décor, un fragile soleil d'hiver pour seule lumière, des sourires tristes pour la photo. C'est un mariage ou peut-être un enterrement.

Cette même année, Patrick Buisson perd son père et apprend sa prochaine paternité. Ces deux chocs simultanés produisent sur lui l'effet d'un anesthésiant ; les premières années de vie conjugale en sont plus douces : les dîners en famille du samedi soir ; les grandes tablées pour les fêtes ; les vacances à la mer... Surtout, il se montre un père affectueux et prévenant. Seulement, il rate une seconde fois l'agrégation et doit se résigner à accepter un poste de professeur dans un établissement privé de l'avenue des Ternes, à côté de la porte Maillot, une boîte à bac comme il en existe des dizaines dans les beaux quartiers parisiens. Il enseigne l'histoire, la géographie et le français à des lycéens que leurs parents désespèrent de voir réussir le bachot. Il découvre avec bonheur l'aura que peut procurer ce modeste magistère sur un auditoire captif et candide. Il se met à préparer ses cours comme des représentations et en assure la captation sonore à l'aide d'un magnétophone. Il cherche de la reconnaissance dans les yeux de ses élèves, si ce n'est de l'admiration. Et dans tous ces regards qui se portent sur lui, il en est un qu'il scrute tout particulièrement.

Elle est blonde, elle a des « petits airs charmants » et, comme dans un poème de Rimbaud, affiche insolemment ses dix-sept ans « tout en faisant trotter ses petites bottines ». Patrick Buisson est subjugué. Il met alors tout en œuvre pour se rapprocher d'elle. La jolie môme a une passion : il feint de s'y intéresser ; elle en néglige ses études : il propose immédiatement de sauver sa scolarité en lui donnant des cours particuliers. Il fait part de ce projet aux parents de la jeune femme ; il est plein de sollicitude à leur égard, dîne régulièrement chez eux, les invite pour les vacances et s'attire ainsi leurs bonnes grâces.

Une fois rentré chez lui, c'est un autre homme que retrouve Maman. De moins en moins charmant, de plus en plus tyran. Elle hérite d'un nouvel enfant dont elle doit s'occuper. Un enfant aux exigences grandissantes qui ne supporte pas la moindre contrariété. À côté de son travail d'enseignant, il tente de percer dans le journalisme, pige à droite et à gauche. Enfin, essentiellement à droite. Il écrit la nuit, se couche au petit matin et laisse en évidence sur son bureau la liste des tâches numérotées dont ma mère doit s'acquitter pendant la journée. À commencer par ses articles qu'elle doit taper à la machine avant de partir travailler.

Au fil du temps, son attirance pour la jolie môme se mue en obsession. Il ne cherche plus à dissimuler ses sentiments. Bien au contraire, il les confesse. Il déverse ses émotions sur ma mère, à son tour submergée. Il lui confie les stratégies de séduction qu'il déploie, vante ses maigres succès et déplore ses nombreuses défaites. Car si la jeune femme est flattée de tant d'empressement, elle s'enorgueillit plus encore de le faire languir. Elle consent néanmoins à accepter les cadeaux dont il la couvre. Avec elle, son goût de la mise en scène se trouve en partie récompensé. Il fixe leurs rencontres sur pellicule. Petite poupée qui dit oui, qui dit non, qui regarde l'objectif et sourit joliment. Des dizaines, des centaines de clichés traquent la moindre expression de son visage, la plus légère ondulation de ses cheveux, le plus subtil frémissement de son corps, le plus petit indice d'un possible abandon, le plus fugace présage de bonheur.

La vie de ma mère devient un enfer.

Elle exprime timidement le souhait de prendre de la distance, n'osant pas encore le quitter. Il se récrie, lui défend de l'abandonner. Épouse et mère, elle a un devoir, lui rappelle-t-il. En rentrant un jour du travail, elle le découvre simulant d'une manière théâtrale une pendaison avec la tringle à rideaux du salon. La mise en scène est, pour une fois, ratée. Ma mère lui échappe, et la jeune femme dont il est épris ne se donne pas entièrement. C'est insupportable pour un homme qui ne tolère pas que sa volonté ne soit pas faite. Maman tente de s'extraire de son emprise : elle m'installe dans ma poussette-canne et part un week-end chez sa sœur, dans les Yvelines. Le téléphone ne cesse de sonner. Désemparé, Patrick Buisson l'implore de lui donner une nouvelle chance, égrène les excuses qu'il trouve à son comportement et qui comprennent, entre autres, la mort de son père et la fragilité de son caractère. Il va changer, lui dit-il. Ma mère pense qu'elle peut encore sauver son mariage et offrir à son enfant l'exemple rassurant de parents unis. Nous rentrons. Pour tout spectacle, il nous accueille pistolet au poing – un simple jouet qu'il agite dans tous les sens –, en éructant. Il l'avertit qu'elle ne me verra plus jamais si elle s'avise de recommencer. Les promesses de changement dissimulaient des promesses de corrections.

Dorénavant, ma mère doit tout endurer : une rebuffade de la jolie môme ; une reconnaissance professionnelle qui ne vient pas ; une humeur qui ne passe pas. La nuit, elle est son exutoire. Quand elle ne me confie pas à ma grand-mère paternelle ou à des amis, je perçois de mon lit les échos de leurs affrontements où il n'y a qu'un seul combattant, et dont elle sort immanquablement défaite. Je remonte le drap au-dessus de ma tête ; j'enfouis mes oreilles pour les protéger des éclats de voix. J'attends que le sommeil m'apporte l'oubli et le jour nouveau.

Lorsque la peur s'empare de vous et que le courage faiblit, on s'en remet à la chance, on guette le sort, le coup de pouce du destin. Ma mère n'espère plus qu'une seule chose : qu'il parte !

Qu'il parte avec sa jolie môme et nous laisse tranquilles ! Elle lui cédera volontiers sa place.

Il n'en sera rien, bien évidemment. La jolie môme est telle une ballerine : elle fait un tour de piste, tournoie dans la lumière, enchante les yeux, illumine le cœur, fait naître des espoirs… et disparaît !

Après une nouvelle nuit de violence, Maman vient me réveiller et m'habille en hâte. Elle chausse ses lunettes de soleil, me prend par la main et s'élance avec moi sur le chemin de l'école.

Elle conserve précieusement cette date dans un pli de son cœur : le vendredi 17 juin 1983.

Mes deux grand-mères tiennent conseil dans la cuisine de l'appartement de la rue Poncelet pendant que Maman est partie me récupérer à l'école. Le temps presse. Elles attendent notre retour et espèrent nous sauver.

Nous arrivons.

Tout à l'heure, elles entouraient ma mère, désormais elles l'encerclent.

Mamie prévient : « Christine, vous ne pouvez plus continuer à vivre ainsi. Ce n'est pas envisageable, ne serait-ce que pour Georges ! »

Bonne-maman la somme de réagir : « Tu dois partir maintenant ! Le quitter pour de bon. Tant pis pour vos affaires. Cela n'a aucune importance. Ce soir, vous venez avec moi. Et demain, nous verrons. »

Ma mère chancelle, la sienne renchérit : « Regarde, c'est simple, je te rends tes clés et tu rentres chez toi continuer cette triste vie, ou alors nous partons sur-le-champ. Maintenant, prends une décision !

— On s'en va ! » dis-je.

Maman, qui est retombée dans son mutisme, m'a laissé parler à sa place.

Nous voilà lancés à la suite de Bonne-maman qui, déjà, descend les escaliers. Je la rattrape et lui glisse à voix basse : « Il y a bien longtemps que Maman aurait dû partir ! »

Je n'ai pas encore sept ans et c'est une de mes rares certitudes.

Mamie reste seule pour affronter la fureur de son fils.

Je regarde Bonne-maman qui s'affaire à l'entresol de son pavillon du Perreux-sur-Marne. Elle range. Comme à son habitude. Aussi loin que remontent mes souvenirs, je l'ai toujours vue ranger. Des objets, des papiers, des fragments de sa vie. C'est une manie qui occupe ses mains et son esprit. Elle se déplace prudemment d'une pièce à l'autre, la tête inclinée vers l'avant à cause d'une sévère myopie qui l'oblige, depuis l'enfance, à regarder les choses de près et à les sentir venir de loin. Elle attend que mon grand-père rentre de la boutique d'articles de sport qu'ils tiennent sur le boulevard Voltaire, dans le XIe arrondissement de Paris. Nous pourrons passer à table, et je l'aurai ensuite pour moi tout seul. Il y a deux choses que ma grand-mère ne refuse jamais de faire : chanter après le repas lors des réunions de famille ; et raconter sa jeunesse durant la Seconde Guerre mondiale. Je pourrai donc lui demander de me parler une nouvelle fois de cette époque. Et de cette année 1942 où elle regagna Paris avec ses parents.

La guerre surprit les époux Labro et leur fille alors qu'ils étaient en villégiature dans leur petite maison familiale de La Croix-du-Broual, aux portes de Decazeville, dans l'Aveyron. Paris était « ville ouverte », le nord du pays était occupé : le père Labro décida de tenir les siens loin des Allemands. Mais la zone libre finit par être envahie et il choisit de remonter à Paris pour retrouver sa « crèmerie-fruiterie » du 50 rue

Saint-Sébastien, postée au croisement des boulevards Voltaire et Richard-Lenoir. Ma grand-mère fut affectée à l'organisation des écritures, des tickets des cartes d'alimentation et du réapprovisionnement auprès des comités de gestion. Elle devait mettre entre parenthèses son rêve d'intégrer une école d'infirmières, pour prendre des cours de secourisme, dans un local à côté de chez elle. C'est là qu'elle rencontra une bande de trentenaires qui, une fois sortis, ne s'attardaient jamais dans la rue pour discuter. Ils faisaient partie d'un réseau de résistance que bonne-maman demanda à rejoindre. Ils refusèrent. Elle avait dix-sept ans, mais pas le consentement paternel. En ces temps où la suspicion régissait les rapports humains, son père eut le déplaisir de voir débarquer, un jour, deux inspecteurs de police qui fouillèrent son appartement avant de l'emmener au 36 quai des Orfèvres pour un interrogatoire serré. Il avait été dénoncé – à tort – comme étant communiste. Laisser sa fille combattre dans l'armée des ombres n'était pas envisageable.

Ma grand-mère n'abandonna pas, insista durant plusieurs mois auprès du groupe de résistants. Elle mit en avant ses deux grands atouts : une tête d'innocente à qui l'on aurait donné le bon Dieu sans confession, et une bicyclette verte qui lui permettait de sillonner Paris en toute liberté. Entre les déplacements pour le ravitaillement de la boutique et ses cours du soir, elle disposait, en outre, de nombreuses occasions pour effectuer des missions à l'insu de ses parents. Elle réussit à convaincre le groupe qui peinait à recruter de nouveaux membres.

Au début du printemps 1943, elle entra dans le réseau Alibi, du colonel Georges Charaudeau. Inscrite dans les services de la France combattante sous l'indicatif AL 163 du groupe AV, « Michèle » (son nom de résistante) se rendit alors régulièrement dans une maison de la Cité Joly, vers le cimetière du Père-Lachaise, pour y prendre ses instructions. On la chargea tout d'abord de faire le « courrier » : elle transmettait oralement des messages ou transportait des missives dont elle ne devait pas connaître le contenu et qu'elle devait faire disparaître en cas d'arrestation. À l'approche de la libération de Paris, on l'assigna aux opérations de renseignement. Elle s'occupa de récupérer les plans de la prison de Fresnes, de dresser la liste des abris antiaériens de son secteur ou encore de dénicher le « casernier de la République » pour qu'il livre aux FFI les secrets de la caserne Prince Eugène, place de la République, transformée en camp retranché par les Allemands.

Le 20 août 1946, le général de corps d'armée Paul Legentilhomme, successeur de Kœnig comme gouverneur militaire de Paris, commandant la 1re région militaire, inscrivit, dans son ordre général n° 29, une citation à l'ordre du régiment : « Résistante éprouvée, [...] elle s'est fait remarquer par la précision et la sûreté des renseignements qu'elle a fournis. Toujours volontaire pour les liaisons les plus dangereuses, elle a mené à bien toutes les missions qui lui ont été confiées. A fait l'admiration de ses camarades par son cran et son mépris du danger, tant dans la lutte clandestine qu'au cours des combats pour la libération de Paris, au cours desquels elle a assuré avec courage et décision des missions dangereuses. » Il lui décerna la Croix de guerre 1939-1945 avec étoile de bronze.

De cette période, Bonne-maman garde une mémoire intacte, une carte du combattant qui porte le numéro 3059, une modeste pension militaire qu'elle perçoit chaque trimestre, et cette médaille agrafée au revers de ses vestes ou de ses manteaux. Pour toute la famille, c'est un motif de fierté, pour Patrick Buisson, tout au plus une curiosité. Lorsqu'il était d'humeur badine à l'occasion des réunions familiales, il aimait s'approcher de sa belle-mère, l'index indécemment pointé sur le petit ruban rouge partagé par quatre bandes vertes : « Le Mérite agricole, c'est ça ? »

« Ce serait bien que vous quittiez Paris. L'avocat a raison. Tu as trois mois d'arrêt de travail. Profites-en pour partir avec Georges ! Il faut vous protéger des pressions et du chantage. Vous ne reviendrez que pour l'audience de conciliation au tribunal. » Bonne-maman prend les choses en main et organise notre fuite. En ce début d'été 1983, les coureurs cyclistes s'apprêtent à s'élancer sur les routes du Tour de France, tandis que maman et moi allons effectuer notre propre Grande Boucle. Il ne reste plus qu'à en tracer le parcours. Les affaires sont déjà préparées. Ma mère a profité d'une absence en journée de son mari pour ramasser ses effets personnels au domicile conjugal. L'opération a pu être menée prestement : il avait tout jeté.

Nos premiers refuges nous sont offerts par ma tante à Buc, puis par un ami de ma mère à Melun. Pourtant, Maman n'a pas l'esprit tranquille : ces abris en région parisienne sont bien trop évidents pour que Patrick Buisson n'y songe pas tout de suite. Bonne-maman nous déniche une maison en location à Pirou, dans la Manche ; nous mettons tous les deux le cap sur la Basse-Normandie. Le soleil et la mer nous redonnent le goût de l'insouciance. Pour peu de temps.

« Christine, j'ai eu hier un coup de téléphone de la police, suite à ta main courante. L'agent voulait des précisions ; il m'a demandé comment te joindre. Je lui ai donné ce numéro, explique ma grand-mère.

— Mais je n'ai reçu aucun appel, Maman !

— Je m'en doutais. Je suis allée aujourd'hui au commissariat. On m'a assuré que l'appel ne venait pas de chez eux. Il faut que vous partiez ! »

Le lendemain, nous sommes de retour à Paris. En transit. Désormais, nous ne resterons jamais plus de quelques jours au même endroit. Bonne-maman nous accompagne à Cannes où l'on nous a prêté un appartement, pendant que mon grand-père tient son magasin et veille sur sa maison du Perreux-sur-Marne. Il a remarqué la présence régulière d'hommes rôdant à proximité de son portail, et décidé d'acheter un fusil. Cette fois, le soleil et la mer ne nous apportent aucun réconfort. Nous nous replions dans les terres que nous parcourons à bord d'un train défraîchi de la SNCF : Cannes-Toulouse ; Toulouse-Tulle. La famille d'un de mes camarades de classe nous attend à Servières-le-Château, un village de Corrèze qui domine les gorges de la Glane. Perchés sur un cirque de rochers déchiquetés, nous nous sentons protégés. Je pars à l'assaut du vieux château fort ; la peur ne fait plus le siège de ma mère. Au mitan du mois d'août, nous reprenons la route. Halte à Cahors. Ensuite Figeac. De là, mon arrière-grand-mère maternelle vient nous chercher pour nous conduire jusqu'à une entrée de Decazeville, cette ville-usine de l'Aveyron qui n'est sortie de terre au XIXe siècle que pour permettre aux mineurs de la creuser. Je découvre la maisonnette familiale à flanc de colline, le lieu même où les Labro passèrent les premières années de la Seconde Guerre mondiale. La bâtisse se situe à un jet de houille de « La Découverte », la plus grande mine de charbon à ciel ouvert de France et terrain de jeux provisoire pour l'enfant que je suis. Mais la rentrée scolaire approche, le rendez-vous au tribunal de grande instance également. Maman a pris le risque d'ignorer une décision de justice que Patrick Buisson a obtenue en référé : elle aurait dû me rendre à lui pendant deux semaines cet été. Elle ne peut plus repousser la terrible réalité qui nous attend de pied ferme à Paris. La balade est terminée. Nous nous accordons le temps du regret par un dernier détour à la mer. Et le 4 septembre 1983 au soir, nous sommes tous les deux assis dans une chambre d'hôtel, près de la gare du Nord. La veille de la conciliation, la veille de la confrontation.

Tout est gris. Le ciel, la mer étale, les toits d'ardoise, le granit des maisons. Novembre. Fichu mois qui gâche et salit tout. Jusqu'aux plus beaux endroits, jusqu'à ce village breton. Nous venons de quitter le port ; j'avance à ses côtés, légèrement en retrait. Je suis avec lui pour les congés de la Toussaint. Deux week-ends par mois et la moitié des vacances scolaires, a décidé le juge aux affaires matrimoniales. Et le reste du temps chez ma mère, qui a obtenu ma garde et une séparation de corps provisoire.

Je l'avais revu mi-septembre après trois mois passés à le fuir. Il m'attendait, un samedi matin, à la sortie de ma nouvelle école, à Versailles où maman nous avait trouvé un deux-pièces sous les combles, rue Philippe-de-Dangeau. Il m'avait emmené directement à Orly ; je prenais l'avion pour la première fois. Après avoir atterri à l'aéroport de Nice-Côte d'Azur, nous n'avions pas suivi la foule des voyageurs, mais étions restés sur le tarmac pour monter à bord d'un hélicoptère. Quelques minutes plus tard, l'engin s'était posé sur l'héliport de Monaco, terrasse sur la Méditerranée. Visite du Musée océanographique, balade dans la vieille ville et dans le quartier de Monte-Carlo… Il avait choisi ce décor de carton-pâte pour jouer la scène des retrouvailles et faire briller mes yeux d'enfant : « Et ce soir, nous passons la nuit dans une splendide maison de l'arrière-pays niçois ! C'est un de mes copains qui me la prête. » L'homme dont il parlait, Jacques

Médecin, maire de Nice, avait pour habitude de traiter avec autant de largesse ses amis que ses administrés.

Pour cette virée bretonne, il n'est pas question de faire du tourisme. Avant de monter dans le train, il m'a prévenu : « Je t'emmène au bord de la mer pour rencontrer quelqu'un d'important ! » Nous ne prenons donc pas le temps de vérifier que la région est bien, comme les guides de voyage l'assurent, le berceau de l'huître plate et des plus grands skippers de France, deux espèces qui ont en commun d'être d'un abord fermé et d'un aspect rugueux. Nous marchons en direction du « bourg » à la recherche de cet homme éminent. Le « bourg », c'est un dédale de ruelles étroites, s'organisant autour de l'église et abritant les maisons des marins-pêcheurs : un peu de chaleur humaine protégée des éléments. Nous contournons le monument aux morts coiffé d'un menhir, qui masque, aligné derrière lui, un autre genre de mégalithe. Imposant. Blond. Il échange quelques mots en breton avec un vieil homme qui l'appelle Jean-Jean.

Nous nous approchons. Il nous voit enfin et fonce dans notre direction. Il salue chaleureusement Patrick Buisson avant de se pencher sur moi : « Bonjour mon petit lapin bleu ! » lance-t-il dans un rire. On me présente ce géant qui m'ouvre grand ses bras et m'affuble d'un surnom dont il me gratifiera pendant des années. C'est le fils de Jean, le pêcheur décédé pendant la guerre. C'est l'enfant du pays. C'est Jean-Marie Le Pen.

Il est en campagne dans sa ville natale, La Trinité-sur-Mer. Ici, tout le monde le connaît. En France, il bénéficie d'une solide notoriété acquise au cours d'un parcours politique entamé en 1956 lorsqu'il avait été porté à l'Assemblée nationale par la vague poujadiste, un mouvement mené par Pierre Poujade qui défendait les commerçants et les artisans et s'élevait contre les notables, les élites, le parlementarisme impuissant de la IVe République, le trop d'impôts, le trop d'État, etc. Une révolte corporatiste et populiste, l'exaspération fiévreuse de « petites gens » contre les « puissants ». Jean-Marie Le Pen avait ensuite accompagné la plupart des combats de l'extrême droite jusqu'à prendre la tête d'un nouveau parti, créé à l'orée des années soixante-dix : le Front national. Après une candidature – qualifiée pudiquement de « témoignage » – à l'élection présidentielle de 1974 où il avait recueilli moins de 1 % des voix, il a connu une traversée du désert de près de dix ans. Il en sort à peine en cette année 1983, et il commence à inquiéter. Lui et sa formation ont obtenu leurs premiers résultats à deux chiffres : ils s'imposent avec fracas sur la scène politique. Aux municipales de mars, Le Pen a atteint 12 % dans le XXe arrondissement de Paris et a été élu conseiller. En septembre, un « coup de tonnerre » a retenti à Dreux : la liste du secrétaire général du Front national, Jean-Pierre Stirbois, a approché les 17 % au premier tour de l'élection municipale partielle de la sous-préfecture d'Eure-et-Loir. Elle a fusionné avec la liste du parti gaulliste, le RPR, qui l'a emporté et a ravi la mairie à la gauche.

À ce moment charnière de sa vie politique, « Jean-Jean » se présente à l'élection législative partielle de la deuxième circonscription du Morbihan. Le premier tour a lieu le 11 décembre 1983 ; il espère faire un coup chez lui, dans le pays d'Auray. Patrick Buisson, qui a quitté depuis longtemps l'enseignement, est venu couvrir l'événement pour son employeur, l'hebdomadaire *Minute*. Je fais partie de ses bagages.

Nous rejoignons la maison de Le Pen, une modeste longère de pêcheur, blanche aux volets bleus, qu'il a héritée de ses parents, à une centaine de mètres de l'église. Je reste dans le jardin en pente douce pour jouer, pendant que les grands vont s'entretenir dans le salon. Nous partons tous ensuite pour la commune voisine de Locmariaquer où le candidat doit tenir une réunion publique. Yann Cadoret nous y attend. Il a vingt-trois ans, mais avec son catogan, il ressemble à un barde. C'est une légende vivante de l'enduro, plusieurs fois champion de France de cette discipline de la moto tout-terrain, dont la carrière fut brisée par un accident le clouant dans un fauteuil roulant. Jean-Marie Le Pen l'a choisi comme suppléant pour sa notoriété et celle des membres de sa famille, ostréiculteurs depuis des générations à Point-er-Vil.

Devant un parterre de sympathisants et de curieux, Jean-Marie

Le Pen déroule son argumentaire de campagne qu'il a résumé d'une formule choc sur ses affiches électorales : « Ras le bol ! » Ras le bol du chômage, du matraquage fiscal, de l'État tentaculaire, de la décadence, des communistes... Il faut dire que les motifs de mécontentement ne manquent pas, deux ans après l'arrivée de la gauche au pouvoir. En réponse à l'application d'une partie du « Programme commun », à la détérioration de la situation économique puis au « tournant de la rigueur » que le président de la République, François Mitterrand, vient de faire prendre à la France, Jean-Marie Le Pen multiplie les revendications néopoujadistes. Il évite cependant de trop insister sur ses thèmes fétiches : l'immigration et l'insécurité. La Bretagne, imprégnée de catholicisme social, est la terre du centrisme politique. Ce pays d'émigration, ouvert sur la mer et sur les autres, est fermé aux idées du Front national.

Le Pen choisit plutôt de jouer la carte de l'ancrage local et populaire. Il récite son histoire familiale. Dans cette région agricole et maritime, il rappelle son ascendance à l'assistance : Jean, son père, patron pêcheur de La Trinité-sur-Mer, mort en 1942 après l'explosion d'une mine allemande prise dans le chalut de son bateau ; Anne-Marie, sa mère, couturière et fille de paysans de Kerdaniel, un hameau de Locmariaquer ; et lui, pupille de la Nation à quatorze ans, qui passa son enfance dans la maison familiale au sol en terre battue, sans eau courante ni électricité. Ses racines coulées dans le granit et baignées d'eau de mer, c'est son cheval d'orgueil. Il le monte dès qu'il part à la conquête des électeurs. Bonne mère, cette extrémité de la Bretagne finira par encourager l'enfant du pays en lui donnant 12 % de ses voix.

Pour l'heure, nous retournons dans sa maison ; Jean-Marie Le Pen m'installe sur ses genoux. Sont présents Pierrette, son épouse, Marie-Caroline, sa fille aînée, et Jean-Marie Le Chevallier, son directeur de campagne et futur maire de Toulon. La soirée promet de s'éterniser : Le Pen entonne des chants de marin et des refrains d'antan. Patrick Buisson le regarde, amusé. Entre eux deux, c'est déjà une longue histoire. Avec l'extrême droite, c'est presque toute sa vie...

CHAPITRE I

Carnavals

Là, dans le carnaval, vous pourrez espérer
Le bal, et la grand'bande, à savoir, deux musettes,
Et, parfois, Fagotin, et les marionnettes.

Molière, *Tartuffe*.

Je les ai entendus mille fois, il les a racontés mille fois. Ces souvenirs, qui ont aujourd'hui quitté le registre de la mémoire familiale pour intégrer les notices biographiques ou colorer les portraits médiatiques, sont autant de petits cailloux qui tracent le chemin de son engagement. Des marqueurs de l'époque dans laquelle il a grandi et des points de repère dans l'éveil de sa conscience politique. Des éléments d'explication et des tentatives de justification. La genèse de ses idées et de son parcours, en somme.

Il est fier, le petit garçon qui remonte l'avenue des Champs-Élysées en compagnie de sa mère. Durant l'automne 1956, la révolte gronde chez le peuple hongrois. Après la chute du gouvernement, la Hongrie espère organiser des élections libres, se retirer du pacte de Varsovie et s'affranchir de la tutelle de l'URSS. La réponse de Moscou ne se fait pas attendre : le 4 novembre, les chars soviétiques entrent dans Budapest et écrasent l'insurrection démocratique. En France, le quotidien *L'Humanité* titre : « Budapest a retrouvé le sourire. » La propagande communiste réussit le double exploit de pousser l'ignominie jusqu'à la folie et de rendre Jean-Paul Sartre et quelques autres à la raison. De nombreux compagnons de route ouvrent les yeux : ils se détournent du Parti communiste français. Le 7 novembre, en fin de journée, 30 000 personnes marchent vers l'Arc de Triomphe pour manifester leur émotion et condamner l'invasion soviétique. Dans le cortège figurent des anciens présidents du Conseil, des ministres du gouvernement Guy Mollet, des parlementaires : Paul Reynaud, Georges Bidault, Antoine Pinay, René Pleven, Robert Schuman, François Mitterrand… Et Patrick Buisson, sept ans, que sa mère a emmené depuis leur proche domicile de la rue Poncelet. Ils se mêlent à la foule et scandent à l'unisson des slogans contre l'URSS. Ils se gardent, toutefois, de suivre les milliers de jeunes entraînés par des formations d'extrême droite qui se détachent de la manifestation pour aller saccager et incendier les locaux du comité central du PCF, carrefour de Châteaudun, puis le siège de *L'Humanité*, boulevard Poissonnière. Le châtiment infligé sous l'œil complaisant de la police fait trois morts. L'anticommunisme de Patrick Buisson naît ce jour-là.

L'amour de la « France éternelle », le nationalisme et une certaine conception de la tradition lui viennent de son père. Orphelin dès l'âge de quatorze ans, ce dernier avait rejoint l'Action française et trouvé dans ce mouvement sinon une famille de substitution, du moins le défouloir de sa jeunesse révoltée. L'ancien Camelot du Roi raconte à son fils les heures passées à vendre à la criée le quotidien royaliste, les affrontements avec les étudiants de gauche ou avec la police. Et puis, la journée du mardi 6 février 1934 dont il conserve et transmet fidèlement le souvenir.

En ces temps de montée des extrêmes en Europe, les ligues antiparlementaires, dont l'Action française, prospéraient à la faveur des crises profondes auxquelles la France était confrontée : crise économique venue des États-Unis suite au krach boursier de 1929 laminant les classes moyennes ; crise institutionnelle née d'un système parlementaire favorisant l'instabilité gouvernementale ; crise morale en raison des scandales politico-financiers à répétition. Les ligues menaient campagne et descendaient dans la rue pour faire tomber la majorité issue du deuxième Cartel des gauches, victorieux en 1932. Alors que l'affaire Stavisky – du nom de l'escroc retrouvé mort dans des conditions douteuses après avoir bénéficié de la protection de politiciens corrompus – avait eu raison du ministère

Camille Chautemps, le radical Édouard Daladier était attendu à la Chambre des députés pour présenter le nouveau gouvernement. Mais l'une de ses premières mesures fut de démettre le préfet de police de Paris, Jean Chiappe, réputé proche des milieux d'extrême droite ; la révocation du préfet fut vécue par les ligues comme une provocation à leur endroit. Des appels à manifester le jour de l'investiture du gouvernement Daladier, sur le thème « À bas les voleurs ! », furent alors placardés dans tout Paris. Le 6 février, l'association d'anciens combattants les Croix-de-Feu du lieutenant-colonel François de La Rocque, la ligue des Jeunesses patriotes de Pierre Taittinger, le groupe Solidarité française du parfumeur milliardaire François Coty, et bien entendu l'Action française et ses troupes de choc, les Camelots du Roi, convergèrent vers la place de la Concorde. La manifestation dégénéra malgré les ordres de dispersion lancés par La Rocque et l'indifférence de Charles Maurras qui, dans son bureau, composait des vers de mirliton ; nombre de ligueurs s'approchèrent du Palais-Bourbon, décidés à transformer l'émeute en coup d'éclat. À leur tête, les Camelots armés de leurs cannes plombées lancèrent leur chant d'assaut : « Vivent les Camelots du Roi, ma mère, Vivent les Camelots du Roi ! Ce sont des gens qui s'foutent des lois, Vivent les Camelots du Roi ! [...] Et vive le Roi, à bas la République ! Et vive le Roi, la Gueuse on la pendra ! » Les gardes républicains chargèrent à de nombreuses reprises les factieux, qui résistèrent en tranchant les jarrets des chevaux à l'aide de lames de rasoir fixées au bout des cannes ou en poussant les cavaliers dans la Seine. Pendant que des engins incendiaires embrasaient la place de la Concorde, la police ouvrit le feu. Au petit matin, on dénombrait 15 morts et près de 2 000 blessés. Édouard Daladier fut contraint à la démission ; la République radicale ne s'en releva jamais. Deux ans plus tard, les forces de gauche, qui considérèrent les événements du 6 février 1934 comme une tentative de coup d'État fasciste, se rassembleraient en un Front populaire et gagneraient les élections. Les ligues seraient dissoutes. Mais leurs idées survivraient.

Voici l'enseignement que Georges Buisson lègue à son fils. L'Action française ne fut pas qu'un mouvement d'opposition radicale et absolue qui entendait conquérir le pouvoir, renverser la République et restaurer la monarchie par « tous les moyens, même légaux ». Au-delà de son agenda politique, elle élabora sous la conduite de son théoricien en chef, Charles Maurras, une doctrine qui hanterait le corpus idéologique de la droite, et plus encore celui de l'extrême droite française.

Charles Maurras fut le premier à tenter de concilier le traditionalisme contre-révolutionnaire d'un Joseph de Maistre et le nationalisme, jusque-là l'apanage des républicains, pour les fondre dans un syncrétisme inédit : un « nationalisme intégral » trouvant son aboutissement et sa pleine réalisation dans une monarchie héréditaire, antiparlementaire et décentralisée. À l'en croire, la décadence de la France était la conséquence directe de la Révolution française, elle-même fille des Lumières. Aux principes démocratiques et à la souveraineté des électeurs, il opposait « l'autorité d'un milliard de Français morts », commandant au gouvernant de fonder son action sur une « politique naturelle » ancrée dans le réel et tenant compte de l'histoire. Son positivisme privilégiait le temps long sur l'immédiateté, les communautés telles que la famille, la région, le corps de métier sur l'individualisme, l'État centralisateur et la classe sociale. Et il ne reconnaissait pour tout clivage que la fracture entre le « pays réel » et le « pays légal ».

Dans le même esprit, Charles Maurras fustigeait l'illusion égalitaire que produirait la démocratie. Pour tarir la source d'envie et de conflits entre les hommes, il appelait à respecter les hiérarchies et les « inégalités naturelles ». Ce lecteur de Nietzsche jugeait celles-ci « bienfaisantes et protectrices », car elles seraient les seules à permettre une répartition des rôles bénéfique à tous ainsi qu'à garantir un ordre stable à l'intérieur duquel chacun pourrait s'élever. Dans sa société idéale, les intérêts du monarque, père de la Nation, correspondaient à ceux de la patrie ; une place prépondérante était donnée à l'institution paternelle qui avait la charge de la tradition, en instillant dans le cœur de l'enfant le sentiment de naître héritier et de n'être que débiteur, soumis au « devoir de léguer et de tester ».

La religion était, elle, abordée sous l'angle purement politique et utilitariste : le catholicisme, religion historique de la France et composante essentielle de son identité, devait servir de ciment à l'unité du pays. Selon l'idée de Charles Maurras, la préservation de la place de la religion catholique dans la société donnait à la France les moyens de résister aux attaques menées de l'intérieur par une coalition complotiste de « quatre États confédérés » : Juifs, protestants, francs-maçons et « métèques ». Quant aux représentants de cette « anti-France », ils devaient être débusqués et combattus…

La conscience politique de Patrick Buisson étant formée, il ne manque plus qu'une circonstance pour susciter son engagement. Un événement ou plutôt des événements serviront de déclencheur.

« Un pouvoir insurrectionnel s'est établi en Algérie par un *pronunciamiento* militaire. [...] Ce pouvoir a une apparence : un quarteron de généraux en retraite ; il a une réalité : un groupe d'officiers partisans, ambitieux et fanatiques. [...] Voici que l'État est bafoué, la Nation bravée, notre puissance dégradée, notre prestige international abaissé, notre rôle et notre place en Afrique compromis. Et par qui ? Hélas ! Hélas ! Hélas ! Par des hommes dont c'était le devoir, l'honneur, la raison d'être de servir et d'obéir. Au nom de la France, j'ordonne que tous les moyens, je dis tous les moyens, soient employés partout pour barrer la route à ces hommes-là, en attendant de les réduire. J'interdis à tout Français, et d'abord à tout soldat, d'exécuter aucun de leurs ordres. [...] Françaises, Français ! Voyez où risque d'aller la France par rapport à ce qu'elle était en train de redevenir. Françaises, Français ! Aidez-moi ! »

L'appel lancé par Charles de Gaulle, le soir du dimanche 23 avril 1961, frappe l'esprit du jeune Patrick Buisson. « Aidez-moi ! » répète-t-il tout haut, ricanant. Deux jours plus tôt, dans la nuit du vendredi 21 au samedi 22 avril, le 1er régiment étranger de parachutistes, sous les ordres du commandant Hélie Denoix de Saint-Marc, s'est emparé des points stratégiques d'Alger. Après avoir fait arrêter tout ce que la « ville blanche » compte d'autorités civiles et militaires, les généraux du cadre de réserve André Zeller, Maurice Challe et Edmond Jouhaud, en liaison étroite avec le général Raoul Salan, ont revendiqué ce coup de force pour mettre fin à la politique d'autodétermination de l'Algérie, initiée par le général de Gaulle et approuvée massivement par référendum. S'estimant trahis par l'homme qu'ils avaient contribué à faire roi, ils ont promis de tenir « le serment de l'armée de garder l'Algérie pour que nos morts ne soient pas morts pour rien ». La réaction du pouvoir a été immédiate. Le président de la République a réuni un Conseil des ministres extraordinaire décrétant l'état d'urgence et réservant la cour martiale aux putschistes ; Charles de Gaulle décidait d'assumer les « pleins pouvoirs » prévus par l'article 16 de la Constitution de la Ve République, de se présenter, dans son uniforme de général, devant la Nation pour l'en informer, et d'appeler les soldats et les civils à l'obéissance et au refus du coup d'État.

À 23 h 45, ce 23 avril 1961, c'est au tour de Michel Debré de prendre publiquement la parole. Patrick Buisson vient de fêter son 12e anniversaire et pense que l'Histoire s'est résolue à lui offrir la première convulsion qu'attendait sa nature intempérante. Dans ces circonstances exceptionnelles, toute la famille Buisson choisit de veiller pour écouter le Premier ministre : « Des avions sont prêts à lancer ou à déposer des parachutistes sur divers aérodromes afin de préparer une prise du pouvoir. Je tiens à dire aux Français, et notamment aux habitants de la région parisienne, que le gouvernement a pris des mesures pour s'opposer à cette entreprise. [...] Les vols et les atterrissages sont interdits sur tous les aérodromes de la région parisienne à partir de minuit. Dès que les sirènes retentiront, allez-y, à pied ou en voiture, convaincre des soldats trompés de leur lourde erreur. Il faut que le bon sens vienne de l'âme populaire et que chacun se sente une part de la Nation. »

Les appels du président de la République et de son Premier ministre poussent le « peuple de Paris » à réagir : des milliers d'hommes et de femmes descendent dans la rue pour guetter l'arrivée des « paras ». Mais alors que la plupart les redoutent, quelques-uns les espèrent. Patrick Buisson, resté chez lui avec ses parents, appartient à la deuxième catégorie. Cette occasion sera la bonne, pense-t-il. Déjà en 1958, il avait été question d'une opération aéroportée sur Paris. Le 13 mai, un comité de salut public civil et militaire, d'abord présidé par le chef de la 10e division parachutiste, le général Jacques Massu, avait été formé à Alger contre la constitution du « gouvernement d'abandon » de Pierre Pflimlin et pour s'assurer du maintien de l'Algérie au sein de la République française. Dans cette optique, le retour au pouvoir de Charles de Gaulle avait été réclamé et une partie de l'armée en Algérie avait lancé l'opération « Résurrection » pour forcer la décision des gouvernants. La première phase du plan avait été activée avec le parachutage du 1er bataillon de choc sur Ajaccio et la prise de contrôle de la Corse, qui devait servir de tête de pont. Mais les soldats n'étaient pas repartis de l'île, et la seconde partie de l'opération, qui avait reçu l'accord du général de Gaulle et prévoyait le débarquement des parachutistes commandés par Massu et Salan pour faire la liaison avec des unités stationnées en région parisienne, avait été annulée *in extremis*. Entre-temps, le président de la République, René Coty, avait décidé de s'en remettre au « plus illustre des Français ».

Las, cette fois encore, les espoirs de Patrick Buisson sont déçus. Les sirènes ne retentissent pas. Il ne se passe rien durant cette nuit d'avril 1961, et si peu les jours suivants. Porté au pouvoir par les putschistes du 13 mai 1958, Charles de Gaulle n'en est pas chassé par ceux du 21 avril 1961. Car, s'il n'a toujours pas entamé une « carrière de dictateur », il ne se prive pas de montrer toute l'étendue de son habileté politique. Avec l'aide de son Premier ministre, il dramatise à dessein la situation. Le péril serait imminent. Des volontaires rassemblés autour du Grand Palais sont armés pour l'occasion, et des vieux chars M4 A1 « Sherman » de la Gendarmerie tournent dans Paris avant de prendre position devant l'Assemblée nationale pour faire de la figuration. L'objectif est de susciter la crainte, de réveiller la fibre légaliste si ce n'est légitimiste des Français. Il est totalement atteint lorsque les syndicats se mettent à appeler à la grève, les forces progressistes, à défiler, et les communistes, à menacer de prendre le maquis.

En réalité, les services de renseignement policiers, militaires et parallèles surveillaient depuis plusieurs mois les démangeaisons séditieuses d'officiers supérieurs et généraux en Algérie. Dès le déclenchement du putsch, Charles de Gaulle en avait été informé et suivait la situation depuis une cellule de crise improvisée dans un salon de la Comédie-Française où il assistait à une représentation de *Britannicus,* en compagnie de Léopold Sédar Senghor, président de la jeune République du Sénégal. Il avait ainsi pu ordonner l'arrestation immédiate du général Jacques Faure et des hommes du « complot de Paris », censés appuyer le coup de force d'Alger. Le matin du samedi 22 avril, le « putsch des généraux » était quasiment mort-né. Il ne restait au général de Gaulle qu'à s'assurer du soutien du contingent, ces « cinq cent mille gaillards munis de transistors » dont il savait qu'ils étaient pour la plupart indifférents au sort de l'Algérie. Et à ne déplorer que de rares attentats au plastic dans les consignes automatiques de l'aéroport d'Orly, des gares de Lyon et d'Austerlitz.

Ainsi que prévu, le contingent reste loyal : la tentative de coup d'État ne dure pas quatre jours. De Gaulle profite de l'occasion pour ressouder la Nation derrière lui et consolider les institutions de la Ve République, grâce aux « pleins pouvoirs ». « Non, rien de rien… Non, je ne regrette rien… » chantent les légionnaires du 1er REP, incarcérés au fort de Nogent, en adaptant le succès de la môme Piaf. Les conséquences du putsch d'Alger sont pourtant terribles : trois régiments sont dissous ; des centaines d'officiers sont relevés de leur commandement et traduits en justice ; plus d'un millier de cadres militaires démissionnent par solidarité ou hostilité à la politique du gouvernement. L'armée française n'a plus de tête. Parmi les généraux putschistes, seuls Challe et Zeller acceptent de se rendre. Salan et Jouhaud basculent dans la clandestinité pour prendre la tête de l'OAS, née deux mois plus tôt.

Dans le panthéon de l'extrême droite, l'Organisation Armée Secrète est propulsée au premier rang. Des militaires de carrière, des pieds-noirs et des activistes forment l'attelage hétéroclite de ce train infernal fonçant droit dans le mur : défendre à tout prix la place de la France en Algérie. L'OAS s'attire la sympathie des milieux ultra-droitiers qui y voient l'occasion de se retrouver autour d'une détestation commune : Charles de Gaulle. À leurs yeux, « Mongénéral » incarne la figure du traître. L'homme qui criait « Je vous ai compris » à la foule réunie sur la place du Forum d'Alger, le 4 juin 1958, puis « Vive l'Algérie française ! » deux jours plus tard à Mostaganem, est devenu un parjure, le fossoyeur de plus d'un siècle de présence en Afrique du Nord. Il faut liquider le liquidateur de l'Algérie, de l'empire colonial, de la « Plus Grande France ». De l'attentat de Pont-sur-Seine à celui du Petit-Clamart, les commandos de l'organisation terroriste s'y emploieront jusqu'à l'obsession.

L'OAS donne également l'illusion à l'extrême droite de retrouver, par procuration, une part de son honneur perdu durant l'Occupation. À l'exception de quelques anciens de l'Action française, des ligues ou du mouvement terroriste « la Cagoule », engagés parmi les premiers dans la lutte contre l'Allemagne nazie, la plupart des figures de la droite radicale avaient sombré dans l'indignité de la collaboration. Or, l'OAS choisit dès sa création de s'inscrire comme l'héritière de la Résistance à qui elle emprunte tout, jusqu'à son nom. Elle fait délibérément référence à l'Armée secrète, la structure née en 1942 de la volonté du général de Gaulle de fusionner les plus importants mouvements de la Résistance en zone Sud. Un héritage dont elle estime pouvoir se prévaloir puisque nombre de ses membres avaient résisté de l'intérieur ou participé militairement à la libération de la France. Un Conseil national de la Résistance est même fondé pour prendre le relais de l'OAS ; son chef n'est autre que le démocrate-chrétien Georges Bidault, successeur de Jean Moulin à la tête du véritable CNR en 1943 et ancien président du Conseil sous la IVe République. L'OAS entend défendre la légalité constitutionnelle et lutter contre les compromissions de Charles de Gaulle. À front renversé, l'homme de l'appel du 18 juin 1940 est accusé de livrer à l'ennemi – le Front de libération nationale (FLN) – un territoire qui est français depuis plus longtemps que le comté de Nice et les autres États de Savoie. La promesse faite aux habitants de l'Algérie de ne jamais les abandonner ayant été piétinée, la dette doit être payée avec le prix du sang. Les attentats et les campagnes d'assassinats de l'OAS font des milliers de morts. Et qu'importe si l'immense majorité de l'opinion publique s'est rangée à l'indépendance de l'Algérie et condamne leurs exactions, l'organisation terroriste et ses soutiens ont le sentiment d'être du bon côté de l'Histoire, celui des justes et des valeureux. Pour eux, la cause est entendue : de Gaulle est « un dictateur », ils sont « les résistants » et les Français « des veaux », bien évidemment.

L'extrême droite retire un dernier bénéfice de l'aventure sanglante menée par l'OAS, qui vient clore une longue succession d'échecs : la journée du 6 février 1934, le régime de Vichy, la collaboration, le putsch du 13 mai 1958 et celui du 21 avril 1961. Elle comprend qu'il lui faut renoncer à tout espoir déraisonnable de « Grand Soir », cesser de s'en remettre aux circonstances, à une Chambre de parlementaires pusillanimes, à un occupant, à l'armée ou à un coup de folie, afin d'accéder au pouvoir. Elle doit dorénavant concentrer ses forces et sa stratégie sur l'action majoritaire. En finir avec l'activisme permanent pour investir le seul terrain important, celui des idées. Et obtenir enfin l'onction suprême, le saint chrême profane qui légitime les entreprises les plus improbables comme les plus funestes : la bénédiction du suffrage universel.

Un texte symbolise ce changement d'état d'esprit : *Pour une critique positive*. Il est écrit par l'ancien sous-officier Dominique Venner, emprisonné dans une cellule de la Santé en raison d'un engagement finalement regretté dans l'OAS. Dans cet essai, le fondateur d'Europe-Action et plus tard du GRECE délimite les contours idéologiques de ce qui deviendra la Nouvelle Droite. Fustigeant l'agitation minoritaire dans laquelle se complaisent ceux qu'il appelle les « nationaux », Dominique Venner enjoint aux « nationalistes » de « créer les conditions d'une action nouvelle, populaire et résolument légale ». Rare exercice d'autocritique de la longue liste des faillites historiques de l'extrême droite à laquelle le putsch d'avril 1961 est venu s'ajouter, l'opuscule offre une théorie de l'action révolutionnaire, qui préconise de préparer la prise de pouvoir en s'inspirant du modèle et des méthodes bolcheviques. Organisation politique disciplinée, structuration intellectuelle et formation d'une « élite jeune et révolutionnaire », guerre des idées, conquête culturelle et idéologique, infiltration des rouages de l'État et de la société… *Pour une critique positive* devient le *Que faire ?* de Lénine à l'usage de la nouvelle génération de nationalistes.

Dans le cerveau de Patrick Buisson, cette révolution copernicienne fera aussi son chemin. Mais le jeune homme vit encore au rythme des « nuits bleues » de l'OAS, à Paris comme à Alger ; à quelques semaines de son 13e anniversaire, l'élève du collège Pasteur de Neuilly-sur-Seine préfère surjouer les provocations adolescentes. Le 18 mars 1962, la signature des accords d'Évian met un terme à huit ans de guerre et prépare l'indépendance de l'Algérie. Un cessez-le-feu doit entrer en vigueur dès le lendemain. Pas pour tout le monde. Ce jour-là, le ministre de l'Éducation nationale demande aux établissements scolaires de faire respecter une minute de silence en hommage aux six inspecteurs des Centres sociaux éducatifs lâchement assassinés le 15 mars, dans la banlieue d'Alger, par un commando Delta de l'OAS. Dans sa classe, Patrick Buisson refuse de se lever. « Et les victimes du FLN, alors ? » lance-t-il au professeur d'anglais qui l'interroge sur son acte d'insubordination. Il reste assis et se met à taper du poing le dessous de sa table. Une mesure à cinq temps : trois brèves et deux longues. Une cadence lancinante. Obsédante. *Ta-ta-ta, ta-ta ! Ta-ta-ta, ta-ta !* « Al-gé-rie fran-çaise ! Al-gé-rie fran-çaise ! O-A-S vain-cra ! O-A-S vain-cra ! »

L'élection présidentielle de 1965 approche. C'est la première qui se déroule au suffrage universel direct depuis Louis-Napoléon Bonaparte et la mort de la IIe République. Le général de Gaulle a imposé ce mode de scrutin aux partis par référendum afin de préserver le pouvoir exécutif de leur influence. Le chef de l'État, garant de l'intérêt national, ne sera plus choisi par un collège de 80 000 grands électeurs, mais par les Français qui en feront « un arbitre au-dessus des contingences politiques ». La présidentielle devient la pierre angulaire de la vie politique française.

Pour cette nouvelle rencontre entre un homme et un peuple, l'extrême droite tient son candidat. Il s'appelle Jean-Louis Tixier-Vignancour. Son pedigree est impeccable : Camelot du Roi ; militant de l'association Les Volontaires Nationaux, affiliés aux Croix-de-Feu, aux côtés d'un certain François Mitterrand ; député en 1936 des Basses-Pyrénées et proche du Parti populaire français de Jacques Doriot ; secrétaire général adjoint à l'Information du régime de Vichy de 1940 à 1941 ; de nouveau député en 1956 sous les couleurs de son parti, le Rassemblement national. De surcroît, Tixier-Vignancour ne manque jamais de prolonger son engagement dans les prétoires. Plus jeune avocat de France à l'âge de vingt ans, le ténor du barreau met sa « voix de bronze » et son talent aussi bien au service des grandes affaires politiques que des cas désespérés. L'écrivain Céline lui était redevable de son amnistie. Mais c'est en endossant la robe du défenseur ardent des « soldats perdus » de l'Algérie française que l'avocat a accédé à la célébrité. Il a sauvé la vie du général Salan, promis à la peine capitale, au terme d'une plaidoirie légendaire ; il a échoué, en revanche, à soustraire au peloton d'exécution du fort d'Ivry l'ancien lieutenant du 1er REP Roger Degueldre, créateur des commandos Delta, et le lieutenant-colonel Jean-Marie Bastien-Thiry, cerveau de l'attentat du Petit-Clamart et probablement de celui de Pont-sur-Seine contre le général de Gaulle.

Rapatriés d'Algérie, anciens de l'OAS, nationalistes, nationaux et à peu près tout ce que l'extrême droite compte de factions et de mouvances se rangent ainsi derrière Jean-Louis Tixier-Vignancour. Il est le candidat de l'« opposition nationale », et s'engage sur une ligne politique contre « de Gaulle et Moscou ». Des comités de soutien Tixier-Vignancour (comités TV) sont créés dans toute la France et chapeautés depuis Paris par un énergique secrétaire général : Jean-Marie Le Pen. C'est l'ancien député poujadiste qui a convaincu l'avocat de se présenter, avant d'imposer sa candidature à son camp. Le Pen organise une campagne à l'américaine, active ses réseaux, veille sur la propagande et lance à l'été 1965 une grande tournée des plages, à l'image de celle qu'il avait effectuée, en août 1957, pour défendre l'Algérie française. La « caravane Tixier » s'arrête chaque jour dans une station balnéaire différente, déploie son chapiteau de cirque, tient boutique et meeting, engrange de l'argent et des promesses de voix. Sur la côte méditerranéenne où s'est réfugiée la majorité des pieds-noirs, l'accueil réservé à l'avocat de l'OAS est triomphal. La campagne s'emballe ; certains sondages envisagent un score à deux chiffres. Les spéculations vont bon train, les élucubrations ne sont donc plus très loin. Et si Tixier-Vignancour parvenait à mettre de Gaulle en ballottage ? Et si le Général, emporté par son caractère ombrageux, se retirait de la course et le laissait affronter le candidat de la gauche au second tour ? Et si…

Tixier-Vignancour se prend à rêver. Patrick Buisson aussi. À seize ans, il vit sa première campagne électorale en tant que militant. Son âge le condamne pourtant aux comités jeunes TV, au maniement de la brosse et du seau de colle. Il fréquente assidûment les murs et les colonnes Morris de Paris, un stock d'affiches sous le bras. La mission est ingrate, mais il n'est pas seul pour l'accomplir. Il est en compagnie d'une société du genre remuant. Des garçons endiablés, qui parlent haut et fort, portent veste et cravate, un col roulé sous un trench-coat couleur mastic ou un blouson de cuir noir, selon les opérations à mener. Ils font partie d'un mouvement lycéen et étudiant, né d'une rupture avec la Fédération des étudiants nationalistes, avatar de Jeune Nation, qui occupait jusque-là l'avant-scène de l'extrême droite juvénile.

Ils sont du mouvement Occident.

À l'automne 1964, ils avaient frappé à la porte d'un hôtel particulier fatigué, situé au 10 de la rue Quincampoix, dans le quartier des Halles à Paris. Jean-Marie Le Pen avait installé dans cette demeure ses bureaux et le siège des comités jeunes TV, dirigé par Roger Holeindre, qui régalait ses visiteurs dans le restaurant ouvert aux étages supérieurs. Entre ce dernier, ancien des guerres coloniales, qui venait de faire un peu de prison pour sa participation à l'OAS, et les jeunes d'Occident, le courant était passé d'emblée. Les Occidentaux avaient été enrôlés pour s'occuper de l'encadrement sur le terrain et épauler le service d'ordre des meetings.

En fin de campagne, Jean-Louis Tixier-Vignancour espère forcer le destin. Il opère un basculement stratégique, expression prétentieuse désignant un coup de poker : il recentre son discours dans l'espoir d'élargir sa base électorale. Le voilà candidat respectable de la droite nationale et libérale. Il annonce son intention de nommer Premier ministre, en cas de victoire, le président radical-socialiste du Sénat, Gaston Monnerville. L'intéressé, métis antillais né en Guyane, petit-fils d'esclave et résistant, découvre en regardant la télévision la proposition de l'ancien collaborateur du régime de Vichy.

Le 5 décembre 1965, au premier tour de l'élection présidentielle, Charles de Gaulle est effectivement mis en ballottage. Le candidat de la gauche, François Mitterrand, obtient 32 % des voix, mais c'est un centriste, un vrai, qui prive le chef de l'État d'une élection dès le premier tour. Jean Lecanuet, le « Kennedy français » avec ses dents blanches et sa télégénie, deux qualités bientôt essentielles en politique, recueille 15,6 % des suffrages, quand Jean-Louis Tixier-Vignancour doit se contenter de 5,2 %. Les déçus du gaullisme ont dédaigné le bulletin de vote au nom de l'avocat, qui n'a réussi à convaincre que l'électorat naturel de l'extrême droite et les nostalgiques de l'Algérie française. L'échec est patent. Les dissensions nées pendant la campagne éclatent au grand jour : Tixier-Vignancour reproche leur extrémisme à Jean-Marie Le Pen et à ses amis ; Jean-Marie Le Pen déplore l'élargissement au centre. Mieux vaut perdre avec ses idées que gagner avec celles des autres, a toujours pensé ce dernier. Et Jean-Louis Tixier-Vignancour a fait pire à ses yeux : il a perdu avec les idées des autres. Dans le rôle du centriste, les Français ont préféré l'original à la copie. Durant l'entre-deux-tours de l'élection, Tixier-Vignancour, antigaulliste acharné, aggrave son cas en soutenant celui qu'il avait fréquenté au sein des Volontaires nationaux, puis du gouvernement de Vichy. L'appel à voter François Mitterrand ne passe pas. Entre Jean-Louis Tixier-Vignancour et Jean-Marie Le Pen, la rupture est inévitable ; elle est rapidement consommée. Tixier-Vignancour créera une nouvelle formation politique, qui ira d'échec en échec. Il finira par rallier Georges Pompidou à la présidentielle de 1969 et par appeler ses sympathisants à intégrer le parti gaulliste afin de droitiser la droite. Jean-Marie Le Pen cherchera les moyens de se relancer sur les décombres des comités TV, avant de mettre sa carrière politique entre parenthèses.

Les défaites électorales sont rarement des moments de grande lucidité. L'extrême droite ne réalise pas la performance qu'elle a accomplie : 1 260 208 voix se sont portées sur son candidat ; pour la première fois depuis longtemps, elle a réussi à se ranger derrière une seule bannière et à développer une base militante conséquente. Elle choisit, au contraire, de suivre la voie qu'elle a si souvent empruntée par le passé :

elle recommence à se déchirer. En matière de règlement de comptes, elle dispose d'un savoir-faire qui confine à l'excellence. L'extrême droite s'en retourne à sa vie groupusculaire qui n'est pas une simple tentation, mais, pour quelques années encore, un horizon indépassable.

Patrick Buisson vit douloureusement le dénouement de l'aventure Tixier-Vignancour. L'abattement de ses aînés n'entame pourtant ni ses espoirs ni sa volonté. Il est prêt à repartir de zéro. Il n'a jamais goûté la multitude, et il est trop jeune pour être lassé des entreprises minoritaires. Il est d'une autre génération. La génération Occident.

Patrick Buisson traverse la Seine et découvre la rive gauche. Ce qu'il voit ne ressemble pas au Quartier latin morose et cafardeux chanté par Léo Ferré. C'est un quartier agité, brûlant, bientôt porté à incandescence. Il suit les jeunes d'Occident qui ont cessé de venir chercher leurs ordres dans l'immeuble de la rue Quincampoix. La campagne Tixier-Vignancour n'a pas été vaine : ils ont pu recruter à tour de bras et « emprunter » les fichiers de militants des comités jeunes TV. Ils sont dorénavant cinq ou six cents encartés, mobilisés autour d'un noyau dur d'une cinquantaine d'énervés qui ont fait du Relais Odéon leur quartier général. À toute heure de la journée ou de la soirée, ils peuvent se retrouver dans cette brasserie située à l'angle du boulevard Saint-Germain et de la rue de l'Ancienne-Comédie. Là, ils sont au cœur de l'action. Là, ils tiendront la rue pendant deux ans.

Autour des meneurs Alain Madelin et Alain Robert gravitent Gérard Longuet, Patrick Devedjian, Patrice Gélinet, Xavier Raufer… La liste ne s'arrête pas à ces noms qui connaîtront la notoriété. Jamais un mouvement d'extrême droite n'aura accueilli autant de futurs hommes de pouvoir ; jamais un mouvement d'extrême droite n'aura été aussi atypique. Les Occidentaux ont rompu avec leurs aînés, écarté leur expérience, méprisé leur enseignement. Ils se disent nationalistes, révolutionnaires, anticommunistes, anticapitalistes. Et cela ne va pas plus loin. L'élaboration d'un corps de pensée n'est pas leur priorité, les querelles doctrinales leur font à peine lever un sourcil. Ils n'ont qu'un seul cri de ralliement : « Ho ! Ho ! Occident ! » Un seul cri de guerre : « Occident vaincra ! » Une seule devise : « Défendre l'Occident partout où il se bat ! » L'entreprise est ambitieuse, mais ne les mène ni en Indonésie pour soutenir la prise de pouvoir du général sanguinaire Suharto ni en Grèce pour applaudir la dictature des colonels, et encore moins au Sud-Vietnam pour lutter contre le Nord communiste. L'enjeu est ailleurs. Il est tout proche. C'est une cour de récré. Les « bolchos » ont investi les lycées et les universités ; Occident se fait fort de les en déloger et d'arracher la jeunesse à l'emprise marxiste.

L'objectif commande, pensent-ils, de renouer avec l'activisme et de combattre avec les armes de l'ennemi. Les Occidentaux apprennent les rudiments de la « propagande par le fait » et proclament l'insurrection au Quartier latin. S'ils ne vont pas jusqu'à brandir le poing, ils le tiennent fermement serré. Ne pouvant compter sur le nombre, ils jouent l'intimidation. Un éditorial de leur journal, *Occident-Université*, daté de juin 1966, annonce la couleur : « Ayant déjà acquis le respect, sinon l'affection, de nos chers aînés vivant dans le souvenir jaloux d'une trentaine de faillites, d'une quinzaine de défaites et d'un nombre respectable de trahisons, nous avons pensé aggraver notre cas en devenant plus méchants. Las de montrer une mansuétude sans réciproque envers des gens que nous méprisons, n'ayant guère la possibilité d'être plus agressifs envers les gens contre qui nous luttons, nous avons décidé de dire bien haut ce que les autres ne disent pas du tout. N'étant pas à vendre, nous dirons donc qui est vendu ; n'étant pas des lâches, nous dirons qui capitule ; n'étant pas des escrocs, nous dirons qui falsifie. Nous sommes un mouvement violent, nous en sommes fiers, personne n'a à rougir de descendre dans la rue pour défendre ses idées. Décidés à lutter contre la bêtise et la trahison, nous les dénoncerons à droite comme à gauche. Maintenant, tout est en place ; le spectacle va commencer. Fiez-vous à nous. »

Au théâtre de l'Odéon, les répétitions ont déjà commencé. Au printemps 1966, Jean-Louis Barrault et Madeleine Renaud mettent à l'affiche *Les Paravents,* une pièce de Jean Genet. Les premières représentations se déroulent sans incident notable, mis à part des spectateurs assommés : dix-sept tableaux, cent dix rôles servis par soixante-deux acteurs, des changements de décor à n'en plus finir, quatre heures de spectacle. Cette fable outrancière et licencieuse sur fond de guerre d'Algérie n'épargne pas l'armée française. À dire vrai, elle n'épargne personne ; elle est « anti-tout », comme le dira André Malraux, ministre d'État chargé des Affaires culturelles. Mais, quatre ans après l'indépendance algérienne, le sujet reste sensible. Une scène de la pièce choque particulièrement. Dans le djebel, des légionnaires français entourent leur lieutenant à l'agonie et décident d'accompagner à leur manière son passage dans l'au-delà : « S'il n'est pas enseveli en terre chrétienne, au moins qu'il respire en mourant un peu d'air de chez nous... » C'est la fameuse « scène des pets ». La presse de droite s'émeut, l'extrême droite sonne la charge. L'heure est grave. Au Théâtre de France, l'armée et les morts sont insultés, la patrie est bafouée. Et par qui ? Par Jean Genet, un déserteur, un voleur, un « pédéraste » revendiqué. Roger Holeindre et son Comité de liaison des anciens combattants appellent à une grande manifestation, le 4 mai. Les Occidentaux n'attendent pas. Dès le 2 mai, ils s'invitent dans la salle et déclenchent la tempête au premier coup de vent. Du balcon, ils sautent sans parachute sur la scène afin de frapper ceux qui ont une bonne raison de s'y trouver. Depuis l'orchestre, une deuxième unité se charge des tirs d'appui. Strapontins, tomates, œufs pourris, rats crevés, boulons et pétards fumigènes égaient les décors d'André Acquart. L'impromptu se rejoue, dès lors, quotidiennement.

Le 4 mai, ils répondent tous présent. Il y a les « paras » d'Holeindre, les membres du Cercle du Panthéon de Jean-Marie Le Pen, les étudiants royalistes, les nationalistes, les nationaux. Et les jeunes d'Occident qui jouent à domicile. Pour gagner le théâtre, ils n'ont qu'une rue à remonter depuis leur bastion du Relais Odéon. Avant le lever de rideau, ils prennent place dans le cortège, déploient une banderole affichant « Gloire à l'armée – Mouvement Occident » et agitent des drapeaux français frappés de la croix celtique, l'emblème qu'ils ont pris à leurs devanciers de Jeune Nation. Ils se tiennent par le bras en formation serrée. Au premier rang en veste noire, Patrick Buisson. Il a enfin été bizuté : la semaine précédente, une patrouille a interrompu sa distribution par trop enjouée du bulletin *Occident-Université* pour lui faire découvrir les cellules du commissariat central du VIe arrondissement, place Saint-Sulpice. Lui et ses camarades de jeux font clairement comprendre qu'ils ne sont pas venus assister à une manifestation unitaire contre le théâtre subventionné. Ils veulent en découdre avec la police et, surtout, avec le service d'ordre communiste de l'UNEF, convoqué en renfort par la direction de l'Odéon, qui a décrété que « le fascisme ne passera pas ». *L'Internationale* est entonnée, *La Marseillaise* lui répond. Des « Genet au poteau ! La pièce à Moscou ! » se mettent à fuser. Roger Holeindre, juché sur les épaules d'un infortuné, appelle ses troupes au calme. Martial sur sa monture, il interdit tout débordement. Il est en partie entendu. Pour le principe, la façade du théâtre est repeinte à l'aide de projectiles alimentaires, trois policiers sont blessés et quatre-vingts manifestants arrêtés.

Après la pause estivale, les représentations de la pièce reprennent ; la campagne de harcèlement menée par Occident aussi. Mais le raffut consciencieusement orchestré par le mouvement n'a d'autre conséquence que d'offrir à Jean Genet l'un de ses plus grands succès. Occident a de toute manière délaissé la rubrique théâtrale pour les pages des faits divers de la presse nationale. La moindre distribution de tracts et le plus petit rassemblement sont l'occasion de heurts avec l'extrême gauche dont les rangs ne cessent de se garnir. Habitués à faire le coup de poing contre le service d'ordre de l'Union des étudiants communistes (UEC), dirigé par Pierre Goldman, les Occidentaux doivent désormais affronter des adversaires de plus en plus nombreux, violents et changeants. Excommuniés de l'église communiste, les gauchistes hérétiques se réunissent en de multiples chapelles que traversent d'abondants courants : cinquante militants suffisent à former un groupe ; une centaine permet d'envisager une scission. Rien que durant l'année 1966, des trotskistes suivent Alain Krivine, Henri Weber et Daniel Bensaïd pour fonder la Jeunesse communiste révolutionnaire (JCR), la future Ligue communiste, tandis que des prochinois – comme s'appellent alors les maoïstes – se rangent derrière Robert Linhart et Benny Lévy dans l'Union des jeunesses communistes marxistes-léninistes (UJC(ml)) qui deviendra la Gauche prolétarienne.

Occident durcit le ton. Un tract, laissé par un commando après un raid contre la Sorbonne, menace : « Tuez les communistes partout où ils se trouvent ! » L'invitation est rugueuse, mais ce n'est qu'un coup de menton. Une bravade de Gascon qui dénote l'état d'esprit d'un mouvement engagé dans une stratégie de tension. Le libelle a été rédigé par François Duprat. Lui détonne dans cette formation de jeunes. Il est plus âgé, vingt-six ans, enseigne dans un cours privé et possède une longue expérience de l'activisme politique. Massif, taurin, des lunettes comme des loupes, il n'incarne pas l'idéal du militant blond et racé qu'Occident met en avant sur ses affiches. Même s'il ne manque pas de courage physique et n'hésite pas à brailler en tête de cortège à chaque manifestation, la direction d'Occident a jugé plus utile de charger cet esprit brillant et cultivé de la propagande et de la presse du mouvement. Le résultat dépasse toutes leurs espérances.

À cette époque, l'engagement politique est total, il ne supporte ni la mesure ni la tiédeur. Au Quartier latin, le centrisme est une vue de l'esprit. Néanmoins, les forces en présence s'entendent sur un certain nombre de règles à respecter. Le pugilat certes, mais dans les formes. Des accords entre les meneurs, notamment François Duprat et Pierre Goldman que l'on a pu voir attablés au Relais Odéon, auraient été passés pour contenir les montées de sève. « Fachos » et « bolchos » n'ont aucun intérêt à ce que les affrontements dégénèrent, qu'il y ait bavure ou mort d'homme. Des rixes où chaque camp vient avec son photographe servent de vitrine pour ressouder les rangs et recruter de nouveaux militants. Les accrochages avec la police font également partie du folklore, mais échappent, eux, à toute réglementation. Pour le 10e anniversaire de l'insurrection de Budapest, les Occidentaux ignorent l'interdiction de manifester le 4 novembre 1966 et tentent d'imiter leurs glorieux anciens qui avaient pris d'assaut le siège du Parti communiste. Les forces de l'ordre ont pour consigne de gâcher la fête : ils bouclent le quartier. Après les échanges rituels d'amabilités et de grenades fumigènes, tous finissent leur journée au poste. Y compris Patrick Buisson, dont le père s'amuse de cette nouvelle manie qui, considère-t-il en venant récupérer son enfant mineur, est moins inquiétante que la tournée des bistrots.

Même maîtrisée, cette escalade de la violence rencontre sa limite. Occident cherche à essaimer en province ; à l'université de Rouen, une antenne doit voir le jour. Les étudiants craignent que le mouvement n'importe ses méthodes et ne transforme leur campus de Mont-Saint-Aignan en terrain de jeux. Occident n'est pas le bienvenu. Le 12 janvier 1967 au matin, une petite équipe se retrouve rue Serpente, devant le nouveau local du mouvement, situé non loin du Relais Odéon. Elle est décidée à forcer l'hospitalité estudiantine à coup de barres de fer et de clés anglaises. Elle monte dans une camionnette qui prend la route de Normandie. Arrivée sur place, la horde avise des militants trotskistes qui tiennent salon à l'entrée du restaurant universitaire pour le Comité Vietnam national. Elle se rue dessus. L'attaque éclair est d'une grande sauvagerie : elle laisse à terre de nombreux étudiants dont l'un, le crâne défoncé, tombera dans le coma. C'est le raid de trop. Une information judiciaire est ouverte ; l'enquête est confiée à la police parisienne pour identifier les coupables. Une vingtaine d'Occidentaux, dont les deux Alain, Madelin et Robert, Gérard Longuet et Patrick Devedjian, sont interpellés et écroués. Treize d'entre eux seront finalement condamnés à de la prison avec sursis ou à des amendes pour « violences et voies de fait avec armes et préméditation ». Les Occidentaux peuvent bien jouer les bravaches, s'enorgueillir d'allonger le nombre de jours de prison qu'ils collectionnent, ils sont atteints. Les inspecteurs de la « Crim' » du quai des Orfèvres ont eu raison de leur esprit de corps. Certains ont parlé, ils ont donc trahi. Une chasse aux balances est lancée. Premier visé : François Duprat. L'homme promène une réputation de donneuse ; il serait inscrit dans les registres des informateurs appointés de plusieurs services de renseignement. Il a déjà été renvoyé de la Fédération des étudiants nationalistes et même d'Occident, au tout début de l'aventure en 1964, pour cette raison. Cette fois, il aurait donné la liste complète des membres du commando de Rouen. Son exclusion lui est signifiée dans l'esprit du mouvement : il est roué de coups. Du reste, Occident est depuis longtemps infiltré par les Renseignements généraux et « truffé d'indicateurs », ainsi que le notera un rapport du SDECE, les services secrets, en janvier 1968. D'autres militants sont suspectés à tort, comme Patrick Devedjian qui doit s'expliquer nu, immergé dans une baignoire. Le garçon réprouve le procédé et quitte Occident.

Il n'est pas le seul à prendre du recul. Patrick Buisson ne subit aucune ordalie de la sorte, il n'est qu'un militant de base. Il se plaît cependant à raconter qu'il a été exclu en même temps que François Duprat, en raison de prises de position trop radicales. Une mise à l'écart pour déviationnisme est pourtant impensable dans cette organisation attrape-tout dont la ligne politique se résume à la détestation du « bolcho » et à la fréquentation du rayon quincaillerie du Bazar de l'Hôtel de Ville. De son côté, François Duprat se vante d'avoir quitté de lui-même Occident, qu'il suspecte d'être vendu aux barbouzes gaullistes. Autant dire que les deux hommes partagent la même pudeur quand la réalité des faits ne leur est pas favorable… Il n'en reste pas moins que Patrick Buisson a été prié de prendre l'air. Il avait de toute manière choisi de faire profil bas en pleine affaire de Rouen, à l'instar de nombreux Occidentaux. En juillet 1967, il apparaît sur les écrans radar de la deuxième section des RG de la Préfecture de police de Paris, celle chargée de surveiller les milieux politiques, en tant que membre d'« Occident-Groupe Action ». Son nom figure dans des fichiers saisis par la police. Il lui faut continuer la lutte par d'autres moyens.

Des blocs de béton, de verre et d'acier posés sur un îlot de terrains vagues, une tour dressée comme un phare, des lignes de chemin de fer pour rivages. C'est la faculté. Au-delà, une mer de tôles ondulées charriant des hommes de peine, des cabanes en bois comme des radeaux dérivant sur la boue, la pauvreté pour horizon. Voilà le quartier de « la Folie ». Chaque matin, des flots d'étudiants bien mis échouent à Nanterre pendant que 10 000 Algériens, Marocains, Espagnols et Portugais émergent de l'un des plus grands bidonvilles de France pour gagner les chantiers de construction ou les usines de montage automobile de la région parisienne.

Le gouvernement délocalise les problèmes en banlieue : la main-d'œuvre immigrée dont il a besoin pour soutenir l'économie, et les bacheliers dont il ne sait que faire. La première peut attendre, mais, pour les seconds, l'état d'urgence a été décrété. La Sorbonne menace de chavirer ; l'*Alma Mater* n'a plus les ressources pour accueillir les enfants du baby-boom. Un programme de construction de centres universitaires a donc été lancé. Afin de parer au plus pressé et réaliser une bonne affaire, les bureaucrates ont déniché un emplacement de trente-cinq hectares à la périphérie de la capitale, propriété du ministère de la Défense. Ils ont estimé qu'une nouvelle faculté des lettres et sciences humaines ainsi qu'une annexe de la faculté de droit pouvaient parfaitement succéder aux hangars de l'armée de l'air.

Dès l'ouverture du complexe universitaire Nanterre-la-Folie en 1964, les groupuscules d'extrême gauche affichent leurs ambitions. Ils ont conscience du problème de la surpopulation étudiante, mais ne peuvent s'empêcher de suspecter le pouvoir gaulliste de vouloir casser leur bastion de la Sorbonne, et de chercher à les affaiblir, en multipliant les annexes disséminées dans le bassin parisien. Ils envoient leurs militants à Nanterre pour prendre possession des lieux. Occident n'a pas les mêmes effectifs ; il réfléchit au meilleur moyen de s'implanter dans cette faculté vierge de tout passé politique.

Comme ses rivaux, le mouvement s'est mis en tête d'infiltrer les organisations étudiantes pour en prendre le contrôle, selon la théorie léniniste du syndicat comme instrument aux mains du Parti. Avec plus ou moins de réussite. À l'Union nationale des étudiants de France, Occident dispose d'un cheval de Troie avec la Fédération des étudiants de Paris, et bénéficie de solides relais chez les « majos », la minorité plutôt de droite installée à Paris-Médecine, Pharmacie, Paris-Sciences, Langues-O' ou Sciences Po. Mais l'UNEF devient progressivement un champ de bataille clos où ne s'affrontent plus que les « minos », ces différentes tendances de la gauche et de l'extrême gauche qui ont, en matière d'entrisme, une longueur d'avance. À la Fédération nationale des étudiants de France, née d'une scission de l'UNEF lorsque celle-ci s'était déclarée en faveur de l'indépendance de l'Algérie, les jeux sont plus ouverts. Dans ce syndicat qui se veut apolitique, Occident peut compter sur la Corpo-Droit, dirigée par Claude Goasguen, et tient avec la faculté de la rue d'Assas une place forte, qui lui sert occasionnellement de base de repli. C'est estimable, mais insuffisant pour peser sur le bureau national de la FNEF.

Les chefs d'Occident veulent muscler leurs positions. Ils désirent investir un secteur où le mouvement n'a jamais joué aucun rôle. Dans une *terra incognita*, qui plus est. Lors de la rentrée universitaire 1966, ils aident discrètement l'un des leurs, Didier Gallot, à monter l'Association corporative des étudiants en lettres de Nanterre. Et affilient cette Corpo-Lettres à la

FNEF sans que les instances de la fédération, préoccupées par la seule croissance du nombre de leurs adhérents, s'émeuvent de la manœuvre.

Seulement, Occident a une réputation à tenir, et désire se montrer au grand jour. Le 17 octobre 1966, ses militants viennent tracter à Nanterre. Ils en sont rapidement empêchés par des trotskistes de la JCR : ils passent à la distribution d'horions. Le lendemain, tous les gauchistes manifestent leur réprobation devant le resto U ; vingt-cinq Occidentaux en formation de combat s'extraient en rugissant de leurs voitures et leur donnent une raison supplémentaire de se plaindre. Un petit succès en infériorité numérique sur le terrain de l'ennemi, et Occident se met à pavoiser et à multiplier les descentes. Après les lettres, pourquoi ne pas créer également une Corpo-Droit à Nanterre ? Le 1er décembre, des meneurs du mouvement, dont Alain Madelin et Patrick Devedjian, accompagnés de militants et d'un photographe de *Paris-Match*, entreprennent une nouvelle virée en banlieue. Ils pénètrent pacifiquement sur le campus nanterrois, les mains dans les poches plutôt que sur le manche de pioche. Ils ont jugé que les souvenirs corporels laissés lors de leurs précédentes visites avaient dû inspirer la crainte, sinon le respect chez leurs adversaires. Péché d'orgueil. La sanction est immédiate. Prévenus de leur arrivée, les groupuscules d'extrême gauche, équipés de métaux ferreux, lancent l'algarade et obligent les Occidentaux à battre en retraite sous les flashs. Le numéro du 10 décembre 1966 de *Paris-Match* témoigne du choc en photos.

Les Fnéfistes de la Corpo-Lettres, Didier Gallot le premier, sont furieux. « Il faut penser aux copains qui étudient dans cette faculté et s'exposent chaque jour à des représailles », expliquent-ils à la direction d'Occident. Ils auraient également pu avancer que l'on a connu des techniques plus subtiles pour noyauter un syndicat étudiant. Le temps qu'Occident digère la déroute, il est décidé de respecter le travail des camarades et d'abandonner l'entrisme « à drapeaux déployés » aux maîtres de l'infiltration, c'est-à-dire aux trotskistes. Consigne est donnée de cesser les expéditions à Nanterre et de suivre la ligne de conduite officielle de la FNEF : la Corpo-Lettres doit être « apolitique ». Emporté par l'enthousiasme, un militant croit bon d'ajouter : « Apolitique de droite ! » Il est fermement invité à rentrer dans le rang.

L'extrême droite et l'extrême gauche ne chassent pas, de toute manière, sur les mêmes terres. À Nanterre comme ailleurs, la masse des indifférents représente l'ordinaire de la population étudiante. Mais la sociologie des lieux leur permet de viser des proies opposées. La Corpo-Lettres FNEF piste les enfants des beaux quartiers de l'Ouest parisien, que la carte universitaire a assignés à Nanterre : les minets des VIIIe, XVIe et XVIIe arrondissements garant leur coupé MG ou Triumph sur les immenses parkings du campus, et traînant leur ennui à la cafétéria ; les jeunes bourgeoises apprêtées de Neuilly-sur-Seine et de Saint-Cloud qui déploient leurs longues jambes bottées en s'extrayant de leur Austin Mini Cooper, et viennent parfumer l'air vicié des amphithéâtres. Les Fnéfistes lorgnent aussi ceux des trains, les rejetons de la classe moyenne en provenance de la gare Saint-Lazare, progéniture studieuse et appliquée des petits commerçants et des fonctionnaires de la capitale.

Les gauchistes préfèrent, quant à eux, hanter les couloirs froids des bâtiments de la résidence universitaire où s'alignent les cellules des 1 250 « permanents » de Nanterre. Ces derniers sont des provinciaux impécunieux, des isolés géographiques, des étrangers, des descendants de paysans, d'ouvriers, d'employés qui n'ont pas les moyens de s'offrir une « piaule » au Quartier latin. Leurs fenêtres ne s'ouvrent pas sur les toits de Paris, elles se referment sur un paysage dépressif grêlé de bidonvilles, une perspective bouchée par les cheminées des usines, les grues et les engins de chantier qui construisent de nouvelles barres HLM pour couvrir la misère d'un manteau de béton.

Aux reclus de la Cité U, Nanterre n'offre rien. Ni loisir ni distraction. Les résidents sont coincés dans cet univers carcéral, clôturé par un mur d'enceinte surmonté de barbelés. Ils ont le *spleen* baudelairien. Leur tenue vestimentaire, leur chevelure et leur hygiène s'en ressentent. Ils traversent des jours noirs plus tristes que leurs nuits enfumées à rêver d'ailleurs. De Cuba, de la Bolivie, du Vietnam, de l'Afrique où ces « esprits errants et sans patrie » pourraient planter leur « drapeau noir ». Alors que les fils et filles à papa écument les surboums, les rallyes et célèbrent une période de prospérité inédite dans l'histoire de France, les « permanents » de la Cité universitaire sont livrés à eux-mêmes. Et aux commissaires politiques qui jouent les missionnaires. On leur apprend à écouter sans bâiller des sermons où les termes « matérialisme historique », « lutte des classes », « capitalisme », « impérialisme », « culture bourgeoise », « oppression », « autogestion » et « révolution sexuelle » sont égrenés comme un chapelet. À invoquer sans hésiter les instances supérieures d'Hegel, de Marx, de Proudhon, de Fourier, de Bakounine, de Lénine, de Trotski. À entreprendre l'exégèse des nouveaux évangiles situationnistes, publiés au cours des années 1966 et 1967, dont les versets réduits à de simples slogans orneront bientôt les murs de Paris : le manifeste *De la misère en milieu étudiant* rédigé par Mustapha Khayati ; *La Société du spectacle* de Guy Debord ; *Traité de savoir-vivre à l'usage des jeunes générations* de Raoul Vaneigem. Et pour se détendre, à ricaner au bon moment pendant les monologues interminables du film *La Chinoise* de Jean-Luc Godard, sorti sur les écrans à l'été 1967 : portrait d'une militante qui étudie la philosophie à Nanterre et le *Petit Livre rouge* de Mao avec son groupe marxiste-léniniste dans un appartement bourgeois du VIIIe arrondissement.

Tout avait pourtant si bien commencé. « Allez, chez les filles, on va tous chez les filles ! » Dans la nuit du 21 au 22 mars 1967, soixante étudiants pénètrent joyeusement dans un pavillon de la Cité universitaire de Nanterre, réservé aux étudiantes. Ils forcent le barrage du gardien pour marcher sur le prude règlement intérieur qui sépare les sexes et empêche la libre circulation entre les bâtiments des garçons et ceux des filles. Il est interdit d'interdire, proclament-ils. Leurs esprits n'ont pas été échauffés par l'équinoxe de printemps, mais par la lutte menée par l'association des résidents, l'ARCUN, qui relaie un vieux combat né à la Cité U Jean-Zay d'Antony. Les trotskistes de la JCR, qui contrôlent l'association ainsi que l'UNEF nanterroise, ont vu dans la « répression sexuelle », symbolisée par le règlement des cités universitaires, matière à semer l'agitation. Pour les aider à mobiliser les consciences, ils ont convié Boris Fraenkel à conférencer dans un foyer de la résidence. Ce pilier des frères ennemis trotskistes de l'Organisation communiste internationaliste en a tout juste été exclu par son fondateur, Pierre Boussel, dit « Lambert ». Il n'est pas venu expliquer comment animer un groupe d'études révolutionnaires ou former au « Programme de transition » un futur Premier ministre (Lionel Jospin) ; il est là pour parler « Jeunesse et sexualité ». Le grand prêtre du freudo-marxisme, qui traduit et diffuse les œuvres du philosophe Herbert Marcuse et du psychanalyste

Wilhelm Reich en France, exhorte son auditoire à s'affranchir de toutes les aliénations. Il faut conjuguer, dit-il, la « révolution permanente » et la « révolution sexuelle ». Libérer les corps et les esprits. Le succès de la causerie, que l'on mesure habituellement au nombre de débats suscités et de tracts produits, est tel que les résidents passent au stade supérieur de la manifestation du contentement : le mouvement d'occupation.

À l'issue de la conférence, ils partent ainsi soixante, mais à l'arrivée des pandores, ils ne se voient plus que vingt-cinq à défier le sort. Pour faire cesser la plaisanterie, la direction de la résidence a appelé les forces de l'ordre. Avec les premiers képis, la moitié du groupe s'enfuit telle une volée de moineaux dans un ciel de printemps. Cernés par la police, les vingt-cinq irréductibles passent la nuit avec des étudiantes ravies, dans le couloir du dernier étage du bâtiment. Le lendemain matin, ils font part de leurs revendications au cabinet du ministre de l'Éducation nationale. Ils exigent la liberté de circulation, de réunion, d'information politique et syndicale dans la résidence. L'après-midi, ils n'obtiennent que le droit de se retirer du pavillon des filles avec l'engagement que leurs identités ne seront pas relevées et qu'il n'y aura ni poursuites ni sanctions. À quelques heures des vacances de Pâques, les vingt-cinq consentent à sortir entre deux rangées de policiers. Triomphants, ils retrouvent leurs sympathisants qui manifestent depuis le matin. Des lecteurs potaches des situationnistes, ayant lu *De la misère en milieu étudiant* jusqu'au bout, tiennent à laisser, dans l'ascenseur et sur les murs du bâtiment des filles, une trace de l'événement, un souvenir de la lutte : « Jouissez sans entraves ! Vivez sans temps mort ! Baisez sans carotte ! »

Les autorités universitaires ne tardent pas à prendre leur revanche. Oubliant leurs promesses, elles excluent avec sursis des Œuvres universitaires et de la résidence les vingt-cinq « trublions », dont elles ont récupéré les noms, ainsi que quatre autres militants politiques. Des listes noires auraient-elles été dressées ?

13 octobre 1967. Patrick Buisson effectue sa première rentrée universitaire. Baccalauréat en poche, il a choisi de suivre des études d'histoire. L'administration l'a placé d'autorité à Nanterre. Parmi les foules anonymes qui peuplent les amphis, il entend bien se démarquer. Il n'est plus à Occident, alors il rejoint tout naturellement la Corpo-Lettres FNEF. Son président, Didier Gallot, est un ami. Ils ont milité ensemble, et ils habitent à quelques centaines de mètres l'un de l'autre, dans le XVIIe arrondissement. À sa grande surprise, Patrick Buisson se met à apprécier l'action syndicale, à la suite de son père qui cofonda l'un des premiers syndicats anti-CGT au sein de la Compagnie parisienne de distribution d'électricité, ancêtre d'EDF. Il découvre que l'orientation prise par la Corpo-Lettres sied davantage à la complexité de son tempérament. Il commençait à se lasser de la rhétorique assommante d'Occident, de sa dialectique de la barre de fer et de ses syllogismes dont on expédie les prémisses – majeure et mineure – pour aller directement à la conclusion : le coup de poing sur le nez. Sous couvert de neutralité et de défense des intérêts des étudiants, la Corpo-Lettres FNEF de Nanterre poursuit le même but que le mouvement Occident : contrecarrer les tentatives de mainmise des gauchistes sur la jeunesse. Les moyens d'y parvenir diffèrent radicalement. Patrick Buisson apprend l'art de la dissimulation, la comédie des faux-semblants, les délices de l'ambiguïté. Il

s'exerce à apparaître sous un jour qui n'est pas le sien, se pare du masque de la bienséance afin de composer autrement avec l'adversité. Il se constitue un bagage qui lui servira toute sa vie. *Persona*.

Les responsables de la Corpo-Lettres, pour la plupart adhérents ou sympathisants d'Occident, préfèrent ne pas ébruiter leur double appartenance. C'est une affaire de tactique et une question de survie. Il s'agit de ne pas effrayer les étudiants susceptibles de prendre une carte et voter pour la liste FNEF aux élections. Il s'agit surtout de ne pas provoquer inutilement les gauchistes. Depuis les incidents de l'année précédente, les Occidentaux sont indésirables à Nanterre. Le rapport de force invite à la prudence et à la retenue cauteleuse. L'extrême droite, combien de divisions ? L'extrême gauche, en revanche, aligne sur le campus nanterrois des trotskistes, des lambertistes, des communistes, des prochinois, des anarchistes... Toute la palette du rouge jusqu'au noir est déclinée.

D'autant que l'agitation reprend et franchit un nouveau palier. Après l'occupation de mars, la grève de novembre. Il n'est plus question de libre circulation dans les bâtiments, mais des conditions d'études et du plan Fouchet, une réforme mal ficelée comme l'Éducation nationale et ses ministres successifs savent en produire régulièrement. La rentrée a été désastreuse. La faculté, toujours en chantier, ne peut décemment accueillir les 12 000 étudiants qui arpentent les allées boueuses de Nanterre pour se presser en lettres, en sciences humaines et en droit. Les amphis sont bondés, les salles de travaux pratiques surchargées. Ça déborde. La nouvelle réforme n'arrange rien : elle instaure des cycles d'études en remplacement de l'ancien système de licence par certificats. Les étudiants redoutent que la transition entre les deux régimes ne leur fasse perdre une année entière, et que la réforme ne prépare le terrain à la sélection et à l'orientation forcée. Dans toute la France, la mise en place chaotique du plan Fouchet suscite du mécontentement, de l'inquiétude et des manifestations. À Nanterre, elle provoque de la colère, de la rébellion et une grève sauvage. Le 17 novembre, les étudiants en sociologie votent l'arrêt des cours et l'occupation des amphis. Paradoxalement, l'initiative revient à un groupe non syndiqué, constitué de « cathos de gauche » conduits par Philippe Meyer. Les responsables trotskistes de l'UNEF sont consternés et le font savoir. « Lancer une grève est une affaire de professionnels ! » protestent-ils. Ils reprennent les choses en main, montent un comité de grève et imposent que l'un des leurs, Jean-François Godchau, le dirige au côté de Meyer. Ils invitent chacun à agir selon sa capacité et son talent. Des représentants élus sont chargés de rédiger un cahier de doléances ; les syndiqués et les « trublions » s'occupent de propager le mouvement. Justement, ces deux dernières espèces ne manquent pas au sein du département de sociologie. Cette discipline attire une population singulière, plus âgée, un brin marginale. S'inscrire en « socio » relève pour la majorité des étudiants du dépit, du hasard, de l'alibi ou d'un désintérêt patent pour un quelconque avenir professionnel tant les débouchés paraissent incertains. Le corps professoral, Henri Lefebvre, Alain Touraine, et les assistants, Jean Baudrillard, René Lourau, est à l'unisson. À l'opposé des mandarins, ces enseignants encouragent leurs élèves à développer leur sens critique ; ils sèment dans leurs esprits les graines du questionnement, de la remise en cause, de la contestation qui se retourneront bientôt contre tout le monde, à commencer par eux.

La « socio » à Nanterre, c'est un réservoir inépuisable de grandes gueules, un creuset d'enquiquineurs, une fabrique à brouhaha. Un terrain d'étude en soi. Dans cette école du chahut, un rire se détache. Une figure émerge. Rouquine, sardonique, vitupérante. Daniel Cohn-Bendit. Dany, vingt-deux ans, est à Nanterre depuis 1965. Il a déjà été repéré et étiqueté : il fait partie d'une petite bande d'anarchistes libertaires, issue de la revue *Noir et Rouge*, où son frère Gabriel l'a introduit. L'administration de la faculté avait souhaité transférer cet étudiant, domicilié dans le XVe arrondissement, à la Sorbonne où le casse-pieds serait passé inaperçu, noyé dans la masse, avalé et recraché par la ventrière de groupuscules, l'accoucheuse de gauchistes. Raté. Il a été sauvé par l'intervention de ses professeurs.

Avec son camarade Jean-Pierre Duteuil, Daniel Cohn-Bendit rallie les délégués syndicaux et les perturbateurs de tout poil pour aider à répandre la grève. Prêche aux lèvres, les conjurés se déploient dans la faculté, soulèvent la cafétéria, enflamment les amphis, électrisent les salles de travaux pratiques. La cause est prestement enlevée : les départements débrayent les uns après les autres. Lorsque dans certains cours des récalcitrants se manifestent, des commandos surgissent sur un air métallique, la persuasion au bout des chaînes et des poings. Les Occidentaux camouflés de la FNEF reconnaissent dans l'instant la petite musique qu'ils ont si souvent jouée. Ce tintinnabulement qui précède les cris et les saignements. Mais ils se rappellent qu'ils sont apolitiques et s'empêchent de participer à la symphonie. Les voilà contraints d'improviser. Ils restent assis, immobiles, inertes. Ils tentent le *sit-in*, la protestation pacifique, la résistance non violente. Gandhi. Quelques claques les poussent à la solidarité. Grève générale, on a dit !

Lundi 20 novembre, 10 000 étudiants suivent le mouvement. Les cabochards découvrent les vertus de la discipline. Le lendemain, Pierre Grappin, le doyen de la faculté, découvre l'intolérance d'une foule. Plus de 2 000 grévistes sont réunis dans le hall du bâtiment B. Le rassemblement tient à la fois du meeting et de l'assemblée générale taille XXL. C'est l'heure du grand déballage. Les plus terre à terre exposent le cahier de revendications ; les plus politisés dénoncent la soumission de l'université aux besoins des capitalistes et du patronat ; les plus énervés s'élèvent contre les listes noires, la répression menée par l'université bourgeoise et appellent à sa désintégration. Passons... Après avoir écouté tout le monde, le doyen propose qu'une délégation assiste à une assemblée de faculté extraordinaire, convoquée pour le samedi suivant ; il repart sous les sifflets. Nanterre vit la semaine dans une ambiance de happening permanent, cette sensation de démocratie directe où les étudiants rompent avec les pratiques traditionnelles. La grève prend fin le lundi 27 novembre. Dix jours de lutte, pour quel résultat ? À peine une illusion de cogestion. C'est à peu près tout, c'est à peu près rien. À l'heure du bilan, le mouvement peut se féliciter de la réussite de la mobilisation, et ne peut que déplorer l'échec de la concertation. Nanterre s'est battue, mais Nanterre s'est battue seule. En France, aucune autre faculté n'a pris le relais du combat contre le plan Fouchet. Le doyen Grappin a fait des concessions, mais il ne pouvait accorder ce que le ministre de l'Éducation se refusait à céder au niveau national. Les faits ont donné raison à tous ceux qui pointaient les limites de l'action syndicale et rejetaient le réformisme, cette aberration pour tout révolutionnaire qui se respecte et dont la seule évocation suffit à déclencher une peur panique ou des convulsions. Face aux pesanteurs, face à la bureaucratie, face à l'ordre établi, le succès ne pouvait venir du dialogue. Il viendra de la lutte politique.

La Corpo-Lettres FNEF a, elle, profité de la grève pour placer des dizaines de cartes d'adhérent et attirer des sympathisants par centaines. En approuvant les revendications tout en dénonçant les tentatives de récupération du conflit, elle a récolté les lauriers de son positionnement corporatiste et apolitique. Patrick Buisson a profité du spectacle. Il a enfin pu voir de près les « trublions » de Nanterre qu'il imaginait à l'image de la faculté : pas finis, pas construits. S'il leur préfère les solides mécaniques intellectuelles de ses adversaires habituels, notamment les trotskistes, il a dû reconnaître qu'ils n'étaient pas dénués de talent, pensaient mal, mais s'exprimaient bien. Il a observé leurs manœuvres pour prendre le contrôle d'une assemblée, repéré leurs agents disséminés dans les attroupements ; il a écouté leurs catilinaires, entendu leurs philippiques ; il a pu apprécier leur manière de manipuler les consciences et de façonner l'opinion. Bientôt, il les verra à l'œuvre chaque jour et n'aura plus aucune indulgence. L'heure de la transgression va sonner. Les provocateurs susciteront la répression afin de mieux la dénoncer, essaimeront le désordre pour amener la rupture, pousseront l'agitation jusqu'à son point de fusion. Le

Noir et le Rouge flotteront sur Nanterre. Le drapeau noir pour porter la désolation et le néant, abattre l'université, l'ordre, la société ; le drapeau rouge pour recueillir le sang des victimes et le brandir comme un trophée. Adviendra le temps des insolents. Le temps des Enragés et de Daniel Cohn-Bendit…

Ils ont été posés durant la nuit, et se tiennent conquérants, raides, à l'horizontale. Ils n'indiquent pas la direction des lieux, ils balisent le chemin qui mène au scandale. Comment ne pas voir ces signes annonciateurs de l'outrage ? En les ignorant. Le doyen Pierre Grappin s'y efforce en guidant son illustre invité : « C'est par là, monsieur le ministre. » François Missoffe affecte, lui aussi, la cécité. Il ne dit mot devant les immenses phallus dressés sur son passage ; il ne réagit pas davantage à l'invitation inscrite en grosses lettres le long du parcours : « Ce soir, à 18 heures, partouze à la piscine. » En cette fin de journée glaciale du 8 janvier 1968, le ministre de la Jeunesse et des Sports est venu inaugurer le bassin du centre sportif de la faculté. Il entend mener sa mission à son terme, malgré l'environnement hostile de Nanterre-la-Folie. Le doyen Grappin scrute les alentours, guette l'appel au tapage, espère devancer le cri du soulèvement. Mais c'est le silence qui accueille la balade ministérielle. François Missoffe peut méditer dans le calme face à cette piscine aux dimensions olympiques que l'État, par un mystère non élucidé à ce jour, a décidé d'offrir aux étudiants de Nanterre, avant de leur construire une bibliothèque.

Alors que le ministre s'apprête à quitter les lieux, cinquante « trublions » s'avancent vers lui. Ils avaient préparé son arrivée, ils vont soigner sa sortie. Le doyen Grappin se décompose, les huiles universitaires se liquéfient. Daniel Cohn-Bendit aborde François Missoffe, le regard brûlant et la cigarette éteinte. « Vous avez du feu, monsieur le ministre ?

— Mais bien sûr. »

Une inspiration et puis l'exécution. « Monsieur le ministre, votre fameux *Livre blanc sur la jeunesse* est un tissu d'inepties. Six cents pages sans une seule ligne sur les problèmes sexuels des jeunes. »

Le ministre masque difficilement son étonnement, mais ne se démonte pas. Il déclare préférer, pour la jeunesse française, l'éducation physique à l'éducation sexuelle. Et prodigue à l'insolent un conseil inspiré par le thème du jour : « D'ailleurs, si vous avez des problèmes de ce genre, vous n'avez qu'à plonger dans la piscine.

— Voilà une réponse digne des Jeunesses hitlériennes... »

La visite s'achève dans les hurlements. Les agitateurs avaient déjà conspué le maire communiste de Nanterre, Raymond Barbet, venu apporter le soutien du Parti à la lutte des camarades étudiants lors de la grève de novembre. Mais là c'est une proie de choix, une figure du gouvernement qu'ils accrochent à leur tableau de chasse. Spontanéiste, improvisée, décalée façon « mouvement provo », l'intervention de Dany a mis le doigt sur la plaie. Ce ne sont pas deux hommes qui se sont opposés sur la meilleure manière de faire exulter les corps, ce sont deux générations qui sont entrées en conflit. Le progrès pénètre dans les foyers et peine encore à franchir le seuil de la chambre à coucher. Au Parlement, l'adoption en décembre 1967 de la loi Neuwirth légalisant la contraception a été longue et difficile. Les têtes se libèrent, les cœurs s'affranchissent, les corps s'abandonnent. Et le rapport d'enquête sur la jeunesse commandé par le ministre Missoffe semble avoir puisé son inspiration dans un patronage de province. Il a sondé les cœurs tout en négligeant les reins. Les jeunes y sont dépeints comme de purs cerveaux sans désirs ni débordements, entièrement préoccupés par leurs études et leurs futures carrières.

L'histoire aurait pu s'arrêter là, l'incident aurait été circonscrit à l'enceinte de la faculté. Daniel Cohn-Bendit y aurait gagné un supplément de gloire ; les professeurs auraient continué de maudire les perturbateurs ; la faculté n'aurait pas failli à sa réputation. C'est compter sans la susceptibilité froissée du doyen et l'indignation d'un ministre. Si François Missoffe choisit d'oublier l'effronterie, Alain Peyrefitte, son collègue de l'Éducation nationale, manque de s'étrangler à la lecture du rapport des Renseignements généraux relatant l'épisode de la piscine. Il se saisit de son téléphone pour protester, comme il le rapportera dans ses mémoires : « Le type qui t'a agressé hier est allemand. Un principe de base est qu'un étranger séjournant en France doit rester neutre. Tu ne peux pas laisser insulter la République à travers toi. Il faut engager une procédure pour l'expulser. »

Daniel Cohn-Bendit, bien que né en France, ne dispose que d'une carte de résident temporaire. François Missoffe juge la mesure de rétorsion disproportionnée : « C'est une peccadille. Laisse tomber. »

Obstiné, Alain Peyrefitte confie discrètement au commissariat de Nanterre la tâche de traduire « l'Allemand » devant la Commission des expulsions de la Préfecture. Dany n'était alors qu'une célébrité dans les couloirs, une vedette à la cafétéria ; il devient un martyr de la cause, un supplicié du pouvoir. Pas encore une idole, déjà un symbole. Il faut défendre Dany et mener campagne contre l'appareil répressif d'État. La peur des listes noires refait surface ; le bruit court que de nouvelles sanctions contre les militants seraient à l'étude. Une rumeur affolante se répand dans le complexe universitaire : dans son entreprise de pacification, l'administration aurait demandé de l'aide extérieure. Des étudiants étrangement attifés auraient été repérés, de nouvelles têtes dans le personnel d'encadrement seraient apparues. La faculté aurait été infiltrée par des policiers en civil, chargés d'identifier les fauteurs de trouble. Nanterre-la-Folie s'enfonce dans la paranoïa. Se sentant épiés, les traqués deviennent chasseurs. Les anarchistes ratissent le campus, un appareil photo autour du cou, pour débusquer les argousins. Ils paparazzent les taupes supposées, mettent au point les pas nets, cadrent les faces de mouchards, intasmatiquent les bobines d'indics. Dans leur safari photo, ils sont rejoints par des « barbus et chevelus » emmenés par René Riesel, des proches de l'Internationale situationniste qui se font appeler les « Enragés », en hommage aux plus radicaux des révolutionnaires de 1793. Eux photographient n'importe qui, mitraillent le tout-venant. Le 26 janvier au matin, l'exposition itinérante est prête. Les portraits des barbouzes ont été accrochés sur des pancartes ; les pancartes sont promenées dans le grand hall. On hurle son soutien à Dany, on affiche son refus des listes noires. Les appariteurs interviennent. On leur montre les panneaux de plus près. « Pas de flics dans la maison ! » vocifèrent les exposants. Le doyen arrive à son tour et n'est pas de cet avis. Il menace d'en appeler à la force publique pour interrompre le vernissage. « Grappin, nazi ! » s'entend-il répondre. Le débat s'arrête là. Cinq cars pilent sur le parking et déversent leurs passagers. Midi sonne. Les amphis évacuent aussi leurs occupants. Que la fête commence ! La masse des étudiants découvre le collé-serré entre leurs condisciples et les policiers : elle entre instinctivement dans la danse. Le doyen a fait valser la franchise universitaire qui, depuis le Moyen Âge, interdit l'accès à la police. Sacrilège ! Pour une fois que la jeunesse est attachée à une tradition. Des centaines d'étudiants expulsent furieusement les gardiens de la paix du lieu saint. Ouste le temporel ! Dehors les petits bras séculiers ! Pas besoin de passage devant une commission. On signifie les exclusions à coups de pied dans l'arrière-train ; on notifie par une envolée de pierres.

L'événement mérite bien qu'Alain Peyrefitte décroche de nouveau son téléphone. Il appelle cette fois Christian Fouchet, le ministre de l'Intérieur et son prédécesseur à l'Éducation nationale. Ce dernier minimise l'affrontement : « Parlez-moi des violences à propos de la manifestation ouvrière qui a eu lieu à Caen. Ça, c'est une vraie bagarre et ces ouvriers de vrais bagarreurs. Ça me préoccupe vraiment. Mais Nanterre, ce sont des gamineries. »

À Caen, le conflit né à la SAVIEM, une filiale de Renault, sur les conditions salariales s'est durci et propagé à d'autres usines de la région. Après la décision du préfet de dégager les piquets de grève par la force, une manifestation de protestation, organisée ce même 26 janvier, a tourné à l'émeute. Dans les rues du centre-ville, les étudiants se sont unis aux ouvriers spécialisés. À Nanterre, la majorité des étudiants a volé au secours de la minorité d'agitateurs. Dans les deux cas, l'intervention de la police a fait naître de nouvelles solidarités. La répression a permis de coaliser les colères. Les composants du précipité de Mai commencent à réagir ; les ingrédients de l'indigeste brouet qui sera bientôt servi au pouvoir mijotent. Tout se met en place sous les yeux des autorités incrédules.

Les gamineries ne cessent pas, les agaceries redoublent même d'intensité. Les groupes d'extrême gauche se livrent une concurrence féroce à Nanterre : des cours sont de plus en plus souvent interrompus ; des professeurs sont régulièrement interpellés ; des tracts sont distribués quotidiennement. L'irruption de la police dans l'enceinte de la faculté a marqué les esprits ; les photographies de l'incident réalisées par Gérard-Aimé, le seul étudiant à couvrir les turbulences de Nanterre, sont reprises sur tous les supports. Notamment sur la première affiche des Enragés, « En attendant la cybernétique, les flics », qui cible le doyen, affublé du surnom de « Grappin-la-Matraque ». Les gauchistes ne sont pas en reste, et organisent, sous l'égide de l'UNEF de Nanterre, des meetings de protestation contre la répression devant le resto U. Ils tentent de reprendre la main à la faveur de l'appel de la Fédération des résidences universitaires de France à une journée nationale d'action, le 14 février, pour abolir le règlement intérieur des cités. *Bis repetita placent*.

Le jour venu, les membres de l'ARCUN attendent la tombée de la nuit pour envahir de nouveau le bâtiment des filles. Cette fois, les Nanterrois ne sont pas isolés comme l'année précédente. Dans de nombreuses cités universitaires de France, les résidents libèrent leur territoire et organisent des piquets d'occupation : les garçons chez les filles ; les filles chez les garçons. Le ministre de l'Éducation nationale, mis devant le fait accompli, ne peut plus ignorer le défi qui lui est lancé. Alain Peyrefitte propose un nouveau règlement qui n'autorise que les garçons à recevoir des filles dans leur chambre à la condition qu'ils soient tous majeurs. Cette maigre concession exaspère les résidents qui ne supportent plus le paternalisme des institutions universitaires et les conditions de vie dans les cités. Enfermés, isolés, ils ne veulent plus de cette vie d'internat où tout est réglementé, contraint ou interdit. Pas le droit de recevoir, d'imager les murs de sa chambre, de déplacer les meubles, de tenir des réunions. Pas le droit de s'attarder non plus : tout résident ne peut demeurer plus de trois ans en cité universitaire. La mesure est particulièrement injuste pour les étudiants issus de milieux défavorisés qui sont, de fait, poussés à suivre des formations courtes. La lutte contre le règlement des cités rejoint la grogne contre le plan Fouchet, suspecté d'asservir l'université aux besoins de l'économie et d'organiser la sélection. Le gouvernement ne fait rien pour apaiser les esprits en annonçant réfléchir à l'instauration d'un *numerus clausus* pour limiter la croissance des inscriptions.

L'agitation étudiante gagne le pays ainsi que les colonnes de la presse. Nanterre, qui tient à sa singularité, attire l'attention. Le lendemain de la journée d'occupation du 14 février, une manifestation pour les « libertés syndicales et politiques » tourne mal, une nouvelle fois. Des gauchistes enfoncent les portes de la tour de l'administration, afin de s'inviter dans le bureau du doyen et lui faire signer une pétition. Fermement éconduits par Pierre Grappin, ils se rabattent, vexés, dans un amphithéâtre. Au lieu d'un cours magistral, des étudiants en psychologie ont droit à une bataille rangée. Les rédactions nationales dépêchent alors quelques-uns de leurs météorologues pour comprendre le microclimat qui règne dans cette faculté de banlieue. *Le Nouvel Observateur* et *L'Express* consacrent de longs reportages à la révolte étudiante. Mais c'est devant les caméras de l'ORTF que le théâtre de Nanterre offre sa représentation la plus réussie. Pour l'émission « Tel Quel », diffusée en mars 1968, Victor Franco et Claude

Ventura plongent dans le quotidien des résidents et donnent à voir aux téléspectateurs ce qu'ils nomment le « nanterrisme », une affection de l'esprit et du comportement frappant les occupants des lieux. « Contre l'annexion du surréalisme par les stalino-chrétiens, demandez *RUpTure* ! » ; « Demandez *Le Courrier du Vietnam*, journal des combattants vietnamiens imprimé à Hanoi ! »... Les envoyés spéciaux se faufilent entre les nombreux militants postés à la sortie des bâtiments, qui se disputent le privilège d'interpeller les consciences et de les nourrir de lectures autorisées. Dans ce marché de l'indignation vendue à la criée et de la cause brandie à bout de tract, les étudiants peuvent faire bonne provision de prêt-à-penser couché sur papier. Les journalistes, en revanche, ont un peu de mal à satisfaire leur curiosité lorsqu'ils interrogent un gauchiste sur leur passage : « J'appartiens à un groupe anarchiste. Voilà. Et nous publions ces tracts, qui sont en fait un plagiat d'un autre plagiat. Alors maintenant, la meilleure façon de savoir, c'est de le lire, et vous pourrez vous faire votre opinion vous-même. C'est tout ce que je peux vous dire.

— Vous habitez la résidence ?

— Oui, j'habite la résidence. Pourquoi ? Euh... Vous avez des rapports avec certains flics, non ? »

L'accueil n'est pas toujours aussi suspicieux. Le vice-président de l'ARCUN, Jacques Tarnero, leur explique qu'il « n'a pas mis les pieds » en TP depuis un mois, et préfère se consacrer à l'association des résidents : « On pourrait effectivement mener sa petite vie tranquille, peinard dans sa chambre avec ses petits copains, sa petite sortie du samedi soir, son petit repas au restaurant en vue de la petite licence et de la petite vue future. Personnellement, je le refuse. » Une jeune femme abonde dans son sens ; elle déclare vouloir faire la révolution : « Je suis à l'Union des étudiants communistes depuis à peu près un mois parce que je considère, finalement, que j'avais de très bonnes idées, mais il manquait un contenu à mes idées. » Les journalistes dénichent un étudiant satisfait des conditions matérielles, mais « très mécontent de la vie politique » : « Tous les gens d'extrême gauche ont aboli le règlement [...] et tous ceux qui se désolidarisent d'eux sont tout à fait mal vus. Ils font la loi. » Un jeune homme bien mis, costumé, cravaté, rasé de près et raie sur le côté, le confirme face à la caméra. Il appartient à une espèce encore plus rare à Nanterre. « Seuls les communistes ont la parole. Jamais un étudiant de droite ne pourra s'exprimer à l'intérieur de la cité.

— Vous vous considérez comme un étudiant de droite ?

— Oui, je me considère comme un étudiant de droite. Oui. »

Heureux de leur découverte, les journalistes le pressent de questions : « Vous êtes un militant politique ?

— Oui, je suis un militant politique. Oui.

— Et encore ?

— Je milite plutôt dans les milieux d'extrême droite, lâche-t-il dans un sourire.

— Occident ?

— Mouvement Occident, entre autres.

— Militer à Occident, c'est quoi ? Ça représente des distributions de tracts, des discussions, des bagarres ?

— Voilà, des bagarres ! Voilà, j'attendais le mot ! Il y a des bagarres dans la mesure où on ne nous laisse pas nous exprimer. Si, par exemple, je veux aller distribuer des tracts à la sortie de la faculté pour le Front uni de soutien au Sud-Vietnam, c'est certain il y aura de la bagarre. »

Le militant avoue évoluer en milieu hostile. Les reporters tentent de pousser plus loin la confession : « Vous appartenez à un syndicat étudiant ?

— Euh... Un syndicat étudiant, oui.

— Lequel ?

— Non, enfin là, je préfère... Non, parce qu'on pourrait penser que je parle au nom de ce syndicat. Non, non, non ! Non, parce qu'on pourrait penser que ce syndicat regroupe des gens d'extrême droite alors qu'en réalité c'est un syndicat qui a pour objectif les intérêts directs des étudiants... »

On pourrait le penser, oui. Mais pour la télévision d'État, la Corpo-Lettres FNEF joue la carte de la respectabilité, de l'hypocrisie souriante. Didier Gallot prétend que son syndicat se fait un devoir de dialoguer avec les autorités universitaires. Le discours est policé, le blazer est cintré et le drapeau tricolore en toile de fond est un hommage, réservé aux initiés, à la manifestation de résistance des étudiants royalistes du 11 novembre 1940. Les Fnéfistes s'accrochent à leur ligne apolitique, même si les provocations des gauchistes rendent invisibles leurs actions sur le campus. Ils décident de concentrer leurs forces et leurs moyens pour préparer les élections du 7 mars 1968 à l'assemblée générale de la Mutuelle nationale des étudiants de France (MNEF), qui gère la Sécurité sociale étudiante. Agacé par l'abondante littérature que la gauche et l'extrême gauche déversent chaque jour sur Nanterre, Patrick Buisson propose de leur répondre sur ce terrain. L'équipe dirigeante s'attelle à sortir le bulletin de leur syndicat, qu'elle baptise *Fac-West*. Curieusement anglicisé, le nom est censé rappeler la position géographique de la faculté, à l'ouest de la capitale. Selon les esprits malintentionnés, il situerait avant tout l'orientation politique de la Corpo-Lettres. À l'ouest, également ? Du côté d'Occident, plutôt.

Patrick Buisson, qui s'est imposé comme le « numéro deux » de la Corpo-Lettres, s'octroie le titre de rédacteur en chef. Les années ont passé depuis qu'il découpait, adolescent, les articles de la presse quotidienne et des magazines sportifs pour confectionner sa propre revue d'actualités à destination de l'aîné de ses frères, conscrit en Algérie, ou qu'il écrivait le journal de sa classe au collège Pasteur. La passion du journalisme lui est restée. Le premier numéro de *Fac-West*, daté de février-mars 1968, ne ressemble pas à l'habituel bulletin ronéotypé qui constitue l'ordinaire de la propagande estudiantine. Le travail est soigné, la composition et l'impression ont été confiées à des professionnels. Les adhésions enregistrées durant la grève de novembre ainsi qu'à l'occasion des événements du mois de janvier ont rempli les caisses : près de 500 cartes à 20 francs ont été placées. Sur les huit pages du journal, une seule est consacrée aux propositions du syndicat pour améliorer la condition étudiante. Patrick Buisson et le comité de rédaction ont arrêté une ligne éditoriale qu'ils suivent scrupuleusement le long des sept autres pages de leur bulletin : sur tous les tons et sur tous les modes, ils déclinent leur détestation de l'agitateur, leur aversion du marxiste, et leur dédain pour tout ce qui se trouve à leur gauche, soit une partie non négligeable des Nanterrois. Voici la caricature avec les réactions fictives d'étudiantes à l'arrivée de la pilule contraceptive : une « camarade militante du XVIe arrondissement » y est favorable, « mais il faut aussi que la femme sache que sa libération passe par l'écrasement des forces impérialistes au Viêt-nam », alors que pour une « copine du centre catho », la pilule devrait être vendue dans tous les édifices religieux afin de symboliser la « rénovation de l'Église et l'abandon des vieux tabous ». Vient ensuite l'ironie mordante, avec l'annonce de la création prochaine d'une « section de l'association pour la défense des étudiants du Sud-Kérantan, opprimés par l'impérialisme nord-kérantais » et d'un « comité pour la résurrection de Jeanne d'Arc ». Maintenant l'empathie lorsque Patrick Buisson se met à la place de l'étudiant ayant participé à la grève de novembre et « essayé de comprendre ce que lui disait un commissaire politique qui s'agitait sur une chaise ». À cet étudiant lassé, il propose que « Nanterre devienne le cadre d'une véritable action syndicale débarrassée de toutes contingences politiques et au service de l'intégralité de la masse étudiante », « puisqu'on sait, une fois pour toutes, que "la lutte héroïque du peuple vietnamien aura raison de l'odieuse agression américaine" et que de toute façon "le fascisme ne passera pas" ». Et pour finir, la présentation d'excuses de Didier Gallot qui, dans son éditorial, condamne « les insultes inqualifiables d'une infime minorité d'étudiants » envers le doyen Grappin, avant de passer à l'acte d'accusation : « En traitant un ancien déporté et résistant de nazi, on peut se demander ce qui l'emporte, l'odieux ou le ridicule. C'est là le symptôme d'une aberration et d'un infantilisme mental inquiétant chez des gens qui sont sensés [*sic*] être ou devenir l'élite de la Nation. [...] Cinquante individus – tarés, sales, abrutis de drogue, habitués de ces discussions en piaule de cité où pendant des heures et des heures on refait le monde, s'excitant et se surexcitant – ont obtenu un résultat remarquable : ils nous ont convaincus de l'utilité des Bureaux d'Aide Psychologique Universitaire. Nous demandons l'ouverture d'un BAPU entre la Faculté et la Cité universitaire. »

Piquants, les apolitiques ! Leur exaspération rencontre celle de nombreux étudiants qui ne désirent que réussir leurs examens. La liste de la Corpo-Lettres gagne le tiers des suffrages lors du scrutin du 7 mars, au lieu des 6 % obtenus un an plus tôt. La domination de l'UNEF, qui emporte les deux autres tiers, reste écrasante, mais elle est, pour la première fois, remise en cause. Les gauchistes étaient trop occupés à se déchirer entre eux, ils n'ont pas vu un nouveau front s'ouvrir.

À Madrid, à Rome, à Berlin, à Varsovie, à Tokyo ou à Berkeley, la colère étudiante gronde. Dans les rues et les campus des grandes villes du monde entier, la jeunesse exprime les mêmes refus, est en proie au même vertige. Partout, la critique de l'université débouche sur la critique de la société, forcément conservatrice et autoritaire. Réformer ? Rapiécer, repriser, raccommoder ? Non ! Renverser ! Détruire pour pouvoir recommencer ! Comme un enfant balayant tout de la main dans un accès de rage. Le week-end des 17 et 18 février 1968, l'internationale révolutionnaire étudiante s'est donné rendez-vous à Berlin-Ouest pour le combat le plus emblématique : la guerre du Vietnam. Existe-t-il une cause plus juste, plus proche de la leur, que cet affrontement entre la plus grande des puissances et le plus petit des opprimés ? Des délégations d'une trentaine de pays ont fait le déplacement ; Alain Krivine et les trotskistes de la JCR conduisent la représentation française. Presque tous les agitateurs sont présents. Même Daniel Cohn-Bendit. Le trajet ne lui a pas été payé par l'administration française, il est venu par ses propres moyens. Pour échapper à l'expulsion du territoire, il a tenté le coup génial, la manœuvre inédite dans l'histoire de l'anarchisme : la lettre d'excuses au ministre. Dans un style navré qu'on ne lui connaissait pas, Dany priait François Missoffe de croire au malentendu : il n'avait, en aucun cas, voulu traiter un ancien résistant d'hitlérien. Absorbés par leur entreprise de destruction, les « trublions » avaient tendance à faire table rase de tout, et en premier lieu du passé.

À Berlin, Daniel Cohn-Bendit et ses camarades sont aussi en voyage d'étude. Ils sont venus prendre des cours d'agitation auprès de Rudi Dutschke, le leader charismatique du SDS, l'Union socialiste allemande des étudiants, dont ils partagent le rejet de la société de consommation capitaliste de l'Ouest et du socialisme bureaucratique des pays de l'Est. Le samedi, ils écoutent les dizaines d'orateurs qui se succèdent pour dire la même chose : dénoncer l'impérialisme américain. Le dimanche, ils se joignent aux cortèges qui s'élancent, vibrants et sautillants, dans les rues berlinoises en scandant « Hô ! Hô ! Hô Chi Minh ! Che ! Che ! Guevara ! ».

De retour en France, tous s'appliquent à mettre en pratique les leçons apprises à Berlin pour battre le pavé et déjouer les dispositifs de la police : ils lancent leur propre offensive du Têt. Les trotskistes de la JCR actionnent l'UNEF et le Comité Vietnam national pour trois journées de soutien au peuple vietnamien qui se concluent, le 21 février, par une manifestation rassemblant des milliers d'étudiants sur le boulevard Saint-Michel, rebaptisé « rue du Vietnam héroïque ». En mars, ce sont les symboles de la présence américaine à Paris qui sont attaqués. Dans la nuit du 17 au 18, des charges de plastic explosent aux abords des succursales parisiennes de la Bank of America, de la Chase Manhattan Bank et de la compagnie aérienne TWA. Le 20, c'est au tour du siège de l'American Express, rue Scribe, de recevoir la visite impromptue des combattants de la liberté. Devant le bâtiment, une colonne s'extrait de la foule vociférante et dégaine les massues. La vitrine vole en éclats, la bannière étoilée s'embrase dans le ciel. Son et lumière. Cette énième provocation ne reste pas sans suite : la police procède à l'interpellation de six militants du Comité Vietnam national. Parmi eux, Xavier Langlade, également responsable du service d'ordre de la JCR et accessoirement étudiant à Nanterre.

Le vendredi 22 mars, les discussions sur le campus nanterrois s'attardent sur la conférence donnée la veille par Myriam Revault d'Allonnes sur le thème « Sexualité et répression ». Comme avec Boris Fraenkel l'année précédente, *La Révolution sexuelle* de Wilhelm Reich était au programme. Lorsque la nouvelle de l'arrestation de Langlade parvient jusqu'à Nanterre, il n'est plus question de répression sexuelle. Un esprit de vengeance court les couloirs de la faculté, s'infiltre dans les salles de TP, dévale les escaliers des amphis. Daniel Cohn-Bendit ne laisse pas passer l'occasion. À 17 heures, il prend la parole devant six cents étudiants énervés pour obtenir la libération des militants : « Pour que l'opinion publique parle de ce qui s'est passé, pour que l'opinion publique soit alarmée, nous proposons, ce soir, une occupation d'un bâtiment de la faculté de Nanterre où nous resterons toute la nuit. » Il parle pour sa paroisse et propose les locaux de sociologie. Son manque d'inspiration est aussitôt rattrapé par son ami, Jean-Pierre Duteuil : « Si l'on veut frapper les esprits, c'est la tour qu'il faut occuper ! » L'enthousiasme porte les étudiants jusqu'au pied du bâtiment administratif. Dany les arrête, saisi par le doute. Il craint « une répression judiciaire », et n'estime pas nécessaire d'aller au-delà du rez-de-chaussée. Les Enragés ne connaissent pas ce genre d'hésitation : ils montent quatre à quatre les escaliers. Daniel Cohn-Bendit refuse de se faire déborder et suit la centaine d'étudiants qui se dirige déjà vers le huitième et dernier étage. Là où réside le symbole de l'autorité, le saint des saints, au sommet de cette tour phallique qui domine Nanterre. Alors que s'élèvent les premières notes du concert donné ce soir-là dans le grand amphithéâtre par l'Orchestre de Paris, les étudiants s'installent solennellement autour de la table ovale du Conseil de faculté. Le sanctuaire est profané.

Quel étrange cénacle réuni autour de Daniel Cohn-Bendit. À la place des mandarins se tiennent des anarchistes, des libertaires, des trotskistes, des prochinois, des cathos de gauche, des inorganisés… C'est une assemblée improbable, un mélange presque impossible. À la Sorbonne, pareil œcuménisme se serait heurté au mur des sectarismes, n'aurait pas résisté aux pesanteurs d'appareils, aurait sombré face aux logiques groupusculaires. À Nanterre, un assemblage si disparate donne naissance à un mouvement égalitaire, taillé pour la lutte : le Mouvement des 142. 142, comme le nombre d'étudiants qui signent son texte fondateur. Ils ne sont à peu près d'accord sur rien, sauf sur l'essentiel. Ils avertissent : « À chaque étape de la répression, nous riposterons d'une manière de plus en plus radicale. » Les Enragés, eux, ne préviennent personne. Ils ont quitté le mouvement avant même de l'avoir formellement rejoint, incommodés par la présence de supposés staliniens et d'observateurs de l'administration, dans une assemblée trop sage à leurs yeux. Sur les murs de la faculté déserte, ces émules de l'Internationale situationniste bombent, en partant, leur propre manifeste : « Prenez vos désirs pour la réalité » ; « Professeurs, vous êtes vieux… votre culture aussi » ; « Les syndicats sont des bordels. L'UNEF est une putain » ; « Ne travaillez jamais ».

Les « 142 » apprennent dans la soirée la libération de leurs camarades, et s'égaillent dans la nuit. Leur coup de force n'a pas été vain. Il est 1 h 45 du matin. À 2 heures, ils seraient tombés sur les policiers qui avaient pour consigne de faire cesser l'occupation à ce moment précis. L'heure de la grande confrontation n'a pas encore sonné.

Ils se contiennent. Ils font des efforts. Ce sont des gens raisonnables, des réformistes, des apolitiques. Des modérés, pour ainsi dire. Leur colère ne demande pourtant qu'à sourdre, leur véritable nature à percer au grand jour. Déjà, leur haine suinte par tous les pores de leur peau. Eux aussi ont des envies de destruction. Regards noirs et têtes de furieux, les Fnéfistes veulent rivaliser dans le registre de la détermination. Patrick Buisson et Didier Gallot les ont convoqués pour une réunion de crise. Depuis l'occupation du bâtiment administratif, les « trublions » se disséminent tels des agents contagieux dans le campus. Des conciles politiques se tiennent non-stop dans les halls et à la cafétéria ; les slogans et les « dazibaos » prolifèrent sur les murs ; des cours sont chahutés, des examens partiels perturbés. Le pouvoir bascule à Nanterre. Dans le texte manifeste qui circule partout, les « 142 » ne se contentent pas de s'expliquer, ils réquisitionnent le bâtiment C afin de « transformer la journée du vendredi 29 en un vaste débat » sur le capitalisme, l'anti-impérialisme, l'université critique et les luttes dans les pays de l'Est.

Pour les Fnéfistes, c'est la provocation de trop. Les « 142 » ne demandent plus, ils prennent. La gangrène est proche. Il faut les arrêter et déployer immédiatement des mesures prophylactiques. Ils ne sont pas les seuls à le penser. En haut lieu, Alain Peyrefitte est toujours au bord de l'apoplexie ; le ministre de l'Éducation veut frapper le mouvement à la tête. Depuis l'incident de la piscine avec François Missoffe, il ne cesse de réclamer l'expulsion de Daniel Cohn-Bendit. Il s'en plaint à son collègue de l'Intérieur qui lui propose un marché : le frondeur sera éloigné du territoire dès qu'il ne sera plus protégé par la franchise universitaire ; il doit donc être exclu de l'université. Le doyen Grappin est accablé. L'exclusion d'un étudiant est une procédure longue qui ne répond en rien à l'urgence du moment et risque d'aggraver la situation. Devant le Conseil de faculté extraordinaire du mardi 26 mars, il promet des sanctions contre les plus virulents. Cependant, il hésite sur la conduite à tenir pour ramener l'ordre. Il est tiraillé entre les pressions du ministre et des professeurs partisans du retour aux châtiments corporels, et celles des enseignants qui ne cachent pas leur sympathie pour les gauchistes. Que peut-il bien faire pour les calmer ? Que peut-il bien faire, lui, l'homme de gauche, le progressiste, le germaniste distingué, le doyen de la faculté des lettres de Nanterre, contre la société de consommation, la politique américaine au Vietnam ou la répression menée contre les étudiants polonais ? Fermer la faculté ? Il espère que les « 142 » renonceront à leur journée-débat et compte sur la mobilisation des « étudiants sérieux » pour leur faire pièce. Les Fnéfistes n'ont pas attendu de recevoir le soutien intéressé du doyen et de nombreux professeurs pour être à la manœuvre. Ils se voient en contre-révolutionnaires depuis que leurs adversaires ont pris leur Bastille. Le mercredi 27 mars, des délégués des secteurs lettres et langues demandent qu'un « dialogue fructueux » puisse se tenir avec les autorités universitaires « sans qu'un groupe de "contestateurs" impose ses vues par la violence ». Insigne privilège, l'administration les autorise à diffuser leur écœurement par haut-parleurs. Le visage de Patrick Buisson s'éclaire, ses yeux se plissent, ses lèvres s'étirent au moment où la dénonciation du « sabotage systématique pratiqué par des déséquilibrés et des malades mentaux » résonne dans la faculté. Dans la foulée, il distribue avec les Fnéfistes un tract exhortant les étudiants à venir s'opposer à la journée d'occupation.

Rendez-vous est donné le vendredi 29 mars, pour un face-à-face dans le hall du bâtiment C. Loin de refroidir les « 142 », cette réaction les galvanise : ils se préparent à la rencontre en s'entraînant avec des appariteurs et des Fnéfistes isolés, qui reçoivent de percutants aperçus de leur état d'esprit. Dépassé, le doyen Grappin se résout à employer les grands moyens. Le jeudi 28 mars, en toute fin d'après-midi, il annonce au micro la suspension de tous les cours pour les deux jours suivants, et demande aux étudiants d'évacuer la faculté. En colère, les agitateurs se replient dans leur bastion de la Cité universitaire ; les Fnéfistes rentrent chez eux ; la masse s'apprête à profiter d'un long week-end. Nanterre est provisoirement fermée.

Le lendemain matin, les contestataires investissent le foyer F de la résidence ; Daniel Cohn-Bendit improvise une AG et prévient crânement que la journée de débat n'est que reportée au mardi suivant. En attendant, il propose d'organiser, comme prévu, les commissions de travail… sur les pelouses du campus. Cette journée au soleil lui laisse néanmoins un goût d'inachevé ; il est en mal de provocation. Un meeting du Mouvement d'action universitaire (MAU) a été interdit à la Sorbonne : Dany et ses partisans viennent s'y délocaliser pour offrir une démonstration de leur savoir-faire. Les accès au grand amphithéâtre Richelieu sont fermés ? Il suffit de les ouvrir avec de fausses clés. Et d'occuper.

Durant le week-end, le doyen Grappin réfléchit avec son Conseil à la manière de soigner cette manie de la réquisition. Il souhaite que la police surveille les voies du campus pour protéger le personnel, et décide de mettre une salle à la disposition de toutes les organisations étudiantes pour leurs réunions. L'idée de devoir demander l'autorisation ou de faire ce qu'on leur demande paraît tout à fait saugrenue aux « trublions ». « Nous ne voulons pas la permission d'être libres, nous voulons être libres sans permission », tonnent-ils. Le mardi 2 avril, ils s'installent dans l'amphithéâtre B1, jaugent la salle et la foule qui s'y presse. Ils étaient une dizaine à la rentrée de 1967, une cinquantaine en janvier après l'esclandre à la piscine, près de cent cinquante pour occuper la tour de l'administration. Ils sont, ce jour-là, un millier. Plus besoin de se compter. Le Mouvement des 142 a laissé place au Mouvement du 22-Mars, en référence à Fidel Castro parti, lui aussi, à l'assaut d'une citadelle. Les étudiants se bousculent, s'entassent, s'empilent pour voir Daniel Cohn-Bendit dans ses œuvres. Pour eux, c'est l'insurrection heureuse, le chambardement festif, la révolution dans un éclat de joie. Dany ou l'homme qui fait se lever les masses et se rasseoir les prédicants. Chut, les doctrinaires ! Taisez-vous, les récitants ! Le spectacle commence. Mais la salle ne peut pas accueillir tout le monde. À défaut de pouvoir pousser les murs, on pousse les portes du grand amphithéâtre voisin, le B2, pour en prendre possession.

Les Fnéfistes en profitent pour s'engouffrer dans la salle, dorénavant libre. Hors de question de laisser aux « malades mentaux » le monopole du braillement. Meeting, contre-meeting. Eux aussi affichent leur force : ils sont huit cents étudiants et professeurs à exiger la fin du désordre et la mise au pas des agitateurs.

Daniel Cohn-Bendit s'apprête à prendre la parole lorsque l'enceinte est plongée dans le noir. Cris, trépignements. Dany rugit : « Si dans dix minutes le courant n'est pas rétabli, nous tiendrons le meeting dans la salle du Conseil de faculté. » La lumière revient. Les disciples s'inclinent devant la magie du démiurge démoniaque. Il n'est pas près de se soumettre : « Il n'y aura désormais plus jamais de réunions d'information, mais uniquement des réunions politiques à l'intérieur de la faculté. [...] Le doyen demande que le travail universitaire et la préparation aux examens puissent se dérouler normalement. Nous disons non ! » Cohn-Bendit cède la parole au président du SDS, Karl Dietrich Wolff, qui incite les Nanterrois à donner naissance, comme à Berlin, à une université critique. Il est temps de se répartir en commissions pour passer de la critique de l'université à la critique de la société.

Ni Patrick Buisson, ni Didier Gallot, ni aucun autre apolitique ne font jaillir la lumière ou ne façonnent un monde nouveau. À

Nanterre, les Fnéfistes se veulent le nombre et le droit. Forts de l'appui des autorités, ils réclament l'exclusion des provocateurs, et rêvent de s'imposer comme la principale organisation de la faculté. Toujours aux premières loges, jamais en première ligne, Patrick Buisson jubile. Il regarde Didier Gallot sur l'estrade partir en campagne : « Il faut montrer qu'il n'y a pas seulement des étudiants barbus et chevelus qui veulent éviter les examens de fin d'année. La montée de l'agitation depuis quinze jours n'est pas fortuite, elle est la même sur l'ensemble de l'Europe. Les "Enragés" demandent la liberté d'expression. Leur liberté d'expression, c'est la dictature ! Vous apportez la preuve que la masse des étudiants n'est pas derrière trois cents agitateurs. »

Quelque chose ne tourne pas rond. Les apolitiques s'énervent alors que les « enragés » du Mouvement du 22-Mars travaillent. Mais il n'y aura aucun incident, chacun restera dans son coin. Il n'y aura même plus de troubles pendant quelques jours : les vacances de Pâques approchent.

Les Fnéfistes devaient profiter des congés pour réviser leurs examens, ils préfèrent débattre de leur stratégie face à la « montée des périls ». Sur le long terme, ils continuent de croire à l'efficacité de leur positionnement : risette aux autorités, grimace aux « bolchos ». Pour l'heure, ils aimeraient répandre la terreur chez leurs adversaires et retourner l'agitation contre les agitateurs. L'idéal serait également d'affoler la masse des étudiants, afin de contraindre l'administration à prendre des mesures radicales. En résumé, ils veulent faire un coup. C'était déjà l'esprit de leur appel à s'opposer à la journée d'occupation du 29 mars. Ils désirent aller plus loin. Sans s'exposer, toutefois. Agir dans l'ombre. Il n'est pas défendu d'avoir peur. Les Fnéfistes n'envisagent qu'une solution : alerter la maison mère ; actionner le bras armé ; sonner la mobilisation générale des prétoriens. Ils s'en vont au Relais Odéon voir les copains. Patrick Buisson reste en retrait. Ce n'est pas son choix. Il aurait aimé défendre le plan du syndicat auprès des pontes d'Occident. La stratégie est son fort, la persuasion, sa plus grande arme. Mais le mouvement n'a pas levé l'interdit le concernant. Il doit s'effacer.

Les Occidentaux n'ont de toute manière pas besoin d'être convaincus puisqu'ils n'ont jamais accepté d'être refoulés de Nanterre. Ils savent que la décision du doyen Grappin d'accorder une salle aux organisations étudiantes leur donne la possibilité de faire leur grand retour et d'appliquer leur ligne politique favorite : « Bolchos, ne vous cassez pas la tête ! Occident s'en charge. » L'initiative est osée, probablement vouée à l'échec, il faut donc la tenter. Au nom du mouvement Occident, Philippe Asselin demande par écrit au doyen Grappin à pouvoir bénéficier de cette disposition pour tenir un meeting. Le 18 avril, l'assesseur du doyen, Jean Beaujeu, lui répond qu'il n'a pas trouvé son nom dans la liste des étudiants inscrits à la faculté des lettres. Et l'invite à désigner un étudiant de Nanterre qui portera la requête de son organisation, lors de la prochaine réunion d'attribution de la salle, le 24 avril. Une porte s'entrouvre, un espoir naît.

Les gauchistes sont sous le choc. À Berlin, le jeudi 11 avril, un déséquilibré d'extrême droite a tenté de tuer Rudi Dutschke. Rudi, le meilleur d'entre eux, un modèle de révolutionnaire. La douleur unit tous les extrémistes de gauche et décuple leur rage. Deux jours après l'attentat, ils sont plusieurs centaines à se regrouper devant l'ambassade de la RFA, à Paris. Cela n'est pas suffisant, la colère ne redescend pas. Alors, tous les groupuscules se retrouvent dans les locaux de l'UNEF et arrêtent le principe d'une grande action unitaire. Pour la première fois le vendredi 19 avril, trotskistes, prochinois et membres du Mouvement du 22-Mars manifestent ensemble. Pour la première fois, ils recherchent délibérément l'affrontement avec la police.

Les gauchistes en veulent à la terre entière ; ils pointent du doigt les nombreux responsables de la tentative d'assassinat. Tous les pousse-au-crime qui ont instillé la haine de Rudi dans l'opinion et dans le cerveau du meurtrier : le « Grand Capital », la société bourgeoise, les gouvernements conservateurs et Axel Springer, le magnat de la presse allemande qui menait campagne depuis des mois contre le contestataire berlinois. Mais ils ont également un autre ennemi dans leur viseur. Bien français celui-là. Rien qu'à eux. Au Quartier latin, la réaction porte un nom : Occident. Dans un tract, le groupuscule d'extrême droite se réjouit de l'attentat, œuvre d'une justice immanente, et prévient tous « les imitateurs de Rudi le Rouge » qu'ils trouveront en face d'eux ses militants « résolus à barrer la route à la subversion ».

Il est temps de faire le ménage, de liquider la bête immonde. Le dimanche 21 avril, l'UNEF tient une assemblée générale extraordinaire dans une annexe de la Sorbonne. À l'ordre du jour figure le remplacement de son président démissionnaire, Michel Perraud ; Jacques Sauvageot, le vice-président, est pressenti. Le bureau doit aussi régler le sort des « majos », ces associations modérées d'opposition dont plusieurs, comme la Fédération des étudiants de Paris, sont manœuvrées en sous-main par Occident. Les syndicalistes de gauche et d'extrême gauche veulent rester entre eux et les exclure. L'UNEF pluraliste et légaliste a vécu. Un commando armé d'Occident surgit en fin de soirée pour marquer violemment sa réprobation, et se heurte au service d'ordre des trotskistes lambertistes. Le lendemain, les Occidentaux finissent de se défouler en mettant à sac le siège du Comité Vietnam national, rue Étienne-Marcel.

Dorénavant, les deux camps se rendront coup pour coup. Aucune attaque ne restera impunie. Le cycle infernal des représailles est enclenché, la guerre totale est déclarée. Nanterre sera-t-elle le prochain champ de bataille ?

Les justiciers achèvent leur déjeuner, saisissent les manches de pioche et se dirigent au pas de charge vers le local syndical, situé au quatrième étage du bâtiment B. Mardi 23 avril, ils sont décidés à faire tomber les masques. Vengeance. Sur la porte de la permanence, ils inscrivent un définitif « FNEF = Occident ». Ils ont mis du temps à le comprendre. Quinze Fnéfistes sont retranchés dans le local. Ils entendent très distinctement leurs assaillants dresser la liste des sévices qui les attendent, ils les écoutent sans broncher épuiser les synonymes questionnant leur virilité. Ils composent alors le numéro d'urgence que les autorités gaullistes leur ont donné : ils les supplient de leur envoyer des secours armés. Au bout du fil, Arlette de La Loyère, la fidèle collaboratrice d'Alain Peyrefitte, est ennuyée. Elle ne leur adresse finalement que sa sympathie. Le siège se prolonge, les gauchistes opèrent un retrait tactique. Les Fnéfistes tentent de s'échapper discrètement. Un par un, en file indienne. Ils tombent dans le piège tendu par leurs ennemis : « Arrêtez ! On n'a rien fait. » Certains jouent les apolitiques jusqu'au bout, quand d'autres répondent tant bien que mal avec leurs poings. Il y avait longtemps que les crânes n'avaient pas autant saigné à Nanterre. Bilan : trois blessés sérieux, dont l'infortuné Yves de Kerautem, qui s'est pris un extincteur sur la tête avant de partir se faire recoudre à l'hôpital, puis se plaindre au commissariat ; la permanence de la Corpo-Lettres est ravagée.

Occident réplique sur deux fronts, le jour suivant. Le mouvement choisit un étudiant nanterrois discret, Gilles Néret-Minet, pour le représenter lors de la réunion d'attribution de la salle réservée aux meetings politiques. Dans la soirée, Occident envoie quelques-uns de ses plus incivils militants refaire bruyamment la décoration du siège parisien de l'UNEF, rue Soufflot, à l'aide de grenades d'entraînement.

Daniel Cohn-Bendit ne désarme pas non plus. Il a communiqué ses directives au doyen Grappin pour organiser en fin de semaine un meeting général dans l'un des plus grands amphithéâtres de la faculté. Il se démène pour que l'agitation ne retombe pas avec la période des examens, qui pourraient être boycottés. Le jeudi 25 avril, il fait sa tournée habituelle des salles de TP pour racoler les étudiants dans les commissions du 22-Mars ou dans les multiples débats organisés dans le grand hall, tapissé de portraits géants de Mao, de Trotski, de Marx ou du « Che ». Dans l'une d'entre elles, un jeune homme bien mis, costumé, cravaté, rasé de près et raie sur le côté, ne laisse pas Dany faire son numéro. Il lui rappelle vivement que les universités sont faites pour travailler, et lui indique la sortie. Hubert Jouan de Kervénoaël étudie la sociologie et milite, entre autres, à la FNEF. Mais il ne faudrait pas croire qu'il apostrophe l'horripilant Cohn-Bendit au nom de la Corpo-Lettres : « Non, non, non ! Non, parce qu'on pourrait penser que ce syndicat regroupe des gens d'extrême droite alors qu'en réalité c'est un syndicat qui a pour objectif les intérêts directs des étudiants… »

Cohn-Bendit dévisage l'insolent et rend son verdict : « Fasciste ! » Le militant est promis à la peine réservée à son engeance. Lorsque le Fnéfiste quitte le cours, des nervis mettent la sentence à exécution. L'apolitique est rossé, puis délesté de sa serviette et de son portefeuille. Il ne doit son salut qu'à l'intervention des appariteurs.

Patrick Buisson et Didier Gallot fulminent ; leur camarade amoché annonce son intention de porter plainte. Les deux inséparables approuvent et se concertent rapidement. Ils cherchent le meilleur moyen de récupérer politiquement cette énième agression. En tant que président de la Corpo-Lettres FNEF, Didier Gallot fonce dans le bureau du doyen Grappin. Il l'informe de la plainte à venir et lui rappelle que toutes les précédentes sont restées sans effet. Il le conjure d'intervenir. La présence de son syndicat à Nanterre et l'intégrité physique de ses militants sont en jeu, affirme-t-il, d'un air grave. Un peu plus tard, il téléphone de nouveau au cabinet du ministre de l'Éducation nationale. Arlette de La Loyère lui tient enfin des propos constructifs : Alain Peyrefitte pense avoir trouvé le moyen d'en finir avec Daniel Cohn-Bendit et consorts. Il a lu le premier bulletin du Mouvement du 22-Mars, ironiquement numéroté « 5494 bis ». Vingt pages exposant les objectifs de la coalition et la recette approximative du cocktail Molotov en feu d'artifice, façon comme une autre de forcer les portes blindées qui protègent dorénavant le bâtiment administratif. Deux plaintes sont déposées : la première, en fin de journée, par Hubert de Kervénoaël, encadré par Gallot et Buisson, contre Daniel Cohn-Bendit pour « menaces verbales de mort sous condition, vol et coups et blessures volontaires » ; la seconde, le lendemain, par le recteur de l'Académie de Paris, Jean Roche, contre X pour « provocation publique non suivie d'effets à incendie volontaire ».

Ce même jeudi 25 avril, celui que l'on surnomme le « rouquin sublime » ignore tout des funestes plans qui se trament dans son dos. Avant la grande assemblée du lendemain, il veut accueillir, à sa façon, le député communiste Pierre Juquin, invité à débattre sur un thème qui fait encore rire les mauvais esprits : « Les solutions communistes aux problèmes de l'université ». Dany prévoit d'interpeller le membre du comité central du PCF sur le traitement réservé par le journal *L'Humanité* à la révolte nanterroise. Il n'en a pas le temps. Arrivé à 17 heures par la grande porte sous les « Judas Juquin ! », le député repart cinq minutes plus tard par la petite, sous les « Juquin, petit lapin ! ». Le coco est chassé par des maos. Laurent Schwartz, convié par le Cercle d'études politiques, a plus de chance. Dany parvient à éloigner de la tribune des trotskistes lambertistes du Comité de liaison des étudiants révolutionnaires (CLER) pour que l'un des plus grands mathématiciens français puisse s'exprimer sur la fonction sociale de l'université. Les gauchistes ont davantage d'indulgence pour l'un des fondateurs, aux côtés de Jean-Paul Sartre ou de Pierre Vidal-Naquet, du Comité Vietnam national. Cela ne les empêche pas de le malmener et de le traiter de « salaud » pour s'être prononcé en faveur de la sélection à l'université.

À Nanterre, une semaine normale d'avril 1968 prend fin.

Dany est satisfait. Huit cents étudiants ont assisté à l'assemblée générale du Mouvement du 22-Mars, dans l'amphithéâtre B1, renommé « amphithéâtre Che Guevara », et les prochinois les plus intraitables ont fait pénitence. Roland Castro, étudiant aux Beaux-Arts, est venu porter l'autocritique de la direction de l'UJC(ml) : « Nous avons décidé d'être comme des poissons dans l'eau du mouvement de Nanterre. » Cohn-Bendit réfléchit déjà à la prochaine étape : des « journées d'étude sur l'impérialisme », les 2 et 3 mai. Ces pensées ne le quittent pas à l'aube du samedi 27 avril alors qu'il se presse pour aller donner une interview dans les studios de France Inter. Il ne voit pas arriver les inspecteurs qui le cueillent à proximité de son domicile parisien. Retour à Nanterre, au commissariat cette fois. Les policiers, redoutant une intervention de ses camarades, le transfèrent à Puteaux où il est interrogé sur l'agression de Kervénoaël. Oui, il a le verbe haut et le tempérament volcanique. Non, il ne l'a pas frappé ou menacé de mort s'il s'aventurait à remettre les pieds sur le campus. Oui, il est intervenu dans la bagarre, mais uniquement afin de le protéger. Tout le monde sait à Nanterre qu'il n'est pas partisan de la violence. L'interrogatoire se poursuit sur la méthode de fabrication du cocktail Molotov, diffusée dans le bulletin du Mouvement du 22-Mars. « C'est un canular ! » assure Cohn-Bendit, rigolard. Une perquisition menée à son domicile ne donne pas plus de résultats. Il est conduit au 36 quai des Orfèvres pour être confronté à Kervénoaël. C'est parole contre parole. Dany est relâché en fin de journée. La machine répressive de l'État bourgeois ne se montre pas à la hauteur de la réputation que lui font les gauchistes, même si deux informations judiciaires sont confiées, pour la forme, au juge d'instruction Jean Sablayrolles. Le ministre de l'Intérieur, appuyé par son collègue de la Justice et le Premier ministre Georges Pompidou, préfère encore temporiser. Le gouvernement ne souhaite pas « se donner le ridicule » d'incarcérer un étudiant pour une facétie. S'agissant de l'agression, il juge les preuves insuffisantes et les témoignages peu probants. Il considère qu'il revient à la juridiction universitaire de se prononcer sur un incident survenu dans l'enceinte d'une faculté. Pas d'expulsion sans exclusion. Dans l'attente, il est inutile de risquer un embrasement de Nanterre ou du Quartier latin. L'annonce de la libération de Cohn-Bendit est opportunément confiée à la rédaction de la première chaîne de l'ORTF pour les actualités télévisées du soir.

Le ministre de l'Éducation Alain Peyrefitte tutoie le *nervous breakdown*. Patrick Buisson, Didier Gallot et les Fnéfistes sont atterrés. Ils n'ont pas ménagé leur peine ni leur imagination pour charger Cohn-Bendit auprès de la police. Un commissaire continue d'ailleurs de leur certifier : « Ne vous inquiétez pas ! Dans quelques jours, il sera expulsé. » Mais ils ne veulent plus se contenter de promesses ; ils comptent désormais sur la bonne nouvelle qui leur est parvenue la veille : le doyen Grappin a autorisé Occident à tenir un meeting dans sa faculté, le vendredi 3 mai. Les Fnéfistes s'interrogent tout de même sur les signaux contraires qu'ils perçoivent. Le pouvoir laisse sortir Cohn-Bendit, et l'administration laisse entrer la formation la moins conciliante à Nanterre. Des lignes politiques opposées s'affronteraient-elles au sein de l'État ? Certains auraient-ils décidé de jouer avec le feu ? Pendant le week-end, une main anonyme lève les dernières ambiguïtés en annonçant, sur un mur de la faculté, le programme à venir : « Après l'agression haineuse d'un de ses militants, Occident condamne l'Israélite Cohn-Bendit à mort. »

C'est leur fief, ils y font régner leur loi. Les Occidentaux pensent être les maîtres du Quartier latin. Ils voient pourtant cette mainmise leur échapper à mesure que l'agitation gauchiste progresse. Afin de rompre leur isolement, ils rejoignent le Front uni de soutien au Sud-Vietnam, fondé en janvier 1968 par l'une de leurs vieilles connaissances, Roger Holeindre. Comme aux plus grandes heures de la campagne Tixier-Vignancour, une trentaine d'associations d'extrême droite se sont rassemblées autour de la défense d'une même cause : montrer le « vrai visage du drame vietnamien » en dénonçant les atrocités commises par les Vietcongs. C'est d'ailleurs l'objet d'une exposition de photographies, organisée le dernier week-end d'avril, au rez-de-chaussée de l'hôtel particulier de la Société d'encouragement pour l'industrie nationale, place Saint-Germain-des-Prés. Des militants d'Occident assurent la protection des lieux. Depuis plusieurs mois, les escarmouches se succèdent à un rythme effréné avec les prochinois qui contrôlent l'UJC(ml) et les Comités Vietnam de base : raffut lors d'un meeting à la Mutualité ; portrait de Mao Tsé-Toung brûlé à proximité du consulat de la République du Vietnam ; attaque de la librairie maoïste, rue Gît-le-Cœur.

Les prochinois ne le pardonnent pas. Dimanche 28 avril, les Groupes de protection et d'autodéfense, leur branche paramilitaire, prennent position à l'heure du déjeuner autour du lieu de l'exposition. Ils ont pour mission de châtier les « fachos » et de faire cesser leur propagande. L'opération réunit plus d'une centaine de militants ; elle prévoit de piéger les occupants à l'intérieur du local et de les écraser par le nombre. L'assaut est mené avec la plus grande rigueur et la plus grande sauvagerie. Il ne laisse effectivement aucune chance à Roger Holeindre et à la quinzaine d'Occidentaux présents, y compris des filles. L'exposition est saccagée, les têtes sont fracassées, la recette est volée. Occident diffuse aussitôt un communiqué, rédigé avec la modération qui le caractérise : « Puisque les marxistes veulent la guerre, ils l'auront. Tous nos militants sont mobilisés. La police a laissé faire les provocateurs marxistes. Tant pis pour elle. Elle n'aura qu'à ramasser les blessés qui vont s'allonger dans les rues du Quartier latin. La chasse aux bolcheviks est ouverte, nous les écraserons. » Les Occidentaux tâchent de faire bonne figure, mais ils ont été défaits. Pis, ils ont été humiliés. Leur réputation tenait à leur folle témérité dans les combats de rue et à la crainte irraisonnée qu'ils inspiraient à leurs ennemis. Cette peur s'est envolée.

Dany pavoise. Insaisissable Dany. L'adversité glisse sur lui, la répression se fracasse sur son rire. À la Sorbonne, le Mouvement d'action universitaire salue sa libération et lui rend hommage en affichant la recette détaillée du cocktail Molotov. À Nanterre, ses camarades lui réservent un accueil triomphal. Le trublion n'a pas achevé son labeur. Mardi 30 avril, il réfléchit à haute voix devant un millier d'étudiants. Des membres du Mouvement du 22-Mars, partis tracter à la sortie d'un lycée de Nanterre, ont été arrêtés. Il balaie l'idée d'aller exiger leur libération auprès des policiers. Il ne veut pas passer sa vie dans les commissariats. Mais les professeurs, convoqués pour un Conseil de faculté en fin de journée, peuvent parfaitement s'en charger. Heureusement pour eux, les militants sont libérés dans l'après-midi.

Le Conseil est houleux : les positions se sont durcies. La majorité du corps professoral réclame des sanctions ainsi qu'une nouvelle suspension des cours ; elle s'oppose farouchement à la minorité d'enseignants entraînée par Alain Touraine, favorable au dialogue avec les perturbateurs. Même parmi ses semblables, le doyen Grappin paraît débordé. Il annonce des poursuites disciplinaires, promet la tenue des examens malgré le boycott, et fait voter à la quasi-unanimité le principe de la création d'une force universitaire du maintien de l'ordre. Le ministre Alain Peyrefitte engage son administration dans une course contre la montre : « Il faut tenir jusqu'à la fin de l'année universitaire. » Les arrêtés déférant Daniel Cohn-Bendit et sept autres « enragés » – dont son ami Jean-Pierre Duteuil, et René Riesel – devant la Commission des affaires contentieuses et disciplinaires de l'université de Paris ont enfin été signés, les lettres recommandées de convocation expédiées. Les mis en cause doivent se présenter le lundi 6 mai au matin à la Sorbonne pour répondre de « coups, blessures, et d'invectives » à l'égard de professeurs et de conférenciers. Ils connaîtront le jugement définitif quatre jours plus tard. Alain Peyrefitte prend ses précautions en s'assurant de l'issue de la procédure auprès des membres de la Commission. Dès le 11 mai, Cohn-Bendit ne sera plus protégé par son statut d'étudiant et pourra être expulsé. Le ministre s'attend à de la résistance et envisage de requérir l'intervention de la police. Viendra ensuite le temps de nettoyer tous les foyers d'agitation, à commencer par la résidence universitaire de Nanterre qui sera fermée et réaffectée à un autre usage. La donne est en train de changer ; le mot d'ordre au sein du gouvernement est dorénavant la fermeté. Les autorités ont reçu un soutien inattendu et de poids. Le Parti communiste, qui n'entend pas se laisser déborder sur sa gauche, n'oublie pas les mauvaises manières faites à Pierre Juquin ; il prévoit de publier une violente charge contre les gauchistes.

De la fermeté ? Occident ne demande que ça. Le mouvement ne finasse pas, n'échafaude pas des plans en plusieurs parties, ni ne se lance dans des calculs savants afin d'étouffer l'agitation tout en maintenant la paix dans les facultés. Les Occidentaux veulent cogner. Dur. Vite. Fort. Régler une bonne fois pour toutes le cas des « bolchos ». Leur ambition s'arrête là. Des messagers ont été envoyés dans tout Paris pour battre le rappel des troupes. Dans leur croisade, ils ont sollicité tout ce que le petit milieu d'extrême droite compte dans le genre gros bras, spécialistes de l'étourdissement et orfèvres du traumatisme crânien. Roger Holeindre et les associations membres du Front uni de soutien au Sud-Vietnam ont été priés de se joindre à eux et de mettre à disposition leurs réseaux de « paras » et de mercenaires, anciens des guerres d'Indochine et d'Algérie.

Les gauchistes les ont attaqués par surprise, eux aussi emploieront la ruse. Façon Sun Tzu, pas Clausewitz. Debout les proscrits de la terre ! À bas les damnés de Nanterre ! Tous les coups sont permis contre l'ennemi. Le meeting du 3 mai n'est plus un prétexte, c'est un leurre. Le mouvement déferlera sur Nanterre dès ce mardi 30 avril. Occident a désigné le jardin des Tuileries comme point de ralliement. Mais tout doit être annulé à la dernière minute. Le lieu de rendez-vous grouille de policiers ; Occident n'est pas parvenu à se débarrasser des taupes des Renseignements généraux. Le raid doit être reporté, et la guerre psychologique maintenue. Au Quartier latin, les Occidentaux impriment un tract intitulé « Tous vendredi 3 au meeting », qu'ils diffusent à grande échelle : « Après les agressions répétées, individuelles et collectives, dont sont constamment victimes les militants de notre mouvement, Occident a décidé en accord avec tous les Nationalistes, de faire cesser PAR TOUS LES MOYENS l'agitation bolchevique dans les facultés. Nous montrerons vendredi 3 que nous sommes capables de nous opposer à la terreur rouge et de rétablir l'ordre avec les moyens qui s'imposent. Devant les carences de l'"administration", du ministère, et des forces de l'ordre, les étudiants, impuissants, ont perdu grâce aux agitateurs apatrides une année : IL N'EST QUE TEMPS DE RÉAGIR AVEC LA PLUS GRANDE ÉNERGIE ! »

De la République à la Bastille, on reprend les bonnes habitudes. Les militants de la CGT et du PCF célèbrent la fête du Travail lors du premier défilé autorisé depuis le 1er mai 1954. Le cortège est discipliné, compact. Des drapeaux noirs et des drapeaux rouges essaient de se fondre dans la masse en marche : le Mouvement du 22-Mars, la JCR et les prochinois de l'UJC(ml) veulent se joindre aux travailleurs. Ils se heurtent au service d'ordre de la CGT. Les prochinois multiplient les déclarations enflammées à destination de la classe ouvrière : « Allez, les prolétaires ! Unissons-nous ! » Ils ont apporté des preuves de leur amour : un calicot et le premier numéro de leur nouveau journal, *La Cause du peuple*, dirigé par Roland Castro. Les cégétistes restent inflexibles, ce qui n'étonne finalement que ceux n'ayant jamais cherché à négocier avec eux. Les étudiants se font secouer par les ouvriers. Cela ne sera pas leur dernier frisson de la journée.

Les gauchistes lisent et relisent fiévreusement le tract d'Occident qui a atterri entre leurs mains. La rumeur disait donc vrai, la vermine fasciste s'invite à Nanterre. Les bruits qui circulent sont encore plus inquiétants : Occident ne viendrait pas seul. Le mouvement aurait lancé une mobilisation nationale, enrôlé d'anciens militaires et pourrait attaquer à tout moment. Occident, chez eux ! Avec des « paras » des guerres coloniales ! Pendant leurs journées anti-impérialistes ! Ce n'est plus de la provocation, c'est un franchissement du 17e parallèle. La guerre du Vietnam… en banlieue parisienne.

Les chefs prochinois, Robert Linhart en tête, débarquent à la résidence de Nanterre. Ils ont fait le trajet avec leurs adeptes depuis leur quartier général de l'École normale supérieure, rue d'Ulm. « Poussez-vous, les petits-bourgeois ! », les maos sont là. Ils ont vaincu Occident une fois, ils le vaincront encore. Les experts en guerre du peuple passent une bonne partie de la nuit à organiser la défense de la faculté. On pensait qu'ils se contentaient de prôner la révolution dans les usines, on ignorait leur talent pour la tactique militaire.

Au petit matin, un incendie ravage le bureau de la Fédération des groupes d'études de lettres (FGEL) – qui a engendré le Mouvement d'action universitaire – à la Sorbonne. Sur un mur noirci du local, les pompiers découvrent une croix celtique. Occident se prépare aussi.

Comme tous les jours, Patrick Buisson prend son train à la gare Saint-Lazare. Ce jeudi 2 mai, il est gagné par la fébrilité que l'on éprouve avant les grands événements. Les « malades mentaux » vont bientôt recevoir la fessée. Il pénètre dans le campus, menton relevé et torse bombé. Content, confiant. Pour quelques instants. À l'entrée du bâtiment principal, son regard s'assombrit. Une banderole a été accrochée au-dessus des portes battantes : « Fascistes échappés de Diên Biên Phu, vous n'échapperez pas à Nanterre ! » Quelques mètres plus loin, d'autres mots de bienvenue : « Paras battus en Indochine, en Algérie. Ça va recommencer !... » ; « Les fascistes prétendent envahir Nanterre » ; « Vietnam, un exemple ». Cela se présente mal. Il n'a encore rien vu.

Les prochinois transforment Nanterre en camp retranché selon un plan extrêmement précis : la chaufferie pour « base rouge » ; des guetteurs postés sur les toits ; des patrouilles aux abords du campus ; des pièges partout. Les fascistes sont vaincus d'avance. C'est implacable, inéluctable. Inscrit au tableau noir. Les poteaux télégraphiques situés sur la route s'abattront sur le cortège de voitures ; des tranchées creusées à l'entrée du complexe universitaire et arrosées d'essence s'enflammeront sur leur passage ; les survivants seront noyés sous une pluie de projectiles. Les gardes rouges s'activent pour donner corps à cette vision enchanteresse. Une équipe revient du bois de Boulogne avec les branches d'arbre nécessaires à la fabrication des lance-pierres, pendant qu'une autre part chercher des cailloux et des boulons dans les chantiers voisins. Dans un coin, des ingénieux testent l'efficacité d'une curieuse catapulte. Tendue sur les pieds d'une table renversée, une chambre à air tente péniblement de propulser des briques au-delà d'un mètre. Les militants ne comprennent pas. Les étudiants de l'université Beida de Pékin étaient pourtant parvenus à faire fonctionner cette machine, estampillée 100 % Révolution culturelle. La faute au matériel français, réactionnaire probablement.

Les hommes du 22-Mars et les trotskistes de la JCR observent le manège qui dure toute la matinée. Leurs index tapotent contre leurs tempes pour signifier que les plus brillants esprits peuvent aussi être en proie au délire. Ils demandent aux philosophes de la rue d'Ulm de cesser de vouloir s'occuper de choses sérieuses et de partir. Vexés, ces derniers quittent les lieux en remportant leur arme la plus dangereuse, le *Petit Livre rouge*. Les Chinois dégagés, place aux fantasmes des prétendus guérilleros ! Le « Che » n'est pas mort en octobre 1967 dans les montagnes boliviennes. Le voilà fumant le havane en compagnie de Fidel Castro et des Barbudos sur les toits de Nanterre. Il attend les « fachos » d'Occident dans les replis d'une Sierra Maestra de béton. Mais pour l'instant, la première « journée anti-impérialiste » doit débuter. Trente étudiants envahissent le bâtiment administratif pour réclamer des salles et annoncer le programme dans les haut-parleurs. La direction refuse. Et quand la direction dit non, le Mouvement du 22-Mars hausse le ton. Il occupe. Trois cents militants s'enferment dans l'amphithéâtre B2 pour regarder des films sur la guerre au Vietnam et le Black Power aux États-Unis.

Daniel Cohn-Bendit n'a pas de temps à consacrer au ciné-club. Il a reçu sa convocation devant la commission de discipline de l'université de Paris. Il doit rameuter ses soutiens : les professeurs Alain Touraine, Henri Lefebvre ou encore Paul Ricœur lui promettent d'assurer sa défense et celle des autres mis en cause ; syndicats et groupuscules pondent tract sur tract pour appeler à une manifestation de solidarité le 6 mai devant la Sorbonne et proclamer : « Hors de Nanterre les ratonneurs ! Les commandos fascistes seront exterminés. »

À 15 heures, René Rémond, professeur d'histoire contemporaine, se présente devant les portes de l'amphithéâtre occupé pour donner son cours de propédeutique. On lui conseille de repasser. Il insiste auprès du piquet d'occupation, et prend à témoin les étudiants qui l'accompagnent. Parmi eux, Patrick Buisson, quelques Fnéfistes et des militants communistes s'allient pour contraindre les « trublions » à évacuer les lieux. Une courte mêlée et des bancs lancés à bonne vitesse dans les jambes les font changer de position. René Rémond s'en va narrer l'incident dans le bureau du doyen. Il y retrouve plusieurs collègues dont les cours ont été perturbés ; il apprend que le directeur des enseignements supérieurs du ministère de l'Éducation nationale et le recteur de l'Académie de Paris sont venus humer l'air de Nanterre. La décision est tombée peu après comme un couperet. Le doyen Grappin s'apprête à la rendre publique dans le journal télévisé de 20 heures : « Durant la journée, plusieurs cours n'ont pu avoir lieu du fait d'incidents délibérément créés et de menaces proférées envers des étudiants, des professeurs et des fonctionnaires de l'administration. [...] Les cours et les travaux pratiques seront suspendus à la faculté de lettres de Nanterre à partir du vendredi 3 mai, 9 heures, et jusqu'à nouvel ordre... »

La nuit s'abat sur la faculté. Depuis leurs postes de guet, des sentinelles fatiguées et hallucinées croient, de temps à autre, deviner le spectre d'Occident : « Ils arrivent, ils arrivent ! » Et les bâtiments de se mettre à déverser des flots de militants, armés de frondes et de gourdins, dans les allées. Mais Occident ne vient pas, Occident ne viendra pas. On ferme.

Nanterre-la-Folie. C'est écrit à l'entrée.

Combien sont-ils ? Cent cinquante, deux cents tout au plus ? Ce n'est pas la grande affluence en cette matinée du vendredi 3 mai, dans la cour de la Sorbonne. Les raisons de se mobiliser ne manquent pas avec la fermeture de Nanterre, les sanctions promises à l'encontre des camarades, l'incendie du bureau de la FGEL et les menaces d'Occident. Mais il n'y a guère que les professionnels du désordre à avoir fait le déplacement. Sont venus : Daniel Cohn-Bendit, la vedette du moment qui vante le Mouvement du 22-Mars et tente d'importer l'agitation nanterroise à Paris ; Alain Krivine, Henri Weber et les trotskistes de la JCR ; des trotskistes lambertistes ; Jacques Sauvageot de l'UNEF ; les hommes du Mouvement d'action universitaire. Pour se motiver, les gauchistes conspuent l'éditorial paru dans *L'Humanité* du jour, signé Georges Marchais, grenouille prophétique du bénitier communiste, qui s'en prend avec véhémence à l'« anarchiste allemand » et à ces « fils de grands bourgeois – méprisants à l'égard des étudiants d'origine ouvrière – qui, rapidement, mettront en veilleuse leur "flamme révolutionnaire" pour aller diriger l'entreprise de papa et y exploiter les travailleurs... ». Rien n'y fait. Cela ne prend pas, la cour ne se remplit pas. Alors chacun part se restaurer.

Le cœur n'est pas non plus à la fête rue d'Assas, à un kilomètre de là. Les Occidentaux se sont réunis dans leur antre de la faculté de droit ; ils sont fort mécontents. Ils avaient tout fait correctement, rempli les bons formulaires, demandé poliment la permission, annoncé gentiment leur venue à Nanterre. Résultat : « Sur la pression du gouvernement, le doyen, apeuré à l'idée que notre mouvement pourrait enfin s'exprimer librement, s'est résolu à prendre la seule solution qui lui restait : fermer la faculté. » Eux sont sur la ligne du journal d'extrême droite *Minute* qui recommandait, dans son édition du 2 mai, d'attraper Cohn-Bendit par la « peau du cou » pour le reconduire à la frontière : « Et si nos autorités ne s'en sentent pas le courage, nous connaissons un certain nombre de jeunes Français que cela démange d'accomplir ce geste de salubrité publique. Nous n'abandonnerons pas la rue à la chienlit des enragés. » Les Occidentaux approuvent. Ils n'ont pas entassé les arguments contondants, ni rassemblé leurs forces pour rien. Ils s'équipent, rangent leurs idées sous des casques de moto, serrent les poings et marchent en formation d'attaque en direction de la Sorbonne.

En fin de compte, seuls les Fnéfistes sont de bonne humeur. Cinq cents policiers et CRS quadrillent maintenant leur campus de Nanterre et fouillent systématiquement les personnes se présentant à l'entrée. C'est ce qu'ils voulaient. Ils espèrent que cela « va briser d'une manière définitive l'agitation », et demandent « que le conseil d'université prenne lundi des mesures énergiques vis-à-vis des meneurs du Mouvement du 22-Mars ». Pour le moment, place à la parade ! Patrick Buisson ferme la marche des Fnéfistes qui suivent, depuis les trottoirs du boulevard Saint-Michel, deux cents énervés hurlant « Ho ! Ho ! Occident » et « Tuons tous les communistes ». Derrière la cohorte, des véhicules transportent le matériel de combat, au cas où il faudrait joindre le geste à la parole.

Le meeting a repris dans l'enceinte de la Sorbonne, l'assistance est plus nombreuse. Les services d'ordre des groupuscules, venus protéger la réunion, entonnent des chants révolutionnaires. Vers 15 heures, une estafette pénètre en courant dans la cour : « Occident est là ! » Aussitôt, les fantassins entrent en action. Ils démontent des pieds de tables et de chaises pour en faire des matraques, sortent les protections et se postent à toutes les portes donnant accès à la cour. Ils attendent l'ennemi qui daigne enfin se présenter.

Dehors, le cortège vengeur arrive à la hauteur de la rue des Écoles. Les Occidentaux accélèrent le pas ; les premiers éléments sont pratiquement devant l'entrée de la Sorbonne. Personne ! Pas l'ombre d'un comité d'accueil, aucun képi à l'horizon pour leur barrer la route. Tout est étrangement calme. Ils hésitent avant de s'engouffrer dans la faculté. Et puis soudain : la charge. Le déploiement rapide des uniformes sombres et luisants jaillissant de tous les côtés. Les voltigeurs de la police semblent chercher à pousser les assaillants à l'intérieur de l'édifice. Est-ce le piège ultime, le traquenard machiavélique, l'occasion rêvée de se défaire des Montaigus et des Capulets ? Les Occidentaux se dégagent facilement en lançant des grenades d'exercice à la volée. Ils s'éparpillent dans les rues avoisinantes en ayant le sentiment diffus d'avoir participé à une comédie écrite à l'avance. Ils ont connu des affrontements autrement longs et musclés avec les policiers.

Le recteur de l'Académie de Paris, Jean Roche, n'a pas encore joué sa partition. Lorsqu'il a vu arriver Daniel Cohn-Bendit et les Nanterrois dans la matinée, il a pris peur et demandé à Maurice Grimaud, le préfet de police de Paris, de se tenir prêt à intervenir. Avec Occident rôdant à l'extérieur de la Sorbonne et les gauchistes transformant sa cour en forteresse, le moment est venu. Les représentants des groupuscules lui font savoir qu'ils refusent de partir tant que la menace fasciste persistera. Le recteur décide de fermer les amphithéâtres et d'évacuer les étudiants qui viennent grossir les rangs des contestataires. Il décroche son téléphone pour s'entretenir avec sa hiérarchie et le préfet. À 15 h 35, il rédige quelques lignes sur un morceau de papier. C'est une réquisition à l'attention du commissaire du Ve arrondissement, afin de « rétablir l'ordre à l'intérieur de la Sorbonne en expulsant les perturbateurs ». Les policiers se mettent à bloquer toutes les issues de la Sorbonne et à boucler les rues alentour. À 16 h 40, ils investissent la cour de la faculté. Le commissaire commandant l'opération somme les quatre cents personnes présentes de quitter les lieux. Les étudiants acceptent de sortir sans résistance contre la promesse de ne pas être embarqués. L'officier leur propose de les escorter jusqu'à la station de métro pour les protéger d'éventuelles agressions des Occidentaux. Une fois dehors, ce n'est pas la liberté qui les attend. Mais les « paniers à salade ». Un premier convoi de cars s'ébranle à destination des postes de police pour les traditionnelles vérifications d'identité. Sur le boulevard Saint-Michel, des attroupements se forment. À côté des badauds et des Occidentaux qui jouent les touristes se trouvent des gauchistes, des étudiants, des lycéens sortant de cours. 2000 ou 3000 personnes se pressent vers la place de la Sorbonne. La colère gronde devant le spectacle de la police intervenant dans l'enceinte d'une université et arrêtant des étudiants. Lors du départ du deuxième convoi à 17 h 15, les échauffourées éclatent. Les cars sont secoués par des manifestants : « Libérez nos camarades ! » Pour se dégager, la police tire des grenades de gaz lacrymogène. À 17 h 30, un pavé vole dans le ciel. Les forces de l'ordre chargent et matraquent tout sur leur passage, sans discernement.

Ça a débuté comme ça, ce joli mois de mai.

Cela se passe sous leurs yeux. Chez eux. Sans eux. Ils ont vingt ans et rêvent de révolution. Ils ont vingt ans et on leur vole leur rêve. C'est un traumatisme. Depuis des mois, Occidentaux, Fnéfistes et nationalistes en tout genre assistaient impuissants à la représentation de la même pièce en trois actes. Les agitateurs provoquaient, le pouvoir réprimait, de nouvelles solidarités apparaissaient et renforçaient l'agitation. Cette fois, ils n'ont plus été de simples observateurs. Ils ont pris part à ce cycle infernal, répondu à la provocation et l'ont encouragée. À Nanterre puis à la Sorbonne, ils ont permis le déclenchement de la répression, qui n'a profité qu'à leurs adversaires. Lors de l'arrestation des gauchistes le 3 mai, ils ont vu des milliers de jeunes tenter de les secourir, affronter spontanément les forces de l'ordre, tenir la rue, dresser des barricades. En l'espace de quelques heures, ils ont vu la jeunesse retrouver des réflexes venus d'autres temps, des journées de juillet 1830, des semaines de février et de juin 1848, des mois de la Commune de Paris.

Ils avaient tant attendu ce moment, l'ont tant espéré durant des années de militantisme, d'opérations commando, d'actions violentes, de noyautage de syndicats. Cela aurait dû être leur Grand Soir. Ils auraient dû être l'avant-garde. La minorité agissante entraînant dans son sillage les masses reconnaissantes. Ils auraient conduit des charges héroïques, mené des raids fulgurants. Ils auraient été à la tête d'une sublime phalange en mouvement. Avec leurs visages graves, leurs muscles tendus et puis de l'intelligence dans le regard, de la profondeur avec ça. L'élite, quoi ! Cela aurait dû être une épopée grandiose, une geste incroyable, du matériau pour l'immortalité. Le triomphe de leur volonté. Sur fond de cuivres et de percussions. Quelque chose qui a de la gueule, tout bonnement. Mais non ! C'est sale, brouillon, désordonné. La révolution des « bolchos » ? Une entreprise de réfection de la voirie, l'érection de dos-d'âne sur la chaussée, un envahissement de l'espace mural, des monômes ratés, des grèves, des occupations, des occupations et encore des occupations. C'est de l'ordre de l'ersatz, du mauvais plagiat, de la lointaine copie. Du pas grand-chose, finalement. Et pourtant, leurs ennemis réussissent là où ils n'ont cessé d'échouer, ébranlant le régime du général de Gaulle et préparant sa chute. Comble de l'horreur : dans les rues, on ne balance pas que des pavés, on balance aussi la société de papa. On s'émancipe des hiérarchies, des tutelles, et de l'ordre établi. On tue le père et avec lui toutes les figures d'autorité. Parricides et régicides à tous les étages. Fin de la liberté surveillée.

Les Fnéfistes, les Occidentaux, l'extrême droite juvénile, là-dedans ? De simples souffleurs sur braises, des laboureurs de terrain insurrectionnel, des boute-en-train d'une jument saillie par d'autres. Ils sont des vaincus parmi les vaincus, des paragraphes dans les manuels, des détails du grand tableau d'ensemble. Relégués au rang de circonstances. Cocus de l'Histoire. Comme d'hab' !

« C'est d'accord. Il peut revenir. » Didier Gallot a insisté, il en a parlé à quelques-uns des chefs du secrétariat central : Patrick Buisson est de nouveau autorisé à militer avec Occident. Par gros temps, il faut savoir se serrer les coudes et oublier les différends. Durant les événements de mai 1968, le mouvement nage en pleine confusion. Il navigue à vue. Ses membres sont divisés, partagés entre la colère de voir la situation leur échapper, la satisfaction de regarder le gouvernement se débattre avec la rue et l'envie de taper sur tout ce qui bouge. À la faveur de la nuit, plusieurs Occidentaux rejoignent discrètement les émeutiers ; il n'est pas rare d'en apercevoir quelques-uns sur les barricades de la rue Gay-Lussac. Maintien de la condition physique, plaisir de casser du flic, solidarité générationnelle, vieux fond « anar », goût du chaos, espoir d'un renversement du régime... Pour ces doux rêveurs, il existe toujours une bonne raison de se jeter dans la mêlée. Il y a également des pragmatiques, quoique en nombre plus restreint. Le désir d'éradiquer les bolcheviks autorise de menues compromissions. Des émissaires du Service d'action civique (SAC) et autres barbouzards des polices parallèles contactent les formations d'extrême droite avec des moyens de persuasion sonnants et trébuchants, le mercenariat étant une tradition solidement ancrée dans ce milieu. Pour l'aider à lutter contre la chienlit, le pouvoir négocie même une amnistie avec des anciens de l'OAS ainsi que la libération de leurs derniers prisonniers, dont le plus emblématique d'entre eux, Raoul Salan, qui sera élargi à la mi-juin.

La plupart des militants font pourtant semblant de suivre la ligne officielle d'Occident : un genre de principe de non-intervention ; un rejet égal des gaullistes et des gauchistes ; une posture « non-non », décalée et stérile. Car on peut aimer les contre-pieds et tout de même s'interroger. Le Quartier latin est à feu, à défaut d'être à sang, et les adeptes de l'action brutale passent une bonne partie de leur temps à manifester.

Patrick Buisson n'en a cure. Il est de retour parmi les siens, participe à tous les rassemblements. Il en oublie d'être prudent en ôtant provisoirement son masque déchiré d'apolitique. À Nanterre, sa tête a été mise à prix. Avec toute l'équipe dirigeante de la Corpo-Lettres FNEF, il figure en bonne place sur une liste de cibles fascistes à frictionner. Alors, autant se faire plaisir. Il se fait veilleur intransigeant lorsque Roger Holeindre lance le « Comité de vigilance de l'Étoile », en réaction à une tentative d'attentat urinaire contre la flamme de la tombe du Soldat inconnu par des gauchistes incontinents. À compter du 13 mai, il se mêle au défilé quotidien des Occidentaux et des royalistes de Restauration nationale, qui part de l'Arc de Triomphe et descend, un jour l'avenue de Wagram, l'autre l'avenue de Friedland, ou encore les Champs-Élysées. Il crie « La France aux Français » ou « Fusillez Cohn-Bendit ». Patrick Buisson est également de la manifestation du 20 mai dans le quartier de la gare Saint-Lazare où l'on ressort pour l'occasion Jean-Louis Tixier-Vignancour du placard ; il est de celle du 22 mai où les Occidentaux viennent titiller les communistes à proximité du siège de *L'Humanité*. Et puis le plat de résistance : le défilé des défilés. Le 30 mai, le peuple de droite pousse un soupir de soulagement après une grosse frayeur. Parti la veille à Baden-Baden voir le général Massu et se rassurer sur la fidélité de l'armée, le président de Gaulle est revenu pour dissoudre l'Assemblée. Des centaines de milliers de Français fêtent l'événement en remontant les Champs-Élysées. Des Occidentaux profitent de l'occasion pour faire flotter malignement des croix celtiques à côté des croix de Lorraine. En compagnie des copains, Patrick Buisson lance une quête, afin de « soutenir les vrais étudiants » et « combattre les agitateurs bolcheviques ». En quelques heures, leurs drapeaux se remplissent de pièces et de billets. Pendant que certains réfléchissent déjà aux opérations que l'argent collecté pourra financer, Patrick Buisson se réjouit d'avoir réuni assez de fonds pour se payer un Solex. Si les Français sont des veaux, les gaullistes sont, pour lui, des moutons qui ne demandent qu'à être tondus.

À la rentrée, les nationalistes tentent de reprendre leurs bonnes vieilles habitudes pour tourner la page de Mai. Le 1er octobre, les Fnéfistes de Nanterre opèrent une descente au siège de la FNEF, 120 rue Notre-Dame-des-Champs, à quelques encablures de la faculté d'Assas. Les responsables nationaux ont eu le malheur de faire des concessions à l'air du temps et d'approuver certaines revendications des émeutiers. Les Nanterrois déboulent pour les remettre dans le droit chemin. Ils les expulsent afin que ces chers dirigeants syndicalistes reprennent leurs esprits et comprennent que la FNEF doit être à la pointe de la lutte contre le marxisme à l'université. C'est un putsch ou tout comme. Assez de l'apolitisme !

Sur le boulevard Saint-Michel, les Occidentaux recommencent à se montrer. Ils entreprennent de récupérer le Quartier latin grâce aux dizaines de nouvelles recrues que le désordre a poussées dans leurs bras. Cent militants tractent régulièrement au nez et à la barbe des gauchistes qui s'appliquent, de leur côté, à reformer leurs groupuscules dissous, le 12 juin, par le gouvernement. Les commandos d'Occident s'attaquent à leurs symboles : les locaux du syndicat SNESup et du journal *Action* sont saccagés ; de nombreux lycées « rouges » sont harcelés. La réplique est d'envergure. Le 28 octobre, les cocktails Molotov pleuvent sur le Relais Odéon. Prévenus par un sympathisant infiltré dans le camp adverse, les Occidentaux échappent au brasier. Depuis le trottoir d'en face, ils regardent leur QG partir en fumée. Quelques heures après, ils font sauter la devanture de la librairie prochinoise de la rue Gît-le-Cœur.

Pour le pouvoir, il est hors de question de laisser se rejouer la guérilla qui avait déclenché les événements du printemps. Afin de stopper l'engrenage, il n'a d'autre choix que de décréter la dissolution du mouvement, le 31 octobre. Occident disparaît. La partie est terminée. Il est peut-être temps de se mettre à travailler.

CHAPITRE II

« Les enfants humiliés »

Rassemblant nos légions affligées, examinons comment nous pourrons dorénavant nuire à notre ennemi, comment nous pourrons réparer notre perte, surmonter cette affreuse calamité ; quel renforcement nous pouvons tirer de l'espérance, si non quelle résolution du désespoir.

John Milton, *Le Paradis perdu*, trad. de Chateaubriand.

Cela ne s'est pas arrangé, cela ne s'arrangera pas. Daniel Cohn-Bendit est interdit de séjour en France, mais les gauchistes sont toujours à Nanterre. Le doyen Pierre Grappin démissionne en septembre 1968 ; son successeur jette l'éponge moins d'un an après. Pour prendre la relève, l'administration choisit Paul Ricœur, un homme de dialogue, proche des étudiants et de leurs préoccupations. Avec les semeurs de troubles, le nouveau doyen doit pourtant subir, lui aussi, les insultes et les coups. À l'issue d'une semaine particulièrement éprouvante, ponctuée par le retour de la cogne et des cognes, une grève et de nombreuses dégradations, Paul Ricœur abandonne son poste en mars 1970. Nanterre-la-Rouge reste le chaudron brûlant de la sorcière qui a craché les journées de mai.

On peut aimer les principes comme Patrick Buisson et se fatiguer de militer pour témoigner. Que devient la Corpo-Lettres ? Elle est remplacée. Après le putsch manqué contre la direction de la FNEF, Patrick Buisson et Didier Gallot créent un syndicat sur une ligne conforme à leur énervement : « Contre les enragés… un seul vaccin, adhérez à la Fédération nationale des étudiants et lycéens. » La répartition des rôles ne change pas : l'un écrit, l'autre représente. Ces « arriérés et conservateurs nostalgiques » – comme ils se plaisent à se qualifier – mènent campagne contre la loi d'orientation réformant l'université du nouveau ministre de l'Éducation nationale, Edgar Faure, qui prend en compte les envies d'autonomie et de cogestion des insurgés. À Nanterre, Patrick Buisson lutte de l'intérieur en intégrant, en tant que représentant des étudiants, les nouvelles instances de délibération de l'université. À l'extérieur, il prend la rédaction en chef de l'organe de presse de la FNEL, *France-Université*, financé comme le syndicat par des mécènes intéressés : l'ancien Camelot du Roi et président de la commission de la défense de l'Assemblée nationale, Alexandre Sanguinetti, qui puise ses fonds dans le SAC, et Émilien Amaury, fondateur du *Parisien libéré*, qui se charge d'assurer l'impression de leur bulletin et les héberge dans les anciens bureaux de *L'Œuvre* et de *L'Aurore*, rue Louis-le-Grand. Et ensuite ? Plus grand-chose. Finalement, seuls les Nanterrois sont vaccinés contre l'action syndicale et politique. Ils se lassent et éteignent progressivement la FNEL. Dans un dernier sursaut d'orgueil, Patrick Buisson se fait élire délégué au conseil universitaire, à la tête d'une liste « Ordre et libertés », en avril 1970. Autant dire que son engagement ne relève plus que de l'utopie. Il ne retrouve ses anciens camarades de lutte que pour se tenir chaud dans l'adversité. La France d'après Mai 68 retire son corset, les Français se déboutonnent. On libère les mœurs, la parole, la pensée. La révolution avortée dans la rue se fraie un chemin dans les têtes. C'est l'époque de toutes les expérimentations. Par un mécanisme naturel de décompression, on s'autorise tout, y compris les plus grandes imbécillités. Mais personne ne songe à s'intéresser à l'extrême droite. Les *seventies*.

Patrick Buisson décide de se plonger dans l'étude réconfortante et stimulante de l'histoire. En 1970, il est en maîtrise et doit arrêter un thème pour son mémoire. Il ne saurait être question de choisir un sujet qu'il ne puisse regarder sans chausser les lunettes déformantes de ses idées politiques. Il décide de consacrer sa monographie à un champ qui n'a pas été défriché par la recherche historique, et demeure cher à sa famille d'action et de pensée : l'Algérie française. L'angle est soigneusement choisi :

« Les courants idéologiques dans le mouvement de défense de l'Algérie française ». L'histoire contemporaine est sous la responsabilité du doyen de la faculté des lettres puis président de la nouvelle université Paris-X Nanterre, René Rémond. Le titulaire de la première chaire d'« Histoire du XXe siècle » créée en France est un directeur de mémoire tout désigné. Du reste, les travaux de l'éminent professeur ne peuvent totalement laisser indifférent Patrick Buisson, qui a évidemment lu *La Droite en France de 1815 à nos jours. Continuité et diversité d'une tradition politique*. Le livre paraît en 1954, à une époque où le pouvoir est exercé par des coalitions larges et fluctuantes allant du socialisme à la démocratie chrétienne. René Rémond y postule, à rebours de la pensée de son temps, que l'opposition entre la gauche et la droite structure encore la vie politique française. Et démontre que la droite n'est pas une, mais plurielle : il existe trois grandes familles dont la généalogie remonte aux conflits nés de la Révolution française. Une droite légitimiste tout d'abord, contre-révolutionnaire et traditionaliste, et deux autres droites nées à gauche avant d'être poussées sur l'autre bord de l'échiquier politique par l'apparition de formations plus radicales : une droite orléaniste, d'inspiration libérale, bourgeoise et parlementaire ; et une droite bonapartiste, de nature autoritaire et plébiscitaire. René Rémond défend l'idée d'une continuité de ces trois courants à travers les métamorphoses des expressions politiques de la droite depuis le début du XIXe siècle. L'historien impose une grille de lecture qui sera abondamment commentée, critiquée, amendée, mais difficilement remplacée. L'ouvrage précurseur devient une référence des sciences humaines ; son auteur émerge comme la figure de proue du renouveau de l'histoire politique. En rupture avec le courant historiographique dominant, l'école des Annales, René Rémond consacre le champ politique comme facteur d'histoire et non plus simple produit de l'histoire économique et sociale. Influencé par Albert Thibaudet et son essai sur *Les Idées politiques de la France*, publié en 1932, il œuvre à l'établissement d'un dialogue entre l'histoire et la science politique :

la compréhension du passé sert de clé d'interprétation du présent ; l'événement, le fait immédiat, le mouvement d'opinion sont resitués dans le temps long et répondent aux permanences des courants de pensée et des comportements politiques. C'est d'ailleurs ce que René Rémond ne cessera de faire aussi bien à la tête de la Fondation nationale des sciences politiques qu'en tant que commentateur des soirées électorales à la télévision.

Patrick Buisson suivra, un jour, son exemple. Pour le moment, son projet l'occupe entièrement. Il est bien embêté : il n'a pas commencé la rédaction de son mémoire alors que les conclusions sont écrites à l'avance. S'il veut mettre en avant la diversité des parcours et des motivations de ses partisans, c'est pour battre en brèche l'idée que le mouvement de défense de l'Algérie française se réduisait à un combat de l'extrême droite. Patrick Buisson souhaite prouver que ces hommes se réclamaient tous, peu ou prou, d'une loi surpassant les lois civiles, d'une autorité morale supérieure au pouvoir légal. Comme un certain de Gaulle à Londres, eux aussi étaient des résistants. Dans cette entreprise de réhabilitation, Patrick Buisson ne souhaite pas s'encombrer d'un gêneur qui lui rappellerait que le travail de l'historien, s'il n'accepte aucun dogme et peut être dérangeant, doit se borner à comprendre et à expliquer. L'étudiant a seulement besoin de solides étais pour appuyer la thèse et le sous-texte de son mémoire ; il désire un guide avec qui il serait en communauté de vue et d'esprit. Il doute de pouvoir le trouver en la personne du démocrate-chrétien René Rémond, avec lequel il entretient, de surcroît, des rapports conflictuels au conseil universitaire.

Alors le professeur fait ce que tout bon directeur de mémoire est censé faire : il montre le chemin à emprunter. Rue Saint-Guillaume à Paris, une génération de chercheurs s'est lancée en même temps que lui dans la refondation d'une science politique nourrie par l'histoire. À Sciences Po, René Rémond a assuré pendant des années un cours sur « Le mouvement des idées politiques dans la France contemporaine », en alternance avec Jean Touchard et Raoul Girardet. Patrick Buisson rencontre ce dernier, historien des idées et du nationalisme, spécialiste de la société militaire. L'enseignant a milité à l'Action française, résisté pendant la Seconde Guerre mondiale, pris fait et cause pour l'Algérie française, puis rejoint l'OAS. Patrick Buisson cherchait un tuteur, il trouve un maître.

Il ne se lassait jamais d'entendre son père raconter ses années de Camelot du Roi. Patrick Buisson écoute, admiratif, Raoul Girardet parler de son histoire. Celle d'une bande d'amis qui, à la fin des années trente, faisaient le coup de poing et vendaient leur journal, *L'Étudiant français*, sur le boulevard Saint-Michel. Des jeunes gens venus à l'Action française par la lecture de l'œuvre de Jacques Bainville et qui se retrouvaient pour débattre dans des locaux vétustes du 33 de la rue Saint-André-des-Arts. Il y avait Pierre Boutang, Philippe Ariès, Philippe Brissaud, François Léger. Alors que Charles Maurras soutenait le maréchal Pétain et que sa germanophobie allait être récompensée en 1945 d'une condamnation à la réclusion criminelle à perpétuité pour intelligence avec l'ennemi, Raoul Girardet s'engageait dans la Résistance. Arrêté par la Gestapo pour espionnage, il fut interné à Fresnes et à Compiègne, échappant de peu à la déportation au camp de Buchenwald. Au lendemain de la guerre, il retrouva ses camarades de jeunesse et partagea avec eux le compagnonnage d'écrivains de droite – « les Hussards » – au sein de la revue *La Table ronde*, animée par François Mauriac, Thierry Maulnier et Roland Laudenbach. Tous participèrent, plus tard, à l'aventure de *La Nation française*, journal monarchiste lancé par Pierre Boutang en 1955, dans lequel les rédacteurs exerçaient un droit d'inventaire de la pensée de leur vieux maître. Ils évacuaient Maurras du maurrassisme et liquidaient l'antisémitisme « d'État », afin de promouvoir un nationalisme rénové.

L'arrivée au pouvoir du général de Gaulle en 1958 et l'avènement de la Ve République firent naître en eux les plus grands espoirs. C'était la Constitution qui donnait à la France une monarchie républicaine, un État restauré, un régime au-dessus des partis, réconcilié avec l'intérêt supérieur de la Nation. Mais l'annonce du « dégagement algérien » brisa leur rêve et leur unité. La bande se scinda en deux. Pierre Boutang et Philippe Ariès maintenaient leur soutien à de Gaulle, espérant une fantasmatique Restauration que les liens du Général avec le comte de Paris avaient laissé entrevoir, tandis que Raoul Girardet et les autres quittaient *La Nation française* pour basculer dans un antigaullisme virulent, s'estimant trahis par la « politique d'abandon » du chef de l'État. En réaction au « Manifeste des 121 » invitant les appelés du contingent à l'insoumission, Raoul Girardet signa un « Manifeste des intellectuels français » contre « les professeurs de trahison », réaffirmant « la mission civilisatrice de l'armée en Algérie ». Il confessait ses orientations dans la lettre clandestine *Armée-Nation* et dans *Combat* ; il créa ensuite *L'Esprit public* en compagnie de Roland Laudenbach, Philippe Héduy, Jacques Laurent, Jules Monnerot, Jean Brune et Philippe Marçais. Pendant que la revue devenait la tribune officieuse de l'Organisation Armée Secrète, Raoul Girardet se mettait au service de la branche « action psychologique et propagande » de la mission II de l'OAS-Métropole. Cet égarement lui coûta un embastillement de deux mois, à l'automne 1961. La péripétie s'acheva par un non-lieu.

Raoul Girardet est un homme qui a fait du sentiment national le moteur de ses engagements politiques, et un historien qui a érigé le fait national en principal objet d'étude. Avec lui, Patrick Buisson découvre qu'il n'est pas nécessaire de se retirer du temps pour en déceler les profondeurs, que l'on peut s'inscrire dans une époque et en écrire le passé. S'engager en politique et se dégager dans l'Histoire. Lorsque Patrick Buisson le sollicite, Raoul Girardet travaille sur un nouvel essai historique, après son anthologie du *Nationalisme français (1871-1914)* : il écrit *L'Idée coloniale en France de 1871 à 1962*, pour les éditions de La Table ronde. Il y explore les mentalités et les croyances qui ont présidé à une histoire dont il a vécu les dernières heures. S'il intègre sa propre aventure dans son travail d'historien, il offre également à l'étudiant Patrick Buisson matière à développer le sien. Les passions se sont apaisées depuis l'amnistie de 1968 ; Raoul Girardet n'a plus besoin de se cacher, comme lorsqu'il avait confié anonymement des archives commentées des dirigeants de l'OAS aux éditions Julliard, qui les avaient publiées en 1964 sous le titre *OAS parle*. Il peut sereinement faire œuvre d'histoire, livrer sa connaissance intime du combat en faveur de l'Algérie française et des hommes qui l'ont mené. Pour son mémoire, il aide Patrick Buisson à arpenter les pistes mouvantes et piégeuses dans lesquelles se sont perdus tant de soldats. Il lui ouvre en grand les portes de ses amitiés, de ses réseaux à *L'Esprit public* et au sein de l'OAS. L'étudiant fait la connaissance de Philippe Héduy et de Roland Laudenbach ; il est introduit auprès de Pierre Sergent, chef d'état-major de l'OAS-Métro ; il entretient une correspondance avec Raoul Salan. Il rencontre aussi tous ceux qui n'ont pas basculé dans la clandestinité ou le terrorisme.

En 1956, un jeune député s'était porté volontaire pour servir, durant six mois, au 1er Régiment étranger de parachutistes déployé en Algérie. À son retour, il avait fondé le Front national des combattants, lancé sur les routes de France une caravane d'été « Algérie française », puis créé, en 1960, le Front national pour l'Algérie française. Patrick Buisson a rendez-vous avec lui au restaurant parisien Les Ministères, rue du Bac. Dans le quartier du pouvoir, il rencontre ce grand blond avec un bandeau noir sur l'œil gauche qui, à la fin de l'année 1970, n'attaque plus que son assiette et ses souvenirs.

Jean-Marie Le Pen détaille à Patrick Buisson son action pour l'Algérie française, dans un établissement appartenant à la mère du colonel Jean Gardes, responsable de l'OAS à Alger, qui a vu passer tant de conjurés et reste fréquenté par les auteurs de La Table ronde. Jean-Marie Le Pen s'est replié sur la Serp, son entreprise d'édition phonographique de chants de tradition et de documents historiques, dont le siège est tout proche, au 6 rue de Beaune. Il évoque avec Patrick Buisson les vicissitudes d'une vie engagée : sa carrière politique enlisée depuis la brouille avec Tixier-Vignancour et un échec cuisant aux législatives de 1968 ; les années de galère ; les refuges offerts par les amis, Jean-François Devay à *Minute*, puis Raymond Bourgine à *Valeurs actuelles* et *Le Spectacle du monde*, où il exerçait à mi-temps un poste de responsable de la publicité. Il semble maintenant se satisfaire de son métier d'éditeur qui lui permet de survivre, libre et indépendant. Cette activité lui a valu une condamnation pour apologie de crimes de guerre en 1968 à cause de la pochette d'un disque sur *Le IIIe Reich. Voix et chants de la Révolution allemande* ; elle lui a aussi donné des idées après avoir publié des chansons anarchistes et libertaires, interprétées par le groupe « Les Quatre Barbus ». À quarante-deux ans, Jean-Marie Le Pen est retourné sur les bancs de la Sorbonne. Licencié en droit, il s'est mis en tête de décrocher un diplôme d'études supérieures de sciences politiques. Il suit le séminaire de Maurice Duverger et prépare, sous sa direction, un mémoire avec Jean-Loup Vincent sur « Le courant anarchiste en France depuis 1945 », fortement inspiré des œuvres de Maurice Joyeux… Patrick Buisson, qui a côtoyé quelques-uns de ses représentants à Nanterre, sourit.

Vingt ans séparent les deux hommes attablés dans cette brasserie fin-de-siècle ; tout le reste réunit l'ancien président de la Corpo-Droit de la Sorbonne et le cadre de la Corpo-Lettres de Nanterre. L'un a été le directeur de campagne de Tixier-Vignancour, l'autre, un militant des comités jeunes TV. Les deux étudient des sujets à la frontière de l'histoire et de l'idéologie. Ils ont le même goût pour les marges, les combats impossibles et les défaites annoncées. L'extrême droite, cette lignée d'hommes aimant se vivre comme des réprouvés. Une race de libertaires s'empêchant de crier « Ni Dieu ni maître ! »

C'est une salle voûtée du quartier des Halles, à Paris. Au mur, des vieux fusils croisent des sabres étincelants. À l'intérieur, la vieille garde nationale fraie avec la jeune avant-garde nationaliste. Toute l'extrême droite se réfugie au Bivouac du Grognard, le restaurant ouvert par Roger Holeindre au 85 de la rue Saint-Honoré. Au tournant des années soixante-dix, elle se retrouve dans une cave et réfléchit au meilleur moyen d'en sortir. De petits conciliabules en grandes agapes, le menu ne varie guère : comment quitter le stade groupusculaire et créer les conditions d'une union durable des familles de la « vraie droite » ?

Pour les anciens de Nanterre, le dîner au Bivouac représente l'une des sorties du samedi soir ; les discussions politiques n'effacent pas le plaisir d'être ensemble. Ils boivent, chantent, partagent des blagues douteuses et des imitations déplacées sur une période de l'histoire qu'ils n'ont – heureusement pour eux – pas connue. Les occasions de se réunir ne sont plus si fréquentes depuis qu'ils se sont dispersés. Piètre bagarreur, contre-révolutionnaire contrarié, syndicaliste déçu, Patrick Buisson revendique un statut d'intellectuel à plein temps et ne souhaite plus s'encarter. Ses deux amis Didier Gallot et Pierre Beylau ont également arrêté le militantisme ; Bruno Gollnisch apprend le japonais. Tous les anciens apolitiques ne font pas autant de manières : certains ont rejoint les rangs des royalistes de la

Restauration nationale ; Marie-France Charles a suivi son mari Jean-Pierre Stirbois dans la mouvance dite solidariste, animée par d'anciens de l'OAS-Métro-Jeunes et des fidèles de Pierre Sergent ; Marie-Françoise David et quelques autres ont rempilé dans le syndicalisme étudiant.

Sur les cendres d'Occident, des membres du mouvement, emmenés par Alain Robert et Gérard Longuet, ont monté un groupe Union Droit dans leur bastion d'Assas, en décembre 1968. Ses dirigeants ont essaimé ce qui est devenu le GUD dans d'autres facultés de droit, notamment à Nanterre, avant de sortir du bac à sable et de cesser l'activisme puéril. Le syndicat a servi de marchepied à la création d'un parti. C'est ainsi qu'à la fin de l'année 1969 est né Ordre nouveau. « En avant ! France, réveille-toi. Face au régime, face au marxisme, Camarade au combat ! » Le mot d'ordre attrape-tout et guerrier, dans la droite ligne d'Occident, semble présomptueux de la part d'une formation comptant à peine une centaine d'adhérents ; il ne fait que masquer un vide programmatique. Les nationalistes doivent se tourner, une nouvelle fois, vers François Duprat, afin d'élaborer une doctrine et muscler la propagande. Toujours entre deux exclusions et deux coups tordus, l'homme demeure indispensable à une jeunesse militante en manque de cadres. Sa capacité de travail, sa culture historique, son habileté politique et sa connaissance des arcanes de l'ennemi rachètent son absence de loyauté. François Duprat révulse par son comportement, mais fascine toujours autant. Avec lui, Ordre nouveau se met à répondre à tous ceux qui s'interrogent sur l'existence d'un fascisme français.

Lors des premiers mois, Ordre nouveau développe sa base, en fédérant le maximum de groupuscules d'extrême droite et la presse amie. En 1970 à la Mutualité, ils sont nombreux à défiler à la tribune du meeting consacré à l'avènement d'un « 13 mai nationaliste », après le 13 mai 1958 gaulliste et le 13 mai 1968 gauchiste. L'organisation de jeunes parvient à attirer dans son orbite des personnalités comme François Brigneau, éditorialiste vedette de *Minute*, dont le sens de l'Histoire l'a poussé à s'enrôler dans la Milice française le jour du Débarquement allié en Normandie, ou Gabriel Jeantet, ancien de la Cagoule qui n'a pas eu l'heur de rencontrer François Mitterrand au meilleur moment de sa carrière. À l'approche des élections municipales de 1971, Ordre nouveau décide de se tester en présentant des listes à Paris et à Lille. Le parti peut commencer à vivre de sa mystique.

Des centaines de milliers de tracts et d'autocollants, des milliers d'affiches et d'invitations annoncent l'événement depuis plus d'un mois. Les copains de Nanterre l'ont inscrit dans leur agenda ; ils sont tous au Palais des Sports de Paris, le 9 mars 1971. La salle est plongée dans la pénombre, les projecteurs braquent leur lumière blanche sur des orateurs aveuglés et sur une croix celtique grosse comme une insulte. 3 000 personnes ont fait le déplacement pour « faire front face au terrorisme rouge ». Ils sont presque autant dehors à se battre. Cinq cents jeunes hommes casqués de noir protègent les abords de la porte de Versailles. En première ligne, des lansquenets, dotés de lances de 2,5 mètres de long, repoussent les assauts du service d'ordre de la Ligue communiste, héritière de la JCR. L'intervention des CRS a pour effet de redoubler les ardeurs dans les deux camps qui s'affrontent avec une rare violence, à coups de barre de fer et de cocktails Molotov, devant les objectifs des caméras de télévision. Cette nuit-là, les militants d'Ordre nouveau assurent leur notoriété et assoient leur domination sur la scène nationaliste. Le diable marche avec eux.

L'agitation gauchiste permet de catalyser les énergies. Ordre nouveau peut franchir une nouvelle étape et s'atteler à modeler un projet politique et électoral. François Duprat l'expose sans détour dans le numéro zéro du mensuel *Pour un Ordre nouveau*, daté de juin 1971 : l'avenir est à la constitution d'un « Front national ». Au nom de la tradition, l'extrême droite cultive l'art de recycler les vieilles idées autant que les vieilles étiquettes. Le Front national ? C'est d'abord le nom d'un rassemblement de plusieurs ligues après la journée du 6 février 1934, et la manifestation de la stratégie d'union politique fondée sur le « compromis nationaliste », tel que le théorisa Charles Maurras. Mais l'inspiration ne vient pas uniquement de l'Histoire. Les dirigeants d'Ordre nouveau entretiennent des contacts réguliers avec l'Internationale noire. Le nom de leur mouvement est la traduction littérale d'Ordine nuovo, une organisation de l'ultradroite italienne, qui l'a elle-même emprunté à une revue créée par Antonio Gramsci en 1919, matrice du Parti communiste italien. Les Français lorgnent aussi sur le modèle du Movimento sociale italiano (MSI), le parti néofasciste lancé en 1946 par des rescapés de la République de Salò. Le plus important mouvement radical d'Europe se transforme, et réalise une alliance de la droite nationale, qui va lui donner ses premiers succès électoraux. Les Français choisissent de suivre la même voie, en vue des législatives de 1973. Ils vont jusqu'à récupérer les slogans et le logo du MSI, une flamme tricolore posée sur un socle. Cette flamme du souvenir, brûlant au-dessus d'un tombeau, est le symbole de la fidélité des Italiens à leur idéal et à leur chef spirituel, Benito Mussolini. Il suffit de la franciser en modifiant ses couleurs.

Ordre nouveau dispose d'une stratégie, il lui faut désormais concrétiser le rapprochement entre les nationalistes et les nationaux. Des contacts sont pris parmi les anciens des mouvements Poujade et de l'Algérie française. Le 19 décembre 1971, Jean-Marie Le Pen est attablé avec François Brigneau, lors d'un dîner-débat organisé chez Roger Holeindre, au Bivouac du Grognard. Il donne son accord pour soutenir cette politique, qui lui est familière, de Front national…

Le scénario ne change pas depuis 1968, les acteurs non plus. Seuls les noms diffèrent. On se provoque, on se cherche, on se fait manipuler, on se fait dissoudre et on s'étonne. Le 21 juin 1973, Ordre nouveau tient un meeting à la Mutualité pour dire « halte à l'immigration sauvage ». La Ligue communiste expédie alors sa petite armée, dirigée par Michel Recanati, dans les rues du Quartier latin. Des centaines de « rouges » mènent des opérations de guérilla urbaine contre la police, qui accumule les blessés. Dans leur combat contre la subversion gauchiste, les autorités cherchaient un moyen de mettre un terme aux dérives de l'organisation trotskiste, tentée par le terrorisme ; le meeting d'Ordre nouveau leur en fournit l'occasion. Lorsque les rassemblements du mouvement d'extrême droite ne sont pas interdits, ils sont autorisés par la deuxième section des RG. Le parti n'est pas dupe de l'infiltration policière et des combinaisons des services spéciaux auxquelles il se retrouve mêlé. Il en bénéficie à l'occasion et s'imagine plus habile que le système. Le 28 juin, la Ligue communiste est dissoute, mais Ordre nouveau subit le même sort. Le gouvernement de Pierre Messmer peut ainsi apparaître comme le rempart contre tous les extrêmes. Les trotskistes plongent dans la clandestinité ; les néofascistes, abasourdis, sont immolés sur l'autel de la raison d'État. Ils s'attendent à trouver asile au Front national ; ils ne sont pas accueillis comme ils l'espèrent.

La création du cartel électoral, le 5 octobre 1972, ne s'est pas faite sans heurts. Tout compromis porte en lui les ferments des divisions à venir, une somme de malentendus et d'intérêts contraires qu'il faudra, un jour, régler. De nombreux militants nationalistes craignaient de voir leurs ambitions se perdre dans une alliance avec des nationaux, jugés trop modérés. Leurs dirigeants avaient dû les rassurer, leur expliquer qu'il s'agissait d'une vitrine pour les échéances électorales. Et puis l'histoire n'avait-elle pas montré que la « voie légaliste » n'était pas le chemin le plus absurde ni le plus lent pour mener à bien une lutte révolutionnaire ? Le choix du président du Front national n'avait pas non plus soulevé l'enthousiasme de la base. Après avoir envisagé plusieurs options, le bureau politique d'Ordre nouveau avait sollicité Jean-Marie Le Pen, qui se faisait fort de mobiliser les nationaux. Ce dernier n'avait pourtant apporté que de modestes présents dans la corbeille de mariage. Il savait que les néofachos avaient besoin d'une caution pour faire oublier leur réputation et offrir un visage à peu près respectable aux électeurs. Il en avait joué pour imposer une surreprésentation de ses troupes dans les instances du Front national.

Malgré des résultats décevants aux législatives de mars 1973, Jean-Marie Le Pen n'entend pas plus se laisser manœuvrer. Il veut donner à Alain Robert et aux nationalistes un cours de navigation politique. Il profite du coup de tabac de la dissolution d'Ordre nouveau pour leur demander de se fondre sans condition dans le Front national : « Vous avez mené votre propre barque sur les rochers ! Comment pourrais-je désormais vous confier un commandement ? » Les membres de feu Ordre nouveau exigent, au contraire, que leurs apports soient justement récompensés. Ils veulent pouvoir contrôler une organisation qui leur doit beaucoup, si ce n'est tout. C'est leur mouvement de jeunes qui a donné naissance à cette coalition d'adultes ; ce sont eux qui ont fourni au Front national l'essentiel de ses idées, de ses cadres, de ses militants et qui s'occupent de sa logistique et de sa propagande. Ils estiment que leurs efforts sont payés d'une monnaie dont les politiciens disposent en abondance et ne sont jamais avares : l'ingratitude. Ils enragent de voir l'appareil mis au service d'un homme, et non de leur idéologie. Ils ne se soumettront pas au principe du chef. Quitte à rester sur le rivage. L'orgueilleux capitaine Le Pen peut demeurer seul maître à bord d'un bateau ivre. Et bientôt, vide.

L'un est aussi hautain et fermé que l'autre peut se montrer sociable et ouvert. C'est un duo apparemment désaccordé, une paire à première vue dissonante. Entre le premier qui prend tout au sérieux et le second qui rit de tout, il existe pourtant un même mépris qu'ils déversent sur le monde. Cette association de l'acier et de l'acide ne se défera jamais. Patrick Buisson et Alain Renault sont amis depuis leur rencontre à Nanterre. Renault gravitait autour de la bande des Fnéfistes, mais ne la fréquentait plus que de loin en loin. Ordre nouveau, qu'il avait rejoint trois mois après sa création, lui prenait tout son temps libre. De secrétaire de la section du XVIe arrondissement, il s'était hissé jusqu'au conseil national et au secrétariat permanent. Comme de nombreux militants, le délégué à la province est sonné par la dissolution d'Ordre nouveau. La suite va le désespérer.

Toutes les tentatives pour sortir l'extrême droite de sa nuit meurent aux premières lueurs de l'aube. L'élection présidentielle anticipée de mai 1974, provoquée par la mort de Georges Pompidou, montre l'état de désolation dans lequel elle se trouve. Jean-Marie Le Pen décide de briguer les suffrages des électeurs, malgré ses maigres troupes. La majorité des membres de l'extrême droite s'engagent, en effet, derrière Valéry Giscard d'Estaing. Le jeune ministre de l'Économie et des Finances possède deux qualités précieuses à leurs yeux : il n'est pas gaulliste et son entourage ne leur est ni hostile ni inconnu. Son parti, les Républicains indépendants, recèle pléthore d'anciens de l'Algérie française, et accueille des jeunes nationalistes, devenus libéraux et fréquentables par la grâce d'un détour via la « maison Albertini ».

Socialiste et pacifiste avant la Seconde Guerre mondiale, collaborationniste durant, farouche anticommuniste à sa sortie, Georges Albertini présente un parcours qui n'est pas inhabituel pour l'époque. Cet homme d'influence a tissé une toile de centres, d'instituts de documentation et d'action politique qui ont fait de la lutte contre la « menace rouge » leur principal objectif. Sa proximité avec les services américains et le patronat français, notamment l'Union des industries métallurgiques et minières, lui permet de mobiliser à tout instant d'importants moyens financiers, qu'il s'agisse de contrer l'influence d'un syndicat – au hasard la CGT –, favoriser l'émergence d'un autre – au hasard Force ouvrière –, dispenser des formations professionnelles ou fournir de l'aide lors des campagnes électorales... L'éminence grise de nombreux dirigeants politiques et économiques a également développé un savoir-faire dont il a délégué la mise en œuvre à l'un de ses proches, Guy Lemonnier, alias Claude Harmel. Il emploie les talents des chiens fous de l'extrême droite contre le communisme, puis leur redonne une virginité politique au sein de la droite traditionnelle. On ne compte plus les anciens d'Occident ou d'Ordre nouveau qui transitèrent par l'une des filiales de la « centrale Albertini » : la revue *Est & Ouest*, l'Institut d'histoire sociale de Boris Souvarine, l'Institut supérieur du travail, l'Association pour la liberté économique et le progrès social.

À côté de l'équipe de campagne officielle de Valéry Giscard d'Estaing se monte une cellule parallèle où se retrouve cet inframonde. Elle est pilotée par Hubert Bassot, ex-OAS qui avait dirigé avec Philippe Héduy *L'Esprit public* en 1962, avant de se recycler chez les Républicains indépendants. Il s'adjoint le concours de ses amis du groupe terroriste, comme Pierre Sergent et Claude Dupont, et de nationalistes stipendiés par la « maison Albertini », tels Alain Madelin et Xavier Raufer. Ensemble, ils sont chargés de l'organisation matérielle de la campagne et des basses besognes. Ce sont donc eux qui négocient le soutien de l'extrême droite. Si le duel avec le candidat gaulliste, Jacques Chaban-Delmas, lâché par une partie de son propre camp, tourne rapidement à l'avantage de Giscard d'Estaing, l'affrontement avec le candidat de l'Union de la gauche, François Mitterrand, s'annonce plus serré. Toutes les voix comptent. Avant le premier tour, Jean Boizeau, le directeur de *Minute*, appelle à voter utile pour mettre fin à la « mafia gaulliste ». Avant le second tour, Jacques Médecin, député-maire de Nice, demande, dans l'hebdomadaire, aux rapatriés d'Algérie de faire barrage aux « complices du FLN ». Pendant ce temps, François Brigneau s'affiche dans les déplacements de Giscard d'Estaing. Il est vrai que l'un des actionnaires de *Minute*, Alain Griotteray, est un membre important des Républicains indépendants, et que les responsables du journal, artistes reconnus de la diffamation, traînent des ardoises fiscales et judiciaires pouvant être opportunément effacées.

Les journalistes de *Minute* ne sont pas les seuls à accepter de ranger leurs convictions dans leur portefeuille. Les ex-cadres d'Ordre nouveau ont lancé la revue *Faire Front* ainsi que des comités de diffusion pour empêcher la dispersion de la base militante. Ils supplient leurs lecteurs de dire « Non à Chaban, Non à Mitterrand » et de voter Giscard, au nom d'un antigaullisme qui a décidément bon dos. Car, dans la coulisse, ils disent oui à l'argent. Alain Robert monnaye avec Alain Madelin et Hubert Bassot le recours à un service d'ordre et à des colleurs d'affiches. Les compétences en matière d'agit-prop sont aussi mises à contribution. Des opérations d'intoxication sont montées contre François Mitterrand. La couverture est assurée par la « maison Albertini », le financement provient du patronat et la réalisation est confiée à la société Service, créée par Gérald Penciollelli, Alain Renault et d'autres cadres nationalistes. L'officine conçoit tracts, brochures et éditions pirates de grands journaux comme *France-Soir*, qui devient *France-Matin*. Les pastiches ne promettent pas l'invasion des chars soviétiques en cas d'élection de Mitterrand, ils annoncent le retour du rationnement : « Sucre : 2 kg par personne. Huile : 1 litre. Essence : 10 litres... »

À l'arrivée, tout le monde est content. Valéry Giscard d'Estaing est élu président de justesse, et les équipes de *Faire Front* ont amassé suffisamment de fonds pour préparer l'avenir. Avec Occident et Ordre nouveau, Alain Robert a acquis une grande expérience des entreprises politiques vouées à la dissolution ou à la faillite. Il fonde en compagnie de François Brigneau, de Pascal Gauchon et de la quasi-totalité des anciens d'Ordre nouveau, le Parti des forces nouvelles (PFN), en novembre 1974. Il ne manque que deux personnes à l'appel : François Duprat, qui a ajouté au printemps 1973 une nouvelle exclusion à sa collection, et Alain Renault, qui, malgré d'intenses efforts intellectuels, ne parvient pas à voir en Giscard le « sauveur de la patrie ». Les deux hommes, devenus des amis proches, préfèrent répondre à l'invitation de Jean-Marie Le Pen d'intégrer la direction du Front national. Les nationaux du parti peuvent bien s'émouvoir du retour des affreux révolutionnaires, mais, avec moins de 1 % des voix à la présidentielle, Jean-Marie Le Pen ne peut plus se payer le luxe de choisir ses soutiens.

« La Droite intelligente contre le terrorisme intellectuel de la Gauche. » Il faut croire que l'entreprise est aisée ou l'ambition trop grande, car cela ne dure que trois ans. Au début de l'année 1976, le journaliste Philippe Héduy fonde *Item, revue d'opinion libre*. Si cette liberté est refusée aux hommes de gauche, elle n'est pas davantage donnée aux hommes de droite qui sont au pouvoir et n'ont, en conséquence, pas le temps de penser. Philippe Héduy réserve les pages de sa revue à toutes les autres sensibilités. Les contributeurs vont du conservateur au réac, du national au nationaliste, du monarchiste au royaliste, du traditionaliste à l'intégriste, de l'anticonformiste à l'anar de droite et du ronchon au pas content.

À vingt-six ans, Patrick Buisson cumule plusieurs de ces étiquettes. Le nouveau professeur d'histoire en établissement privé est invité au banquet par Philippe Héduy lui-même. Il ne boude pas son plaisir. C'est l'opportunité de cultiver ses réseaux et de se faire remarquer. Son nom côtoie ceux de grands commensaux : les écrivains Michel Déon, Jean Dutourd, Jacques Perret, Hubert Monteilhet, Jean Cau, Pierre Gripari, A.D.G. ; les historiens Pierre Chaunu et Jean-François Chiappe ; le philosophe Gustave Thibon ; le journaliste Louis Pauwels. Ses articles voisinent aussi avec ceux, plus attendus, de Jean-Marie Le Pen, de membres du Front national, dont Alain Renault, et de la rédaction du journal *Minute*. Chaque numéro de la revue est consacré à un thème qu'aucun de ces auteurs ne saurait dédaigner : l'ordre, la liberté, la patrie, la tradition, la religion, l'éducation, la morale, la famille, le pouvoir, l'armée, le travail, la culture…

Le premier sujet soumis à leur sagacité est aussi le plus critique : la droite. L'état de leur famille politique est alors l'objet de toutes leurs lamentations. Pour Patrick Buisson, la cause est entendue. « La Droite n'existe pas », annonce-t-il en titre de son article. Après avoir appâté le lecteur, il précise : « la Droite est morte » puisqu'elle a « cessé d'exister en tant que force politique dans ce pays ». En janvier 1976, le constat peut sembler absurde si l'on ne comprend pas que Patrick Buisson et les siens ne reconnaissent qu'une seule droite, qui n'est ni celle de l'orléaniste Valéry Giscard d'Estaing présidant la République, ni celle du vaguement bonapartiste Jacques Chirac dirigeant le gouvernement. Leur droite a régressé « vers la tribu, phase intermédiaire qui conduit au dernier carré idéal des droitiers : le clan ; communauté de refus où se recueillent enfin les enfants humiliés ». Des enfants divisés entre le microscopique Front national et le lilliputien Parti des forces nouvelles, pour se disputer des miettes électorales.

L'oraison funèbre de la droite aurait même été prononcée depuis fort longtemps : « Le revival nationaliste de la fin du XIXe siècle ne fut à tout prendre qu'un accident de parcours. C'est en vain que Maurras a tenté de réconcilier la droite avec le sens de l'État, de sa souveraineté entendue comme jugement suprême du bien de la communauté et comme volonté de ce bien commun, de son indépendance.

« Le mythe maurrassien d'un État indépendant des partis, de l'argent et des groupes de pression financiers ou technocratiques, d'un État libéré de l'imbécile loi du nombre et capable de jouer un rôle authentique d'arbitrage et de tutelle, tout en respectant les libertés fondamentales, fait long feu.

« La jeune Droite "Algérie française" joue les ordonnateurs, prisonnière jusqu'au bout de réelles contradictions et d'aspirations antinomiques. C'est finalement à la défense de la destinée impériale française qu'elle sacrifie le service monarchique de Charles de Gaulle, restaurateur de l'État juste et fort. [...]

« Car enfin, le système gaullien n'était-il pas en quelque sorte l'aboutissement de toute la pensée politique nationaliste de l'entre-deux-guerres. Un régime personnel antidémocratique et antiparlementaire revendiquant une continuité inspirée par des principes quasi monarchiques de légitimité ! [...]

« Tenaillée par la passion algérienne, la jeune Droite, parodiant Maurras, mais oublieuse de l'enseignement du vieux maître, a, en proclamant l'Algérie reine de la France, manifesté une souveraine indifférence pour les problèmes institutionnels dont elle reconnaissait jadis la prépondérance pratiquement exclusive. [...]

« C'est qu'à droite et malgré leurs préoccupations empiriques, les doctrines politiques ont toujours été très théoriques. Élaborées in vitro, elles n'ont en vérité jamais reçu le moindre début d'application et se sont accompagnées dans la pratique d'un mépris total à l'égard des structures de l'État, né d'une trop longue opposition sans espoir au régime.

« L'expérience politique désastreuse de Vichy ne pouvait qu'accroître cette désaffection. Analystes pertinents des réalités politiques, les nationalistes se sont immanquablement révélés de piètres hommes d'action. »

Patrick Buisson égrène toutes les causes du décès, plagiant un article de Philippe Ariès, « Deux nationalismes », paru dans *La Nation française* le 7 décembre 1960, avant de révéler l'affection la plus fatale : « La Droite n'a jamais consacré aux techniques de la prise du pouvoir le temps de réflexion nécessaire. De là, son perpétuel appel au soldat qui se trouve régulièrement chargé d'un problème qu'elle ne sait appréhender. [...] Lorsque la jeune armée d'Algérie parle techniques, guerre révolutionnaire, *psy-war*, encadrement des foules, hiérarchies parallèles, prise de possession des personnes morales, maniement des sentiments et des appétits, réflexes conditionnés et stéréotypes dynamiques, quand elle parle le langage de l'efficacité et veut se faire elle aussi l'accoucheuse de la nécessité, la Droite ricane ou invoque, indignée, l'ordre naturel et les préceptes moraux, réactivant le vieux débat de la fin et des moyens. [...] Pour appréhender l'univers de la Droite, il faut en effet délaisser le plan relativement stable des idées et des doctrines pour gagner, celui infiniment plus mouvant, des sensibilités et des tempéraments, des comportements et des attitudes, des mythologies et du légendaire collectif. [...] Antigone et Créon, tout est là, tout est à nouveau là comme scellé au profond de la tragédie droitière. »

Patrick Buisson fustige cette droite qui « s'arrête à Marx » et « n'a pas lu Lénine ». Il déplore que « l'homme de Droite ne s'intéresse pas aux moyens » : « Visant au perdurable, il méprise les contingences considérées globalement comme un champ d'action pour les esprits étroits ou pervers. Quand il conspire, c'est au grand jour, en prenant bien soin que cela se sache. Du marquis de La Rouerie aux putschistes du printemps 1961, le complot se déroule immuablement à ciel ouvert. [...] Qui peut encore s'étonner de l'étanchéité des médias à son égard ? La Droite, qui méprise les techniques, n'a pas pour objectif de convaincre ou de convertir, mais de s'autoperpétuer. Elle se refuse obstinément, peut-être aussi par impuissance ou incompétence, à mobiliser à son profit les formidables ressources du quatrième pouvoir dont parle Thomas Molnar. »

Patrick Buisson n'oublie pas tout ce qu'il doit à Raoul Girardet, « le plus fin sans doute des observateurs politiques de la Droite contemporaine », et à la pensée contre-révolutionnaire. Dans ce long article en forme d'autopsie, la référence à l'un de ses derniers représentants n'est pas anodine, car elle offre une possibilité de résurrection, ouvre la voie à une renaissance. Thomas Molnar, philosophe catholique américain, d'origine hongroise, interdit de penser la politique isolée de son environnement, et invite à mener le combat en premier lieu sur le terrain de la culture, considérée dans son acception la plus étendue : les idées, les valeurs, l'information, l'enseignement. Ce champ de bataille porte un nom que les hommes de cette droite s'échangent comme le sésame de la conquête du pouvoir : la métapolitique. Il s'agit non pas d'une métaphysique de la politique, telle que l'entendait Joseph de Maistre, le père de la philosophie contre-révolutionnaire, mais d'une stratégie se situant au-delà de la politique. Elle est explicitée par un autre contributeur d'*Item*, Alain de Benoist, dans ce même numéro : « La vérité, c'est qu'il n'y a pas de révolution possible, pas de changement possible dans l'ordre du pouvoir, si les transformations que l'on cherche à opérer dans le domaine politique n'ont pas déjà été réalisées dans les esprits. » Pas de Révolution française en 1789 sans le siècle des Lumières ; pas de révolution d'Octobre 1917 en Russie sans Marx et Lénine. Une nouvelle fois, l'inspiration est puisée à la meilleure source. Chez l'ennemi.

« C'est ce qu'avait bien compris l'Italien Antonio Gramsci, dont les néomarxistes contemporains appliquent si bien les leçons. La grande erreur, dit Gramsci, serait de croire que l'État se réduit à un appareil administratif et politique. En réalité, l'État "organise le consentement", c'est-à-dire qu'il dirige en s'appuyant sur les valeurs implicites (dont l'ensemble forme une idéologie, implicite elle aussi) en vigueur dans la société. À côté de son appareil politique, il possède un "appareil civil", plus discret, qui recouvre la culture, les idées générales, les mœurs, les traditions et jusqu'au "sens commun" (ou du moins ce qui apparaît tel). En même temps qu'il exerce son autorité, l'État organise l'adhésion des esprits à une conception du monde qui le conforte dans son existence : il met en forme le consensus. D'où il résulte que la majorité idéologique est au moins aussi importante que la majorité parlementaire. La première annonce la seconde. La seconde, sans la première, est appelée à s'effondrer. [...] Là où le marxisme traditionnel considérait que, pour changer la superstructure idéologique, il fallait d'abord agir sur l'infrastructure économique, Gramsci a prouvé que la formule pouvait être renversée et qu'un pouvoir culturel pouvait, à lui seul, sous le nez du pouvoir établi, substituer une "hégémonie culturelle prolétarienne" à une "hégémonie culturelle bourgeoise", réalisant ainsi les conditions "objectives" d'une révolution politique. »

Sur le fond, Alain de Benoist opère le même constat que Patrick Buisson : « La Droite est morte. Elle l'a bien mérité. » Cette droite, qui « n'a lu ni Marx ni Lénine », « n'est pas près de lire Gramsci ». Elle persiste à croire que « les partis restent la meilleure ou la principale voie d'accès au pouvoir ». Elle se refuse à utiliser les mêmes armes que son adversaire, à le défaire sur son propre terrain. Alain de Benoist lui conseille de s'emparer des enseignements d'Antonio Gramsci, membre fondateur et dirigeant du Parti communiste italien, emprisonné sous le régime de Mussolini. Plongée dans les abysses électoraux, cette droite n'a guère, selon lui, d'autre choix pour sortir de la marginalité dans laquelle elle se complaît. Il l'encourage à pratiquer « une subversion » qui sera encore plus efficace si elle s'avance masquée. La droite doit se désintéresser des partis pour investir « les *médias* » et « les groupes de pression » ayant « pris le relais des forces politiques classiques ».

Dans la présentation qu'il fait de lui-même, Alain de Benoist déclare n'appartenir « à aucun parti politique et ne désire appartenir à aucun ». Après ses débuts à la Fédération des étudiants nationalistes sous la houlette de François d'Orcival, il a choisi de suivre ses propres préceptes et de ne s'engager que sur le plan intellectuel. Il a été l'un des piliers de la revue *Europe-Action* de Dominique Venner, a lancé *Nouvelle École* et participé à la création, en janvier 1969, du Groupement de recherche et d'études pour la civilisation européenne dont l'acronyme GRECE laisse peu de doute quant à l'idéal dont ses fondateurs se réclament. Rares sont les publications d'extrême droite qui échappent à ses contributions ou ne s'attachent ses services dans les années soixante-dix. Alain de Benoist s'impose comme le chef de file du courant qui sera appelé la Nouvelle Droite par les médias, en 1979.

Édition de livres et de revues, tenue de colloques et de conférences, organisation de séminaires, prolifération de clubs de réflexion tels le Club de l'Horloge ou le Cercle Renaissance, cette Nouvelle Droite pénètre le champ idéologique pour disputer à la gauche l'hégémonie culturelle, qui prépare la prise du pouvoir politique. Dans la guerre de positions, ses « intellectuels organiques » ciblent surtout les médias. Après avoir investi les journaux du groupe de Raymond Bourgine, l'hebdomadaire *Valeurs actuelles* et le mensuel *Le Spectacle du monde*, ils se verront offrir l'opportunité de diffuser leurs opinions auprès d'un public encore plus important. Nommé à la tête des services culturels du *Figaro*, Louis Pauwels s'entichera d'Alain de Benoist et des Grécistes. Il leur ouvrira les colonnes du nouveau supplément dont il a la charge, *Le Figaro Dimanche*, rebaptisé *Le Figaro Magazine* en octobre 1978.

À l'époque de la publication du premier numéro d'*Item*, Alain de Benoist achève la mise en forme de *Vu de droite, Anthologie critique des idées contemporaines*, pour les éditions Copernic, qui obtiendra le Prix de l'essai de l'Académie française. Dans cette compilation d'une centaine de ses articles, parus pour la plupart dans la presse Bourgine, il passe sous le feu de son jugement les travaux de philosophes, d'historiens, de sociologues, de scientifiques, de politiques, d'écrivains. De Nietzsche à Evola, de Freud à Marcuse, de Mao à Althusser, de Gobineau à Carrel, tous sont convoqués à une méticuleuse déconstruction des contours du débat d'idées qu'une certaine gauche aurait façonné à son profit. Vu du côté droit de l'échiquier politique, il existerait un champ d'action prioritaire, un penchant auquel résister absolument. Alain de Benoist l'expose clairement : « J'appelle ici de droite, par pure convention, l'attitude consistant à considérer la diversité du monde et, par suite, les inégalités relatives qui en sont nécessairement le produit, comme un bien, et l'homogénéisation progressive du monde, prônée et réalisée par le discours bimillénaire de l'idéologie égalitaire, comme un mal. » Le mythe de l'égalitarisme, dont « les "idées de 1789" n'ont été qu'une étape et dont la subversion actuelle et le communisme, sont l'inévitable aboutissement », représente pour la droite le rempart idéologique à abattre. Et après lui, tous les universalismes, christianisme en premier, ces grands égalisateurs devant l'Éternel, ces machines à aplanir, à assimiler, qui hérissent tant Alain de Benoist et ses congénères.

À lire les Grécistes, il ne faudrait pourtant pas se méprendre. Pour ces contempteurs de « l'idéologie du Même », il ne saurait être question de prendre prétexte des inégalités pour établir une hiérarchie fondée sur la race. Ça, c'était avant. Du temps d'*Europe-Action*, du racialisme hérité de la pensée de Gobineau, du prétendu « réalisme biologique » et du slogan « sous-développés, sous-capables ». Ce type de distinction, qui aboutit invariablement à proclamer la suprématie de la « race blanche », a été discrédité. Il présente, de surcroît, l'inconvénient de n'attirer que des hommes chez qui un examen superficiel, et même approfondi, ne permet pas de déceler l'existence d'une quelconque supériorité. Non, la Nouvelle Droite a besoin de nouveaux concepts. Elle a besoin d'adapter son discours à la sensibilité et aux lois de son époque. Contre l'universalisme, ses représentants font désormais l'éloge de la diversité et défendent les particularismes. Ils militent pour que le droit à la différence soit reconnu, pour que le mode de vie, la langue, les traditions, la religion, l'histoire propres à chaque peuple soient préservés. Cette défense de la diversité a bien entendu un prix. Il faut maintenir les conditions qui lui ont permis de naître et de se développer. Il faut conserver une ségrégation de fait, assurer l'autonomie de chacun, éviter les métissages ou les fusions destructrices des identités. Refuser le mélange, vu comme un suicide des peuples. L'anthropologie est ici kidnappée pour venir en renfort d'une doctrine qui ne prône plus ouvertement l'apartheid et le développement séparé – comme les néodroitiers le recommandaient dans les années soixante pendant que d'autres le combattaient à Soweto ou à Robben Island –, mais l'« ethnodifférentialisme ». Cela pourrait aussi s'appeler le « chacun chez soi », et on comprendrait immédiatement.

Les intellectuels de la Nouvelle Droite ne sont pas les seuls à penser le monde comme il ne peut plus exister ; il y en a d'autres que la religion de l'égalité indispose. Les représentants de l'ancienne droite sont également chiffonnés. Dans le numéro de mars-avril 1976 d'*Item*, consacré à l'Ordre, Patrick Buisson se fait clepto-maurrassien : « Le seul Ordre qui vaille et qui dure implique un retour à la valeur qui met l'inégalité au service de l'unité et à laquelle les hommes s'épurent et se mesurent. Peu importe qu'on la nomme Morale, Culture, Tradition pourvu qu'elle exige l'ascèse et soit ascension. Une société saine assoit sa hiérarchie sur des inégalités fonctionnelles résultant de différences naturelles. Ce qu'il faut détruire, la seule inégalité méprisable, car sa conquête se trouve liée aux aléas les plus creux, aux hasards les plus absurdes, est celle qui ne repose que sur l'argent. Béni soit le vieux Drumont qui nous a appris à haïr le Veau d'Or. United States. La Babel ploutocratique : "l'Enfer de Dante semé des détritus de Zola". Le pays où l'on confond le beau avec l'énorme, la magnificence avec le luxe criard des parvenus. Ce caravansérail qui se nomme Melting-pot. Le pays où se mêlent sans honte ni scrupules fausse religiosité et vrai mercantilisme, une main sur la Bible et l'autre sur le tiroir-caisse. »

La Révolution a chassé la Révélation. En ouvrant la voie aux matérialismes sous toutes leurs formes et au modernisme, elle aurait initié la destruction progressive des fondements de notre civilisation et de notre identité. Elle aurait entamé la déchristianisation de la France, livrée au « Veau d'or » et à ses adorateurs, les « cosmopolites », les errants, les nomades qu'Édouard Drumont dénonçait dans *La France juive* et souhaitait nous faire détester. Patrick Buisson invite à « penser avec Léon Daudet qu'il n'y a pas de structure sociale solide sans climat religieux », et à se rappeler que « le christianisme fut dans cette civilisation la grandeur ordonnée et ordonnatrice ». Lui-même se déclare « admirateur inconditionnel de la Basilique du Sacré-Cœur », « tenant de la repentance et de l'expiation collective », « catholique et Français toujours ». La repentance en question était celle de la France demandant au Père le pardon de ses péchés et de sa déchéance depuis 1789. C'était la réparation des fautes après la punition divine que constituaient la défaite de 1870 contre la Prusse, la perte de l'Alsace-Lorraine, le manquement au devoir de protection du pape, le retrait des troupes françaises de Rome, l'annexion de la Ville éternelle au royaume d'Italie et la fin des

États pontificaux. C'était la volonté d'expier les crimes de la Commune de Paris. C'était le maréchal de Mac Mahon qui, président de la République, s'engageait à restaurer le pays, l'ordre moral et si possible la monarchie. C'était une loi déclarant d'utilité publique la construction d'une basilique sur la colline de Montmartre. C'était l'union du sabre et du goupillon, les obsécrations à genoux, les processions aux cris de « Sauvez Rome et la France au nom du Sacré-Cœur ! ». C'était une France cléricale qui avait refusé la laïcisation, puis la séparation définitive de l'Église et de l'État. C'était une France que Patrick Buisson n'a pu connaître, mais qu'il aimerait voir renaître ainsi qu'il le confesse dans la revue *Item* : « *Esto peccator et pecca fortifer* – sois pécheur et pèche fortement – tant que la conscience que tu as de ce péché se réfère au Dieu que tu bafoues ! Ta souffrance est son point de possibilité. Sagesse de l'Église qui savait que l'accomplissement des passions humaines conduit, à l'heure de l'oraison, au dépouillement des *temporalia*, à l'abandon conscient et volontaire des biens temporels au profit de la béatitude céleste. Purifier l'ordre social par les forces qui lui sont extérieures, c'est-à-dire reconstruire une société où les rapports et les hiérarchies s'enracinent dans la nature et s'élèvent jusqu'à Dieu. »

Patrick Buisson rêve d'un pays de foi, mais sans les œuvres. Conserver l'espérance de la grâce, et dire adieu à la charité.

Des catholiques déplorent une société sans Dieu, d'autres se demandent s'il est encore dans l'Église. Depuis Vatican II, le XXIe concile œcuménique qui a débuté le 11 octobre 1962, duré trois ans et connu deux papes, l'Église catholique souhaite dans un même mouvement retrouver les racines du christianisme et s'ouvrir au monde. Elle veut faire son *aggiornamento*, sa « mise à jour », afin de mieux annoncer le Christ aux « hommes de ce temps ». Elle désire changer ses rapports avec les autres confessions chrétiennes, les religions et la société dans son ensemble ; elle souhaite même réviser sa liturgie. Mais une fraction de clercs et de laïcs sent davantage dans cette ouverture le souffle du Malin que celui de l'Esprit Saint.

Cette minorité ne comprend pas le nouvel œcuménisme qui s'opposerait, à leurs yeux, à la seule manière d'assurer l'unité des chrétiens : la conversion au catholicisme des dissidents et des hérétiques. Elle n'entend pas, non plus, la nécessité de reconnaître la liberté religieuse, que l'Église catholique ne demandait jusqu'à présent que pour elle-même dans les pays où elle n'était pas majoritaire, et ignorait le plus souvent dans ses places fortes. Cette exigence nouvelle de réciprocité et la défense de la liberté de culte priveraient l'Église de l'un des derniers ressorts à sa disposition pour s'appuyer sur les États afin de bâtir des cités terrestres soumises à la Cité céleste. Plus effrayant encore pour ces intégristes, le Concile, en voulant mettre fin à des siècles d'inimitié avec les autres religions, admet que leurs règles et doctrines « reflètent souvent un rayon de la vérité qui illumine tous les hommes ». Même s'il rappelle l'obligation d'évangéliser par la voie du dialogue, Vatican II ouvrirait ainsi la voie à tous les relativismes et commettrait un péché contre le plus grand commandement : « Écoute, Israël, le Seigneur notre Dieu est l'unique Seigneur, et tu aimeras le Seigneur ton Dieu de tout ton cœur, de toute ton âme, de tout ton esprit et de toute ta force » (*Mc* 12, 29-30).

L'un des bouleversements les plus symboliques du Concile, et le plus crispant pour certains, se niche dans la déclaration *Nostra Ætate* sur les relations avec les religions non chrétiennes, datée du 28 octobre 1965. Après un appel à la fraternité universelle, l'Église catholique juge contraire à l'Écriture sainte – « qui n'aime pas ne connaît pas Dieu » (*1 Jn* 4, 8) – toute théorie ou toute pratique « qui introduit entre homme et homme, entre peuple et peuple, une discrimination en ce qui concerne la dignité humaine et les droits qui en découlent ». Vingt ans après la Shoah, cette position n'est pas anodine. L'Église déplore avec force toutes « les haines, les persécutions et les manifestations d'antisémitisme, qui, quels que soient leur époque et leurs auteurs, ont été dirigées contre les Juifs » ; elle va encore plus loin en s'attaquant officiellement à la source de l'antijudaïsme et de l'antisémitisme chrétiens. Dans la lignée du catéchisme du concile de Trente qui avait, quatre siècles plus tôt, imputé la mort de Jésus aux pécheurs de toute l'humanité depuis le commencement du monde jusqu'à la fin des temps, Vatican II récuse clairement toute responsabilité des « Juifs vivant alors » et des « Juifs de notre temps » : « Le Christ, en vertu de son immense amour, s'est soumis volontairement à la Passion et à la mort à cause des péchés de tous les hommes et pour que tous les hommes obtiennent le salut. » Le Concile souhaite définitivement faire taire le très ancien et très pernicieux leitmotiv du « peuple déicide », condamné à la dispersion sur la terre en guise de châtiment ; les Juifs ne sont ni réprouvés ni maudits par Dieu. L'Église catholique reconnaît l'héritage juif du christianisme : elle n'oublie pas qu'elle a « reçu la révélation de l'Ancien Testament » du peuple avec lequel Dieu « a daigné conclure l'antique Alliance » ; elle se remémore « les paroles de l'apôtre Paul sur ceux de sa race "à qui appartiennent l'adoption filiale, la gloire, les alliances, la législation, le culte, les promesses et les patriarches, et de qui est né, selon la chair, le Christ" (*Rm* 9, 4-5) » ; elle se souvient que les Apôtres, « fondements et colonnes de l'Église », ainsi que nombre des premiers disciples sont nés du peuple juif. C'est pourquoi l'Église demande à ce que rien ne soit enseigné dans la catéchèse et la prédication qui ne soit « conforme à la vérité de l'Évangile et à l'esprit du Christ ». Lors de la première Semaine sainte de son pontificat en 1959, Jean XXIII avait déjà supprimé la mention de « Juifs perfides » de la prière du Vendredi saint (« *Oremus et pro perfidis Judaeis* »). À l'origine de Vatican II, le « bon pape » avait également insisté pour inscrire la question de la relation avec les Juifs à l'ordre du jour du Concile. Il répondait aux espoirs d'un vieil homme, célèbre historien français et promoteur des Amitiés judéo-chrétiennes, venu un jour de juin 1960 le prier d'en finir avec « l'enseignement du mépris » à l'égard des Juifs. Le nom de cet homme, Jules Isaac, devait être prédestiné puisque Vatican II renoue le lien spirituel entre « les fils d'Abraham selon la foi » et les « fils d'Abraham », leurs frères aînés. En condamnant tous ceux qui dans l'Église ont tenté d'imposer une théologie de la substitution, le Concile affirme que le Christ « a réconcilié les Juifs et les Gentils par sa croix et en lui-même, des deux, a fait un seul ».

D'apparence inoffensive, c'est pourtant la réforme générale de la liturgie, débutée avec l'adoption de la constitution *Sacrosanctum concilium*, à la fin de l'année 1963, qui va cristalliser les oppositions à Vatican II. L'Ordinaire de la messe, les rites, les sacrements et les sacramentaux sont révisés afin de leur redonner leur « noble simplicité » ; les textes sont allégés pour que leur signification apparaisse plus clairement ; la « participation pleine, consciente et active » de tous est favorisée. Concrètement, le prêtre n'officie plus le regard fixé sur la Croix et le dos tourné aux fidèles, livrés à leur missel, la célébration se fait désormais face au peuple de Dieu ; le prêtre ne monte plus en chaire délivrer son sermon, il prononce une homélie depuis l'ambon expliquant, à partir des textes bibliques du moment, « les mystères de la foi et les normes de la vie chrétienne » ; l'antique « prière universelle » est rétablie ; la communion ne se reçoit plus à genoux, elle peut être donnée, dans la main, par des laïcs et, exceptionnellement, sous les deux espèces ; une plus large place est enfin accordée aux langues vernaculaires, même si l'usage de la langue universelle de l'Église, le latin, demeure la règle. La promulgation d'un nouveau Missel romain par le pape Paul VI en 1969 parachève cette grande réforme destinée à retrouver l'esprit de l'Église primitive et des Pères de l'Église : la nouvelle liturgie est plus conforme à la tradition que la liturgie traditionnelle. Mais cette restauration déborde des limites fixées par le concile Vatican II : l'emploi du latin disparaît totalement au profit de la langue du pays ; le chant grégorien, le chant propre de la liturgie romaine, cesse de monter du chœur des églises pour faire place à des expérimentations musicales parfois saugrenues ; les tuyaux des orgues ne laissent bientôt plus échapper que de la poussière, des guitares sont sorties de leurs étuis.

Les voix qui s'élèvent contre ces abus ne tardent pas à protester contre la nouvelle liturgie dans son ensemble. À Écône en Suisse, un influent homme d'Église français, ancien archevêque de Dakar, fonde, en 1970, la Fraternité sacerdotale Saint-Pie-X. L'adoption du nouveau Missel romain et d'un *Novus Ordo Missæ* pousse Monseigneur Marcel Lefebvre dans le camp des traditionalistes. Le prélat ne veut pas de la messe de Paul VI, qui remplace l'ancien rite dit tridentin, codifié par le pape Pie V. Ce rejet symbolise le rejet de Vatican II : le combat pour le retour à l'ancienne liturgie devient l'emblème de la contestation de l'*aggiornamento* de l'Église, perçu comme une nouvelle Réforme. Le 21 novembre 1974, Mgr Lefebvre prend publiquement position contre « la Rome de tendance néomoderniste et néoprotestante qui s'est manifestée clairement dans le concile Vatican II ».

Il part en croisade contre le pape, le Concile et toutes les « nouveautés destructrices de l'Église », au premier rang desquelles figure le nouveau rite, réforme « tout entière empoisonnée », qui « sort de l'hérésie et aboutit à l'hérésie ». Le défenseur de la messe issue du concile de Trente espère que « la vraie lumière de la Tradition dissipe les ténèbres qui obscurcissent le ciel de la Rome éternelle », et se dit investi du devoir de lancer une nouvelle Contre-Réforme.

La médiatisation donnée par Mgr Marcel Lefebvre à sa révolte oblige le pouvoir ecclésial à réagir. Le 6 mai 1975, l'évêque de Lausanne, Genève et Fribourg retire le décret érigeant la Fraternité sacerdotale Saint-Pie-X au titre de « pieuse union ». Mgr Lefebvre passe outre à la décision, venue du Vatican, et ordonne, le 29 juin 1976, treize prêtres et quatorze sous-diacres sans lettres dimissoires, par conséquent dans l'illégalité selon le droit canon. La sanction est immédiate : Marcel Lefebvre est frappé de la suspense *a divinis* par Paul VI ; il ne peut plus administrer les sacrements. Imperturbable, il célèbre une messe géante devant 6 000 fidèles massés dans un hangar du Palais des Sports de Lille, le 29 août 1976. Son sermon est un modèle de retenue ecclésiastique : « Qu'est-ce qu'ont voulu en effet les catholiques libéraux pendant un siècle et demi ? Marier l'Église et la Révolution, marier l'Église et la subversion, marier l'Église et les forces destructrices de la société et de toutes sociétés, la société familiale, civile, religieuse. » Le nouveau chef des intégristes estime que Vatican II est « le summum de la victoire du démon : détruire l'Église par obéissance ». L'union voulue par les modernistes entre l'Église et la Révolution est une « union adultère » engendrant un rite, des sacrements et des prêtres « bâtards ». Mgr Lefebvre n'accepte pas que le Concile renonce à construire des États catholiques ; il demande d'agir en missionnaire pour établir « le Règne de Notre-Seigneur Jésus-Christ » partout sur terre. Pour celui qui se prétend « intégralement catholique », façon XIXe siècle, ce sont « ceux qui font les nouveautés qui vont dans le schisme ». L'évêque rebelle n'hésite pas, comme il l'a fait lors d'un entretien au *Figaro* du 2 août en parlant de « concile schismatique », à prononcer le mot qui fâche ; il s'interroge sur la légitimité du « successeur de Pierre » et danse autour de la ligne rouge du sédévacantisme.

Non, décidément, Mgr Lefebvre n'aime pas Paul VI, ce pape si éloigné de son modèle. Il a baptisé la Fraternité sacerdotale Saint-Pie-X en hommage au pape qui avait imposé à chaque prêtre de prononcer un « serment antimoderniste », et condamné « l'invention hérétique de l'évolution des dogmes ». Il a voulu reprendre l'héritage d'un pape qui avait porté haut le *Syllabus* de Pie IX contre les « erreurs du temps » et combattu pied à pied la laïcisation de la France. Dans sa lettre encyclique au peuple français *Vehementer nos* du 11 février 1906, Pie X s'inquiétait des conséquences de la loi de 1905 de séparation des Églises et de l'État. Il conjurait les autorités françaises de « bien peser l'immensité des maux qu'amènerait infailliblement leur politique séparatiste ». Car, pour le pape Pie X, penser qu'il fallait séparer l'État de l'Église était « une thèse absolument fausse, une très pernicieuse erreur », « très gravement injurieuse pour Dieu » auquel on doit un culte privé, mais aussi public et social. La laïcisation était « la négation très claire de l'ordre surnaturel », qui exige une « harmonieuse concorde » entre la société religieuse et la société civile. Or, la disparition de tout accord entre l'État et l'Église entraînerait sur ces matières communes la multiplication des différends, « la notion du vrai » en serait « troublée et les âmes remplies d'une grande anxiété ». Pour Pie X, un pays ne peut « durer longtemps lorsqu'on n'y fait point sa place à la religion, règle suprême et souveraine maîtresse quand il s'agit des droits de l'homme et de ses devoirs ». Aussi « pour que la France redevienne fidèle à son histoire », le pape Pie X appelait les catholiques français à s'opposer à la République qui avait rompu le Concordat, à refuser la loi de 1905, à sauver la religion de leurs ancêtres, et ainsi sauver leur pays : « Vous savez le but que se sont assigné les sectes impies qui courbent vos têtes sous leur joug, car elles l'ont elles-mêmes proclamé avec une cynique audace : "Décatholiciser la France".

Elles veulent arracher de vos cœurs, jusqu'à la dernière racine, la foi qui a comblé vos pères de gloire, la foi qui a rendu votre patrie prospère et grande parmi les nations, la foi qui vous soutient dans l'épreuve qui maintient la tranquillité et la paix à votre foyer et qui vous ouvre la voie vers l'éternelle félicité. »

Rejeter en bloc ce qui est, regretter sans distinction ce qui fut : les traditionalistes ne peuvent laisser indifférents les experts en réaction et les conservateurs en chef. Dans le numéro de septembre-octobre 1976 d'*Item* consacré à la Tradition, Philippe Héduy écrit toute l'admiration qu'il porte à « celui qui maintient et celui qui résiste » ; il remercie Mgr Marcel Lefebvre de lui avoir offert sa « plus grande fierté d'éditeur » en lui permettant de réaliser « un livre aujourd'hui aussi rare qu'hier il était répandu » : *Le Livre de la Messe*. Cet ouvrage sur la messe de Saint Pie V, « messe de notre enfance et de l'enfance de nos pères », est présenté par le « grand homme », celui-là même qui donne l'impression à ses visiteurs de se trouver devant un pape « tant la personnalité est haute, tant la bienveillance est grande, tant l'autorité est profonde ». D'ailleurs, Philippe Héduy le sait maintenant : « Rome n'est plus dans Rome » ; « Rome est à Écône ». Alors, il ouvre en grand les colonnes d'*Item* au prélat ainsi qu'aux membres de la Fraternité sacerdotale Saint-Pie-X.

Le combat des traditionalistes devient celui de toute la frange catholique de l'extrême droite. La transmission intransigeante de la Tradition constitue un point de convergence avec un monde politique qui, lui aussi, ne craint pas la marge et l'excommunication. Les affinités ne s'arrêtent pas là. Bien qu'il se défende de tout engagement partisan, les déclarations de Mgr Lefebvre ne permettent pas de douter de ses inclinations idéologiques. Il partage une même exécration des matérialistes marxistes, du communisme, « la plus monstrueuse erreur jamais sortie de l'esprit de Satan », et du socialisme : « Voter socialiste, c'est voter contre Dieu », déclarera-t-il en juin 1981. Allergique à toute forme de laïcité, il affiche ses préférences pour les mouvements visant à fonder des États de type national-catholique, en prenant pour exemple la dictature militaire en Argentine, les régimes de Franco en Espagne et de Salazar au Portugal. Il ne fait pas non plus mystère de ses fidélités maurrassiennes, de ses amitiés pour Jean Ousset et son organisation, la Cité catholique, ainsi que pour Jean Madiran, créateur de la revue *Itinéraires* puis du journal *Présent*, avec Bernard Antony et François Brigneau.

La prise de force de l'église Saint-Nicolas-du-Chardonnet, le 27 février 1977, par des fidèles de la Fraternité sacerdotale Saint-Pie-X, menés par Mgr François Ducaud-Bourget, permettra aux Parisiens d'assister de nouveau à la messe tridentine. Elle permettra également à l'extrême droite de disposer d'une église pour organiser les funérailles de ses morts, prier ses martyrs et célébrer ses héros. Sous couvert de récompenser les licteurs censés protéger le Magistère romain et « la loi naturelle », Mgr Lefebvre et les clercs de la Fraternité donnent leur bénédiction à de nombreuses formations d'extrême droite. En retour, plusieurs d'entre elles, tel le Front national qui vote une motion de soutien à Mgr Lefebvre lors de son IVe congrès, encouragent l'action des dissidents en soutane. Grâce à cette largesse d'esprit insoupçonnée, chacun peut se targuer d'être un gardien implacable des dogmes et de la Tradition, tout en s'affranchissant de leurs enseignements les plus élémentaires. Ce qui est une autre définition de l'intégrisme.

Lui aussi doit honorer une dette et témoigner sa reconnaissance dans le numéro d'*Item* consacré à la Tradition. Patrick Buisson écrit « Lettre à mon père », en hommage à Georges Buisson, disparu quelques mois plus tôt. Il achève ce texte quelques jours après ma naissance.

« Toi, tu étais ce qu'il est convenu d'appeler un jeune homme de droite, récusant à la fois la meute, la troupe et le troupeau. Narquois, tu persistais dans ton interminable monologue, quelque peu barrésien, entre l'Église et la Prairie. [...] Tu croyais à la Tradition, pourvoyeuse de vie. Tu croyais à la longue accumulation des expériences, à la riche sédimentation de la raison collective, aux fruits des longs développements humains, à leur supériorité sur la raison abstraite et prétentieuse. Tu ne pensais pas que la vie des sociétés satisfasse au credo du progrès indéfini et linéaire, mais tu croyais aux génies qui fécondent une civilisation. Tu craignais que l'accélération de l'histoire ne s'accompagne d'une déperdition de substance. Tu disais que la vitesse a la phobie de l'épaisseur. Tu croyais au sacrement d'héritage, à sa vertu sociale et historique, à la récompense terrestre du père dans le fils.

« Tu nous as appris, avec l'insolvabilité de nos êtres, à contempler, selon le mot de Maurras, au-delà d'une quarantaine de millions de têtes vivantes, le miraculeux capital amassé par un milliard d'hommes morts. Parce que tu avais choisi de ne rien posséder, il te fut donné l'usufruit d'un empire. Péguy aurait dit que tu n'étais plus de ton temps avec ton honneur fou du travail, ta bonne humeur contagieuse devant l'effort, ta piété du bien faire, ton souci du bien croire.

« Maintenant que les Parques sont passées, maintenant que s'est tue la gaieté de ta voix, maintenant que s'est close la douceur de l'entretien, maintenant que s'en sont allés la couleur et le bruit de tes images d'homme, je pense à la joie de ton père lorsqu'il reçut un fils pour le continuer. Un petit bout d'homme pour reprendre l'attelage, un petit bout d'homme pour que sa misère signifie, un petit bout d'homme pour que sa misère ait un sens. Un petit bout d'homme pour que son pays soit, pour que le chant ne se perde, ni l'habileté du luthier, ni la façon du tisserand, ni la patience du marin, ni la peine du gerbeur. Un petit bout d'homme pour que ces mille gestes qui ont fait notre nation ne s'arrêtent dans leur course intelligente et souveraine. Un petit bout d'homme pour que ces mille gestes, cette longue science du quotidien, ce savoir des pauvres, le seul qui vaille et qui compte, cet acquis ouvragé et poli par tant de sang et par tant d'humbles sueurs, ne soient pas la proie d'une marée. Un petit bout d'homme pour tenir la maison debout, pour redonner à chaque heure l'exacte couleur de la création, pour mettre dans le déploiement des aurores l'innocence et le génie du Créateur.

« Un petit bout d'homme pour un petit peu de l'héritage, c'est sans doute assez pour que le monde soit en ordre et que demain nous nous surprenions à sourire aux jeux d'un enfant libre près d'une fontaine. Et que les autres se résignent, car pour ce qui est de l'appel de la Terre et des Morts, de la geste des éternités transmises, de l'"*Abraham et semini eius in sæcula*" nous n'avons pas fini d'y croire. »

CHAPITRE III

Ruminations

Lorsque Dieu se prépare à faire du mal à un homme, il endommage d'abord son esprit.

Sophocle

Jean-Marie Le Pen lui confie pour commencer la presse du parti, avec le lancement du journal *Le National*, il le nomme ensuite à la tête de la commission électorale. Il finit par le laisser tout prendre en main. Une fois de plus, François Duprat se révèle indispensable ; ses talents de stratège l'imposent en tant que « numéro deux », voire « numéro un bis » du Front national. Alors que le Parti des forces nouvelles se positionne à droite de la droite, le Front national se place volontairement hors du système, afin de mieux le dénoncer. François Duprat emploie toute sa science à structurer le parti pour durer et résister, en compagnie de son bras droit, Alain Renault, nommé responsable de la province, puis secrétaire général adjoint. Il en profite aussi pour développer sa propre tendance en marge du Front national.

Sur le plan doctrinal, François Duprat est un néofasciste. C'est entendu. On le traite fréquemment de néonazi. C'est contestable. Pour éviter les interminables querelles d'appellation, il choisit de se qualifier de nationaliste-révolutionnaire. Le tour de passe-passe lui permet de rallier sous un même étendard néofascistes et néonazis. Il avait déjà commencé à rameuter les frénétiques et les autoritaires grâce au petit groupe de presse constitué autour de l'hebdomadaire *Les Cahiers européens*, dans lequel Jean-Marie Le Pen avait affirmé, en juin 1974, que « la place des nationalistes-révolutionnaires est au sein du FN, qui autorise la double appartenance et respecte les choix idéologiques de ses adhérents ». François Duprat et Alain Renault n'oublient pas cette promesse et mettent sur pied, au cours de l'année 1976, la traduction politique de leur courant : les Groupes nationalistes-révolutionnaires de base. À la fin de cette même année, Duprat théorise la raison d'être des « Greu-neu-beu » dans *Le Manifeste nationaliste-révolutionnaire*. Réminiscente combinaison de nationalisme et de socialisme, leur idéologie emprunte des thèmes et un vocabulaire de gauche pour les mettre au service d'une vision qui l'est nettement moins. Elle vise une Nation, débarrassée des « différences de classe » par l'action du « Peuple tout entier », un pays rendu à « ceux qui contribuent au développement national » et dont seront exclus « les profiteurs, les parasites, les représentants des intérêts étrangers ». Le nationalisme-révolutionnaire veut mener une « lutte de libération nationale et sociale » de la France, nation qui serait colonisée et en proie à « des lobbies étrangers », grâce à la complicité « d'une fraction des classes dirigeantes ». Dans cette lutte, François Duprat rejette toute opposition « entre un "bon capitalisme" national et un "mauvais capitalisme" international » : le capitalisme tout entier serait « une formule économique qui sous-tend l'esclavage de notre Nation ». Selon lui, la restauration de l'indépendance nationale ne peut se faire qu'en enlevant le pouvoir aux « vrais maîtres » de la France. Et cela débute par une prise de conscience contre les exploiteurs qui se seraient emparés du « contrôle des Mass Media, puis, insensiblement, de toute notre culture nationale, dont la réalité même peut désormais être délibérément niée ». Il reviendrait aux nationalistes-révolutionnaires d'ouvrir les yeux des Français, d'enrayer le « processus de destruction de notre identité nationale », et de rendre à la France la maîtrise de son destin. Mais qui sont au juste ces « vrais maîtres » camouflés dont parle François Duprat ? Quelle est cette « force colonisatrice et destructrice » agissant dans l'ombre ? L'un des « États confédérés », peut-être ?

« Nous ne devons pas laisser à nos adversaires, marxistes et régimistes, le monopole de la présentation historique des hommes, des faits et des idées. Car l'Histoire est un merveilleux instrument de combat et il serait vain de nier qu'une des raisons importantes de nos difficultés politiques réside dans l'exploitation historique et la déformation systématique des expériences nationalistes du passé. » Ainsi s'exprime François Duprat dans *Année zéro*, en mai 1976. Le rôle fondamental de la métapolitique ne lui a pas non plus échappé. Le professeur d'histoire-géographie, qui enseigne dans un collège public en Normandie, connaît l'un des lieux de bataille privilégiés où se joue l'hégémonie culturelle. François Duprat a lancé la *Revue d'histoire du fascisme* à cette fin : la folle entreprise de réhabilitation des régimes fascistes de l'Histoire est pensée comme le moyen de sortir les nationalistes de leur enfer et de les imposer en tant que recours. À ses yeux, l'accomplissement de ce dessein nécessite de lever l'interdit qui frappe sa famille. Il lui faut renverser la représentation de ce qu'il considère être le mal absolu : les Juifs et la « juiverie mondiale ». Déjouer ce qu'il dit être une double imposture : l'extermination des Juifs d'Europe et l'État Israël. C'est à leur sujet que doit se produire la prise de conscience, c'est contre eux que doit se faire le dévoilement. Voilà l'une des grandes affaires de la vie de François Duprat. Plus qu'une obsession : le cœur de sa cosmologie. Du fascisme au nationalisme-révolutionnaire, les dénominations évoluent, l'ennemi demeure.

Tout s'était noué pendant l'année 1967. François Duprat disposait de loisirs suite à son exclusion d'Occident. Il laissait libre cours à sa graphomanie dans des publications nationalistes ; il entretenait une autre de ses pathologies dans *Défense de l'Occident*, la revue de Maurice Bardèche. Ce dernier était connu pour être le beau-frère de l'écrivain Robert Brasillach, le rédacteur en chef du journal collaborationniste *Je suis partout* fusillé lors de l'épuration ; il restera tristement célèbre pour avoir été le père du négationnisme en France. Loin d'être sans rapport, ces deux faits présentent un lien de causalité. C'est plein de la rancœur d'appartenir au camp des vaincus que Maurice Bardèche avait jeté dès 1948, année de la création de l'État d'Israël, les bases du « révisionnisme » de l'histoire de la Seconde Guerre mondiale avec son livre *Nuremberg ou la Terre promise*. Ce qu'il présentait comme une révision était en vérité une négation, un renversement de l'Histoire. Les Juifs étaient accusés d'avoir orchestré une gigantesque tromperie, en compagnie des Alliés qui cherchaient à dominer le monde et de l'Union soviétique qui voulait faire oublier ses propres crimes. Pour la première fois, l'existence des camps d'extermination était remise en cause, le génocide des Juifs d'Europe était considéré comme une invention. Le IIIe Reich n'avait cherché qu'à établir une « patrie juive reconstituée à l'Est », et n'avait « jamais gazé que des poux ». Maurice Bardèche rejetait les jugements du tribunal de Nuremberg : les Allemands étaient des victimes, les Juifs, des coupables, responsables du déclenchement de la Seconde Guerre mondiale.

François Duprat n'avait pas attendu d'intégrer l'équipe de *Défense de l'Occident* pour faire siennes les thèses négationnistes et voir tout le profit politique à en tirer. Du temps où il s'occupait de la propagande d'Occident, il ne manquait pas une occasion de dénoncer un complot international derrière « la fable des six millions de morts ». Entre Maurice Bardèche et lui, entre ces deux générations d'antisémites et de fascistes, la continuité était évidente. La guerre des Six Jours allait renforcer leur obsession. Du 5 au 10 juin 1967, l'État d'Israël menait une attaque préventive contre des voisins de plus en plus menaçants : l'Égypte, la Syrie et la Jordanie. Il défaisait les armées de ces trois pays, triplait sa superficie et montrait au monde qu'il ne transigerait jamais sur sa sécurité. Maurice Bardèche s'était attelé à la renaissance de l'antisémitisme français en s'attaquant au tribunal de Nuremberg ; François Duprat se saisissait du prétexte de l'affirmation de la puissance militaire israélienne pour faire entrer cet antisémitisme dans une nouvelle ère. Il se chargeait d'écrire la plupart des articles du soixante-quatrième numéro de *Défense de l'Occident*, daté de juillet-août 1967, ne laissant que quelques contributions à Bardèche, Pierre Fontaine et Paul Rassinier. Comme l'ont démontré, chacun de leur côté, les historiens Nicolas Lebourg et Valérie Igounet, ce numéro spécial, intitulé « L'agression israélienne et ses conséquences », marquait la rencontre inédite de l'antisémitisme, du négationnisme et de l'antisionisme. L'articulation entre les trois discours permettait d'instrumentaliser une nouvelle figure victimaire, les Palestiniens, et de ranger Israël et le sionisme du côté de l'impérialisme, du colonialisme, du racisme et – terrible offense – du nazisme : « Bâti sur une injustice et sur un véritable génocide (car l'expulsion de tout un peuple de sa patrie est un génocide, au même titre que son extermination), Israël poursuit, grâce au soutien inconditionnel de la juiverie internationale, sa "solution finale" du problème arabe. Et, à la différence de la solution finale des SS du IIIe Reich, il est bien question là d'une liquidation globale du fait arabe au sein de l'État juif. En droit comme en fait, Israël, oiseau de proie au Moyen-Orient, est une construction artificielle, vaine et mensongère, qui disparaîtra tôt ou tard. »

François Duprat rejoignait la défense de la cause palestinienne, et de la cause arabe dans son ensemble. Il témoignait de la sympathie pour la plupart des régimes arabes, car il avait décelé dans l'alliance du nationalisme panarabe, du socialisme arabe et du semblant de laïcité, prônée par le mouvement Ba'as, l'authentique expression de la résurrection du fascisme.

Il entretenait des relations avec les milieux syriens, égyptiens et libanais, et les sollicitait pour financer le Rassemblement pour la libération de la Palestine, qu'il avait créé. L'antisionisme lui servait surtout à véhiculer sa propagande antisémite et à guérir une partie de l'extrême droite française de la bienveillance qu'elle avait manifestée pour Israël, à l'occasion de la guerre des Six Jours. Il savait pertinemment l'impact que pouvait produire dans la tête de tout extrémiste de droite la démonstration de force d'une nation de soldats-paysans contre des Arabes ; il connaissait le ressentiment développé contre ces derniers après la perte de l'Algérie française ; il ne lui échappait pas qu'Israël incarnait la résistance à l'influence de l'URSS dans cette partie du monde ; il savait enfin le pouvoir de fascination qu'exerçait Israël, l'attraction de l'image allégorique de l'oasis perdue dans le désert, du petit bout d'Occident au Proche-Orient. « Poste avancé » et « rempart de l'Europe contre l'Asie », comme l'avait présenté Theodor Herzl, le père du sionisme, aux puissances mondiales pour les convaincre de la nécessité d'un État juif en Palestine ottomane. Pourtant, François Duprat n'en pouvait plus de voir ses amis politiques ne pas s'offusquer de la présence de Juifs dans la vieille ville de Jérusalem ou de les entendre s'exclamer : « Ce Moshe Dayan, quel type quand même ! » Le prosionisme de circonstance n'avait pas duré et laissait place à ce que l'extrême droite jugeait être une position équilibrée au sujet du conflit israélo-arabe : « Qu'ils s'entre-tuent ! » Cela ne satisfaisait toujours pas François Duprat, qui prédisait un sombre avenir si ses alliés ne prenaient pas l'entière mesure de la nouvelle arme brandie par le gouvernement français : la loi du 1er juillet 1972 contre le racisme.

Le texte présenté par le ministre de la Justice, René Pleven, avait introduit un nouveau type de délit dans la loi de 1881 sur la liberté de la presse : la provocation publique à la discrimination, à la haine ou à la violence « à l'égard d'une personne ou d'un groupe de personnes à raison de leur origine ou de leur appartenance ou de leur non-appartenance à une ethnie, une nation, une race ou une religion déterminée ». Ce n'était plus seulement l'appel à commettre des délits ou des crimes raciaux qui devait être réprimé, mais l'incitation, qu'elle soit ou non suivie d'effet, directe ou indirecte. Tout devenait une affaire d'intention. Et loin de s'arrêter à ce nouveau délit, la loi dite Pleven entendait punir la diffamation et l'injure pour ces mêmes motifs, étendre les possibilités de dissolution par décret des associations ou groupements de fait, et ajouter au Code pénal l'interdiction de toute discrimination dans le domaine du travail, de la fourniture de services ou de biens, comme le logement. Dernière nouveauté, elle souhaitait offrir aux associations de lutte contre le racisme, ayant plus de cinq ans d'existence, la faculté de saisir la justice et d'exercer les droits de la partie civile. À l'origine, la loi n'était que la transposition en droit français de la Convention internationale sur l'élimination de toutes les formes de discrimination raciale, que la France n'avait signée que six ans après son adoption par les Nations unies. Sans doute pour se rattraper, plus sûrement pour répondre à l'explosion du racisme contre les travailleurs immigrés, les députés avaient voté à l'unanimité en faveur de cette loi qui faisait provisoirement de la France le pays le plus en pointe dans la lutte pénale contre les discriminations. Selon les mots de René Pleven, il n'était plus supportable de voir prendre « pour cible des hommes ou des femmes originaires de pays dont les citoyens étaient naguère rassemblés sous le drapeau de la République et dont les pères ou les frères au cours des deux guerres ont combattu et versé le sang pour la libération de notre patrie ».

L'adoption de la loi n'avait rencontré aucune opposition, son application déclenche des tempêtes de protestations. Essentiellement circonscrites aux milieux visés par la loi, faut-il le souligner. Ceux qui hurlent à la censure ne l'emploient effectivement jamais dans la manifestation de leurs sentiments, sinon pour faire taire les injonctions de leur surmoi. Face à la multiplication des contentieux déclenchés par les associations antiracistes, ils vitupèrent contre l'instauration d'une police de la pensée. Ils peuvent bien se faire les chantres des politiques sécuritaires, clamer haut et fort que la liberté sans un minimum d'ordre et de contraintes conduit une société au chaos, il ne leur vient pas à l'esprit qu'il en est de même pour la production de la pensée. Ils s'indignent de cette atteinte à la liberté d'expression, de cette régression démocratique, de ce mauvais coup porté au débat d'idées et à la confrontation des opinions, mais ils ne s'offusquent pas des conséquences des agressions verbales et écrites auxquelles ils se livrent continûment. Ils reprochent à la loi son outrance, tout en restant insensibles à la leur. Il est vrai que la parole était jusqu'alors beaucoup plus libre, et que certains en avaient outrageusement abusé. *La Libre Parole* n'était-il pas le nom donné par Édouard Drumont à son journal, porte-voix des antidreyfusards et des nationalistes ? La grande tradition polémiste française n'avait-elle pas été confisquée par des zélotes ?

Héritage chrétien s'il en est, la loi Pleven reconnaît que l'intention renferme le mal. À la suite du Christ, de saint Augustin et de la théologie patristique latine, elle consacre la nécessité de condamner « ceux qui mésusent du bien » qu'est le « libre arbitre de la volonté ». Elle rappelle tout bonnement que la libération de la parole précède le passage à l'acte. Après quelques millénaires d'expérience et un XXe siècle apothéotique, on sait, à peu près, comment les ennuis débutent.

Pour les hommes d'extrême droite, la mise en œuvre de cette « loi liberticide » pose un problème concret et immédiat. Comment vont-ils pouvoir continuer à dire ce qu'ils pensent ? Comment leurs partis vont-ils pouvoir exposer le fond de leur doctrine sans subir les foudres de la justice ou, pis, la dissolution ? La loi Pleven devait permettre de faire taire les imbéciles, elle va réveiller les mauvaises intelligences. Elle oblige l'extrême droite à réfléchir. Et à se réinventer. L'heure est aux reformulations, au maquillage conceptuel, aux petits ravalements sémantiques et aux grandes entourloupes intellectuelles. C'est une leçon qui n'a pas d'âge : le mal trouve toujours un chemin.

Dès le printemps 1973, François Duprat avait eu un avant-goût de la détermination de l'État et des associations à lutter contre l'incitation à la haine raciale. Même si, contre toute attente, la première condamnation sur le fondement de la loi Pleven n'avait pas frappé son camp : la Ligue internationale contre l'antisémitisme et l'association Rencontre entre juifs et chrétiens avaient intenté un procès au *Bulletin URSS* et à son directeur, Robert Legagneux, adjoint au maire communiste de Nanterre. Au nom de la partie civile, l'avocat Robert Badinter avait plaidé contre un article publié, en septembre 1972, dans cette brochure émanant du bureau d'information de l'ambassade soviétique à Paris. Titré « L'école de l'obscurantisme », le papier, signé d'un certain Zandenerg, expliquait que le temps scolaire des enfants israéliens était consacré à l'étude des codes de la Loi juive qui enseigneraient, notamment à travers le *Choulhan Aroukh*, que le monde devait appartenir aux Juifs et que les relations avec les non-Juifs devaient être réglées par le sang. Des affirmations odieuses, en somme, même pour de la propagande soviétique. Ce texte, envoyé par l'agence Novosti aux ambassades d'Europe et d'Amérique pour être diffusé le plus largement possible, reprenait des passages entiers des *Protocoles des Sages de Sion* et de la littérature antisémite russe qui prospérait au début du XXe siècle, époque où les plaines de l'Empire étaient défigurées par les pogroms. À peine le terme « sioniste » remplaçait-il quelquefois celui de « Juif » dans l'article poursuivi. La sentence prononcée par la justice française avait été symbolique – une simple amende –, mais permettait de dénoncer la perpétuation d'un très ancien savoir-faire des régimes russes en matière d'intoxication décomplexée, de désinformation nauséeuse et de bonimenterie turpide. Il avait ainsi été rappelé à l'audience que le livre *Les Protocoles des Sages de Sion*, ce faux fabriqué à Paris sur commande de la police politique secrète tsariste, l'Okhrana, qui prétendait mettre au jour un complot judéo-maçonnique mondial, avait été cité en référence par Hitler dans *Mein Kampf* et considéré comme véridique par la mystique du IIIe Reich. L'ouvrage connaissait d'ailleurs une nouvelle carrière dans les librairies de Damas ou du Caire. Le genre de destin que la loi Pleven espérait contrarier en France : la parole en toute liberté, le début des ennuis…

L'antisémitisme d'État n'a pas disparu avec la révolution de 1917, il ajoure le paravent de l'antisionisme, officiellement affiché par l'URSS. François Duprat n'a besoin de personne pour le comprendre. À l'instar des nationalistes arabes, il s'approprie la propagande soviétique. Y compris l'assimilation au nazisme. Depuis Stalingrad, les Russes ont pris la fâcheuse habitude de traiter tous leurs adversaires de nazis ou de fascistes. Maniaques de la *reductio ad hitlerum*, précurseurs du point Godwin, ils emploient l'arme idéale pour déstabiliser leurs rivaux et leur faire comprendre qu'ils seront battus, ainsi que l'ont été les nazis avant eux. Par la disgrâce de la haine, François Duprat fait cause commune avec les communistes. Pour des raisons différentes, toutefois.

Les Soviétiques ne pardonnent pas à Israël de résister à leur politique de puissance au Proche et au Moyen-Orient, mais essaient de se faire pardonner l'inefficacité des armes fournies aux pays arabes contre Tsahal. Ils entretiennent avec soin la rancune des peuples de la région contre l'« impérialisme » d'Israël, de la diaspora juive et bien évidemment des États-Unis. Ils mènent également une féroce campagne contre leurs compatriotes juifs, accusés de déloyauté envers l'URSS et d'allégeance dissimulée envers Israël. Comme du temps de Staline et du prétendu complot des Blouses Blanches, les Juifs sont qualifiés de « cosmopolites sans racine », tenus responsables des maux de l'Union soviétique. Ils sont exclus de l'administration, de la politique, des universités. Depuis la guerre des Six Jours, la plupart de ceux qui souhaitent émigrer en Israël ou ailleurs en sont empêchés. Aux yeux des autorités, leur volonté de fuir les persécutions apporte la preuve de leur traîtrise. Les « Refuzniks », ainsi qu'on les appelle, sont arrêtés, punis, voire déportés dans les camps du Goulag en Sibérie. À force de voir des nazis partout, les Soviétiques commencent à se comporter comme eux.

Pour François Duprat, l'enjeu est autre. Il n'est pas question que la renaissance de l'antisémitisme échoue contre les nouvelles barrières dressées par la loi Pleven. L'antisionisme n'est plus seulement le masque de l'antisémitisme, un visage présentable à la face du monde, il devient un moyen de survie. Pour peu que soient écartées les provocations les plus grossières, il permet de recycler une haine, en lui donnant un fondement politique qui ne tombe pas sous le coup de la loi. Ce n'est pourtant pas suffisant pour atteindre l'objectif que s'est fixé François Duprat : la réhabilitation de l'extrême droite la plus radicale. Il manque quelque chose. Une touche personnelle.

Cela pourrait être l'instrument cynique d'une lutte politique. Il n'en est rien. François Duprat et ses amis y croient vraiment. Ou plutôt, ils n'y croient pas. La Shoah est pour eux un mythe, une construction éhontée qui a servi à justifier la création de l'État d'Israël et à assurer aux Juifs une rente de situation sur le monde. On connaissait l'ardeur de François Duprat à défendre l'indéfendable dans la revue *Défense de l'Occident* ou dans les volumes qu'il commettait sur les SS en tant que membre de la « Nouvelle École révisionniste ». Pour les besoins de sa cause, on le découvre éditeur. À partir de l'année 1976, il devient le principal diffuseur d'ouvrages négationnistes en France, et une référence dans ce domaine à l'étranger. Le trait est caractéristique de l'antisémite : l'obsession mercantile. Il est celui qui vit sur le dos des Juifs. C'est son fonds de commerce matériel et idéologique. Dans cette entreprise, François Duprat est très activement soutenu depuis qu'il a rallié Mark Fredriksen et les nazillons de la Fédération d'action nationale européenne (FANE) à ses Groupes nationalistes révolutionnaires et fusionné leur journal *Notre Europe* avec ses *Cahiers européens*. Le catalogue du service librairie qu'il propose est éloquent. Y figurent tous les classiques de la réécriture insidieuse et de l'interrogation fourbe. Il ne manque rien. Tout à fait exhaustif. Que de la dégueulasserie ! Dans ce registre, il y a une brochure qui relève du composé chimiquement pur : *Six millions de morts le sont-ils réellement ?* d'un certain Richard Harwood. Elle est, en fait, l'œuvre d'un dirigeant du British National Front, Richard Verrall, et a été publiée par la maison d'édition du parti, Historical Review Press. Elle résume les enjeux du combat que mène François Duprat. Aussi ce dernier s'occupe-t-il de traduire l'opuscule, de le distribuer à des milliers d'exemplaires et d'encourager ses lecteurs à le diffuser autour d'eux. *Six millions de morts le sont-ils réellement ?* est probablement le premier et le plus grand succès mondial de l'histoire de la littérature négationniste. Duprat l'envoie au Tout-Paris politique et médiatique. Révulsé, le journaliste Pierre Viansson-Ponté réagit publiquement. Il assure involontairement la promotion du libelle dans le quotidien *Le Monde*, en août 1977. Ce qui était le but recherché. Mais que dit l'objet du scandale ? Que le peuple juif n'a pas été un peuple martyr au sortir de la Seconde Guerre mondiale, mais un peuple triomphant. L'« énorme mensonge » du génocide lui a permis d'exercer « un chantage politique » qui l'autorisait dans le même mouvement à légitimer le sionisme et à « décourager toute forme de nationalisme » : « On ne peut qu'admirer la façon dont les Juifs ont réussi à conserver leur race pendant autant de siècles et continuent à le faire aujourd'hui. Ils ont été aidés fortement par l'histoire des six millions qui a souligné, quasi comme un mythe religieux, la nécessité d'une plus grande solidarité raciale juive. Malheureusement, elle a eu l'effet tout à fait opposé pour tous les autres peuples en les rendant impuissants dans la lutte pour leur conservation. » En misant sur le ressort de la culpabilisation, les Juifs se seraient attelés à affaiblir les défenses immunitaires des nations et à lever les derniers obstacles dans leur programme de soumission du monde.

Dans l'esprit de Richard Harwood, si le nationalisme a été désigné par les Juifs comme la cause du mal, il ne peut être que le remède, la seule résistance efficace contre la manipulation historique et ses conséquences. François Duprat est sur la même ligne lorsqu'il assigne au nationalisme-révolutionnaire la mission de libérer une France prisonnière d'un « capitalisme international », destructeur de son identité. Il y a pourtant une dénonciation qu'il n'a pas investie théoriquement ni politiquement, un « instrument de domination du complot mondial » auquel il ne s'est pas attaqué. Pour le moment.

Ils ont suffisamment subi les revers de l'Histoire pour savoir qu'il faut en tirer des enseignements. Ils pensent avoir appris à déceler les infimes péripéties et à reconnaître les présages des grands retournements. À les écouter, c'est là leur première qualité. À les en croire, c'est l'origine de leur prétendue lucidité. Pour le coup, ils disent l'avoir senti très tôt ; ils l'ont en tout cas écrit tout de suite : la chute de l'empire colonial a exposé la France au risque de la colonisation, et la fin de l'Algérie française a marqué le début de la « France algérienne ». « L'invasion algérienne », titrait *Minute* dès 1964. La paranoïa incrustée dans leurs têtes, les hommes d'extrême droite n'ont alors cessé de multiplier les avertissements.

À la pointe de cette lutte, il y a d'abord eu le groupe de Dominique Venner, porté par la revue *Europe-Action*, qui voyait dans l'immigration « de couleur » un danger mortel pour l'intégrité de l'ethnie, du peuplement et de la civilisation de la France. Les trois étant liés, les trois étant blancs. Est venu ensuite Ordre nouveau qui, dans sa dernière année d'existence, en 1973, a lancé une grande campagne pour dire « Halte à l'immigration sauvage ! » et fustiger « le scandale permanent que constitue l'importation massive de ce sous-prolétariat, masse de manœuvre des gauchistes et armée de réserve du capital ». La même année était publié *Le Camp des Saints*, le roman de Jean Raspail, reclassé illico par certains dans le genre de la prophétie, qui décrivait une France noyée sous une marée d'un million de migrants en provenance du delta du Gange, des « Blancs » en fuite, des élites démissionnaires, et une poignée d'irréductibles qui résistaient en abolissant une loi ayant les traits exacts de la loi Pleven. Il y a enfin eu une place à prendre.

La petite ritournelle contre les immigrés, ça l'agaçait franchement au début. Du temps d'Ordre nouveau, François Duprat levait les yeux au ciel à l'évocation de la question. Ce n'était pas le sujet, ce n'était pas le problème, disait-il en substance. En s'en prenant aux Arabes, on finissait immanquablement par se tromper d'ennemi et par nourrir le prosionisme de l'extrême droite. Totalement contre-productif, si on voulait son avis. Mais il fait évoluer sa position. Comme tout le monde, il voit les effets du premier choc pétrolier et la montée du chômage. Il assiste à la mort d'un monde et à la naissance d'un autre : la fin des Trente Glorieuses, l'apparition de « la crise ». Il regarde les gouvernements de droite successifs se débattre avec l'inconnu. Après avoir favorisé l'immigration pour satisfaire la voracité de l'économie pour la main-d'œuvre bon marché, la France ferme ses portes. Elle prend les premières mesures pour contrôler les flux migratoires et freiner les procédures de régularisation, puis discute du regroupement familial et de l'aide au retour des travailleurs étrangers. Dans ce nouveau contexte, François Duprat se met à penser la lutte contre l'immigration en termes exclusivement politiques. Il est, de ce fait, consterné que la frange la plus dégénérée de l'extrême droite réponde aux mobilisations de « sans-papiers », aux grèves-bouchons des travailleurs immigrés dans les usines ou aux refus de paiement des loyers dans les foyers Sonacotra, par la ratonnade. Il est atterré de voir son aile truando-psychopathe multiplier les cellules qui prennent le nom de « Commando Delta » ou « Groupe Joachim-Peiper » ou « Justice Pieds-noirs » pour semer la terreur comme en 1962 : attentats contre le consulat d'Algérie à Marseille et les bureaux de la compagnie Air Algérie, attaques de foyers de travailleurs maghrébins, meurtres et enlèvements. Sans oublier le « Groupe Charles-Martel », qui a voulu revendiquer l'assassinat, à Noël

1976, de Jean de Broglie, trésorier des Républicains indépendants et proche de l'Opus Dei, au motif qu'il fut l'un des négociateurs des accords d'Évian, « responsables de l'invasion de la France par les hordes nord-africaines ». Et non, mille fois non, François Duprat ne considère pas que faire sauter à l'explosif les sièges des associations antiracistes soit une manière efficace de protester contre la loi Pleven.

En 1977, il rode les premiers éléments d'une nouvelle rhétorique anti-immigrés compatible avec la législation contre les discriminations. Au moment où la future Nouvelle Droite recycle le racialisme d'*Europe-Action* en un différentialisme bon teint, il s'attache à nettoyer le discours habituel contre l'immigration de ses expectorations racistes. L'enjeu est invariable : il faut pouvoir continuer à diffuser ses idées dans l'opinion en évacuant les formulations pénalement et moralement disqualifiantes. Ne pas donner prise à la dureté de la loi et au « terrorisme intellectuel de la gauche ». La vie à la marge est un darwinisme de tous les instants. Avec ses « Greu-neu-beu », François Duprat n'entend pas seulement disposer d'un entre-soi révolutionnaire, il conçoit une répartition des tâches politiques avec le Front national. Sa vision stratégique n'a pas changé depuis Ordre nouveau. Les deux structures sont chargées de répondre à des besoins différents. La première doit porter le fer révolutionnaire et mener la « lutte de libération nationale » ; la seconde doit porter le fer électoral et donner accès aux masses. Marcher séparément, frapper ensemble. Elles doivent aussi délivrer des messages complémentaires. C'est peu ou prou la définition des rapports qu'entretiennent la propagande et l'agitation, tels que théorisés par Plekhanov et repris par Lénine dans son *Que faire ?* Duprat se réserve le soin d'expliquer, par écrit, à une minorité l'action globale du « plus grand mal », en adaptant le logiciel antisémite grâce à l'antisionisme et au négationnisme. Il demande à Jean-Marie Le Pen et au Front national de dénoncer de « vive voix », auprès du plus grand nombre, une de ses émanations, en réorientant la doctrine sur l'immigration.

Lors des élections municipales de mars 1977, le parti présente des listes qui déclinent un mot d'ordre vieux comme l'extrême droite : « La France aux Français ! » Ce n'est pas encore tout à fait l'impulsion que François Duprat souhaite donner. À sa décharge, il n'est pas aidé au sein du Front national : il rencontre une résistance de taille en la personne de Jean-Marie Le Pen, qui ne croit pas au potentiel du thème de l'immigration. Le filon de l'électorat qui traîne sa « nostalgérie » s'épuise, la campagne de Tixier-Vignancour en 1965 a montré les limites du vote pied-noir, alors Le Pen s'accroche à « l'anticommunisme primaire, secondaire et tertiaire », si profondément inscrit dans l'ADN de l'extrême droite de l'époque. Le problème est que le Front national n'est pas seul sur ce créneau, lui explique Duprat. Et son absence de poids politique l'empêche d'être crédible. À droite, toutes les formations ont développé leur expertise en matière de lutte contre le communisme. Pour émerger, le Front national a besoin d'une colère qu'il sera le premier à exploiter.

C'est chose faite à l'occasion de la campagne des législatives de 1978. La gauche unie est, enfin, en mesure de gagner les élections et d'inaugurer un mode d'exercice du pouvoir inédit : la cohabitation. Il n'en faut pas plus pour qu'une partie de la droite envisage de susciter des troubles, afin de reprendre dans la rue la majorité qu'elle pourrait perdre dans les urnes. De son côté, François Duprat prépare ses troupes au coup d'État. Pour la forme, pour la frime. Sur le papier, principalement. En revanche, il prend très au sérieux les risques de dissolution pour incitation à la haine que ferait courir l'arrivée de la gauche au pouvoir sur son groupuscule et sur le Front national. Il convient d'être prudent. François Duprat impose un double rapport de force à Jean-Marie Le Pen. L'emprise est autant psychologique que politique. Le président du Front national, impressionné par son « numéro deux », doit régulièrement céder devant son intelligence et sa capacité de persuasion, même si tout en lui crie la haine de se sentir dominé. Le Pen est aussi en proie aux instances du parti que François Duprat, aidé par Alain Renault, a largement noyautées depuis le congrès de Bagnolet, en 1976. Les hommes de Duprat sont partout. À la tête de la commission électorale, le nationaliste-révolutionnaire a contrôlé toutes les investitures pour les législatives. Plus d'un tiers des candidats provient de sa tendance. Aucune formation française n'aura présenté autant de néofascistes, de néonazis et même de nazis tout court, anciens de la 33e Waffen-Grenadier-Division der SS, la Division Charlemagne au suffrage des électeurs.

François Duprat parvient à fixer une nouvelle ligne au parti, à côté de l'anticommunisme. Il la fait tenir dans le slogan créé à l'occasion de la campagne de 1978 : « Les Français d'abord. "1 000 000 de chômeurs, c'est 1 000 000 d'immigrés en trop !" » C'est la dernière grande mystification. Le coup de mistoufle. L'équation aurait été inspirée par la propagande du Parti national-socialiste des travailleurs allemands. Peu importe. Il ne s'agit pas de rétablir une généalogie cachée avec les nazis, mais de s'en accaparer une autre. Sur l'affiche officielle est également inscrit l'impératif suivant : « Le 12 mars 1978 Votez pour les défenseurs des travailleurs français ». L'immigration n'est plus une question raciale, mais un sujet économique et un enjeu social. L'immigré n'est pas attaqué pour ce qu'il est, mais pour le poids que sa présence ferait peser sur la société.

Par forfanterie et provocation, François Duprat vante son expérience trotskiste, courant « lambertiste », pendant son adolescence. Vérité ou affabulation, cette confession révèle, s'il en est besoin, la fascination-répulsion qu'exercent les Rouges sur les Noirs. C'est un singulier jeu de dames où seul un camp cherche à s'emparer des positions et des pièces de l'autre. Mais il ne suffit plus de dérober à Lénine son traité d'édification du parti révolutionnaire, de faire de l'agit-prop, de reproduire les transgressions des « gauchos » ou de détourner le concept d'hégémonie culturelle de Gramsci. Il ne s'agit plus seulement de retourner les armes de son ennemi contre lui. Il s'agit de se substituer à lui. De ravir au Parti communiste français et à l'extrême gauche le rôle de défenseur des classes laborieuses et populaires. Lutter contre l'immigration, c'est lutter contre le chômage. C'est donc lutter pour le peuple. De ce changement de paradigme naît une nouvelle légitimité ; tous les combats portés par le Front national s'en trouvent justifiés. La dénonciation de l'immigration et de l'insécurité ? La réponse à la demande de protection des gens de peu. La défense de l'identité nationale ? La sauvegarde du seul bien de ceux qui n'ont rien. Le peuplement de la France ? La survie du peuple français. Sur ce dernier point, François Duprat ne manque pas de désigner la responsabilité de son adversaire de toujours : le pays serait menacé de destruction par l'action conjuguée d'une immigration galopante et de la loi promulguée le 17 janvier 1975 sur l'interruption volontaire de grossesse, défendue par Simone Veil, « la Juive avorteuse » qui mènerait un « génocide des enfants français ».

Le Front national dispose d'un nouveau thème de campagne, il a en vue un nouvel horizon. François Duprat est un stratège du long terme qui a fait son travail : il a élaboré une authentique martingale. Que les partis concurrents viennent sur le terrain de l'immigration, et « l'électeur préférera toujours l'original à la copie ». Que les partis respectables refusent de s'y aventurer, et le Front national pourra accuser la droite de négliger les véritables problèmes et la gauche, de trahir le peuple. Que le chômage poursuive sa progression folle, et le Front national pourra pavoiser. Pour lui, c'est gagnant-gagnant. Il suffit de tenir, d'attendre l'arrivée du malheur. Pour les autres, c'est la « roulette belge » : six balles dans le chargeur. Piégés de tous côtés.

À sa une, chaque journal aime inscrire sa devise. Au début, François Duprat et Alain Renault se contentaient pour leur hebdomadaire, *Les Cahiers européens*, de trois mots d'ordre : « Unité, persévérance, sacrifice. » Puis ils se sont dit qu'il fallait être plus percutant. En 1923, le nationaliste Albert Leo Schlageter fut exécuté par les troupes françaises, lors de l'occupation de la Ruhr. En Allemagne, le Parti communiste profita de la popularité du fusillé pour chasser pendant quelques mois sur les terres électorales ordinairement labourées par les nationalistes et les nazis. À Moscou, Karl Radek défendit cette « ligne Schlageter », dans un discours prononcé en juin devant le comité exécutif de l'Internationale communiste. François Duprat et Alain Renault choisissent de n'en garder que l'essentiel : « Pour la cause du peuple et de la nation. »

Entre Rouen et Le Havre, il y a le village du Trait. Entre le village du Trait et le collège Victor-Hugo de Caudebec-en-Caux, il y a un corps déchiqueté. Au petit matin du samedi 18 mars 1978, François Duprat est tué par l'explosion d'une bombe placée sous le siège de son véhicule ; la conductrice, sa femme Laurence, est grièvement blessée. François Duprat avait trente-sept ans. Il aurait pu avoir un avenir, s'il n'avait eu un si lourd passé. L'attentat à la voiture piégée est revendiqué par un « Commando des Fils et Filles du Souvenir », qui justifie son acte par la défense de la mémoire d'Auschwitz. La police suit la piste. À vrai dire, elle en suit une dizaine. Car c'étaient autant de vies que menait François Duprat. C'étaient autant de masques qu'il portait, selon les scènes et les spectateurs. C'étaient autant de raisons pour que cela finisse mal. *Persona*.

À la veille du second tour des élections législatives, la France apprend la mort de ce professeur d'histoire-géographie, « numéro deux » d'un petit parti d'extrême droite. Et elle s'en moque. Au premier tour, le Front national n'a pas dépassé 1 % des voix ; il ne représente rien. Dans les années soixante-dix, l'assassinat et la violence politiques font partie du décor. Le terrorisme est un pis-aller pour ceux qui n'ont pas fait le deuil de la révolution, et une couverture pour ceux qui désirent régler leurs comptes ou éliminer un gêneur qui en sait trop : Jean de Broglie, Pierre Goldman, bientôt le militant communiste Henri

Curiel et d'autres encore... La société ne prend plus la peine de s'offusquer des dizaines d'attentats commis depuis des années. Dans le microcosme, la nouvelle de la mort de Duprat frappe quand même les esprits. On aimerait savoir ce qui s'est passé pour garantir sa propre sécurité.

La vengeance contre le promoteur du négationnisme et de l'antisionisme est une hypothèse plausible. On suppose à voix haute qu'elle pourrait être l'œuvre d'une organisation juive, l'adresse de Duprat ayant été publiée dans un livre sur le néonazisme. On déclare à voix basse que l'opération porte la signature du Mossad. On dit aussi, au contraire, que François Duprat aurait été assassiné parce qu'il aurait partagé avec l'agence israélienne des informations sur l'Internationale noire, les partis arabes et les milieux propalestiniens. Ses relations avec les services étrangers et français nourrissent les fantasmes. Son goût de la manipulation lui aurait été fatal.

Le règlement de comptes politique ne peut pas non plus être écarté. L'extrême gauche est pointée du doigt pour la forme ; la responsabilité d'une partie de l'extrême droite est sérieusement mise en avant. François Duprat affichait le mépris le plus souverain pour ses anciens camarades du Parti des forces nouvelles. Il les raillait chaque semaine dans son journal en racontant leurs turpitudes et leurs compromissions avec le pouvoir giscardien ou le RPR de Jacques Chirac. La détestation n'était pas à sens unique. Lors d'un meeting fin 1977, à la faculté d'Assas, le Front national était tombé dans une embuscade tendue par le PFN et le GUD. Jean-Marie Le Pen et Alain Robert mimaient un combat de coqs pendant qu'une effigie de François Duprat était pendue dans le grand hall. Le nationaliste-révolutionnaire avait alors vainement demandé un permis de port d'armes.

Parmi les pistes figure aussi un mystérieux ouvrage, *L'Argent et la politique*, dont la publication par les éditions Alain Moreau se faisait attendre. La question du financement des partis n'étant pas réglementée mais laissée à la libre appréciation de chacun, des approches originales avaient été développées par les hommes politiques. François Duprat avait estimé, avec son ami éditeur Jean Picollec, qu'il était judicieux d'en faire l'inventaire. Le chantage à la consigne de vote et celui à la révélation d'informations compromettantes étaient alors unanimement considérés comme les méthodes les plus efficaces pour gagner de l'argent. François Duprat était, lui-même, un spécialiste de la levée de fonds : il tenait des dossiers sur tout le monde ; il vendait tout à tout le monde. Ça laissait des souvenirs, forcément. En 1967, il avait reçu le plus mauvais accueil lorsqu'il avait voulu négocier le ralliement d'Occident aux Républicains indépendants de Valéry Giscard d'Estaing ; il avait eu le tort de faire la proposition dix ans trop tôt. Dans son livre, Duprat avait également choisi d'aborder le monde des éminences grises, des réseaux patronaux, et de la « Maison Albertini »...

On se risque enfin à évoquer un complot organisé au plus haut sommet de l'État. Effrayés par une éventuelle victoire de la gauche, des membres du gouvernement auraient voulu reproduire la « stratégie de la tension » italienne pour mobiliser l'électorat de droite aux législatives. On explore effectivement de nombreuses possibilités, on se perd en conjectures. On ne connaîtra pas la vérité. L'enquête sur la mort du leader nationaliste révolutionnaire n'aboutira pas : un non-lieu sera prononcé. Mais a-t-on vraiment pensé à tout ?

François Duprat ne s'inclinait que devant une seule croix : la croix celtique. Il était athée. Jean-Marie Le Pen lui organise, pourtant, des funérailles catholiques en grande pompe. Il confisque la cérémonie pour honorer la mémoire de l'homme et de l'ami ; il veut ajouter un nom au martyrologe de l'extrême droite. La canonisation a lieu, comme il se doit, en l'église Saint-Nicolas-du-Chardonnet. Presque toutes les chapelles ultra-droitières françaises et européennes sont représentées. Mgr Ducaud-Bourget ouvre l'oraison funèbre : « Il laisse derrière lui un exemple de dévouement et de maintenance de tout ce qui est noble et beau. » Jean-Marie Le Pen, très ému devant le cercueil, la clôt par un aveu : « Ceux qui meurent peu après la trentaine ne sont pas des consolidateurs, mais des fondateurs. Ces êtres disparaissent avant les autres, avant l'équilibre, avant leur propre réussite. Ils ne sont pas venus apporter au monde la paix, mais l'épée. »

Ceux qui survivent à François Duprat sont ses disciples et ses légataires. Dans l'hebdomadaire *L'Express* du 28 octobre 1978, Louis Darquier de Pellepoix, l'ancien commissaire général aux questions juives du régime de Vichy, réfugié en Espagne, déclare : « Je vais vous dire, moi, ce qui s'est exactement passé à Auschwitz. On a gazé. Oui, c'est vrai. Mais on a gazé les poux. » Le scandale est énorme, l'indignation est nationale. Un professeur de lettres saisit l'occasion pour faire paraître, dans *Le Monde* du 29 décembre, une tribune sur « Le problème des chambres à gaz ou la rumeur d'Auschwitz », grâce au droit de réponse. Son auteur n'a fait que raccourcir un article qu'il avait écrit pour la revue *Défense de l'Occident*. Les Français découvrent Robert Faurisson et le négationnisme.

Jean-Marie Le Pen préside un parti pensé, ordonné, doté d'une stratégie, par celui qui fut son brillant second. Le politique s'est substitué au politicien. Jean-Marie Le Pen est à la tête d'un patrimoine conséquent et d'un hôtel particulier dans le parc de Montretout à Saint-Cloud, depuis la mort en 1976 d'Hubert Lambert, mécène des nationalistes et descendant sans descendance d'une dynastie de cimentiers. L'héritier s'est substitué à l'orphelin. Sa fortune est faite. Jean-Marie Le Pen aurait pu se contenter de l'entretenir, il va la faire fructifier.

L'assassinat de François Duprat le conforte dans son choix. Patrick Buisson se méfie plus que jamais du devant de la scène. Trop exposé, trop dangereux. Ce n'est pas pour lui. Pour les élections municipales de 1977, il a laissé ses camarades du Parti des forces nouvelles à leur alliance avec le RPR à Paris ; il n'a pas davantage choisi la voie de la respectabilité en adhérant, comme on le lui suggérait, au Centre national des indépendants et paysans (CNIP). En revanche, il a discrètement prodigué ses conseils aux membres amis du Front national, dont Alain Renault, qui se présentait dans le XVIe arrondissement, et Myriam Baeckeroot, la candidate de son arrondissement – le XVIIe –, inséparable de son mari Christian, directeur du Front national de la jeunesse. Cela le distrait de son occupation quotidienne dans une boîte à bac : enseigner à des enfants de bourgeois épais les subtilités de l'histoire et la complexité de la géographie. Rien de plus. Lorsque Alain Renault prend du galon à la mort de François Duprat, il observe avec lassitude le nouveau secrétaire général du Front national s'enferrer dans les querelles intestines, inhérentes à tout mouvement politique.

Patrick Buisson ne vibre que pour le combat des idées, la lutte pour la domination culturelle et le journalisme. « Mobiliser à son profit les formidables ressources du quatrième pouvoir »... Il ne change pas une ligne au programme qu'il a fixé à la droite, et l'applique à son cas personnel, grâce à des contributions remarquées dans la revue qui ferraille contre « le terrorisme intellectuel de la gauche ». Philippe Héduy le présente aux auteurs d'*Item* travaillant pour l'hebdomadaire de référence de la « droite authentique » : *Minute*. Le directeur, Jean Boizeau, et le rédacteur en chef, Jean Bourdier, acceptent de tester le jeune Buisson à la pige. En 1978, ils lui commandent la rédaction d'un article à paraître dans le numéro estival du magazine *Le Crapouillot*, consacré aux parvenus, et sollicitent des critiques pour les pages littéraires de *Minute*. Le professeur d'histoire s'aventure à éreinter quelques plumitifs connus, mais consacre la plupart de ses papiers à ses auteurs de prédilection. Chaque sortie d'un livre de Philippe Ariès est ainsi signalée par un éloge dans les colonnes de *Minute*. De *L'Homme devant la mort*, Patrick Buisson tire « Une leçon bien vivante » et sa première critique dans le numéro du 18 janvier 1978 ; il enjoint au lecteur de reconnaître la puissance du travail effectué par le pionnier de l'histoire des mentalités, qui interroge l'évolution de la relation « entre l'attitude devant la mort et la conscience de soi » depuis le premier Moyen Âge, en montrant le passage d'une mort apprivoisée à une mort expulsée de la société. Pour la sortie d'*Un historien du dimanche*, livre d'entretiens autobiographique réalisé avec Michel Winock en 1980, Patrick Buisson salue l'itinéraire d'un « réactionnaire en révolution », qui appartient à son panthéon personnel : la « chouannerie intellectuelle de la droite que constituèrent jusque dans l'aventure de *La Nation française* Léger, Girardet et Boutang ».

Au fil des articles rendus, l'apprenti journaliste sympathise avec un jeune rédacteur en chef, Serge de Beketch, entré à *Minute* à l'âge de vingt ans et revenu quelques années plus tard après un détour par la publicité chez Havas Conseil et par la bande dessinée en tant que scénariste pour *Pilote*, l'hebdomadaire de René Goscinny. Les deux hommes sont de la même génération et se confrontent volontiers. Si Patrick Buisson a de l'esprit, Serge de Beketch a du tempérament. Avec un grand-père paternel, aide de camp du général Anton Dénikine, chef des armées blanches pendant la guerre civile russe, et un père, sous-officier de la Légion étrangère, « mort pour la France » à Diên Biên Phu, Serge de Beketch a été vacciné contre la tentation communiste. Pas du reste. Il prétend s'être engagé dans Tsahal lors de la guerre des Six Jours, son négationnisme ne fait pourtant aucun doute ; un temps franc-maçon, il reste fidèle au « catholicisme de tradition ». Son ami et collègue, le romancier A.D.G., auteur phare du néopolar et de la « Série noire », s'est inspiré de lui pour son personnage fétiche de Sergueï Djerbitskine, alias Machin, journaliste anar et alcoolique. Autant dire qu'en cas de désaccord, les échanges avec Beketch peuvent rapidement basculer dans une autre dimension. S'il n'avait été que français, on l'aurait trouvé râleur et soupe au lait, mais puisqu'il a des origines russes, on dit qu'il est légèrement cinglé.

Patrick Buisson cultive d'autres alliés de poids au sein de l'équipe de l'hebdomadaire. Il traîne dans les étages, principalement celui de la direction. Lors des conférences de rédaction, il s'assoit à proximité de Jean Boizeau. Il installe dans les têtes l'idée qu'il est indispensable à *Minute*. Engagé en 1979 en tant que journaliste stagiaire, il décroche sa carte de presse un an plus tard. La période d'essai est terminée.

Pour faire de la métapolitique subtile et discrète, c'est raté. Pour avancer masqué, ce n'est pas non plus le média le plus indiqué. *Minute*... Un titre qui provoque le raidissement et sonne comme un avertissement. Ce n'est pas encore le journal dont l'humoriste Pierre Desproges conseillera la lecture plutôt que celle de Sartre : « Pour moins de dix balles, vous avez à la fois *La Nausée* et *Les Mains sales* ! » Ce n'est déjà plus l'hebdomadaire imaginé par son fondateur, en 1962.

À vingt ans, Jean-François Devay s'engagea dans la Résistance. Le coup de folie vint après, lors du compagnonnage avec les communistes. L'âge aidant, il remisa au placard ses décorations militaires et déchira sa carte du PCF. Une grande carrière de journaliste débutait. L'agence AFP pour se former, *Combat* et *Jours de France* pour suivre. Et enfin *Paris-Presse-L'Intransigeant* avec lequel il devint l'échotier mondain le plus lu de la capitale. Lunettes sur le nez, pipe au bec et stylo à la main, Devay lança *Minute* en espérant exploiter le filon du journal parisien d'indiscrétions et de révélations. Dans le tour de table qu'il réunit, figuraient ses amis célèbres et fortunés : Juliette Gréco, Fernand Raynaud, Françoise Sagan, Eddie Barclay, Edmond de Rothschild, Marcel Dassault. Le premier numéro, le 6 avril 1962, fut consacré à Monaco : « De Gaulle en a assez de Rainier. » Décalé, beaucoup trop décalé dans un pays qui faisait son deuil de l'Algérie. Alors, au 12 rue du Croissant, dans le quartier historique de la presse à Paris, Jean-François Devay se mit à cogiter. L'Algérie française avait vécu, mais de Gaulle était bien vivant. Il fallait faire de *Minute* un journal politique et antigaulliste. Férocement. Passionnément. Chaque semaine, l'hebdomadaire provoquait « Mongénéral » qui ne détestait rien tant que les insolents. Par deux fois, *Minute* défia suprêmement le pouvoir en affichant en couverture deux des criminels les plus recherchés de France, condamnés à la peine de mort par contumace en raison de leur implication dans l'OAS. « Qui est-ce ? » demanda *Minute* du 21 septembre 1962, sous la photographie d'un homme au visage dissimulé par un portrait du général de Gaulle : c'était Jean-Jacques Susini, cofondateur de l'organisation terroriste. « Vraiment, il exagère », fit mine de s'indigner l'hebdomadaire, le 7 décembre de la même année, en légende d'un cliché du capitaine Pierre Sergent, chef de l'OAS-Métro, lisant tranquillement un journal, place du Trocadéro. Dans son opposition à de Gaulle, *Minute* alla jusqu'à dénoncer la corruption ou les scandales immobiliers de la Ve République, et même jusqu'à soutenir des candidats centristes. Il le paya par de nombreuses saisies, et Jean-François Devay par le retrait de sa Légion d'honneur. Cela était égal au patron puisque *Minute* vendait 250 000 exemplaires par semaine, grillait la politesse au chef de l'État en employant le premier le mot de « chienlit » en mai 1968, et attirait les grandes signatures de la droite d'opposition : Jacques Perret, Jacques Laurent, Roland Laudenbach, A.D.G., Philippe Héduy, Vladimir Volkoff, Jean Montaldo, le critique gastronomique Henri Gault.

En 1969, Charles de Gaulle quitta le pouvoir en militaire sur un sursaut d'orgueil ; en 1971, Jean-François Devay mourut en journaliste d'un cancer du poumon, à l'âge de quarante-cinq ans. Ce double événement eut pour effet de priver *Minute* de son sujet le plus vendeur, puis de son unique garde-fou. Jean Boizeau, l'ancien rédacteur en chef du quotidien *L'Aurore*, s'empara de la direction du journal sans jamais parvenir à empêcher l'érosion des ventes et la radicalisation progressive de *Minute*. Car celui que l'on surnommait le « parrain », en raison des rapports quasi filiaux qu'il entretenait avec ses journalistes, était le seul à ne pas établir le lien. L'hebdomadaire multiplia, comme à son habitude, les scoops et les condamnations pour diffamation, y compris lorsqu'il dit la vérité en traitant le maréchal Jean Bedel Bokassa, président à vie de la République centrafricaine, de dictateur, ou en rappelant au secrétaire général du Parti communiste français, Georges Marchais, qu'il ne s'était pas opposé à travailler pour l'Allemagne nazie durant la guerre. Mais Jean Boizeau continua aussi à laisser ses journalistes se compromettre politiquement plus que de raison dans ses colonnes et en dehors : l'éditorialiste François Brigneau et le grand reporter Roland Gaucher embarquèrent sur toutes les galères de l'extrême droite, d'Ordre nouveau au Parti des forces nouvelles ; le rédacteur en chef Jean Bourdier participa à la fondation du Front national comme membre du comité directeur. *Minute* s'installait inexorablement dans le paysage médiatique français en tant que journal pamphlétaire d'extrême droite. De son seul fait. La nomination de Jean-Claude Goudeau, après la mort de Jean Boizeau en octobre 1980, n'y changerait rien. Avec l'élection de François Mitterrand à la présidence de la République, le 10 mai 1981, « l'hebdomadaire d'opposition nationale » aggraverait même son cas.

« Je travaille pour le journal que lisait mon père », dit-il sur le ton de celui qui ne plaisante pas avec la piété filiale et le sens de la tradition. Il n'est pas peu fier de son nouvel emploi. Finie la critique littéraire, il est journaliste titulaire à *Minute*, à présent. Grand reporter au service « Grandes enquêtes », il y a de quoi se sentir important. L'une de ses premières investigations ne vise d'ailleurs rien d'autre que le sommet de l'État ; elle s'intitule « Giscard et les Juifs : va-t-il payer, en 1981, le lâchage d'Israël ? » et fait la une du numéro du 26 mars 1980. À *Minute*, on ne s'embarrasse pas de précautions de jésuite lorsqu'il s'agit d'aborder les sujets qui fâchent. Le président de la République achève son premier mandat et met tout en œuvre pour que ce ne soit pas le dernier. Patrick Buisson le suspecte de jouer un jeu ambigu avec la communauté juive. Sans se soucier des précédents historiques, il mentionne tous les Juifs que Valéry Giscard d'Estaing a fait entrer au gouvernement, et se demande ce que le président va entreprendre pour faire oublier sa « main tendue aux Palestiniens » et la reconnaissance de leur droit à l'autodétermination. Patrick Buisson met en garde son lectorat contre les manœuvres de Giscard : « Encore conserve-t-il la possibilité de se livrer, dans les mois qui précéderont les présidentielles de 1981, à quelque geste spectaculaire en faveur des Juifs de France. On ne voit pas pourquoi cela ne marcherait pas une fois de plus. »

Les révélations fracassantes et les articles sensationnalistes constituent des passages obligés pour tout journaliste de *Minute*. Cela fait partie de l'apprentissage. Patrick Buisson s'y colle et déterre son premier scandale. Puisque les enquêtes et les intentions de vote pullulent à l'approche des grands rendez-vous électoraux, il divulgue aux lecteurs les dessous de la manipulation de l'opinion : « Comment on fabrique les sondages : combines, trucages et copinages politiques », titre *Minute* du 26 novembre 1980. Deux mois plus tard, il raconte un autre envers : « J'ai visité "l'enfer" des quartiers de haute sécurité. » Il est bien déçu de son excursion en prison, car les QHS ne ressemblent ni au « Club Méditerranée » ni aux « ghettos d'extermination complaisamment décrits par les enfants de la balle 9 mm ». Selon lui, ils ne sont qu'un prétexte pour une prochaine « libéralisation du régime pénal appliqué aux autres délinquants », « en attendant sans doute de servir d'alibi à l'abolition de la peine de mort ». Patrick Buisson apprend vite. Très vite.

À l'arrivée de la gauche au pouvoir en mai 1981, il est fin prêt. L'heure est au journalisme de combat, et *Minute* ne se connaît plus qu'un seul adversaire. Patrick Buisson respecte la consigne en entamant les hostilités par un classique : l'argent. Rien de mieux pour discréditer un gouvernement de gauche. Rien de plus jubilatoire, surtout. « La fortune des hommes de Mitterrand », aguiche *Minute* du 27 mai 1981. Patrick Buisson y raconte « les milliards de Defferre, la banquière de Chevènement, les langoustes d'Attali, les Picasso de Dumas, le manoir de Cresson, les studios de Mauroy, les collections de Fabius, les terres de Pisani, etc. ». Durant l'été 1981, il poursuit ses attaques sur le mode soupçonneux après la « tuerie d'Auriol », l'assassinat du responsable du Service d'action civique de Marseille, Jacques Massié, et de toute sa famille. Patrick Buisson affectionne le grenouillage et les opérations de diversion ; quand Charles Pasqua, l'un des fondateurs du SAC, est venu rendre visite à *Minute* au moment de la campagne présidentielle, il ne l'a pas lâché d'une semelle. Alors que les meurtriers de Massié se révèlent être des membres du SAC local, qui accusaient leur chef de vouloir les trahir en livrant leurs secrets à la gauche, l'envoyé spécial de *Minute* en Provence s'insurge qu'on oublie de poser la question la plus importante : « À qui profite le crime ? » Il invite la police à suivre « la piste oubliée » : celle menant aux socialistes qui ont « infiltré » le SAC des Bouches-du-Rhône, et au maire de Marseille qui a institué dans sa ville « le règne des copains et des requins ». Demander à des policiers d'enquêter sur Gaston Defferre, c'est osé. Avoir ce maire de Marseille comme ministre de l'Intérieur ne manque pas non plus de culot. Cela frise le conflit d'intérêts. Le pouvoir socialiste finira par mettre un terme aux activités barbouzardes de la police parallèle gaulliste en décrétant la dissolution du SAC, un an plus tard ; Patrick Buisson reviendra goûter au folkore marseillais, s'occuper du cas « Gastounet » et d'autres affaires. Pour le moment, il s'en prend directement à François Mitterrand. Le 14 octobre 1981, il prétend dévoiler la véritable nature du locataire de l'Élysée : « Pour lui, les 35 heures c'est encore trop ! Mitterrand : l'état de paresse. » Au sommaire figurent les développements suivants : « ses étranges disparitions ; quand il a "perdu" la valise de la force de frappe ; soupers fins et soirées littéraires ». Patrick Buisson joue le méchant contremaître, le directeur des ressources humaines au petit pied. Il pointe les horaires de travail du président, ses distractions, ses voyages en France et à l'étranger : « Qu'est-ce qui fait courir Tonton, alias "la madone des aéroports" ? » Il récidive le 26 avril 1982 en revêtant, cette fois, l'habit du méchant biographe de famille. Il signe des notices sur les proches de François Mitterrand dont chaque titre résume l'esprit dans lequel elles ont été écrites : Robert, « le frère missionnaire », et Jacques, « un général très particulier » ; le fils Jean-Christophe, dit « Piston l'Africain » ; le neveu Frédéric, surnommé « Olympic-assiette » ; Roger Hanin, le « beauf-mode »...

Patrick Buisson et *Minute* s'acharnent sur Mitterrand. Mais pourquoi cherchent-ils des poux à « Tonton » ? Pour la même raison que la gauche le fera une décennie plus tard : « On pensait qu'il était de la famille. On n'apprécie pas qu'il l'ait oublié. »

Cela ne fonctionne pas ainsi. Le sens du parcours n'a pas été respecté. On commence à gauche et on finit à l'extrême droite. Il y a des centaines d'exemples dans les manuels d'histoire pour le prouver. François Mitterrand est un orgueilleux qui a fait le chemin inverse. Pareille inconvenance mérite punition, pour certains. On en sait peu sur la vie de cet homme, en tout cas peu osent lui rappeler son passé après le 10 mai 1981. *Minute* est de ceux-là et souhaite administrer le châtiment. L'hebdomadaire a un avantage sur ses concurrents, il en a même deux : il est dépositaire des secrets de famille et ne craint pas l'opprobre. À celui qui militait avant guerre, avec Jean-Louis Tixier-Vignancour, aux Volontaires nationaux, *Minute* réserve un sort particulier. Pour celui qui venait déposer après guerre, rue du Croissant, des échos politiques malveillants tout chauds à Jean-François Devay, *Minute* emploie ses méthodes particulières. Avant de les détailler, il faut rappeler un précédent, qui avait fait grand bruit à son époque et que tout le monde avait fini par oublier, afin de comprendre le fonctionnement de ce journal.

L'action se déroule entre 1978 et 1979. Le rôle principal est joué par « l'ennemi public n° 1 » ; l'état civil le connaît en tant que Jacques Mesrine. Lui se fait appeler « le Grand ». Comme on ne sait pas bien en vertu de quoi, la tentation est forte d'ajouter un substantif. Il est né à Clichy-la-Garenne et aime porter le collier de barbe. Et c'est à peu près tout ce qu'il y a de neutre à écrire à son sujet. Il est en cavale depuis son évasion de la prison de la Santé, réputée inviolable, le 8 mai 1978. Le second rôle est tenu par un autre Jacques. Plus petit. Tillier. Ancien contractuel de la DST, il s'est reconverti dans le journalisme à *Minute*. Sur un *curriculum vitæ*, personne n'avait encore eu l'idée d'associer ces métiers. C'est un redoutable « chasseur de scoops ». Il faut entendre par là que sa façon de faire n'est pas très orthodoxe, ni très catholique non plus, comme il l'a montré lors de l'enquête sur l'assassinat du prince de Broglie. Tillier rêve d'interviouver Mesrine ; tous les journalistes de la place de Paris itou. Certains y parviennent : une fille de *Match* et un gars de *Libé*. Entre deux braquages, Jacques Mesrine aime débriefer. S'expliquer, il dit. Sa bouche fait du bruit, mais c'est sa gueule qu'il faut regarder. Exhibo. Mégalo. Un ego tout gros et tout boursouflé.

Mesrine est partout sauf chez les condés. La maison Poulaga enrage. Jean Boizeau, le patron de *Minute*, aussi : « Qu'est-ce qu'il fout, Tillier ? » Le garçon dont il est question n'a besoin de personne pour se motiver. Il est très énervé. En plus, il y a un nouveau qui s'est permis de se moquer, en conférence de rédaction. Un jeune intrigant, nommé Buisson, à qui il a promis, à la sortie, des trucs pas sympas s'il continuait à la ramener. Pourtant Tillier n'est pas inactif. Il ne reste pas le derrière vissé sur sa chaise ; au Griffon, 129 rue du Faubourg-Saint-Honoré, il est debout, au bar, à lever le coude. Il se renseigne. Dans cette brasserie se croisent des indics, des malfrats, des journalistes et des gens honnêtes. À côté, il y a l'église Saint-Philippe-du-Roule. Personne n'y va se confesser. Le plus important, c'est ce qui se passe au-dessus de l'estaminet. Pas chez le Très-Haut. Mais dans les bureaux de l'OCRB : Office central pour la répression du banditisme, si l'on se fie à la plaque vissée à l'entrée. Le patron de l'antigang, Lucien Aimé-Blanc, descend fréquemment au Griffon. « Je passe juste une tête », dit-il. Le corps qui lui est attaché suit le mouvement et finit invariablement par rester. Aimé-Blanc est ami avec Tillier. Ils échangent des amabilités et des renseignements, par la force des choses. Plus facilement qu'avec Broussard en tout cas. Le chef de la Brigade de recherche et d'intervention du 36 quai des Orfèvres a sûrement un prénom, mais à force de lui donner du « commissaire », il n'y a plus un gus pour s'en rappeler. Entre Broussard et Aimé-Blanc, les relations sont compliquées. La faute aux Brigades du Tigre. Depuis Clemenceau, entre la Préfecture de Paris et la direction centrale, c'est la guerre des polices. Alors, la traque de Mesrine n'avance pas. Dans sa partie, Tillier obtient plus de résultats. Un jour, quai des Orfèvres, il regarde le dossier de Mesrine par-dessus l'épaule du commissaire Broussard. Bon, manque de chance, ce dernier n'était pas dans son bureau à ce moment-là. Une partie des procès-verbaux atterrit dans les pages de *Minute*. Si certains veulent se plaindre du sas de sécurité qui a été installé au deuxième étage du « 36 », ils savent qui remercier. Tillier n'est pas un inconscient. Il n'a pas publié toutes les infos, il en a gardé par-devers lui pour se lancer avec un compère dans sa propre enquête. De filoches en planques, les deux journalistes mettent la main sur la femme d'un complice de Mesrine : Christian Kopf, alias Kiki. Pas une pointure, mais un profil intéressant. Lorsque Mesrine a essayé, le 10 novembre 1978, d'enlever le président de la cour d'assises qui lui avait mis vingt ans, il a servi de chauffeur. La femme ne sait pas où est son Kiki. Elle sort des photos, les deux larrons sourient. Elle les prend pour des inspecteurs de police. Ils ne font rien pour démentir. Nouvelle une de *Minute* sur le thème « Nous, on bosse ! ». Les policiers hurlent au sabotage, à la supercherie, et s'étranglent que soit divulguée l'identité d'un criminel recherché ; les journalistes concurrents sortent des gros mots, invoquent l'éthique du métier. Ça réprouve de partout.

Tillier est lâché par son collègue. Il hausse les épaules et accentue son avance sur la police. Il retrouve Kiki, le garde pour lui en espérant débusquer Mesrine. En juin 1979, « le Grand » est occupé à séquestrer un milliardaire. Pour ne pas perdre la main, soi-disant. Le fils du kidnappé demande à Tillier de servir d'intermédiaire pour le paiement de la rançon.

Ou bien c'est le contraire. On ne sait pas qui dit la vérité. Chacun finit par se raviser. Le milliardaire est malgré tout libéré, et sa famille se trouve de quelques millions délestée. Tillier s'impatiente, désespère de décrocher son entretien. Il décide d'adresser à Mesrine un message codé. Début août paraît dans *Minute* un papier que l'on ne peut pas qualifier de complaisant. Mesrine y est décrit comme un truand sans parole avec ses associés, un bandit pas régulier. Le message est parfaitement décrypté. Charlie Bauer, compagnon de cavale, glisse à Mesrine : « Tu ne peux pas laisser passer ça, c'est ton honneur d'homme qui est en jeu ! » Les attaques à main armée, les enlèvements, les meurtres, en revanche, ça passait sans souci. De toute manière, Mesrine a décidé de répondre à la provocation. En plus de l'article, il n'a pas digéré que Tillier usurpe la qualité de flic pour retrouver sa trace. Il se sert de Kiki afin de fixer un rendez-vous et promettre au journaliste « le scoop de sa vie ». Au tour de Tillier de tomber dans un guet-apens. Le 10 septembre, Mesrine et Bauer l'emmènent au fin fond d'une grotte perdue, dans une forêt de l'Oise. Ils le mettent à nu, le torturent et le laissent pour mort, avec trois balles dans le corps. Dans un sens, le reporter l'a eue, son exclusivité.

Dérouiller Tillier n'a pas calmé Mesrine. Il n'arrête pas de tempêter. Il envoie à la presse deux lettres pour publication : l'une à l'attention de sa victime ; l'autre destinée à Jean Boizeau. Dans la première, il écrit à Tillier qu'il ne l'aime pas. On s'en serait douté vu le droit de réponse qu'il lui a réservé. « Tu n'écris pas… tu salis », assène Mesrine au journaliste qu'il accuse de pratiquer le « double jeu » et d'avoir « un pied dans [sa] rédaction, un pied à la grande maison ». Dans la seconde missive, il se fait également très explicite : « Il suffit de soulever le couvercle d'une poubelle fasciste pour y respirer l'odeur des Roberto et compagnie. *Minute* vit du scandale et de la diffamation. […] Je dis que votre hebdo *Minute* vit de la merde et que votre flic journalistique en est le digne représentant. J'ai une très bonne surprise pour vous. J'ai tendu une embuscade à votre “cador de la saloperie” [...] Jacques Tillier voulait faire un scoop avec moi contre la somme de 40 millions d’anciens francs... et quitter votre hebdo. En contact permanent avec certains flics et un de mes “faux amis”... il me balançait au prochain rendez-vous. Pas de chance pour lui... je ne prends jamais d’argent de la main d’une crapule. [...] Ne craignez pas pour votre vie, Boizeau, vous êtes la meilleure justification de ma violence. Quant aux barbouzes que vous voulez envoyer à mes trousses... Attention les chasseurs de prime, c’est au 357 M que je les reçois ! »

Tillier a enfin gagné son quart d’heure de gloire ainsi que plusieurs semaines d’hospitalisation. Il nie en bloc les accusations de Mesrine. Il n’est pas une balance, il va balancer. Celui que certains flics appellent « confrère » rencarde son copain Aimé-Blanc : il lui livre tous les renseignements obtenus grâce à Kiki. Il permet à la police de remonter la filière des complicités et de loger Mesrine. Parce qu’il crèche à Paris, c’est Broussard et la BRI qui sont chargés de l’arrestation. Pour ceux qui ne connaissent pas la fin de l’histoire, on peut simplement dire que tout s’est arrêté le 2 novembre 1979, près du marché aux puces de Saint-Ouen. Mesrine a été refroidi au métal brûlant. Personne ne devrait mourir porte de Clignancourt. Mais, comme ça au moins, « le Grand Jacques », il pourra plus narguer.

Lucien Aimé-Blanc racontera des années plus tard les dessous de l’enquête : les informations monnayées par les « amis », les coups fourrés, les arrangements et les délits couverts en guise de remerciements. « Pas de bonne police sans basse police », dira-t-il pour se dédouaner. À *Minute*, le concept a été adapté. Pour y travailler, faut pas être bête, voire être intelligent, et puis curieux et débrouillard. Si l’on est tordu, sournois, menteur et manipulateur, ça convient également. *Minute* est l’incubateur d’une drôle d’innovation : l’extension à tous les domaines de l’actualité des méthodes d’investigation des pires faits-diversiers. Pour ces coutumiers du sordide, il ne faut reculer devant rien pour décrocher un scoop. C’est devenu la règle à

Minute. Une politique, y compris pour la politique. Les reporters doivent fouiller dans tous les coins et recoins. Extorquer, piéger, tromper. S'asseoir sur toute morale et sur toute déontologie. À leur décharge, il faut reconnaître que ceux d'en face, les puissants, en font tout autant.

Ce nom ne parle à presque personne. Seul le petit monde de l'art peut réagir à la mention de ce conservateur de musée. Seul un homme, dans le secret de son bureau de la rue du Faubourg-Saint-Honoré, peut tressaillir à son évocation. Le 23 septembre 1981, *Minute* décide de porter le nom d'Anne Pingeot à la connaissance du plus grand nombre, dans une enquête intitulée « Les "affaires" immobilières de Mitterrand ». L'hebdomadaire s'est souvenu que « la jeune et jolie dame » avait été vue, tout un été, aux côtés de François Mitterrand lorsque celui-ci n'était qu'un simple homme politique en villégiature dans sa maison du Luberon ; *Minute* s'enquiert des nouvelles de l'« amie personnelle de Mitterrand », maintenant que l'estivant est président de la République. Elle se porte comme un charme. Elle est devenue la gérante de la société civile immobilière (SCI) de Lourdanaud, qui détient ce qui était la propriété de Mitterrand à Gordes.

Un journaliste de *Minute* l'a appris en appelant le maire de la ville. Il s'est tout d'abord présenté sous sa véritable identité. Lors du deuxième coup de téléphone, il a compris que l'édile avait reçu instruction de se taire. Au dernier appel, il s'est fait passer pour un fonctionnaire de la Préfecture chargé d'évaluer l'étendue des révélations livrées au reporter trop curieux. Redoutable. Les conversations enregistrées à l'insu du maire berné sont reproduites dans le journal. Elles prouvent à la fois l'information et les pressions exercées pour étouffer la divulgation de l'information. *Minute* feuilletonne dès lors jusqu'à épuisement. Il détaille la relation entre François Mitterrand et Anne Pingeot, leurs escapades à Gordes, les « mystères » de la vente de la maison avec l'évolution de l'actionnariat de la SCI et le rôle trouble joué par François de Grossouvre et Laurence Soudet, deux « chargés de mission » auprès du président de la République...

Il y a une information que *Minute* se garde pour l'instant de dévoiler. Le 18 septembre est parvenue, à la rédaction, une lettre d'un lecteur de Clermont-Ferrand, le berceau de la famille Pingeot, révélant une paternité cachée de François Mitterrand. La traque démarre. Le chef des informations confie à une agence photographique le soin de planquer devant le domicile parisien d'Anne Pingeot. Un cliché revient. Qui ne prouve rien. Dans le doute, on préfère le ranger au coffre-fort. Une indiscrétion plus sûre est publiée le 25 novembre 1981. *Minute* rebondit sur le scoop sorti par *Paris-Match*, dont l'un des rédacteurs en chef adjoints, Jean Durieux, a appris que Mitterrand avait subi des examens approfondis, scintigraphie incluse, sous une fausse identité à l'hôpital militaire du Val-de-Grâce, le 7 novembre. Les témoins cités par le journal ont rapporté qu'il avait le teint « jaune citron » et marchait avec difficulté. La presse, excepté *France-Soir*, hésite à écrire le mot « cancer » ; elle préfère relayer les hypothèses soufflées par l'Élysée, comme celles d'un lumbago ou d'une confusion avec un frère de Mitterrand fréquentant cet hôpital. Après la mort de Georges Pompidou en plein mandat, on ne veut pas croire que l'état du président de la République puisse encore être dissimulé. François Mitterrand ne s'est-il pas engagé à respecter l'impératif de transparence sur le sujet et à publier tous les semestres son bulletin de santé ? *Minute* ne cache pas ses doutes sur les versions officielles successives ; il prétend que Mitterrand s'était déjà rendu par deux fois au Val-de-Grâce au mois de septembre, qu'une pièce y a été aménagée à son usage et qu'il existe « un plan d'urgence permettant de mobiliser dans l'heure une dizaine de spécialistes dans différentes disciplines ». Le journal livre surtout une confidence que le docteur Claude Gubler, le médecin personnel du chef de l'État, aurait faite à son frère pédiatre : « La santé de Mitterrand m'inquiète. » « Tonton » est en poste depuis seulement six mois et les journalistes de *Minute* n'ont pas chômé. Mais pour les prochains frissons, il faudra attendre plus d'un an et demi et la chaleur d'un été.

Le président de la République est à Gordes. Sans son épouse, Danielle... Dans le numéro du 13 août 1983, *Minute* ironise sur « la chaumière où Mitterrand fait la belle ». Pour lui tenir compagnie dans le Vaucluse, le président de la République a choisi une « intime de longue date », Anne Pingeot, « maman d'une petite fille répondant à l'étrange prénom de Mazarine. Ce qui fait un tant soit peu florentin, mais est tellement original ». Après le nom de la mère, *Minute* publie, le premier, le prénom de la fille. L'hebdomadaire ne redoute pas de s'aventurer sur un terrain glissant, et le justifie de la manière suivante : « Jamais, en effet, les hommes politiques au pouvoir en France n'ont aussi impudemment profité des avantages de leurs fonctions pour se conduire en satrapes dans leur vie privée alors qu'ils ressassaient, dans leurs interventions publiques, autant de leçons de civisme dégouttant de pesante morale socialiste. » *Minute* se garde, pour le moment, d'aller trop loin dans la provocation et n'insère en illustration qu'une photo d'Anne Pingeot. Terriblement mal cadrée, au demeurant. On voit la concubine présidentielle marchant dans la rue, vêtue d'un trench-coat clair et portant un sac de courses. L'image semble avoir été coupée. Serait-ce une main d'enfant qu'Anne Pingeot tient dans sa main libre ?

À la « chaumière » succède la « garçonnière ». *Minute* ne patiente plus que deux semaines pour revenir titiller « Sa Majesté ». Le 27 août, il propose, pour la fin des congés d'été, une visite guidée : « Le château secret de Mitterrand : 380 hectares à 35 km de Paris ; des milliards de travaux ; étang, tennis et chasses privées. » En une, la photo aérienne de la propriété de Souzy-la-Briche qu'« il nous cache ». « C'est là que Mitterrand vient oublier son austérité » ; c'est là que s'engouffrent « le soir, furtives, quelques voitures officielles [...] et même officieuses, figurez-vous... ». Afin d'immortaliser la résidence de la République que le président a fait rénover à grands frais pour passer des week-ends avec sa deuxième famille, l'hebdomadaire a dû employer les grands moyens. Ses journalistes ont rusé et menti, comme à l'accoutumée. Ne pouvant s'approcher suffisamment du manoir, ils ont affrété un avion en assurant au loueur vouloir survoler un domaine appartenant à des amis. *Minute* teste la défense de son ennemi en pratiquant le harcèlement. Publiquement, l'Élysée ne réagit pas ; le chef de l'État s'enferme dans le silence éternel du Sphinx. Une fois les portes closes, l'impassible s'agite, la statue se craquelle. François Mitterrand crie, brame, convulse. « Que fait la police ? » s'emporte-t-il. Personne n'ose lui répondre : « Elle ne fait que son métier, Monsieur le Président ! » La cellule antiterroriste de l'Élysée, entièrement soumise à son patron, est mobilisée pour protéger les affaires de l'homme privé. L'ordre donné ne souffre aucune contestation : Mitterrand veut connaître tous les secrets de la rédaction de l'hebdomadaire. Ses journalistes sont fichés, filés, mis sur écoute. Les arroseurs doivent être arrosés. Avec *Minute*, la guerre est déclarée.

Elle serait « mieux gardée que la Banque de France ». Qui ? « L'amie suédoise de Mitterrand », s'amuse *Minute*, dans le numéro du 5 décembre 1983. Dans Paris, certains tiennent le compte des « amitiés » de Mitterrand, une activité quasiment à plein temps. Dans la police, les langues se délient. Une correspondante de la presse suédoise a été agressée un soir de la fin novembre, à proximité de l'immeuble du 44 de la rue Saint-Louis-en-l'Île où elle vit. Elle aurait dû se précipiter au commissariat, mais Christina a préféré téléphoner à François. Dans l'heure, « une demi-douzaine de policiers en armes » se postaient en faction devant le domicile de Christina, et des patrouilles ratissaient le quartier. La journaliste a raconté elle-même les raisons de ce traitement de faveur : « Vous savez, je suis très amie avec François. Il faudra d'ailleurs que je lui demande de donner des ordres pour que ses policiers fassent moins de bruit. Cette nuit, je n'ai pas fermé l'œil. » Quelques jours plus tard, la victime, réfugiée chez elle, a reçu un coup de téléphone : « Bonjour, c'est le commissariat. C'est au sujet de votre agression. Nous avons arrêté quelqu'un. Il faudrait venir l'identifier. » Elle a enfilé son manteau, attaché ses cheveux, chaussé ses grandes lunettes pour mieux dévisager le suspect, puis est sortie en vitesse de son domicile. Clic-clac. Dehors, un photographe de *Minute* était à l'affût pour lui tirer le portrait. Au poste de police, en revanche, personne n'avait sollicité sa venue.

Le 25 janvier 1984, Anne Pingeot et François Mitterrand fêtent un heureux événement avec Robert et Élisabeth Badinter. Dans l'appartement du garde des Sceaux et des secrets, le président a enfin admis, devant notaire et sur papier, qu'il est le père de Mazarine, sa fille cachée. Christina Forsne aussi, aura un enfant. Un fils, né en 1988, « de père inconnu ».

Trois jours plus tard, *Minute* fait comprendre à Mitterrand que les plaisanteries ont assez duré. *Exit* le harcèlement, l'hebdo se met à pilonner. Il a concocté à l'intention de « Tonton » une série programmée de coups de canon. Première déflagration le 28 janvier : « Un chantage derrière l'arrestation du journaliste. » Les unes de *Minute*... cette désagréable sensation de croire entendre le camelot crier les titres à votre oreille : « Mitterrand a voulu museler *Paris-Match* qui enquêtait sur sa vie privée et sa maladie » ; « Les histoires secrètes qui font peur à l'Élysée ». Jean Durieux a été inculpé et brièvement écroué à la prison de Fresnes, une semaine auparavant, en raison de la publication dans son hebdomadaire et dans un mensuel du groupe de presse de Daniel Filipacchi, *Photo*, de clichés montrant la victime néerlandaise du « Japonais cannibale ». Le juge instructeur est persuadé qu'elles ont été dérobées dans les archives de l'Identité judiciaire ; il fait pression sur le journaliste pour qu'il avoue le nom de ses complices policiers. Mais selon *Minute*, il s'agit d'une manœuvre en sous-main de l'Élysée, afin de donner aux reporters de *Paris-Match* et à tous les autres un aperçu des ennuis auxquels ils s'exposent en s'intéressant de trop près à la vie intime de Mitterrand. Que *Minute* le fasse est une chose, mais qu'un journal respectable, à gros tirage et de portée internationale, suive la même pente, enquête sur sa santé et se rapproche dangereusement de la découverte d'éléments cachés, est intolérable.

Minute effectue un tour d'horizon des sujets les plus délicats qu'il a mis au jour et pour lesquels Mitterrand « compte sur le silence complice des radios, des télévisions et des journaux à la botte » : le cancer de la prostate, l'amie suédoise, la SCI de Gordes, la vie de château, la mère célibataire qui vit dans un immeuble bourgeois de la rue Jacob à Paris et devant lequel des gardes du corps présidentiels font le pied de grue. Le journal évoque également la parution de *Tonton et Mazarine* de l'écrivain Jean-Edern Hallier, et conseille à ses lecteurs l'adaptation cinématographique d'un livre de Françoise Giroud, *Le Bon Plaisir*. Quelle est l'histoire de ce roman à clef, écrit par une amie de François de Grossouvre et paru aux éditions Mazarine ? Une jeune femme se fait voler son sac, à l'intérieur duquel se trouve une vieille lettre de son amant qui demande de ne pas garder l'enfant qu'elle attend de lui. L'amant devenu président de la République saisit le ministre de l'Intérieur pour cacher l'existence du fils adultérin tandis que le voleur se met en rapport avec un journaliste de l'opposition. Il est question dans cet ouvrage de chantage, de scandale étouffé, d'intimidation et d'écoutes sauvages. Comme le dit l'avertissement au début du roman et du film : « Tout est imaginaire dans cette histoire. » Dans ce même numéro de *Minute* du 28 janvier émerge, en page 3, une photo tout à fait réelle, le genre de document dérangeant que les policiers ont cherché en vain « pendant près d'une semaine » dans les archives de *Paris-Match*. L'hebdomadaire ressort de son coffre-fort la photo d'Anne Pingeot publiée six mois plus tôt, cette photo prise un jour de l'automne 1981, rue Jacob. Elle est complète cette fois-ci. Dans le creux de la main gauche de la dame en imperméable, il y a bien une main d'enfant : celle d'une petite fille portant un gilet sombre, un short clair et des mocassins frangés. Son visage, comme celui de la femme, a été noirci. Sage précaution que prend *Minute* pour présenter, à ses lecteurs, Mazarine et sa maman.

La deuxième salve est tirée la semaine suivante et bénéficie d'une campagne de promotion inhabituelle pour un journal à la marge du système. Dans l'hémicycle du Palais-Bourbon, un jeune député de droite, Alain Madelin, bataille en compagnie de François d'Aubert et de Jacques Toubon contre le projet de loi visant à limiter le mouvement de concentration des entreprises de presse, alors que le très conservateur Robert Hersant contrôle près de 30 % du tirage des quotidiens nationaux et régionaux. Dans la nuit du mercredi 1er février 1984, les parlementaires se lancent des souvenirs désagréables à la tête. Les communistes et les socialistes rappellent le rôle d'Hersant sous l'Occupation et accusent les trois députés de droite d'être ses stipendiés ; ces derniers évoquent le passé de Georges Marchais et les demandes de levée d'interdiction formulées par *L'Humanité* à l'occupant allemand. Le rapporteur du projet de loi, Jean-Jack Queyranne, pique alors au vif l'ancien dirigeant d'Occident : « M. Madelin faisait autrefois partie de l'extrême droite ! » Le mis en cause, aidé de ses collègues, réplique sur le même ton : « Et Mitterrand, il était où ? » Les insinuations sur les activités du chef de l'État durant l'Occupation et au lendemain de la guerre se multiplient. Le lendemain matin, Alain Madelin revient à la charge sur le parcours sinueux de François Mitterrand. Il se lève solennellement de son banc, un magazine à la main : « Hier, nous avons été accusés, et c'était une affirmation, d'être ici non des parlementaires désignés par nos électeurs pour défendre les libertés, mais les employés d'un groupe de presse, dont le dirigeant a été ici publiquement accusé d'avoir été un collaborateur. À cette occasion, nous avons évoqué le problème d'un homme politique du Parti socialiste, auteur de la quatre-vingt-quinzième proposition qui nous vaut aujourd'hui ce projet de loi sur la presse. Il s'est présenté aux électeurs au lendemain de la guerre – nous avons bien précisé qu'il s'agissait d'une allusion à ce qui s'est passé au lendemain de la guerre – comme éditeur. Nous souhaitions alors, avant que la séance ne soit levée, évoquer le problème, effectivement, de M. François Mitterrand, qui s'est présenté au lendemain de la guerre comme éditeur et qui était le dirigeant d'une revue qui s'appelle *Votre Beauté*. J'inviterai, éventuellement, les historiens à regarder qui en était à l'époque le propriétaire ! » La réponse n'est pas donnée par des historiens ; elle a été préparée depuis longtemps et figure, exhaustive, dans le numéro de *Minute* du samedi 4 février : « Quand le président était l'employé du chef des nazis français. » Le propriétaire de la revue n'était autre que le fondateur du groupe L'Oréal Eugène Schueller : mécène avant-guerre de la Cagoule, organisation secrète créée par son ami intime Eugène Deloncle qui visait à lutter contre les communistes et à renverser la République ; et cofondateur de mouvements pronazis avec Deloncle et Marcel Déat. Il avait embauché François Mitterrand pour exprimer sa reconnaissance : ce dernier lui avait permis d'échapper à l'Épuration et considérait qu'il fallait faire preuve de mansuétude à l'égard des imprudents.

« L'affaire de la francisque de Mitterrand »... Comme il le fait depuis sa création, *Minute* éclaire ses nouveaux lecteurs et rappelle aux anciens un épisode de la vie de François Mitterrand sous l'Occupation. Avant de se voir décerner la médaille de la Résistance française avec rosette, ce dernier avait reçu, au titre de ses fonctions au service des prisonniers de guerre, la décoration attribuée par le régime de Vichy aux hommes méritants de la France et du maréchal Pétain. Il y avait eu près de 3 000 titulaires de la francisque gallique ; *Minute* se souvient uniquement que François Mitterrand en avait été le récipiendaire numéro 2202 et qu'il avait eu pour parrains deux éminents collabos : Simon Arbellot de Vacqueur, directeur de la presse au ministère de l'Information à Vichy, et Gabriel Jeantet, membre du cabinet de Pétain, qui égaiera les réunions de bureau politique d'Ordre nouveau et du Parti des forces nouvelles avec cette histoire embarrassante.

Il va sans dire que ces évocations historiques déplaisent en haut lieu. Les trois députés malicieux sont frappés de « censure simple » et privés pendant un mois de leurs indemnités parlementaires pour « injures ou menace envers le président de la République française ». Quant à *Minute*, il est encore relativement épargné. Il n'y a guère que Lionel Jospin pour s'émouvoir de la conjonction des événements : « Les propos des trois députés de l'opposition à l'Assemblée ont été tenus avec préméditation. Il s'agit d'une opération politique, comme le montre le numéro spécial de *Minute* attaquant le passé de résistant de M. Mitterrand. » Le journal choisit de tourner en ridicule ce commentaire judicieux : il traite de paranoïaque le premier secrétaire du Parti socialiste et réfute l'existence d'une « opération complot ». Et pourtant qu'y a-t-il à la une de son édition du 11 février ? La promesse de révéler « La vraie résistance de Mitterrand », témoignages d'illustres Français libres à la clé. *Minute* poursuit son entreprise de déstabilisation. Loin de s'arrêter à minimiser voire à remettre en question l'engagement réel de François Mitterrand au service de la Résistance intérieure, *Minute* se réjouit de la publication prochaine de *Tonton et Mazarine* de Jean-Edern Hallier et s'inquiète de la possibilité que ce pamphlet dénonçant le népotisme de l'hôte de l'Élysée subisse le même sort que les interrogations des députés de droite : la censure. D'ailleurs, l'hebdomadaire consacre un long article aux trois « mousquetaires de l'opposition » ayant osé défier le pouvoir ainsi qu'à leurs nouvelles escarmouches contre le projet de loi sur le statut de la presse. Le papier est anodin : contrairement à celui du précédent numéro, il est signé Patrick Buisson.

La série de « scoops » prend fin la semaine suivante pour faire place à une autre actualité… Mais pour les oublieux et les distraits, la rédaction prépare un récapitulatif à paraître dans *Le Crapouillot*. Ce « magazine non conformiste » naquit dans les tranchées, en 1915, de la volonté d'un pacifiste de gauche, Jean Galtier-Boissière, de créer une revue littéraire et artistique d'avant-garde. Mais *Le Crapouillot* abandonna progressivement sa ligne éditoriale pour traiter de sujets de société. Après son rachat par *Minute* en 1967, le magazine suivit la même évolution politique que l'hebdomadaire jusqu'à devenir son titre sœur. Le numéro 76 du *Crapouillot*, daté de juin-juillet 1984, confirme l'orientation définitive prise par un journal autrefois respecté. La couverture placardée au dos des kiosques ne peut qu'interpeller le passant. Un à-plat noir, des lettres blanches énormes éclairant le titre : « Mitterrand très secret » ; des cartouches rouges et blancs propulsant la titraille : « La Cagoule, Vichy, La Résistance, Les Femmes, La Santé, La Fortune ». Le contenant pique les yeux, le contenu pareillement. Pas besoin d'aller plus loin que la page du sommaire pour réaliser que les équipes de *Minute* ont fabriqué une bombe à fragmentation.

L'odeur du soufre est tellement forte qu'une action en justice est intentée sans tarder. Le dossier du *Crapouillot* contient une enquête sur un homme que l'extrême droite présente sans preuve, depuis la campagne présidentielle de 1974, comme le « banquier occulte » de Mitterrand, le gestionnaire de sa « fortune cachée en Suisse ». Sept pages que l'on feuillette en pensant très fort au procès en diffamation. Jean-Pierre François – puisque c'est lui dont parle le magazine – préfère pourtant saisir le juge des référés pour que soient supprimées toutes les mentions relatives à son état civil et à sa vie personnelle ; *Le Crapouillot* doit être retiré de la vente. La direction ne se décourage pas : elle fait réimprimer en catastrophe un numéro caviardé. En lieu et place du nom du banquier et de sa photo figure la mention « censuré ». Dans son édition du 29 juin, *Minute* défend la liberté de la presse et dénonce une tactique destinée à empêcher le grand public de connaître le fruit de un an d'enquête. La poursuite judiciaire du banquier servirait à étouffer les autres révélations « sur les pans les plus obscurs du passé de Mitterrand ». « On comprend que la police du pouvoir guettait avec vigilance – les écoutes téléphoniques ne sont pas faites pour les chiens… – et inquiétude l'élaboration de ce numéro. Et que dans l'entourage de Mitterrand, on cherchait comment bloquer sa diffusion sans recourir à une saisie à la demande du chef de l'État, laquelle aurait attiré l'attention de l'opinion publique sur des aspects de la personnalité du premier des Français que l'Élysée souhaitait justement laisser dans l'ombre. » Dans cette affaire, *Minute* voit la main d'un ami de jeunesse de Jean-Pierre François, celle du ministre des Affaires européennes, Roland Dumas, qui aurait mandaté un de ses anciens collaborateurs avocats pour demander la censure du journal. Tout cela ne fait pas une vérité, mais augure d'excellentes ventes : « Mitterrand très secret » sera écoulé à près de 100 000 exemplaires.

Rien n'a été laissé de côté dans ce numéro ; toutes les pièces de la machine à dénigrer ont été correctement huilées. Serge de Beketch donne le mode d'emploi dans l'avant-propos en empruntant à Agatha Christie, « l'impératrice du mystère », la clé de l'énigme Mitterrand : « Les vieux péchés ont de longues ombres. » Pour plonger dans la vie du chef de l'État, les collaborateurs du *Crapouillot* ont choisi d'« embrasser la cause et la méthode des hérétiques », « épluchant les livres sacrés, relisant les docteurs de la foi, appliquant aux Évangiles les procédés de la critique historique, convoquant les témoins oubliés ». « Ils ont opposé les récits contradictoires de biographes trop zélés, mis en lumière les versions successives et changeantes que l'intéressé lui-même a données de son histoire. Enfin, ils ont appliqué ces méthodes au présent, refusant d'abandonner aux historiens de demain un domaine que protègent à la fois la loi, le conformisme et les habitudes frileuses du "journalisme à la française". Et puis, pourquoi le cacher, il y a quelque jubilation à briser le petit monopole de "ceux qui savent". » Serge de Beketch s'étonne de voir les méthodes des confrères étrangers citées en exemple, alors que les critiques s'abattent sur ceux qui suivent la même voie : « Qu'un journaliste français se penche sur la vie privée du président de la République, photographie sa maîtresse, son enfant naturel et sa résidence cachée, qu'il exhume des pans honteux de son passé, qu'il identifie ses financiers, qu'il révèle la vérité sur sa santé, qu'il décortique les archives et les témoignages, qu'il enquête sur place, interroge les survivants, avance des preuves et des documents, c'est alors un colporteur de ragots nauséabonds, un fouilleur de poubelles, un maître chanteur ou peu s'en faut. [...] L'information complète et libre n'est bonne qu'à l'importation. »

Au *Crapouillot*, l'information se veut complète et libre dès qu'il s'agit de François Mitterrand. Un article dénote l'obsession de l'extrême droite à démontrer que le président fut l'un des siens et porte sur l'épaule le sceau de l'infamie, camouflé par les ans, les mensonges et les revirements. L'article n'est pas signé, à l'instar de la plupart des papiers du magazine ou de ceux de *Minute*, afin de protéger les rédacteurs. Il trahit néanmoins la passion de son auteur pour l'histoire et la généalogie. « Mitterrand sous la Cagoule, son passé de ligueur » s'ouvre sur une photo d'Alain Madelin à l'Assemblée nationale et sur la couverture du journal *Votre Beauté* que le député avait brandie. Il rappelle l'incident au Palais-Bourbon ainsi que des faits anciens plus inquiétants encore pour Mitterrand : ses liens avec l'Action française et les ligues ; sa participation à la manifestation « contre l'invasion des métèques » du 1er février 1935, comme le montre une photo publiée par *L'Écho de Paris* ; son parcours jusqu'à Vichy. Tous les renseignements donnés convergent pour accréditer un seul fait, mentionné par les gaullistes dès les années cinquante : Mitterrand faisait partie de la Cagoule. Son frère Robert n'avait-il pas épousé Édith Cahier, la nièce d'Eugène Deloncle, fondateur de l'organisation ? Les parrains de francisque de Mitterrand n'étaient-ils pas de fieffés cagoulards ? Et que dire du rôle d'Eugène Schueller, le financier du mouvement ? Il avait nommé Mitterrand aux éditions du Rond-Point, qui publiait *Votre Beauté*, et son groupe L'Oréal était un « véritable service d'accueil pour cagoulards en rupture de ban ». C'est aussi Schueller qui avait lancé Mitterrand en politique lors des législatives de 1946 : « Vous allez vous présenter dans la Nièvre. Courez là-bas, tout est prêt, il ne manque que votre nom sur les affiches et les professions de foi. » Ces documents, reproduits dans le magazine après avoir été publiés dans le numéro de *Minute* du 28 janvier et dans la lettre confidentielle *Mardi Matin* de Michel Bassi, révèlent un programme musclé : « suppression des emplois inutiles » ; « blocage du salaire des fonctionnaires » ; « réforme de la Sécurité sociale écrasée par la bureaucratie » ; « non aux nationalisations » ; « non à l'installation du Parti communiste au pouvoir ». À sa lecture, François Mitterrand aurait déclaré : « C'est un programme d'extrême droite que vous voulez me faire défendre ! Un programme cagoulard. Je refuse ! » Schueller aurait répondu qu'il se passerait alors de lui, ce qui aurait suffi à faire changer d'avis Mitterrand et à lui permettre d'accéder à la députation. L'auteur conclut ainsi son article : « Trente-cinq ans après, il devenait président de la République et appliquait un programme contredisant mot pour mot sa profession de foi de 1946. Une cagoule, n'est-ce pas, c'est réversible. L'ennui c'est que si, comme disait Pétain, les Français ont la mémoire courte, les communistes, eux, ne l'ont pas. Et l'on peut imaginer à présent à quoi pensait René Andrieu le 19 mars 1980 en répondant, dans *L'Humanité*, aux socialistes qui avaient osé s'interroger sur le passé de Marchais. "Je le dis en pesant mes mots : François Mitterrand serait mieux inspiré de montrer un peu plus de modestie, et je ne parle pas seulement de la francisque qu'on lui a décernée, paraît-il, au titre de la Résistance. Au cas où Fillioud voudrait avoir plus d'information à ce sujet, il lui suffit de le demander." En bon français, cela s'appelle du chantage. Les communistes, à l'évidence, savent exactement à quoi s'en tenir sur le passé de Mitterrand. Et ils s'en servent. Ou ils s'en servaient, puisqu'un secret connu de tous n'est plus un secret monnayable. Reste à savoir si Mitterrand nous saura gré d'avoir ainsi privé les maîtres chanteurs de leurs armes… »

Le numéro du *Crapouillot* n'oublie pas d'évoquer le cancer de la prostate et d'aborder la vie privée du président. Il publie de nouveau des photographies de son « amie suédoise », dont l'une prise lors d'un déjeuner d'intimes à Latche où Christina est à la droite de l'épouse, Danielle, et à la gauche du beau-frère, Roger Hanin. Le cliché n'est pas légendé, car il se passe de tout commentaire. En page 9, en revanche, on trouve le texte suivant : « La naissance de cette fillette dissimule-t-elle un "secret d'État" ? Vous le saurez en lisant, s'il paraît jamais, le manuscrit baladeur de Jean-Edern Hallier. » Revoilà la photographie qui n'a pas été extraite d'un album de famille. Cette fois, seuls deux minuscules bandeaux noirs dissimulent les yeux d'Anne Pingeot et de Mazarine ; le visage de la fillette de sept ans portant des couettes et suçant son pouce apparaît presque distinctement. L'illustration accompagne un articulet titré « Sortira, sortira pas », à propos d'un livre qui ne trouve pas preneur : « Toutes les maisons contactées se sont défilées, certaines avouant simplement qu'elles avaient été fermement priées de s'abstenir sous peine de contrôle fiscal, d'interdiction définitive à la télévision ou d'autres ennuis de même nature. Hallier, quant à lui, assure avoir accepté, puis repoussé de confortables dédommagements en nature et en sinécures diverses s'il renonçait à son projet. Pour l'instant, *L'Honneur perdu de Mitterrand*, anciennement *Mitterrand et Mazarine* (prénom, selon Hallier, de l'enfant naturel du président), ne circule, sous forme de photocopies du manuscrit en son premier état, que dans une vingtaine de rédactions parisiennes. »

Le cas de Jean-Edern Hallier, le désordre personnifié, nécessite d'être éclairé. L'écrivain s'est mis en tête que François Mitterrand ferait de lui son Malraux, ou le récompenserait à la hauteur de son amitié et de son engagement durant la campagne : chaîne de télévision, ambassade, remise gracieuse de ses arriérés d'impôts. À tort. Le président le laisse dans l'état dans lequel il l'a rencontré quelques années plus tôt : seul avec ses emportements. Écœuré, Hallier menace de dévoiler tout ce qu'il sait sur Mitterrand. Et il en sait long. Presque autant que les journalistes de *Minute* que, d'ailleurs, il fréquente. Lui aussi veut tout mettre sur papier. À la presse et à la télé, il déclare écrire un pamphlet. On le prend, à partir de ce moment, au sérieux : on le fait passer pour un fou. « Hallier, il raconte n'importe quoi ! » est alors la phrase la plus couramment associée à son prénom. Il faut dire que l'écrivain s'emploie à alimenter sa mauvaise réputation : il a simulé son propre enlèvement et aurait commandité un attentat contre le domicile de Régis Debray pour se venger d'une méchante critique. L'Élysée ne veut pas céder au chantage d'Hallier. Parce que sa voix peut porter, il faut tout de même le réduire au silence. Durant le premier semestre de l'année 1984, des barbouzes tentent de récupérer les exemplaires de son manuscrit en circulation. Pour débrancher Hallier, on branche à foison des lignes téléphoniques dans un sous-sol des Invalides. La cellule antiterroriste de l'Élysée reçoit pour mission de tout apprendre du dangereux Jean-Edern, qui projette de faire enlever Mazarine, justifie-t-on sans rire. La cellule finit par laisser traîner ses oreilles dans tout Paris ; des milliers de conversations sont enregistrées. Ceux qui, à l'Élysée, lisent les retranscriptions apprennent des choses dont ils se serviront plus tard.

Lorsque le numéro du *Crapouillot* sort en juin, Jean-Edern Hallier semble avoir renoncé au grand déballage. Devant le palais de l'Élysée, pénitent, la corde au cou, il brûle son manuscrit que dix-sept maisons d'édition ont refusé sous la pression. Malgré cette mise en scène, il a décidé de relancer son journal, *L'Idiot international*, créé en 1969 et disparu trois ans après, afin de publier *L'Honneur perdu de Mitterrand* en feuilleton. L'Élysée actionne les leviers de l'appareil d'État pour briser l'entreprise : Police, Renseignements généraux, DST, Douanes, Impôts et services très particuliers sont lancés aux trousses d'Hallier. Il y a des interrogatoires, des contrôles fiscaux, des coups de téléphone anonymes, des inconnus criant dans la rue des avertissements, des petits cercueils déposés sur des paliers, des agressions. Tout est mis en œuvre pour persécuter l'homme et achever de le déconsidérer. Le premier numéro de la nouvelle série de *L'Idiot international*, un « spécial été 1984 », sort dans la difficulté. Cela sera également le dernier. Une menace très précise et circonstanciée effraie l'imprimeur, Gilbert Caron, qui abandonne son client. Jean-Edern Hallier n'a plus d'autre choix. Il a déjà un genou à terre, il lui faut mettre le second. Et s'incliner.

François Mitterrand a une conception étendue de la protection de la vie privée d'un président. Ne doit être rendu public que ce qu'il a autorisé. Avec lui accède à l'Élysée le mensonge d'État permanent. *Persona*. À la fin de son deuxième septennat, il n'aura plus rien à attendre du pouvoir qu'il se sera acharné à conserver. Le cancer, les amitiés anciennes, la fille naturelle, le dévoiement des services de l'État : tout ce qui aurait pu lui coûter sa réélection en 1988 pourra être révélé. La France suivra les hospitalisations de son président, lira le livre de Pierre Péan, *Une jeunesse française*, regardera la photo de Mazarine et de son père dans *Paris-Match*, découvrira les innombrables « affaires » dans la presse. Elle devra patienter jusqu'à sa mort pour voir la publication de *L'Honneur perdu de François Mitterrand*.

Le président de la République est un homme cultivé et supérieurement intelligent. En France, on pardonne presque tout aux hommes qui ont du talent. Dans le domaine de la cachotterie, le don de Mitterrand confine au génie. *Minute* en a presque tout dit. Pourtant, la grande presse préfère ne pas se risquer à relayer les enquêtes de l'hebdomadaire. C'est là sa faute et sa responsabilité. Laisser un journal d'extrême droite sortir seul une information est l'un des plus sûrs moyens de la voir enterrée. *Minute* crie dans un désert où il s'est lui-même exilé. Mitterrand en joue cyniquement ; il sait qu'entre un mensonge et une calomnie, une vérité est toujours engloutie. Par-delà sa mort, le sortilège fonctionnera encore parfaitement. Certains continueront de raconter qu'un jour de l'automne 1981, François de Grossouvre, escorté d'un ancien policier des RG, familier du groupe terroriste Action directe, se serait rendu dans un appartement du XVIe arrondissement. Il aurait négocié avec une de ses vieilles connaissances, le directeur de *Minute*, la remise d'un cliché de sa filleule Mazarine contre la somme de 500 000 francs. Jean-Claude Goudeau aura beau démentir, qui pourra croire que cette photo taboue fut bel et bien publiée trois fois au début du règne du vingt et unième président ? Quel journaliste prendra la peine de consulter les archives d'un journal conservées à Bibliothèque nationale de France Francois-Mitterrand ? Qui voudra regarder clairement un passé tellement vivant ?

En 1996, Patrick Buisson me montrera un livre en souriant. Son nom y est inscrit dans le fichier « kidnapping », recensant tous les correspondants de Jean-Edern Hallier écoutés par l'Élysée. Il me donnera aussi une consigne à appliquer lorsque l'on veut discréditer quelqu'un : « Quand quelqu'un crie au loup, il faut crier au fou ! » Avec le temps, j'apprendrai d'autres leçons. Depuis Babel, les hommes ne souffrent pas seulement de ne pas parler la même langue, ils souffrent également de ne pas donner le même sens aux mots. Je pourrai méditer ces deux affirmations : l'une de la bouche de Patrick Buisson : « *Minute* aura été pour moi une formidable école de journalisme ! » ; l'autre attribuée à François Mitterrand : « Je suis le dernier des grands présidents ! »

Patrick Buisson est un homme pressé. Il a du temps à rattraper, après des années perdues à enseigner à des élèves peu concernés. Les carrières de la plupart de ses camarades de jeunesse ont décollé en flèche. Lui est journaliste à *Minute*. Est-ce bien ? En tout cas, ce n'est pas assez. En 1982, il a trente-trois ans et de l'ambition. Pour lui-même et l'opposition. Patrick Buisson ne jure plus que par l'union sacrée, la constitution d'un bloc des droites pour reprendre le pouvoir. La situation politique ne l'invite pas à penser autrement. À l'extrême droite, l'horizon est encore bouché. Jean-Marie Le Pen a dû renoncer à se présenter à la présidentielle de 1981 ; la candidature concurrente et téléguidée du représentant du Parti des forces nouvelles, Pascal Gauchon, l'a privé des parrainages nécessaires. Alors, Jean-Marie Le Pen a appelé ses partisans à donner leur voix à Jeanne d'Arc au lieu de faire barrage à la gauche. Le parti d'Alain Robert s'est mis à péricliter. À droite, en revanche, le ciel est nettement plus dégagé.

Patrick Buisson déjeune dans les restaurants fréquentés par le monde politique, s'attarde à la buvette de l'Assemblée nationale ou dans la salle des Quatre Colonnes, le jour des questions au gouvernement. Il s'est fait accréditer. À *Minute*, la rédaction tique un peu devant cette fantaisie ; le service politique s'agace d'être court-circuité par le grand reporter. Mais le directeur Jean-Claude Goudeau laisse Patrick Buisson jouer l'électron libre et couvrir, à sa guise, la politique. L'hebdomadaire ne peut que profiter de ses très nombreuses entrées : les compagnons d'armes de Mai 68 ont ouvert à Patrick Buisson les portes des partis d'opposition et lui permettent de rapporter, pratiquement chaque semaine, un sujet pour la une de *Minute*.

Si les ex-trotskistes peuplent les cabinets ministériels, les anciens cadres d'Occident et d'Ordre nouveau ont, eux aussi, réussi leur reconversion. À cette époque, un parti concentre un certain nombre d'anciens « fachos ». Chacun peut apprécier le chemin parcouru par ces « chenapans » qui ont, un jour, envisagé de renverser le pouvoir et portent dorénavant les couleurs du Parti républicain, le successeur des Républicains indépendants. On y croise Alain Madelin, Gérard Longuet, mais aussi Anne Méaux, ancienne militante d'Ordre nouveau et membre du premier comité central du Parti des forces nouvelles, qui a pris très tôt le large en intégrant le service de presse du président de la République, Valéry Giscard d'Estaing. Depuis 1981, elle s'occupe de la communication du président battu et de celle du groupe parlementaire de l'UDF, la confédération centriste, à l'Assemblée. Le président de ce groupe est Jean-Claude Gaudin. Le truculent député et Patrick Buisson se sont tout de suite trouvé une détestation commune. Le journaliste descend régulièrement à Marseille pour dénoncer la gestion de Gaston Defferre, additionner les procès en diffamation et aider Jean-Claude Gaudin à conquérir la mairie. Dans une ville qui abrite autant de rapatriés d'Algérie, *Minute* est un journal à ne pas négliger.

Patrick Buisson peut aussi faire appel aux vieux amis de l'hebdomadaire comme Jacques Médecin, le maire de Nice, ou Alain Griotteray, l'un de ses actionnaires historiques. Ce dernier, qui fut l'un des plus jeunes résistants de France, instigateur de la manifestation des étudiants royalistes du 11 novembre 1940, chef du réseau Orion, pleinement gaulliste avant de soutenir l'Algérie française, est un capitaine d'industrie respecté. Il est également une figure du Parti républicain, maire de Charenton-le-Pont et a cofondé *Le Figaro Magazine* avec Louis Pauwels. Dans le recyclage des nationalistes, il est incontournable.

Enfin, Patrick Buisson n'oublie pas de garder des contacts avec les anciens du Parti des forces nouvelles qui ont rejoint le CNIP ou bien le RPR afin de se mettre au service de Charles Pasqua. Pour un représentant d'un journal de parias, Patrick Buisson se constitue un solide réseau à droite. Que peut-il bien en faire, à part alimenter ses articles ? De la politique, et pourquoi pas de l'argent.

En juillet 1982, il crée avec six associés une société dénommée Intervalles. La structure est à l'image de ce qu'il professe : l'union de toutes les droites. Y participent une brillante plume du Parti républicain, le secrétaire général du groupe UDF à l'Assemblée, un homme clé du CNIP, un communicant venu du RPR qui travaille pour Michel Bongrand, le pape du marketing politique, et l'inévitable Alain Renault. Le gérant de la SARL n'est autre que Patrice Boizeau. Lorsqu'il voulait entrer à *Minute*, Patrick Buisson avait assidûment courtisé son père, qui en était le patron. Il s'entend très bien avec le fils qui a peut-être d'innombrables qualités, mais, à ses yeux, n'en possède qu'une seule : celle d'héritier. À la mort de Jean Boizeau, il a récupéré avec son oncle une part minoritaire du capital de la société éditrice de *Minute* et, dans le lot, la fonction de P-DG.

L'équipe a été rassemblée pour mener à bien le premier projet ayant germé dans la tête de Patrick Buisson. À l'occasion des municipales de mars 1983, toutes les énergies doivent être mobilisées pour infliger une défaite à la gauche. Si l'opposition n'a pas encore de chef attitré, Patrick Buisson veut lui donner un guide. « Depuis le 10 mai 1981 vous vous posez la question : que faire ? Comment défendre les libertés auxquelles nous sommes tous attachés et que menace chaque jour davantage la coalition socialo-communiste au pouvoir ? » Eh bien, il suffit de débourser la somme de 39 francs pour acheter *Le Guide de l'opposition*. L'ouvrage, « réalisé avec le concours de l'ensemble des formations de l'opposition dans un esprit unitaire », recense plus de 3 000 adresses et 10 000 noms. Ce sont tous les contacts des partis, des associations, des journaux, des radios libres et des clubs qui ont entrepris « la reconquête du pouvoir » et forment « maillon après maillon la chaîne de résistance à l'emprise idéologique de l'État socialiste ». *Le Guide de l'opposition* ne se résume pas à un bottin, il propose un kit politique complet : des fiches argumentaires, des citations, une bibliographie et une analyse électorale des villes à reprendre. Lors de la campagne des municipales, des comptoirs estampillés *Guide de l'opposition* sont installés dans les salles de meetings. À Marseille, Patrick Buisson donne l'exemple et de sa personne. Il fait de la retape pour le *Guide*, soutient la candidature de Jean-Claude Gaudin et tire à vue sur « Gastounet », dans les colonnes de *Minute*. Malgré tous ses efforts, Defferre est réélu pour un septième mandat alors qu'il est minoritaire en nombre de voix. Sur le papier, Gaudin a remporté le scrutin. Mais le maire de Marseille s'est servi de sa casquette de ministre de l'Intérieur pour modifier, fort opportunément, le mode d'élection à Paris, Lyon… et Marseille. Le député et le journaliste sont dépités. Face à « Citizen Canebière », ils ne boxent pas dans la même catégorie.

Il ne digère pas la défaite. Il la rumine, la macère, l'acidifie. En garde le fiel, transforme le reste en énergie. Patrick Buisson avait imaginé, en cas de victoire à Marseille, se construire une baronnie : une édition provençale de *Minute* dont il aurait été le seigneur. Cruelle déception ! Qui s'ajoute à l'humiliation de l'affaire Georges Lemoine, une série d'articles dans lesquels il accusait le maire de Chartres et secrétaire d'État à la Défense d'avoir accordé au groupe Bouygues le marché de construction d'un hôpital, en échange de la rénovation de sa ferme de Ceton. La presse s'est fait l'écho du procès en diffamation gagné par Georges Lemoine. À la sortie de l'audience, l'homme politique avait attrapé Patrick Buisson par le col pour se faire doublement justice. « Vous êtes ministre, je suis chrétien, ne me frappez pas », avait esquivé ce dernier, penaud.

Patrick Buisson ne désarme pas pour autant. Il met en chantier un nouveau *Guide de l'opposition* en vue des européennes de 1984. À *Minute*, Jean-Claude Goudeau accepte que le grand reporter décline son commerce politique ; « Des idées pour l'opposition » est le titre de la nouvelle rubrique que Patrick Buisson inaugure dans le numéro du 16 juillet 1983 : « Nous avons ouvert dans nos colonnes un débat d'idées en cherchant dans tous les domaines des propositions originales pour constituer un vrai programme de la droite basé sur la responsabilité individuelle, l'équité (et non l'égalité), la récompense de l'effort, la sécurité, la valorisation du mérite. » Des mois durant, les personnalités les plus diverses de l'opposition peuvent présenter librement et sans censure leurs idées aux lecteurs de *Minute*. Patrick Buisson s'en sert pour promouvoir un nouveau venu, Bruno Mégret, qui explique comment contourner le monopole syndical. Ce jeune haut fonctionnaire, polytechnicien, est un pilier du Club de l'Horloge ; il a quitté le RPR, où il avait fait de l'entrisme, pour fonder en 1982 les Comités d'action républicaine (CAR), une de ces nombreuses associations se situant entre *think tank* et parti politique. Évidemment, Patrick Buisson donne aussi la parole à Jean-Marie Le Pen qui n'a qu'une seule solution pour éradiquer le chômage : « Immigration zéro ! » Hors colonnes, les deux complices partagent leurs conclusions sur la divine surprise : « Le coup de tonnerre de Dreux. » La liste du nouveau secrétaire général du Front national, Jean-Pierre Stirbois, l'époux de Marie-France Charles, a frôlé les 17 % au premier tour de l'élection municipale partielle de septembre 1983 ; elle a fusionné avec la liste du RPR pour ravir à la gauche la mairie de la sous-préfecture d'Eure-et-Loir. Buisson et Le Pen sont du même avis : François Duprat avait vu juste. La conjonction de l'arrivée de la gauche au pouvoir, de mesures économiques et fiscales catastrophiques, et de l'échec à contenir la progression du chômage, radicalise une partie des classes moyennes et populaires. Elle ouvre un espace politique à l'extrême droite. Et encore, Duprat n'avait pas anticipé les effets du tournant de la rigueur que François Mitterrand est en train d'opérer. Pour le Front national, les planètes commencent à s'aligner. Jean-Marie Le Pen souhaite en profiter en se présentant chez lui, à l'occasion de la législative partielle, organisée en décembre 1983 dans la deuxième circonscription du Morbihan. Il prépare une campagne commando, dont la ligne tient sur une affiche : « Immigration, insécurité, chômage, fiscalisme : ras le bol ! Je vote Le Pen ».

Patrick Buisson prévient tout le monde à *Minute* : « Je vais en Bretagne. Je suis la campagne de Jean-Marie. » À présent, c'est chasse gardée. Il publie les premiers reportages sur « Le Pen à l'abordage du Morbihan » pour présenter le parcours de « Jean-Jean », son programme et sa « belle famille française traditionnelle » toute blonde : Pierrette, l'épouse ; les trois filles, Marie-Caroline, Yann et Marine. Après les bons résultats – 12 % des voix – *Minute* affiche en une : « Qui a peur de Le Pen ? » Le grand reporter a imaginé une casuistique pour illustrer le piège stratégique dans lequel il pressent que la droite va tomber : « Patrick Buisson a posé la question interdite aux grosses têtes de l'opposition : "Vous préférez l'andouille de Vire ou le menhir montant ?" » Il a demandé à seize élus de choisir entre Olivier Stirn, un élu radical valoisien du Calvados qui ne sait plus de quel côté pencher, et Jean-Marie Le Pen. Une ligne centriste ou une ligne dure ? Les réponses sont partagées, rares sont les avis tranchés. Dans le style qui convient à un journal pamphlétaire, Patrick Buisson révèle, dans l'édition de *Minute* du 17 décembre 1983, tous les enjeux politiques des mois… et des années à venir : « Sacré Menhir ! Avec le résultat qu'il vient d'obtenir en Morbihan ajouté à ceux que les candidats du Front national ont réalisés à Dreux et à Aulnay, il crée, dans le landerneau politique, une situation du plus haut comique. Résumons : Le Pen prend à la gauche des voix si excédées que la droite molle ne pourra jamais espérer les récupérer. Il prend à cette même droite molle des suffrages qu'elle ne saurait regagner qu'en se durcissant. Or la gauche ne peut pas reprendre ses déçus qui, par frustration ou colère, ont basculé dans le camp de Le Pen. Et la droite molle ne craint rien tant que d'apparaître dure. Les deux sont donc obligés, pour combler les trous creusés par l'Attila du Morbihan, de guigner les suffrages de la gauche molle. Celle qui, incarnée par Olivier Stirn, marche à la voile socialiste et à la vapeur démocrate. Autrement dit, si l'opposition veut devenir majoritaire, elle est placée en face de l'alternative suivante : accepter les bras musclés que lui tend Le Pen ou tenter d'arracher à la séduction du strapontin, dans un gouvernement de gauche recentrée, le Turlupin de la Cinquième rectifiée Tonton : Olivier Stirn. Vous imaginez les tempêtes que ce genre de dilemme peut provoquer sous les crânes oppositionnels. »

CHAPITRE IV

Tentatives

> *L'homme fait l'histoire ; à son tour l'histoire le défait. Il en est l'auteur et l'objet, l'agent et la victime. Il a cru jusqu'ici la maîtriser, il sait maintenant qu'elle lui échappe, qu'elle s'épanouit dans l'insoluble et l'intolérable : une épopée démente, dont l'aboutissement n'implique aucune idée de finalité.*
>
> Emil Cioran, *Écartèlement.*

Les accords de guitare de *Live and Let Die*, composé par Paul McCartney, jaillissent du poste de télévision. Ce n'est pourtant pas James Bond qui apparaît à l'écran. Il n'a rien de british, le Menhir blond que l'on voit marcher pour prendre sa place au centre de l'arène. Ce soir du lundi 13 février 1984, Jean-Marie Le Pen est l'invité de « L'heure de vérité », la grande émission politique d'Antenne 2, présentée par François-Henri de Virieu. C'est une première. Ça se fête. Des partis de gauche et des journaux ont dénoncé la vitrine médiatique offerte au président du Front national ; trois compagnies de CRS ont bouclé la rue Cognacq-Jay où se trouve le studio d'enregistrement ; la sécurité de l'antenne émettrice de la tour Eiffel a été renforcée afin d'empêcher toute tentative de sabotage ; des manifestants antiracistes et du Betar de France, organisation de jeunesse sioniste, crient leur colère dans le quartier de l'Alma.

L'émission débute dans une ambiance électrique. Le Pen est tendu, concentré. Voilà des années qu'il se plaint de n'être jamais invité sur les antennes de la télévision publique. Sa chance est venue, il ne veut pas la gâcher. Dans le public, sa famille est présente. La vraie : l'hyperboréenne. La famille politique : les dirigeants du Front national. Et Patrick Buisson. Il est venu avec sa jolie môme. Elle a été installée côté lumière, lui du côté obscur, à l'avant-dernier rang.

François-Henri de Virieu prend la parole. Il explique, gêné, que Jean-Marie Le Pen était un marginal, mais engrange maintenant ses premiers succès électoraux. « Vous faites partie de la réalité de la société française. C'est un fait. Et c'est pourquoi je vous ai invité ce soir. » Le Pen écoute sagement la suite du prologue. « Monsieur Le Pen, vous faites peur ! À l'origine de cette peur, la façon dont vous parlez de la présence des étrangers qui vivent en France et de leur statut. On connaît de vous, vos affiches : Vingt millions... euh... de chômeurs. »

Le visage de Le Pen s'illumine. « Pas encore, pas encore... »

Il rit franchement. Présager le pire, la grande jubilation. La conception de l'extrême droite des lendemains qui chantent. Vingt millions de chômeurs, vingt millions d'électeurs...

François-Henri de Virieu se reprend : « Deux millions de chômeurs – pardon ! – ce sont deux millions d'immigrés de trop. C'est un slogan d'exclusion que vous complétez par un autre : "La France et les Français d'abord !" Alors, qui êtes-vous vraiment, monsieur Le Pen ? »

Alain Duhamel, Jean-Louis Servan-Schreiber et Albert du Roy se chargent de répondre. Ils sont les premiers d'une longue série de journalistes qui tenteront de confondre Le Pen en lui rappelant son passé ou en le renvoyant à ses prises de position. Au démagogue, ils veulent opposer une raison froide. Mais tout cela se joue à la télévision. Jean-Marie Le Pen se déploie, lève les bras au ciel, pointe du doigt ses interlocuteurs, feint l'étonnement, tonne, se récrie, se scandalise, sourit, rit, raille, bataille, dramatise, prophétise, ne laisse rien passer, défend son honneur, songe à sortir ses décorations. En réponse aux réflexions d'Alain Duhamel, il déclare qu'« en trente ans de vie publique, on n'a pas pu relever une seule déclaration antisémite à [s]on encontre ». « Quand on s'adresse au peuple, on lui parle son langage », fait-il la leçon en revendiquant de ne pas s'intéresser aux « bourgeois de salon ». La confrontation avec Jean-Louis Servan-Schreiber est de loin la plus virulente. Le journaliste met calmement Le Pen face à ses déclarations les plus compromettantes. Le président du Front national balaie tout d'un revers de la main. François-Henri de Virieu intervient : « Je veux bien vous donner acte que vous n'êtes pas raciste. Mais est-ce que vous ne flattez pas le racisme ? »

Le Pen hausse le ton : « Est-ce que "L'heure de vérité" va se passer exclusivement à débattre de ce sujet, de savoir si je suis ou si je ne suis pas raciste ? J'ai dit que je n'étais ni raciste, ni fasciste, ni extrémiste. »

Jean-Louis Servan-Schreiber ne se laisse pas intimider. Il cite maintenant les propos des amis et alliés du président frontiste, antisémites décomplexés. Le Pen s'énerve : « Vous ne pouvez pas me demander en toutes occasions, en prenant des extraits de journaux, de discours de quiconque, me dire : "Monsieur Le Pen, êtes-vous d'accord avec cela, n'êtes-vous pas d'accord avec cela ?", cela me rappelle les procès de l'Inquisition. [...] Ça me paraît, tout de même, une méthode étonnante et qui ressemble fort au terrorisme politique, terrorisme élégant – je le reconnais – et feutré, mais terrorisme quand même. »

Puisqu'il est question de terrorisme, le journaliste exhume un autre extrait infâme. « Alors, permettez-moi simplement de citer également quelque chose qui, personnellement, m'a paru tellement choquant que j'aimerais bien avoir votre réaction personnelle : "Autre bombe, celle d'Anvers, plus exactement une grenade jetée distraitement par un Palestinien sur un groupe d'adolescents juifs, progéniture en balade des diamantaires d'Anvers." » Jean-Louis Servan-Schreiber ne poursuit pas sa lecture et ne donne aucune publicité au passage suivant : « Remarquez tout d'abord qu'on peut s'étonner de l'existence d'une descendance chez cette intéressante communauté de modestes tailleurs de verroterie puisqu'on nous affirme qu'elle fut entièrement exterminée par les vilains SS du défunt Hitler. On ne saurait, c'est bien connu, discuter la véracité de l'Holocauste : il doit donc s'agir d'une génération spontanée. » Il donne, en revanche, le nom de l'auteur du texte et rappelle les fonctions qu'il a occupées au Front national. Jean-Marie Le Pen encaisse le coup, puis réplique, tonnant :

« Je condamne cette déclaration tant dans son fond que dans sa forme.

— Alors, pourquoi avez-vous accepté des gens comme cela près de vous ?

— Ah oui, mais écoutez, alors là, je ne suis pas encore... euh... je ne sais pas... euh... dans... à quelle occasion monsieur... la personne que... dont vous parlez aaaa... aaaa... fait cette... euh... rédaction... je ne sais pas. »

Pour la première fois de l'émission, Le Pen bafouille. Déconcerté, il change de position sur sa chaise. Il cherche ses mots et une contre-attaque. Il fait mine de demander dans quel journal – en l'occurrence *Militant* – a été publié le texte : « Je crois savoir qu'il s'agit d'un journal qui n'est pas un journal du Front national. Et je crois savoir que quand monsieur... euh... je crois que c'est monsieur Renault... a écrit cette phrase, il n'était plus au Front national. » Le Pen vient de recouvrer la mémoire pour ne faire que répéter les précisions apportées par Servan-Schreiber, une minute plus tôt. Il reprend contenance et, dans l'esquive, montre toute l'étendue de son talent : « Il n'était plus au Front national à l'époque où il a écrit cela. Et par conséquent, c'est un peu comme dans *Le Loup et l'Agneau* de La Fontaine. Je ne suis pas responsable avant, ni après, n'est-ce pas, ni même toujours pendant qu'ils sont là. » *Persona*.

Sage précaution pour parer à des mises en cause ultérieures. Car, avant, pendant, et après sa carrière au Front national, il fait rarement bon se pencher sur la prose d'Alain Renault. Jean-Louis Servan-Schreiber n'a pas encore fait le tour de la question. Il évoque le parcours de Pierre Bousquet, le créateur de *Militant*, soldat de la Division Charlemagne, membre fondateur et trésorier du Front national pendant neuf ans ; il rappelle le souvenir des néonazis de la FANE, Mark Fredriksen et Hubert

Kohler ; il nomme François Brigneau. Le Pen n'est plus du tout perturbé et évacue le cas de son ancien trésorier : « Monsieur Bousquet a peut-être eu les responsabilités que vous dites, il a peut-être été un ancien SS, mais moi je suis de ceux qui sont pour la réconciliation des Français. » Pour les autres, il tente avec un aplomb incroyable : « Je pense que c'est cette inquisition méticuleuse qui peut ou pourrait susciter des réactions de racisme. Parce que nous sommes dans un pays libre, parce que les gens jugent dans le cadre de la liberté que leur assurent les lois. Et il semblerait qu'il y ait une précaution tout à fait particulière qui protégeât les Juifs. »

Jean-Louis Servan-Schreiber en a terminé. Il peut maintenant interroger Le Pen sur les accusations de torture pendant la guerre d'Algérie lancées contre lui : « Oh mon Dieu ! Mais c'est le procès Le Pen ! Je savais pas. Vous m'aviez pas averti. Je pensais que monsieur Servan-Schreiber était là à raison de ses compétences économiques. Et je m'aperçois que c'est un procureur de l'antiracisme. C'est extraordinaire ! » Lui pensait pouvoir ne parler que d'immigration. Lors de l'émission, Le Pen parvient tout de même à délivrer ses messages et quelques clés. Les voici pêle-mêle. Il serait la cible d'une campagne de « désinformation » de la part de ses ennemis qui veulent lui appliquer le « masque » de la bête immonde alors qu'il est un « démocrate churchillien » : « la démocratie, c'est un très mauvais système, mais je n'en connais pas d'autre ». Pour défaire le Parti communiste, Le Pen affirme vouloir le combattre « sur son terrain, sur le terrain de l'idéologie », pour le « dépouiller des privilèges qui lui ont été concédés depuis trente-cinq ans ». Il ne supporte plus la « décadence » des institutions et de la morale publique, fustige l'« incapacité des dirigeants » à répondre à « l'aspiration la plus fondamentale de notre peuple qui est l'aspiration à la sécurité, première des libertés ». Il dénonce « la véritable invasion » qui serait en train de se produire avec « la constitution de villes étrangères imperméables à l'autorité », et certifie l'existence d'un « racisme antifrançais », qu'il « exècre encore plus que tous les autres ». Il insiste sur la nécessité de « fabriquer français avec des Français », afin de contrer le développement d'un « véritable quart-monde de gens misérables, plus misérables que les étrangers qui souvent ne se donnent que la peine de pousser la porte de notre pays pour y entrer ». Et il met en garde contre les « deux hégémonies, l'hégémonie soviétique connue, mais aussi l'hégémonie tenant à l'explosion démographique du tiers-monde et, en particulier, du monde islamo-arabe », qui « colonisent » la France. Contre tous ces « dangers mortels », Jean-Marie Le Pen fixe la priorité. Il livre aux téléspectateurs d'Antenne 2 sa conception spécieuse de l'amour du prochain : « Je suis un homme de bon sens. J'applique une hiérarchie des sentiments et des dilections. J'aime mieux mes filles que mes cousines, mes cousines que mes voisines, mes voisines que des inconnues, des inconnues que des ennemies. Par conséquent, j'aime mieux les Français. »

Jean-Marie Le Pen aime aussi les coups d'éclat. Seulement, l'émission touche à sa fin et il n'a pas encore eu l'occasion de placer la surprise qu'il a préparée. Il est en train d'expliquer qu'il a défendu l'Algérie française au nom du passé de la France et de son avenir, en tant que puissance tournée vers « une conquête pacifique du monde ». Albert du Roy le reprend ironiquement : « Les seuls hégémonismes que vous ne tolérez pas, c'est le soviétique et celui du tiers-monde ? » Le Pen ne le contredit pas, il lui fait seulement observer qu'ils ne « s'appuient pas sur les mêmes méthodes ». « À ce propos… » Iouri Andropov, le chef de l'URSS, vient de mourir. À l'annonce de son décès, le ministre français des Relations extérieures, Claude Cheysson, a demandé au Parlement européen de respecter une minute de silence.

« Je voudrais, puisque, dans ce domaine, les silences sont souvent plus pesants que les discours, moi aussi me lever à mon tour pour tenir une minute de silence, ou quelques instants de silence au moins, en mémoire des dizaines de millions d'hommes tombés dans le monde sous la dictature communiste, et avoir une pensée fraternelle à l'égard des millions d'hommes qui sont dans les camps et au Goulag. »

Le Pen s'est levé et a entraîné son public avec lui. Même Patrick Buisson, qui n'a pas toujours respecté les moments de recueillement. Albert du Roy reste assis. « Moi, je suis journaliste et je continue à poser mes questions, si vous le voulez bien. » Il est piégé. S'il s'était levé, il serait apparu solidaire et aurait offert à Le Pen un crédit immérité. En ne bougeant pas de son siège, il semble ne pas s'associer à la dénonciation de la barbarie communiste et donne à Le Pen ce qu'il attendait.

Jean-Marie Le Pen est un comédien. Il sait que l'important n'est pas tant ce que l'on dit, mais ce que le public doit en retenir. Il s'installe dans le rôle qu'il a choisi : un homme du peuple, victime de l'acharnement des élites ; un homme courageux, puni pour oser dire la vérité ; un homme debout, seul contre tous. Tout le politique Le Pen est résumé dans cette émission. Il ne fera jamais mieux, il rejouera sans arrêt la même scène. Et bientôt les coups d'éclat céderont la place aux provocations et aux dérapages. Pour le moment, des millions de téléspectateurs assistent à la naissance du « phénomène Le Pen ». L'émission politique d'Antenne 2 bat son record d'audience, les demandes d'adhésion affluent au siège du Front national et les intentions de vote en faveur de la liste frontiste pour les élections européennes décollent.

Dans le numéro du 18 février, *Minute* met en sourdine sa charge hebdomadaire contre François Mitterrand pour relayer une campagne de communication : « Le choc Le Pen » ; « Il dit tout haut à la télé ce que pensent des millions de Français » ; « Le texte intégral de ses réponses aux trois inquisiteurs de "L'heure de vérité" ». Sept pages en tout. On ne peut imaginer meilleur traitement. En ouverture du journal, Patrick Buisson fait le récit de la soirée : « Notre témoin, sur le plateau d'Antenne 2, raconte. » Il ne rend pas compte d'un événement politique, il participe à la construction d'un mythe. Mieux, il l'écrit : « 59 minutes de vérités qui dérangent… et une minute de silence qu'on n'est pas près d'oublier ! » L'article répercute, avec les mêmes mots, les messages qu'a souhaité faire passer Jean-Marie Le Pen ; il relate comment le studio de télévision a été transformé en Fort Chabrol et l'assiégé, soumis à un interrogatoire par des « journalistes aux ordres ».

Une stratégie de mobilisation ne fonctionne efficacement que si l'on désigne un ennemi, une stratégie de victimisation n'opère que si l'on dénonce un persécuteur. Lors de « L'heure de vérité », Le Pen a pointé du doigt le « bourgeois de salon » et nommé l'« inquisiteur ». Il s'agit du même homme : Jean-Louis Servan-Schreiber. La mobilisation et la victimisation peuvent jouer à plein puisque le P-DG du groupe *L'Expansion*, issu d'une famille qui a fondé *L'Express* et *Les Échos*, est celui qui a attaqué le plus durement Le Pen sur le racisme et l'antisémitisme. Il est enfermé à dessein dans le rôle du représentant de l'élite et du ministère public pour permettre à Le Pen de se présenter, dans un rapport dialectique, comme le porte-voix du peuple et la figure de la victime. La politique est l'art de s'adresser aux imaginaires et à l'inconscient collectif. Qui soutient-on entre David et Goliath ? Le faible qui s'attaque au puissant. Que dit une victime lors d'un procès ? La vérité.

Variations sur un même thème. Dans les pages de *Minute*, Patrick Buisson réserve à Jean-Louis Servan-Schreiber tout le poison de son encre. Il est, pour lui, un « Torquemada passé à l'after-shave », un « procureur de l'antiracisme frénétique », un fureteur au « débit métallique d'un Fouquier-Tinville qui aurait transité chez IBM », un adversaire haineux « dont l'agressivité, la morgue de grand bourgeois cafard ont fait tant et si bien que le piège qu'il avait cru pouvoir tendre s'est finalement refermé sur lui ». Rebelote dans la publication du texte « intégral » de « L'heure de vérité ». La défense de Le Pen sur l'antisémitisme est reprise en caractères énormes. Tout comme le sous-titre : « JLSS l'inquisiteur a choqué même les anti-Le Pen ! » Le journaliste est croqué par le dessinateur Aramis en Louise d'Épinay, archétype de la dame de salon littéraire. *Minute* et Patrick Buisson recourent également à un procédé encore plus ancien, inspiré par l'école de prédilection de l'extrême droite. Le chapeau avertit : « Nous nous sommes contentés de résumer au maximum les questions pour donner la plus large place aux réponses et de couper les répétitions ou les "tics de langage". » Le passage de l'émission où le patron de *L'Expansion* met en difficulté le chef du Front national est retranscrit ainsi : « Jean-Louis Servan-Schreiber commence alors l'énumération d'une liste de citations qu'il qualifie (*sic*) de racistes ou d'antisémites, et dont aucune n'a pour auteur Jean-Marie Le Pen, ce qui amène ce dernier à protester vigoureusement. » Rien de plus. Bravo ! Bel effort de synthèse. Tout a été sabré. Caviardé, plutôt. Escamoté. Le texte reprend lorsque Le Pen reproche à son interlocuteur de lui mener un procès digne de l'Inquisition. Dans l'opération « razzia chez les cocos », l'extrême droite n'a pas le temps de trier. Elle embarque tout, y compris les méthodes staliniennes. *Minute* n'avait aucune envie de publier la mise en cause de son éditorialiste François Brigneau. Et Patrick Buisson ne tenait pas à ce que les convictions d'Alain Renault soient rappelées, ni à contrarier davantage son ami. Depuis l'émission, le nationaliste-révolutionnaire ne décolère pas : « Ah bon ! Monsieur Le Pen oublie qui est Monsieur Renault ! Il se permet de le condamner à la télévision ! Monsieur Le Pen a la mémoire courte. » Le président du Front national est, en effet, frappé d'amnésie. La mort de François Duprat a été fatale aux nationalistes-révolutionnaires ; la montée du courant solidariste au sein du parti a chassé tous les fidèles de François Duprat. Les « Greu-neu-beu » ont disparu, la FANE et l'équipe de *Militant* sont parties. Jean-Pierre Stirbois a remplacé Alain Renault, qui a démissionné de son poste de secrétaire général en février 1980. Ces hommes ont laissé une partie de leurs idées au Front national ; ils n'ont emporté que leur rancœur. « Stirbois, c'est Stirbaum, en réalité ! Le Pen est manipulé », pensent-ils. C'est dire l'étendue du « complot juif mondial »... Cela arrange le Front national qui demeure un parti hors système, mais en quête d'un minimum de respectabilité. L'attentat de la rue Copernic, le 3 octobre 1980, a achevé de convaincre Jean-Marie Le Pen d'opérer une sélection dans sa mémoire et dans celle de son parti. Il peut secrètement se réjouir d'avoir pratiquement vu tous les affreux quitter le Front national avant la tragédie : l'explosion d'une moto piégée, garée devant la synagogue libérale de cette rue du XVIe arrondissement, qui avait fait quatre morts et des dizaines de blessés. Tous les regards s'étaient alors portés sur l'extrême droite, et notamment la FANE que l'on suspectait d'avoir commandité le premier attentat dirigé contre des Juifs depuis la Seconde Guerre mondiale, après la fausse revendication d'un infiltré dans les rangs du groupuscule. Pourtant, l'extrême droite n'y était pour rien. L'attentat de la rue Copernic, comme celui d'Anvers en octobre 1981, était l'œuvre d'une organisation palestinienne. Pendant des mois, une chasse aux nazillons avait été lancée. À ceux qui abîmaient la mémoire du génocide était administré le châtiment de l'acide : un membre de la FANE et un homonyme malchanceux de Pierre Bousquet avaient été vitriolés. Pour le Front national, c'était le signe qu'il devait publiquement tourner la page la plus sulfureuse de son histoire.

En 1984, rien ne doit contrarier l'ascension de Jean-Marie Le Pen. L'homme du « parler-vrai » porte systématiquement plainte contre tous ceux qui entendent, eux aussi, tenir un langage de vérité à son endroit. Patrick Buisson arrive à raisonner son ami Renault et à l'empêcher de ressortir de vieux dossiers : « Allez Alain, mets-toi au travail. Ne gâche pas tout ! Tu sais que le combat prime sur tout. » Pour leur société Intervalles, il y a des « images d'un Français » à assembler et des textes à collecter. Il y a un ouvrage à préparer : *L'Album Le Pen*.

« Ma petite Christine… »

Les mots sont tendres et délicats. Ils auraient pu être susurrés s'ils n'avaient été écrits. Ils annoncent des excuses qui n'en sont pas, des promesses affectant la sincérité des premières fois. Ces mots n'ont plus d'âge tant ils sont éculés. Ils sont ceux d'un homme qui cherche à regagner la femme qui l'a quitté.

« Je connais ton désespoir, je connais ta détresse. » Alors que nous passons l'été 1983 en fuite, Patrick Buisson reconnaît que ma mère n'avait d'autre issue que de partir. Il le confesse par écrit. Assez parlé d'elle et de ses sentiments. Venons-en aux siens. Il a souffert. Oui, il a souffert à cause de la jolie môme, mais cela n'est rien comparé à la douleur qu'il éprouve depuis notre départ. La séparation remet les choses à leur place. Il avait besoin de cette crise pour comprendre et réagir « dans le bon sens ». Que ma mère se rassure, la jolie môme a, elle aussi, pleinement réalisé la gravité de la situation. D'ailleurs, elle était effondrée et en pleurait. Son comportement ne sera plus jamais le même. Pour preuve de sa bonne foi, elle a manifesté le désir de la rencontrer et de lui redonner l'espérance qu'il a massacrée. Ma mère ne doit pas craindre les conséquences de ses actes. Au contraire. Lui et la jolie môme n'ont jamais été aussi proches ; ils ont enfin pu se parler à cœur ouvert et résoudre le problème qui existait entre eux.

Maman a le souffle coupé. Elle doit trouver de l'air, car la lecture n'est pas terminée.

S'il n'a pas craqué, c'est uniquement pour ne pas avoir à lui reprocher d'avoir perdu la face, comme lors de leur précédente rupture, en 1974, avant leur mariage. Il redécouvre ce qu'il savait depuis longtemps : sans elle, il ne peut plus rien faire. Son départ est la plus belle preuve d'amour qu'elle lui ait jamais donnée. Elle lui est indispensable : « Mais pour nous trois, il importe que tu sois seule à le savoir. » Et puis les événements n'auraient pas pris une telle ampleur si toutes sortes de malchances ne l'avaient enfoncé un peu plus ces derniers mois : sa fatigue nerveuse, l'affaire Lemoine, la défaite de Jean-Claude Gaudin, les difficultés liées à la sortie du *Guide de l'opposition*. Tout n'est pas entièrement de sa faute. Ma mère doit de nouveau croire en un avenir partagé ; la lettre qu'il lui adresse n'a d'autre objectif que de l'y aider. À l'appui de ses dires, Patrick Buisson livre en vrac ses projets : Anne Méaux va le mettre en contact avec Louis Pauwels, le directeur du *Figaro Magazine*, au début de l'été ; il cherchera un nouvel appartement pour nous accueillir, maman et moi ; la jolie môme ne sera plus une source de malheurs, elle désire désormais lui apporter de la force ; il s'occupera de son état de santé ; dès notre retour, il nous emmènera en avion à Marseille pour décompresser.

Bien sûr, ce sera difficile. Il y aura des obstacles à surmonter et des peurs à vaincre, la prévient-il. Afin d'y parvenir, il lui propose d'en discuter, y compris d'une séparation provisoire. Que ma mère sache avant tout et par-dessus tout qu'il nous choisit. Non par résignation, mais parce qu'il tient trop à nous deux pour préférer autre chose. S'il admet qu'ils se sont mal aimés, rien ne les empêche de reprendre une vie commune. Il faudra du temps et de la douceur. Ma mère et lui n'ont rien à se pardonner, ose-t-il. Il leur suffit de tomber dans les bras l'un de l'autre. Et de retrouver ce qu'ils avaient perdu l'habitude de faire : se distraire, rire, « oui rire, ne serait-ce que de temps en temps », s'occuper de moi, des choses simples et de la vie quotidienne. Ma mère doit penser à l'immense joie qu'elle m'offrirait en reconstruisant la famille. Le passé est mort. Il faut l'oublier…

Maman repose la lettre. Patrick Buisson attend une réponse. Rien ne vient.

« Ma chère Christine… »

C'est dans des circonstances bien pénibles que le prêtre bénédictin de l'abbaye Sainte-Anne de Kergonan entreprend d'écrire à ma mère. L'initiative, assure-t-il, est sienne. Il ne pouvait demeurer indifférent au drame qu'elle vit. Avec toute l'amitié qu'il lui porte, ses intentions ne sont que bienveillantes. Pourtant, c'est en tant qu'« interprète de la pensée de Dieu et de l'Église », qu'il tient à s'adresser à elle en ce moment douloureux. Il a béni son union avec Patrick Buisson, il ne la laissera pas se défaire aussi facilement.

Elle a quitté son mari, soit ! Elle se sentait à bout de force et ressentait le besoin de s'éloigner du compagnon dont la présence la faisait momentanément souffrir, c'est entendu. Mais enfin, puisque chrétienne et instruite des conditions de la vie congugale inaugurée par un sacrement, comment a-t-elle pu engager, sans même attendre de reprendre ses esprits, une procédure judiciaire qui pourrait l'acculer au divorce ? Comment a-t-elle pu demander de manière unilatérale la séparation de corps ? Pour faute, qui plus est, en présentant des reproches monstrueux contre son époux et en le traitant en criminel. Si l'Église admet la séparation de corps, cela doit se faire sous sa juridiction, l'officialité diocésaine, et dans un climat d'accord mutuel. Il lui rappelle que saint Paul reprochait sévèrement aux Corinthiens d'oser se tourner vers les tribunaux, d'aller en justice frère contre frère devant des juges qui, comme tels, n'étaient pas chrétiens. Ma mère a-t-elle bien conscience de l'indissolubilité de son union ou accepte-t-elle d'en arriver au divorce ? s'interroge-t-il. À toutes fins utiles, le prêtre, profondément attaché à la messe de Saint Pie V, lui remet en tête le Canon 5 du concile de Trente, XXIVe session : « Si quelqu'un dit que l'hérésie, une vie en commun pénible ou l'éloignement volontaire d'un conjoint permettent de rompre le lien du mariage, qu'il soit anathème », c'est-à-dire rejeté hors de la voie du salut.

Loin de lui l'idée que cela concerne « sa pauvre Christine », même si ma mère doit peser les conséquences des actes graves qu'elle a posés. La sauvegarde de sa vie chrétienne, son bien tout comme mon bien supérieur lui commandent de se désister au plus vite de sa demande et d'opter pour le moindre mal, c'est-à-dire une requête conjointe en séparation de corps. Prenant la robe de l'avocat ou conservant l'aube du prêtre – on ne sait plus très bien –, il lui conseille cette procédure qui évite aux époux de formuler des griefs l'un contre l'autre et n'autorise plus qu'un divorce par consentement mutuel… Il lui enjoint de supporter les torts subis, qui sont autant de croix à porter à la suite du Christ et que l'on ne pourra déposer qu'à l'entrée du Paradis. Ma mère souffre, il n'en doute pas. Mais sa peine ne peut lui faire perdre le sens de la réalité chrétienne. En aucun cas elle ne peut se réclamer de convictions religieuses et maintenir une action judiciaire conduisant au divorce.

Et puis, il y a moi, son fils ! Est-ce servir mon intérêt que de me couper brusquement et totalement de Patrick Buisson pendant plus de deux mois ? Tout l'été, celui-ci a épuisé les initiatives, les ouvertures et les gages de bonne volonté pour que je ne sois pas écartelé. Il a été contraint de recourir à la justice et de porter plainte. Ma mère ne sait-elle pas que me retenir à l'encontre d'une décision judiciaire la rend passible de poursuites et d'une peine d'emprisonnement ? N'est-ce pas très grave ? Et que dire de sa requête déniant au père le droit d'hébergement et ne lui accordant qu'un simple droit de visite deux fois par mois en présence d'un tiers ? Il s'agit là d'une demande exorbitante du droit commun, dégradante et vexatoire. Une folle démarche, objectivement. Le prêtre remonte en chaire, une dernière fois, pour sermonner la brebis égarée. Elle n'a absolument pas le droit de m'accaparer au mépris de la justice naturelle. Sa requête est « un vol ». C'est à mes deux parents que Dieu m'a confié. Ils sont « les usufruitiers de ce don de Dieu et les lieutenants du Seigneur » pour faire de moi « un citoyen du ciel ». Croit-elle juste de me communiquer ressentiment et hostilité au point que je déclare ne pas vouloir voir Patrick Buisson ? N'a-t-il pas été un père aimant, attentif et constamment préoccupé de mon développement naturel et surnaturel ? À la lumière de ces réflexions, il prie « sa chère Christine » de se ressaisir, pour la paix de son cœur, pour moi et au nom de sa foi même. Il ne reste que quelques jours avant l'échéance du 5 septembre. Comment peut-elle concevoir de se retrouver devant un juge sans avoir tenté de rétablir le dialogue ? Il faut qu'elle rencontre son mari avant la conciliation. Tout peut encore se passer honnêtement et chrétiennement.

Que ma mère sache qu'il lui écrit avec sa photo devant les yeux, ne cessant de prier pour elle. Hors l'éclairage spirituel reçu de Dieu dans la prière, tout n'est que vain bavardage. Qu'elle ne soit pas « la proie du Menteur », qui ne l'abuserait qu'un temps et ne lui ouvrirait les yeux qu'une fois l'irréparable accompli. Elle ne doit pas écouter toutes les voix, mais éprouver les esprits. Sans quoi, quel drame pour le reste de son existence ! Le point de vue du prêtre rejoint les conseils de l'ami. Que n'est-elle d'abord venue le voir à Kergonan ! Dieu seul désormais doit l'influencer et l'amener à reprendre contact avec son époux, afin de retrouver sa dignité. Il la bénit, il me bénit. Et prie intensément pour nous trois. Le 5 septembre, il célébrera la messe à notre intention, suppliant l'Esprit Saint de nous donner lumière, force et amour.

« Christine... »

Patrick Buisson vient d'apprendre du prêtre bénédictin qu'elle est décidée à se rendre à Kergonan. Il s'en réjouit. Ne reconnaissant aucune valeur au contrat civil et à la juridiction qui lui est liée, il a toujours voulu que le débat soit porté au seul plan qui lui importe. Leur mariage a été contracté devant l'Église, en pleine connaissance de leurs faiblesses et de leurs limites respectives. C'est donc au prêtre qui a consacré leur union qu'ils doivent s'abandonner.

Patrick Buisson avertit sa femme que cette démarche revêt un caractère d'une extrême gravité. Il ne s'agit pas là d'un conseil ou d'un avis parmi d'autres, mais du jugement d'un prêtre, « interprète de la pensée de Dieu et de l'Église ». Après les avoir entendus et avoir posé toutes les questions qu'il jugera nécessaires, le père leur fera part du point de vue de l'Église. Il leur indiquera ensuite dans un document ce qui constitue mon bien naturel et surnaturel, ainsi que la voie qu'il nous aura indiquée au nom du Christ. Ce document sera rédigé à mon intention et déposé chez un notaire, afin que je sois le seul à en prendre connaissance, le jour de ma majorité. Personne d'autre ne pourra le consulter ni le divulguer auprès de qui que ce soit.

Comme il espère que son épouse le fera, Patrick Buisson s'en remet au jugement de notre Sainte Mère l'Église.

Des lettres au courrier, des missives glissées sous la porte ou portées par des intermédiaires, il y en a eu des dizaines lorsqu'elle est partie. Il y en a des dizaines parce qu'elle ne revient pas. Des suppliantes, des culpabilisantes, puis des grondantes et des menaçantes. Des sincères, des désespérées, puis des dictées et des falsifiées. Patrick Buisson en a appelé aux sentiments et à la morale ; il a saisi l'ordre judiciaire et fait donner l'autorité religieuse. Maman a résisté. Dorénavant, nous passons des semaines paisibles à Versailles. Les mercredis chez ma tante à Buc, tout à côté ; des week-ends chez mes grands-parents au Perreux-sur-Marne ; des rencontres secrètes avec ma chère Mamie.

Avec lui, ce sont d'abord des retrouvailles. Ce n'est que cela, les premiers mois. Nous devons rattraper le temps perdu, je dois oublier certaines scènes. Il a tant à se faire pardonner. Nous partons à Nice et Monaco, mon premier voyage en avion ; nous nous rendons à La Trinité voir ce gros monsieur blond qui n'arrête pas de parler, de rire et de chanter ; et nous nous envolons vers Londres. Pour aimer une ville, il m'apprend qu'il faut commencer par lire et en rêver. J'ai déjà des images plein la tête ; il me montre qu'il existe un moyen de les faire coller à la réalité. Nous remontons les rues de Londres sur les traces de *La Marque jaune*, comme l'on suit un jeu de pistes. Blake et Mortimer ? Non, un père et son fils enquêtant sur un tableau dérobé à la

National Gallery, un enlèvement au détour de Coptic Street ou le vol de la couronne royale dans la Tour de Londres. Nous sortons d'un *black cab* pour monter dans un bus à impériale. « C'est où Whitechapel ? Et le 221B Baker Street ? Dis, tu penses qu'il est assez fort Sherlock Holmes pour arrêter l'Éventreur ? » Tout se mélange. Les histoires, les ambiances. La lumière qui ne se lève pas, la brume qui tombe sur la ville. Big Ben sonnant dans la nuit. Londres est le plus bel endroit sur terre pour s'amuser à se faire peur.

J'ai sept ans et une illumination : Hamleys. « Le plus vieux et le plus grand magasin de jouets au monde », me prévient-il. L'exposé historique ne me marque pas. Sur la partie superficie, en revanche, je suis tout de suite très attentif. Sept niveaux d'émerveillement. Sept ciels. Sept paradis. Des joujoux à remplir des listes au Père Noël pour toute une vie. J'ai les yeux prêts à sortir de la tête. Pourtant, le bonheur, je pensais l'avoir très précisément situé : à l'angle de l'avenue des Ternes et de l'avenue Niel, à Paris. Au dernier étage des Magasins réunis. Je m'étais trompé. Je change mes plans. Moi, le fils unique, l'enfant un peu solitaire et taciturne, je sais où planter ma tente. Je ne bouge plus. Si on me cherche, je suis dans les allées d'Hamleys. Quelque part entre les livres et les jouets.

Mais il faut rentrer. Après les voyages, il y a les dimanches soir. Les enfants de couples unis ne peuvent connaître ces moments. Ils ont le cafard du week-end qui finit et d'une nouvelle semaine qui s'annonce. Ils n'ont pas à dire bonjour et au revoir à leurs parents dans le même mouvement ; ils ne quittent pas des bras pour en retrouver d'autres ; ils ne doivent pas embrasser des joues avec des sentiments différents.

« T'es triste de quitter Papa ? »

— T'es content de retrouver Maman ? »

En cet instant, ne posez jamais ces questions. Ne laissez pas la joie et la peine se disputer le visage d'un enfant. J'en ai connu des dimanches. Ceux-là n'étaient que déchirement.

« Jojo, va au balcon. Crie à ta mère que tu veux rester. Dis : "Je veux rester avec Papa !"

— Je veux rester avec Papa ! »

Maman me regarde, elle m'attend en bas.

« Mon Georges, descends et monte dans la voiture. »

Je descends, et monte dans la voiture.

Maman ne conduit pas. Elle est accompagnée de sa plus jeune sœur et de son mari. Ils habitent, eux aussi, le XVIIe arrondissement, et nous ramènent à Versailles. Maman ne souhaite plus être seule face à Patrick Buisson. Lui ne supporte pas qu'on lui fasse écran. Certains dimanches ne sont qu'affrontement.

Un soir, je le vois courser mon oncle dans la rue, un autre, éructant, un poing américain à la main. « Je ne veux plus qu'ils viennent, tu n'as qu'à prendre les transports en commun », menace-t-il ma mère. Pour se faire comprendre, Patrick Buisson recrute deux colosses. Le genre taiseux. Non par choix, plutôt le fruit de la nécessité. Ils ne sont pas là pour argumenter, mais pour escorter.

Mon oncle reçoit, peu de temps après, un coup de téléphone anonyme. Il s'appelle Éric, il est médecin. Jusque-là, tout va bien. Il a des origines marocaines et, pour quelques-uns, c'est un problème : « Tu finiras comme l'Arabe dans le train ! » Comme ce jeune touriste algérien, défenestré du train Bordeaux-Vintimille, le 14 novembre 1983, par trois racistes se rendant au centre de recrutement de la Légion étrangère.

J'ai sept ans et me mets à poser des questions. Des deux côtés, j'entends la même rengaine : « Ce n'est rien, Georges. Ce sont des histoires de grands. »

Les escapades ont pris fin. Il ne passe plus son temps qu'à travailler. Porte de Champerret, nous montons dans le bus 92, qui se dirige vers la place de l'Étoile avant de descendre l'avenue Marceau. Nous nous arrêtons à proximité du numéro 49. Arrêt Bassano. De loin, on ne distingue pas l'immeuble élégant de six étages. Seule apparaît l'immense enseigne blanche dégueulant les six caractères rouges composant le mot *Minute*. À l'intérieur du bâtiment, ça sent la cigarette, l'alcool et les messieurs qui parlent fort. J'attends. Je lis mes illustrés, car les magazines qui traînent dans les couloirs ne sont pas pour les enfants. Quand l'ennui devient trop pesant, quelqu'un se dévoue pour m'emmener boire une limonade au café d'à côté. J'attends. Un dimanche, l'ennui me gagne sans que j'aie besoin de me déplacer jusqu'à Paris. François Mitterrand veut tenir l'une des 110 promesses qu'il a faites à la France en créant un « service public unifié et laïc de l'Éducation nationale ». Les opposants manifestent pour défendre l'« École libre », principalement l'enseignement privé catholique. De grands rassemblements ont déjà eu lieu en province pour que le projet de loi, porté par le ministre Alain Savary, soit retiré. À Versailles, le 4 mars 1984, près de 800 000 personnes engagent le bras de fer avec le gouvernement. Des haut-parleurs diffusent en boucle le « Chœur des esclaves » de *Nabucco*, l'opéra de Verdi, interprété par Nana Mouskouri : « Quand tu chantes, je chante avec toi, liberté... » L'animateur Pierre Bellemare est à la tribune, dressée devant le château de Versailles, pour distribuer la parole aux présidents d'associations de parents d'élèves et aux évêques. On l'aura compris, le « peuple de droite », qui répugne ordinairement à descendre dans la rue, n'est pas content. Les responsables de l'opposition sont cantonnés au cortège, maintenus à l'écart du podium ; ils n'ont pas le droit de s'adresser à la foule. Ils le vivent douloureusement et se rattrapent en parlant aux journalistes.

Patrick Buisson m'a traîné là. Dimanche perdu. Je passe un marché avec lui : « Je suis sage, mais tu me prêtes ton badge et ton brassard. » J'accroche le macaron sur mon cœur, et noue la lanière en cuir de couleur camel, barrée de l'inscription « Presse », autour de mon bras gauche. Nous remontons l'avenue de Paris dans un courant à forme humaine. Je vois des pieds, et je vois des mains qui épinglent des insignes sur mon loden. Stop. « Attends-moi un instant. » Il doit discuter avec des hommes ceints d'une écharpe tricolore. C'est presque terminé. Nous devons simplement nous acquitter d'une ultime corvée : un passage par la salle de presse. Je souris, car je peux exhiber fièrement mes sauf-conduits : « Allez-y ! Vous pouvez entrer. » Dans la grande salle, je me positionne près du buffet. J'attends. Soudain, la nuée. On fond sur moi et on m'encercle. Un doux visage se penche sur moi. L'homme me salue gentiment, je lui réponds. Il m'interroge, puis me laisse. Il part aussi rapidement qu'il est venu. Dans sa suite, j'entends des ricanements. Je peux enfin rentrer chez Maman.

Patrick Buisson me fait goûter le sel de ses journées et entr'apercevoir un univers dont j'étais ignorant. Un monde en trois dimensions où se croisent des journalistes, des politiques et des hommes accoudés au comptoir des cafés. Dans mon esprit, un rapprochement finira par s'opérer. Celui d'un ballet de personnages, péremptoires et faciles, qui cherchent la lumière en discourant sur des sujets dont ils n'ont pas la moindre idée. Sur le moment, on est charmé. « Cela se tient », se met-on à penser. Avant de comprendre. Et de se dire que tout cela n'a rien de sensé.

La semaine suivante, il me passe un coup de téléphone, et

lance d'une voix guillerette : « Retrouve-moi au journal. J'ai une surprise pour toi ! » Lorsque je pénètre dans son bureau, il me tend un numéro déplié de *Minute*, daté du 10 mars.

« Lis !

— "Patrick Buisson a recueilli les réactions..."

— Non pas ça. La colonne à côté.

— "Passant par la salle de presse avant de se rendre à la tribune, Mgr Lustiger a évité les journalistes, auxquels il ne voulait pas répondre avant les discours. Une anecdote amusante a trouvé place à ce moment-là : pour trouver un dérivatif, le cardinal s'est précipité sur un petit garçon couvert de badges des pieds à la tête et portant sur la poitrine le macaron Presse. Le hasard a voulu que ce soit le fils de notre collaborateur Patrick Buisson :

— Bonjour, mon petit, tu es journaliste ?

— Oui, m'sieur !

— À quel journal ?

— À *Minute* !

Tête de Monseigneur."

— Ça te fait plaisir ? » m'interroge-t-il.

Je ne réponds pas. Ma lèvre inférieure mange celle du dessus. Mes yeux se font tout ronds. Ma figure compose l'expression de l'enfant qui s'attendait à un vrai cadeau, quelque chose de valable comme le cornet-surprise vendu 10 francs dans les boulangeries. Maman m'avait déjà montré le journal. Je n'avais pas compris la première fois, je ne comprends pas davantage la seconde.

Je le regarde. Pourquoi se met-il à rire ? Mais surtout, pourquoi faisait-il la tête, Monseigneur ?

Il ne respecte aucune des mesures de l'ordonnance de non-conciliation, ne suit que son bon plaisir et régente tout. Je l'accompagne, un soir, au siège de l'association SOS Papa. Je ne retiens pas ce qui se dit, je ne suis pas concerné : cela ne s'appelle pas SOS Enfant. Après cette visite, il demande au tribunal la modification de son droit d'hébergement, jusque-là cantonné à deux week-ends par mois et à la moitié des vacances scolaires. Son inquiétude est grande. « Stable et extraverti », j'aurais plongé, selon lui, dans un « état dépressif et neurasthénique » à cause de ma mère. Il dresse un tableau noir de ma vie avec elle. Maman m'aurait laissé livré à moi-même ou m'avait abandonné chez sa sœur. Plus grave encore, elle n'aurait fait qu'entretenir le traumatisme né de la séparation, en tenant devant moi des propos « hostiles et injurieux » à son encontre. Patrick Buisson décrète qu'il est urgent que je passe plus de temps en sa compagnie, afin de rétablir mon équilibre psychologique et affectif. Il invoque le besoin impérieux de pouvoir « contrôler effectivement » mon éducation, en obtenant ma garde les mercredis, les week-ends, et un droit de visite à l'heure du déjeuner. En fait, il ne désire qu'une seule chose. Après avoir circonvenu un prêtre, il entend se servir de moi et de l'autorité judiciaire pour faire pression sur ma mère, lui montrer sa détermination et la violence du conflit à venir si elle ne renonce pas à la séparation de corps pour faute, ou demande le divorce. Maman reçoit parfaitement l'avertissement : elle capitule. Toutes les procédures sont abandonnées. Mais les discussions entre avocats qui leur succèdent n'aboutissent pas davantage. Avec la fausse magnanimité du vainqueur, il cesse de menacer et adoucit le ton. Il change seulement de tactique pour parvenir à ses fins. Au début du printemps 1984, il propose à ma mère de lui laisser l'appartement parisien ; elle n'aura plus à effectuer de longs trajets pour aller travailler et je pourrai retrouver mes copains. Il lui demande, en échange, de se satisfaire d'une séparation de fait. L'autorité parentale sera partagée et l'organisation de ma garde restera inchangée, lui assure-t-il.

Maman dépose un cierge. Après réflexion, elle en met plusieurs. Puis, elle récite le chapelet. Aller-retour. Ça a marché pour Bernadette avec la Sainte Vierge. Je le sais puisqu'elle m'a emmené à Lourdes, pour les vacances de Pâques. Nous sommes hébergés par une communauté de religieuses polonaises qui parlent mal le français. Ici, personne ne peut admonester la « pauvre Christine », ni l'effrayer avec son salut. Devant la grotte de Massabielle, où nous nous rendons chaque jour, je la vois se perdre dans ses pensées. Prie-t-elle pour une mort ou une résurrection ? En mai 1984, nous revenons vivre rue de Courcelles, dans le XVIIe ; je finis l'année dans mon ancienne école de Saint-François-de-Sales. Patrick Buisson déménage pour louer un deux-pièces en rez-de-jardin. Dans la même rue. À quatre cents mètres de nous.

Maman se fait toujours flouer. Par lui, par la vie. Elle ne dit rien. N'ose pas. S'efface. Se sacrifie. Aussi loin que remontent mes souvenirs, je l'ai constamment vue aider ses prochains et rendre service. Tous ceux qui ont croisé son chemin ne pourront jamais dire qu'elle a manqué à ses engagements. Les personnes complaisantes peuvent la dire trop gentille, les autres, la juger fragile et sans volonté. Car les deux joues, elle les a toujours tendues. Il existe ici-bas des hommes et des femmes qui savent repérer instantanément les plus faibles pour les exploiter. Il faut l'écrire et les dénoncer tout haut. Inlassablement.

« Je suis la bête immonde qui monte, qui monte, qui monte… » Quand il est content de lui, Le Pen ne peut s'empêcher de provoquer. Aux européennes de 1984, sa liste a obtenu près de 11 % des suffrages ; dix députés sont partis siéger au Parlement de Strasbourg. Il s'en est fallu de peu que le « Front d'opposition nationale pour l'Europe des patries » devance la liste présentée par le Parti communiste ; il a, en tout cas, réalisé d'excellents scores dans les bastions rouges et les villes les plus touchées par le chômage. 50 000 voix séparent le camp de Jean-Marie Le Pen de celui de Georges Marchais. Il n'y a pas d'un côté un parti qui explose, et de l'autre un parti qui s'effondre. Ce ne sont pas deux ascenseurs qui se croisent, mais deux vases communicants. Réceptacles à colère, calices de misère. Le processus de substitution est engagé.

Patrick Buisson continue d'écrire l'épopée du président du Front national. Après le livre *L'Album Le Pen*, voici le documentaire audiovisuel *Le Pen sur le Front*. Après les « images d'un Français », le mouvement et le son. Il est à la réalisation avec son ami Serge de Beketch ; il a également embarqué la jolie môme et lui a confié des tâches qu'il juge à sa mesure : celles d'un faire-valoir. Pour dresser ce portrait animé, Patrick Buisson a élaboré un condensé. Le documentaire s'ouvre sur un esquif manœuvrant sur la mer. À la barre du bateau se tient un capitaine, casquette de marin-pêcheur sur la tête et ciré jaune sur le dos. Il résiste aux assauts du vent. L'homme est armé pour le gros temps et chante une vieille chanson française, un de ces airs que l'on croyait perdus. Jean-Marie Le Pen n'aime rien tant que joindre la geste à la parole. Le décor est planté, l'allégorie incarnée : « Indigène français de race bretonne », dit le commentaire.

Dans sa longère de La Trinité-sur-Mer, Jean-Marie philosophe maintenant sur son canapé vert. Et donne dans la parenthèse historique. L'Europe, petit ? C'est Marathon, Salamine et Poitiers. Voyez à quoi il se réfère ! Comprenez l'allusion ? Aujourd'hui, c'est un continent qui a reculé de mille ans, résigné à ne pas être le monde. Comment ? Pardon ? Il en fait trop ? Allons, en survêtement ! Jogging sur les plages trinitaines. « *Mens sana in corpore sano* », explique-t-il sérieusement. D'un autre temps il est, le garçon. Celui du dictionnaire des parents. Les pages roses, il les sait par cœur. La locution latine, il l'assène quand personne ne s'y attend. En garde, Freddy ! Freddy, c'est Robert Moreau, alias le « Bourreau de Béthune », l'ancien roi du catch, le masque rouge et noir qui faisait gronder la salle Wagram. Reconverti dans la garde du corps du buffet breton, improvisé sparring-partner. Place au combat de boxe simulé sur la grève. Crochet du droit, jab du gauche. Attention à la mouette !

Et voilà la séquence émotion : Le Pen prend la pose devant le monument aux morts. Il désigne son nom et le prénom de son père gravés dans la pierre. Jean-Marie est « pupille de la Nation ». « La patrie, c'est charnel », il l'a dans le sang. Le réalisateur doit penser qu'à ce moment-là du film ça manque encore de symboles. Il conduit son acteur visiter les alignements de mégalithes en pays d'Auray ; il oublie simplement de l'emmener à la basilique Sainte-Anne pour demander le Pardon.

En toute conclusion, il faut revenir aux sources. La dernière scène du documentaire se déroule à la maison. Dans le jardin, le cantonnier Le Pen, à qui il ne manque que les gros sabots, balaie les feuilles mortes. Et c'est dans le salon qu'est délivrée la sentence finale. La grande méditation à l'usage des mal-pensants.

« Je déteste le piétinement des vaincus », proclame-t-il. Sa compassion va à ceux que l'histoire écrase. Et à des victimes bien choisies. Au traître antisémite, Robert Brasillach, qui attendait son exécution pendant l'hiver 1945. Au condamné qui composait, dans sa cellule, son testament : les *Poèmes de Fresnes*. Pour la Serp, Le Pen les avait fait lire par l'acteur Pierre Fresnay, l'oncle de Roland Laudenbach. Ce disque, sorti en 1964, est sa plus grande fierté d'éditeur. Il a commencé le film par une chanson, il le finit par un poème, toujours le même : *L'Enfant Honneur*.

L'histoire du Front national a été écrite dans les années soixante-dix ; Jean-Marie Le Pen l'a récitée lors de « L'heure de vérité » du 13 février 1984 ; les didascalies ont été consignées dans *Le Pen sur le Front*, en 1985. Il ne manque plus qu'un événement. L'intervention du *Deus ex machina*. Après, tout ne sera que répétition. Un homme et une histoire ne font plus que cela, à partir d'un certain âge. Ils ressassent, radotent. Jusqu'au dernier hoquet. Grincent alors les roues de la charrette, approche du rivage la barque du Serviteur. Quand l'Ankou fixe sur vous son indicible noirceur, il ne reste que l'éternité pour dire : « Oui, je regrette. »

Jean-Marie Le Pen n'est pas seul dans son ascension. Il n'est que le premier de cordée. Derrière, il y a un parti, une idéologie, des méthodes… et Patrick Buisson. À compter de l'année 1984, le journaliste-politique-homme d'affaires se déploie sur tous les fronts, creuse tous les sillons, sème et engrange les moissons. Son activité vire à la frénésie. Il romance et révise tous azimuts.

Patrick Buisson fait de la métapolitique. Il se paie d'abord le luxe de reprendre la thèse de son mémoire de maîtrise, dans un album intitulé *OAS, Histoire de la Résistance française en Algérie*, édité par une association de rapatriés d'Algérie, Jeune Pied-Noir : des photographies inédites, une légende en guise d'histoire et une anthologie de textes. La préface est signée Pierre Sergent, le reste a été confié à Pascal Gauchon. L'ancien secrétaire général du Parti des forces nouvelles, normalien et agrégé d'histoire, a quitté la politique pour se consacrer à sa carrière universitaire ; il s'accorde de temps à autre quelques facéties. Lui et le camarade Buisson sont d'accord. Inutile d'aborder le fait colonial, il faut combattre l'esprit de repentance. Selon eux, l'OAS était l'ultime acte de résistance à l'avènement de la société marchande, la dernière aventure subversive à porter l'étendard du courage, du désintéressement et de l'esprit de sacrifice. La lutte pour l'Algérie française : « la première en date des contestations globales du contenu affectif et humain de la société technico-industrielle » ; « le profond malaise d'un certain type d'homme face à une civilisation de masse fondée non sur l'initiation, mais sur l'imitation et dans laquelle le sang des soldats, les solidarités essentielles, les serments d'homme à homme, n'ont guère plus de place que la notion désormais caduque de communauté nationale ». Soit les mêmes mots que Patrick Buisson employait dans le premier numéro d'*Item*, consacré à la droite.

Patrick Buisson n'oublie pas l'Histoire en marche. Il dépêche plusieurs équipes de journalistes et de cameramen pour conserver, dans un documentaire, la mémoire de la manifestation du dimanche 24 juin 1984, qui réunit près de deux millions de personnes à Paris contre le projet de loi Savary, fait plier François Mitterrand et entraîne la chute du gouvernement Mauroy. *L'École libre est dans la rue*, ou cinquante-deux minutes de lyrisme échevelé. Le panégyrique débute, gare de Lyon, avec l'arrivée par wagons entiers des manifestants, accueillis notamment par Jean-Claude Gaudin. Il se poursuit avec le récit de l'interminable défilé des quatre cortèges d'hommes, de femmes, d'enfants, de responsables d'établissements privés, d'associations et de partis de droite qui convergent vers la place de la Bastille pour le plus grand rassemblement organisé en France depuis le 30 mai 1968 : « Voici la France des villages, des régions et des racines qu'une loi archaïque voudrait replonger un siècle en arrière ! » La caméra se faufile, fixe les noms des écoles floqués sur les calicots en une « litanie des saints et des héros des pages de l'histoire de France », s'attarde sur une pancarte accrochée au cou d'une jeune femme : « L'enfant que j'attends n'appartient pas à l'État. » La marche de protestation est dépeinte comme une « véritable lame de fond culturel ». « Elle dit vrai la banderole qui, quelque part dans ce flot, proclame fièrement "Je suis le peuple", tant il est impossible de voir dans la multitude qui processionne, en ce dimanche de Fête-Dieu, autre chose qu'un impressionnant phénomène de société. » C'est un raz-de-marée et une lucrative opération commerciale pour Intervalles, la société du documentariste : 50 000 cassettes VHS seront vendues.

Patrick Buisson fait de la politique. L'union des droites était un pis-aller, elle devient un impératif. « La politique, ce sont des idées », professait Albert Thibaudet dans *Les Idées politiques de la France*. Le journaliste estime que la montée du Front national constitue, après le boulangisme, les ligues nationalistes et le trou noir de Vichy, une opportunité historique pour enrayer le « mouvement sinistrogyre », théorisé par le fondateur de l'histoire des idées politiques. Patrick Buisson veut en finir avec le « sinistrisme immanent », le glissement continu du centre de gravité politique vers la gauche par le surgissement successif de tendances de plus en plus dures : républicaine, radicale, socialiste, communiste et enfin gauchiste. C'est cette poussée qui explique le positionnement à droite de courants nés à gauche, comme ceux des orléanistes et des bonapartistes. Pour Patrick Buisson, le temps du « dextrisme », de la droitisation est arrivé. Le parti de Jean-Marie Le Pen permet à la « vraie droite » de réoccuper son espace politique, de chasser les idées et les valeurs de la gauche qui auraient infiltré son bord de l'échiquier. Les partis de la droite classique se retrouvent pris en étau, écrasé par deux forces contraires. Contraints de regarder vers leur gauche, c'est-à-dire le centre, ou de se tourner vers leur droite, donc à l'extrême droite. Sommés de choisir entre le compromis et la compromission. Patrick Buisson n'a pas dit autre chose dans son analyse publiée dans le numéro de *Minute* du 17 décembre 1983. Il a omis, en revanche, de préciser sa propre implication, pour confronter la droite à ce dilemme et l'obliger à pencher définitivement d'un côté. Si la métapolitique sert à infuser les idées dans la société, la politique doit servir à les diffuser grâce aux partis. Pour que les formations de l'opposition se droitisent, il faut exercer sur ceux-ci une pression constante, de l'extérieur et de l'intérieur.

La mise sur orbite du Front national oblige la droite, bien qu'elle s'en défende, à lorgner sur les thèmes de son concurrent. Le Pen ne se revendique plus du poujadisme, mais s'affiche sans complexe comme « le Ronald Reagan français ». Sur le terrain économique, sa crédibilité est celle d'un acteur de série B, alors que sur l'immigration et l'insécurité, il possède un avantage concurrentiel qui influencera durablement la droite et légitimera son parti, comme l'avait prédit François Duprat. Engagée dans la reconquête du pouvoir, la droite ne peut faire autrement que de s'intéresser sinon à ce parti, du moins à ses électeurs.

Il s'agit ensuite d'opérer de l'intérieur en militant pour une « union de toutes les droites ». Tous les relais de l'opposition sensibles à cette idée sont mis à contribution. L'objectif est d'incorporer le Front national dans un front électoral : le principe du « compromis nationaliste » étendu à toute la droite. Face à la gauche unie, il faut faire face. Faire Front. Depuis les années trente, la logique est invariable. Les hommes de la marge n'envisagent la politique que bloc contre bloc, car ils ne pensent la politique que dans une logique belliqueuse. Par essence, un front doit combattre un autre front. « *Polemos* [la guerre, le conflit] est le père de toutes choses, de toutes le roi », énonce le Fragment 53 d'Héraclite. Lorsqu'il avait eu l'idée de réactiver cette politique de Front national, Duprat savait qu'un compromis se règle, *in fine*, au bénéfice du plus fort, qui n'est pas nécessairement le représentant du nombre, mais le plus déterminé sur le plan militant et le mieux armé sur le plan idéologique.

Toute la stratégie de cette droite est un décalque des manœuvres d'encerclement et d'enveloppement élaborées par les Prussiens Clausewitz et Moltke, revues et corrigées par les bolcheviks du IIIe Congrès de l'Internationale communiste, puis par Gramsci. C'est une libre adaptation du front unique de Lénine et Trotski ainsi que de son élargissement naturel : la conquête de l'hégémonie culturelle. Marcher séparément, frapper ensemble.

Portes fermées et chuchotements. Des conciliabules se tiennent en vue des cantonales de mars 1985. Une expérimentation est menée dans le sud-est de la France où le Front national a enregistré ses meilleurs scores lors des européennes : à Marseille, la liste de Jean-Marie Le Pen a dépassé, avec plus de 20 % des voix, la liste du Parti socialiste conduite par Lionel Jospin. Avant le premier tour, Patrick Buisson passe beaucoup de temps dans la cité phocéenne. Dans *Minute*, il confie n'y avoir « rencontré que des lepénistes ». Il est persuadé que les candidats du Front national dans les Bouches-du-Rhône « vont faire un malheur » ; il s'en assure en soutenant les négociations avec les fédérations de droite du département pour le second tour. Les états-majors parisiens laissent faire. À l'UDF, le parcours de certains cadres incite à l'indulgence, tandis qu'au RPR s'active un homme qui pense encore que l'on peut jouer avec le feu sans se brûler. Dans le sillage du président du groupe gaulliste au Sénat, Charles Pasqua, traîne un nombre croissant d'anciens d'Occident, d'Ordre nouveau et du Parti des forces nouvelles, menés par Alain Robert. Ils viennent des filières de recyclage ou ont été enrôlés par le tandem constitué par le fils Pierre Pasqua et Joël Gali-Papa. À cette époque, le sénateur en est déjà au stade terminal du mal guettant tout homme politique : le syndrome dit du « gros malin ». Il veut établir des passerelles avec l'extrême droite ; des ententes « au cas par cas » sur le modèle de Dreux sont envisagées. Le Front national, qui cherche à préparer le terrain et les esprits, approuve. « L'union à la base toujours, l'union à la base et au sommet, quelquefois, l'union au sommet seul, jamais », disaient les communistes, avant guerre, de leurs rapports avec les sociaux-démocrates.

Depuis 1984, Charles Pasqua rencontre secrètement Jean-Marie Le Pen. L'idée d'une alliance nationale n'est pas une galéjade. Leurs entourages respectifs songent à appeler publiquement à un rapprochement entre le FN et le RPR, alors que les discussions sur des accords pour les cantonales en Provence et à Neuilly-sur-Seine, où Marie-Caroline Le Pen doit se présenter contre un certain Nicolas Sarkozy, sont déjà bien avancées. En apparence, il y a une convergence de points de vue entre les deux hommes : un Front national installé et une droite musclée pour reconquérir le pouvoir. Pourtant, les finalités cachées diffèrent radicalement. Le Front national souhaite prendre en otage la droite pour la soumettre ; Charles Pasqua espère réduire le parti de Le Pen en reprenant ses électeurs, comme l'avait fait François Mitterrand avec les communistes, en réalisant l'union de la gauche. C'est la « stratégie Pasqua », première version.

Les résultats des cantonales confirment ce que tout le monde savait depuis les européennes. Le rapport de force s'est renversé, il devient écrasant en faveur de la droite. Le Front national recueille près de 9 % des voix et plus de 20 % dans le Sud-Est. Même si le département des Bouches-du-Rhône ne bascule pas, le parti de Le Pen remporte son premier canton à Marseille-Notre-Dame-du-Mont où Jean Roussel a fait campagne sur le thème : « La Canebière aux Marseillais ! » La situation politique convainc François Mitterrand de la nécessité de tenir une autre de ses 110 promesses de campagne. Le président avait publiquement fait part de ses hésitations à plusieurs reprises, mais, à moins d'un an des élections législatives de 1986, il se dit qu'il est temps de modifier le mode de scrutin. Le président demande au Parlement le rétablissement de la proportionnelle et l'augmentation du nombre de députés pour contenir la vague bleue qui menace. La manœuvre digne d'un politicien de la IVe République ne fait pas l'unanimité à gauche puisqu'elle entraîne la démission de Michel Rocard du gouvernement de Laurent Fabius. Et elle fait logiquement hurler la droite qui se retrouve accculée dans un face-à-face avec le Front national. Au même moment, l'association SOS-Racisme, lancée à l'automne 1984 par des anciens trotskistes, se charge de rappeler les règles élémentaires de l'hygiène : on ne tend pas la main à l'extrême droite sans prendre le risque d'être contaminé. Les créateurs de ce mouvement de masse « spontané et apolitique » considèrent que les autres associations antiracistes, plus anciennes, ne font pas le travail de prophylaxie. Ils le montrent d'une manière spectaculaire en organisant une grande « Fête des potes », le 15 juin 1985, sur la place de la Concorde, à Paris. Julien Dray et Harlem Désir se sont inspirés des concerts donnés à Londres par le mouvement « Rock Against Racism », à la fin des années soixante-dix. Un parfait exemple de récupération politique du mécontentement populaire, orchestré par les trotskistes anglais du Socialist Workers Party et de l'Anti-Nazi League, pour contrer la montée du British National Front. À la Concorde, les artistes se relaient sur scène devant 300 000 jeunes qui chantent, dansent, fraternisent. Et personne ne songe à dénoncer un projet de loi en discussion à quelques centaines de mètres de là, qui va ouvrir grand les portes du Palais-Bourbon au Front national.

L'adoption de la proportionnelle affaiblit la droite et favorise l'extrême droite ; la mise en place de la diabolisation permet certes de combattre la tentation de l'alliance, mais elle n'ôte pas le poids que fait peser le Front national sur l'élaboration du programme de l'UDF et du RPR. Lorsque le cynisme et la morale servent les intérêts d'un seul camp, l'opposition se demande si l'on ne cherche pas à l'empêcher, par tous les moyens, de redevenir majoritaire.

Le Front national se réjouit de la modification du mode de scrutin ; il n'est pas prêt, pour autant, à abandonner un pan de sa stratégie. L'activité que déploie Patrick Buisson pour promouvoir l'union des droites, aussi bien sur le plan local auprès de Jean-Claude Gaudin à Marseille qu'au niveau national, le démontre. Dans sa mission, il est encouragé par Charles Pasqua qui lui remet – délicate attention – une enveloppe contenant une liasse de papiers où des chiffres sont alignés. Le 4 mai 1985, il fait profiter les lecteurs de *Minute* du cadeau : un sondage interne confidentiel du RPR. L'enquête révèle qu'un tiers des militants et cadres est favorable à une entente avec le Front national et que plus de la moitié désapprouve les choix politiques du président de leur formation. « Chirac est trop à gauche », « les adversaires de la stratégie de recentrage peuvent se frotter les mains », en conclut le journaliste. Après deux éditions du *Guide de l'opposition*, Patrick Buisson actualise aussi son annuaire politique pour les législatives et les régionales, prévues toutes deux le 16 mars 1986. Dans son éditorial du *Guide de l'opposition et de la nouvelle majorité*, il met en garde : « Vivement demain ? [...] Vivement demain sans doute, mais à condition que la victoire de la droite d'une ampleur et d'une portée probablement historiques, ne s'abîme pas dans le compromis ou la recherche d'un hypothétique consensus. À condition aussi que nos futurs dirigeants sachent se débarrasser des virus socialisants ou sociaux-démocrates qui les ont pour certains contaminés pendant leur enfance et leur jeunesse, [...] à condition surtout que la droite redevenue majoritaire n'ait plus honte de s'assumer pour ce qu'elle est et cesse de se laisser dicter le choix de sa stratégie et de ses alliances par les petits caporaux du camp adverse. »

Pour prévenir tout isolement, une opération de débauchage est entreprise. La percée électorale du parti de Jean-Marie Le Pen condamne maints espoirs et contrarie encore plus d'ambitions. Tous ceux qui n'ont pas été aimantés par les formations traditionnelles se rangent au fur et à mesure derrière le Front national, à l'image de la quasi-totalité de la direction du PFN ou de plusieurs mouvements catholiques intégristes ; tous ceux qui rêvaient de bâtir un grand parti conservateur en font de même. À leur intention, Jean-Marie Le Pen crée une coalition électorale : le Rassemblement national, du même nom que le parti fondé par Jean-Louis Tixier-Vignancour pour les législatives de 1956. Des membres du CNIP franchissent le pas, après l'échec de la négociation menée par leurs dirigeants ; Michel Schneider, cheville ouvrière du Club 89, le laboratoire d'idées du RPR, se laisse convaincre tandis que les autres spécialistes de l'entrisme à droite ne veulent plus jouer la montre. Issus pour la plupart du GRECE, ces derniers ont fondé le Club de l'Horloge, en 1974. Au sein de la Nouvelle Droite, ils forment l'aile qui n'a pas renoncé à considérer l'action politique dans le cadre de la nation, du libéralisme et de la « chrétienté ». Ils prétendent incarner l'hybridation impossible : le haut fonctionnaire pensant. Jean-Yves Le Gallou en est un parfait représentant. Après un passage au cabinet d'Alain Griotteray et au comité directeur du Parti républicain, il est devenu adjoint à la culture du maire d'Antony, Patrick Devedjian. Mais cet énarque estime ne pas être reconnu à sa juste valeur. En 1977, la sortie de son livre *Les Racines du futur*, consacré au déclin et au combat métapolitique, n'avait eu aucun retentissement. En 1985, le compte rendu des travaux de la commission du Club de l'Horloge qu'il préside, publié par Albin Michel sous le titre *La Préférence nationale : réponse à l'immigration*, ne reçoit pas non plus un accueil triomphal. Jean-Yves Le Gallou est déçu. La droite néglige son diagnostic sur l'état de la France, la perte de souveraineté, le sentiment des Français de se sentir étrangers dans leur propre pays, le choc de l'islam et les menaces sur la paix civile ; elle réfute son analyse du couple identité nationale et immigration ; elle dédaigne sa proposition d'instaurer une « préférence nationale » en matière d'emploi, de logement et d'octroi des prestations sociales. Seul Jean-Marie Le Pen tend les bras à celui qui souhaite « rendre la parole au peuple ». Avec la « préférence nationale », l'extrême droite a l'opportunité de moderniser son discours ; elle tient le successeur de son antienne des années trente, « La France aux Français », et de celle des années soixante-dix, « La France et les Français d'abord ! ». Jean-Yves Le Gallou choisit alors de rejoindre le

Front national. Patrick Buisson, qui part du principe que les nouveaux convertis font d'excellents recruteurs, le sollicite dans l'instant pour qu'il l'aide à enrôler leurs connaissances communes : tout le Club de l'Horloge doit basculer. Si les autres membres fondateurs, Henry de Lesquen et Yvan Blot, cadre du RPR promis à la députation, hésitent, deux « Horlogers » influents ne restent pas insensibles. Bruno Mégret et Jean-Claude Bardet sont également las de ne pas voir leurs efforts aboutir. Entré au RPR grâce à Yvan Blot, Mégret avait été propulsé, à trente ans, au comité central de ce parti grâce à Charles Pasqua, puis l'avait quitté, mû par une ambition débordante. Avec Bardet, il avait créé les CAR, puis tenté en vain de constituer une liste pour les européennes et de se rapprocher du Parti républicain. Les deux amis avaient lancé ensuite la Confédération des associations républicaines, un comité de liaison de tous les clubs, associations et partis de droite, pour reprendre le pouvoir. Soit exactement le but poursuivi par Patrick Buisson avec lequel ils avaient organisé les « États généraux des associations de l'opposition », dont la première édition avait réuni le haut du panier politique et littéraire de la droite, le 5 février 1984 à l'hôtel parisien Sofitel Sèvres. Mais l'initiative s'était heurtée aux méfiances des appareils ; la rénovation doctrinale et le dépassement des logiques partisanes étaient mort-nés. Depuis, Mégret et Bardet voient, dépités, leurs carrières s'enliser. Patrick Buisson les invite à tirer la leçon de leur échec et à poursuivre leurs efforts au Front national. Eux qui visent les premières places y seront bien accueillis ; ils pourront consolider l'implantation du parti en province et remplir le rôle qu'occupait François Duprat en son temps. Jean-Marie Le Pen est un excellent comédien, un formidable soliste qui a besoin d'auteurs et de compositeurs. Il faut sans cesse retravailler le texte de la propagande et la partition du chef agitateur. Pour que la petite musique envahisse les esprits. Doucement, progressivement, sans que personne y prête attention. Les CAR rejoignent d'abord le Rassemblement national. L'accord est scellé entre Le Pen, Mégret et Bardet dans un restaurant proche de l'Assemblée nationale, le 10 octobre 1985. Les « Horlogers », les néodroitiers, les champions du *polemos* et du *logos* entreront par la suite en force au Front national. Dans leurs bagages, ils n'oublieront pas de prendre leurs trousses de maquillage et leurs dictionnaires des synonymes. Ils n'oublieront pas que « la politique, ce sont des idées ».

Jaune ! Question d'histoire : « Quel hebdomadaire peut se vanter d'avoir le plus de procès ? » Moi, je sais. C'est *Minute.* À la place du Trivial Pursuit, j'aurais posé une autre question : « Quel hebdomadaire peut se vanter d'avoir été le plus souvent plastiqué ? » Moi, je sais. C'est *Minute.* Boum ! « 5 h 10 ce matin, dimanche, une violente explosion retentit au 49 avenue Marceau, le siège du journal *Minute.* Pas de blessés, mais des dégâts matériels très importants. Ils affectent les locaux de l'hebdomadaire d'extrême droite ainsi que de nombreux immeubles et véhicules alentour. L'explosion a ouvert un cratère d'un mètre de diamètre et fissuré la façade. Pas une vitre n'a résisté sur les six étages. Le rez-de-chaussée est entièrement dévasté. Signature : Action directe. »

« On parle du journal de papa à la télé ! On parle du journal de papa à la télé ! » Je suis drôlement fier, je vais pouvoir épater les copains à la récré. *Minute* doit être un journal important pour être constamment pris pour cible. Les feux d'artifice sont tirés depuis la création de l'hebdomadaire : un incendie criminel au siège de la rue du Croissant provoqué par des barbouzes gaullistes, en 1963 ; une bombe déposée chez Jean-François Devay par des gauchistes, le 30 juin 1968 ; des jets d'engins incendiaires dans l'immeuble de l'avenue Marceau, par la branche énervée de la Gauche prolétarienne, le 14 mai 1971 ; une explosion devant le portail du domicile de François Brigneau, le 15 juin

1972 ; une voiture piégée par le terroriste Carlos devant le siège du journal, le 3 août 1974 ; un autre colis laissé par le même garçon, le 5 février 1975, etc.

Les Italiens ont les Brigades rouges, les Allemands, la Fraction armée rouge. Avec Action directe, les Français tiennent leurs propres têtes de plomb. Les anarcho-communistes s'en étaient déjà pris à *Minute*, le 19 août 1982, après la dissolution ridicule de leur organisation clandestine par le gouvernement de Pierre Mauroy. Ils avaient plastiqué les locaux de l'hebdomadaire en raison de ses prises de position, ainsi que le bâtiment d'une société israélienne : « *Minute*, torchon fasciste et raciste, qui fait l'apologie de ces crimes, doit disparaître. Il se vante d'être le seul organe de presse français à soutenir inconditionnellement l'action de salubrité internationale que mènent au Liban les armées d'Israël. » Jean-Claude Goudeau avait répondu : « Dire que nous sommes sionistes, c'est aller un peu loin ! Mais dans mon dernier éditorial, j'ai approuvé sans réserve l'action de nettoyage entreprise par Israël. » Soutien inconditionnel des Phalanges libanaises chrétiennes, l'extrême droite s'était de nouveau mise à afficher un parasionisme de circonstance dont on sait qu'il ne lui sert qu'à dissimuler d'autres mauvais sentiments.

Le motif de l'attentat du dimanche 14 avril 1985 serait également symbolique. La veille, Action directe a fait sauter l'Office national d'immigration et la banque israélienne Leumi. Étrangement, la revendication des trois attaques a été communiquée à l'AFP avant que l'explosion au siège de *Minute* ne soit connue. Le texte dénonce la politique à l'égard des travailleurs immigrés, « les exactions sionistes contre les peuples libanais et palestinien » et « l'un des relais les plus virulents de la propagande raciste (sioniste, colonialiste, anti-immigrée) en France ». Action directe délivre ses « conseils donnés d'un point de vue de classe aux racistes de France et d'ailleurs : Touche pas à mon pote travailleur immigré, à mon pote kanak, tchadien, libanais, palestinien, etc. » ; l'organisation terroriste prévient que « c'est dans les ministères de la social-démocratie que se forment les trains d'enfer ». À ce niveau d'amalgame, il est préférable de ne pas chercher une justification uniquement politique à leurs crimes.

Je regarde le reportage diffusé sur Antenne 2. Finalement, je suis drôlement embêté. C'est fini l'avenue Marceau ? Je ne pourrai plus y aller ? Attendre pendant des heures ne me manquera pas, mais l'immeuble est très bien situé, à cinq minutes à pied des Champs-Élysées. Le vendredi, c'est soirée cinéma. L'année dernière, j'en ai profité pour voir cinq fois *Le Retour du Jedi*. Je connais *La Guerre des Étoiles* par cœur ; j'ai repéré le chemin qui mène vers le côté obscur. Maintenant, la base des Rebelles a été désintégrée. Seuls les voisins, qui ont baptisé les locaux de *Minute* « Beyrouth-sur-Seine », vont être soulagés.

Oh, tiens ! Encore le gros monsieur blond à la télé ! Oui, Jean-Marie. C'est bon, j'ai retenu le prénom. Il est venu protester. Il est d'ailleurs le seul à le faire : « Je ne suis pas étonné de ce redoublement de la violence, puisqu'il me paraît être la conséquence des campagnes de haine, de dénigrement et de calomnie qui sont lancées par un certain nombre d'organisations comme le MRAP, comme le lobby étranger de "Touche pas à mon pote" avec, il faut bien le dire, la bénédiction complaisante d'hommes politiques comme messieurs Poperen, Chirac, Jospin et autres, dont on s'étonne de ne pas voir la présence ici. On les voit généralement sur les lieux des attentats. Est-ce qu'à leurs yeux, il y a deux sortes de terrorisme : le bon et le mauvais ? » Avec lui, la vie est simple. Il a toujours une solution rapide : « Les terroristes doivent être condamnés à mort et exécutés ! » Il faut comprendre la colère de Le Pen. Action directe réclame la dissolution du Front national et a frappé *Minute*. C'est la famille que l'on cherche à intimider. L'attentat lui rappelle aussi de mauvais souvenirs. Lorsque Le Pen vivait à Paris, son appartement avait été soufflé par la déflagration d'une bombe, le 2 novembre 1976, une semaine après la mort de son riche mécène, Hubert Lambert.

Le reportage d'Antenne 2 se termine. La caméra fait le tour des dommages causés par l'explosion. Elle s'attarde sur une poubelle de la Mairie de Paris, couchée dans le hall de l'immeuble. Dessus a été posé un journal. Le message que l'on a voulu faire passer est discret, mais sans équivoque. Une couverture noire, des lettres blanches énormes. Un exemplaire du *Crapouillot* : « Mitterrand très secret »…

C'est la première cohabitation de l'histoire de la Ve République. Le RPR et l'UDF ont décroché de peu la majorité absolue à l'Assemblée nationale. À quelques sièges près, ils auraient dû composer soit avec la gauche, soit avec l'extrême droite pour gouverner. Ou même rester dans l'opposition, selon le conseil de Philippe Séguin. Le Rassemblement national a envoyé trente-cinq députés sur les bancs du Palais-Bourbon. Jean-Marie Le Pen pavoise : « Notre premier objectif, qui est de battre le Parti communiste, est atteint. » Il n'y a pas eu d'alliance nationale, mais la nouvelle majorité a été élue sur la plate-forme de gouvernement la plus à droite depuis des dizaines d'années. Un projet de loi durcissant les conditions d'entrée et de séjour des étrangers en France est déjà en préparation ; il sera présenté au Parlement par le nouveau ministre de l'Intérieur, Charles Pasqua. Le RPR et l'UDF ont également remporté les premières élections régionales organisées au suffrage universel. Ils règnent sur vingt des vingt-deux régions métropolitaines ; dans six d'entre elles, ils n'ont enlevé la présidence qu'avec le concours des élus du FN. Le parti de Le Pen a été récompensé en décrochant des vice-présidences dans quatre exécutifs régionaux. L'alliance « au cas par cas » a fonctionné sans difficulté.

Patrick Buisson est ravi : la droite semble dégagée de l'emprise de la gauche et tombe doucement dans une autre. Il a repoussé toutes les propositions qui lui ont été faites, dont celle de Le Pen qui souhaitait lui donner une place éligible aux législatives. Un grand fauve reconnaît immédiatement un semblable. Avec Le Pen, il sait qu'il existe deux situations périlleuses : se mettre en relation d'affaires et tenter de dominer le chef. Il préfère conserver sa fonction gracieuse de consultant extérieur, venir déjeuner à Montretout et actionner discrètement ses réseaux au Front national. Toujours aux premières loges, jamais en première ligne : la règle d'or de l'influence. En se prêtant au jeu de l'uchronie, il se plaît tout de même à imaginer les réunions d'anciens combattants auxquelles il aurait pu participer à la buvette de l'Assemblée nationale avec le nouveau ministre de l'Industrie, Alain Madelin, son chcf dc cabinet, Hervé Novelli, sa chargée de communication, Anne Méaux, son ministre délégué aux Postes et Télécommunications, Gérard Longuet, le conseiller du ministre de l'Éducation nationale, Claude Goasguen, le conseiller du ministre délégué à la Sécurité, Alain Robert, les députés Patrick Devedjian, Michel de Rostolan, Bruno Gollnisch, Roger Holeindre, etc. Tous ces soixante-huitards de droite qui ont balayé les anciens gauchistes des allées du pouvoir et sonné l'heure de gloire de la « génération Occident ».

Patrick Buisson a aussi refusé l'offre de Jean-Claude Gaudin de prendre la direction de la communication de la région Provence-Alpes-Côte d'Azur. Ce n'est plus de son niveau ; il considère, de surcroît, que c'est une bien faible récompense pour le travail accompli : l'élection de Gaudin à la présidence et l'accord de cogestion avec le Front national. Patrick Buisson caresse une autre ambition. On serait tenté d'oublier qu'il est journaliste. Il a lancé à *Minute* une rubrique intitulée « La lettre de l'opposition », devenue *La Lettre bleue*, une excroissance de l'hebdomadaire vendue sur abonnement, mêlant échos politiques, analyses et conseils boursiers. Il s'est construit son propre fief. Depuis le début, la direction n'a eu d'autre choix que d'accepter le rôle croissant de ce grand reporter qui fait de la politique. En plus de *La Lettre bleue*, elle lui a donné le titre de rédacteur en chef adjoint et confié le service des « Grandes enquêtes ». Patrick Buisson a mis en place une machine infernale où ses intérêts finissent par se rejoindre et se renforcer mutuellement. Son activité de journaliste sert ses objectifs politiques, son engagement politique sert sa carrière, sa société contribue aux deux. *Minute* fait gracieusement la promotion de ses ouvrages et documentaires, qui sont aussi vendus dans ses réseaux politiques. L'enchevêtrement capture jusqu'à sa vie privée. C'est un tout qui est en train de fusionner. Un totalitarisme qui se prépare.

Nous marchons dans les rues froides de Deauville. Je suis deux pas devant elle, à la recherche du magasin de jouets. Je me suis bien tenu avec les grandes personnes. Ai été très sage. Pour me récompenser, Laurence m'accompagne acheter un Big Jim, un genre de Ken taillé pour la bagarre et non pour servir des cocktails à Barbie. C'est ma nouvelle lubie depuis que j'en ai terminé avec ma collection de figurines de *La Guerre des Étoiles*. Où est-il ce magasin ? J'aimerais avoir le temps d'aller nager dans la piscine de l'hôtel. On me l'a promis. C'est une très belle piscine dans un très bel hôtel, un manoir avec des colombages, posé face à la mer. Les adultes l'ont choisi pour fuir Paris et l'automne. Ils doivent réfléchir. Tantôt, ils s'y sont mis à quinze pour y parvenir : un séminaire, disent-ils. Où est-il ce magasin ? Laurence est gentille. Seulement, elle marche trop lentement. Je ne dis rien parce que je sais qu'elle ne le fait pas exprès. Il y a longtemps, dans une galaxie très lointaine, elle a été attaquée par des hommes méchants. Une bombe a été posée sous sa voiture et a tué son mari, François Duprat ; elle en a réchappé, mais doit se déplacer avec précaution. Elle vit avec Alain. « Renault », comme l'appelle Patrick Buisson. Nous n'allons presque plus au cinéma le vendredi soir ; nous dînons avec Alain et Laurence d'un couscous dans un restaurant de la place Pereire. Où est-il ce magasin ? Les grands vont finir par s'inquiéter.

Toutes ces nouvelles têtes qui ont envahi mon paysage ces derniers mois. Ce week-end, ils sont tous là. Il ne manque que la jolie môme. Elle aussi travaille à plein temps pour Patrick Buisson. Ma vie a changé depuis qu'à *Minute*, c'est lui le patron.

Les grandes manœuvres débutent au lendemain des législatives de 1986. *Minute* va mal. Les ventes baissent, la diffusion payée a été divisée par deux en moins de cinq ans. Le journal n'a pas profité autant qu'il l'espérait de l'arrivée de François Mitterrand au pouvoir, et il a subi de plein fouet la concurrence de l'éphémère *Magazine-Hebdo*, un titre lancé par Alain Lefebvre et les Grécistes chassés du *Figaro Magazine*. *Minute* a besoin d'argent. Il ne peut compter sur ses maigres recettes publicitaires, ni même sur ses actionnaires qui ne veulent plus investir. *Minute* est à vendre. Jean-Claude Goudeau souhaite ouvrir le capital aux lecteurs et au personnel pour garantir l'« indépendance » du journal, tandis que Patrick Buisson s'active dans son dos pour trouver un repreneur. Le nouveau ministre de l'Industrie, Alain Madelin, déniche un membre du conseil du Club de l'Horloge, Yves Montenay, président d'une entreprise de négoce en combustibles, qui s'engage à racheter les parts de la famille Boizeau et de la société d'Alain Griotteray, la Setep. De son côté, le nouveau ministre de l'Intérieur, Charles Pasqua, fait pression sur l'autre grand actionnaire de *Minute*, Maurice Brébart, propriétaire du groupe de presse belge *La Libre Belgique-La Dernière Heure*, pour qu'il accepte le changement de majorité. Le 22 juillet 1986, *Minute* est un journal vendu. Jean-Claude Goudeau, mis devant le fait accompli, est obligé par un pacte d'actionnaires de céder ses actions ; il est poussé vers la sortie. Patrice Boizeau demeure P-DG de la société éditrice et devient directeur de la publication, le poste de celui qui écope des procès en diffamation. Patrick Buisson est nommé directeur de la rédaction, avec une mission fixée publiquement par le propriétaire : « Préparer une nouvelle formule et faire de *Minute* un journal moins partisan. »

Depuis son domicile, c'est tout droit. Le trajet est doux, les dimanches sans pluie. Au croisement de la rue du Faubourg-Saint-Honoré et de l'avenue de Marigny, il doit se diriger vers les grilles de l'hôtel de Beauvau. Arrivé dans une antichambre, il doit patienter. « Monsieur le ministre va vous recevoir. »

On le conduit, par-delà un salon, jusqu'à un bureau de style Empire. « Ah Buisson, entrez ! » Charles Pasqua abandonne la lecture dans laquelle il était plongé. « Je vous ai fait venir pour vous entretenir d'un sujet de la plus haute importance. Vous comprendrez que tout ne peut se régler par téléphone, dit-il en pointant un index explicatif en direction du palais de l'Élysée, tout proche. »

Des sujets de la plus haute importance, il y en a toujours un certain nombre à aborder lors des entrevues entre le ministre de l'Intérieur et le directeur de *Minute*. Il s'agit la plupart du temps du Front national ou d'affaires de basse politique, mais Charles Pasqua a la manie d'invoquer l'intérêt supérieur de la Nation dès qu'il s'agit de s'arranger avec sa conscience. Pour défendre le gouvernement contre les attaques des socialistes, il a plein d'idées rangées soigneusement dans des chemises cartonnées. Le bureau d'un ministre est traditionnellement encombré de dossiers sur tous les sujets ; celui d'un ministre de l'Intérieur, de dossiers sur tout le monde. Il suffit de les ouvrir, d'en prendre le contenu et de les faire imprimer dans un journal. Des hommes politiques et des journalistes n'ont fait carrière que de cette façon-là.

À la fin de l'année 1986, Charles Pasqua et son ministre délégué à la Sécurité, Robert Pandraud, sont au centre de l'actualité. Dans la rue, les étudiants se sont « spontanément » lancés à l'assaut du projet de loi Devaquet instituant une sélection à l'entrée des universités. Les anciens lambertistes passés au Parti socialiste, Jean-Christophe Cambadélis et Philippe Darriulat, ainsi que Julien Dray, ont actionné l'Unef-ID et SOS-Racisme pour démontrer tout le savoir-faire trotskiste dans la manipulation de la jeunesse. Lors de la dispersion de la manifestation du 5 décembre, une équipe de voltigeurs à moto de la police se déchaîne sur Malik Oussekine, qui meurt quelques heures plus tard. Dans la rue, les étudiants crient désormais : « Pasqua, salaud ! Le peuple aura ta peau ! » Le ministre de l'Intérieur et son acolyte décident, eux aussi, d'apporter la preuve de leur expertise en matière de coups bas, pour faire diversion. La presse de droite est réquisitionnée. Mais *Minute* se montre le plus zélé. Dans son édition du 12 décembre, on découvre « L'étrange famille de Malik Oussekine », un article signé Emmanuel Ratier qui présente le frère aîné comme un escroc recherché par Interpol. Trois mois plus tard, *Minute* reviendra à la charge en affirmant que la sœur est une prostituée. Deux procès, deux condamnations, un service rendu…

« Et avec Action directe, vous progressez ? interroge, soudainement anxieux, Patrick Buisson.

— C'est une de nos priorités, vous le savez.

— Et vous savez que *Minute* a un contentieux avec ces fous dangereux.

— Allons Buisson ! Ne me dites pas que vous avez peur d'être le prochain ? » taquine Charles Pasqua.

Le gouvernement de Jacques Chirac a décidé de mettre fin aux agissements des derniers irréductibles du groupe terroriste, après la gestion jugée latitudinaire du pouvoir mitterrandien. Les assassinats de l'ingénieur général de l'armement René Audran et du P-DG de Renault, Georges Besse, et les tentatives contre le contrôleur général des armées Henri Blandin ou le vice-président du patronat, Guy Brana, ont perturbé le directeur de *Minute*. Comme tout homme nageant en eaux troubles, il est victime d'accès de paranoïa. Jusqu'à l'arrestation des principaux membres d'Action directe dans une ferme du Loiret en février 1987, Patrick Buisson s'inquiétera de figurer sur leur liste noire de cibles, classées par ordre alphabétique. Il est vrai que *Minute* s'était rarement privé de s'en prendre à ces terroristes. Ne les avait-il pas provoqués en affirmant qu'ils avaient été protégés par le président de la République et le premier secrétaire du Parti socialiste, « le camarade Jospin » ?

Quatre étages au 34 de la rue Jean-Jaurès, à Puteaux. Du béton, du verre, un résultat raté. Le nouveau siège de *Minute* ne dépare pas dans ce quartier des affaires de l'Ouest parisien où s'entassent les fiascos architecturaux. Je joue dans le hall, voire dans le grand bureau, bordé d'une immense terrasse réservée au directeur. Je déteste cet endroit ; je ne peux même pas sortir. Dehors, il n'y a rien. Un ou deux cafés, zéro flipper. Mes salles de cinéma sont trop loin. Je n'ose pas non plus m'aventurer dans les bureaux, car je ne connais plus tout le monde. Serge de Beketch est parti fâché, avec ses bandes dessinées, m'a-t-on dit. Il n'a pas de remplaçant ou plutôt il en a trois, ce qui est pareil. L'un deux se comporte bizarrement. Il ne sort jamais des locaux, et ne quitte sa table de travail que pour faire réchauffer sa gamelle d'épinards. Oh, je les entends, les grands, se moquer du rédacteur en chef chargé des « Grandes enquêtes » : « Ratier, ce n'est pas un journaliste, mais un documentaliste. »

Quelle punition de venir à Puteaux ! Je préfère rester chez Patrick Buisson pour jouer dans le jardin. Je revois de temps à autre les molosses, qui accompagnent le patron dans certains de ses déplacements. Ils n'ont toujours pas enrichi leur vocabulaire. Un soir, l'un d'eux me fixe et écarte de sa main un pan de son blouson. Il pense me faire plaisir en offrant à mes yeux d'enfant la vision d'un revolver rangé dans son holster. Je me précipite sur mon coffre à jouets pour prendre mon fusil. Je lui mets sous le nez : « Le mien est plus gros. Et il fait de la lumière. »

La nouvelle formule de *Minute*, sa grande affaire. L'occasion rêvée de façonner le journal à sa main. Patrick Buisson s'attelle tout d'abord à réorganiser la rédaction. Il embauche ses proches, Alain Renault et la jolie môme, demande la démission de Serge de Beketch au prétexte que Charles Pasqua le suspecte d'être un « sous-marin de l'Élysée », divise les responsabilités, puis licencie les éléments les plus gênants, comme le jeune négationniste Olivier Mathieu dont le cas relève de la psychiatrie. Il conserve, malgré tout, le vieux François Brigneau, qui n'a rien d'un philosémite. Il travaille ensuite à refondre la présentation de *Minute* : un nouveau format, une maquette modernisée, de la couleur, une pagination accrue et le jour de parution avancé au jeudi pour coller à la concurrence. L'objectif est de transformer l'hebdomadaire pamphlétaire en *news magazine*. Comme pour le Front national, un ravalement de façade est engagé, afin de séduire un nouveau lectorat. Un numéro zéro est préparé en guise de test. En couverture, Michel Polac est croqué en fâcheuse posture, l'arrière-train botté par un brodequin : « Le scandale Polac, qu'attend Léotard pour nettoyer la télé ? » L'animateur est l'un des souffre-douleur préférés de *Minute* depuis un numéro de « Droit de réponse », diffusé le 2 janvier 1982 sur TF1. Polac avait réuni ce soir-là, dans son émission où n'étaient conviés que ceux ayant quelque chose à dire, à boire et à fumer, le plateau le plus éruptif de toute l'histoire de la télévision : fortement alcoolisés, les membres du journal satirique *Charlie Hebdo* s'en étaient pris aux représentants de l'hebdomadaire d'extrême droite.

Après le numéro zéro, une campagne est lancée durant les fêtes de la fin d'année 1986, afin de promouvoir la nouvelle formule. Des spots radio envahissent les ondes ; un dessin réalisé par le grand affichiste Savignac – que l'on a connu plus inspiré – couvre les autres supports. « L'hebdo qui fait bouger la droite », promet la publicité représentant un homme bien mis, lisant le journal dans une charentaise géante, propulsée par trois moteurs crachant les couleurs du drapeau national.

Le 15 janvier 1987, la France se relève du plus dur mouvement de protestation des cheminots qu'elle ait connue. Patrick Buisson dévoile sa conception d'un journal moins partisan. Voici un hebdomadaire qui n'a qu'« un seul adversaire : la gauche ! » et dont le directeur claironne : « Pour l'emporter en 1988, le challenger de Mitterrand aura besoin des voix de toute la droite, de toute la vraie droite, de Chirac à Le Pen en passant par Madelin. » Voici le premier numéro du nouveau *Minute* : « La grève des salauds ! »

« Il y a papa à la télé ! Il y a papa à la télé ! » Patrick Buisson est sur toutes les chaînes. Il doit être quelqu'un d'important pour être pris pour cible. Pour une fois, les ennemis sont à l'intérieur de *Minute* : « On a vu un des actionnaires principaux débarquer au journal avec des gros bras, me séquestrer et se livrer à une intervention intempestive, unique dans les annales de la presse française et que tout journaliste, quelle que soit sa sensibilité, ne peut que condamner. Car ce sont des méthodes lamentables. »

« Georges ! Dépêche-toi ! Arrête de regarder ce poste. Tu dois retourner à l'école.

— Oui, oui. »

Mamie me presse de terminer mon déjeuner et de penser à autre chose. Peine perdue. Il faut que je raconte ça aux copains. Je ne sais pas ce qu'il en est des autres pères, mais il arrive toujours des histoires incroyables au mien. Voilà près d'un mois que je ne l'ai pas vu. Au téléphone, il me rassure tous les soirs en me disant qu'il ne baisse jamais les bras :

« Tu sais, la politique est un combat, mon petit Jojo.

— Je sais. Mais toi, tu es journaliste, non ? »

« De Chirac à Le Pen en passant par Madelin », avait-il promis. Patrick Buisson bloque pourtant la ligne éditoriale de *Minute* à la station du Breton. Pas une semaine ou presque sans que le journal mette en scène le président du Front national. Et pas un numéro sans que l'hebdomadaire veuille déclencher une polémique : « Tapie, les secrets d'un bluff » ; « Les francs-maçons à l'Élysée » ; « L'argent des Beurs » sur SOS-Racisme ; « Pour qui roule Bouygues ? » au moment de la privatisation de TF1 ; « Être français, un honneur » avec Jean-Yves Le Gallou pour soutenir une réforme musclée du Code de la nationalité ; « Assez de capitulations » pour fustiger les premiers signes de « mollissement » de la droite gouvernementale. Yves Montenay ne masque pas son inquiétude. Le titre se radicalise, les ventes ne suivent pas. La diffusion payée descend fréquemment sous le seuil des 100 000 exemplaires, et la publicité peine à apporter les revenus espérés. Insuffisant pour rentabiliser la nouvelle formule. Montenay multiplie les interventions sur le fond et pour la forme. Patrick Buisson l'écoute poliment, avant de lui expliquer qu'en France, un actionnaire d'une entreprise de presse n'a qu'un seul droit : perdre de l'argent. Il le range dans la catégorie des gêneurs et se met à compter ses soutiens dans la rédaction, en cas de conflit.

Emmanuel Ratier, nationaliste-révolutionnaire refoulé, Jean-François Gautier et Serge Ferrand, deux Grécistes qui gravitaient dans la galaxie de presse d'Alain Lefebvre, regimbent. Ils goûtent peu le centralisme démocratique du directeur qui les a engagés et de son secrétaire général, Alain Renault. Ils veulent les évincer. Ratier avertit Yves Montenay que les bureaux de sa société parisienne, rue des Pyramides, ont été sonorisés. Il lui montre l'emplacement des micros-espions avec la sûreté de celui qui les aurait lui-même posés. L'industriel découvre, stupéfait, l'une des plus vieilles traditions de la maison *Minute*. Du temps de Jean-François Devay, Le Pen racontait qu'il avait quitté l'hebdomadaire après avoir appris que ses rendez-vous avec les annonceurs étaient écoutés.

Le 6 mai 1987, vient le moment des explications. Le propriétaire doit déjeuner avec le directeur de son journal, et projette de le pousser à la démission. Craintif, Yves Montenay arrive dans les locaux, flanqué de protecteurs d'origine asiatique. Patrick Buisson se confronte à son actionnaire, aux gardes du corps et aux trois « traîtres ». Le ton monte, les cols de veste sont froissés. Rien de méchant. Mais Patrick Buisson décide d'en rajouter. La comédie peut débuter : « Allô ! Jean-Marie ! » Des hommes du « Département protection sécurité » du Front national débarquent immédiatement à Puteaux : « Sont où les Chinois ? » En train de considérer un repli stratégique. Patrick Buisson téléphone à tout-va, rameute, improvise une conférence de presse : « J'ai été séquestré, molesté. C'est un coup de force, un putsch ! » Dans quel pays vit-on ! Il annonce le licenciement prochain du trio de frondeurs et organise la riposte. Le 8 mai, le hall du siège de *Minute* est recouvert d'affiches et de banderoles, tout droit sorties d'une AG d'occupation. Le message est clair : « Ici, pas d'abdication ! » Le Pen se déplace en personne pour remplir son rôle : « Je suis venu apporter mon soutien à la rédaction et à son directeur. On veut bâillonner *Minute*. On n'y parviendra pas. Je revendique le droit moral que possèdent sur un journal les journalistes qui le font et les lecteurs qui le lisent. » Aux commandes, Patrick Buisson démontre qu'il n'est plus un enfant. Vingt ans d'expérience dans la manip' ! Il prend les lecteurs de *Minute* à témoin, dans le numéro du 14 mai. La manchette est barrée d'une croix noire. Tout en sobriété : « Ils veulent nous tuer ! » Un tiers d'info, deux tiers d'intox. La presse relaie la « crise à *Minute* », sans parvenir à démêler le vrai du faux. Yves Montenay vit un cauchemar. Il demande des mises au point et des rectificatifs ; il peine à justifier qu'il souhaitait modérer la ligne du journal tout en étant soutenu par les éléments les plus radicaux de *Minute*. Dans la rue, des hommes bousculent ses proches, les intimident pour faire passer un message. De l'Élysée jusqu'à l'extrême droite, les méthodes sont les mêmes. À l'ancienne !

Patrick Buisson ne cède pas. Après les cris d'orfraie, l'appel à l'aide. L'édition du 21 mai publie son éditorial, « Vous, nous et personne d'autre », et la liste du comité d'honneur de l'Association des amis de *Minute* : l'organigramme intégral du Front national, Jacques Médecin, des parlementaires du RPR et de l'UDF, des figures de la « droite nationale », Jacques Dufilho, Gustave Thibon, Geneviève Dormann, etc. Dans ce qui sera son dernier numéro en tant que directeur de la rédaction, Patrick Buisson rappelle aussi sa ligne : « Pour battre Mitterrand, ceux qui veulent s'allier avec Le Pen. » Yves Montenay demande alors la nomination d'un administrateur judiciaire provisoire au tribunal de commerce de Nanterre. Le 22 mai, Me Didier Ségard vient signifier sa mise à pied à Patrick Buisson. « Je ne bouge pas », lui répond ce dernier. « On occupe, on occupe ! » renchérissent ses partisans. L'AG vote la grève illimitée. Pour d'autres, cela avait marché jadis. Jean-Claude Goudeau est rappelé pour succéder à Buisson ; il prépare la réalisation du prochain *Minute*, avec l'équipe du journal *Le Chardon*, qu'il a créé après son éviction en 1986. Patrick Buisson et les grévistes tentent d'obtenir, par référé, la saisie du numéro « illégitime ». Sans succès. Le capitaine est le premier à être débarqué du navire, licencié avec des indemnités à la clé ; les soutiers prolongent le mouvement d'occupation jusqu'au 30 juin, le temps d'organiser les départs de ceux qui ne veulent pas du retour de Jean-Claude Goudeau. *Minute* perd plus de la moitié de sa rédaction, la formule magazine est abandonnée. Yves Montenay, traumatisé, revend ses parts à la société de Maurice Brébart. Il s'est retrouvé au centre d'une guerre de clans, et a été instrumentalisé par des conspirateurs qui ont fractionné. Frayer avec l'extrême droite se paie comptant.

Patrick Buisson peut ruminer une nouvelle défaite. Il était si proche d'atteindre l'objectif qu'il avait avoué devant les caméras de télévision : « Un hebdomadaire d'opinion comme *Minute* devrait être la propriété de ses lecteurs et de ses rédacteurs. Il n'y aura pas d'indépendance véritable tant que cette condition ne sera pas remplie. Et c'est parce que nous souhaitions, avec l'appui des lecteurs, qui nous ont écrit par milliers, arriver à cette solution, qu'on a vu un des actionnaires principaux débarquer au journal avec des gros bras, me séquestrer... » Depuis des mois, il intriguait pour pénétrer le capital en incitant Montenay à brader ses actions. Il avait d'abord évoqué la possibilité, puis demandé franchement ; il s'était montré insistant, puis oppressant. Il avait repris à son compte l'idée de son prédécesseur de céder *Minute* à une société des lecteurs et des rédacteurs. Les micros-espions, le conflit ouvert, les pressions, l'appel au secours : il avait employé tous les moyens pour forcer la main de l'actionnaire majoritaire et le destin. À trente-huit ans, Patrick Buisson est un homme trop pressé. Sa machine infernale s'est emballée jusqu'au point de rupture. Il laisse derrière lui un champ de ruines. *Minute* ne s'en relèvera jamais et ne sera pas sa chose. Tout est à recommencer.

C'est quasiment un sans-faute. Jean-Marie Le Pen se plie sans barguigner aux exigences qu'impose la plus haute ambition. Les affreux sont cachés ; Bruno Mégret est choisi pour diriger sa campagne présidentielle. L'image doit être polie pour attirer les déçus de tous bords et ne pas donner prise aux attaques des adversaires. La secte Moon, qui cherche des soutiens politiques, apporte son argent et permet à Le Pen de rencontrer des personnalités étrangères de premier plan. En février 1987, celui-ci se fait opportunément photographier, à la sortie d'une conférence à Washington, en train de serrer la main du président américain Ronald Reagan. À New York, il prononce un discours prosioniste lors d'un déjeuner avec une vingtaine de représentants d'associations juives américaines et du Congrès juif mondial. Un voyage en Israël est mis à l'étude afin de contrer les accusations récurrentes d'antisémitisme. La voie de la respectabilité est celle de la crédibilité. L'enjeu est de débarrasser Le Pen de ses frusques de phénomène de foire pour lui faire endosser les habits de l'homme d'État.

Patrick Buisson commence par prendre des mesures un peu larges. À la une de *Minute* du 23 avril, la tête du frontiste remplace celle du président de la République sur le portrait officiel. « Le Pen Président ? Son plan pour battre la gauche » : se présenter sous son meilleur profil. Le journaliste pose les bonnes questions, le politique donne les bonnes réponses : « Je suis entré en politique, il y a vingt et un ans, en me faisant élire, et, depuis, je me suis régulièrement présenté aux élections. Je n'ai jamais prôné la prise du pouvoir par la force. Je me suis même félicité que les événements passés aient levé l'hypothèse stérilisante pour la droite d'un recours à l'armée. J'ajouterais même que je suis aujourd'hui l'un des seuls vrais démocrates. Pour en finir avec notre système où l'État bureaucratique demande un blanc-seing tous les cinq ans, je demande qu'on rende le pouvoir au citoyen par le biais du référendum, comme en Suisse. » Trois jours après, Le Pen annonce officiellement sa candidature depuis sa maison natale de La Trinité-sur-Mer. Le numéro suivant de *Minute* donne la parole à Bruno Mégret, qui expose la stratégie retenue : « Il sera le candidat du peuple contre la bureaucratie, contre les oligarchies, les syndicats ou les partis qui ont confisqué le pouvoir et qui agissent contre ses intérêts et ses aspirations. C'est parce qu'elle est celle du peuple que la candidature de Le Pen est la plus légitime et que sa victoire est, à terme, inéluctable. » Dans son opération séduction, Le Pen multiplie les références religieuses. L'identité nationale étant, pour lui, une identité chrétienne, il ne se récrie pas lorsque la presse lui demande s'il n'est pas le « candidat de Dieu ».

Lors de son passage à « L'heure de vérité » du 6 mai, Le Pen se veut rassurant. Il est un « modéré », un « tolérant ». Immigration, chômage, insécurité, « préférence nationale », recours au référendum et renforcement de la démocratie : tout va bien se passer. Comme il n'est jamais à une contradiction près, il s'octroie sa traditionnelle provocation. Prompt à préempter et exploiter toute nouvelle peur, il demande la création de « sidatoriums », pour isoler de la société les malades, qu'il nomme « sidaïques ». La proposition suscite un tollé et place le président frontiste au centre du débat politique. Ce qui est le but de la transgression : danser de part et d'autre de la ligne jaune pour attirer l'attention. Les calculettes ont été sorties. Dans les intentions de vote, Le Pen se situe déjà à plus de 10 %, à un an de l'élection. Compte tenu de la sous-estimation chronique du vote Le Pen et de la dynamique de la campagne, l'objectif est d'atteindre la barre des 20 %, soit le potentiel électoral estimé par la plupart des études de l'époque. Avec une droite probablement divisée au premier tour, il est raisonnable d'envisager tous les cas de figure. C'est pourquoi le président du Front national propose à tous les candidats de la majorité de s'engager pour le second tour « à soutenir celui qui sera le mieux placé pour battre la gauche ».

Au plus fort de la crise à *Minute*, Patrick Buisson n'oublie pas de relayer l'offre, en consacrant son dernier numéro en tant que directeur à tous ceux qui « ne se trompent pas d'ennemi » et envisagent une alliance. En juillet, Bruno Mégret lance à son tour un ballon d'essai. Il déclare qu'en cas d'échec au premier tour, son champion pourrait accepter de soutenir le représentant de la droite contre deux grands portefeuilles : un ministère « de la Population » pour promouvoir l'« identité française » et un ministère « du Développement » afin d'engager le « redressement national ». La droite ne réagit pas. Mais à Grasse, dans les Alpes-Maritimes, elle ne prend pas de sanction lorsque le maire UDF est réélu après avoir fait liste commune avec le Front national : « Grasse préfigure ce qui se passera dans toute la France, où collaboreront RPR-UDF-FN. » Le Premier ministre Jacques Chirac déclare, le 2 août, au Forum RMC-FR3 que les électeurs du FN ont « une sensibilité très proche de celle de l'actuelle majorité ». Le Pen et le Front national peuvent nourrir les plus grands espoirs. Au pire, ils seront les arbitres de la présidentielle à droite. Au mieux…

Tout se passe comme prévu. Jusqu'au dimanche 13 septembre 1987. Jusqu'au plus important : le « détail ». « Je me pose un certain nombre de questions. Je ne dis pas que les chambres à gaz n'ont pas existé. Je n'ai pas pu moi-même en voir. Je n'ai pas étudié spécialement la question, mais je crois que c'est un point de détail de l'histoire de la Deuxième Guerre mondiale. » Jean-Marie Le Pen vient de répondre au journaliste Olivier Mazerolle qui l'interrogeait, pour l'émission radiophonique « Le Grand Jury RTL-Le Monde », sur les thèses « révisionnistes » de Robert Faurisson et d'Henri Roques. La presse et la classe politique mettront deux jours avant de s'emparer des déclarations de Le Pen et de les condamner unanimement. Les stratèges frontistes, officiels et officieux, de Bruno Mégret à Patrick Buisson, réagissent, eux, dans l'instant. Par l'esprit. En communion. Les mêmes mots fusent dans toutes les têtes : « Quel con ! »

Sur le sujet, il avait l'habitude de cultiver l'art consommé de l'ambiguïté. En matière historique, il se posait en « partisan de la liberté d'esprit » et ne s'aventurait pas au-delà. Face à Olivier Mazerolle, il a d'abord tenté de s'en sortir par un gros mensonge en prétendant ne pas connaître les délires des deux énergumènes. Il a ensuite déroulé son argumentaire habituel. Pour finir par s'enferrer lamentablement en qualifiant les chambres à gaz de « point de détail » : « Enfin, voulez-vous me dire que c'est une vérité révélée à laquelle tout le monde doit croire ? C'est une obligation morale ? Je dis qu'il y a des historiens qui débattent de ces questions. » Les « historiens » de l'école François Duprat avaient déjà tranché. Et Jean-Marie Le Pen se souvient des cours très particuliers que dispensait son camarade décédé.

Les négationnistes s'en prennent habituellement à la spécificité de la Shoah, en niant le moyen le plus emblématique de l'extermination, les chambres à gaz, ainsi que l'ampleur du génocide, les six millions de victimes. Le Pen popularise une troisième forme de négationnisme : la banalisation. C'est la voie la plus insidieuse. Le crime contre l'humanité est ravalé au rang de crime de guerre ; les morts sont rangés parmi les autres morts. Les chambres à gaz ? Partie incertaine d'un tout. « Point de détail » discutable et discuté par des « historiens » du grand massacre, certain celui-là, que fut la Seconde Guerre mondiale.

Le président du Front national n'a pas réservé ses déclarations à une audience confidentielle ; il n'a pas rassuré à mots couverts la frange la plus radicale de son électorat. Il s'est adressé au plus grand nombre. Ses propos scandaleux sont connus en quelques jours de la France entière. Le Pen peut jouer les bravaches et se féliciter de n'avoir pas déboursé un centime pour bénéficier de la campagne de promotion la plus importante qu'il ait jamais eue ; il n'a pourtant pas transgressé à dessein, n'a rien prémédité pour gagner de nouveaux suffrages. Il a dérapé au sens où l'entendent les marins. Il a arraché du fond de la mer la dernière ancre qui l'empêchait de dériver. L'ancre du tolérable qui le fixait à la conquête du pouvoir. Mais pour rester dans le registre politique qui est celui de la comédie, on peut écrire que l'acteur Le Pen n'arrivait plus à respirer sous son masque. Le *Deus ex machina* est alors entré en scène. L'événement inattendu est venu dénouer les problèmes du protagoniste à la dernière minute, le sauver d'une situation désespérée. Le « détail » était l'expression d'un désir enfoui, l'acte manqué réconciliant l'homme avec sa nature. Le comédien est sorti de son texte, car il voulait inconsciemment sortir du jeu. Le Pen négationniste et antisémite ? C'est Le Pen paria. Le seul costume taillé à sa mesure. Le pestiféré ne se préparait aux plus hautes fonctions que pour s'en éloigner définitivement.

À chaque étape de son ascension, son passé refait surface. À chaque succès annoncé, ses démons le rattrapent pour le tarauder. Le 16 octobre 1985, Action directe avait revendiqué des attentats contre la Maison de la Radio et Antenne 2, en guise de protestation contre la venue du président du FN dans une émission de France Inter et son deuxième passage à « L'heure de vérité ». Mais c'est d'une autre bombe que Jean-Marie Le Pen aurait dû se protéger. Jean-Maurice Demarquet, frère d'armes, voisin de banc à l'Assemblée en 1956, menait la charge après avoir été écarté des places éligibles pour toutes les élections. Dans une interview au journal *Le Monde*, il laissait entendre que Le Pen avait capté l'héritage d'Hubert Lambert, dont lui-même avait été le médecin, et portait une part de responsabilité dans la mort de cet homme gavé d'argent, de médicaments et d'alcool, en lui donnant le dernier coup pour la route. Demarquet confiait également que Le Pen avait pratiqué la torture en Algérie, était antisémite, raciste et paranoïaque au dernier degré. Le président du Front national l'avait peut-être pris au sérieux puisqu'il l'avait traité de « fêlé » et d'« aliéné notoire ». Après le scandale, Demarquet, qui se disait « condamné à mort », était tombé dans l'oubli ; il n'en ressortirait que lors de sa condamnation définitive pour diffamation en 1989, année de son décès.

Durant la campagne présidentielle, Jean-Marie Le Pen se débat avec un autre visage de son passé. Pierrette l'a quitté pour se mettre en couple avec Jean Marcilly, le biographe du chef frontiste. Leur divorce est étalé sur la place publique. Alors qu'elle s'est plainte de ne pas avoir sa part du patrimoine, Le Pen lui a conseillé de « faire des ménages » pour compléter ses revenus. Elle a accepté la proposition en posant en tenue légère de soubrette dans le magazine *Playboy*, daté de juillet 1987, et promis des révélations chocs dans un livre à paraître – qui ne paraîtra jamais. Elle entendait dévoiler l'amour de son ex-époux pour la discrétion suisse et les histoires d'argent. Le règlement de comptes affaiblit l'image d'homme probe que le président du Front national souhaite donner.

Alors puisque tout ramène constamment Jean-Marie Le Pen aux ombres de son parcours et de son caractère, il préfère reprendre son statut d'irrégulier. Les suites du scandale du « détail » lui permettent de montrer qu'il ne rentrera plus dans le rang. Les explications qu'il fournit, plusieurs jours après l'émission de radio, n'en sont pas. Le Pen ne présente pas d'excuses, ne demande pas pardon. Jamais.

Les sanctions ne se font pas attendre : des cartes d'adhérents sont renvoyées, déchirées, au siège du Front national ; les « notables », à peine arrivés, claquent la porte du parti. La perspective d'une alliance avec la droite s'envole. La ligne de ceux qui combattent tout rapprochement avec la formation d'extrême droite devient majoritaire. « Il vaut mieux perdre une élection que perdre son âme », recommandait Michel Noir du RPR, dans une tribune au journal *Le Monde*. Tous ne vont pas aussi loin, mais du président du Parti républicain, François Léotard, à Charles Pasqua, des consignes sont désormais données pour priver Jean-Marie Le Pen des parrainages nécessaires à toute candidature à l'élection présidentielle. À droite, le cordon sanitaire se déploie enfin.

Pour relancer sa campagne, Le Pen ne craint pas d'en appeler à la Providence. Sur le conseil de Bruno Mégret, il descend du ciel à bord d'un hélicoptère blanc pour se poser au Mont-Saint-Michel, le 3 novembre 1987. Totalement décomplexé, il se présente comme l'homme de la renaissance face aux « démons du renoncement, du déclin, de la servitude, et de la décadence ». Le dimanche 24 avril 1988, près de 4 400 000 Français gobent le prêche. Le candidat d'extrême droite réalise une performance historique et le double des voix du candidat communiste. L'étendard du populisme change de camp. « Le Pen le Peuple » le tient désormais fermement dans ses mains. Avec 14,4 % des suffrages, il est à deux points de Raymond Barre et à cinq de Jacques Chirac. Sans le « détail » et avec la division de la droite, le second tour était bel et bien à sa portée. Face à François Mitterrand, Le Pen aurait vraisemblablement été écrasé, mais il se serait retrouvé au centre de la recomposition de l'opposition. Et maintenant ? Quel profit peut-il bien tirer du monopole de la protestation ? L'entre-deux-tours achève de montrer l'impasse dans laquelle il s'est fourvoyé.

Jacques Chirac appelle au rassemblement de tous ceux qui s'inquiètent de l'insécurité, de l'immigration clandestine et pour l'identité nationale. À l'initiative de Charles Pasqua, le président du RPR accepte de rencontrer secrètement le président du Front national. Le Pen lui demande ce qu'il est prêt à offrir en échange d'un soutien public : « Rien », répond Chirac. Ça s'arrête là. Lors de la « fête de Jeanne d'Arc » du 1er mai, Le Pen fait le service minimum. S'il n'a pas envie de « choisir entre le pire et le mal », il comprend que l'on puisse voter pour le « candidat résiduel », afin d'« éviter Mitterrand et le socialisme ».

Il ne veut ni être tenu responsable d'une défaite de Chirac ni être comptable de sa victoire. Tortueux, retors. La voix de l'orgueil, tout simplement. Au sein de la même confrérie des artificieux, Charles Pasqua continue de sévir. Le numéro du 2 mai de *Valeurs actuelles* contient une surprise de taille. Le ministre de l'Intérieur y répond aux questions posées par François d'Orcival et Michel De Jaeghere : « Il y a sûrement au Front national quelques extrémistes, mais sur l'essentiel, le Front national se réclame des mêmes préoccupations, des mêmes valeurs que la majorité. Seulement, il les exprime d'une manière un peu plus brutale, un peu plus bruyante. [...] Que les électeurs du FN soient préoccupés par les risques qu'une immigration incontrôlée fait courir à l'ordre public et à l'identité nationale me semble légitime, et nous partageons ces inquiétudes. [...] Il n'y a pas de honte à dire que nous voulons une France forte. » La guerre déclarée quelques mois plus tôt est oubliée. Le Pen a obtenu ses parrainages, concouru à la présidentielle et récolté des millions de voix. Dorénavant, Charles Pasqua n'exclut plus aucun moyen pour récupérer ces suffrages et gagner l'élection. C'est la « stratégie Pasqua », seconde version. Elle coïncide avec la dernière arme qui reste à la disposition du Front national : la « lepénisation des esprits », comme elle sera appelée plus tard. À ce stade, on peut s'accorder sur un fait. Le matois Pasqua n'a finalement promu qu'une seule stratégie, n'a suivi qu'une seule ligne : celle de l'idiot utile. Dans l'interview donnée à *Valeurs actuelles*, un homme n'a pas été crédité au générique officiel. Il est resté dans l'ombre pour ne pas ruiner l'effet. Il occupait sa place habituelle. Aux premières loges, jamais en première ligne.

Patrick Buisson sait exprimer sa reconnaissance, à l'occasion. Or, l'occasion se présente à la fin de l'année 1987. Chassé de *Minute*, il réunit ses soutiens, partis de l'hebdomadaire peu de temps après lui : François Brigneau, Marc Dem, Bruno Larebière, François Lancel, etc. Ensemble, ils travaillent au lancement d'un nouveau journal, avec Patrice Boizeau dans son office habituel de directeur de la publication. *Le Choc du mois* voit le jour en décembre, grâce à l'argent récolté par l'Association des amis de *Minute*. Le premier numéro de ce mensuel propose un dossier d'importance : « Ceux qui veulent abattre Le Pen. » En écho à leurs propres « évictions », les journalistes veulent faire la lumière « sur les hommes, les moyens, les raisons » du « complot » dirigé contre le président du Front national. La liste des conspirateurs est fournie : Pierrette Le Pen et Jean Marcilly, Jean-Maurice Demarquet, Charles Pasqua, les évêques de France, la communauté juive, la franc-maçonnerie. La dénonciation est menée par les anciens de *Minute* dans la plus pure ligne Buisson. Mais sans Buisson. Entre-temps, celui-ci a accepté l'offre de Raymond Bourgine de rejoindre le groupe de presse Valmonde. Il les a lâchés. Ils sont écœurés.

Patrick Buisson entre à *Valeurs actuelles* sur la pointe des pieds, avec un titre flou de chroniqueur politique. L'entreprise est honorable et familiale ; ses nouveaux membres doivent recevoir l'approbation de tous. De plus, le pedigree de l'arrivant ne l'autorise pas à se comporter en conquérant. Même si cela ne constitue pas un problème, car Raymond Bourgine est un homme ouvert ; son propre parcours en témoigne. Politiquement, l'homme a navigué des mers chaudes et agitées jusqu'aux eaux calmes et douces. Il a soutenu successivement Jean-Louis Tixier-Vignancour, Georges Pompidou et Jacques Chirac, qui lui a permis d'être son adjoint à la Mairie de Paris et d'être élu, par deux fois, sénateur de la capitale. Longtemps l'une des figures du CNIP, le parti de René Coty et d'Antoine Pinay, devenu au fil du temps la partie croupion de la droite à laquelle peuvent se greffer ses éléments les plus extrêmes, Bourgine ne s'est jamais senti contraint de repousser les profils hors norme, pour peu qu'ils s'accordent sur un triptyque essentiel à ses yeux : libéralisme, conservatisme et atlantisme. Dans sa vie professionnelle, il a accueilli avec la même tolérance toutes les bonnes volontés. À l'échelle du petit groupe de presse qu'il a constitué, il a été l'un des précurseurs de l'union de son camp. Dès leur création, le mensuel géopolitique et culturel *Le Spectacle du monde* et l'hebdomadaire d'opinion *Valeurs actuelles* ont été des carrefours de rencontre des hommes de toutes les droites. Là encore, les journalistes ne devaient répondre qu'à un cahier des charges éditorial minimum, respectant le maintien des valeurs traditionnelles et la progression des valeurs mobilières. Raymond Bourgine a ainsi longtemps confié la rédaction en chef de ses deux journaux à Jean Loustau-Chartez, qui avait appris le métier au quotidien *Le Cri du peuple* de Jacques Doriot, à Radio-Paris, la radio de propagande allemande, puis au sein de la SS-Standarte Kurt Eggers, le régiment de reporters de guerre chargé de couvrir les opérations de la Waffen-SS, où son travail avait été salué d'une Croix de fer. Condamné à mort, mais gracié par son ancien chef de corps dans l'armée française, le général de Gaulle, « Loustau » avait pu reprendre sa carrière et transmettre le savoir-faire allemand à des jeunes journalistes français. D'autres n'avaient eu besoin d'aucune formation pour collaborer aux titres de Valmonde. Peuvent être cités Lucien Rebatet, l'auteur des *Décombres*, alias François Vinneuil, Marc

Augier dit Saint-Loup, hagiographe et spécialiste des SS pour en avoir été un, ou encore Robert Poulet, Henri Lèbre, Georges Hilaire… Sans oublier le correspondant en Espagne, Luis de Velasco, plus connu en Belgique sous le nom de Léon Degrelle, fondateur du mouvement Rex et dernier commandant de la 28e division SS Wallonie.

Rappelons également que la Nouvelle Droite est historiquement partie à l'assaut du bourgeois depuis les journaux de Raymond Bourgine. Le rapprochement s'est fait au milieu des années soixante avec le recrutement du dirigeant de la Fédération des étudiants nationalistes, François d'Orcival. C'est ce dernier qui a initié son employeur à ce monde juvénile se piquant de trouver les mots et les concepts pour recycler les vieilles idées. C'est Bourgine qui, en retour, a permis aux protégés de sa nouvelle recrue d'accéder à la presse grand public. Sans ce parrain médiatique, Alain de Benoist et consorts ne se seraient probablement pas extraits de la confidentialité à laquelle ils étaient destinés, et n'auraient pu prendre leur envol pour migrer au *Figaro Magazine*.

Raymond Bourgine n'est inspiré que par la préservation d'une certaine civilisation occidentale. Les thèses différentialistes résonnent avec sa propre histoire. Fils d'un administrateur en chef des colonies, quelque chose du monde de son enfance subsiste en lui. Réunionnais, il lui reste un rapport coupable au métissage et au mélange culturel. À défaut d'employer un adjectif pénalisant, on peut estimer que Bourgine se montre soucieux du sort des minorités européennes et blanches dans les autres pays, et inquiet des conséquences de l'immigration en France. Cet ancien partisan de l'Algérie française demeure un sympathisant de la cause des Afrikaners et de l'apartheid, qu'il défend depuis son poste de président du groupe d'amitié France-Afrique du Sud, au Sénat.

L'embauche de l'ancien directeur de *Minute* à *Valeurs actuelles* ne peut donc être considérée comme l'épisode le plus audacieux de la carrière de Raymond Bourgine. Le fondateur de Valmonde n'a d'ailleurs pas à le regretter, car Patrick Buisson appartient à la catégorie des investissements spéculatifs et hautement rentables. Dès son arrivée dans l'immeuble du 14 de la rue d'Uzès, à proximité des grands boulevards parisiens, il confirme tous les espoirs placés en lui. S'il n'inspire pas immédiatement la sympathie, il exerce une séduction intellectuelle indéniable auprès de ceux qu'il côtoie. Durant les conférences de rédaction, Patrick Buisson fait étalage de ses capacités et use de sa force de conviction. C'est l'un de ses moments favoris. Il aime ce jeu de go où s'affrontent les ego pour construire un journal et déconstruire une hiérarchie. Dans l'impossibilité de contester l'autorité du véritable patron de *Valeurs actuelles*, il s'installe à ses côtés et parle à sa suite. Une place importante lui aurait-elle été promise ? Raymond Bourgine a, pourtant, un dauphin tout désigné en la personne d'Amaury de Chaunac-Lanzac, le vrai nom de François d'Orcival, présent dans le groupe depuis plus de vingt ans. Entre ce dernier et Patrick Buisson, les échanges sont doucereux. Chacun ayant tôt fait de déceler dans l'autre un rival. Les deux journalistes sont issus de la même famille, mais de fratries opposées. Le premier était le chef de la Fédération des étudiants nationalistes, le second, un militant de son courant dissident. C'est François d'Orcival qui avait décidé, le 2 novembre 1963, de dissoudre la section de Paris de la FEN parce que ses responsables refusaient de renoncer à l'activisme et de suivre la nouvelle ligne importée du groupe Europe-Action de Dominique Venner et défendue par Alain de Benoist, mélange de nationalisme européen et de délires païens. Les insoumis s'en étaient pris à François d'Orcival, qui s'accommodait de l'évolution politique de la FEN pour préserver son rang de dirigeant. Le 18 février 1964, François Duprat, Alain Madelin, Alain Robert, Gérard Longuet et d'autres fondaient le mouvement Occident…

Les relations entre Buisson et d'Orcival sont de nature analogue. L'incompatibilité n'est pas tant idéologique, que de caractère. Buisson ne juge pas avec bienveillance le directeur de la rédaction de *Valeurs actuelles*. Il considère que l'aristocrate a hérité du titre sans occuper la fonction, un legs dû à sa longévité et à son obséquiosité. Un reproche assez fréquent dans le milieu. Si personne ne remet en cause la nécessité du combat métapolitique, certains ne se privent pas de moquer ceux qui y ont trouvé le moyen de théoriser leur inaptitude à l'action politique et la frilosité de leurs engagements. Ils sont encore plus impitoyables lorsqu'ils suspectent les prétendus gramscistes de droite de se lasser de leur apostolat pour faire carrière. Patrick Buisson perçoit ainsi François d'Orcival. Il pense qu'il a choisi la voie de la notabilité, cauchemar de tout homme de la « vraie droite » ou issu de la noblesse. Comme l'acheteur type de *Valeurs actuelles*, il serait devenu un petit-bourgeois.

Afin de bousculer l'ordre qu'il n'a pas établi, Patrick Buisson se sert de nouveau de la politique. Durant la campagne électorale, il s'évertue à sauver ce qui peut encore l'être de l'union sacrée contre la gauche, après le scandale du « point de détail ». Il convainc Raymond Bourgine que Jacques Chirac ne peut l'emporter face à François Mitterrand sans rassembler les voix de la « droite nationale ». Le propriétaire de Valmonde est un soutien indéfectible du Premier ministre, et connaît Jean-Marie Le Pen depuis l'époque où ils militaient tous deux au sein du Front national pour l'Algérie française. Il avait aidé ce dernier lors du lancement de la Serp, l'avait accompagné tout au long de l'aventure Tixier-Vignancour et l'avait fait travailler dans ses journaux. Depuis, il n'a cessé d'entretenir avec lui des relations amicales et de graviter dans cet espace de la droite où toutes les rencontres sont possibles. C'est d'ailleurs là qu'il a fait la connaissance de Patrick Buisson. Celui-ci l'invite à engager ses réseaux politiques et son groupe de presse, pour que la droite apporte des réponses aux questions posées par Le Pen et fasse un geste en direction des électeurs frontistes. De fait, il n'est pas innocent que Raymond Bourgine joue un rôle d'entremetteur dans l'un des rendez-vous entre le président du Front national et celui du RPR. Il n'est pas non plus fortuit que Charles Pasqua choisisse *Valeurs actuelles* pour évoquer les valeurs communes de la droite avec le Front national.

Quelles que soient les circonstances, Patrick Buisson se démène pour empêcher l'isolement de sa famille politique. Il ne renonce pas, malgré l'intransigeance de Jacques Chirac à l'égard de Le Pen dans l'entre-deux-tours de la présidentielle ; il ne se décourage pas davantage, malgré le refus d'une alliance nationale pour les législatives anticipées, décidées par Mitterrand après sa victoire. Si les accords locaux dans les Bouches-du-Rhône et le Var résistent, le scrutin majoritaire, que la droite avait réinstitué, referme les portes de la représentation nationale aux frontistes. En dépit d'un score de 10 %, le parti ne conserve qu'un siège de député. Mais lorsque Le Pen « dérape » de nouveau en septembre 1988, Patrick Buisson doit admettre qu'il n'est plus possible de mener l'entreprise de dégauchisation de la droite de la même manière. Pour avoir appelé à « exterminer le Front national », Michel Durafour, ministre du gouvernement d'« ouverture » de Michel Rocard, est victime d'un odieux jeu de mots. Le calembour « Durafour-crématoire » provoque une nouvelle vague de départs au sein du Front national, et prive le parti de sa seule députée, Yann Piat, qui s'encarte à l'UDF. Patrick Buisson se dit qu'il a eu raison de quitter l'orbite de la presse d'extrême droite, pour rejoindre un journal moins compromis. À *Valeurs actuelles*, il peut continuer à établir des passerelles et diffuser ses idées, sans craindre la mise à l'index. Son réseau s'étoffe de nombreux responsables qui répugnaient à se commettre avec un journaliste de *Minute* ; il peut afficher une proximité avec ses anciens contacts politiques, qui dépasse de loin la connivence entretenue par certains hommes de presse. Son nouvel entregent lui permet de diriger une rubrique d'échos, « Entre nous, *Valeurs actuelles* dans les allées du pouvoir », et de mettre la main sur les pages politiques de l'hebdomadaire. La période d'intégration est terminée. Son retour médiatique est officialisé, comme un cadeau, au lendemain de Noël 1988 : Patrick Buisson est intronisé rédacteur en chef, chargé du service politique. Cette nomination est de pure forme. Moins de deux semaines plus tard, Raymond Bourgine tient sa promesse et réorganise la direction pour donner sa place à l'ancien patron de *Minute.* François d'Orcival reste à la tête du journal, mais doit partager le pouvoir. Il devient directeur général des rédactions tandis que Buisson est promu directeur de la rédaction générale et qu'un troisième homme est chargé, pour faire bonne figure, de la rédaction financière. Il n'aura fallu qu'une année à Patrick Buisson pour s'imposer. Et pouvoir dire assurément : « Un type bien, Raymond Bourgine. Vraiment ! »

Un week-end et un mercredi sur deux, la moitié des vacances scolaires, le réveillon du 24 décembre avec l'un, le jour de Noël chez l'autre. Une chambre, des affaires et des souvenirs en double exemplaire, pour seul gain d'une existence rythmée par l'alternance des parents. Cette manière de traverser l'enfance apparaît aujourd'hui tristement ordinaire. Elle l'était un peu moins lorsque j'étais jeune garçon. À vivre, je pense qu'elle ne peut jamais l'être véritablement. Sur le sujet, mon expérience ne m'incite pas à porter un jugement apaisé. Car, comme en toutes choses, Patrick Buisson a ressenti le besoin de se distinguer.

Cinq minutes de marche, seulement, séparent les domiciles de mes parents. Cinq minutes de trop, pour lui. Petit à petit, il s'immisce dans notre vie en se saisissant du moindre prétexte. Ne sachant pas cuisiner, il m'emmène le plus souvent déjeuner et dîner dans les brasseries du quartier. Jusqu'à s'interroger sur la possibilité d'une overdose de saucisses-frites et de steaks à cheval. Il propose donc de venir, de temps à autre, prendre ses repas avec nous. Chez nous. C'est l'occasion de manger sainement, tout en me donnant l'illusion d'une famille reconstituée. « Il faut mettre nos différends de côté, et se sacrifier pour notre fils. Je suis prêt à le faire dans l'intérêt de Georges », dit-il pour vaincre les réticences de Maman. Elle accepte. Quelques mois de ce régime ont raison de l'abnégation de ma mère. Enhardi d'avoir pu mettre un pied dans la porte, puis les deux sous la table, Patrick Buisson lui demande de faire les courses et le ménage chez lui les jours où il a ma garde. Il n'aurait probablement pas dû. Et il n'aurait absolument pas dû lui révéler qu'il avait conservé un jeu de clés de l'appartement, après son déménagement. Il n'hésite plus, dès lors, à s'en servir pour s'inviter à tout moment, afin de se restaurer ou de confier son problème du jour. Au début de l'année 1988, Maman voit revenir le cauchemar qu'elle a eu tant de mal à chasser. Elle sent l'angoisse lui tordre de nouveau le ventre. Elle se décide à fermer le bureau des pleurs et le restaurant où il a pris un rond de serviette quasi permanent, en se dispensant de payer toute addition. Au mois de février, je pars en classe de neige avec mon école. En raison de mon absence, il lui vient à l'idée d'aller déverser son anxiété sur ma mère, au milieu d'une nuit. Il se présente et trouve porte close. Il campe sur le palier et fait savoir son mécontentement. Maman n'ose pas appeler la police ; elle préfère téléphoner à mon oncle, Jean-Pierre, pour qu'il vienne raisonner son frère et le raccompagner chez lui. Le lendemain, elle fait poser de nouveaux verrous. La famille reconstituée était bel et bien une illusion. À mon retour, mes parents ne s'adressent presque plus la parole. Ils n'échangent que ma garde et des mots venimeux. Leurs relations se dégradent davantage à l'approche du procès qu'intentent mes grands-parents maternels pour me voir sans contrainte.

« Le Perreux, le 30 décembre 1986

Monsieur le Ministre de la Justice,

Je me permets de faire appel à vous, vivant une situation familiale dramatique qui dure depuis plus de trois ans, s'aggrave et devient intolérable… »

Bonne-maman ne savait plus ce qu'il convenait de faire. En désespoir de cause, elle s'était adressée au garde des Sceaux. Elle ne pouvait plus me voir. J'en étais empêché par Patrick Buisson qui m'interdisait tout contact avec ma famille maternelle, sous peine de représailles. Elle comprenait dès lors ce qu'on avait pu dire au sujet de son gendre : il est maître dans l'art de manipuler les gens, aussi bien dans sa vie privée que dans sa vie professionnelle.

Il y a quelques années, elle avait envisagé de déposer une requête pour faire valoir ses droits en tant que grand-parent. L'avocat de sa fille, qui connaissait Patrick Buisson, l'en avait dissuadée en lui assurant qu'elle risquait un drame.

Cette fois, elle était décidée à porter l'affaire en justice, tout en redoutant terriblement les conséquences pour ses trois filles et, avant tout, pour moi. Elle priait le ministre de l'aider et l'assurait de sa profonde reconnaissance.

Bonne-maman avait reçu une réponse du ministère de la Justice, quelques semaines plus tard. Un magistrat accusait réception de sa lettre, et assurait avoir communiqué sa demande au procureur général de Paris, censé faire procéder à son examen « dans les meilleurs délais possible ». Bonne-maman avait attendu, jusqu'à ne plus rien attendre. Rien ne changeait. Patrick Buisson me défendait toujours d'avoir des contacts avec mes grands-parents, et me demandait de m'opposer à ma mère lorsqu'elle souhaitait leur rendre visite. « Ces gens-là ne cherchent qu'à faire du mal », me disait-il. Il n'avait pas oublié l'aide que mes grands-parents avaient apportée à ma mère durant l'été 1983. Depuis cette date, je passais régulièrement du temps avec eux. Mais en cachette. Maman me demandait de taire ces rendez-vous, pour ne pas me placer, une nouvelle fois, au centre d'un conflit. Elle craignait, par-dessus tout, qu'il n'accentue ses pressions. La peur. Encore. Toujours. Bonne-maman ne pouvait plus supporter cette situation. À la fin de l'année 1987, elle avait saisi la justice pour obtenir un droit de visite, une fois par mois.

Face à mes grands-parents, Patrick Buisson a l'avantage de pratiquer la mauvaise foi et la calomnie. La démonstration en est faite devant le tribunal, le 11 octobre 1988. À l'audience, il les accuse d'avoir joué un « rôle néfaste » lors de la séparation avec son épouse, en bloquant toute tentative de médiation.

Avec le plus grand aplomb, il affirme que mes grands-parents ne se sont jamais préoccupés de moi, ne m'ont jamais manifesté d'affection. Leur volonté de nuire, qui lui semble évidente, s'illustrerait avec cette procédure. Car il nie farouchement m'interdire de les voir. Et n'envisage pas que soit imposé un droit de visite et d'hébergement contraignant, alors que mes grands-parents ont tout le loisir de se rendre chez ma mère, qui a ma garde. De son côté, maman s'en tient à sa version. Elle ne veut, en aucun cas, révéler les rencontres clandestines ; elle reconnaît uniquement s'employer à éviter les disputes et à ce que je ne me « sente pas en faute » vis-à-vis de lui. Pour ma part, je n'aurai ni à mentir ni à dire la vérité aux juges : il a expressément refusé que je comparaisse.

La décision judiciaire tombe le 2 février 1989 : mes grands-parents sont déboutés de leur demande. Réputé contradictoire, le jugement donne effectivement dans la contradiction. Le tribunal considère qu'il n'a pas la preuve que le « père ait empêché les contacts », et rejette la responsabilité sur ma mère. Elle aurait prévenu les « désirs » de son époux « dans le but de maintenir la concorde ». Autrement dit, les magistrats reconnaissent implicitement qu'il ne désire pas que je voie mes grands-parents et que cette opposition est mère de discorde. Ils invitent « fermement » maman à rétablir les relations, « au besoin en concertation avec son mari ». Si la justice est aveugle, ceux qui la rendent peuvent aussi être frappés de cécité. Maman ne le sait pas encore, mais sa déception sera de courte durée, bientôt chassée par un plus grand malheur.

Mes grands-parents proposent à ma mère de reprendre le petit appartement inoccupé, au-dessus du magasin de sport qu'ils tenaient, boulevard Voltaire. Le quatre-pièces du XVIIe arrondissement est trop vaste pour nous deux, et le loyer trop élevé pour son seul salaire de comptable à EDF. Malgré ses difficultés financières, Maman tergiverse. Elle ne souhaite pas que nous vivions trop loin de mon collège, et craint que son mari ne se serve de ce prétexte pour tenter quelque chose. Elle prend conseil auprès de plusieurs avocats, avant de se décider.

Bonne-maman s'installe avec nous, le temps de faire les cartons. Ma mère attend le dernier moment pour l'avertir : elle ne lui écrit que la veille du déménagement. Elle dépose également une main courante, afin de signifier son changement de domicile, au cas où… Le jeudi 30 mars, nous prenons possession de notre nouveau domicile. Le lendemain matin, Maman m'emmène au collège. Elle me montre le lieu où nous devrons nous retrouver chaque soir pour rentrer ensemble. À la sortie des cours, je prends la direction des transports en commun, sans réfléchir, ni lever la tête. Une main m'arrête, sa voix me saisit. Je le regarde. Il me demande de le suivre. Maman m'attendra longtemps. Ma vie se fera désormais avec lui.

« Paris, le 5 avril 1989

Patrick... »

Elle a toujours agi avec compréhension. Il n'a jamais rencontré de difficultés pour me voir quand il le désirait ou en fonction de son emploi du temps, quitte à ce que je couche chez ma grand-mère paternelle.

Ses moyens financiers ne lui permettant plus de conserver l'appartement de la rue de Courcelles, elle a saisi l'opportunité que lui offrait sa famille de vivre dans le XIe arrondissement. Je ne suis venu habiter qu'un soir dans notre nouveau logement. Depuis le lundi 3 avril, elle n'a réussi ni à me voir ni à me joindre par téléphone, alors que je suis en congé. Elle devait pourtant prendre quelques jours de vacances en ma compagnie.

Elle vient d'apprendre, par téléphone, qu'il m'a envoyé chez des amis, jusqu'à la rentrée. Elle est abasourdie qu'il ait pu prendre seul une telle décision. Elle lui demande de lui faire parvenir au plus vite mes coordonnées, qu'il a refusé de lui communiquer.

Dès la rentrée scolaire, elle le prévient que je dois reprendre mes habitudes de vie. Elle viendra donc me chercher dimanche 16 avril. Quant aux grandes vacances, elle me prendra en juillet, et lui en août, comme les années précédentes.

Dans le cas contraire, elle se trouvera dans l'obligation d'en aviser le magistrat, afin qu'un cadre légal remplace cette situation de fait.

Elle le prie, enfin, de bien m'embrasser de sa part.

« Paris, le 9 avril 1989

Christine,

Ton courrier en date du 5 serait dérisoire si n'étaient en cause l'équilibre, l'avenir et la paix du cœur dont Georges a tant besoin... »

Les mots ne sont ni tendres ni délicats. Patrick Buisson juge durement la lettre de son épouse. Les inexactitudes le disputeraient aux mensonges délibérés dans un argumentaire visiblement bâti à des fins procédurières. Sarcastique, il estime que déformer *a posteriori* la réalité avec un tel luxe de détails ne permet pas de sauver autre chose que les apparences.

Pendant les six années où elle a eu ma garde, il prétend avoir agi dans le respect de ce qu'il croyait être mon bien. Depuis plusieurs mois, je lui ai fait part de ma volonté de vivre avec lui, assure-t-il. Elle ne m'en aurait pas dissuadé. Aujourd'hui, j'ai fait ce choix. Serait-ce donc trop demander à son épouse que de le respecter ?

Elle lui demande de m'embrasser de sa part. Il y défère bien volontiers. Encore lui serait-il loisible de le faire elle-même, à tout moment, pour peu qu'elle le veuille.

« Paris, le 28 avril 1989

Patrick... »

Ma mère est allée me chercher à la sortie de Sainte-Croix, comme convenu lors de la conciliation. Et a – enfin ! – pu m'embrasser.

Lors du trajet, elle m'a annoncé me garder jusqu'au lundi 1er mai. J'en ai été surpris, car mon week-end était organisé depuis longtemps. Compte tenu du travail que me donnait la préparation du voyage scolaire en Italie, j'ai préféré rester chez lui.

Ne voulant pas me prendre de force, et en aucun cas me priver d'une sortie organisée, elle a préféré s'effacer, car elle ne veut que mon bonheur.

Les hommes recèlent de stupéfiantes dispositions à se satisfaire de leur sort. Certains dissimulent leur résignation sous les habits de la fatalité, d'autres surmontent les épreuves par le pardon et la reconnaissance des fautes. Lui ne relève d'aucune de ces deux catégories. Il ne s'accommode de rien, n'accepte que les situations qu'il maîtrise, ne se plie qu'aux contraintes qu'il a choisies. Il ne peut avancer sans exiger réparation des défaites qu'il a subies et des revers de la vie.

Alors que je quitte l'enfance pour l'adolescence, Patrick Buisson estime que la mission de ma mère est achevée. Sa présence n'est plus indispensable. Il faut m'arracher à ses bras maternants et aux âges innocents. Je suis devenu un petit homme à éduquer. Argile à modeler selon son goût et ses idées. Il projetait de me récupérer dès l'année 1988. Avec moi, il évoquait le sujet à mots couverts, me demandait si je souhaitais qu'il prenne un appartement plus grand pour avoir ma propre chambre. Je n'étais pas le seul qu'il s'efforçait de circonvenir. En avril, ma mère avait reçu un courrier de l'avocat de Patrick Buisson : il était disposé à accepter le divorce par requête conjointe. L'heureuse proposition était assortie d'une condition : la procédure devait être entreprise sous les auspices d'un seul et même conseil. Le sien. Maman avait accueilli cette manœuvre grossière par un silence réprobateur. Il n'en continua pas moins de préparer mon arrivée en louant un quatre-pièces, dans un immeuble de la rue Pierre-Demours. Il guettait le moment propice pour passer à l'action. Le procès intenté par mes grands-parents n'avait fait que retarder son projet ; le déménagement de ma mère dans le XIe arrondissement, au printemps 1989, l'accélère.

En mémoire du passé, il me soustrait totalement à elle. Maman me cherche partout. Elle envoie des lettres et des télégrammes chez lui, à son travail, chez sa mère. Il lui répond une première fois, afin de la tenir à distance, une seconde fois, pour se prémunir d'une plainte : « Georges est chez mes amis », puis « Georges est à mon domicile ». Maman envoie un médecin chez ma grand-mère paternelle : elle veut s'assurer de mon état de santé et faire constater que je ne suis pas chez lui. Elle prend un nouvel avocat pour engager la procédure de divorce. Celui-ci commet l'erreur d'écrire à la partie adverse, avant d'introduire toute procédure, en reprenant l'idée d'une requête conjointe. La riposte est immédiate. Disproportionnée. Patrick Buisson n'a plus besoin de jouer les arrangeants ou de feindre le désir de parvenir à un compromis. Il peut laisser libre cours à son tempérament. Il veut lui aussi le divorce. Pour faute ! Il réclame ma garde et, plus humiliant encore, l'exercice exclusif de l'autorité parentale, une mesure habituellement prise en cas de mauvais traitements ou de désintérêt total d'un parent pour son enfant.

Une psychologue est chargée de sonder mes intentions, avant de recevoir les belligérants. Je dois à Maman le récit de cette journée exilée dans les grands espaces morts de ma mémoire. Je me présente au Palais de justice de Paris le regard fixe, le visage fermé, le corps tendu. Je vois ma mère et l'ignore délibérément. Son salut se perd dans la coursive de ce gigantesque navire des plaintes et des peines où nous attendons d'être entendus. Je n'ai nul besoin de réfléchir à ce que je dois dire. Devant l'experte, je n'ai qu'à réciter mon texte. Il ne comporte qu'une seule ligne : « Je veux vivre chez mon père ! » La psychologue confie à ma mère qu'il ne sert à rien de s'opposer à une volonté aussi violemment exprimée. Elle a décelé la manipulation, mais juge qu'il est contre-productif de s'y opposer pour le moment. Je finirais vraisemblablement par fuguer, si je devais retourner chez ma mère. Maman décide, malgré tout, d'aller voir un psychiatre, qui adresse une lettre au juge aux affaires matrimoniales pour la nouvelle conciliation, fixée au 2 juin 1989. À l'audience, le magistrat en prend connaissance. « L'enfant peut être en danger », lit-il. Il s'interroge à voix haute sur le bien-fondé de la prétention du père de détenir seul l'autorité parentale. L'intéressé se sent contraint de transiger sur ce point ; il ne veut pas céder sur ses autres demandes. Il a soigné la présentation de son cas. Son retour en grâce sur le plan professionnel lui permet d'afficher une situation convenable, un train de vie confortable. Et il peut s'appuyer sur mes déclarations à la psychologue. Je serai bien mieux chez lui dans un environnement familier, à proximité de mon collège. Il obtient gain de cause provisoirement.

Dans les mois qui suivent, il fait comprendre à ma mère qu'il est désormais en position de force. Il ne me rend pas à elle les week-ends où elle a ma garde. Maman dépose des mains courantes et doit requérir, un jour, l'aide de la police pour que lui soient rappelées ses obligations. Il plaide la méprise, la confusion des dates. Maman s'installe dans un café de l'avenue Niel, à quelques centaines de mètres de mon nouveau domicile. Elle rédige des phrases toutes simples à mon intention. Je peux compter sur elle ; elle est là pour moi, m'écrit-elle. Je ne saurais citer précisément ses mots. Mes souvenirs défaillants ne sont pas ici en cause. Sa lettre ne m'est jamais parvenue. Dans le sens inverse, le carton d'invitation pour ma profession de foi subit le même sort. Le renouvellement des promesses du baptême se fait traditionnellement en présence des parents, du parrain, de la marraine et de la famille. Mais, à présent, seuls les Buisson ont droit de cité dans ma vie. Maman n'est pas la bienvenue. Fort heureusement, on ne refoule encore personne à l'entrée d'une église. Elle assiste en compagnie de mes grands-parents à la célébration collective, organisée par mon collège catholique à Saint-Pierre de Neuilly, le 18 juin 1989. Je les aperçois lorsque je descends la nef dans mon aube, un cierge à la main, avec mes coreligionnaires. Je ne peux partager avec eux qu'un sourire gêné en ce supposé jour de fête catholique.

La foi est une affaire personnelle. Celle que professe Patrick Buisson n'appartient vraiment qu'à lui. Après m'avoir donné un piètre exemple de l'esprit chrétien, il piétine les impératifs religieux dont il faisait grand cas lorsque Maman l'avait quitté. Oubliés l'épître de saint Paul aux Corinthiens et les canons du concile de Trente sur le sacrement de mariage. Anathème, anathème ! Où sont passées les promesses de malédiction ? Envolées. Celui qui affirmait ne reconnaître que le jugement de notre Sainte Mère l'Église s'en remet entièrement à la justice des hommes. Après l'échec de la conciliation, Maman reçoit une assignation à fin de divorce, dont les motifs étourdiraient le catholique le plus indulgent. Les griefs exposés ne pourraient être qu'iniques, certains sont aussi tristement mensongers. Afin de démontrer l'existence d'une faute, il en revient inlassablement à notre fuite de l'été 1983. Il fait valoir que ma mère avait « brutalement quitté le domicile conjugal », m'avait emmené avec elle et caché malgré une décision judiciaire. Il ne craint pas non plus d'affirmer qu'elle n'avait réintégré l'appartement de la rue de Courcelles que pour l'« en évincer ». Ma garde constituant une autre de ses prétentions, il demande que soit confirmée la décision du juge conciliateur de la lui accorder. Il ajoute que, s'il avait initialement sollicité l'attribution de l'autorité parentale, il consent « dans un souci d'apaisement » à la partager, en dépit de la « farouche détermination de Georges qui ne trouvait plus auprès de sa mère les conditions de son épanouissement ». Car, chose notable, il est attaché à « préserver dans l'esprit de l'enfant commun la meilleure image de la mère ». Il réclame en conséquence l'application de l'article de loi en vertu duquel le tribunal se limite à constater l'existence de faits constituant une cause de divorce pour faute, sans avoir à énoncer les griefs de chacune des parties. Derrière l'apparente indulgence, il entend surtout épargner son image. C'est la seule arme qui reste à la disposition de ma mère : exhumer, elle aussi, les vieilles histoires. Elle charge son avocat de rappeler, documents à l'appui, les circonstances de la séparation et de son retour dans l'appartement parisien. La riposte ramène l'agresseur à la raison. Au cours de l'automne 1989, il fait savoir qu'il est prêt à abandonner la procédure de divorce pour faute si ma mère accepte de ne plus lui disputer ma garde et de se joindre à lui pour demander que le jugement ne soit pas motivé. Leurs hommes de loi s'entendent sur un divorce aux torts partagés. Le 19 mars 1990, le tribunal se prononce en ce sens. Et me confie à lui.

Il a obtenu ce qu'il voulait. Il a tout fait pour contraindre ma mère à lui laisser le contrôle de la procédure jusqu'à son terme, sans manifester la plus petite hésitation, ni éprouver le moindre scrupule. Après avoir usé de stratagèmes et épuisé toutes les autres formes de manipulation, il a placé leurs rapports sur le seul terrain où il savait que ma mère ne pouvait le suivre durablement : l'affrontement. Paralysée, empêchée, Maman n'est jamais parvenue à surmonter sa peur. Après s'être défaite de son emprise, elle est tombée sous son empire. Elle sera, dès lors, tenue à distance de ma vie.

Il pourrait savourer sa victoire, mais il a encore une revanche à prendre sur son passé.

CHAPITRE V

Chemins de traverse

Prenez garde à ceux qui veulent faire de vous leur proie par une philosophie vide et trompeuse, fondée sur la tradition des hommes, sur les forces qui régissent le monde, et non pas sur le Christ.

Lettre de saint Paul Apôtre aux Colossiens (Col 2, 8).

Les piles de magazines sont rangées sur le comptoir. Elles forment un rempart crénelé qui me protège de la foule déambulante. Des regards plongent sur les titres des revues, et des mains curieuses dérangent le soigneux ordonnancement. J'interpelle mécaniquement les acheteurs potentiels : « Offre spéciale ! 20 francs le numéro, 50 francs les trois ! » Le boniment s'arrête là. Je n'ai pas de disposition pour le commerce, et nulle envie de devenir camelot. Plus jeune, la vente du calendrier des louveteaux représentait déjà une épreuve redoutable. Je ne puis compter, cette fois, sur la générosité des personnes âgées, accostées à la sortie de la messe ou de la boulangerie, pour écouler la marchandise qui m'a été confiée. La clientèle à laquelle je fais face est d'une tout autre nature. Rugueuse, tatillonne, malaimante, elle ne se laisse pas amadouer. Et la concurrence est rude à la fête des Bleu-Blanc-Rouge (BBR).

Depuis l'arrivée de la gauche au pouvoir, le Front national organise chaque année une « contre-fête de *L'Humanité* », à la sortie de l'été. Un grand rassemblement semblable à celui du Parti communiste français, où la « droite nationale » se compte et s'ébat dans le confort de l'entre-soi. Les associations d'anciens combattants, les amicales des causes mortes ou les clubs de défense des intérêts perdus s'exposent entre les stands de produits régionaux et les baraques de fête foraine. Les visiteurs peuvent s'exciter en descendant à grandes lampées une « cuvée Jean-Marie Le Pen » ou en abattant des ballons de baudruche à la carabine à plomb. D'autres cibles sont désignées à leur attention par les maisons d'édition, les librairies et la presse sympathisantes. En échange d'une somme modique, ces dernières se disputent la prétention d'initier aux secrets du monde et de l'Histoire. *Le Choc du mois* frappe ainsi un grand coup pour la rentrée de l'année 1990, en publiant un entretien avec le négationniste Robert Faurisson. Le mensuel décrochera la première condamnation au titre de la nouvelle loi Gayssot, pour « contestation de crimes contre l'humanité ». La lourde sanction infligée entraînera la ruine du journal, et fera comprendre à Patrice Boizeau l'insistance de ses petits camarades à le voir systématiquement occuper la fonction de directeur de la publication.

« Qui est franc-maçon ? », « Il était une fois la Révolution », « Les collabos », « Les bobards de la guerre d'Algérie », « Les musulmans et nous », « Les nouveaux monstres », « Les morts mystérieuses », « Les coups d'État »... Question racolage, les unes du magazine que je suis chargé de vendre ne font pas non plus dans la demi-mesure. « Il faut tout brader ! Je compte sur toi pour me débarrasser du stock d'archives », a-t-il insisté, avant de partir voir ses camarades. Je doute de pouvoir remplir ma mission. Le temps est maussade en ce dimanche de la fin septembre. Ce matin, les allées de la fête des BBR étaient clairsemées pendant que les prêtres de la Fraternité sacerdotale Saint-Pie-X donnaient l'absolution sur un coin de la pelouse de Bagatelle. Et en cette fin d'après-midi, elles sont pratiquement désertes. Personne ne songerait à manquer l'homélie de clôture du grand officiant des BBR. L'emplacement de mon stand n'a rien non plus d'avantageux. Il ne se situe à aucun des points de passage conduisant au meeting de Jean-Marie Le Pen. Je partage mon dépit avec le voisin que les organisateurs ont placé au hasard sous le même chapiteau : un vendeur de pâtisseries orientales, désespérant de trouver preneur pour ses assortiments colorés de loukoums, makrouts, baklavas et cornes de gazelle. Un autre genre de sucreries que les miennes. Je ne m'interroge pas sur cette présence incongrue à une manifestation du Front national. Les associations échappant à l'entendement sont ici légion : des Antillaises mantillées perdues dans l'assistance génuflexe des fidèles blancs de Saint-Nicolas-du-Chardonnet ; des Juifs trinquant avec d'indécrottables antisémites ; des anti-avortement militant aux côtés des partisans du rétablissement de la peine de mort.

« Mais qu'est-ce qui lui a pris de racheter *Le Crapouillot* ! » Je peste tout mon soûl, encombré des vieux numéros du « magazine non conformiste » à liquider. Je n'ignore pourtant pas les raisons qui l'ont conduit à reprendre le titre fondé par Jean Galtier-Boissière. Après le passage de Patrick Buisson à *Minute*, l'herbe n'avait pas repoussé. Les ventes de l'hebdomadaire avaient plongé sous les 50 000 exemplaires, la publicité ne rentrait plus et le principal actionnaire, l'Office de publicité générale, l'une des sociétés de Maurice Brébart qui détenait également *Marie-France* et *Point de vue-Images du monde*, avait déposé le bilan. L'éphémère directeur de la rédaction espérait la chute de son ancien domaine, et préparait la relève. Il avait pris le contrôle effectif du capital et de la direction d'Intervalles : Patrice Boizeau avait été prié de prêter son nom à d'autres entreprises ; des associés avaient été remerciés. Place nette avait été faite pour un nouvel actionnaire qui en vaut cent, un investisseur généreux et conciliant. Pierre-Guillaume d'Herbais, aristocrate fortuné, candidat malheureux du Front national aux législatives de 1986 dans les Côtes-du-Nord, avait hérité de sa famille un titre de vicomte, et de sa belle-famille une société d'études et de gestion, spécialisée dans les régimes sociaux. C'est dans son entreprise apparemment prospère qu'il avait recueilli Alain Renault, bombardé secrétaire général, et proposé à Patrick Buisson d'abriter le siège d'Intervalles, rebaptisé Publifact – contraction de « publication de factures » – en 1989. Le trio plaçait de grands espoirs dans leur association : il ambitionnait de gagner de l'argent tout en faisant de la politique. Un projet à très long terme visiblement, puisque la première proie visée était une entreprise de presse en faillite.

Criblée de dettes et privée de ressources, la société éditrice de *Minute* avait atterri entre les mains d'un liquidateur judiciaire. À la barre du tribunal de commerce de Paris, des anciens de l'hebdomadaire s'étaient disputé la dépouille : Jean-Claude Goudeau, dernier fossoyeur en titre ; Roland Gaucher et Jean Bourdier, dirigeants de *National-Hebdo*, l'organe officieux du Front national ; et le revenant Jacques Tillier, en manque d'occupation depuis qu'il avait été contraint de quitter *Le Journal du Dimanche* pour avoir encore voulu innover, en menant en parallèle une carrière de journaliste et une activité de conseiller d'autocrates africains. Ces trois offres ne présentaient pourtant pas les mêmes garanties que celles apportées par le tour de table, monté discrètement par Patrick Buisson. Ce dernier comprenait Pierre-Guillaume d'Herbais, son épouse et son beau-frère, Jean-Marie Le Chevallier, Alain Renault, Gilbert Caron, Jean-Michel Dubois et Serge Martinez, chef d'entreprise pied-noir qui apportait l'essentiel des fonds. Le 11 janvier 1990, le tribunal avait choisi leur plan de reprise et cru leur intention de faire un journal « moins sensationnaliste et plus pondéré qu'auparavant », « de droite sans être militant ». Moins de trois ans après son éviction, Patrick Buisson faisait son retour à *Minute* par la grande porte, celle des propriétaires : après la décision du tribunal, il avait, en effet, acquis via Publifact quelques actions de la société propriétaire du titre. Mais il conservait dans la bouche l'aigre douceur des lendemains de victoire. Remontaient en lui la langueur et la tristesse des désirs assouvis. Il n'était pas revenu pour poursuivre son destin contrarié à la tête de l'hebdomadaire, mais pour clore à sa manière ce chapitre de sa vie. *Minute* ne l'intéressait plus. La moitié de la cinquantaine de salariés était partie ; Serge de Beketch récupérait le contrôle de la rédaction ; le journal reprenait la formule magazine et allait être rebaptisé *Minute-La France*. Patrick Buisson ne songeait pas à ravir les commandes de cet onéreux passe-temps à Serge Martinez. Il lui avait demandé, en revanche, de tenir son engagement et de céder *Le Crapouillot* à une structure *ad hoc*, associant Pierre-Guillaume d'Herbais, Alain Renault et Gilbert Caron.

Cette fois, Patrick Buisson avait directement pris part à l'opération. Pour une courte durée. À peine acquises, ses actions avaient été revendues à sa propre société Publifact, généreusement dotée en argent frais par d'Herbais. Il pouvait retrouver le confort de l'ombre et multiplier sa mise par quatre-vingts. S'il appréciait d'avoir été initié au jeu des montages juridiques et financiers, il ne pouvait se permettre d'apparaître publiquement. Le directeur de la rédaction générale de *Valeurs actuelles* laissait à son compère Renault la gérance de Publifact et celle de la société du *Crapouillot*, tout en conservant de fait la main sur les deux entités. Il avait ensuite déniché un petit appartement au premier étage d'un immeuble de l'avenue Niel, donnant pratiquement sur la place Pereire. Le lieu ne permettait pas d'accueillir plus de trois bureaux et, en aucun cas, de loger une rédaction. Qu'importe. Là n'était pas sa fonction. Le local devait servir à Patrick Buisson à recevoir les pigistes alimentant le magazine, et à retrouver sa jolie môme. Comme autrefois, il l'installait dans un rôle, vaguement utile, de représentation et s'offrait le moyen de l'avoir à ses côtés. Son travail à *Valeurs actuelles* lui prenant la majeure partie de son temps, il lui était plus facile de mener ainsi ses activités cachées tout en entretenant ses commerces clandestins. Il avait renoué les fils de sa vie professionnelle et privée dans cet inextricable enchevêtrement qu'il affectionne tant. Il pouvait de nouveau tout tenir dans sa main.

Sur le plan éditorial, il entendait se faire plaisir de la même façon. Des numéros du *Crapouillot* consacrés à la collaboration, à l'épuration, aux francs-maçons ou encore aux écrivains « maudits » tels que Robert Brasillach, Louis-Ferdinand Céline et Pierre Drieu la Rochelle, étaient en préparation. À l'occasion du 10e anniversaire du 10 mai 1981, un numéro avait même été bouclé des mois à l'avance. Pour fêter la longévité de « Tonton » à l'Élysée, Patrick Buisson voulait rééditer une valeur sûre de la collection du *Crapouillot* : « Mitterrand très secret ! » Une couverture modernisée, un surtitre « 10 ans, ça suffit ! » et deux nouveaux papiers, étaient à première vue les seuls changements apportés. Mais un lecteur fidèle ne pouvait manquer de relever que la version originale avait subi de grands coups de ciseaux. Sévèrement amputée, la réédition ne comportait plus les articles touchant à l'argent, à la santé ou à la vie intime du président de la République. Même si Patrick Buisson souhaitait s'épargner un procès de la part du « mystérieux financier suisse », les coupes effectuées répondaient à des préoccupations d'un autre ordre. Ni le cancer ni l'existence de la fille adultérine de Mitterrand n'avaient été encore « officiellement » dévoilés, et Patrick Buisson n'était pas désireux de reprendre le combat mené naguère. Il avait fait la connaissance, comme tant d'autres journalistes parisiens, de François de Grossouvre. Avec Pierre Bérégovoy, l'ancien « chargé de mission » à l'Élysée était même devenu l'une de ses principales sources d'information dans le camp opposé. Il rencontrait le responsable du Comité des chasses présidentielles dans son appartement d'État du quai Branly, situé juste au-dessus de celui d'Anne Pingeot et Mazarine. L'homme des secrets du président n'était pas socialiste, il était mitterrandien. Sa culture était donc de droite, et lui servait en maintes occasions. Lors de sa première entrevue avec Patrick Buisson, il n'avait pas chanté le refrain habituel de l'anticommunisme ; informé des goûts de son interlocuteur par une fiche des RG, il avait préféré rappeler certains faits d'armes, afin de briser la glace. Sous la IVe République, François Mitterrand n'avait-il pas eu à pacifier les départements algériens en tant que ministre de l'Intérieur ? Devenu garde des Sceaux, n'avait-il pas dépoussiéré la guillotine en appliquant les condamnations à mort des indépendantistes, prononcées par les juridictions d'exception ? Oubliait-on qu'il avait témoigné à décharge lors du procès du général Salan, et croisé à cette occasion Jean-Marie Le Pen ? N'était-il pas celui qui avait rétabli l'honneur des putschistes d'Alger, en imposant au Parlement, en 1982, une nouvelle loi d'amnistie les réintégrant dans leurs droits et prérogatives militaires ? Alors si Grossouvre prenait Buisson par les sentiments... La vérité est néanmoins plus prosaïque. Les liens entre le président de la République et son ancien conseiller se distendaient jour après jour, mais Grossouvre restait le parrain de Mazarine et ne passait pas encore son temps à se répandre auprès des journalistes sur les turpitudes de la cour. Le dossier du *Crapouillot* étant déjà riche en informations gênantes, il avait fait comprendre qu'il était inutile de provoquer le locataire de l'Élysée sur le terrain accidenté de sa « vie privée ». Patrick Buisson ne tenait pas à ce que son rôle dans la reprise de *Minute* et du *Crapouillot* soit révélé ; l'actionnaire et imprimeur des deux titres, Gilbert Caron, qui gardait un vif souvenir de sa collaboration avec Jean-Edern Hallier, ne souhaitait pas non plus tenter le diable de nouveau.

Tous les numéros du *Crapouillot* n'étaient pas aussi sensibles, mais ils demandaient plus d'efforts à Patrick Buisson. Je portais alors un regard admiratif sur sa capacité de travail. Je découvrais sa faculté à mener plusieurs vies de front, même si je constatais qu'il n'hésitait pas à demander de l'aide. Il avait constitué un réseau de petites mains et de grands cerveaux. L'« ours » du *Crapouillot* mentionnait Alain Renault en tant que directeur de la publication et Frédéric Vareuil, un nom qui m'était inconnu, au poste de directeur de la rédaction. Je devinais qu'il s'agissait d'un pseudonyme, ce camouflage dont usent auteurs et journalistes pour des raisons qui ont tout à voir avec un besoin d'anonymat et rien avec le souci de la modestie. Je l'avais interrogé, et il m'avait répondu qu'il s'agissait bien de lui. Il avait associé le prénom de son grand-père maternel et la contraction du nom d'un bourg qui lui était cher. Je n'avais aucune raison de ne pas le croire, tout comme je n'étais pas censé savoir que ce pseudonyme était également utilisé par un autre homme, au parcours sinueux et négligé par la plupart des historiens patentés des coulisses de la vie politique française.

Jean-André Faucher n'avait pas seize ans lorsqu'il rejoignit le Parti populaire français de Doriot, guère plus de vingt lorsqu'il fut nommé délégué à la propagande de l'État français par le maréchal Pétain, et presque vingt-cinq lorsqu'il fut condamné à mort pour trahison par la Cour de justice de la Haute-Vienne. Il fut moins pressé par la suite, mais tout aussi peu réfléchi dans ses engagements. En cavale, il fonda une fantomatique « Armée française loyale », impliquée dans le « Plan bleu », un complot qui visait à libérer la France de l'emprise communiste et à prendre le pouvoir. Arrêté à la fin de l'année 1948, il resta moins de trois ans en prison. Il choisit une reconversion dans le journalisme d'opinion, écrivit dans des revues ouvertement racistes, édita des lettres confidentielles, avant de travailler pour des titres ayant pignon sur rue. Puisqu'il voulait faire carrière, il adhéra au Parti radical-socialiste et fut initié à la franc-maçonnerie, sans rien renier de ses convictions nationalistes et de son socialisme « sorélien ». Dès les années cinquante, ce proche de Georges Albertini se piqua d'occuper la position vacante, car peu enviée, d'intermédiaire entre l'extrême droite et la gauche non communiste. Son entregent le fit aussi remarquer et révéler dans un emploi inattendu. Il fut l'un des principaux artisans du ralliement des clubs de radicaux de gauche et de leurs réseaux francs-maçons à la Convention des institutions républicaines, fondée par François Mitterrand. Lors de l'élection présidentielle de 1965, le candidat unique de la gauche enrôla cet homme précieux, pour seconder Charles Hernu, son directeur de la communication. Faucher retrouvait un Frère, dont le comportement durant l'Occupation n'avait pas été exemplaire, et Roland Dumas, un condisciple de lycée à Limoges. Il apprit à mieux connaître les bienfaiteurs de la campagne : l'industriel François de Grossouvre et René Bousquet, ancien secrétaire général à la police du régime de Vichy et administrateur du quotidien radical *La Dépêche du Midi*. François Mitterrand, qui repoussait rarement les bonnes volontés s'offrant sur son chemin, avait pris très tôt la décision de tout asservir à son ambition. D'ailleurs, qui était-il pour juger ? Et lui qui détestait les familiarités ne se formalisait pas lorsque Faucher l'appelait « mon cousin », en raison d'une parenté certaine, quoique fort lointaine. Il faisait mine d'oublier que le journaliste avait été parmi les premiers à évoquer, en 1954, dans son périodique *La Lettre à un cousin*, les liens étroits de Mitterrand avec d'anciens de la Cagoule et à suggérer qu'il en avait même fait partie. Il fermait les yeux sur l'appartenance de Faucher à la Société des amis d'Édouard Drumont, créée par Maurice Bardèche. Il avait trop besoin de cet allié qui contribuait à lui gagner les faveurs du Parti radical, tout en assurant sa promotion dans les milieux nationalistes, notamment chez les « camarades » d'Europe-Action et de la Fédération des étudiants nationalistes. De la même façon, François Mitterrand le mandata, directement ou indirectement, pour convaincre ses amis d'extrême droite de faire battre Valéry Giscard d'Estaing en 1981, puis Jacques Chirac en 1988. Car Jean-André Faucher n'avait pas cessé de barboter dans son élément naturel. Il louait sa plume à *Minute*, puis à *Valeurs actuelles*, où Raymond Bourgine lui donna la chronique « La lettre de M. de Rastignac », qui empruntait la langue et les personnages imaginés par Balzac pour raconter la comédie du pouvoir. Il s'y délectait de divulguer les intrigues politiques et d'éclairer tous ceux qui n'avaient pas reçu la Lumière. Pendant qu'il grimpait quatre à quatre les degrés de l'initiation et parvenait à se faire élire au Collège des Grands Officiers de la Grande Loge de France, il écrivait l'histoire de la franc-maçonnerie française. Il avait, néanmoins, la désagréable habitude d'anticiper son travail historique et de ne pas respecter le secret maçonnique. Il dévoilait les appartenances de ministres et parlementaires en exercice ou les cachotteries des loges dans ses ouvrages et dans les nombreux numéros du *Crapouillot* consacrés à la franc-maçonnerie, dont on lui déléguait la réalisation. Le procédé avait été mal accueilli : Faucher dut démissionner de la Grande Loge de France. Ses relations fraternelles n'en furent pas durablement affectées, et il put créer sa propre obédience. Les années quatre-vingt le virent animer un mouvement mineur de la gauche radicale, devenir membre du Conseil économique et social grâce à François Mitterrand, décrocher un poste de conseiller officieux au cabinet du Frère Georges Lemoine, secrétaire d'État aux DOM-TOM, mener une mission de négociations entre Caldoches et Kanaks en Nouvelle-Calédonie – dont le résultat fut catastrophique, mais lui valut une Légion d'honneur que son passé collaborationniste ne lui permettait pourtant pas d'obtenir –, et multiplier les articles dans la presse amie du Front national. Avec un tel parcours, il aurait été étonnant que Jean-André Faucher ne rencontre pas Patrick Buisson. Était-ce lui le vieil homme qu'il m'arrivait de croiser dans les locaux du *Crapouillot*, avenue Niel ? Frédéric Vareuil était-il finalement l'un des pseudonymes employés par Faucher pour écrire dans les titres à la mauvaise réputation ? Ou bien ce nom était-il l'un des masques de Patrick Buisson, comme ce dernier me l'avait assuré ? Des esprits ingénieux auraient-ils été soucieux de pouvoir brouiller les pistes et démentir efficacement ? Se pourrait-il que derrière un pseudonyme, l'on se cache à deux ?

Je n'en suis pas à ces considérations en ce dimanche maussade de septembre 1990. À la fin de l'après-midi, j'essaie de forcer ma nature pour hâter l'écoulement des vieux exemplaires du *Crapouillot*. Je charge mes bras de marchandises, confie la garde du stand à mon voisin et pars à la rencontre de possibles acheteurs dans les allées de la fête du Front national. La voix haute, le regard bas : « *Le Crapouillot* ! Offre spéciale ! 20 francs le numéro, 50 francs les trois ! »

« La place Pereire est le centre du monde », écrivait Roger Nimier. C'est de là que le « Hussard » s'élançait. La ligne de départ ou d'arrivée de ses grandes cavalcades. « La place Pereire est le centre de mon monde », pourrait écrire Patrick Buisson. Car lui se contente d'en faire le tour. La rue Poncelet, le boulevard Pereire, le square du Tarn, la rue de Courcelles, la rue Pierre-Demours… il a grandi et toujours vécu dans ce quartier de Paris. Il orbite autour de son enfance. Les yeux rivés sur ses jeunes années, il couve sa nostalgie et reste fidèle à sa généalogie.

Le XVIIe arrondissement fait partie intégrante de l'histoire des Buisson. Une famille au nom commun, dont les racines ancestrales sont enfouies dans les taillis de châtaigniers et les chênaies qui peuplent le sud-ouest de la Haute-Vienne et le nord de la Dordogne. Les Buisson, qui habitaient Bussière-Galant, un village frontalier entre les anciennes possessions des vicomtes de Limoges et les terres des ducs d'Aquitaine, quittèrent leur campagne en même temps que le XIXe siècle. Ils n'avaient rien et montèrent sur Paris pour devenir des gens d'un peu, à l'image de tant de provinciaux à travers les âges. Mon arrière-grand-père Martial s'improvisa marchand de vins, vivotant boulevard de Magenta, près de la gare de l'Est. Le sieur Buisson épousa ensuite une dame Bouleau et emménagea chez elle, dans un pavillon décati de Saint-Maur-des-Fossés. La crue de la Seine et de la Marne de 1910 engloutit leur sam'suffit. Les mariés débarquèrent l'année suivante dans le XVIIe arrondissement. Devenu garçon de café dans un établissement de l'avenue de Wagram, Martial loua un petit trois-pièces, à l'avant-dernier étage d'un modeste immeuble de la rue Poncelet. Au retour de la Grande Guerre, démobilisé, il n'eut que la force de reprendre son ancienne vie. Mais les bouffées d'ypérite aspirées sur les champs de bataille finirent par avoir raison de lui. Sa veuve et ses deux enfants, ne sachant où aller, restèrent au même endroit. Le fils, Georges, y fonda une famille ; la fille, Marie-Louise, installa la sienne dans l'appartement mitoyen. La modicité des loyers contrôlés puis bloqués grâce à la loi de 1948 et la peur des lendemains sans toit ni pain, ne leur donnèrent pas l'envie de déménager. Les joies, les peines, les naissances, les morts, les années, une vie en somme, achevèrent de les attacher au lieu. Des Buisson occupent depuis près d'un siècle le cinquième étage d'un immeuble de la rue Poncelet.

Vivre avec lui m'oblige à naviguer dans cette mémoire. Alors que je forge mes propres souvenirs dans le XVIIe arrondissement, je dois d'abord vivre avec les siens. Patrick Buisson peut convoquer en un éclair un monde ancien, ressusciter d'une phrase un temps passé. Surgissent ainsi les années cinquante et un Paris de carte postale : les écoliers régnant sur le macadam, sucettes « pégé » et billes glissées dans les poches de leurs blouses grises ; les joueurs d'orgue, les chiffonniers, les vitriers, les rampailleurs de chaise et autres colporteurs criant leur arrivée dans les rues ; les voitures encore élégantes et les autobus à plate-forme sillonnant les avenues. Un Paris qui fut aussi celui de la misère, oublie-t-il de mentionner. Dans l'appartement historique des Buisson, il fait l'appel des morts. En descendant les escaliers, il cite sans se tromper les noms des anciens voisins. Le recensement des disparus se poursuit dehors, avec les commerçants du marché Poncelet. Il sort une pièce de 5 francs, énumère les menus plaisirs qu'elle pouvait jadis procurer : des croissants et du pain pour la famille ; le journal et un paquet de cigarettes pour le père ; la monnaie pour les économies de la mère. En lieu et place des constructions modernes ou sous les façades palimpsestes des bâtiments, il exhume les cinémas qui cernaient la place des Ternes. Premières, deuxièmes exclusivités… Jean Mineur présentait les publicités, Gaumont et Pathé, les Actualités. En passant devant les kiosques du marché aux fleurs – « Heureusement, ils n'ont pas bougé ! » – et en se dirigeant vers l'Étoile, il aime rappeler que ce quartier bourgeois fourmillait de distractions pour les classes moyennes et populaires. De fait, la salle Wagram, à côté du Cinérama de l'Empire, accueillait des bals et des combats de catch ; l'incrédulité des spectateurs ne gâchait pas le plaisir de crier « Ordure ! », « Salaud ! », « Crève-le » sans tomber sous le coup d'aucune loi si ce n'était celle du défoulement. « Tu sais que tes grands-parents se sont rencontrés au Luna-Park, porte Maillot ? » fait-il semblant de m'interroger. « Oui, je crois avoir déjà entendu l'anecdote », pourrais-je lui répondre, s'il m'en laissait le temps et n'enchaînait pas sur le récit de la rencontre entre ces deux orphelins ou sur la description pittoresque de la plus grande fête foraine de Paris, qui occupait l'espace aujourd'hui réservé à un Palais des Congrès.

Il y a des pans de l'histoire familiale que je connais parfaitement. Comment pourrais-je les ignorer puisqu'ils figurent sur mon état civil ? Mon premier prénom est un hommage rendu à mon grand-père, Georges. C'est un prénom que l'on donnait fréquemment en 1910. Nettement moins en 1976, année de ma naissance. Mon second prénom fait honneur à mon arrière-grand-père, Frédéric. Un temps valet de chambre et employé des pompes funèbres, il fut continûment neurasthénique. En rentrant un jour de l'école, Mamie, âgée de huit ans, le retrouva pendu, dans la loge de concierge où ils résidaient. Je suis ainsi drôlement doté. Être dépositaire d'une histoire, c'est accepter que les morts vous guident dans le monde des vivants. La mienne n'est pas illustre, mais je suis fermement encadré. Cette compagnie m'embarrasse pourtant moins qu'une autre, bien vivante celle-là.

Je ne crois pas que Patrick Buisson tire de ses origines une fierté inébranlable. Sans doute n'aurait-il pas dédaigné pouvoir se réclamer d'une lignée flamboyante, afficher une particule, lustrer des armoiries. Faire dans la synthèse avec ses interlocuteurs, en ramassant l'homme qu'il est et ses idées d'un « Je descends des Mérovingiens ». En revanche, je peux affirmer qu'il n'est pas honteux de sa condition première. Il est issu d'une dynastie de petits, de sans-grade, de sans-biens. Il a reconstitué sa généalogie aussi loin qu'il le pouvait. Oh, l'arbre ne monte pas au ciel ! À une branche sont même accrochés des Meurdefaim. Un autre genre de synthèse. Qui lui convient. Il s'impose un devoir qu'il juge pareillement honorable. Puisque sa devise n'est pas « Je maintiens », elle peut être « J'élève ». Se hisser au-dessus de sa condition n'est pas une trahison, mais un couronnement. Dans les moments où il se veut prophétique et sait être désagréable, il m'assigne le troisième temps de l'évolution : « Tu seras celui qui dilapide. La génération de la chute ! »

Les hommes sont des êtres d'habitudes, la chose est entendue. Ils ne consentent à délaisser une routine que pour tomber dans une autre. Lui s'étonne donc que l'on puisse prendre la peine du changement. Je comprends que son enfance a été heureuse. La quitter, une expérience douloureuse, qui l'a rendu rétif à tout bouleversement. Sa vie est organisée par des rites qui lui viennent presque tous de ses tendres années. Alors que je construis mes propres repères, je dois avant tout adopter les siens. Chaque habitude est ancrée dans un jour et attachée à un lieu. S'il m'arrive de perdre le fil des jours, la direction que nous empruntons constitue un aide-mémoire rigoureux. La semaine est généralement morne. La cuisine étant une pièce morte dans notre appartement, nous prenons le chemin de la place Pereire pour le repas du soir. Nous n'allons pas aléatoirement dans l'une ou l'autre des brasseries qui égaient la place. Selon qu'on l'atteigne par l'avenue Niel ou la rue de Courcelles, nous nous attablons dans un établissement précis, pour y commander un plat particulier, un jour déterminé. C'est sa manière de reproduire la litanie des menus que lui servait sa mère. La nourriture choisie est simple, roborative, adaptée aux exigences d'un gamin capricieux. Elle comprend de la viande, des pommes de terre, plus rarement des légumes et du poisson. Les plaisirs culinaires lui sont indifférents. Au retour, il s'enferme dans son bureau comme il se barricadait, plus jeune, dans sa chambre. Il ne reçoit personne en ma présence, décline les invitations, fuit les mondanités. Et puisque sa pièce de travail est nichée dans le salon, je n'ai d'autre choix que de gagner ma carrée. Chacun rejoint sa solitude. Les soirées en famille ne sont que portes closes.

Le week-end offre un peu plus de plaisirs. Ses parents l'emmenaient voir un film dans l'un des cinémas des Ternes. Ils ont tous disparu. Le vendredi soir, nous marchons jusqu'aux Champs-Élysées. À mon grand regret, le choix du film n'est plus sujet à discussion et nous manquons de plus en plus les séances : « Tu as cours le samedi matin. » Je ne tarde pas à identifier la véritable raison de cette entorse au programme : la chaîne britannique Virgin a inauguré un gigantesque magasin en bas de l'avenue. Ouvert la nuit, le commerce propose des rayons « musique classique » et « livres » abondamment fournis, que nous arpentons durant ce qui me semble être des heures. Le samedi soir, nous remontons la rue Rennequin, pour parvenir à la rue Poncelet. Réminiscence des tablées familiales, nous retrouvons mon oncle, Jean-Pierre, plus rarement son deuxième frère ou son cousin, pour le rosbif-purée préparé par ma grand-mère. C'est parfois gai, la plupart du temps silencieux.

Je crains, comme le poète de sept ans, « les blafards dimanches de décembre » et ceux de tous les autres mois lorsque nous nous rendons porte de Champerret. Paris ne soigne pas ses entrées. À dessein. Ses portes sont d'implacables gardiennes de l'octroi, qui prélèvent la laideur et l'entreposent pour que la ville ne conserve que de la beauté en son cœur. Champerret reste pourtant un passage obligé du dimanche. Le seul endroit où il peut acheter, ce jour-là, sa ration de journaux. « Un crème et deux beurrés ! » en guise de petit-déjeuner et de déjeuner, et nous voilà partis en taxi pour sacrifier à l'ultime rituel de la semaine.

Celui qui laisse les doigts noirs, charge les narines d'une odeur âcre et colle les yeux : le remue-poussière. Rive gauche, sur les quais de la Seine, nous nous arrêtons devant chacune des boîtes de couleur vert wagon des bouquinistes. Elles ne dégoulinent pas encore de fac-similés pour touristes, mais font déjà douter de pouvoir y trouver une perle rare ou une bonne affaire. Frustré, Patrick Buisson se rabat sur un incontournable de ces échoppes : « Tu vas démarrer une collection de Nelson ! » Ancêtres des livres de poche, ces petits ouvrages toilés et recouverts d'une jaquette illustrée connurent un immense succès populaire dans l'entre-deux-guerres, notamment auprès des adolescents. Là encore, il reproduit un geste importé de son passé. Il venait ici avec son père, avant d'écumer les librairies du boulevard Saint-Michel, de Boulinier à Gibert, pour faire provision de livres d'occasion. Je redoute moins ces virées parisiennes que l'expédition occupant en alternance nos dimanches. Je déteste le marché aux puces de Saint-Ouen. Lorsqu'il m'annonce la destination, je m'équipe en conséquence. Je sais que l'après-midi sera dévoré. En plus de fouiller dans les bacs des bouquinistes et des disquaires, il faudra épuiser tous les antiquaires. La nécessité d'abriter ses collections pourrait l'amener à de l'audace, à du moderne, à défaut du contemporain. Il préfère le ton sur ton. Pour de la reliure plein cuir, rien que de l'ancien. Il guette les opportunités lors des ventes aux enchères à Drouot, notamment celles organisées par son copain de faculté devenu commissaire-priseur, Gilles Néret-Minet ; les stands de Saint-Ouen restent malheureusement ses principaux fournisseurs. Avec moi, il a beau prétexter la visite pédagogique, je traîne les pieds.

« Sais-tu différencier le style Empire du mobilier Restauration ?

— Je n'en suis pas encore à cette époque ! » réponds-je, en exhibant mon Gaffiot de poche et la version latine que j'ai pris soin d'emporter.

Le 1er août ne marque pas la date de mon anniversaire, il pointe l'heure du départ du train de l'Atlantique, en gare

Montparnasse. Seule concession au monde adulte, il ne peut plus s'absenter pendant toute la durée des grandes vacances. Quels que soient les circonstances ou ses impératifs professionnels, il passe cependant le mois d'août à la mer. La petite maison entre pins et plage à La Tranche-sur-Mer, que les Buisson louaient avec l'épargne de l'année, n'est plus. Son père n'est plus. Il reste attaché à la Vendée. Il a décidé de poser ses bagages d'estivant à cinquante kilomètres de là, aux Sables-d'Olonne, le lieu où je suis né. Il y a des barres d'immeubles avec des balcons pour admirer l'océan, un remblai pour longer une plage longue de trois kilomètres, un casino à chaque extrémité, un port de pêche, un second de plaisance, des campings dans les bois, des personnes âgées en hiver, une surpopulation de familles des classes moyennes et populaires en été. C'est une ville de congés payés. D'autres routines l'y attendent. Il doit récupérer une malle expédiée depuis Paris qui contient son stock de lectures pour l'été, se baigner à heure fixe, se promener le soir sur le remblai. Et revoir des visages de sa jeunesse.

« Viens, on va prendre un pot avec de vieux copains.

— Je les connais ?

— Mais oui, tu les as déjà rencontrés ! Ils étaient à Nanterre avec moi : Didier Gallot, le juge d'instruction des Sables, et Pierre Beylau, le journaliste du *Point* qui a acheté une maison ici. »

Je ne peux pas dire qu'il accueille mon adolescence avec ce mélange de perplexité et d'effroi qui saisit la plupart des parents. Il n'est pas effondré devant ces prémices de l'âge adulte, qui peuvent faire douter de la nécessité de la reproduction. Je pense même qu'il attendait ce moment. Mon vocabulaire s'enrichit, mes facultés intellectuelles se développent. « Tu peux enfin soutenir une conversation intéressante. C'est appréciable ! » m'avoue-t-il, soulagé. Il faut entendre par là que je ne suis plus accaparé par la formulation de mes désirs et l'expression de mes besoins. Je sors de l'égoïsme de l'enfance pour m'ouvrir à celui des autres. C'est, paraît-il, le signe de la reconnaissance de l'altérité. Alors que je me débats avec les dérèglements de mon âge et mes propres états d'âme, je dois avant tout me préoccuper des siens. Je ne ressentirai jamais la peine des enfants dont le père est mutique, fermé ou absent ; je ne pourrai pas regretter de ne pas avoir connu des moments de partage et d'échange avec mon ascendant. Lui sait faire preuve d'une grande générosité. En matière d'épanchement, il ignore la parcimonie, ne connaît que la profusion. Nos discussions tournent immanquablement au monologue ; l'énumération des tracas de son quotidien ne cède la place qu'aux digressions sur les maux plus profonds qui le tourmentent. Je le croyais cerné par ses ennemis, agressé sans raison, en proie à l'hostilité permanente de la terre entière. Je découvre chez lui une formidable propension à scruter le surgissement d'un nuage noir dans un ciel bleu, et à confondre une simple averse avec une pluie diluvienne. Si, par malheur, l'orage éclate pour de bon, je vois la fin du monde dans ses yeux.

Son appartement, la rue ou un restaurant peuvent servir de théâtre au déversement de ses angoisses. Le lamento peut aussi débuter dans un endroit, monter dans un autre et mourir dans un troisième. Il évolue selon un rythme interne dont j'apprends à détecter les ondulations, distinguer les crêtes des creux. Mais seule la source des pleurs me dicte le comportement à adopter. Les contrariétés d'ordre professionnel sont les plus nombreuses et les moins pénibles à supporter. Je sais qu'il suffit de l'écouter attentivement et de le rejoindre dans ses détestations pour avoir provisoirement la paix. C'est de la régulation biliaire. Des jets de fiel à cracher d'une bouche dédaigneuse, afin de soulager le foie. Quand le trouble vient du secret de l'être, le ramène à sa solitude et touche à la mort, je suis, en revanche, démuni. « Tu n'as rien à dire ? » est la phrase que j'appréhende le plus. Elle signe son agacement lorsque mon silence se prolonge, elle manifeste son besoin d'être consolé. Ce n'est pas une interrogation, c'est un impératif. Je dois trouver les mots justes, qui ne sont pas des mots de vérité, mais ceux qu'il souhaite entendre. Je dois appliquer les mots qui vont le panser. J'apprends à mes dépens que la moindre maladresse est susceptible de nourrir son malaise, voire de l'amplifier.

Je ne sais si les rapports que nous entretenons lui posent un cas de conscience. Dans l'affirmative, ses doutes sont rapidement balayés. Car il n'hésite pas à entrouvrir la porte de son intimité. La présence de la jolie môme fait resurgir de vieux démons. Comme avec ma mère des années plus tôt, il m'impose d'être le comparse de son entreprise de conquête. J'avais fait, plus jeune, la connaissance de la jolie môme, sans avoir été présenté à ses enfants, ni à son mari d'ailleurs. Il décide d'y remédier en nous emmenant tous, excepté le mari, à Londres. L'hypothèse de la famille recomposée chemine dans son esprit. J'ai pour consigne de me montrer agréable, en toutes circonstances. Je m'applique et n'émets aucune observation lorsque le fils, dix ans peut-être, fait une scène pour que sa mère lui achète un jeu de clubs de golf chez Lillywhites. Je ne ricane pas non plus quand le capricieux ressort, triomphant, du magasin de Piccadilly Circus avec un sac en cuir neuf, en bandoulière. Bouche cousue. Chacun sa conception du petit souvenir à rapporter. L'opération « voyage d'intégration » est renouvelée aux Sables-d'Olonne, l'été suivant. À peine arrivé, le jeune garçon repart avec sa mère dans une boutique de surf, pour faire l'acquisition d'une planche de bodyboard, d'unc combinaison et de palmes. Quelques minutes plus tard, il étrenne son équipement de professionnel sur une mer sans vagues. J'oublie la consigne reçue quelques mois plus tôt, et donne jalousement mon opinion : « C'est un idiot ! » Ce jugement méchant me vaut une gentille remontrance. « Arrête, Georges ! Il a dix ans.

— Il est précoce. »

Et si cet enfant gâté est appelé à devenir mon « demi-frère », je dois me préparer psychologiquement. Je n'en ai pas encore terminé avec les tentatives d'entente forcée. Il m'impose de passer deux jours chez la jolie môme, pendant que le mari est aux abonnés absents. Il en profite pour me confier sa caméra vidéo. Je ne cesse normalement de la lui réclamer, mais là, je n'arrive pas à en percevoir l'utilité. « Tu vas filmer chez elle.

Je veux voir à quoi cela ressemble », m'ordonne-t-il. Je rejoins la jolie môme dans les locaux du *Crapouillot*, et nous quittons Paris. Je passe le temps du trajet en voiture à me demander comment justifier la présence de l'appareil. Parvenu à destination, je le sors tout simplement en prétextant des essais techniques. Elle n'est pas dupe de mon manège, et me laisse, amusée, fixer sur bande l'intérieur et l'extérieur de sa maison. Elle a l'habitude de voir un Buisson tenir une caméra. Elle sait comment en jouer, même si, avec moi, elle ne minaude pas. À l'occasion d'une balade dans la campagne, elle me désigne une belle demeure accrochée à un coteau et dominant une rivière : « Georges, sors ta caméra !

— Tu veux que je la filme ? »

Cette fois, elle se charge elle-même de la réalisation ainsi que du commentaire pour ce documentaire destiné à un unique téléspectateur : « Regarde, Patrick ! C'est la maison de mes rêves. »

Je zoome sur la propriété convoitée. Mon esprit est troublé. Je n'ai pas une grande expérience des rapports amoureux ; je sais pourtant que certaines personnes ont l'honnêteté d'aborder la question des contreparties sans détour.

Je comprends aussi que la jolie môme ne se rapproche de lui que pour mieux s'en éloigner. Je mesure la dégradation de leurs relations à la fréquence avec laquelle les mises en garde contre la gent féminine reviennent dans nos conversations. Les récriminations se font de plus en plus précises ; son désespoir porte un nom. N'est-il pas disposé à donner à la jolie môme ce qu'elle attend ? Est-il trop exigeant ? Est-elle vraiment sincère ? Ses questions prennent ensuite le ton de la crainte : va-t-elle partir ? Et, finalement, de la plainte : reviendra-t-elle un jour ?

J'étais la plupart du temps envoyé chez ma grand-mère lorsqu'il avait besoin de mener sa vie d'homme. Je vais maintenant chez elle lorsque rien, pas même mes paroles, ne peut venir à bout de sa noirceur. Mamie m'offre un refuge, comme elle l'a fait avec tout le monde. Je me mets à inventer des maladies imaginaires qui m'interdisent de sortir. Je manque l'école, et gagne un peu de répit. Je n'ai pas quinze ans, il en a bientôt quarante-deux. Je ne parviens pas à jouer le rôle du père, je suis fatigué qu'il fasse l'enfant. J'ai besoin de n'être qu'un adolescent. Le samedi 13 avril 1991, j'embrasse ma grand-mère, disparais dans une bouche de métro, réapparais à une station sur le boulevard Voltaire. J'ouvre une porte, frappe à une autre : « Maman ? »

Paris, le 18 avril 1991

Mon grand Jojo,

Je suis allé, hier, chez le juge. Il m'a dit que tu étais venu le voir lundi matin. Il m'a informé de tout ce que tu lui avais dit.

Il faut que tu saches que je te comprends et que je te pardonne.

Tu ne dois pas te sentir coupable vis-à-vis de moi. Tu n'es coupable de rien.

Tu as cherché une issue provisoire à une situation qui te pesait et qui te rendait malheureux. Il était normal que tu agisses de la sorte pour ton bien et pour notre avenir commun.

Maintenant, il faut que tu comprennes aussi que ces deux mois de tension entre nous n'ont été qu'un accident.

Qu'ils ne doivent pas te faire oublier les années de bonheur que nous avons vécues ensemble et tous les souvenirs heureux que nous partageons.

Rien, Georges, rien ne peut briser la force de l'amour qui nous unit.

Ni ce que j'ai fait, ni ce que tu as fait (et qui n'était qu'une réaction saine de ta part à une situation tendue) n'est irréparable.

Il ne faut pas que, dans ta tête, tu penses m'avoir désobéi et ne plus pouvoir faire machine arrière.

Il ne s'agit pas de faire machine arrière, nous allons vivre autre chose de différent, de plus beau, de plus serein.

Nous allons oublier ces mauvais jours et lorsque nous nous reverrons, nous ne parlerons plus jamais de tout cela.

Tout adolescent traverse une crise au cours de laquelle il s'affronte avec son père. C'est naturel et souvent salutaire.

Il ne faut pas que tu aies peur de ma réaction.

Je ne me suis senti ni trahi, ni rejeté, ni déçu par toi. Au contraire. Tu m'as donné là une très belle preuve d'amour.

Maintenant, il ne faut pas laisser le fossé se creuser entre nous. Il faut que nous vivions d'autres choses ensemble afin que l'un et l'autre nous retrouvions la paix du cœur.

J'ai une confiance totale dans mon petit homme.

Je t'embrasse, Georges.
Ton Père.

P-S : Katherine et Pierre-Guillaume t'ont acheté un fusil pour la chasse aux merles. Ils t'embrassent de tout cœur et t'attendent pour un week-end.

Même ce grand dur de Renault me demande tous les jours des nouvelles de toi.

J'ai loué l'appartement des Sables-d'Olonne pour le mois d'août. J'ai pris le même pour que tu puisses recevoir tes copains.

Personne n'a perdu de temps. Dès mon arrivée, Maman est allée au commissariat de son quartier faire une déclaration en main courante : « Mon fils est chez moi. Il refuse de rentrer chez son père. » Puis elle s'est rendue au Palais de justice de Paris pour rencontrer le juge des enfants d'astreinte le dimanche, qui l'a invitée à revenir un jour ouvrable. Le lendemain, elle a enfin pu exposer la situation à un magistrat. J'étais avec elle, j'ai confirmé. Elle a tôt et bien fait, car son ex-mari n'a pas tardé non plus. Il a porté plainte contre elle pour « non-représentation d'enfant ». Elle a dû s'expliquer devant un inspecteur de la Brigade de protection des mineurs, quai de Gesvres, qui s'est permis de hausser le ton et de parler d'« enlèvement ». Lui a été entendu par le juge. Il l'a tout aussi mal supporté. Les procédures se sont entremêlées ; l'histoire menaçait de devenir confuse. Le juge a donc ordonné une « mesure d'observation en milieu ouvert », afin d'y voir plus clair. C'est retombé sur moi. J'en ai pris pour six mois.

Désormais, je dois aller me faire scruter dans un service spécialisé, rue d'Alsace. « Vers la vie », cela s'appelle. Au cas où l'on ne souhaiterait pas suivre cette direction, les locaux de l'association donnent sur les lignes de chemin de fer de la gare de l'Est. C'est pratique et progressiste. À chaque visite, on a le choix : entrer dans l'immeuble ou se jeter sur les rails. Pour ma part, je n'ai jamais eu l'envie de faire le grand saut.

J'ai débuté une thérapie dont l'efficacité n'est plus à prouver. Je ne la dois pas aux éducateurs de « Vers la vie », mais à une jeune fille blonde et gracile de ma classe. Ma petite amie, ma première petite amie. Celle qui donne à chaque baiser le goût des reviens-t'en et autorise votre main à découvrir les chaleurs humides. Ah, Elles le savent d'instinct nos petites amoureuses que pour nourrir le palpitant et vous arrimer à l'existence, il ne faut pas se contenter de discours. Faut dispenser de l'émotion ! Je le reconnais, la vie s'est engouffrée sans attendre depuis que je suis parti du XVIIe arrondissement. Les vannes du barrage ayant été levées, elle s'est mise à couler à flots. Impétueuse, un peu agacée, mais pas rancunière. Charriant tout ce qui était retenu avec elle. Les apprentissages féconds et les expérimentations stériles. Des nappes massives de normalité. Je passe les vacances de Pâques avec mes grands-parents maternels, cela ne m'était jamais arrivé d'être aussi longtemps seul avec eux. Je découvre Dinard et les racines bretonnes de Bon-papa. Je rejoins ma petite copine à Saint-Malo ; nous partons en excursion au Mont-Saint-Michel. Je rentre tard. En stop. Je rêve d'un scooter. Tout cela est terriblement banal. Pourtant, ce qui est commun m'apparaît extravagant. À la fin de l'année scolaire, j'organise une soirée pour compenser l'inconvénient d'être né au creux de l'été. La fête est ratée. J'ai invité trente personnes, il en arrive le double. Et avec l'imprévu viennent les dégâts et les embêtements. Là encore, cette triviale mésaventure a l'attrait de la nouveauté, du neuf, du jamais déballé.

Je pourrais n'être qu'à ces premières fois, tout à ces moments marquants ou minuscules. Je pourrais oublier ma vie d'avant, si elle ne cessait de revenir à moi. Il m'écrit une lettre, m'en adresse une deuxième, m'en fait parvenir encore une autre, jusqu'à ce que je perde le compte et comprenne qu'il ne renoncera pas. Il ne me laissera pas gâcher les efforts qu'il a déployés pour obtenir ma garde. Il réemploie des méthodes qui ne sont pas étrangères à ma mère et dont elle m'avait parlé ; ne faisant que modérément confiance à l'efficacité du service postal, il préfère recourir à un transporteur privé, d'un genre très particulier.

L'extrême droite entretient un monde parallèle où errent d'anciens militaires, flics, barbouzes et autres contractuels du renseignement, mal reconvertis. Tout un lumpenmercenariat dans lequel puiser, pour une mission de protection, d'espionnage, de déstabilisation ou un règlement de comptes. Demi-soldes, demi-cloches, certains tombent dans le banditisme alors que d'autres s'improvisent factotums. Le champ d'intervention est large, l'offre abondante. Économiquement, ce milieu ne s'est pas remis de la disparition du SAC, ni de la diminution des coups de force en Afrique. Il a dû s'adapter et casser les prix.

Le porteur de lettres qu'il m'envoie ne ressemble pas tout à fait aux gorilles auxquels il a pu faire appel. Celui-là parle. Une autre langue que la nôtre principalement, mais son français est intelligible. Je le connais : son nom est Dimitrov. Il est bulgare. Pas du tout onctueux, la quarantaine ramassée dans un corps puissant. J'ai cru comprendre qu'il réside en France en tant que réfugié ou sous un statut avoisinant. Je retiens surtout une anecdote, qui m'a été narrée juste après lui avoir été présenté : « Connais-tu le parapluie bulgare ? » On m'a ainsi expliqué la technique utilisée par la police secrète de la défunte République populaire de Bulgarie pour se débarrasser des dissidents : ils étaient empoisonnés à la ricine, en étant piqués avec la pointe d'un parapluie. Il m'est arrivé de chercher la présence de cet accessoire dans les mains de Dimitrov ; je l'ai surtout vu tenir un marteau à planter des clous ou une masse pour abattre une cloison, dans l'appartement de la rue Pierre-Demours. Et maintenant, je le vois à la sortie de mon collège ou du domicile de ma mère avec un pli dans les mains. Au cas où je me dispenserais de lire la missive, il est chargé d'en faire le résumé. Peu ou prou le même, à chaque fois : « Georges, ton père est inquiet et triste. Arrête tes bêtises ! Il ne faut pas que ça dure. » Pour appuyer le propos, il me retient fermement par le bras. Je peux me tromper sur son intention, il ne s'agit peut-être que d'un geste amical. Son physique brutal le dessert clairement ; ses manières suscitent la méfiance, ses paroles résonnent comme des menaces. Je cède au harcèlement, et accepte de rencontrer l'expéditeur des messages, dans un lieu neutre. J'entends un discours où des preuves de sincérité sont administrées à la suite de chaque promesse. Patrick Buisson va changer, je dois lui faire confiance. Rien ne doit corrompre le lien qui nous unit, ce lien qui est le plus important à ses yeux, m'assure-t-il. Je me laisse gagner, comme d'autres avant moi, par l'espoir d'un renouveau.

J'évoque avec Maman la possibilité d'un retour chez lui. Elle ne dit que quelques mots, me sourit. Je n'ai alors ni la maturité ni la sensibilité pour reconnaître un chagrin qui se réfugie dans le silence. Il me faudra des années. Il me faudra souffrir pareillement. Pour comprendre que les bras les plus accueillants sont aussi ceux qui savent vous laisser partir. Dimanche 16 juin 1991, le jour de la fête des Pères, je retrouve le chemin de la place Pereire et du XVIIe arrondissement. Je réintègre ma chambre. Je suis rentré et je suis seul. Ma permission est terminée.

Je ne me souviens pas d'avoir vu ce feu de bois s'éteindre. Il sommeille, rougeoyant, affaissé par l'effort constant qui lui est demandé. Depuis des siècles, il doit réchauffer les pierres froides de cette cuisine et les hommes qui s'y succèdent. Je lui facilite la tâche en me postant devant l'âtre immense, dans lequel on peut entrer de plain-pied. Je le laisse remplir son office et imprégner les fibres de mes vêtements de son odeur rassurante. Je n'emporterai rien de plus lorsque je quitterai Alincourt.

Patrick Buisson me l'a présenté aussi simplement que ça : Alincourt... « Pierre-Guillaume t'invite à passer quelques jours là-bas, ai-je entendu un vendredi de printemps alors qu'il cherchait à m'éloigner de ma mère et de Paris. Tu devrais t'y plaire ! » J'ai retrouvé mon hôte en bas de ses bureaux, rue de Rome, à côté des grands magasins du boulevard Haussmann. Il m'a emmené à la coutellerie voisine pour m'acheter un Laguiole : « Tu vas en avoir besoin ! » J'étais soudainement inquiet de l'accueil qui allait m'être réservé. Pierre-Guillaume d'Herbais est le père de huit enfants. Peut-être n'avait-il pas eu le temps de tous les civiliser ? « Mais, non ! La famille est très sympa, m'a-t-il tranquillisé de sa voix d'aristocrate qui s'oblige à la gaieté. Nous organisons de grandes fêtes. Et, à la maison, nous écoutons du Pink Floyd à fond. » La référence était censée me redonner le sourire, mais je n'ai pas souhaité tester son ouverture d'esprit en lui avouant que j'écoutais, pour ma part, de la musique noire américaine. J'avais été échaudé par la réaction de celui qui était tombé, dans ma chambre, sur une des K7 que je passais en boucle dans mon Walkman : *The Motown Legend*, l'album du 30e anniversaire. « Marvin Gaye, The Temptations, Stevie Wonder... » avait-il lu à haute voix, effaré. Il s'était demandé ce qu'il avait bien pu rater dans mon éducation. « Mon pauvre Georges ! » À l'évidence, quelque chose avait cloché. « *Father, father. We don't need to escalate.* »

Après une heure d'une autoroute terne et d'une départementale bordée de platanes, nous sommes arrivés à Parnes, village du Vexin français. Nous avons franchi un portail, à l'angle d'un mur d'enceinte dont on ne voyait pas la fin, remonté une allée en pente douce et fait crisser le gravier d'une esplanade. Je suis descendu de la voiture, j'ai regardé devant moi, puis derrière et sur les côtés. J'ai compris ce que l'on avait fait tenir dans un seul nom : un parc boisé de cent hectares, des douves sèches, des fortifications, des jardins à la française, un colombier, des écuries, une chapelle consacrée... Un château ! C'était donc cela Alincourt. Je m'y suis plu, effectivement.

Pendant plusieurs années, j'ai pris le chemin de l'Oise pour de courts séjours, lors des fins de semaine ou des vacances scolaires. J'ai eu le temps de visiter toutes les pièces et tous les siècles qui composent le château. Au manoir médiéval, Pierre Le Gendre, trésorier de France sous Louis XII puis François Ier, adjoignit une aile Renaissance. Ses héritiers dans les lieux, la famille de Neufville de Villeroy, poursuivirent les travaux et les ajouts jusqu'au XVIIIe siècle, et firent de la seigneurie d'Alincourt un duché. J'ai ourdi des guerres dans la salle d'armes du logis gothique ; j'ai imaginé des sièges terribles depuis le chemin de ronde crénelé sur mâchicoulis de la tour principale ; je me suis échappé par les tourelles en encorbellement du donjon ; j'ai médité des succès et des échecs dans les salons Grand Siècle ; j'ai fui par la poterne ajourant les murs fortifiés ; je me suis amusé à me perdre dans les bois. Mes années de louveteau m'avaient débarrassé des préventions contre la campagne et des gaucheries de l'enfant de la ville éloigné de son milieu. Mais c'est dans les allées cavalières du parc d'Alincourt que j'ai appris à monter à cheval, et dans ses bosquets que l'on m'a enseigné le maniement du fusil. La chasse n'a plus rien eu de théorique dans mon esprit. J'ai assisté à une battue ainsi qu'à une chasse à courre, à cor et à cri. J'ai vu des hommes heureux de traquer la vie et de se partager des morts alignés en un tableau sanguinolent. Je suis moi-même allé au bout de l'expérience. Ai ajusté un oiseau, l'ai abattu, puis ramassé son cadavre, l'ai déplumé, désossé, cuit et bouffé. Je ne l'ai jamais digéré ; il m'est resté sur l'estomac. Je suis disposé à entendre toutes les justifications : le sport comme substitut à la guerre, la tradition, l'amour de la nature, la nécessité de contrôler le développement des espèces, la préservation de l'équilibre d'un écosystème. À condition de reconnaître que tuer pour le loisir est un vice qui ne devrait pas être autorisé, et que les chasseurs entretiennent une perversité. J'ai alors cessé de jouer à Alincourt ; je me suis trouvé d'autres activités.

Au rang des divertissements, Pierre-Guillaume d'Herbais occupe une place de choix. Il donne la note à une famille qui ne connaît ni la mesure ni le juste ton. Extrémiste en tout, excessif pour le reste, le vicomte surprend dès l'abord par sa prodigalité. Caractéristique malséante pour un aristocrate, il a de l'argent et aime le dépenser follement. Ce n'est d'ailleurs pas une mince affaire d'éviter le déclassement moral que représenterait l'apposition de l'étiquette infamante de parvenu, pour un homme de son milieu. Il lui faut cultiver sa nature fantasque et baroque, qu'il sait socialement plus acceptable, et donner l'illusion de respecter certains codes à bord du grand train qu'il mène. Au catalogue de ses signes extérieurs de richesse, il y a Alincourt. Le château n'est pas la demeure historique des d'Herbais de Thun d'Avine. Originaire du Nord, une partie de la famille s'est fixée dans le manoir de Kerestat, à Roscoff. Cette propriété du Finistère étant occupée par son frère aîné, Pierre-Guillaume a refusé le destin émasculant des cadets. Noble sans terre, il a acheté son propre domaine comme un roturier se paierait une particule. Cela ne lui a pas suffi. J'ai connu les d'Herbais résidant dans un quatre cents mètres carrés, à bonne hauteur du boulevard Saint-Germain, celle des « grandes familles ». Jugeant que sa nombreuse progéniture était à l'étroit, Pierre-Guillaume a troqué l'appartement parisien pour un immense hôtel particulier au pied de Roland-Garros, l'une des plus emblématiques réalisations du style Art déco de Boulogne-Billancourt. L'hiver, Pierre-Guillaume loue un chalet à Courchevel, l'été, une villa sur la Côte d'Azur. Lors des saisons douces, il vole jusqu'en Argentine pour chasser dans la Pampa. Ses garçons sont inscrits dans les meilleures pensions françaises, ses filles fréquentent la descendance du gotha mondial à l'internat « Le Rosey », en Suisse. Étonnamment, sa munificence paraît ne rien lui coûter et même lui rapporter ; une bonne fortune le suit partout. Qu'il glisse généreusement des billets dans un tronc d'église, et son don est aussitôt récompensé par une rentrée d'argent aussi importante qu'inattendue. Qu'il s'offre des vacances luxueuses en famille, et sa dépense devient un investissement fructueux. Dans le château de Garibondy, sur les hauteurs de Cannes, où il résidait durant l'été 1988, des responsables d'une agence de communication avaient voulu tourner un film publicitaire. Également séduit par le personnage, ils lui avaient proposé le rôle principal. Le vicomte d'Herbais s'était retrouvé en caleçon de bain à manger des biscuits sur un fauteuil gonflable dérivant dans la piscine, avant d'être cerné par des enfants décidés à récupérer leur dû. Parce que « Petit Écolier, ça n'est que pour les enfants ». Le cachet n'avait été que pour lui et avait couvert bien plus que ses frais de villégiature.

Au quotidien, son comportement et ses manières sont tout autant excentriques. Ses rondeurs joviales cintrées dans des costumes taillés par de grands faiseurs, il funambulise sur une corde tendue entre le chic et le clinquant, l'esprit et l'artifice, la tenue et la pose. Je le vois réaliser des enchaînements inédits : débiter des grossièretés et chausser son monocle ; conclure un rire fou d'un « N'est-ce pas ? ». J'apprécie son sens du spectacle avec le jeu auquel il se livre à chaque fois qu'il me conduit dans l'une de ses résidences. Il ajuste son foulard, coiffe une casquette de chauffeur de maître et s'incline pour m'ouvrir la porte arrière de sa limousine. Pas n'importe quel carrosse. Un refus de l'ordinaire avec une Daimler DS420 : « La même que la reine d'Angleterre ! » La solennité de l'une des voitures favorites des maisons régnantes d'Europe vous cloue à la banquette de cuir fauve, et vous contraint à la raideur. Mais la limousine, d'une envergure de six mètres, peut être transformée en corbillard pour des obsèques nationales. De retour d'Alincourt, un soir de griserie, je crois en faire l'expérience lorsque Pierre-Guillaume veut aller plus loin dans la distraction. Il délaisse sa casquette de chauffeur, prend celle de l'officier de réserve de l'arme blindée et cavalerie, sort son sabre de parade du fourreau et descend la vitre. Debout sur la pédale de l'accélérateur, il charge l'époque : « Montjoie ! Saint-Denis ! » La peur, cette fois, me rive à la banquette, et me fait prier pour que l'assaut donquichottesque parvienne à écarter de notre passage les conducteurs trop lents.

Politiquement, l'homme galope aussi après mille chimères, une envie de mort pour cravache. Il n'est pas seul dans cet exercice, ses proches chevauchent avec lui. L'extrême droite est une grande famille, la grande famille de Pierre-Guillaume d'Herbais est d'extrême droite : le vicomte est, rappelons-le, un ancien candidat du Front national aux législatives de 1986 dans les Côtes-du-Nord, actionnaire de *Minute* et du *Crapouillot* ; sa femme, Katherine, est conseillère régionale frontiste en Picardie ; sa belle-sœur, Cendrine, a épousé Jean-Marie Le Chevallier, député européen, qu'elle a connu lors des municipales de 1983, où elle figurait sur la liste de Jean-Marie Le Pen dans le XXe arrondissement ; son beau-père, le vicomte Marcel Chéreil de La Rivière de Lamballe dirige le trimestriel *La France monarchiste et légitimiste* et, en attendant de trouver une quelconque utilité à la branche aînée de la maison de Bourbon, milite au FN depuis son château de Ferreux-Quincey, dans l'Aube. Un tel engagement familial ne peut laisser indifférent le président du Front national, qui apprécie d'autant plus ce compagnonnage distingué qu'il lui permet de satisfaire son goût de la grande vie et de la fête. C'est une facette de Jean-Marie Le Pen dont j'avais entendu parler, mais que je n'avais qu'entr'aperçu.

Jusqu'à présent, je ne le rencontrais que lors d'événements ou de manifestations politiques. En la matière, je crois n'avoir pas raté grand-chose. On m'a traîné partout. Mes souvenirs sont encombrés de meetings parisiens, de contre-défilés du 1er mai, de fêtes des BBR et de numéros de l'émission « L'heure de vérité », auxquels j'assistais depuis les coulisses des studios d'Antenne 2. Même en vacances, je n'y échappais pas. Le 10 août 1985, la caravane des plages du Front national s'était arrêtée aux Sables-d'Olonne, et Le Pen avait bombardé les Buisson au rang de régionaux de l'étape. Je me revois distinctement marcher à ses côtés, le guidant dans notre station balnéaire. J'avais revêtu pour l'occasion un tee-shirt affirmant, en substance, que j'étais de droite. Avec le recul, j'estime que cette indication était superflue. La main de Le Pen sur mon épaule, la présence de gros bras du DPS et d'Alain Renault, témoin d'un passé que le président du Front national ne faisait semblant d'avoir évacué que devant les caméras de télévision, constituaient des indices suffisants. Je referais la même erreur, quelques années plus tard, lors d'un défilé du 1er mai. Gagné par l'ambiance de cette parade, cerné par un sosie de Jeanne d'Arc en armure sur son cheval et des chouans arborant le Sacré-Cœur de Jésus, je coifferais le béret vert de la Légion étrangère et marcherais en cadence. Raccord ! Totalement ridicule, parfaitement sot. Pour en revenir aux Sables-d'Olonne, j'avais laissé la vedette à Patrick Buisson qui, exceptionnellement, était sous les projecteurs après avoir pris place à la tribune du meeting, à la droite du chef. Ce jour-là, comme en tant d'autres occasions, j'avais pu scruter à loisir Le Pen dans son rôle de prédilection : tribun du peuple. On peut s'entendre sur le fait qu'il s'agisse du seul registre qu'il maîtrise, à condition d'admettre qu'il a peu de concurrents dans ce domaine. Le canevas ne varie guère, les thèmes ne changent pas, la représentation est constamment stupéfiante. Le Pen exhibe l'alliage rare et pratiquement invincible d'un corps puissant et d'une parole riche. C'est un pacte sacré entre une cage thoracique et un vocabulaire. Les imprécations sont enchâssées dans une syntaxe irréprochable ; les diatribes sont parées des mots les plus choisis. Si les décibels ont pour mission d'effrayer le notable et d'attiser la foule, le Breton ne se prive pas de tonner jusqu'à l'imparfait du subjonctif. L'effet produit est saisissant. Écouter Jean-Marie Le Pen exhorter son auditoire à recouvrer sa liberté et le regarder mettre tout le monde au garde-à-vous, représente une expérience politique à nulle autre pareille. Il est de même préférable d'avoir observé, ne serait-ce qu'une seule fois, le chantre de l'ordre et du respect de l'autorité réussir à transformer une sage assemblée en une réunion de factieux, pour comprendre le pouvoir du démagogue. Il n'est, en revanche, pas donné à n'importe qui de le voir, toutes lumières éteintes, redescendre de l'estrade, pour réaliser que l'entourloupe est plus grande encore. Pendant que les militants repartent les muscles tendus, les narines gonflées par l'odeur de la poudre, l'esprit enflammé d'avoir été jeté dans un brasier, prêts à tous les affrontements, mais ne pouvant se mesurer qu'à leur propre frustration, le leader frontiste retrouve sans peine une nature rieuse et insouciante. Le Pen, grosse allumeuse !

Cet aspect de sa personnalité ne m'est plus inconnu depuis fort longtemps, et s'il continue de m'étonner, il est finalement peu de chose par rapport à ce que je découvre de lui chez les d'Herbais. Jean-Marie Le Pen est l'invité permanent des innombrables réceptions organisées par cette famille. Débarrassé de toute obligation politique, loin des regards médiatiques, il peut donner libre cours à ses penchants honteux. Son amour immodéré du chant et sa facilité à se lancer sur une piste de danse ne sont pas en cause. Ni même son goût pour les déguisements et les soirées costumées. C'est à un dé-travestissement qu'il se livre avec ses amis. Un déshabillage presque complet. Dans l'hôtel particulier de Boulogne-Billancourt pour le réveillon du Nouvel An, ou dans les jardins du château d'Alincourt pour une quelconque célébration, Le Pen se montre tel qu'il est devenu. Parvenu, pourrait-on dire, s'il n'était déjà installé. Bourgeois, trivialement bourgeois, dans tous les cas. La fortune reçue en héritage d'Hubert Lambert aurait pu apaiser ses angoisses pécuniaires, cette peur de manquer qui taraude perpétuellement les anciens pauvres ; elle l'a réduit à une caricature que, dans un autre siècle, Balzac aurait moquée et Daumier, croquée. Le politicien qui, à longueur de discours et d'interviews, affiche son brevet de fils du peuple, élevé dans une maison au sol en terre battue, se révèle être, dans le privé, un homme obsédé par l'argent, engoncé dans ses blazers et plié comme ses pochettes en soie. On en vient à redouter qu'il se plaigne de l'augmentation du prix de l'abonnement au country-club, ou s'inquiète de la chute du rendement des placements monétaires. On en vient surtout à se demander pourquoi l'intraitable défenseur des petits recherche autant la compagnie des nantis. Car, en dehors de la politique, la plèbe retrouve sa juste place avec Jean-Marie. Celle qui lui est assignée de toute éternité : la domesticité. Alors, chacun réagit comme bon lui semble à l'hypocrisie. Il est intelligent d'en rire, il est sain d'être consterné.

À l'extrême droite, on aime la dissonance. Il faut donc savoir composer. Cela aussi, je commence à le comprendre. Dans ma propre existence, je ressens comme une imposture. Oui, Patrick Buisson m'emmène dans les bistrots, les manifestations du Front national et aux Sables-d'Olonne. Mais mon quotidien se situe dans les limites des beaux quartiers parisiens et à Neuilly-sur-Seine, où je suis scolarisé à Notre-Dame-de-Sainte-Croix. Suis-je censé penser que la vie ne peut être saisie que par ses extrémités ? Entre le « populo » et la jeunesse bien née, à moi de me faire une idée. Du reste, c'est toute mon éducation qui est bombardée de signaux et d'injonctions contraires, voire contradictoires. En sus de l'instruction catholique dispensée dans mon école, je reçois des informations qui vrillent les synapses, brouillent les connexions du cerveau.

La grande Histoire enseigne que toutes les aventures dans lesquelles a plongé l'extrême droite ont abouti à des impasses, et que tous ses mythes n'étaient que désillusions. Patrick Buisson me demande de me concentrer sur la petite. Il redescend le tout à hauteur d'homme, resserre la focale pour trouver des exceptions qui infirment la règle. De Gaulle était à Londres et les communistes résistaient en France. Oui, me dit-il, mais les premiers à avoir bravé l'occupant étaient catholiques et issus de l'Action française. « Tiens, lis *La Rose et le Réséda* d'Aragon. » La majorité de l'extrême droite ne s'était-elle pas fourvoyée dans la collaboration ? « Ce n'est pas si simple. Apprécie les poèmes que Brasillach a écrits dans sa cellule de prison. » N'est-il pas curieux que des nationalistes n'aient pas reconnu la justesse des guerres pour l'indépendance de l'Indochine et de l'Algérie ? « Regarde les films de Pierre Schoendoerffer : *La 317e Section, Le Crabe-tambour, L'Honneur d'un capitaine.* Ouvre les livres d'Erwan Bergot ! » Le sens de l'histoire, l'atrocité du colonialisme ou la liberté des peuples à disposer d'eux-mêmes y sont relégués dans des angles morts. Il n'est question que de sacrifice, de camaraderie et de fidélité. Des hommes succombent d'avoir trop aimé la France ; des soldats sautent dans la cuvette de Diên Biên Phu pour rejoindre leurs frères d'armes, alors qu'ils savent la bataille perdue ; des officiers décorés tentent un dernier baroud à Alger pour respecter la parole donnée.

« C'est beau, n'est-ce pas ? me prend-il à témoin.

— Oui, mais c'est vain.

— Tout est là.

— Ah bon ? »

Quelle parfaite destinée pour un « homme de droite », selon son idée. Sublime Sisyphe au sommet de la colline, qui se couche pour empêcher la chute du rocher. Avec lui, j'apprends que toute morale peut être relativisée, au motif que la Providence s'amuserait à égarer dans chaque camp des héros et des salauds. Il n'y aurait plus ni bons ni mauvais, il n'y aurait que des vainqueurs et des vaincus. Ceux qui imposeraient leur version de l'Histoire, et ceux qui attendraient de prendre leur revanche. Je me rends bien compte qu'il ne verrait pas d'un mauvais œil que je suive la voie qui fut la sienne. Lorsque, au hasard de nos balades, nous empruntons la rue Serpente, il laisse rarement passer l'occasion de m'indiquer l'emplacement du local d'Occident et de me raconter ses jeunes années militantes. Il estime que j'ai atteint l'âge de couvrir frénétiquement les murs de la croix celtique. Le temps est venu de transformer les pulsions de vie qui règnent sur mon corps d'adolescent en pulsions de mort.

« Celui qui, avant la trentaine, n'a pas subi la fascination de toutes les formes d'extrémisme, je ne sais si je dois l'admirer ou le mépriser, le considérer comme un saint ou un cadavre. Sans désir ni volonté de détruire, il est suspect, il a triomphé du démon ou, chose plus grave, il n'en fut jamais possédé. » Si même Emil Cioran le dit... Je ne sais pas encore que l'auteur d'*Histoire et utopie* a quelques idées de jeunesse en Roumanie à se faire pardonner, mais j'entends son propos. Au centre de ma constellation, Patrick Buisson a placé un astre noir pour m'éclairer. Le fascisme. Le fascisme comme romantisme. Un idéal pour étancher la soif juvénile des grands bouleversements, une option préférentielle pour l'anéantissement. Quelle que soit l'évolution ultérieure de vos idées politiques, le fascisme offre de solides garanties pour vous inculquer la détestation du monde. Rien de tel pour façonner votre tempérament et ancrer en vous la conviction que les démocraties occidentales sont des sociétés obèses et molles, qu'il faudra un jour purger, puis cureter. Le fascisme comme espérance. Cette attente de l'artère bouchée et de la crise cardiaque. Le pari que les hommes se fatigueront de l'inefficacité des cures de la gauche qui proposent de maigrir sans effort, et des régimes drastiques de la droite qui promettent de suer sang et eau. Il suffit de se tenir prêt. L'*ultima ratio*. Il n'y aura plus qu'à brandir la lame patiemment aiguisée. En appeler au parti de l'Ordre. Et tailler dans le gras. Voilà.

Dans mon apprentissage, Patrick Buisson compte sur les d'Herbais. Il estime qu'ils offrent un environnement propice à favoriser mon engagement. Car, si je fréquente les derniers-nés de la famille, il m'arrive de me mêler aux plus grands lorsqu'ils séjournent à Alincourt. Et notamment à l'aînée des filles, Marie. Une crinière blonde et bouclée, une voix perdue dans les aigus et un caractère enjoué qui compense une petite taille, la jeune femme ne passe pas inaperçue. Elle salue sans cesse de la même manière : « Bonjour, les petits fafs ! » J'ai tout d'abord pensé qu'elle réservait ce qualificatif à ses frères et à moi-même, avant de constater qu'il n'en est rien. La force de l'habitude. À vingt ans, elle est l'égérie d'une mauvaise compagnie, la figure féminine d'une bande de « rats noirs » : Marie d'Herbais est membre du GUD. Elle est même la petite amie de son chef, Frédéric Chatillon. Ensemble, ils essaient d'entretenir la légende d'un groupuscule, qui a été tout à la fois le successeur du mouvement Occident et le précurseur d'Ordre nouveau. S'il ne reste pas grand-chose du GUD historique, son esprit subsiste. Son dernier avatar, l'Union de défense des étudiants d'Assas, permet de préserver tant bien que mal le bastion de la faculté de droit. Mais le paysage politique a évolué depuis les années soixante-dix, et les « petits fafs » ne peuvent ignorer le nouveau rapport de force à l'extrême droite. Sous l'impulsion du couple Chatillon-d'Herbais, le GUD s'est placé au début des années quatre-vingt-dix dans l'orbite cachée du Front national. Il lui prête main-forte dans les milieux étudiants, joue les auxiliaires en cas de besoin. Ce rapprochement doit beaucoup à la proximité qu'entretient la famille d'Herbais avec les Le Pen. Dans ce milieu consanguin, les liens politiques et affectifs s'entremêlent. De la même manière que le vicomte et la vicomtesse d'Herbais mettent le parc de leur château à la disposition du GUD et du Front national de la jeunesse pour des « stages commando » communs, ils couvent les amitiés entre leur progéniture et celle du président du FN. Marie d'Herbais est une amie d'enfance de la petite dernière du clan Le Pen, Marine. Avec son compagnon Frédéric Chatillon, elle a introduit l'étudiante en droit à Assas dans l'intimité du « groupuscule des Dieux », comme les « rats noirs » aiment appeler leur organisation. Et ainsi Marine, qui milite le jour avec le Cercle national des étudiants parisiens, s'est mise à faire la fête la nuit avec les Gudards. Celle qui se présentera bientôt aux législatives de 1993, sous l'étiquette du parti de son père, dans le XVIIe arrondissement de Paris, sait déjà que certaines opinions et amitiés doivent rester secrètes.

En dépit de mon jeune âge, j'ai rencontré de nombreux spécimens de fanatiques. Je ne connais pas encore Frédéric Chatillon. Je suis d'autant plus curieux du « leader charismatique » du GUD que ce dernier traîne une réputation sulfureuse. Dans le milieu, on le sait adepte des arts martiaux et de leur mise en pratique. Il perpétue la tradition de l'activisme violent en organisant des descentes dans les facultés « rouges ». Fracasser des têtes de gauchistes étant considéré comme une occupation rébarbative et finalement peu glorieuse, il a cherché un supplément de légitimité et une légende dans les conflits à l'étranger. Ses aînés se sont engagés dans les phalanges chrétiennes de Kataëb pendant la guerre du Liban, ses amis ont combattu la junte militaire birmane avec les Karens, lui trouve l'aventure avec les milices croates en lutte contre les communistes serbes. Ce garçon doit figurer dans ma galerie de portraits. Le manque est comblé à Alincourt, un dimanche d'automne. L'occasion m'en est fournie lors d'un énième rassemblement privé de la fine fleur de l'extrême droite. Je suis assis dans la cuisine du château quand je vois entrer un corps imposant, qui se termine par un crâne saillant et des cheveux noirs, courts, plaqués par du gel. Ce qu'il y a en dessous doit être à l'avenant. Frédéric Chatillon promène avec lui l'arrogance des hommes trop conscients de leur intelligence ou totalement ignorants de leur bêtise.

Marie se charge des présentations. Il me tend la main et plante son regard dans le mien : « Ton père est un vendu ! »

Je peine à masquer ma surprise. Personne n'avait parlé de cette façon de Patrick Buisson en ma présence. Il ne m'était pas non plus venu à l'idée qu'on puisse le voir ainsi. Plusieurs secondes me sont nécessaires pour parvenir à formuler une réponse : « Tu peux le lui dire en face. Il se trouve dans la pièce d'à côté. »

S'ensuit alors une discussion où la question de la pureté idéologique se heurte à celle de la stratégie politique. J'admets volontiers que Patrick Buisson n'est pas aussi radical que dans sa jeunesse ; je sais que diriger la rédaction de *Valeurs actuelles* impose une retenue qui n'est pas utile quand on est à la tête de *Minute* ; je peux enfin imaginer que la « compromission » de Patrick Buisson avec des hommes politiques de la droite et du centre heurte la grande sensibilité du néofacho qu'est Chatillon. Mais, de son côté, le Gudard pourrait convenir que la bataille des idées puisse être menée autrement.

« Tu vois, je préfère quelqu'un comme Renault. Lui reste fidèle à ses idéaux, élude-t-il.

— Ah, tu connais Alain ! Je comprends mieux. »

Marie décide d'interrompre ce dialogue de sourds en se blottissant dans les bras de son homme. Les deux amoureux, qui ont annoncé leur mariage, se mettent à se réjouir bruyamment de leur bonheur futur. Ils formulent le désir d'avoir dix bons « Aryens » pour repeupler la France. Leurs rires gras achèvent de soustraire mon esprit à leur délire. Je rumine ma consternation.

Effectivement, Frédéric Chatillon a été séduit par la personnalité et les positions intransigeantes d'Alain Renault. Dans quelques années, il sollicitera la mémoire et la plume de l'ancien dirigeant d'Ordre nouveau, pour contribuer à l'ouvrage collectif *Les Rats maudits, Histoire des étudiants nationalistes, 1965-1995*, qu'il publiera aux éditions des Monts d'Arrée. Il s'inspirera de son expérience lorsqu'il fera prendre au GUD un tournant prétendument antisioniste et résolument antisémite, que résumeront les nouveaux mots d'ordre « À Paris comme à Gaza : Intifada ! » et « Deauville, Sentier : territoires occupés ! ». Chatillon suivra en tous points l'exemple des nationalistes-révolutionnaires ; il récupérera le combat d'Alain Renault et de son mentor, François Duprat. Il détournera la cause palestinienne pour assouvir sa haine des Juifs, ira en Syrie et au Liban chercher des financements, diffusera la littérature négationniste. Plus tard encore, il fera entrer l'essayiste Alain Soral au Front national et parrainera le lancement de son association Égalité & Réconciliation ; il aidera le comique Dieudonné à descendre les mille marches qui conduisent aux enfers ; et il ne cessera jamais d'œuvrer à l'ascension de son amie, Marine Le Pen. Dans l'ignominie, il y eut des seigneurs. Avec lui viendra l'âge des bouffons.

« Grrrrrr… » Un grognement m'arrache à ma torpeur. Je cherche du regard le visage de Frédéric Chatillon pour comprendre. Je ne vois que son sourire dédaigneux. Une pression sur la cuisse me fait baisser les yeux et réaliser que c'est Bianca qui voulait attirer mon attention. Ah, Bianca ! Un magnifique dogue allemand de soixante-dix kilos. Une gueule baveuse et un monstre de tendresse, réclamant de l'affection. Je décide de me satisfaire de la société de cette chienne pour le reste de la journée. Elle vaut tellement celle des hommes. Je me tiens devant l'âtre immense dans lequel brûle un feu de bois. Je le laisse remplir son office et imprégner les fibres de mes vêtements de son odeur rassurante. Je n'emporterai rien de plus lorsque je quitterai Alincourt. Car je n'y reviendrai plus.

La pluie cingle la Vendée en ce samedi 25 septembre 1993. La météo s'est mise au diapason de l'événement. Il y a deux siècles, une simple jacquerie contre la levée en masse décrétée par la Convention girondine vira à l'insurrection militaire dans l'ouest de la France. Une armée catholique et royale surgit ; des Blancs combattirent des Bleus ; la contre-Révolution mena à une guerre civile. De cette histoire avortée, il ne reste que du sang mal séché. Et un symbole : le massacre des Lucs-sur-Boulogne. Cinq cents villageois anéantis par les « colonnes infernales » des troupes républicaines. Pour ne pas l'oublier, le président du conseil général de Vendée a fait construire un mémorial. Pour l'inaugurer, il a fait venir le plus célèbre dissident soviétique, l'auteur de *L'Archipel du Goulag* : Alexandre Soljenitsyne.

« On ne peut pas rater cela ! » s'enthousiasme Patrick Buisson. Nous voilà donc partis, dans le vent mauvais, pour assister avec 20 000 personnes à un spectacle inédit. Soljenitsyne délivre un discours dans lequel il célèbre la révolte des « paysans d'une contrée laborieuse pour lesquels la Révolution semblait avoir été faite et que cette même Révolution opprima et humilia jusqu'à la dernière extrémité », tance le « slogan intrinsèquement contradictoire et irréalisable : liberté, égalité, fraternité », établit une filiation entre les révolutions française et russe en attribuant le totalitarisme communiste à la Terreur. 1789 a engendré 1793, consacrée grande matrice de l'horreur. Des sans-culottes aux cocos, une même lignée d'infâmes. Tout fait sens. Patrick Buisson félicite chaudement le metteur en scène de la féerie : « Magnifique ! C'est un coup de maître, Philippe. Ton discours aussi était parfait. Incroyablement émouvant. » Philippe de Villiers pavoise. À l'excès. Il utilise la couverture médiatique pour tenter de faire reconnaître l'existence non pas d'un « populicide », mais d'un « génocide vendéen ». Et ne peut s'empêcher de déclarer : « Je n'accepte pas que la Vendée soit traitée comme un point de détail de l'histoire de France. » *Too much !*

Patrick Buisson et Philippe de Villiers se sont bien trouvés. Leur amitié était inéluctable. Le premier avait fait la connaissance du second au Parti républicain, dans les années quatre-vingt. Nouvel entrant en politique, le vicomte Philippe Le Jolis de Villiers de Saintignon avait été propulsé secrétaire d'État, auprès du ministre de la Culture et de la Communication, François Léotard, dans le gouvernement de cohabitation de Jacques Chirac. Alors que le ministre de plein exercice ne saisissait pas grand-chose au contenu de son portefeuille, le jeune aristocrate avait enfourché le cheval de la bataille culturelle. Ferraillant contre les grands travaux mitterrandiens, il prétendait liquider l'héritage des années Jack Lang. À son programme figuraient la mise en valeur du patrimoine, le développement des musées, l'éducation artistique et la célébration du millénaire de l'avènement d'Hugues Capet. Il était légitime en ce domaine. Énarque réfractaire, ayant démissionné de la fonction publique en raison de la victoire de François Mitterrand en 1981, il avait créé une station de radio aux Herbiers, Alouette FM, une école de communication à Nantes, SciencesCom, et s'était attaché à faire grandir l'œuvre de sa vie : le Puy du Fou.

Dans ce lieu-dit de la commune des Épesses, à quelques kilomètres de chez lui, Philippe de Villiers ressuscite, chaque été depuis 1978, un château en ruine du bocage vendéen. Des milliers de bénévoles exécutent une « Cinéscénie » nocturne, qu'il a soigneusement écrite. Dans ce spectaculaire son et lumière, les plus grands acteurs français prêtent leur voix, et Georges Delerue, sa musique. La geste d'une famille, les Maupillier, sert à narrer la destinée de la Vendée, du Moyen Âge à la Seconde Guerre mondiale. L'histoire de la Vendée permet de raconter une autre histoire de France. Un récit fracturé par la Révolution, qui donne à penser que les hommes vivaient pour Dieu et le Roi, et s'étaient mis à mourir avec l'apparition de la République. Patrick Buisson ne s'y était pas trompé. Il avait tout de suite vu dans le Puy du Fou la plus belle aventure métapolitique conduite par un contre-révolutionnaire dans notre pays. À la tête de *Minute* et de *Valeurs actuelles*, il avait commandé des articles pour assurer la promotion du spectacle, se réjouir de l'installation d'une tribune panoramique de 14 000 places et vanter la création du « Grand Parcours », qui ferait du Puy du Fou le deuxième parc à thème de France, derrière Disneyland.

La politique avait fini par lier le destin des deux hommes et sceller leur amitié. Après son départ fracassant du gouvernement, la conquête d'un siège de député et de la présidence du conseil général de Vendée, Philippe de Villiers avait choisi de construire sa notoriété sur la dénonciation de la corruption, qui pourrissait le second septennat de François Mitterrand. La fondation du mouvement Combat pour les valeurs, avec Bernard Debré et Christine Boutin, s'inscrivait dans cette démarche. Pourtant, il ne s'était hissé à une dimension nationale qu'avec le référendum sur le traité de Maastricht en 1992, où il s'était imposé comme l'un des principaux opposants, aux côtés de Philippe Séguin et de Charles Pasqua. Les circonstances offrant la possibilité rare d'actionner en même temps les leviers de la métapolitique et de la politique, Patrick Buisson avait jugé que Villiers pouvait dès lors convertir son nouveau capital politique en rente électorale.

Personne ne songeant, mis à part l'extrême gauche, à célébrer la Terreur, l'année 1993 est marquée par la commémoration des guerres de Vendée. Philippe de Villiers et Patrick Buisson en profitent pour faire entendre leur version de l'Histoire, et établir un continuum destiné à influer sur l'inconscient. Glorifier la résistance héroïque des paysans vendéens dirigée par des aristocrates contre le froid et lointain monstre républicain, doit permettre d'installer le « chouan Philippe de Villiers » à la tête du combat du peuple de France contre l'Europe technocratique. L'écho entre ces deux luttes est censé être cristallin. Pour s'en assurer, Philippe de Villiers ne lésine pas sur les moyens. La venue de Soljenitsyne en Vendée couronne une longue séquence de promotion clandestine, qui a commencé en chansons avec l'immense succès de *Vendée 93*, l'album composé par Didier Barbelivien – dont le clip du titre phare, *Les Mariés de Vendée*, a été matraqué sur l'antenne de TF1 –, et s'est poursuivie avec le départ du Tour de France, donné depuis le Puy du Fou. À une échelle plus modeste, il est vrai, Patrick Buisson se démène pareillement. Avec Jean Tulard, spécialiste de Napoléon et des grandes boucheries, il publie un recueil de textes illustrés, chic et militant : *Vendée, le livre de la mémoire, 1793-1993*, aux éditions Valmonde. La liste des contributeurs compte les médiatiques Thierry Ardisson et Didier Barbelivien, les historiens Raoul Girardet, Pierre Chaunu et Reynald Secher, les « Hussards » Michel Déon et Jacques Laurent, Jean-François Revel, Max Gallo, Jean Piat, Jean Raspail, Geneviève Dormann, la maréchale de Lattre, le cardinal Paul Poupard, etc. Dans sa catégorie, ce beau livre accède au statut de best-seller. *Philippe de Villiers ou la politique autrement*, aux éditions du Rocher, connaît un succès moins éclatant. L'ouvrage, coécrit par Patrick Buisson avec un de ses affidés à *Valeurs actuelles*, Éric Branca, remplit néanmoins la mission qui lui est assignée. La première hagiographie du Vendéen convainc les lecteurs que le parcours de l'homme recèle un destin, et donne aux journalistes matière à alimenter les articles qu'ils ne manqueront pas de rédiger lors de la prochaine échéance électorale. L'anglicisme *storytelling* n'est pas encore usité, mais la pratique qu'il désigne existe déjà.

À quelques mois des européennes de 1994, il est temps de passer à la phase purement politique de la campagne. Comme il l'a si souvent fait pour Jean-Marie Le Pen, Patrick Buisson pense pouvoir aider Philippe de Villiers tout en restant à sa place de journaliste. Il n'en sera rien.

Les augures avaient parlé. Patrick Buisson ne les avait pas écoutés, il n'avait pas voulu les entendre. Racheter *Le Crapouillot* était une erreur. Après cinq numéros, la société éditrice était au bord de la cessation de paiement : des ventes en berne, des rentrées publicitaires inexistantes, trois procès en attente. Et les actionnaires n'avaient aucune envie d'injecter de l'argent pour sauver le magazine. En novembre 1991, *Le Crapouillot* était cédé aux dirigeants de *National-Hebdo*. Patrick Buisson ne pouvait plus s'appuyer sur la générosité de Pierre-Guillaume d'Herbais pour se lancer dans d'autres aventures. Ce dernier devait vendre ses parts dans Publifact et se désengager de *Minute*. Sa bonne fortune s'en était allée. Bientôt, la femme de Pierre-Guillaume demanderait le divorce, puis l'assignerait devant les tribunaux pour abandon de famille et non-paiement de la pension alimentaire. La grande famille d'extrême droite volerait en éclats.

Patrick Buisson n'avait plus rien, non plus, à attendre de Raymond Bourgine. Il avait su se faire apprécier du fondateur de Valmonde, à qui il promettait de rapporter beaucoup d'argent, grâce à son réseau dans les régions conquises par la droite : des services communication et des Comités régionaux de tourisme avaient donné leur accord pour acheter de luxueux publi-rédactionnels, encartés dans les journaux du groupe. Il attendait d'en être récompensé ; il s'était persuadé que le propriétaire le ferait entrer au capital de la société. Mais Raymond Bourgine avait succombé à un cancer, en novembre 1990. Se sentant confusément menacé, Patrick Buisson devait redoubler d'ardeur pour assurer son avenir. Les héritiers de Bourgine et son successeur à la présidence du groupe, Magdeleine Anglade, s'agaçaient de son insistance à se mêler de l'actionnariat. Des rumeurs le disaient à la recherche d'investisseurs prêts à lui confier les rênes de Valmonde. Sa manière clivante de diriger la rédaction de *Valeurs actuelles* et de demander une fidélité exclusive aux journalistes n'était pas non plus du goût de François d'Orcival. Contre Patrick Buisson, le salut ne pouvait venir que de l'extérieur.

À la fin de l'année 1993, un riche homme d'affaires, Marc Ladreit de Lacharrière, président de la holding Fimalac, rachète Valmonde. Patrick Buisson est pris de court. Et il est furieux. Le nouveau propriétaire est l'ancien numéro deux de L'Oréal, le principal actionnaire des éditions Masson et de la *Revue des Deux Mondes*. Il est surtout membre du comité de direction du groupe Bilderberg, du club d'influence Le Siècle, cofondateur de SOS-Racisme et de la Fondation Agir contre l'exclusion avec la socialiste Martine Aubry. Oups ! Il se murmure que Ladreit de Lacharrière a acquis le groupe de presse pour servir l'ambition de son ami de la promotion « Robespierre » à l'ENA : Philippe Séguin. Patrick Buisson connaît de longue date l'ombrageux président de l'Assemblée nationale ; il l'a plusieurs fois interviewé pour *Valeurs actuelles*. Sous l'apparence de la cordialité, leur relation est frappée du sceau de la détestation réciproque. Séguin n'oublie pas qu'à *Minute*, Buisson l'avait, à de nombreuses reprises, désigné à la vindicte des lecteurs pour s'être vigoureusement opposé à toute alliance avec le Front national. Sous la plume du « journaliste », il avait été qualifié de « taupe de Mitterrand », de « collabo de l'opposition » et de « traître en puissance ». De son côté, Patrick Buisson pense que l'ancien militant de l'UNEF et de l'indépendance de l'Algérie, l'ami de Robert Badinter, est resté un homme de gauche.

Marc Ladreit de Lacharrière impose immédiatement son autorité à Valmonde. Il réunit tous les cadres des rédactions du groupe pour les inviter à se présenter. Ce type d'exercice collectif peut se révéler humiliant lorsque les participants se sentent contraints de poser leurs attributs sur la table. Patrick Buisson écoute froidement ses collaborateurs s'inventer des diplômes ou gommer les aspérités de leur parcours, afin de gagner les faveurs du nouveau patron. Quand vient son tour, il ne cherche pas à maquiller son *curriculum vitæ*. À quoi bon ? À la veille de Noël 1993, Patrick Buisson est viré. Cela finit mal. Pour ne pas changer.

Une main se tend immédiatement. « Viens faire campagne avec moi ! » propose Philippe de Villiers à l'indésirable. Patrick Buisson hésite. Il s'est jusqu'alors refusé à mettre les deux pieds dans la politique. Sa situation professionnelle l'oblige à reconsidérer l'interdit qu'il s'est fixé. Excepté *Le Figaro* et son supplément magazine, dirigé par l'ex-Gréciste Patrice de Plunkett, il a fait le tour de la presse de droite. Qui pourrait l'engager ? Personne. Il ne reçoit d'ailleurs aucune proposition, alors que Villiers a de solides arguments à faire valoir depuis qu'il a trouvé le moyen de financer sa liste aux élections européennes de juin 1994. Contre un porte voix et une place en position éligible, le milliardaire franco-britannique Sir James Goldsmith a accepté d'ouvrir son portefeuille : 40 millions de francs, au minimum. Patrick Buisson se laisse convaincre ; il détaille ses conditions : être associé à toutes les grandes décisions et avoir la haute main sur la communication. Il tient également à la discrétion. Il ne figurera pas dans l'organigramme officiel ; seuls sa société et les fournisseurs qu'il aura choisis, comme l'imprimeur Gilbert Caron, apparaîtront dans les comptes de campagne. Dès le 17 janvier 1994, Patrick Buisson donne la gérance de Publifact, qu'il avait reprise après la vente du *Crapouillot*, à son frère Jean-Pierre. L'opération ne déplaît pas au juge d'instruction Thierry Jean-Pierre, que Philippe de Villiers a enrôlé dans sa liste. Cet ancien du très à gauche Syndicat de la magistrature ne tient pas à ce que son nom soit associé à celui de l'ancien directeur de *Minute*.

Patrick Buisson réunit une équipe composée de salariés de *Valeurs actuelles*, licenciés en même temps que lui, et d'Alain Renault, sans emploi également depuis la chute de la maison d'Herbais. La dizaine de personnes s'installe sous les combles de l'hôtel particulier loué pour la campagne, l'ancien siège de l'UDF, situé au 42 bis du boulevard de La Tour-Maubourg. Elle a cinq mois pour faire de Philippe de Villiers un homme politique de premier plan. Patrick Buisson a des idées très arrêtées sur la stratégie à suivre. Chacun des colistiers doit rester dans son domaine de compétence. Jimmy Goldsmith continuera à être un repenti iconoclaste. Le *raider*, qui enflammait Wall Street avec des OPA gigantesques, s'est retiré des marchés financiers juste avant le krach boursier de 1987. Il est devenu un pourfendeur implacable de la mondialisation et des accords libre-échangistes, un chantre du protectionnisme et de l'écologie. Thierry Jean-Pierre sera de nouveau chargé d'instruire contre la corruption de la classe politique. L'affectation correspond à son choix. Il n'a pas digéré d'avoir été dessaisi de l'« affaire Urba », qui avait mis au jour le système de financement occulte du Parti socialiste ; il n'a pas supporté d'avoir été jugé comme l'un des « chiens » responsables du suicide de l'ancien Premier ministre Pierre Bérégovoy, après la découverte d'un prêt sans intérêt d'un million de francs, accordé par un proche de Mitterrand, Roger-Patrice Pelat. Quant à Charles de Gaulle, également présent sur la liste, il fera ce qu'il sait faire de mieux : brandir son nom et son titre de « petit-fils du Général » en caution. Philippe de Villiers donnera une cohérence à l'ensemble, pour s'affirmer en tant que premier des souverainistes. En rupture de ban avec l'UDF, il pourra supplanter Charles Pasqua et Philippe Séguin, qui n'ont pas osé quitter le RPR et ont privilégié le pouvoir à leurs convictions. Il fera « entendre la voix de la France », ainsi que l'affirment ses affiches. Une voix nasillarde et déraillante pour lutter contre l'Europe fédéraliste, promue par le traité de Maastricht, et contre « l'Europe-passoire », promise par les accords de Schengen.

Bien sûr, le Vendéen tient, à sa droite, un rugueux concurrent en la personne de Jean-Marie Le Pen. Patrick Buisson se rend pour un déjeuner à Montretout, afin de déminer le terrain.

« Dis donc, mon grand, tu me fais des infidélités ?

— Voyons, Jean-Marie, tu me connais ! Je ne ferai rien qui puisse te nuire. »

Patrick Buisson expose à Le Pen les raisons de son nouvel engagement. Une partie d'entre elles, seulement. Celles qu'il peut lui avouer. Il ne lui reproche pas de nourrir la diabolisation orchestrée par François Mitterrand et la gauche, en multipliant les « dérapages ». En s'autodiabolisant. Il ne lui confesse pas davantage qu'il lui est plus facile de travailler pour un candidat, Philippe de Villiers, qui n'est son aîné que de trois semaines, avec qui la discussion n'a pas besoin de s'encombrer d'euphémismes ou de périphrases, et avec lequel on peut gagner de l'argent. Il garde tout cela pour lui. En revanche, il établit un constat que Le Pen ne peut que partager. Après une législature catastrophique et des scandales en cascade, la gauche a été balayée aux élections de 1993. La droite n'a pas eu à reconsidérer son refus de s'allier avec le Front national ; la question ne s'est même pas posée. Le RPR et l'UDF savaient qu'ils gagneraient, à eux seuls, une majorité écrasante à l'Assemblée nationale. Depuis, le président du Front national est cornerisé, asphyxié. La candidature Villiers devrait permettre de lui rouvrir un espace politique. Pour Buisson, l'objectif ne change pas. Il s'agit de résister au glissement continu du centre de gravité de la vie politique vers la gauche. Il faut ancrer la droite dans ses idées et réunir les conditions d'une alliance de toutes ses composantes. Lorsque Villiers guigne les suffrages de l'aile droite du RPR, il participe à la réussite de cette stratégie. Il répare la courroie de transmission électorale entre la droite et l'extrême droite, et reprend avec une plus grande ambition la place qu'occupait le CNIP dans les années quatre-vingt. D'autant qu'un accord entre Villiers et Le Pen n'est pas à exclure. Patrick Buisson y œuvrera. Il faut le croire. Les deux hommes ne se quittent pas fâchés. Ils n'y ont pas intérêt : ils n'oublient pas d'où ils sont partis. Le Pen continuera à solliciter les conseils du stratège ; il empruntera pour ses prochaines campagnes le matériel de propagande imaginé pour Villiers, tel le journal de campagne au format tabloïd, imprimé par Gilbert Caron puis adressé à près de trente millions d'électeurs, dans la droite ligne de la « Lettre à tous les Français » de François Mitterrand, en 1988. Buisson exercera encore une influence diffuse au Front national ; il plaidera ainsi pour l'investiture à Toulon de Jean-Marie Le Chevallier, qui sera élu maire en 1995. Il y aura d'autres déjeuners à Montretout. C'est certain.

Le 12 juin 1994, « Une majorité pour l'autre Europe » récolte deux millions 400 000 voix, et envoie treize députés au Parlement européen. Avec 12,34 % des suffrages, elle arrive en troisième position, derrière la liste RPR-UDF et juste après celle du PS. Elle devance surtout les listes de Bernard Tapie et de Le Pen. La surprise est totale. Sauf pour Philippe de Villiers et Patrick Buisson. Le Vendéen a préempté le souverainisme, comme Le Pen avait su kidnapper le thème de l'immigration. Lui aussi possède dorénavant un avantage concurrentiel sur lequel s'appuyer. Et, une nouvelle fois, ce sont les européennes, ces élections défouloir, qui ont servi de rampe de lancement. Il reste maintenant à tester la solidité de cette assise électorale. La présidentielle de 1995 est en vue. Le seul impératif pour Villiers est de dépasser le seuil doublement décisif des 5 % des voix. C'est la barre à sauter pour ne pas grever son avenir politique, et se faire rembourser une partie de ses frais de campagne par l'État.

En novembre, chacun se met en ordre de bataille. Philippe de Villiers crée un nouveau parti, le Mouvement pour la France, avec Jimmy Goldsmith et Thierry Jean-Pierre. Patrick Buisson demande à Alain Renault de vendre la plupart de ses actions dans Publifact. Il peste d'avoir dû lui donner près de la moitié des profits générés par la dernière campagne, et ne souhaite pas refaire la même erreur. Ayant tout juste atteint l'âge de la majorité, je suis instamment prié de racheter les parts de Renault, désormais payé au forfait, et d'ouvrir à la banque un compte joint avec Patrick Buisson, qui n'aura plus ainsi à partager les dividendes et pourra diminuer le montant de ses impôts.

La campagne débute poussivement. Il faut attendre le mois de février pour que les intentions de vote à la présidentielle reflètent le niveau de Philippe de Villiers aux européennes. Compte tenu du différentiel de participation entre ces deux élections, il est crédité de 7 à 8 %. Au soir du premier tour, le 23 avril 1995, il ne recueille pourtant que 4,7 % des suffrages. Sa candidature a pâti de l'éparpillement des voix à droite entre Jacques Chirac et le Premier ministre sortant, Édouard Balladur. Le « Le Pen light » a surtout souffert du vote Le Pen, traditionnellement sous-estimé. Avec 15 %, le président du Front national a fait le plein dans les catégories populaires et enregistre son meilleur score électoral. C'est une catastrophe. Philippe de Villiers est obligé de faire appel à la générosité des Français au « 20 heures » de TF1, pour échapper à la ruine politique et financière. Les tensions accumulées durant la campagne éclatent. Bertrand de Villiers accuse Patrick Buisson d'avoir poussé à la dépense et entretenu son frère dans l'illusion qu'il pourrait dépasser les 5 % des voix. Ce dernier se défend en renvoyant son détracteur à ses émoluments, à ses prétentions déçues et à ses revendications non satisfaites. Malgré tout, il sort son chéquier pour aider son ami. Il faudra du temps pour solder les comptes entre eux. En attendant, la carrière de Philippe de Villiers est en suspens. Celle de Patrick Buisson, aussi.

Un espoir luit. Ténu, vacillant, lointain. Patrick Buisson croit pouvoir rebondir grâce à Jimmy Goldsmith. Dès leur première rencontre, le milliardaire a été conquis par sa culture et sa vivacité d'esprit. Il lui attribue une part importante du succès de la liste « Une majorité pour l'autre Europe », sur laquelle il figurait en deuxième place. L'expression de sa gratitude n'a pas pris fin avec les élections. Il ne le laisse pas tomber, et l'invite régulièrement à converser chez « Laurent », le restaurant couru du Tout-Paris qu'il possède au cœur des jardins du rond-point des Champs-Élysées, ou bien chez lui, rue Monsieur, à proximité de l'Hôtel Matignon. C'est dans sa somptueuse maison normande à colombages, construite par l'architecte Brongniart pour le frère cadet de Louis XVI, le futur Louis XVIII, qu'il lui confie une mission. L'ancien propriétaire du magazine *L'Express* songe à revenir dans le monde des médias, pour peser sur le débat d'idées. Il charge Patrick Buisson de travailler au lancement d'un hebdomadaire, et le fait appointer par son entreprise de presse, Cavenne SA. Le journaliste réfléchit à différentes formules, dont l'une viendrait directement concurrencer *Le Journal du Dimanche*. Aucune ne dépasse le stade du projet, l'expérience tourne court. Sir James Goldsmith a la tête ailleurs. À Londres précisément, où il dépense des sommes colossales pour sa nouvelle lubie, le « Referendum Party », qui vise à réunir tous les eurosceptiques brittons.

Patrick Buisson ne peut plus compter que sur lui-même. Et sur les allocations chômage, à condition de régler un détail administratif. Il a laissé son frère démissionner de Publifact, après les européennes. Sa situation de gérant majoritaire l'empêche maintenant de percevoir les aides de l'État. C'est, en tout cas, ce qu'il m'explique lorsqu'il me demande de prendre la gérance à sa place, au début de l'année 1996.

« Tu es sûr ? Je ne suis qu'en deuxième année de droit. Je n'ai pas les compétences pour diriger une société.

— Tu n'auras rien à faire. Quelques papiers à signer, occasionnellement. C'est Renault qui s'occupera de tout. Et puis, tu me seras utile pour une fois !

— Pardon ? Tu penses vraiment que je ne te rends jamais service ?

— Mais, enfin, c'est normal que les enfants aident leurs parents. Il faut que tu rendes ce que l'on t'a donné.

— C'est ce que je fais depuis des années.

— Évidemment, tu ne peux pas comprendre ma situation. Tu n'as jamais rien fait. À ton âge, j'avais déjà milité à Occident, et je dirigeais un syndicat étudiant.

— Chacun son truc. Cela ne m'intéresse pas.

— Au fond, tu as raison de ne pas vouloir t'engager. Regarde où cela m'a mené ! »

Patrick Buisson n'en pense pas un mot, mais son dépit est plus fort que tout. Deux campagnes électorales successives ne lui ont pas laissé une minute pour céder à l'introspection. À présent, il a des journées entières pour s'abandonner aux lamentations. Pour la première fois, je l'entends questionner les choix qu'il a faits. S'il n'était pas entré à *Minute*, s'il avait suivi ses camarades de jeunesse dans la presse bourgeoise ou dans les partis de la droite libérale et gaulliste, il aurait eu un itinéraire brillant, sans le moindre accroc. Il en est certain. Il connaît sa valeur, et sait ce que ses idées lui ont coûté. À bientôt quarante-sept ans, il a l'impression d'être allé au bout de ce qu'un homme comme lui peut accomplir. Que faire ? On en revient toujours à la même question. Un livre, peut-être ?

Le sujet est en lui depuis des années. Il ne manque qu'une opportunité pour l'accoucher. Thierry Pfister la lui fournit. L'ancien journaliste du *Monde* et du *Nouvel Observateur*, celui qui débusqua la Nouvelle Droite du *Figaro Magazine* avant de conseiller le Premier ministre Pierre Mauroy, est directeur littéraire aux éditions Albin Michel. Il signe un contrat avec Patrick Buisson pour plusieurs livres, en espérant qu'il se consacre, un jour, à des mémoires politiques. Pour débuter leur collaboration, il accepte que son nouvel auteur s'attelle à une curieuse monographie sur Sacha Guitry. « Pourquoi pas ? » lui dit-il. La vie du génial dramaturge-réalisateur-acteur a fait naître des petits succès de librairie. Seulement, Patrick Buisson désire la narrer sous le prisme des relations que Guitry entretenait avec le beau sexe. L'angle choisi est déjà moins vendeur. Que cela peut-il bien donner ?

Le lecteur n'a pas besoin de chercher loin la clé de *Sacha Guitry et ses femmes*, qui paraît à la fin du mois de septembre 1996. Il lui suffit de lire la quatrième de couverture : « Quel secret le maître a-t-il cherché à dissimuler ? [...] au-delà de la fête, de l'élégance, des mots d'esprit, le travail acharné de Sacha n'avait-il pour but que de séduire l'"adorable père" dont l'ombre tutélaire n'a cessé de le hanter ? » Ou de s'arrêter à la dédicace : « À mon père qui, un dimanche de l'hiver 1955, me fit découvrir l'enchantement guitryque. » Pour une explication plus détaillée, il lui faut, en revanche, plonger dans les trois cents pages du texte. Patrick Buisson y perce le secret intime du maître : « Sacha et les femmes ? C'était une histoire d'hommes. » En toutes choses, à commencer par celles de l'amour qui fournit le prétexte à cet ouvrage, Sacha rechercha l'image de son père.

Acteur dévorant et ogresque, Lucien Guitry multipliait les partenaires au théâtre et les maîtresses dans la vie. Dans son univers, les femmes n'étaient que les ornements d'un décor, des actrices interchangeables d'un même divertissement. Des objets d'épanchement que « Divan le Terrible » ne pensait qu'à coucher. Il donnait à voir à son fils un spectacle que ce dernier pourrait jouer, à son tour. Avec cinq mariages et un nombre de conquêtes sensiblement supérieur, Sacha suivit l'exemple de son « Pâpâ », « le seul amour de sa vie, celui qui survit à tout, celui dont rien, ni le temps ni la mort, ne viendra à bout ». Afin de débroussailler ce champ œdipien, Patrick Buisson convoque Anna de Noailles. Contrairement à ses sujets d'étude, il lui arrive de reconnaître à une femme de l'esprit : « Ce que nous avons de plus persistant en nous c'est l'enfance. » Enfant, Sacha avait été enlevé à la garde de sa mère par son père, qui l'emmena dans ses bagages en Russie, puis, pendant deux saisons, en tournée. À chaque nouveau rôle, il faisait confectionner des copies miniatures de ses costumes de scène : il en revêtait son garçon de cinq ans pour le « recréer à son image ». Devant le tsar Alexandre III, Lucien donna une pantomime où il était habillé du blanc vêtement de Pierrot et Sacha de celui de Pierrot fils. Il instillait dans la tête enfantine le « fantasme d'une reproduction de père en fils qui pourrait se passer de la femme ». « L'amour filial est un état immense qui couvre tout », et exclut la mère de cet autoengendrement. Sacha ne l'oublia pas. Dans sa pièce *Mon père avait raison*, il raconta l'histoire d'un mari et d'un fils quittés. « Le départ de la mère est un espace ouvert à l'harmonie et à la complicité entre le père et le fils que sa présence interdisait. Qu'elle revienne, vingt ans plus tard, ou que s'interpose une autre femme, et l'univers en miroir des deux hommes se brise. » Lucien transmit à Sacha cette certitude : « Seul, ce qui passe du père au fils et du fils au père est digne de confiance, ne trompe pas, ne déçoit pas. » Et dans le tombeau des Guitry, il ne conserva qu'« une place – celle de Sacha – afin que personne ne vienne troubler le colloque éternel du père et du fils ».

Je comprends pourquoi Patrick Buisson tenait tant à écrire *Sacha Guitry et ses femmes*. Il livre un autoportrait psychologique saisissant. Il reprend sa condition de fils pour rendre hommage au père disparu et à son héritage. Par-delà la mort, le dialogue continue. Un « colloque » d'autant plus idyllique que l'un parle, quand l'autre s'est tu. Patrick Buisson y affirme également les droits du père, et assigne les devoirs au fils. Pour le vivre, je sais que, dans cette relation, la mère n'a qu'un rôle à tenir : celui de l'absente. Mais je découvre, avec ce livre, le fil intime qu'il trace entre les hommes. Habituellement, je n'ai le droit qu'à une vision historico-religieuse de la société patriarcale. Toute autorité procède de Dieu, qui la délègue au Roi, qui la sous-traite au Père. « La Sainte Trinité », martèle-t-il. Tous les malheurs de ce pays viendraient des atteintes au céleste ordonnancement. En 1789, on a tué le Roi. En 1968, on a tué le Père. 89 et 68, l'avers et le revers d'une médaille démoniaque. L'Histoire en négatif. Reste Dieu à achever. Cela ne saurait tarder : Il serait subclaquant.

Le développement est intellectuellement tentant. Un peu long toutefois pour justifier qu'il m'impose encore un couvre-feu. À vingt ans, je vois que cela l'arrange bien de prétendre détenir son pouvoir d'un ordre divin. Cependant, les « voies impénétrables » ne peuvent pas tout légitimer. Pourquoi cherche-t-il à contrôler le moindre de mes faits et gestes ? Alors que son père lui octroyait une liberté totale, il ne m'autorise rien ou si peu. Mes sorties sont comptées, rationnées. Ma jeunesse n'est pas recluse, elle est sévèrement contrainte, empêchée. Du *pager* Tatoo au premier téléphone portable, je collectionne les laisses. Et en sa compagnie, ce ne sont pas les femmes qui défilent, mais les reproches. De quoi veut-il me punir ? De n'être pas celui dont il rêvait. De ne pas être lui. Il a beaucoup tenté ; j'ai fini par tout repousser : l'initiation dans les groupuscules fascisants, le dandysme monarchiste pubescent, le militantisme pseudo-révolutionnaire. Y compris dans mes études, je n'ai fait que l'affliger. Après Sainte-Croix de Neuilly, il m'a inscrit en terminale dans un établissement privé préparant aux grandes écoles : Prépasup. L'idée lui avait été soufflée par son directeur – une de ses vieilles connaissances – Pascal Gauchon. Je me suis contenté du strict minimum : un baccalauréat B (économique et social) avec une petite mention, ayant « séché » une bonne partie des cours durant l'année. À l'examen d'entrée de Sciences Po Paris, j'ai griffonné quelques lignes sur ma copie. Et, avant la fin de la première épreuve, je suis parti. Dans la déception, je me suis tout à fait appliqué.

Lui refuse de reconnaître sa responsabilité dans ces échecs. Il préfère les mettre sur le compte de mon caractère, qu'il juge pusillanime et indolent. Il ne peut concevoir que je rejette ce qu'il veut me transmettre. Et encore moins imaginer qu'il me fournit toutes les raisons de le faire. Il ne peut s'en prendre qu'à lui. Il n'aurait pas dû poser des piles de livres sur mon bureau, m'inciter à les lire, puis à les ranger dans une bibliothèque. Ici, les Poètes maudits. À côté, les romanciers français et russes du XIXe siècle. Plus bas, Nimier et quelques Hussards, le théâtre de Jean Anouilh et celui de Guitry. Où classer Péguy, Bernanos et Cioran ? Ensuite, il faut se reculer. Penser au dénominateur commun. Chercher la leçon. Il n'y en a pas. Enfin, peut-être une. L'engagement ? Non, merci. Le dégagement, oui ! L'asile dans les lettres, la retraite dans la tête. C'est le seul parti à prendre. Le contraire d'un mouvement politique. Car, là où règne l'idéologie, l'esprit a abdiqué. C'est du vérifié. Les idées cognent contre quatre murs. Séquestrées. Elles peuvent toujours s'échapper, mais, pour cela, il faut reconnaître s'être trompé. Des générations d'intellectuels et d'hommes politiques n'y sont pas arrivées. Les enfermants ont choisi le croupissement. Même des écrivains ont succombé. Suffit de regarder le cas de Louis-Ferdinand. Au début, l'idéologie, il lui crachait dessus. Il a écrit *Voyage au bout de la nuit*, *Mort à crédit*, avant le dégobillis. Avec les pamphlets antisémites, il s'est mis à barboter dedans. Il en est ressorti glaireux et sali. Clochard parce que puant. Il n'avait plus que le style à la bouche. « C'est final », rabâchait-il. Terminus, effectivement. Dessous, rien. Néant. Les points de suspension : le trou noir. Partie l'émotion. La vie s'en est allée. Un grand classique, Céline. Il est monté, monté, monté pour dominer son monde et déverser son aigreur : la butte Montmartre, les tours du château de Sigmaringen, la colline de Meudon. Non, vraiment, il faut rester du côté de la vie. Ne pas perdre de vue l'émotion.

La chute du mur de Berlin a rouvert les chemins de la grande Europe. Patrick Buisson m'a donc emmené pour un « Grand Tour » : Budapest, Prague, Berlin, Munich, Vienne, Florence, Bruges, Dublin. Et Londres, tous les ans. Pense-t-il que je vais m'arrêter là ? Que la balade réussit à satisfaire le goût d'ailleurs ainsi insufflé ? Espère-t-il que je ne pousse pas plus loin mes humanités ? Que je ne les étende pas à d'autres continents ? Ce n'est pas sa volonté, mais il me programme pour le tromper. Avec le poison se trouve l'antidote. *Pharmakon.*

Il existe, pourtant, un terrain sur lequel je ne cesse de céder. Je ne sais, tout au plus, qu'opposer une résistance passive. L'anxiété. La considérable angoisse que Patrick Buisson traîne plus lourdement encore, depuis qu'il vit le déclassement du chômage. Rien ni personne ne peut en venir à bout. Elle est inaltérable ; il est inconsolable. Et puisque des affres sans fin le commandent, il en devient tyran. Il prend sa tête d'Apocalypse. Pour soigner les symptômes, il recourt à la chimie et à la parole. Des mots, des mots, des mots, des flots de mots m'inondent. Me submergent. Je dois tout boire, tout absorber. Attrape-cauchemars, piège a tourments. J'essaie de me protéger et m'abrite loin dans mes pensées. Mon regard est mobile, mais absent. Éteint. Je m'éteins. Doucement. Amputé de la joie. Lui reprend des forces. Il se rassérène, se libère. « J'en ai besoin, cela me fait du bien », dit-il sans s'excuser. Depuis l'enfance, sa mère l'a habitué à ce qu'on lui tienne la main. Je passe des heures avec lui, comme elle passait des heures à son chevet.

'Round Midnight, je le suis en direction du fanal brûlant au

cœur de la place Pereire. Le café. Lieu de rendez-vous des dérélictions. Les solitudes viennent s'y réconforter et se réchauffer. 3 200 degrés Kelvin diffusent une lumière qui frappe le malt blond des bières et rebondit sur le zinc doré.

Au comptoir, je prends le soleil de travers. J'écoute les hommes, dans la nuit, qui ont besoin de parler.

CHAPITRE VI

Les métamorphoses

> *Mais au fond du désert le plus solitaire s'accomplit la seconde métamorphose : ici l'esprit devient lion, il veut conquérir la liberté et être maître de son propre désert. Il cherche ici son dernier maître : il veut être l'ennemi de ce maître, comme il est l'ennemi de son dernier dieu ; il veut lutter pour la victoire avec le grand dragon.*
>
> *Quel est le grand dragon que l'esprit ne veut plus appeler ni dieu ni maître ?*
>
> *« Tu dois », s'appelle le grand dragon.*
>
> *Mais l'esprit du lion dit : « Je veux. »*
>
> Friedrich Nietzsche, *Ainsi parlait Zarathoustra.*

C'est simple, finalement. Aucun employeur ne le contacte ? Il n'a qu'à créer son propre emploi. Il ne sait comment retrouver une place dans la société ? Il lui suffit de conjuguer ses principales compétences et occupations. Après des années de contrebande, Patrick Buisson pense avoir trouvé l'unique moyen de faire du journalisme, de la politique et de l'argent en même temps : les sondages.

À *Minute*, il avait vilipendé ces instruments, avant de s'en servir à bon escient. À *Valeurs actuelles*, il avait installé un baromètre de l'actualité politique, qu'il commentait mensuellement. Avec les campagnes de Philippe de Villiers, il s'était mis à en commander plus que de raison. D'abord pour faire décoller la candidature du Vendéen aux européennes, puis pour la maintenir en vie lors de la présidentielle. Forcément, il s'était attaché l'affection des plus grands spécialistes de la prise de pouls de l'opinion. Au printemps 1996, il persuade cinq d'entre eux de s'associer à lui. Philippe Méchet de la Sofres, Jérôme Sainte-Marie de l'institut Louis Harris, Hugues Cazenave d'Ipsos,

Stéphane Rozès de CSA et Romain Pache de BVA forment le conseil éditorial d'une nouvelle lettre d'information, consacrée aux sondages politiques, et investissent symboliquement dans le capital de l'entreprise de presse. La gérance m'est confiée pour les mêmes raisons que pour Publifact, et l'impression est inévitablement assurée par Gilbert Caron, chez qui Patrick Buisson dispose d'un important crédit.

Le 12 juin 1996, 3 000 élus et personnalités d'influence reçoivent gracieusement le premier numéro de *Politique Opinion*. Huit pages, de la couleur, quelques faits et des chiffres à profusion. Officiellement, le bimensuel a pour objectif de « parler des Français, de leurs attentes, de leurs aspirations ». Il veut informer les décideurs sur les mouvements d'opinion et en éclairer le sens. En réalité, la lettre confidentielle doit servir les intérêts commerciaux des sondeurs et de celui qui les a réunis, avant les échéances électorales de 1998 : cantonales, régionales et législatives. Les premiers espèrent systématiser l'utilisation des sondages à tous les échelons de la vie politique française pour gonfler le chiffre d'affaires de leurs sociétés, tandis que le second cherche à asseoir son expertise dans le conseil. *Politique Opinion* connaît des débuts encourageants et compte rapidement un millier d'abonnés, versant chacun 2 000 francs par an. La niche est rentable, mais le débouché le plus important se révèle être le plus inattendu.

Patrick Buisson est invité à parler du lancement de sa lettre spécialisée sur LCI, alors seule chaîne de télévision d'information en continu. Il rencontre à cette occasion le directeur général de cette filiale de TF1, Jean-Claude Dassier. Il n'hésite pas à le contacter, quelques semaines plus tard, pour lui faire une proposition de partenariat : il s'engage à fournir gratuitement des sondages à LCI contre une exposition médiatique régulière. Ainsi naît l'émission « Le Club de l'Opinion », présentée par Alain Joannès, puis par David Pujadas. Tous les mardis à 18 h 45 et à 20 h 45, Patrick Buisson décrypte les humeurs des électeurs en compagnie d'un sondeur de son choix. C'est inespéré. Ses associés sont ravis d'un tel retour sur investissement, et se mettent à le courtiser pour apparaître le plus souvent possible dans la vitrine à ses côtés. Quiconque détient une once de pouvoir regarde assidûment la chaîne haut de gamme, diffusée sur les réseaux du câble et du satellite. Avoir son rond de serviette sur les plateaux de LCI constitue un inestimable accélérateur de carrière. Patrick Buisson ne tarde pas à le constater. L'ancien paria de *Minute* porte désormais l'estampille « vu à la télé », et devient fréquentable. Les inspecteurs des Renseignements généraux en font l'une de leurs principales sources d'inspiration pour leurs notes d'analyse politique.

Un événement surprise acte sa reconversion en politologue reconnu. Le 21 avril 1997, le président de la République Jacques Chirac annonce la dissolution de l'Assemblée nationale, un an avant le terme de la législature, et convoque les Français aux urnes les 25 mai et 1er juin. Dans la précipitation, les chaînes de télévision organisent le dispositif de leurs soirées électorales. Patrick Buisson persuade Jean-Claude Dassier de se hisser à leur niveau : LCI doit avoir son propre institut de sondage en tant que partenaire. Les soirs des deux tours de l'élection, les journalistes Guillaume Durand et Ruth Elkrief présentent les résultats et interrogent les hommes politiques ; Patrick Buisson se charge de commenter les chiffres fournis par Louis Harris et l'erreur stratégique de Jacques Chirac qui ramène la gauche au pouvoir. Il s'installe à une place d'analyste que son professeur à Nanterre, René Rémond, avait autrefois occupée à la télévision.

Comme il l'a toujours fait, Patrick Buisson entreprend de consolider sa position, en démontrant son sens de l'entregent et du profit. Il réactive tous ses contacts dans les régions détenues par la droite et démarche Dexia, la banque des collectivités locales, pour financer une nouvelle émission dont il a eu l'idée : « Le Journal des Régions ». Vingt minutes de reportages sponsorisés, sur les initiatives économiques innovantes de nos chers territoires. L'émission améliore les caisses de LCI et l'humeur de son patron. « Le Club de l'Opinion » est reconduit pour une nouvelle saison. Le dimanche 15 mars 1998, Pierre-Luc Séguillon remplace Guillaume Durand ; Patrick Buisson continue de livrer ses analyses lors de la soirée consacrée aux élections régionales et cantonales. La « gauche plurielle » arrive en tête dans douze régions sur vingt-deux, mais ne dispose que d'une fragile majorité relative. La droite a la possibilité de faire basculer ces douze exécutifs, si elle consent à s'allier avec le Front national. Jacques Chirac intervient solennellement dans le débat pour que ne soit pas coupé le « cordon sanitaire » entre la droite et l'extrême droite ; Philippe Séguin, Nicolas Sarkozy et François Bayrou lui emboîtent le pas. Tout doit se jouer lors de l'élection des présidents de région. Sur LCI, Patrick Buisson commente la situation comme si de rien n'était, mais, sitôt l'antenne quittée, multiplie les coups de téléphone à ses amis. Le vendredi 20 mars, baptisé le « vendredi noir », cinq présidents, issus de l'UDF, sont élus grâce aux voix des frontistes. Alain Madelin, chef de file du principal parti de la confédération centriste, refuse de condamner la manœuvre. Aucun doute, les affaires reprennent.

Je vole ce qu'il ne me donne pas. Je m'octroie le jour la liberté dont il me prive la nuit ; je recherche à l'extérieur la légèreté que je ne trouve pas chez moi. Après une existence en double durant mon enfance, je vis à présent à moitié. Je suis las d'espérer le matin et de redouter le soir. Je pars. À vingt et un ans, je n'ai plus l'âge de fuguer ; je n'ai pourtant appris qu'à m'évader et à le fuir. Maman m'accueille au printemps 1998. Ce n'est sûrement pas fortuit. Sept ans plus tôt, j'avais déjà choisi ce moment de l'année pour renaître. Elle ne me pose pas de questions, car elle n'en éprouve pas la nécessité. Elle sait. Avec elle, je n'ai rien à demander. Pas besoin de son autorisation, de quémander une ou deux sorties hebdomadaires, de convenir du moment où je rentrerai. Je n'ai plus à négocier ma jeunesse. Je peux rattraper le temps perdu. Quel merveilleux printemps ! Je m'enivre de nuits sans sommeil à discuter avec mes amis, et de journées sans lumière à rêver au cinéma. Je ne crains plus la montée de la lune, ni ne guette le lever du soleil. À 5 heures du matin, je marche dans Paris. Sur mon visage, les astres luisent tous deux. Réconciliés.

Lui s'inquiète. Il m'écrit. Au fil des lettres, je sens que sa préoccupation grandit. Je reçois, à la mi-mai, un pli plus épais qu'à l'accoutumée. À l'intérieur, une liasse agrafée. C'est un acte de cession de mes actions dans Publifact. Il veut que je lui vende le tiers du capital de la société en ma possession : 172 parts contre

172 francs. « Tu as voulu partir. Je ne t'en ai pas empêché, mais je ne te laisserai pas t'envoler avec mon argent. » Je signe les documents. Je ne compte pas le dépouiller, mais j'ai, en effet, l'intention de prendre les airs. Mes études de droit sont provisoirement mises entre parenthèses ; elles y ont davantage leur place que ma vie. Débarrassé de la corvée des Sables-d'Olonne, j'ai tout l'été pour moi. Je désire retourner à New York, découvert avec ma mère et mon meilleur ami en juillet 1995. Il existe là-bas d'excellentes écoles de cinéma où je pourrais m'inscrire. Je déniche des adresses d'auberges de jeunesse et des pistes pour des emplois non déclarés, au cas où. Il ne me manque que le billet d'avion et un visa. À moi de lui écrire pour un menu service : « Pourrais-je récupérer mon passeport ? » Sa réponse se fait attendre, puis me déçoit. Il ne sait plus où est le document, il doit fouiller dans ses papiers. Des jours passent, une évidence s'impose : je n'obtiendrai rien de lui. A-t-il égaré mon passeport ? Cherche-t-il à gagner du temps ? Peu importe. Le préposé à l'accueil de la police administrative de Paris se charge d'anéantir mes espoirs : « Un mois d'attente pour un passeport. Au minimum ! C'est la même comédie, chaque été. Tout le monde s'y prend à la dernière minute. » Mes projets estivaux sont compromis. Je l'en informe. Bêtement. Il propose aussitôt que nous nous voyions. Je ne m'attends pas à ce que le précieux laissez-passer refasse magiquement surface ; je me rends malgré tout à cette entrevue. J'ai de sérieux griefs à formuler sur la manière dont il se conduit. « Je n'y suis pour rien », se défend-il. Il se dit navré de ma déconvenue, et m'invite prudemment à en tirer la leçon : « Ce n'est peut-être pas pour toi. Tu n'aurais connu que des déceptions, là-bas ! » Il a d'autres lapins à faire sortir de son chapeau. Il me presse de terminer mon cursus de droit pour assurer mon avenir : « Tu aviseras ensuite. Je ne pense qu'à ton bien. » Suit un catalogue de nouvelles promesses qu'il détaille et s'engage à honorer. L'énumération achevée, il affecte la gravité : « Tu sais, ma vue déconne en ce moment. » Tiens, cela faisait longtemps. En pleine campagne des européennes de 1994, des taches avaient obscurci la

vision de son œil gauche. Il redoutait la cécité. Ne plus pouvoir lire, ne plus pouvoir écrire. Être contraint d'écouter et de dicter. Il ne pouvait concevoir pire infirmité. Cette perspective m'avait également perturbé. Je compatissais tout en craignant d'être transformé en chien d'aveugle. Un spécialiste était heureusement parvenu à enrayer la progression de l'affection et à le tirer d'affaire. Lui fait pourtant toujours mine de croire le contraire. Il peut ainsi nourrir son angoisse insatiable et entretenir un sentiment de culpabilité chez ses proches. « Et ta grand-mère ne va pas fort non plus ! » Alors qu'il sent mes résistances tomber, il me fait une dernière proposition : « J'ai oublié de te dire. Marie et Mathieu ont insisté pour que je vienne les voir. Je ne pouvais plus leur dire non. J'y vais la semaine prochaine. Veux-tu m'accompagner ? Cela ne t'engage à rien. Et pour aller en Italie, grâce à Schengen, tu n'as besoin que de ta carte d'identité ! »

Au début du mois de juillet, je suis à Florence en sa compagnie. Mathieu vient nous chercher en voiture. Nous serpentons entre les collines basses, que se disputent les plants de vigne et les oliviers, pour rejoindre le village de Castellina in Chianti. Marie nous ouvre les grilles du domaine de San Donatino. C'est dans cette terre parfumée de la campagne toscane que Léo Ferré planta sa « graine d'ananar », au début des années soixante-dix. Il vécut là jusqu'à sa mort, le 14 juillet 1993. Patrick Buisson ne vit jamais ce géant ailleurs que sur scène. Mais, peu après la disparition de Ferré, il fit la rencontre du photographe belge Hubert Grooteclaes, dont les œuvres servirent à réaliser nombre de pochettes d'album. Il lui proposa de reprendre un projet inabouti des deux « vieux copains » : associer dans un livre les poèmes de l'un et les photos-tableaux de l'autre. Grooteclaes fut à son tour « rattrapé par la camarde », et Patrick Buisson termina seul l'ouvrage *Avec le temps*, publié aux éditions du Chêne, en mai 1995. Dans ce « double testament poétique et pictural », il greffa un hommage de sa plume, *C'est l'histoire d'un Métamec*, ainsi que deux titres inédits, issus de l'ultime spectacle public de Léo. La veuve, Marie, et le fils aîné, Mathieu, se rapprochèrent alors du plus fin connaisseur de l'œuvre du poète-chanteur.

À Castellina, j'ai l'impression d'être en pèlerinage dans un sanctuaire. La famille Ferré veille jalousement sur son héritage phonographe. On nous fait visiter la pièce restée en l'état où le grand homme travaillait au milieu des souvenirs de sa carrière, le studio où il enregistrait les maquettes de ses chansons, l'atelier où il imprimait ses textes, les sentiers qu'il aimait arpenter. À table, Léo figure aussi au menu des conversations. Quitte à être soûlé, je demande, lors du dîner, à goûter le Chianti classico, la cuvée « Poggio Ai Mori » de leur production. J'attaque ensuite le Limoncino et la Grappa, avant d'aller rire et danser à Florence, en compagnie des filles Ferré, Marie-Cécile et Manuella. Le lendemain, je profite du soleil sur la terrasse. Je remarque un petit corniaud noir, chien errant autour de la maison. Vie perdue dans ce musée. Je m'assois par terre pour l'amadouer. Il s'approche, craintif et tremblant. Se blottit enfin contre moi. Marie me suggère de l'adopter ; Patrick Buisson répond à ma place : « Il est très bien en Toscane. Au grand air ! » Le chien me fixe du regard en geignant. Je n'arrive pas à le comprendre. Je ne vois pas que son instinct de survie est plus développé que le mien. Je ne l'entends pas me supplier : « Viens, sauvons-nous ! »

Un train pour atteindre Auray, un car pour gagner Plouharnel, une clé en fer pour ouvrir la porte d'une chambre. Me voici à Sainte-Anne de Kergonan. Ce n'est pas New York. Rien à voir. Pas de « ville debout ». Des hommes à genoux. En prière. Ici, le vertical, ce ne sont pas les buildings. C'est la Croix. La Règle est de saint Benoît. Je suis venu faire une retraite. Afin de questionner la relation au père, le secours de la religion catholique me semble approprié.

Je m'efforce de suivre la devise des bénédictins : *Ora et labora*. La liturgie des heures rythme mes journées. Si je manque les offices de la nuit et de l'aurore, je ne rate rien de tierce à complies. Même les oubliés de la grâce peuvent apprécier ces moments précieux. Je m'installe au premier rang pour regarder la vingtaine de moines appartenant à la congrégation de Solesmes, entrer deux par deux dans l'église abbatiale, s'incliner devant le Christ, puis se fondre dans les stalles. Ils ne rompent le silence que pour unir leurs voix. Percer la matière jusqu'à l'au-delà. Le chant grégorien est une manifestation physique de l'élévation. *« A thing of beauty is a joy for ever. »* Entre les prières, je dépoussière mes manuels de droit. J'attends que le prêtre bénédictin qui a marié mes parents m'appelle dans sa cellule.

« C'est Patrick qui t'envoie ?

— L'initiative est commune. Disons que nous avons chacun nos raisons. »

Je n'ai aucune envie d'aborder le sujet avec lui. Je veux des réponses du Patron. Je connais déjà celles que le prêtre a à me donner. Il a du catholicisme une vision très arrêtée. Pendant des années, il a fermement bataillé pour obtenir du Père Abbé de pouvoir célébrer les vigiles avec le bréviaire du rite tridentin, ainsi qu'une messe basse. Je n'hésite pas à lui en parler. Je lui confie que, pour avoir assisté avec Patrick Buisson à plusieurs messes à Saint-Nicolas-du-Chardonnet, j'ai du mal à saisir l'attachement viscéral à cette liturgie. Six ans de latin et je ne suis jamais arrivé à entraver les paroles de l'ordinaire « extraordinaire », prononcées mécaniquement à vitesse supersonique. Pourquoi étouffer le sacré dans de l'inintelligible ? C'est ça le *Mysterium fidei* ? L'universel du on-n'y-comprend-rien ! Une langue morte pour accéder à la résurrection ! J'approuve Vatican II, qui a conservé le grégorien et mis le reste au rebut. Abattu le mur des rites sédimentés, nommés Tradition, qui barraient l'accès au divin. Jésus ne parlait-il pas le langage des hommes de son temps pour se faire entendre ? N'employait-il pas l'araméen du peuple plutôt que l'hébreu liturgique, le latin de l'occupant ou le grec de l'élite ? Et puis pour le latin, le chant suffit. Nul besoin de scories. Le prêtre ne se scandalise pas de mes propos. Mais il impose les mains sur mon front, afin de laver mes péchés.

De retour à l'hôtellerie, j'échange quelques instants avec Lâm, un garçon plus jeune que moi, d'origine vietnamienne. Il est également venu à Kergonan pour réfléchir : il envisage d'entrer au séminaire. Serait-ce pour lui un enfermement ou une délivrance ? Je ne peux l'aider, je suis moi-même perdu. Vais-je pouvoir me libérer ou suis-je condamné à la réclusion ? Je le convie à manger une crêpe « Chez Marie », à Carnac. Il décline. Je marche seul. Où est mon épiphanie ?

Il n'y avait pas pensé, cela ne figurait pas dans ses plans. Il présageait seulement que la droite allait tanguer.

Depuis les élections de 1995, la multiplication des triangulaires perturbe l'affrontement entre les deux bords de l'échiquier politique. La solidité du « front républicain » contre le parti de Jean-Marie Le Pen est sérieusement mise à l'épreuve. À la surprise générale, les coups de boutoir les plus importants ne viennent pas du RPR : ils sont donnés par une partie du centre-droit. Alain Madelin a pris le pouvoir au Parti républicain, l'a élargi et rebaptisé Démocratie libérale, Républicains indépendants et Républicains. Avec une telle redondance, personne ne peut douter de ses bonnes intentions. Pourtant, il rechigne à rester dans le rang, considère l'anathème inopérant et prétend combattre le FN uniquement par le débat. Après le « vendredi noir » de 1998, l'UDF se résigne à déclencher une procédure d'exclusion contre les présidents de région rebelles qui se sont alliés avec l'extrême droite. Madelin refuse de les lâcher, s'oppose aux sanctions et à l'autre homme fort de l'UDF, François Bayrou. Scission. Démocratie libérale quitte la confédération, et forme son propre groupe à l'Assemblée nationale.

L'éclatement de l'UDF réjouit Patrick Buisson, la suite des événements, moins. Comment songer que le Front national puisse aussi se mettre à chanceler ? Les vicissitudes de son parcours ne l'ont pas éloigné du parti qui porte le plus clairement ses idées. Il entretient avec Jean-Marie Le Pen les meilleures relations du monde. Et il couve du regard la stratégie du délégué général, Bruno Mégret. Et pour cause, c'est la sienne. Depuis toujours. En dépit des embardées du Breton, l'ancien « Horloger » et son équipe ont réussi à déployer l'arsenal sémantique. Dans le débat public, ils ont patiemment réhabilité leur acception de l'identité. Blanche, chrétienne, enracinée. Ils l'ont couplée avec le marqueur historique du Front national : l'immigration. La pression migratoire ne menacerait plus seulement les emplois des Français, elle mettrait en péril leur culture et leur mode de vie. Identité-immigration, les deux composantes d'une bombe à mèche lente, balancée dans l'opinion. Robert Badinter a mis en garde contre la « lepénisation des esprits ». À raison. Il s'est seulement trompé d'artificier. Parallèlement, Bruno Mégret s'est attaché à prendre possession du Front national et de sa direction. Et s'est investi dans l'implantation locale du parti, sans négliger la sienne. La ville de Vitrolles, dans les Bouches-du-Rhône, est tombée entre ses mains, ou plus exactement celles de sa femme, en 1997. Mais cela ne suffit pas à satisfaire ses ambitions. Bruno Mégret et Patrick Buisson ont en tête le scénario italien, qui a vu le mouvement néofasciste MSI se muer en Alliance nationale, grâce à Gianfranco Fini, et parvenir au pouvoir. Ils désirent, eux aussi, transformer la vieille formation épouvantail en parti de gouvernement, apparemment conservateur, afin de briser le « front républicain » et réaliser l'union des droites. Mais Le Pen n'y croit pas, n'en veut pas. Pour le 20ᵉ anniversaire de la mort de François Duprat, il est allé se recueillir sur sa sépulture, au cimetière de Montmartre. « L'œil était dans la tombe et regardait Caïn », assurait Victor Hugo. Le président frontiste a devancé de quelques jours la date de la commémoration, pour qu'elle puisse clore sa campagne des régionales. En invoquant la mémoire et l'histoire du Front national, il a rappelé ses troupes à l'ordre. Nous sommes des infréquentables, leur a-t-il dit.

Depuis l'affaire du « détail », Le Pen s'applique à théoriser son isolement et à légitimer l'impasse dans laquelle il enferme ses partisans. Il se comporte comme un enfant pris en faute, niant l'évidence. C'est fait exprès. Tout pensé. Stratégique. Un Front national respectable n'attire personne, répète-t-il, invariablement. Il doit savoir effrayer, puis se victimiser, afin d'exister politiquement et médiatiquement. Si le diable ne peut danser avec lui-même, il peut valser avec la diabolisation. La réalité est tout autre. Lors de la campagne présidentielle de 1988, le cheval d'orgueil a bien fait un refus d'obstacle. Le paria a repris le dessus, renoncé à la conquête du pouvoir et sommé le Front national de suivre son exemple. Tous à l'arrêt ! Il en apporte une preuve criante lors de l'été 1998. Sous la menace d'une peine d'inéligibilité pour avoir brutalisé une élue socialiste, il déclare que son épouse Jany conduira la liste de son parti aux prochaines élections européennes. Le « numéro deux » devra rester « numéro deux ». Il a beau jeu de clamer qu'il use du même subterfuge que son lieutenant à Vitrolles, son message et clair : le FN est sa chasse gardée. Le Pen met ses intérêts personnels au-dessus de tout ; il ne laissera personne s'emparer d'un parti qui a fait sa fortune. Pour Mégret, l'affront est de trop. Il prend conscience qu'il n'aura jamais sa place dans cette entreprise familiale. Il lui faut évincer le boutiquier de son fonds de commerce. Ou partir. Il s'essaie à la première option. Des rendez-vous secrets se tiennent dans tout Paris. Rue Pierre-Demours, je vois Bruno Mégret franchir le seuil de notre appartement. Patrick Buisson le reçoit avec des airs de conspirateur, et m'envoie promener : « Les grands doivent parler ! »

Après un conseil national houleux au début du mois de décembre 1998, le délégué général est révoqué de ses fonctions. Il ne se déplace plus désormais qu'accompagné d'un copieux service d'ordre. Et tente le coup de force sur les instances du parti. Le « pu-putsch » échoue. Bruno Mégret est exclu du Front national. Le « félon » part fonder son propre mouvement, emmenant avec lui la majorité des cadres et des élus du FN, dont la fille aînée de Le Pen.

Cette scission, Patrick Buisson ne l'avait pas envisagée. Il n'a pas le temps de la déplorer. Philippe de Villiers a appelé son stratège à la rescousse. L'urgence commande de tirer un trait sur les bisbilles du passé. Le Vendéen ne s'est pas encore remis financièrement de son échec à la présidentielle, et Jimmy Goldsmith a été emporté par la maladie. Il n'a ni mécène ni ressources, mais brûle quand même de mener campagne pour les européennes. Il ne peut pas ne pas y aller. On veut lui voler sa soupe. À lui aussi. Charles Pasqua s'est lancé par surprise dans la course. Le sénateur et président du conseil général des Hauts-de-Seine en a assez de jouer les utilités, et rêve même de la prochaine élection présidentielle. Entrer en dissidence et faire main basse sur le pactole du souverainisme, est une manière de se préparer. Les anciens alliés du combat contre le traité de Maastricht sont condamnés à s'entendre, s'ils veulent réaliser un bon score lors du scrutin de juin 1999. L'affrontement est circonscrit à la composition de la liste. Pasqua se montre le plus gourmand, Villiers exige la parité. C'est à Patrick Buisson de jouer. Il sait que Pasqua s'appuie sur des sondages publics et confidentiels pour justifier ses prétentions. Toutes les enquêtes passent entre les mains du directeur de *Politique Opinion*. Et il ne permettra pas au Corse de s'en servir aux dépens du Vendéen. Il fournit à Villiers des contre-études provenant du même institut. Avec des résultats qui lui sont favorables, bien entendu. On ne refuse rien au politologue de LCI. Pasqua est pris à son propre piège. En la matière, il n'est pas le plus malin. Le voilà contraint de transiger.

La campagne Pasqua-Villiers se déroule idéalement. Elle suscite l'enthousiasme, alors que celle de la droite europhile souffre mille avanies. Philippe Séguin, qui n'arrive toujours pas à se hisser à la hauteur de son destin, a abandonné la présidence du RPR et la tête de liste pour les européennes. Nicolas Sarkozy, de retour en grâce après avoir trahi Jacques Chirac, a repris les deux. Il fait équipe avec le président de Démocratie libérale, Alain Madelin. Les électeurs font la moue. Au soir du 13 juin 1999, la liste de la gauche plurielle conduite par François Hollande termine première. Devant celle du tandem Pasqua-Villiers qui, avec 13 % des voix, coiffe de peu la liste RPR-DL. À droite, c'est la consternation.

Patrick Buisson pourrait se féliciter de constater qu'il n'a rien perdu de sa magie, et savourer les perspectives pécuniaires qui s'ouvrent à lui. Mais il ne le fait pas. Jean-Marie Le Pen n'a récolté que 5,7 % des suffrages et Bruno Mégret, 3,3 %. Le Front national qu'il a contribué à construire n'est plus. Le parti a explosé. C'était pourtant prévisible. Le Pen ne tolère aucune emprise psychologique et politique sur sa personne. Tout en lui crie la haine de se sentir dominé. Il préfère détruire. Il l'a avoué le 11 décembre 1998, lors d'un meeting à Metz : « Ce qui me différencie de César, qu'approchait Brutus le couteau à la main et qui releva sa toge pour se couvrir la tête, c'est que, moi, je sors mon épée et je tue Brutus avant qu'il me tue ! » Heureusement, les temps ont changé.

L'humeur est morose. L'union n'a pas duré. L'onction du suffrage universel et la naissance d'une œuvre commune n'ont pas réussi à cimenter le couple. L'argent les a séparés. Entre Charles Pasqua et Philippe de Villiers, l'idylle a été brève. De la campagne des européennes, en passant par la création du Rassemblement pour la France, jusqu'au divorce, douze mois se sont écoulés. Le temps pour Philippe de Villiers de réaliser que tous les sujets ne peuvent faire l'objet d'une négociation. Avec les sous, il discute pas, le « gros Charles ». On touche pas au grisbi ! Patrick Buisson avait prévenu son ami. Il lui avait dit que l'association pouvait tourner au hold-up sur le nouveau parti et ses finances. Lui-même s'est prudemment tenu à distance de l'ancien ministre de l'Intérieur et des « Pasqua boys », dont il connaît le mode de fonctionnement. Il ne le rencontrait qu'occasionnellement, et n'a sollicité qu'une fois son appui et ses réseaux : lorsque le Groupe Carlyle, le fonds d'investissement proche du complexe militaro-industriel américain, a acquis une participation dans le capital du *Figaro* en juin 1999, il a obtenu de pouvoir fournir régulièrement des pages « Enquêtes & Opinions » au quotidien.

Pour Patrick Buisson, la campagne présidentielle de 2002 n'a pas la saveur escomptée. Il ne renonce pas à en tirer profit, mais il ne peut plus le faire avec conviction. Philippe de Villiers ne réunit pas le nombre de parrainages nécessaire pour se présenter. Tout comme Charles Pasqua, d'ailleurs. Alors, il vend ses prestations de conseils et sondages à François Bayrou, avant de se brouiller avec l'entourage du centriste. Il se rattrape avec Alain Madelin. L'ancien meneur d'Occident est resté un enfant de Mai 68. Après avoir manié la barre de fer, il est devenu un libéral-libertaire. Le pendant droitier de Dany Cohn-Bendit. Il y a une place à occuper, un potentiel électoral inexploité, cherche-t-il à démontrer. Patrick Buisson le contredit mollement. Si ça fait plaisir à « Mado » de le penser, et si ça peut arranger ses propres affaires...

À LCI, le journaliste a réussi sa reconversion en politologue. Il n'a plus besoin du support de *Politique Opinion,* dont il a arrêté la parution. *Exit* « Le Club de l'Opinion », également. Avec David Pujadas, il a fait évoluer le concept. Place à « Politoscopie », puis à « 100 % Politique ». Les hommes politiques sont maintenant reçus pour être confrontés à leurs images d'archives. Ceux qui indexent leurs convictions sur les fluctuations de l'opinion ne passent pas un agréable moment. Au contraire des téléspectateurs, de plus en plus nombreux, de LCI. Après le départ en septembre 2001 de David Pujadas pour le « 20 Heures » de France 2, « 100 % Politique » change uniquement de présentateur. Son concepteur est désormais salarié de la chaîne info. Chaque mois, Thierry Guerrier, Patrick Buisson et une équipe de spécialistes questionnent les principaux candidats à l'élection présidentielle ou leurs représentants. Chaque semaine, les mêmes décryptent l'évolution de la campagne.

À l'approche de l'échéance, Patrick Buisson est de plus en plus déconcerté. Les résultats des enquêtes et des intentions de vote lui paraissent suspects. Les chiffres qu'il a sous les yeux ne disent pas toute la vérité. Les sismographes enregistrent des secousses. Or, l'aiguille refuse de s'affoler. Le devin fait alors parler les runes. Le mardi précédant le premier tour du scrutin, il dévoile son analyse devant les caméras de LCI : les courbes sont en train de se croiser. Et donne son pronostic : attention, séisme en vue !

Le dimanche 21 avril 2002, un tremblement de terre d'une magnitude inattendue frappe bel et bien la France. La surprise est totale. Pour certains, elle est même divine. Jean-Marie Le Pen est qualifié pour le second tour de l'élection présidentielle. Il a réuni plus de voix que le candidat socialiste, Lionel Jospin. Le président du Front national a progressivement récupéré sa base électorale, tandis que le Premier ministre sortant a souffert d'un bilan en demi-teinte, notamment sur la sécurité, d'une campagne ratée et de la multiplicité des candidatures à gauche. Leurs courbes d'évolution ont pris un sens différent et se sont croisées. Le Pen récolte un excellent 16,86 %, Jospin, un faible 16,18 %. La République décide de se réveiller. Des manifestations se déroulent quasi quotidiennement dans les grandes villes de France. Le 1er mai, 1 500 000 personnes sont dans les rues. Unanime ou presque, la classe politique appelle à voter pour Jacques Chirac, qui refuse de débattre à la télévision avec le chef de l'extrême droite. Tout le monde est mobilisé, réquisitionné. Y compris les imbéciles, à qui l'on fournit des gants et des pinces à linge à mettre sur le nez, pour ne pas se salir en glissant le bon bulletin dans l'urne.

Patrick Buisson cède à l'agitation ambiante. À sa façon. Après avoir réconforté Alain Madelin et lui avoir demandé ce qu'il comptait faire de ses 3,91 %, il téléphone à Bruno Mégret. Le président du Mouvement national républicain ne doit absolument pas gâcher les 2,34 % des suffrages qu'il a obtenus. Toutes les voix comptent : « Tu dois appeler à voter Le Pen. Oublie ta rancune ! Sois à la hauteur de l'événement ! »

Le 5 mai, Jacques Chirac est réélu avec 82,21 % des voix. La République peut souffler. Cependant, le choc du « 21 avril » influera durablement sur la vie politique française. Il fera naître des engagements, redonnera de la vigueur à la notion de « vote utile » et favorisera l'apparition des primaires dans chaque camp. Patrick Buisson ne veut, lui, retenir qu'un seul enseignement, symbolisé par un chiffre écrasant. Atterré, il a vu la violente réaction épidermique du pays, et constaté l'absence de toute dynamique dans l'entre-deux-tours. Le score du 5 mai constitue la simple addition des voix de Le Pen et Mégret au premier tour. C'est un record, mais une limite. La présence incongrue du président du Front national dans le duel final n'est pas une apothéose. C'est un chant du cygne. Jean-Marie Le Pen est condamné à n'être que l'épouvantail utile de la classe politique, « la meilleure assurance-vie du système ». La diabolisation a un prix. Très élevé. Trop élevé, selon lui : « 82 % ! »

C'est la fin d'une époque. Oui, c'est la fin.

« Où vas-tu ?

— Je sors. Pourquoi ?

— Encore ! Tu es sorti toute la semaine.

— Et alors ! Je ne suis plus un enfant.

— Non, non, non ! Tu ne sortiras pas !

— Comment ça ?

— Tu ne sortiras pas. Je te l'interdis !

— Tu n'as plus rien à m'interdire.

— Ça y est, tu as une copine. Alors tu penses être devenu un homme. Ça va te passer, va !

— Pousse-toi !

— Non, tu restes ici !

— Que veux-tu à la fin ? Je dois rester là pour te tenir compagnie. C'est ça, ma vie ? Il faut que je me sacrifie pour toi.

— Et pourquoi pas ? Tu lui donneras un sens comme ça. La piété filiale, c'est noble, sacré. Tu entends ?

— Au moins, les choses sont claires. Puisqu'on parle franchement, tu peux m'expliquer tous les coups de téléphone que reçoit ma petite amie ? Qui est cette femme qui prétend être en couple avec moi et lui demande de me laisser tranquille ? C'est toi qui es derrière ça ? Tu crois que tu vas réussir à nous séparer ?

— Tu es en plein délire. Tu es fou, mon pauvre Georges ! Je n'y suis pour rien. Si tu mènes une double vie, c'est ton problème.

— C'est ça, je suis fou. Allez, pousse-toi !

— Non !

— Pousse-toi, je te dis ! »

Je m'approche de la porte d'entrée, mais il continue de faire obstacle de son corps. Je tente de l'en écarter. Il m'agrippe, je le saisis. Nous valsons. Je me défais physiquement de son emprise. Il me rattrape. Son poing m'atteint. S'écrase. Crac ! Mon nez craque. Mon sang se répand. Lui s'arrête, glacé. Je profite de la sidération dans laquelle son geste l'a plongé pour ouvrir la porte. Je descends précipitamment les escaliers. M'engouffre dans la rue Pierre-Demours. Je marche vite. J'accélère encore. L'air sec et chaud du soir sèche le sang et les larmes sur ma face. Nous sommes le samedi 6 juillet 2002, et je cours dans Paris. Je cours la rejoindre. Je cours loin de lui.

« Paris, le 9 juillet 2002

Georges,

Je sais que nous nous connaissons peu, que je suis une étrangère et que je ferais mieux de me mêler de mes oignons.

Mais que veux-tu, j'ai amour et estime pour ton père. Et tu es un être qui me touche. Alors je t'en conjure, si ce n'est pour sortir par le haut de cette histoire, du moins pour éviter de rendre toute réconciliation impossible, il est quelques gestes essentiels à ne pas rater : manifester à ton père que tu seras toujours là pour lui s'il en a besoin, et maintenir les quelques rites qui te lient à ta grand-mère.

Ne te crée pas les remords qui empoisonneront la fin de ta vie.

Pauline »

Jointe à cette lettre, une carte postale. La reproduction d'un tableau de Paul-Émile Pajot, appartenant à la collection du musée de l'abbaye Sainte-Croix des Sables-d'Olonne. C'est un esquif dans la tempête. Qui naufrage.

Une veste, une chemise maculée, un pantalon, une paire de chaussures. Je me suis installé chez elle avec ce que je portais ce jour-là. « Je vais essayer de trouver de la place pour tes affaires dans l'armoire. » Nous avions déjà exprimé le désir de vivre ensemble ; les événements n'ont fait qu'avancer notre décision. Depuis notre rencontre, sept mois plus tôt, tout se passe naturellement. J'ai l'impression qu'il en est ainsi lorsque, entre deux êtres, les réponses sont plus nombreuses que les questions. Ma compagne, Magnolia, ne m'offre pas un refuge provisoire, elle est ma nouvelle vie. Et dans son deux-pièces du nord-est de Paris, je ne crains plus rien. Quand je promène ses deux chiennes dans la rue Manin, je ne risque pas de le croiser. Dans ce quartier, coincé entre la porte de Pantin et le parc des Buttes-Chaumont, vivent des communautés qu'il préfère éviter.

Patrick Buisson ne perd pas espoir, il a cette force pour lui. Toutefois, les arguments lui manquent pour convaincre un jeune homme de vingt-six ans de retourner auprès de son papa. Il comprend que je ne reviendrai pas, cette fois. Dans la quiétude du mois d'août, il m'autorise, en son absence, à remplir une valise avec quelques affaires. Je ne le revois chez Mamie qu'à la rentrée. Il affecte le détachement, feint l'amnésie. Je conserve un souvenir marquant de notre dernier face-à-face. Le lui rappelle, et propose de lui montrer les radiographies effectuées aux urgences de l'hôpital Beaujon, au cas où il nierait.

« C'était dans la confusion de l'empoignade. Et puis, tu te rends compte de ce que tu m'as dit ! Jamais je n'aurais osé parler comme cela à mon père ! Maintenant, il faut passer à autre chose et avancer. » Vite, changer de sujet. Le timbre de sa voix se module, le ton s'adoucit : « J'ai une nouvelle émission sur LCI, que j'animerai seul. Je dois encore me familiariser avec cet exercice. À l'antenne, j'ai décidé de me tenir un peu en retrait de l'actualité politique. Mais je ne raccroche pas. Je t'ai déjà dit que je connais très bien le nouveau Premier ministre ? » Je sais qu'il cherche à retrouver le regard admiratif du petit garçon qui s'intéressait à tout ce que faisait son père. Je ne réagis pas. Il se fait donc exagérément prévenant, s'enquiert de ma situation matérielle et professionnelle : « Tu veux que je t'aide ? J'ai déjà parlé de toi à mes contacts. Tu vois qui est Jean-Pierre Bechter ? Il attend ton coup de fil. »

Quelques semaines plus tard, je suis reçu dans l'immense Hôtel du Rond-Point des Champs-Élysées. Le bras droit de Serge Dassault m'offre un emploi : « Vous avez fait du droit et une école de journalisme, l'IPJ. Parfait ! Vous savez que nous avons de grandes ambitions dans la presse. » L'héritier de l'avionneur Marcel Dassault a déjà racheté Valmonde à Marc Ladreit de Lacharrière ainsi que la Société de presse d'Île-de-France, qui édite des hebdomadaires départementaux. Il vient surtout de finaliser l'acquisition de 30 % du capital de la Socpresse, pour en prendre à terme le contrôle. Ce mastodonte de la presse française, créé par Robert Hersant, est en train d'absorber le groupe *L'Express-L'Expansion*. Et il a pour fleuron *Le Figaro*. Jean-Pierre Bechter ne ressent pas la nécessité de détailler les opportunités qui pourraient s'ouvrir à moi. « Pour le moment, j'aimerais que vous me rendiez service. Il y a un poste qui s'est libéré auprès de Serge. Vous êtes véhiculé ? »

Lundi 4 novembre 2002, je prends le RER D et descends à la station d'une ville de la banlieue sud de Paris. Puis je marche vers la mairie, pour mon premier jour en tant que directeur de la communication de Corbeil-Essonnes. J'ai dans mon sac à dos une liasse agrafée. Un acte de cession de parts de Publifact.

Patrick Buisson souhaite me vendre les actions qu'il m'avait rachetées : « J'ai gagné de l'argent lors de la présidentielle. Ça serait idiot de tout donner aux impôts si je veux me distribuer des dividendes ! Tu peux bien faire ça pour moi. » Il a trouvé le moyen de reprendre sa position de créancier.

« Nous sommes d'accord, Patrick ? Les prochaines élections ne sont que dans deux ans. Tu fais une pause avec la politique. » Il ne s'oppose pas à la proposition de Jean-Claude Dassier. Le pays est tombé dans une profonde léthargie, depuis la réélection de Jacques Chirac et la nomination de Jean-Pierre Raffarin au poste de Premier ministre. Le politologue a fustigé la faute du président de la République qui, en choisissant une solution de confort, a autant ignoré les voix de gauche qui se sont portées sur sa candidature au second tour, que le mécontentement populaire porté par Jean-Marie Le Pen. Patrick Buisson s'est aussi moqué copieusement de l'envergure du nouvel occupant de l'Hôtel Matignon, qu'il a connu à une époque où l'on considérait que les intérêts n'entraient pas en conflit, mais se rejoignaient. L'ancien directeur de Bernard Krief Communication, la première agence spécialisée dans la promotion des collectivités locales, était le secrétaire national du Parti républicain ; il achetait d'ailleurs de pleines pages de publicité avec sa photo dans *Le Guide de l'opposition*. Président de la région Poitou-Charentes, il avait ensuite permis à Publifact de décrocher de nombreux contrats. Le voir devenir Premier ministre a été un choc pour Patrick Buisson. Un acte comparable à une installation d'art contemporain, où le spectateur est sommé de prêter un sens et des qualités à une œuvre qui en est manifestement dépourvue. L'avènement du moi-aussi-je-peux-faire, l'an 1 du règne de la médiocrité. « En plus, Raffarin est en train d'être pris en main par Anne Méaux. » L'homme d'affaires ne pourra même pas tirer avantage de la situation, puisqu'il s'est fâché avec celle qui monnaye son savoir-faire et son carnet d'adresses pour faire prospérer sa société spécialisée dans le conseil stratégique en communication, Image Sept.

Patrick Buisson préfère donc prendre du champ. Le 18 septembre 2002, il inaugure sa nouvelle émission sur LCI : « Un livre, un débat ». Il est seul aux commandes. Et le regrette déjà. Le rôle de présentateur n'est pas fait pour lui : il l'empêche d'exprimer sa pensée et l'oblige à laisser constamment la parole aux autres. Pour contourner cette difficulté, il apporte un soin minutieux au choix des livres et à celui des personnalités qui doivent en parler. Privé de tribune, le nouvel animateur se fait ventriloque. Les intitulés des débats qui se succèdent chaque semaine sont éloquents : « Retour sur le 21 avril : la vengeance du peuple ? », « Algérie, d'une mémoire de culpabilité à une mémoire d'équité ? », « La République et l'islam », « Le féminisme contre les femmes ? », « Psychanalyse et homosexualité », « Doit-on moraliser la politique ? », « Peut-on tout publier ? », « Antiaméricanisme, antisionisme, antisémitisme », « La francophobie : une passion française ? », « Sécurité : faillite de la prévention ? », « L'imposture démocratique ». Les invités qui défilent à la table de Patrick Buisson ont également des discours tout préparés : l'essayiste Alain Soral, commensal récurrent, glose sur les femmes, les homosexuels et les Juifs qu'il unit dans ses détestations, et affronte Marcela Iacub, Guillaume Dustan ou l'avocat Gilles-William Goldnadel ; le criminologue Xavier Raufer, appelé autrefois « Bonne soupe », discute sécurité avec l'ex-trotskiste devenu sociologue, Hugues Lagrange, et le maire d'Évry, Manuel Valls ; Alain Finkielkraut se lamente des outrages faits à l'identité française ; les écrivains Marc-Édouard Nabe, Renaud Camus ou Paul-Marie Coûteaux profitent du micro tendu ; Robert Ménard, le fondateur de Reporters sans frontières, et la philosophe Chantal Delsol voient de la censure partout ; le psychanalyste Michel Schneider se demande si *Big*

Mother n'a pas écrasé le Père ; Maurice G. Dantec disserte sur la théologie de la guerre avec Jean-François Colosimo, professeur à l'Institut Saint-Serge, et l'abbé de La Morandais…

Patrick Buisson s'autorise aussi des plaisirs plus personnels. Il convie Raoul Girardet sur le colonialisme et Pierre Schoendoerffer sur le rapport des écrivains à la guerre ; il réunit les auteurs de *Notre histoire 1922-1945*, le résistant-déporté Hélie Denoix de Saint Marc et l'officier de la Wehrmacht August von Kageneck, pour qu'ils continuent leur dialogue sur son plateau. Homme de fidélité et de tradition, l'animateur n'oublie pas de participer à la formation de la relève. Il demande à la présidente de l'association Générations Le Pen de venir s'exercer aux joutes médiatiques. Il a repéré le talent et le potentiel de la jeune Marine. Après l'échec de Bruno Mégret, il voit avec bonheur une Le Pen tenter de dédiaboliser le Front national. Il veut tellement l'encourager dans cette voie qu'il le fait même inconsciemment. Par deux fois, Patrick Buisson emmène Marine Le Pen sur un terrain qui relève davantage de la psychanalyse que de la politique. Dans une mise en abyme vertigineuse, il la confronte à la figure paternelle. À l'occasion de la sortie, à l'automne 2012, de son essai polémique *Enfants sans foi ni loi, Ascenseur pour les fachos*, Christian Combaz présente la facture de Mai 68 aux téléspectateurs de LCI : le meurtre du Père a conduit la jeunesse actuelle à rechercher dans la violence et l'extrémisme, y compris religieux, l'autorité qu'elle n'a jamais subie. L'enfant-roi n'est pas qu'un tyran, il est un fasciste en devenir. Patrick Buisson joue le candide pendant que Marine Le Pen défie un vieil anarchiste, enfermé dans ses sempiternelles provocations : Gabriel Cohn-Bendit. Dans un second débat, le 30 avril 2003, il lui demande de porter la contradiction à Dounia Bouzar et Saïda Kada qui ont écrit *L'Une voilée, l'autre pas.* Sur le thème de la compatibilité de la culture musulmane avec l'identité française, la nouvelle vice-présidente du Front national plaide de manière détonnante pour l'émergence d'un « islam français », et, à rebours de son père, amorce une entreprise de réappropriation-confiscation des valeurs républicaines, comme la laïcité.

Pas de politique, était-il convenu. Mais Jean-Claude Dassier n'avait donné aucune consigne pour la métapolitique. Pendant une saison, Patrick Buisson fait briller les étoiles de la constellation réactionnaire. Les anciennes comme les nouvelles. Toutes celles qui, plus tard, monopoliseront les émissions de deuxième partie de soirée du service public et les couvertures alarmistes de la presse de gauche. À la rentrée 2003, la parenthèse se referme. Patrick Buisson s'est bien amusé. Il reprend son fauteuil d'analyste et de commentateur dans « 100 % Politique ».

Je ne peux pas en dire autant. Je ne suis pas allé au bout de mon contrat d'un an à la mairie de Corbeil-Essonnes. Écrire des fictions mensuelles dans le journal municipal m'a lassé. Les limites de la communication sont vite atteintes lorsque la réalité de la vie des habitants des cités des Tarterêts et Montconseil fait l'actualité. Dans la ville dont le prince est un vieillard, tout est violent, absurde et inconvenant. Pour avoir émis le souhait de faire baisser les coûts d'impression de *Bien vivre à Corbeil-Essonnes*, j'ai été alpagué par le titulaire du contrat qui m'a demandé si je tenais à rester en bonne santé. Peu après, c'est le maire, Serge Dassault, qui a tenu à me faire des reproches. J'avais omis de filmer la prestation de son petit-fils, venu réciter un poème aux gentils Corbeil Essonnois : « Ah, c'est pas malin ! Faut penser à ces choses-là ! »

J'ai finalement préféré le statut de demandeur d'emploi, l'inconfort et la langueur des journées inoccupées. Entre deux lettres de motivation, je passe le temps avec un ami de ma compagne. Arik me divertit. Blond, trapu, un tee-shirt blanc sous une chemise ouverte et sur un pantalon trop grand, il a la trentaine et une allure d'étudiant bohème. Il vit d'ailleurs comme tel. Il ne se déplace qu'à pied, dort n'importe où, boit constamment un breuvage boueux dénommé « café Botz », joue aux échecs au jardin du Luxembourg et se perd dans les plaisirs de la chair. Bien des hommes n'ont pas autant d'ambitions pour leur vie. Lorsqu'il parle, il emplit l'espace de gestes amples et maladroits. Dans ses moments de silence, ses yeux fixent un horizon que lui seul aperçoit. Il nous demande parfois l'autorisation de se reposer sur notre canapé, mais je ne le vois jamais couché. Au cœur des heures les plus noires, Arik laisse ses mains reproduire constamment les mêmes gestes, ressasser les minutes affairées sur une bombe qu'il n'a pas pu désamorcer lorsqu'il servait dans l'armée d'un autre pays, dans une autre vie. Je ne le reverrai bientôt plus. À Paris ou à Tel-Aviv, il disparaîtra. Lui aussi ne sait pas comment se défaire de son passé.

CHAPITRE VII

Corruption

Toutes les chutes appellent la compassion et le pardon, sauf celles qui se déguisent en ascensions.

Gustave Thibon, *L'équilibre et l'harmonie.*

Ils sont venus, ils passent tous devant la caméra. Un compliment, une anecdote, des vœux de prospérité et de longévité : ils n'ont pas grand-chose à dire, mais répondent gentiment aux questions des envoyés spéciaux couvrant l'événement. Le 22 juin 2004, Martin Bouygues, le propriétaire de TF1, Patrick Le Lay, le président, Étienne Mougeotte, le numéro deux, et Jean-Claude Dassier, ont réservé le Centre Pompidou et le Tout-Paris pour fêter le 10e anniversaire de LCI. La soirée est retransmise en direct sur l'antenne de la chaîne d'information en continu. Le Premier ministre Jean-Pierre Raffarin, le ministre de l'Intérieur Dominique de Villepin et la quasi-totalité du gouvernement s'affichent tout sourire aux côtés des dirigeants de la première chaîne de France et de sa filiale. Nicolas Sarkozy, ministre de l'Économie et des Finances, attend le départ de ses collègues pour faire son apparition en compagnie de son épouse, et accaparer l'attention. Il s'entretient avec Bernard Tapie, puis serre les innombrables mains qui se tendent pour saluer l'homme fort du pouvoir. Nicolas Sarkozy ne repousse personne. Les 1 500 personnes qui défilent lors de ce cocktail figurent parmi les plus importantes du pays. Tous les acteurs de premier plan de la vie politique, économique, médiatique, culturelle et scientifique sont présents. Ils ne sont pas que des téléspectateurs assidus de LCI, ils en sont aussi les invités réguliers. Ils ont été interrogés par toutes les stars de l'information révélées par la chaîne : David Pujadas, Laurence Ferrari, Ruth Elkrief, Laurent Delahousse, Anne-Sophie Lapix, Bernard de La Villardière, Mélissa Theuriau, etc. En dix ans, LCI a totalement rempli l'objectif qui lui avait été discrètement fixé lors de sa création : devenir un formidable instrument de pouvoir au service de la maison mère et du groupe Bouygues, en recevant toutes les personnalités que les journaux télévisés de TF1 ne peuvent accueillir.

Patrick Buisson a consenti à faire le déplacement. Lui qui craint la foule et les mondanités n'a pu refuser de se joindre à l'opération de lobbying de son employeur. Il ne perdra pas son temps, pour autant. À peine arrivé, il est interpellé par un jeune homme à la mise impeccable et au charme insolent. « Monsieur Buisson, bonsoir ! Je me permets de me présenter. Je suis Laurent Solly, le chef de cabinet du ministre d'État, Nicolas Sarkozy. » Le politologue lui prête une oreille distraite : « Je ne rate pas une seule de vos émissions. Je suis admiratif de votre culture et de votre science de la politique. » Il lui donne maintenant les deux : « Pourrions-nous déjeuner à l'occasion ? Je serai ravi de pouvoir bénéficier de votre expertise. Je pense que le ministre le sera également. Le connaissez-vous ? »

La porte de l'avion s'ouvre sur la nuit. La douceur de l'hiver austral accueille le voyageur. Encore quelques instants et le jour redonnera son éclat au vêtement de latérite dans lequel le Créateur a enveloppé l'île. Je marche d'un pas lourd sur la piste alors que mes membres faiblissent. Pris de vertige. Une onde tellurique remonte dans mon corps et rétablit l'équilibre. Je foule pour la première fois le sol de Madagascar. Et je me sens chez moi. *Tanindrazana*. Cette terre est ma deuxième patrie.

Ma mère, mon beau-père et de proches amis m'accompagnent. Magnolia nous guide. Nous mettons cap au nord pour débuter la découverte du pays. Direction la baie de Diego Suarez, la deuxième plus grande au monde après celle de Rio de Janeiro. Nous parcourons la mer d'Émeraude sur une barque de pêcheurs, gagnons le rivage, roulons jusqu'à Joffreville et explorons la forêt tropicale humide de la Montagne d'Ambre, visitons Ambilobe, le fief historique du peuple antakarana, traversons les plantations de cacao, de poivre, de vanille et de café qui cernent la ville d'Ambanja, reprenons une embarcation pour atteindre Nosy Be et nous reposer parmi les essences d'ylang-ylang. Après l'« île aux parfums », nous nous envolons vers la « cité des fleurs », notre destination finale. Majunga, la ville « qui guérit ».

C'est au pied de cette cité portuaire que le fleuve Betsiboka, descendu des hauts plateaux ocre de l'Imerina, vient se laver et rougir le canal du Mozambique. C'est en son sein que Magnolia est née, a grandi. Elle est le fruit de l'union d'un Corse et d'une Indo-Malgache. Ses racines enjambent les océans et les continents : Luri, Marseille, Bombay, l'île Maurice, le nord, l'est, l'ouest, le centre de Madagascar. Pareil métissage aurait pu gêner, il n'en a rien été. Catholique, Magnolia assistait à la messe à la cathédrale, avant de rejoindre la mosquée sunnite de son grand-père, puis celle, chiite duodécimaine, de sa meilleure amie. Tel irénisme aurait pu choquer, il n'a pas été condamné. Madagascar est un abrégé du monde. Des navigateurs austronésiens en provenance de l'archipel indonésien furent les premiers à le peupler. Arrivèrent ensuite des marchands persans et arabes, des Africains bantous, des Indiens, des Européens. C'est un lieu de rencontre et de métissage entre l'Asie et l'Afrique, l'Orient et l'Occident. Et dans la « Grande île », Majunga est l'endroit le plus hospitalier et le plus tolérant. Toutes les ethnies du pays et toutes les communautés étrangères sont accueillies, et vivent en harmonie dans cette ville qui ne connaît que l'été. Les Français le remarquèrent. C'est à dessein que les colons « civilisateurs » choisirent Majunga pour débarquer leurs deux corps expéditionnaires, à la fin du XIXe siècle.

Sur le « Bord » qui longe la mer, les Malgaches croisent des Indiens, des Arabes du Yémen, des Chinois de Canton, des Français, des Comoriens. Sur les quais du port aux Boutres, les marins chargent des marchandises à destination de Mayotte, de Moroni, de la côte ouest de Madagascar et de la côte orientale de l'Afrique : Mombasa, Zanzibar, Dar es Salam, Maputo, Durban. On s'y interpelle en sakalava, en gujarati, en shimaore, en kibushi, en kiswahili. Dans le quartier historique, les bâtiments coloniaux à varangues voisinent avec les maisons à arcades de la communauté indo-pakistanaise et les édifices en béton armé d'architecture moderniste. Les ombres des églises catholiques, orthodoxes, protestantes et évangéliques chevauchent celles du temple hindouiste, des mosquées et des madrassas.

Pour notre séjour à Majunga, nous sommes installés dans le

quartier populaire de Mahabibo. La mère de Magnolia nous a ouvert les chambres de son hôtel bon marché. De la terrasse du troisième étage qui ressemble à la proue d'un paquebot avancé sur la ville, nous pouvons voir les dégâts occasionnés par le cyclone Gafilo, dont les rafales de vent ayant atteint 340 km/h ont semé, quelques mois plus tôt, la désolation. Nous voyons aussi la vie qui a repris ses droits dans le tohu-bohu des rues et le tumulte des marchés. Le vendredi 27 août 2004, nous quittons l'hôtel pour prendre place dans les dizaines de pousse-pousse nous attendant sur l'avenue du Général-de-Gaulle. Nous partons en cortège vers la cathédrale du Cœur-Immaculé-de-Marie. Magnolia me rejoint devant l'autel. Le père Balthazar nous unit devant Dieu et presque tous les hommes. Lui n'est pas là. Je ne l'ai ni invité ni même prévenu. Rien ne devait compromettre ou empêcher la célébration de notre mariage. Après la cérémonie, nous nous dirigeons vers le Grand Baobab. Planté au bord du canal du Mozambique par les fondateurs de la ville, cet « arbre vénérable » veille depuis près d'un millénaire sur Majunga. Pour respecter la coutume, nous en faisons sept fois le tour. Sept lunes, sept soleils. Le cycle primordial de la vie. Celui de la Genèse. Tous les sept jours, tous les sept mois, tous les sept ans, l'existence d'un homme est marquée symboliquement par une mort et une naissance. À lui de choisir sous quel empire il cheminera. Notre circonvolution s'achève lorsque le jour commence à décliner. La terre se couche sur le dos, le ciel se couche sur le ventre, le soleil explose en de longs fulminements roses et violets. Ma belle-mère me remet un *vangovango* en or, qui ne quittera plus mon poignet gauche. Des motifs ont été gravés sur ce bracelet coupé en son milieu. Des vagues et des croix. Ils racontent qui je suis. Un homme né près de la mer, sur le littoral ouest de la France, qui fait à présent partie d'une famille de Sakalava, le peuple des côtes occidentales de Madagascar. Cet anneau est le signe d'une alliance choisie. Ce cercle brisé est la mémoire des chaînes dont l'esclave s'est libéré.

Ils sont ses meilleurs ennemis. Pour débattre de politique, Patrick Buisson n'envisage pas de se passer d'eux. Il a monté une équipe sérieuse, composée du socialiste Olivier Duhamel, professeur à Sciences Po, de Jérôme Jaffré, ancien vice-président de la Sofres, de sondeurs et de Nicolas Beytout, directeur de la rédaction du *Figaro*, le quotidien partenaire de l'émission « Questions qui fâchent ». Mais il n'attend avec gourmandise que les moments où il pourra se confronter à eux. L'arrivée de Michel Field, en septembre 2005, pour animer la tranche d'information de la fin de journée de LCI, aiguise un peu plus son appétit. « Politiquement Show » succède à « 100 % Politique », le jeudi à 19 heures. Certaines semaines, les téléspectateurs avertis se demandent si les personnalités présentes sur le plateau ne vont pas se lever pour chanter *Hasta siempre* ou *Bella ciao*. Face à Patrick Buisson, une armée rouge. Devant ses yeux, le souvenir de ses vingt ans : les trotskistes.

Les maoïstes ne l'intéressent guère ; ils ont sombré dans la folie ou sont devenus néoréactionnaires, il n'a donc rien à apprendre d'eux. Les communistes se sont fossilisés. Les anarchistes ont pris du poids. Alors que les trotskistes sont restés de farouches combattants. Non pas la version facteurisée, qu'Alain Krivine tente de faire avaler au grand public avec Olivier Besancenot, mais le canal historique, qui a vécu Mai 68, les années soixante-dix, et a su se reconvertir. Quand ces trotskistes-là n'ont pas décidé de gagner de l'argent ou d'investir les médias, ils ont brillamment noyauté le Parti socialiste. Ils se sont imposés par leur sens de la *combinazione* et leur faculté à manœuvrer dans les courants du parti. Si Patrick Buisson porte volontiers la contradiction aux glorieux anciens de la JCR et de la LCR, comme Henri Weber, il n'aime rien tant que se mesurer à ceux qui se targuaient de représenter l'élite du militantisme politique : les lambertistes. À Nanterre et au Quartier latin, la branche étudiante de l'OCI était l'une des rares à pouvoir tenir physiquement le choc contre les assauts d'Occident. Son service d'ordre protégeait les manifestations et les réunions de l'UNEF, pendant que ses zélotes faisaient régner la terreur parmi les groupuscules d'extrême gauche. Les mieux disposés à leur égard les accusaient de pratiquer le « terrorisme syndical », les moins complaisants les qualifiaient de « SS de la gauche ». Leur discipline paramilitaire tranchait avec le débraillement habituellement rencontré chez les gauchistes, et leur formation les préparait à devenir des blocs d'idéologie, de sectarisme et de mauvaise foi. Quiconque avait milité dans l'organisation semi-clandestine en était marqué à vie. Ainsi Lionel Jospin, dont on attribuait l'austérité et la rigidité à son éducation protestante, avait finalement avoué en 2001 avoir été un membre de l'OCI, infiltré au PS, après trente ans de solides et convaincantes dénégations.

En politique, Patrick Buisson honnit les invertébrés. Les anciens lambertistes donnent l'assurance de lui opposer leurs nuques raides et leurs esprits armés. Sous le regard rieur de Michel Field, « Saturnin » dans sa période LCR, ils gagnent leur rond de serviette sur le plateau de « Politiquement Show ». Jean-Christophe Cambadélis ne se fait pas prier pour se mettre à table, mais avec « Kostas », c'est souvent plat unique : front unique. Depuis la création de son mouvement Manifeste contre le Front national, le député socialiste de Paris ne sait qu'instrumentaliser la lutte contre l'extrême droite pour rassembler partis, associations et syndicats de gauche. Mais contrairement à ce qu'avait réalisé Julien Dray avec SOS-Racisme, Cambadélis ne quitte pas le terrain de la politique, afin d'éveiller les consciences et diriger les masses. Front unique par le bas contre front unique par le haut. Tout à fait le genre de complications qu'affectionne Patrick Buisson. Celui-ci ne manque d'ailleurs pas de saluer dans l'engagement aussi constant qu'inefficace de Jean-Christophe Cambadélis contre l'extrême droite le plus bel emploi fictif de la vie politique française.

Avec « Santerre », l'ironie n'est pas de mise. L'homme, dont le pseudonyme à l'OCI rendait hommage au commandant de la Garde nationale ayant escorté Louis XVI de la prison du Temple à l'échafaud, ne plaisante pas. Jean-Luc Mélenchon est un convive âpre et quinteux. À l'image du « général roulement » qui fit jouer le tambour pour couvrir les dernières paroles du Roi, il répugne à laisser s'exprimer des voix discordantes. Seule sa sentence doit être entendue dans un tribunal médiatique. Les échanges avec Patrick Buisson n'excèdent pas le niveau ordinaire de rugosité auquel il soumet ses interlocuteurs, mais diffèrent par leur qualité. Le sénateur de l'Essonne n'estime pas avoir affaire à un représentant en livrée d'une valetaille journalistique qu'il aime congédier. Il est stimulé par le choc avec cette intelligence si semblable à la sienne, mise en mouvement par les mots et guidée par l'Histoire. La *disputatio* régulière entre les deux hommes fait de « Politiquement Show » l'une des émissions les plus regardées de LCI. Entre Peppone et Don Camillo, ça cogne dur publiquement ! Le débat ne s'arrête pas, une fois le rouge éteint : il prend la forme d'une discussion. Les téléspectateurs ignorent que cette dernière dure, hors antenne, depuis le début des années quatre-vingt-dix, lorsque Patrick Buisson avait sollicité une contribution de Jean-Luc Mélenchon pour le livre *Philippe de Villiers ou la politique autrement*. Mieux que des points communs, ils ont une même obsession. Mélenchon s'était révélé au plan national en fondant la Gauche socialiste avec Julien Dray, et en s'attaquant à l'ouverture au centre du gouvernement de Michel Rocard. C'est un combattant acharné de la « gauche molle », tout comme Buisson est un ennemi déclaré de son pendant à droite. Chacun voit dans l'autre un allié objectif pour enrayer les forces centripètes qui menacent la loi fondamentale de leur physique politique. Ce sont des empêcheurs de tourner en rond. Social-démocratie ou libéralisme social, ils refusent tout ce qui retient leurs camps respectifs de s'opposer frontalement. Avec le traité établissant une Constitution pour l'Europe, soumis par référendum à l'approbation des Français le 29 mai 2005, ils avaient pu conjuguer leurs efforts.

Après la parenthèse de 2002, Patrick Buisson avait repris du service auprès de Philippe de Villiers, qui s'était adjoint également le concours d'un ancien du Front national de la jeunesse, partisan de Bruno Mégret : Guillaume Peltier. Ensemble, ils avaient choisi de faire reposer leur campagne sur le thème de l'immigration, en exploitant les sujets brûlants du moment : l'entrée conditionnelle de la Turquie en Europe et l'adoption programmée de la « directive services » sur la libre circulation des travailleurs. D'un côté, l'ouverture de la « Sublime Porte » qui donnerait lieu à une invasion de musulmans sur le Vieux Continent, de l'autre, la « directive Bolkestein-Frankenstein » qui autoriserait un déferlement de « plombiers polonais » et de masses laborieuses, issus des nouveaux États membres. Voilà ce qu'est l'Union européenne, désiraient-ils faire infuser dans la tête des électeurs. Pour défendre le « non » au référendum, ils avaient brandi une double menace sur l'identité et sur le modèle économique et social français.

Le temps était loin où Jean-Luc Mélenchon soutenait le traité de Maastricht. Il avait progressivement basculé dans le camp des pourfendeurs de l'Europe néolibérale, avant de s'émanciper du Parti socialiste à l'occasion de cette élection référendaire. Il avait enfreint la volonté exprimée par les adhérents du parti et entrepris de réunir les opposants de gauche au Traité constitutionnel européen. L'ancien trotskiste avait mené campagne aux côtés du Parti communiste, de la LCR et de la Confédération paysanne. Il se présentait comme le « trait d'union » entre l'aile gauche du Parti socialiste et les formations radicales. Patrick Buisson l'avait encouragé dans cette voie et se réjouissait de voir que le référendum de 2005 permettait, plus encore que celui de 1992, de briser l'unanimisme auquel les grands partis aspiraient.

Le « non » l'avait largement emporté. Les électeurs n'avaient pas suivi la consigne de vote donnée par le Parti socialiste, Les Verts, l'UDF et l'Union pour un mouvement populaire (UMP), le mouvement né de la fusion du RPR et de Démocratie libérale. Sur la question européenne, ils réintroduisaient un clivage qui n'existait plus chez leurs représentants. Le désaveu était d'autant plus cinglant que le scrutin avait révélé une fracture entre les classes moyennes et populaires et les franges les plus aisées et diplômées de la population. La France d'en bas avait voté « non », alors que celle d'en haut avait voté « oui ». Pour Patrick Buisson, cette césure entre le peuple et les élites ouvrait la voie à une recomposition politique, dont il entendait tirer profit. Étrangement, ce n'était ni avec Philippe de Villiers, ni avec Jean-Marie Le Pen et encore moins avec le concours, volontaire ou non, de Jean-Luc Mélenchon, qu'il comptait le faire. C'était avec l'un des principaux tenants du « oui » : le président de l'UMP, celui qui avait posé tout sourire avec le premier secrétaire du PS, François Hollande, en une de *Paris-Match*. Qu'avait-il bien pu se passer entre Patrick Buisson et Nicolas Sarkozy ? Entre ces deux contraires qui s'étaient connus en 1995 lorsqu'ils étaient au plus bas, et se retrouvaient alors qu'ils visaient le plus haut.

L'homme politique avait été bluffé par le politologue. Il l'avait convié à discuter, avait demandé à le revoir, avait convoqué une réunion, puis une deuxième et avait finalement instauré un rendez-vous régulier. En quelques mois, il avait succombé devant l'arsenal rhétorique déployé par Patrick Buisson. Habitué à recevoir les avis, plus ou moins sollicités, de tous les spécialistes de l'opinion et de la communication de la place de Paris, il avait été immédiatement frappé d'entendre quelqu'un qui ne s'encombrait pas avec les hypothèses ou l'emploi du conditionnel. Confronté à la solitude du pouvoir, il pensait avoir trouvé un conseiller qui pourrait l'aider à chasser ses doutes et ses hésitations. Patrick Buisson ne se contentait pas de soigner chacune de ses interventions ; il ne livrait jamais une analyse sans formuler une recommandation, et ne soulevait un problème que pour lui offrir une solution. Plus rassurant encore, il ne décryptait le présent ou ne faisait appel au passé que pour mieux prédire l'avenir. Pétri de culture historique et politique, initié à la sociologie électorale et expert dans l'utilisation des sondages d'opinion, le politologue se targuait d'être l'un des rares à savoir déceler dans les mouvements d'humeur des Français le comportement futur des électeurs. Face à Nicolas Sarkozy, il avait tenu à en administrer la preuve. Alors que les intentions de vote pronostiquaient jusqu'à la mi-mars 2005 une large victoire du « oui » au référendum sur le Traité constitutionnel européen, Patrick Buisson avait annoncé dès le début de la campagne un résultat précisément contraire : « Le non l'emportera avec 55 % des voix ! » Et puisque les urnes avaient confirmé la prédiction, Nicolas Sarkozy s'était mis à reconnaître, dans la parole de son nouveau conseiller, l'autorité de l'oracle.

De son côté, l'ancien professeur avait conscience de tenir un élève appliqué. Au lendemain du référendum, la France découvrait un Nicolas Sarkozy transfiguré, alors que Jacques Chirac se comportait comme l'héritier de François Mitterrand : après la déroute, il s'accrochait à son fauteuil. Le président de la République s'était résigné à se séparer de Jean-Pierre Raffarin, mais ne pouvait se résoudre à le remplacer par celui qui l'avait trahi au profit d'Édouard Balladur en 1995. Écarté du gouvernement après avoir conquis la présidence de l'UMP, Nicolas Sarkozy réendossait, néanmoins, son rôle de « premier flic » de France. Il avait une revanche à prendre sur le chef de l'État et des leçons à tirer d'un scrutin. Trois semaines après son retour, il promettait de « nettoyer au Kärcher » la cité des 4000, lors d'un déplacement à La Courneuve. Il récidivait le 25 octobre 2005 sur la dalle d'Argenteuil ; insulté et caillassé, il s'engageait, un peu rapidement, auprès de la population présente : « Vous en avez assez, hein ? Vous avez assez de cette bande de racailles ? On va vous en débarrasser ! » Deux jours plus tard, des émeutes éclataient dans les cités en banlieue. Le ministre de l'Intérieur, qui avait réformé la double peine, défendu la discrimination positive et présidé à la création du Conseil français du culte musulman, n'était plus. Il n'avait qu'un credo dorénavant : « Tolérance zéro ! » Patrick Buisson n'avait plus aucun scrupule à travailler pour lui. Le conseiller se savait écouté et entendu : Nicolas Sarkozy avait décidé de transgresser.

Il a sa vie. Je construis la mienne. Nous évitons tous deux qu'elles ne se croisent. Il avait appris la nouvelle en voyant l'alliance à mon annulaire gauche. L'explication n'avait pas été plaisante. Il avait prétendu ne pas comprendre d'avoir été mis devant le fait accompli ; j'avais fait semblant de douter de ses intentions. « Tu serais venu à Madagascar ?

— Là n'est pas la question ! »

En ne l'informant pas de mon projet de mariage, je l'avais réduit à l'impuissance. Il n'avait pas pu faire pression sur ma femme, ni même me dissuader. Il continue de me le reprocher à mots couverts, à chacune de nos rencontres. Nous nous voyons habituellement chez ma grand-mère. Elle meurt dans son lit, la nuit du 17 février 2006. Un café ou un restaurant servent à maintenir le lien filial. Nous sommes généralement seuls. S'il arrive que mon oncle nous rejoigne, ma femme n'est jamais présente. À ce sujet, il ne peut m'adresser le moindre blâme. Le dîner de présentations, qui avait eu lieu au début de notre relation à la Brasserie Lorraine, place des Ternes, s'était déroulé dans un silence presque total. Aucun de nous trois n'avait désiré renouveler l'expérience.

Dans la nouvelle routine qui s'installe, la journée du vendredi remplace celle du dimanche. Il me téléphone dans la matinée pour convenir d'une heure de rendez-vous. Le dernier vendredi du mois d'avril 2007 ne déroge pas à ce rituel. Pour une fois, il ne me demande pas de venir dans le XVIIe arrondissement ; il a un déjeuner prévu dans le quartier où je travaille et m'invite à le retrouver à la fin de son repas. Je sors de l'École militaire, remonte l'avenue Bosquet jusqu'au Bistro B'. Dans l'arrière-salle du restaurant, je m'assois à côté de lui, face à son invité. Je n'ai pas vu Philippe de Villiers depuis l'orée des années 2000, lorsqu'il nous avait montré avec enthousiasme sa dernière création : le Stadium gallo-romain du « Grand Parc du Puy du Fou ». Il arbore maintenant le sourire triste des hommes défaits. Mon arrivée semble le soulager : elle lui permet de changer de sujet de conversation. « Cela se passe bien au ministère ? Tu sais que mon frère est général ? » Je sais que le général de brigade Pierre de Villiers, un officier à très haut potentiel qui commande la 2e Brigade blindée et le Regional Command Capital de la force de l'OTAN en Afghanistan, a des préoccupations plus importantes que les miennes. Je suis modestement employé au département stratégie de la Délégation à l'information et à la communication de la Défense. J'ai au moins le sentiment de faire œuvre utile. Après ma courte expérience à Corbeil-Essonnes, j'avais rejoint le service de presse d'EDF. Recruté à quelques mois du changement de statut de l'établissement public en société anonyme et de l'ouverture à la concurrence du marché français de l'électricité, je n'avais pas eu le temps d'apprécier pleinement la valeur du poste. Les enjeux économiques et industriels avaient été supplantés par la bataille que s'étaient livrés les milieux des affaires et de la politique autour du renouvellement du mandat du président d'EDF, François Roussely. Le Premier ministre Jean-Pierre Raffarin, appuyé par le lobbying d'Anne Méaux, avait eu raison de ce dernier, et était parvenu à imposer son candidat, Pierre Gadonneix. Le nouveau président avait pris ses fonctions avec une poignée de caudataires portant sa traîne. Parmi eux, la nouvelle responsable de la communication et des relations avec la presse s'était montrée la plus zélée. Après avoir diffusé une vidéo vantant l'humanité de son patron, elle avait entrepris de purger le siège de tous les communicants réputés liés à l'ancienne présidence. Mon service avait été le plus touché. J'avais atterri au département communication d'une sous-direction financière de l'électricien. Perplexe devant l'intérêt de mes nouvelles tâches, je ne m'étais plus employé qu'à échapper à ce travail devenu purement alimentaire. Une annonce publiée par le ministère de la Défense m'en avait donné la possibilité. J'avais été détaché d'EDF pour coordonner et évaluer les campagnes de communication du ministère, des forces armées et de la gendarmerie.

La discussion avec Philippe de Villiers s'attarde sur mon nouvel emploi et les difficultés que rencontre une armée professionnelle pour attirer des candidats de qualité. Aux remarques sarcastiques que distille Patrick Buisson, je comprends qu'il ne tient pas à ce que nous nous éloignions de la seule question qui le préoccupe pour le moment : « Les postes exigeants sont les plus durs à pourvoir. Et il faut veiller à ne jamais utiliser les gens à contre-emploi. N'est-ce pas, Philippe ? » Villiers ne répond pas. 2,23 %. Avec pareil score obtenu au premier tour de l'élection présidentielle de 2007, il n'a rien à ajouter. Patrick Buisson, si. Il ressasse : « Je ne comprends vraiment pas comment tu as pu te laisser embarquer là-dedans. Faire une campagne populiste ! Toi ! Avec ta particule et ton physique. » Il feint de chercher une explication. Simple, de préférence. Évidente, même. Son ami ne l'a pas écouté. Villiers a préféré suivre les conseils de son jeune porte-parole, Guillaume Peltier, qui le poussait à rivaliser avec Jean-Marie Le Pen. Après avoir refusé l'alliance proposée par le président du Front national au printemps 2006, il s'est cru autorisé à chasser sur les terres marécageuses de l'extrême droite. Avec la sortie de son livre *Les Mosquées de Roissy*, il a voulu marquer les esprits en mettant en garde contre l'islamisation de la France et les méfaits du communautarisme. Villiers pensait que Le Pen échouerait à recueillir les parrainages nécessaires pour se présenter. À défaut, il comptait prendre nombre de ses voix. Pendant qu'il cherchait à le concurrencer sur le plan des idées, son lieutenant Peltier s'employait à dépouiller son ancienne maison de ses élus et de ses militants. Les résultats se faisaient attendre. Semaine après semaine, les intentions de vote n'enregistraient aucun transfert de voix frontiste en faveur du « candidat du patriotisme populaire ». Celui-ci devait rebrousser chemin et reprendre son positionnement originel à droite. Trop tardivement, trop maladroitement. Nicolas Sarkozy avait déjà occupé tout l'espace. Villiers s'est embourbé, sa campagne n'a jamais décollé.

Avec Patrick Buisson, le temps des reproches balaie celui des désillusions ; il est aussi beaucoup plus long. Le conseiller enrage de constater que Villiers n'a pas réussi à faire fructifier le petit capital accumulé depuis 1994. Après le référendum sur la Constitution européenne en 2005, il pensait pourtant que le souverainiste parviendrait à capter une part du mécontentement des quinze millions d'électeurs ayant voté « non ». Mais en dédaignant son fonds de commerce traditionnel, Villiers a perdu son électorat de droite, déboussolé par sa tentative de se placer en dehors du système. Au-delà de l'humiliation d'avoir réalisé un score deux fois plus faible que lors de son échec à la présidentielle de 1995, tant au niveau national qu'en Vendée, il a compromis durablement son avenir politique. Amer, Patrick Buisson essaie encore de lui faire comprendre que n'est pas Le Pen qui veut. Avec son grand corps dégingandé et une voix qui tutoie le fausset, l'aristocrate pense rugir quand il ne fait que miauler : « Je te l'ai dit, et te le répète. Ce n'est pas fait pour toi, Philippe ! » Heureusement, Villiers n'a pas brûlé tous ses vaisseaux. Au soir du premier tour, il a d'abord entonné l'habituelle rengaine des vexés : « Je ne suis pas propriétaire de mes voix, les Français sont libres. » Avant d'être ramené à la raison par ses troupes et rappelé à l'ordre par son conseiller historique. Pour préserver les sièges des députés de son mouvement lors des législatives de juin, il a prié, trois jours plus tard, ses électeurs de voter Nicolas Sarkozy.

« Allez, tu connaîtras des lendemains qui chantent ! » Patrick Buisson consent à finir sur une note d'espoir. Mais ses paroles sont mécaniques. Son esprit est ailleurs. À un autre rendez-vous. À une autre histoire.

Les déjeuners à Montretout ne sont plus si fréquents. Patrick Buisson n'a pas oublié le chemin qui mène au domaine de Saint-Cloud. Ce jour-là, il ne l'emprunte pourtant pas avec la même décontraction. Il n'a aucun conseil à prodiguer, et ne ressent pas l'envie de badiner sur la situation politique. Un curieux sentiment le gagne. Il a sollicité lui-même cette entrevue auprès du président du Front national. En insistant pour qu'elle se tienne au plus vite. Jean-Marie Le Pen a accepté, sans s'étonner ni poser de questions. Au bout de cinquante ans de vie politique, on s'épargne les interrogations oiseuses. « Le Pen ? Il fallait le séduire ou le réduire ! » dira plus tard Patrick Buisson, pour résumer le rapport de force à droite durant cette période. Il ne révélera pas, en revanche, qu'en ce dimanche précédant le second tour de l'élection présidentielle de 2007, il a voulu séduire Jean-Marie Le Pen, après avoir réussi à le réduire.

« Je ne sais pas si je dois te féliciter ! » Patrick Buisson s'abstient de commenter. Il ne veut certes pas risquer de froisser son hôte, mais sa prudence s'explique autrement. Seuls Nicolas Sarkozy et quelques intimes sont au courant de sa démarche. S'il sait pouvoir compter sur la discrétion de Le Pen, qui n'a encore jamais ébruité leurs déjeuners, la présence inaccoutumée d'une commensale l'inquiète. Marine a pris place à côté de son père. Malgré le vent de contestation que font souffler les membres historiques du Front national, elle entend incarner l'avenir du mouvement. En attendant de prendre la tête du parti, elle surveille son héritage, et ne regarde pas l'entreprise de captation élaborée par Patrick Buisson de la même manière que Jean-Marie Le Pen. Après les réprimandes de principe, ce dernier se détend. Il n'ignore rien du rôle de son vieux complice auprès de l'« animal politique » qu'est Nicolas Sarkozy. Il apprécie la performance à sa juste valeur : « Chapeau l'artiste ! » Marine garde le silence.

Des années de conseils, de manœuvres, de manipulations n'auraient-elles servi à rien ? Tout ce labeur aurait-il été sacrifié afin d'assouvir l'ambition d'un candidat de la droite de gouvernement ? Patrick Buisson s'attend à tous les reproches de la part de sa famille politique, et les balaie d'un revers de la main. À ses yeux, il ne trahit rien, ni personne. Il ne fait que récupérer l'œuvre qu'il a contribué à accomplir, pour la confier à celui qui pourra en faire usage. Nicolas Sarkozy vient de siphonner les voix d'un Front national qui ne voulait pas du pouvoir. Au second tour, il n'affrontera pas un candidat-repoussoir, et n'aura donc pas à quémander des suffrages à gauche ou au centre. Dans quelques jours, il sera élu président de la République. Et Patrick Buisson n'est pas étranger à ce tour de force.

Il avait d'abord fallu faire la somme des obstacles qui se dressaient sur le chemin de la magistrature suprême. Car, en aucun point Nicolas Sarkozy ne répondait aux canons du présidentiable français. Nerveux, effréné, vindicatif, impulsif, certains traits de son caractère inquiétaient une partie de l'électorat de droite. Son pedigree en faisait tiquer une autre. Ceux qui n'osaient pas questionner l'origine de son patronyme ou manifester de la crispation lorsque Nicolas Sarkozy se revendiquait « petit Français au sang mêlé », pointaient sans vergogne son manque d'enracinement. Dans un pays où il est de bon ton qu'un homme politique cherche un bout de terroir pour se forger un destin national, Nicolas Sarkozy avait choisi de s'implanter à Neuilly-sur-Seine. Si conquérir à vingt-huit ans la mairie de l'une des villes les plus nanties de France dénotait un refus suspect de l'hypocrisie, prendre plaisir à s'ébattre parmi les riches et puissants de sa commune, quand d'autres s'appliquaient à courir les marchés de leur circonscription rurale, brutalisait les bonnes manières. Dans l'exercice, il se montrait d'ailleurs tout à fait à l'aise. Ample, décontracté. Sans-gêne. Cela avait fini par agacer. Il avait bien connu une traversée du désert, cet accident de parcours incontournable qui endurcit le caractère et adoucit l'image publique du politique, mais après avoir lâché Jacques Chirac et soutenu Édouard Balladur en 1995, il l'avait vécue avec une étiquette de traître et de perdant collée dans le dos. Lorsque Nicolas Sarkozy avait manifesté des velléités de grandeur, peu après son retour en grâce, Patrick Buisson avait certifié : « Avec le "populo", cela ne passera pas. Il ne sera jamais élu président ! »

La charge de faire mentir sa prédiction lui était finalement revenue, lestée d'un handicap supplémentaire. Nicolas Sarkozy avait choisi de cumuler son poste ministériel, le statut de « numéro deux » du gouvernement, la présidence de l'UMP et la présidence du conseil général des Hauts-de-Seine. Pour la présidentielle de 2007, il s'était pratiquement placé dans la plus mauvaise position : celle du sortant. S'en extraire constituait un premier impératif. Afin de ne pas plonger les électeurs dans les affres de la dissonance cognitive, l'opération nécessitait de contraindre le candidat à démissionner du gouvernement avant l'échéance, et surtout de respecter sa nature. Sarkozy ne pouvait jouer la partition de l'opposant gouvernant qu'en étant semblable à lui-même. Souverainement décomplexé. Il pouvait prétendre être un homme empêché, mais uniquement avec fracas. L'effort ne lui avait pas paru insurmontable. Il avait pu marteler et imposer sans difficulté le thème de sa campagne, qui serait également celui de toute la campagne présidentielle : la « rupture ». Alors qu'à gauche, Ségolène Royal, la candidate désignée par les militants socialistes, était abandonnée par tous les ténors de son parti, Nicolas Sarkozy se débarrassait des barons de la droite. Et de Jacques Chirac. Ses derniers scrupules s'étaient envolés le 14 juillet 2005, lorsque le président avait assené à la télévision un sentencieux et ridicule « Je décide, il exécute ! » à son encontre. Le ministre gourmandé avait répondu quelques instants plus tard en comparant le président à Louis XVI « démontant tranquillement les serrures de Versailles, tandis que la France gronde ». Dès lors, il n'arrêtait pas de hisser le couperet de la guillotine. Patrick Buisson s'était habilement servi de cette mise à mort du chiraquisme pour orchestrer une rupture plus grande encore. La seule importante à ses yeux, celle qui avait toujours guidé son action politique. Pour la première fois, une élection présidentielle ne se jouerait ni à gauche ni au centre. Elle se gagnerait à droite. C'était l'occasion tant attendue de mettre fin au sinistrisme. C'était la droitisation de la campagne de Sarkozy. Un juste retour aux fondamentaux, dans l'esprit du stratège.

Sur les estrades, Nicolas Sarkozy tentait de tourmenter la gauche. Sous le regard fiévreux du conseiller « officiel » et plume attitrée, Henri Guaino, il se proclamait « héritier de Jaurès », invoquait les mânes de Gambetta, de Zola, de Victor Hugo, de Clemenceau ou de Léon Blum, dénonçait l'« argent roi » et les « patrons voyous », en appelait à la moralisation du capitalisme financier et s'engageait à réhabiliter les « valeurs que la gauche a[vait] trahies ». En coulisses, Patrick Buisson s'attelait à une autre triangulation. Certain de l'impossibilité de prendre des voix à gauche, il avait convaincu le candidat que le seul réservoir à siphonner se situait à sa droite. Conquérir les sympathisants du Front national, ou plutôt les reconquérir, devait être son objectif prioritaire. « Ce sont souvent d'anciens électeurs du feu RPR et d'anciens communistes qui ont le sentiment d'avoir été abandonnés et trahis par leurs partis, ils sont en attente d'une parole forte, volontaire, conservatrice et nationaliste », lui expliquait-il. C'est à eux que le candidat devait s'adresser. C'est sur eux que la stratégie de la campagne devait reposer. Pas question de réchauffer le thème de la « fracture sociale » ou de leur servir une bouillie social-démocrate. Il leur fallait du régalien et des valeurs : immigration et sécurité ; autorité et morale ; identité et nation ; famille et travail. Des nerfs et du muscle. Leurs votes représentaient la clé de l'élection. Et les suffrages qui ne seraient pas engrangés au premier tour pourraient toujours l'être au second.

Réussir une triangulation exige en premier lieu de comprendre l'opinion publique sur les grands enjeux de société. C'est avec elle qu'il faut directement dialoguer, non avec les partis ou leurs représentants. Le dépassement s'opère par l'appropriation de thèmes sensibles dans la cible choisie : le gain d'une audience idéologique chez les électeurs des adversaires permet par la suite d'obtenir un gain électoral. Assurément, Patrick Buisson possédait une connaissance intime de l'électorat frontiste et une maîtrise parfaite des instruments de mesure de l'opinion. Sur le plateau de LCI, il n'avait pas pu s'empêcher de lever légèrement le voile sur la manière dont il fallait procéder : « La stratégie de Sarkozy, c'est celle de Karl Rove, le conseiller de Bush, en 2004. Optimiser les ressources électorales de son propre camp, en ajustant son offre idéologique à la demande de la partie la plus radicale de l'électorat, de manière à élargir le spectre sociologique de la droite traditionnelle. » Après cette « stratégie de mobilisation » ou « *base strategy* », il ne lui restait qu'à offrir à Sarkozy les codes pour parler à sa proie. Sa recommandation était simple. Sur une liste de thèmes donnés, elle tenait en une seule exhortation : « Clive, Nicolas ! Clive, et tiens bon ! » La transgression, la provocation. Autrement dit le « scandale », ce catalyseur des rivalités mimétiques, qu'avait débusqué le philosophe René Girard dans sa lecture des Évangiles. Le déclencher était le rôle assigné au candidat. La suite n'était plus son affaire, mais celle de ses concurrents. Quant au stratège, il guettait l'ampleur des réactions. Leur violence avait dépassé toutes ses espérances.

La gauche ironisait lorsque Sarkozy essayait grossièrement de s'accaparer son héritage ; elle perdait, en revanche, l'envie de rire lorsqu'il faisait campagne à droite toute. Ça leur secouait le palpitant. Leur donnait des suées. Le moment n'était plus de s'interroger sur sa santé mentale, comme l'avait fait l'hebdomadaire *Marianne*. Dans les éditos des quotidiens, dans les billets des magazines, dans les communiqués des partis, on assurait entendre, au passage du candidat, le bruit des bottes sous les claquements de talonnettes. À quelques jours du scrutin, *Libération* tirait la sonnette d'alarme sur « L'inquiétant Monsieur Sarkozy », tandis que *Marianne* récidivait en peignant l'homme sous les traits d'un despote psychopathe en puissance. L'hystérie n'était pas loin. À leur décharge, il faut reconnaître que le politique et son conseiller de l'ombre avaient décidé d'y aller *crescendo* dans les agaceries. Au gouvernement, un projet de loi sur l'immigration succédait à un autre consacré à la prévention de la délinquance. Et si le ministre de l'Intérieur avait dû reculer sur le dépistage « dès l'âge de trois ans » des enfants à risque, il avait obtenu le durcissement des conditions de régularisation des sans-papiers et du regroupement familial. En campagne, il n'avait plus aucun frein. Dans son discours d'investiture en tant que candidat de l'UMP à la présidentielle, le 14 janvier 2007, il avait donné le ton : « Nous sommes les héritiers de deux mille ans de chrétienté et d'un patrimoine de valeurs spirituelles que la morale laïque a incorporé. » Le lendemain, il s'était rendu au Mont-Saint-Michel pour une explication de texte : « Le premier endroit où je voulais aller après avoir été investi, c'était ici, parce que c'est très symbolique. » Face à la baie, loin de Neuilly-sur-Seine, il prenait le vent de la France éternelle. Le 8 mars, il avait annoncé, lors d'une émission politique sur France 2, la création d'un ministère de l'Immigration et de l'Identité nationale, en cas de victoire. La proposition suscitait une infinité d'interrogations. Que lui était-il passé par la tête ? Ou plutôt, qui ? Dans le secret des dieux, Patrick Buisson protestait de son innocence : « Une idée de Guaino ! Excellente, pour une fois. » Pourtant, l'inspiration semblait venir des travaux du Club de l'Horloge et de la commission présidée par Jean-Yves Le Gallou sur « La préférence nationale : réponse à l'immigration ». À ceux qui se demandent encore aujourd'hui pourquoi la marche vers le pouvoir de Sarkozy en 2007 les avait fait tousser, une réponse peut leur être apportée. Du Mont-Saint-Michel aux incessantes provocations, Patrick Buisson avait fait rejouer à son poulain la partition de campagne présidentielle de Jean-Marie Le Pen en 1988. Du recyclage. Tout bonnement. Mais certains étaient trop à leur indignation pour remarquer les petits cailloux semés sur le parcours du candidat. Si la gauche était logiquement au bord du collapsus, les personnalités de la droite commençaient à convulser. Le tollé était quasi unanime contre la proposition de création de ce ministère indigne. D'ailleurs, Nicolas Sarkozy avait, pour la première fois, vacillé devant ses proches. Fallait-il reculer ? Patrick Buisson l'avait déjà alerté du risque de tomber dans le piège de la notabilisation. Et il lui avait demandé de ne pas mettre certaines personnalités trop en avant, comme Simone Veil, la présidente du comité de soutien à Nicolas Sarkozy, à qui Patrick Buisson voulait faire payer ses engagements passés. Là, l'enjeu était autrement important. Le stratège avait enjoint à Sarkozy de ne pas céder. Revenir sur cette promesse de campagne aurait tout ruiné. Le plus dur avait été fait, l'effet escompté par cette annonce avait été atteint. Le « Tout sauf Sarkozy », qui parcourait depuis des mois les rangs des politiques de tous bords, était à son apogée. Nicolas Sarkozy n'avait plus qu'à tenir. Il tenait bon. Le candidat avait encore accepté de se fier à son conseiller. Il se félicitait publiquement d'avoir « montré le chemin » sur la question de l'identité nationale, et d'avoir envoyé un message fort à tous ceux qui avaient voté « non » au référendum sur la Constitution européenne. Nicolas Sarkozy était seul face à l'opinion, qui majoritairement le soutenait. Une semaine après son annonce, un sondage mené par l'institut OpinionWay pour LCI et *Le Figaro* révélait que 55 % des personnes interrogées approuvaient l'idée d'un ministère de l'Immigration, et 65 % d'entre elles appuyaient les propos de Sarkozy sur l'identité nationale. À chaque transgression, les adversaires du candidat de l'UMP se mobilisaient et usaient de tous les registres à leur disposition, dont celui de la morale, pour le condamner. En vain. À chaque fois, l'opinion se rangeait derrière Nicolas Sarkozy, et le soutenait davantage. Des sondages le confirmaient systématiquement. La mécanique était implacable : elle fonctionnait même lorsque le scandale n'avait été ni pensé ni organisé. Elle marchait en toutes circonstances.

Le 27 mars 2007, gare du Nord, l'interpellation d'un voyageur sans billet avait mal tourné. La violence de l'arrestation avait conduit des centaines de jeunes à affronter les forces de l'ordre ; des casseurs avaient pris la relève et s'en étaient donné à cœur joie jusque tard dans la nuit. L'événement, qui avait réveillé le souvenir des émeutes de l'automne 2005, était abondamment commenté. Ségolène Royal et François Bayrou rendaient Nicolas Sarkozy responsable du climat de défiance entre la police et une partie de la population, et pointaient du doigt son bilan au ministère de l'Intérieur. Avant de réagir, le mis à l'index avait pris le temps de la réflexion. Par le plus grand des hasards, il était attendu le lendemain de l'incident à Lille, pour un meeting programmé de longue date, et devait s'y rendre en train depuis la gare du Nord. Sa garde rapprochée le pressait de choisir un autre moyen de locomotion, afin de ne pas jeter de l'huile sur le feu. C'était en effet le nom du locataire, tout juste démissionnaire, de la place Beauvau, que les émeutiers avaient insulté durant cette soirée. Pour ses conseillers, Sarkozy devait sortir du registre sécuritaire et consacrer uniquement sa campagne aux enjeux économiques et sociaux. Patrick Buisson était d'un avis contraire : « Vas-y, fonce ! Mets-toi en scène, et l'élection sera définitivement jouée ! » Quelques heures plus tard, Nicolas Sarkozy surgissait dans le hall de la gare du Nord, serrait les mains de policiers et improvisait une déclaration télévisée, avant de monter dans le TGV. Le soir, devant un public chauffé à blanc, il accusait ses rivaux de prendre parti pour « les fraudeurs » : « Eh bien, c'est clair : l'autorité et le respect, c'est de notre côté ; la fronde et le soutien à la délinquance, c'est de l'autre côté ! » Le 30 mars, *Le Figaro* publiait les résultats de deux enquêtes d'opinion, réalisées en urgence. La première conduite par TNS-Sofres pour le quotidien, RTL et LCI, faisait état d'une progression de Nicolas Sarkozy dans les intentions de vote au premier tour de la présidentielle, et enregistrait un regain d'intérêt important pour la lutte contre l'insécurité. La seconde étude, menée par OpinionWay pour le quotidien et LCI, affirmait que 40 % des sondés se disaient scandalisés et inquiets des émeutes de la gare du Nord, et que 39 % des personnes interrogées estimaient que si Nicolas Sarkozy était élu président de la République, il y aurait moins d'incidents de ce type, contre 38 % pour Jean-Marie Le Pen, 19 % pour François Bayrou et 17 % pour Ségolène Royal. L'opinion avait définitivement pris le parti de Nicolas Sarkozy. Grâce à Patrick Buisson !

La bonne question au bon moment donne toujours un bon résultat. Fort de cet axiome, le stratège avait poussé le candidat à ne transgresser que sur les thèmes réputés porteurs par les enquêtes d'opinion, aussi bien chez les sympathisants du Front national que dans l'ensemble de l'électorat. Les réactions scandalisées ne pouvaient que bénéficier au président de l'UMP. Toute mobilisation anti-Sarkozy était interprétée par une majorité comme une attaque contre ses propres idées. La publication des résultats des sondages, commandés par des médias amis lors de chaque séquence, permettait de valider la popularité des propositions du candidat, et de conforter l'électorat dans ses choix. Plus le « Tout sauf Sarkozy » gagnait en virulence, plus Nicolas Sarkozy engrangeait de nouveaux soutiens. Constamment à l'initiative, il contraignait ses adversaires à se déterminer par rapport à lui. Dans cette guerre de mouvement, il ne leur laissait pas le choix du terrain. Sur la défensive, ses opposants en étaient réduits à pratiquer la police de la pensée. Ils ne pouvaient que condamner ce qui devait inéluctablement recevoir l'assentiment de l'opinion. Prêcheurs du désert, ils donnaient l'impression d'être coupés de la réalité, et d'aller sans cesse contre la volonté des Français. Sans le savoir, ils étaient victimes d'un cycle infernal et connu : agitation, répression, « solidarisation ». À l'occasion de cette campagne, Patrick Buisson avait modernisé la tactique employée par les « trublions » de Mai 68... Sa ligne était ainsi restée la seule en lice.

Après s'être recueilli sur la tombe de Charles de Gaulle à Colombey-les-Deux-Églises, Nicolas Sarkozy ne se sentait plus l'héritier de Jaurès. Le 16 avril sur TF1, il déclarait que le Général et le pape Jean-Paul II, qui avait eu « le courage de dire aux jeunes Français et aux jeunes du monde "N'ayez pas peur" », étaient les deux historiques l'ayant le plus inspiré. Le lendemain, il donnait un long entretien au *Figaro*. Mais était-ce le candidat qui s'exprimait ou le stratège qui se confessait à travers lui ? « Je ne mène pas un combat politique, mais un combat idéologique. Au fond, j'ai fait mienne l'analyse de Gramsci : le pouvoir se gagne par les idées. C'est la première fois qu'un homme de droite assume cette bataille-là. Depuis 2002, j'ai donc engagé un combat pour la maîtrise du débat d'idées. »

Le combat idéologique étant remporté, sa traduction dans les urnes devait logiquement suivre. Le 22 avril 2007, Nicolas Sarkozy recueillait 31,18 % des voix. Depuis 1974, aucun candidat de droite n'avait atteint un tel score au premier tour d'une éléction présidentielle. En dépit d'un taux de participation historique et de la performance du candidat centriste, Nicolas Sarkozy apportait la preuve qu'aucune malédiction ne frappait sa famille politique. Contrairement à Jacques Chirac, il avait su séduire les trois composantes de la droite. Plein emploi, augmentation du pouvoir d'achat avec le « travailler plus pour gagner plus », libéralisme fiscal et économique, rétablissement de l'autorité morale, immigration, sécurité, retour de la Nation : il s'était adressé autant à l'aile orléaniste qu'aux courants bonapartiste et légitimiste. En récupérant une part substantielle des électeurs du Front national, il avait approché, le temps d'une campagne, le vieux rêve de son stratège : l'union de la droite. Ce qui avait échoué au niveau des partis était en train de réussir autour d'un candidat : « Ensemble, tout devient possible ! »

« Sarkozy, c'était Bonaparte au pont d'Arcole ! Il s'est emparé de thèmes, comme l'identité nationale, que Chirac avait totalement abandonnés. Il a désenclavé la droite en agrégeant un vote populaire au vote de droite traditionnel. Comme de Gaulle en 1958 ! » Face à Jean-Marie Le Pen, Patrick Buisson n'a pas besoin de se lancer dans l'analyse. Si l'euphorie ne l'a pas quitté, il se doit d'avoir le succès modeste devant son interlocuteur qui, n'est arrivé qu'en quatrième position avec 10,44 % des voix. L'humeur du président du Front national n'est pas fameuse. Le soir du premier tour, il a tenté de faire bonne figure en se consolant d'avoir « gagné la bataille des idées ». Mais il a dans le même temps déclaré craindre « que les Français n'aient été abusés », et leur a prédit « avec tristesse des lendemains qui déchantent ». Il n'a rien dit, en revanche, sur ses intentions pour le second tour, et a donné rendez-vous pour le traditionnel défilé en l'honneur de Jeanne d'Arc. Le leader frontiste peut-il se laisser convaincre de faire un geste ? Patrick Buisson le croit un instant. Bruno Gollnisch, son camarade des années Nanterre, a publiquement avancé que Le Pen pourrait poser des conditions en échange d'un appel à voter Sarkozy. En ce dernier dimanche d'avril, Patrick Buisson comprend pourtant qu'il n'en sera rien. La présence de Marine est là pour le confirmer. Le Pen cède à sa fille cadette qui, elle, a prévenu : « Les électeurs du Front national ne se vendront à personne » ; le patriarche ne souhaite pas grever l'avenir de son parti ni celui de son héritière politique désignée. Patrick Buisson n'aura pas à poser la question, dont la réponse sera donnée le 1er mai. Ni Sarkozy ni Royal : abstention. Le déjeuner s'achève dans un doux ennui. Jean-Marie Le Pen avait espéré jusqu'au bout que ses électeurs préfèrent l'original à la copie ; il continue de le souhaiter pour la suite. Patrick Buisson avait longtemps attendu que son ancien favori se dédiabolise ; il le quitte pour s'atteler à une dédiabolisation plus essentielle, à ses yeux. Cela fait quarante ans qu'il y pense : « La politique, ce sont des idées. » Adieu, Montretout !

À une dizaine de kilomètres dans la direction opposée, Nicolas Sarkozy s'adresse une dernière fois à ses troupes. Plus de 20 000 personnes se sont pressées à l'intérieur et à l'extérieur du Palais omnisports de Paris-Bercy, pour l'aider à gravir l'ultime marche qui le sépare de l'Élysée. Devant des acteurs, des chanteurs, des sportifs, des politiques et autres VIP, le candidat de l'UMP clame être le porte-parole des « sans-grade », des « anonymes », des « gens ordinaires », de la « majorité silencieuse ». Il prétend parler « directement au peuple français », car il se veut « le candidat du peuple de France et non celui des médias, des appareils ou de tel ou tel intérêt particulier, des intérêts partisans, des sectarismes ». Mais c'est à un sujet différent qu'il consacre la plus grande partie de son discours. « Voyez tous ceux qui se réclament de l'héritage de Mai 68, vous les reconnaîtrez certainement, ils donnent aux autres des leçons qu'ils ne s'appliquent jamais à eux-mêmes, ils veulent imposer aux autres des comportements, des règles, des sacrifices qu'ils ne s'imposent jamais à eux-mêmes. Voyez-les, écoutez-les, ils proclament toujours : "Faites ce que je dis, ne faites surtout pas ce que je fais !" » Avec le ton du procureur, Nicolas Sarkozy met en accusation les « héritiers de Mai 68 ». Les voilà coupables d'avoir « abaissé le niveau moral de la politique », « cassé l'école de Jules Ferry », « renoncé au mérite et à l'effort », « cessé de parler aux travailleurs », « encouragé l'assistanat », « pris le parti des voyous, des casseurs et des fraudeurs contre la police », « dénigré la loi, l'État et la nation », « favorisé la montée de l'individualisme », et d'avoir oublié que l'on ne peut parler de droits « sans accepter des devoirs ».

« Écoutez-les, les héritiers de Mai 68, cultiver la repentance, je déteste la repentance, car je suis fier de l'histoire de France. Je veux tourner la page de Mai 68 une bonne fois pour toutes. »

Persona.

« Les Buisson enfin à l'Élysée ! » Une photo de l'entrée de l'hôtel du comte d'Évreux, et une date : jeudi 20 septembre 2007. L'invitation n'est pas officielle ; elle n'est pas frappée du faisceau de licteur de la République française, et ne peut être présentée aux gendarmes qui gardent le Palais. Patrick Buisson a réservé ce carton à sa famille et à quelques intimes. Pour marquer le coup. À travers lui, tous les Buisson sont, paraît-il, récompensés. Une famille d'origine modeste admise au cœur du pouvoir, pensez-vous. Il faut bien cela pour se justifier. Lui qui se gausse de tous les intrigants se battant pour avoir le droit de porter le ruban rouge à la boutonnière, se doit de fournir une explication : « Pour mes parents ! Je l'accepte pour honorer mes parents ! » C'est tout à fait connu. Chaque année, des milliers de récipiendaires s'interdisent toute vanité ; ils ne font que satisfaire celle de leurs géniteurs. Pour convaincre les derniers sceptiques, Patrick Buisson brandit enfin le thème de la revanche sociale. L'excuse n'est pas plus originale, peut-être plus conforme à son caractère. Il faut dire qu'il a été pris de court ; il ne s'y attendait pas. Nicolas Sarkozy n'est pas un ingrat. Il avait inscrit sans tarder le nom de son stratège sur la liste de la promotion du 14 juillet, dans le contingent du ministère de la Culture et de la Communication. Entre une comédienne de gauche, des artistes, deux journalistes du service public, des patrons de médias et une palanquée de hauts fonctionnaires n'ayant fait que leur travail, trônait Patrick Buisson. Trente-deux ans d'activités professionnelles et un service rendu. Exceptionnel, il est vrai. Pour cela, le nouveau président de la République avait également décidé de lui remettre en personne les insignes de chevalier de la Légion d'honneur.

Malgré son engagement dans la Résistance, ma grand-mère n'a jamais obtenu le moindre de ces privilèges. Une année, après en avoir formulé la demande par écrit, Bonne-maman avait été gentiment autorisée à assister à une commémoration de la Libération de Paris. Alors que le gravier crisse sous mes pas, je me résous à chasser le mauvais esprit de ma tête. C'est un jour de fête. Après tout, je suis un Buisson. J'ai reçu le carton, et je traverse la cour d'honneur du palais de l'Élysée, pour la première fois de ma vie. « Par ici, je vous prie. » L'huissier me dirige à droite du vestibule, me fait suivre un couloir et fendre le jardin d'hiver jusqu'à la salle des fêtes. Un plafond à caissons peints, des boiseries, des lustres, une ceinture de colonnade. C'est grand. C'est rouge. Doré, chargé. Ça sent la mauvaise fin du XIXe siècle, les favoris, les hauts-de-forme en soie et les femmes fardées. Je vais chercher un peu d'air à proximité des portes-fenêtres. La moquette tachée et le stuc effrité me font détourner le regard en direction des jardins. Là, c'est réussi. Je discute avec mon oncle et ma cousine, pendant que la salle se remplit. Il y a des visages connus, d'autres que je connais et de parfaits quidams à mes yeux. Une vague relation s'approche : « Tu sais combien de personnes vont être décorées aujourd'hui ?

— Je n'en sais absolument rien. »

Au vu du nombre grandissant de personnalités badinant à leur aise dans les reflets irisés des pendeloques de cristal, nous penchons pour une cérémonie collective de remise de hochets. Les spéculations prennent fin lorsque l'aboyeur pénètre dans la salle : « Monsieur le président de la République ! » Le silence tombe aussi lourdement que les doubles rideaux. Nicolas Sarkozy fonce vers le pupitre, s'installe, sourit. Un bref coup d'œil à ses fiches, et sa voix accroche nos oreilles. Patrick Buisson se positionne à sa droite. Aux premiers mots, je comprends, en même temps que l'assistance, qu'il ne sera question que de lui.

« Si j'ai tenu à présider moi-même cette cérémonie, c'est parce que Patrick Buisson est quelqu'un de très important pour moi. » Dans un exercice si parfaitement maîtrisé qu'il en paraît improvisé, Nicolas Sarkozy délaisse ostensiblement ses feuilles pour se lancer dans l'éloge du décoré. Les milliers de discours donnés au fil des ans et les facultés extraordinaires de sa mémoire lui permettent d'ajouter à ce qui a été écrit la simplicité et la chaleur de la spontanéité. Le nouveau président est néanmoins sincère, et ne force pas le trait quand il loue la dimension intellectuelle de l'homme qui se tient à ses côtés : « Patrick Buisson est un journaliste qui a des convictions, c'est rare. Patrick Buisson est un journaliste qui a une culture, c'est très rare. Patrick Buisson est un journaliste qui a une constance, c'est extrêmement rare. Patrick Buisson est un homme courageux. C'est un homme qui résiste aux modes. C'est un homme dont j'écoute les conseils, les analyses et les avis. » Devançant les critiques, il effectue une mise au point : « Je ne sais pas au fond quelles sont les opinions politiques de Patrick Buisson. Après tout, si par extraordinaire il avait des convictions de droite, ça serait un juste équilibre dans un monde où tant d'autres ont des convictions ailleurs. » Le message ne passe pas inaperçu, mais n'est pas aussi mémorable que celui qu'il s'apprête à délivrer. Il revient sur les moments clés de sa campagne victorieuse et souligne, à chaque fois, le rôle décisif joué par Patrick Buisson : « Pendant la campagne électorale, cette longue campagne électorale, si difficile, j'ai reçu des dizaines et des dizaines, peut-être des centaines de conseils, que j'ai été bien avisé de ne pas suivre. Il y en a un seul dont j'ai toujours veillé à suivre non pas les avis, mais les prescriptions, c'est Patrick Buisson. [...] Chaque fois que j'ai dû prendre un virage dans cette campagne, difficile, risqué, où, en général, j'étais le seul de cet avis et où tant d'autres, avec leurs connaissances et leur habitude de l'erreur, voulaient que je prenne une direction, lui me disait : "Reste fidèle à ce que tu crois, va au peuple !" Toujours, je l'ai écouté. » Nicolas Sarkozy marque une courte pause, pour que chacun retienne les paroles qu'il va prononcer : « Et s'il y a bien une personne – peut-être il ne le sait pas, au fond – à qui je dois cette élection, il n'y en a pas beaucoup, c'est lui. [...] Je vois ici quantité de futurs candidats à la présidentielle : c'est facile, pour gagner, il suffit d'avoir le numéro de téléphone de Patrick Buisson. » Le président de la République peut conclure : « Je lui dois beaucoup, je l'aime beaucoup et c'est quelqu'un qui fait honneur au métier de journaliste. [...] Et pour toutes ces raisons, j'espère que vous l'avez compris, c'est un ami. Si vous ne l'aviez pas compris, c'était le temps, Patrick, qu'on se dévoile. Voilà. »

Des yeux effarés roulent sur les visages, des regards incrédules en croisent d'autres. Ce n'est pas une confidence, c'est une confession. Inédite de la part d'un homme politique qui, contrairement à la plupart de ses congénères, choisit de ne pas réécrire l'histoire pour transformer l'aventure d'un clan en épopée solitaire. Et explosive pour les personnes connaissant le parcours de celui qui fut longtemps un infréquentable. Patrick Buisson se fragmente. La surprise est également totale pour lui. Ses membres tremblent, ses traits se décomposent. L'émotion le submerge. Il est au bord des larmes. Son trouble me gagne. Je ne me souviens pas de l'avoir vu ainsi, lors d'un événement heureux. « Patrick Buisson, au nom de la République française, nous vous faisons chevalier de la Légion d'honneur. » L'accolade avec Nicolas Sarkozy est touchante. Le nouvel épinglé est fier. La République n'est pas rancunière.

Il n'y aura pas de réponse du décoré. On ne parle pas après le chef de l'État. Et Patrick Buisson est déjà occupé. Il s'enquiert de la réaction de son maître, Raoul Girardet, qui a tenu à faire le déplacement. L'historien est superbement ignoré par les invités qui font remonter le passé à hier et n'ont de considération que pour ceux qui leur seront utiles demain. Une fois rassuré, Patrick Buisson se met à virevolter d'un groupe à l'autre, étonnamment sociable et affable. À tous, il explique peu ou prou la même chose : il quitte LCI. « Je ne pouvais décemment pas rester à l'antenne ! » Avoir commenté toute la campagne sur la chaîne info, commandé des sondages et reçu en plateau les principaux candidats, dont Nicolas Sarkozy, ne lui avait posé aucun problème de déontologie. La situation est différente, à présent. Il n'est pas dans la lumière blanche du pouvoir, mais il ne pourra plus se cacher. Finies les réunions parallèles ou les conversations discrètes. Nicolas Sarkozy lui a demandé de le rejoindre à l'Élysée. Il lui a offert le titre de « conseiller spécial », avec des émoluments et des privilèges de ministre. Patrick Buisson a décliné. Il souhaite continuer à le servir uniquement de l'extérieur : « Je serai plus utile dans cette position. » S'il ne le dit pas ouvertement, il tient par-dessus tout à sa liberté. Liberté d'aller, de venir, de se montrer, de se dérober et de faire des affaires. Le candidat le consultait, il sera consultant pour le président. Toujours aux premières loges, jamais en première ligne. L'influence plutôt que le prestige. Et puis le groupe TF1, si attentionné, a accordé un confortable point de chute à son salarié. « Non, non ! Il fallait que je parte de LCI. Je ne veux pas que l'on dise : "Il touche à tout, il touche partout !" » Pressé de questions sur son avenir, ses réponses m'apportent confirmation d'un projet dont il m'avait rapidement parlé. Il va prendre la tête de la chaîne Histoire. J'ai le sentiment de m'être fait piéger. Voilà près d'un an qu'il tente de me convaincre d'intégrer TF1. Un poste à la direction artistique de la première chaîne de télévision d'Europe m'avait été présenté au printemps dernier. L'offre n'ayant qu'un rapport ténu avec mon cursus et mes désirs, je n'avais pas voulu démissionner du ministère de la Défense. Une proposition plus alléchante m'était ensuite parvenue : une opportunité au sein de la filiale regroupant les chaînes documentaires de TF1. Il était question de communication et de production. Je ne savais pas encore à qui je devais cette bonne nouvelle.

Patrick Buisson m'avise du regard et me fait signe de me rapprocher. Il me présente à Martin Bouygues, en train de converser avec ses employés. Le P-DG et héritier du groupe industriel éponyme se montre complice. Il me souhaite la bienvenue, et vante les joies du travail en famille. Les dirigeants de TF1 qui l'entourent acquiescent. Je bafouille un sourire, et m'éloigne pour digérer la nouvelle. Je tente de me rassurer : il reste du temps pour faire machine arrière. Je regarde Patrick Buisson, qui prend le large à son tour. Il se mêle un moment aux chevilles ouvrières de la campagne qui ont suivi leur patron à l'Élysée : Claude Guéant, le secrétaire général de la présidence ; Henri Guaino, qui, lui, n'a pas dédaigné le poste de conseiller spécial ; Emmanuelle Mignon, la directrice de cabinet ; Franck Louvrier, le responsable de la communication. Il plaisante avec ses nouveaux camarades de jeux, avant de les abandonner pour en retrouver d'anciens. Les ex-lambertistes, Jean-Christophe Cambadélis et Jean-Luc Mélenchon, ont accepté l'invitation de leur meilleur contradicteur sur LCI. À la vue du trio, Jean-Claude Dassier, le directeur de la chaîne, s'exclame : « Mais c'est une reconstitution de ligue dissoute ! » Les rires fusent et ne sont pas forcés. Chacun goûte la référence à sa manière. Nicolas Sarkozy vient profiter de la bonne humeur. Et là, chacun se demande si le président ne va pas vouloir pousser un peu trop loin sa nouvelle lubie d'ouverture à gauche…

Je reste à l'écart. Je ne souhaite plus être présenté à qui que ce soit. Et encore moins aux personnages de cet improbable tableau que Patrick Buisson a composé. Je cherche à dissiper mon malaise. Je me surprends à penser, en voyant Patrick Buisson si joyeux, qu'il va peut-être s'assagir. L'ancien paria tient sa revanche. Sur la vie, sur tous ceux qui le méprisent, sur tous ceux qui ont préféré faire carrière. Il a pris le chemin le plus difficile, et s'est hissé, seul, au sommet du pouvoir. Sans lâcher aucun des poids qui le lestent. Sans rien abjurer. Jamais sous la Ve République, un homme d'extrême droite n'avait réussi à respirer à cette hauteur. Maintenant, j'ai envie de croire aux propriétés émollientes du succès. Se pourrait-il que Patrick Buisson en vienne enfin à tempérer son caractère et ses idées ? Oui, je me leurre. Mais je ne le sais pas encore. Je n'interprète pas le signe qui se manifeste ce jour-là, dans un coin de la salle. Je vois le chat noir et ne le reconnais pas. La jolie môme est revenue.

Je ne suis pas seul, je suis le dernier. Mon arrivée achève une série de parachutages opérée par une unique personne. Le premier largage était le plus délicat, car il était le plus fortuit et le plus stratégique. Laurent Solly avait bien du chagrin après la victoire de Nicolas Sarkozy. Ce jeune homme pressé, entré dans le sillage du nouveau président en 2004, avait connu une ascension fulgurante auprès de lui : conseiller technique, puis chef de cabinet ; directeur de cabinet à l'UMP ; promu préfet hors cadre, le plus jeune de France ; directeur adjoint de la campagne présidentielle. À trente-sept ans, il pensait atteindre la consécration. Mais, commc pour d'autres, son destin s'était brisé sur la porte d'entrée du restaurant Fouquet's, le dimanche du second tour de l'élection présidentielle. Il avait été refoulé de la soirée de célébration. Subitement indésirable, sans aucune explication. Il lui avait fallu attendre le jeudi suivant pour connaître les raisons de sa disgrâce. Après une croisière au large de Malte sur le yacht du milliardaire Vincent Bolloré, Nicolas Sarkozy composait son premier gouvernement dans l'hôtel de Broglie, mis à sa disposition par la République avant la passation des pouvoirs. C'est au milieu du défilé fébrile des ambitions qu'il avait mis fin à celle d'un membre clé de son entourage. « Je ne peux pas te garder auprès de moi », lui avait-il expliqué, embarrassé. Nicolas Sarkozy ne savait plus comment sauver son mariage. Au retour de l'escapade adultère de son épouse en 2005, il avait dû satisfaire quelques-unes des conditions posées par Cécilia. Il devait désormais satisfaire le reste de ses exigences pour qu'elle ne parte pas de nouveau. Hors de question que son investiture soit gâchée par un divorce. Il se séparait d'une partie de ses proches, et assurait la promotion des intimes de Cécilia. Laurent Solly faisait partie de la liste des bannis. En tant que chef de cabinet, il maîtrisait l'agenda de Nicolas Sarkozy et connaissait toute sa vie privée. Pour n'avoir jamais été pris en défaut de loyauté, il représentait la mauvaise conscience du couple.

« Mais je t'offre Neuilly ! » La proposition était royale aux yeux du président élu : ce n'était rien de moins que son domaine qu'il voulait lui donner en guise de compensation. Laurent Solly ne montrait pas le même enthousiasme devant l'honneur qui lui était fait. Il était rentré chez lui, désemparé. Il avait tout sacrifié à un homme et à sa carrière, et se retrouvait sans emploi et sans gloire. Seul avec ses deux enfants, depuis le décès de sa femme, foudroyée par un cancer pendant la campagne présidentielle. Une bouteille vide de vodka sur sa table et un verre plein de regrets à la main, il avait appelé Patrick Buisson pour lui confier sa peine.

« Il m'a demandé de prendre sa succession à la mairie de Neuilly. Tu te rends compte ?

— Tu penses accepter ?

— Non. Je n'ai aucune envie de jouer l'assistante sociale des riches.

— Que vas-tu faire ?

— Je ne sais pas. Vincent Bolloré m'apprécie. Il m'a dit que les portes de son groupe me sont grandes ouvertes, si je le désire. »

Patrick Buisson était, lui aussi, fort contrarié de perdre son officier traitant, et principal allié dans l'équipe de Nicolas Sarkozy. Mais cette nouvelle ne lui avait pas embrumé le cerveau. Le recrutement de Solly par Vincent Bolloré ne lui étant pas d'une grande utilité, il avait tenté de retourner la situation.

« Ne va pas chez Bolloré. Tu sais pertinemment que le groupe est promis à son fils, Yannick. Tu n'y seras jamais que le numéro deux. Alors qu'ailleurs, tu peux devenir le patron.

— Tu as une idée en tête ?

— Tu sais que l'ère Le Lay-Mougeotte touche à sa fin à TF1 ?

— Oui, mais Bouygues va nommer un nouveau directeur général.

— Un ancien DRH ! Il ne te faudra pas longtemps pour prendre son poste. Laisse-moi arranger cela. »

Ce qu'il avait fait en passant un coup de téléphone à Martin Bouygues, et un autre à Nicolas Sarkozy, dans la même soirée. Le premier était ravi de rendre service à son ami intime devenu président, le second, de placer un fidèle au sein de la direction de la première chaîne d'Europe. L'arrivée de Laurent Solly à TF1 avait été si diligemment finalisée que l'annonce en avait été faite par Franck Louvrier, le chargé de communication de l'Élysée. Froissé, Martin Bouygues, qui déteste par-dessus tout donner l'impression de ne pas être maître dans son groupe, n'avait pu que confirmer la nouvelle. L'intronisation concomitante de Nonce Paolini à la tête de TF1 était totalement éclipsée.

Laurent Solly doit dorénavant se plier aux usages de sa nouvelle maison, et apprendre les vertus de la patience et de l'humilité : un « parcours d'intégration » au sein de la holding du groupe Bouygues, avant de rejoindre TF1 pour mettre en place une direction des achats. Le bizutage ne prend fin qu'au début de l'automne, avec la fuite opportune dans la presse de sa nomination prochaine au poste de président de TF1 Digital, l'entité regroupant toutes les participations dans les chaînes thématiques : TV Breizh, TF6, Série Club, TMC, Ushuaïa TV, Odyssée et… Histoire.

Patrick Buisson réunit les conditions les plus favorables pour faire, à son tour, son entrée. Après avoir choisi son futur président, il établit son terrain de jeu. « Allons Patrick, vous ne pouvez pas vous contenter d'Histoire ! Vis-à-vis des employés, il serait préférable que vous dirigiez l'ensemble des chaînes documentaires. » Le conseil insistant de Martin Bouygues reste lettre morte ; Patrick Buisson n'a que faire d'une chaîne, Ushuaïa TV, consacrée à l'environnement, et d'une autre, Odyssée, aux voyages. Seule la place de directeur d'Histoire l'intéresse. Le titulaire du poste, Didier Sapaut, proteste *mezza voce*, mais n'est pas mécontent du dédommagement qu'il reçoit pour son éviction. Il récupère ce dont son successeur ne veut pas. Au mois de novembre, Patrick Buisson prend possession de son nouveau fauteuil et d'un bureau vitré donnant sur la Seine. Il est accompagné de celle qui est son assistante depuis près de dix ans : Pauline de Préval. Elle s'installe face à lui, à l'écart des autres salariés, « terrorisés » par le changement de régime. Il ne manque plus grand-chose, ni grand monde pour accomplir la volonté de Patrick Buisson.

« Vous verrez, nous sommes un groupe familial. » Les mots rassurants prononcés par Martin Bouygues, quelques semaines plus tôt, résonnent dans ma tête quand je pénètre dans le hall d'entrée d'un immeuble de verre, quai du Point-du-Jour, à Boulogne-Billancourt. En ce début du mois de décembre 2007, j'ouvre anxieusement un nouveau chapitre de ma vie. J'ai cédé. Comme lorsque j'étais plus jeune. Par faiblesse, par naïveté, j'ai accepté de travailler à la chaîne Histoire, sous les ordres de Patrick Buisson. La possibilité de découvrir le monde de la télévision et de faire, à trente et un ans, ce que j'aime – raconter des histoires – était trop tentante. Le désir l'a emporté sur la raison. J'ai choisi la facilité. Avant de m'engager, j'ai réclamé des garanties, toutes relatives il est vrai, puisqu'il me les avait soufflées. Flatter mes goûts et aiguiser mes envies ne suffisaient plus. Il avait donc cherché à vaincre mes réticences en me certifiant que la situation serait provisoire : « J'arrêterai tout – l'Élysée, la politique, Histoire – d'ici un an. Un an et demi, au plus tard. Il est temps que je me consacre à l'écriture et à la vie de l'esprit. » Le compromis me semblait acceptable. Pourtant, dès le premier jour, je peine à le supporter. Si la présence d'un père et de son fils, ou d'autres personnes liées par la parenté, n'a rien d'exceptionnel dans le groupe TF1, leur association au sein d'une même structure est sans précédent.

J'arrive sur la pointe des pieds et n'attends pas pour me mettre au travail. Gêné, je compte sur mes compétences pour faire oublier ce que mon nom m'a permis d'obtenir. Le lancement de nouvelles émissions et la préparation d'un documentaire sur la Grande Guerre, à l'occasion du 90e anniversaire de l'armistice de 1918, ne sont pourtant pas les seules tâches qui m'incombent. Patrick Buisson me confie une mission qui ne relève pas de mon contrat de travail. Il me tend un enregistreur vocal numérique. Je reconnais le modèle que j'avais acheté à sa demande, afin qu'il conserve une trace de la cérémonie de remise de sa Légion d'honneur. Issu d'une génération peu à l'aise avec la technologie, il ne sait pas comment récupérer les fichiers enregistrés dans l'appareil. Il veut que je les copie sur un CD. Je m'exécute et, une fois la copie effectuée, ouvre un fichier au hasard pour m'assurer de la réussite de l'opération. Je mets un casque sur mes oreilles, mais n'entends ni le brouhaha, ni l'éloge, ni les applaudissements ayant marqué cette fin de journée du 24 septembre. En lieu et place, une succession de voix masculines commentent l'actualité. Je réalise qu'il a enregistré les réunions de communication et de stratégie politique auxquelles il est convié à l'Élysée, et j'interromps promptement la lecture. Saisi par l'audace dont il a fait preuve dans l'endroit censément le plus surveillé de France, choqué par son comportement et le retentissement que son geste provoquerait s'il venait à être découvert, je retourne l'interroger. Ma stupeur l'étonne. Sa logique ne lui permet pas de reconnaître le bien-fondé de mon questionnement. Et mon expérience ne me pousse pas à accorder un grand crédit à ses explications successives. « C'est pour mes archives ! », puis « C'est pour un livre ! » avance-t-il, endossant tantôt l'habit du collectionneur, tantôt celui du mémorialiste des années Sarkozy. Confronté à mon scepticisme, il clôt la conversation d'une formule ne s'accompagnant que de points de suspension : « Ça peut toujours servir… »

Patrick Buisson pourrait être heureux, à tout le moins ne pas être malheureux. Il a enfin réussi à réunir autour de lui les deux personnes qui lui sont le plus proches. Mais son emprise n'est pas encore assez forte à son goût. Avant que nous ne travaillions ensemble, il avait déjà cherché à nous rapprocher d'une autre façon. Patrick Buisson avait repéré Pauline de Préval à LCI. Étudiante à Sciences Po Paris, la jeune femme effectuait, à la fin des années quatre-vingt-dix, un stage au service communication de la chaîne. Du gâchis pour le journaliste, qui l'avait prise sous son aile, puis avait obtenu son embauche. « Elle n'est pas comme les autres », ne cessait-il de me répéter. Elle a les yeux bleus, elle est blonde, fine, altière, particulée, royaliste. Et pense « comme un homme ». Elle pense droit. Très droit. Du point de vue de Patrick Buisson, cette disposition constitue une qualité rachetant tous les manques qu'il juge propres au sexe féminin. Rien avec « Pau-pau » ne peut ébranler sa misogynie, ou sa certitude que le problème fondamental de l'autre est de ne pas être comme lui. C'est rare et précieux. Leur relation avait débordé du cadre du travail, et Pauline de Préval intégrait le cercle restreint de ses intimes. Il n'entendait pas, pour autant, occuper l'emploi ridicule du barbon. Et comme il pouvait se montrer férocement jaloux du lien qu'il avait su tisser avec elle, il s'était dit que l'un des moyens les plus habiles de le préserver était d'œuvrer à notre union. Il avait arrangé des rencontres supposément fortuites, avant de la faire venir quelques jours aux Sables-d'Olonne. Aucune de ses tentatives n'avait abouti. J'observais avec elle une réserve polie. Mon mariage avec Magnolia compliquait davantage sa mission. Patrick Buisson s'était alors mis en tête de multiplier les occasions de me voir en compagnie de Pauline de Préval, à qui il avait aussi fait cette proposition : « La maire du XVIIe est une copine de fac. Je pourrais lui demander d'intervenir pour obtenir un logement. Pourquoi ne pas venir habiter dans le quartier ? » Sans doute pour la raison qui m'avait poussé à le fuir. Si je devais décliner son offre, Pauline de Préval l'acceptait et sans se poser de questions. Elle quittait alors le studio, dont elle était propriétaire, dans l'Est parisien, pour un logement intermédiaire à loyer modéré, normalement dévolu à un couple avec un enfant, et situé à cinq minutes à pied du domicile de Patrick Buisson. Après tous ces essais ratés, ce dernier voyait dans notre association à la chaîne Histoire l'ultime chance de parvenir à ses fins.

La fréquentation quotidienne de Pauline de Préval me permet de faire réellement sa connaissance. Au gré des missions communes que Patrick Buisson nous confie et des déjeuners auxquels il nous convie, un constat s'impose : elle est tout à fait son genre, pas du tout le mien. Si l'idée de mettre en péril mon mariage ne m'a pas effleuré une seule seconde, je me demande comment elle a pu cheminer jusqu'au sien. Je sais déjà qu'il se refuse à accepter l'attachement profond qui m'unit à mon épouse ; ce qui l'a notamment conduit à ne pas donner à Magnolia la bague que Mamie avait souhaité lui transmettre. Je peux voir à présent que tout ce qui l'attire chez Pauline de Préval l'aveugle en même temps. La distinction de la jeune femme est percée de morgue ; la distance qu'elle met dans son rapport aux autres ne suffit pas à couvrir l'étendue du mépris qu'elle ressent à leur égard. Il faut voir son regard virer au noir et la suffocation tordre son visage lorsqu'un visiteur de Patrick Buisson a le malheur de la prendre pour une quelconque secrétaire. « Pauline est touchée par la grâce », affirme-t-il. Un examen plus attentif révèle, au contraire, un bovarysme épuisé et une religiosité affectée. Une tendance prononcée au mysticisme sulpicien.

Je m'interdis, pourtant, de questionner ouvertement les capacités naturelles et les dons surnaturels de Pauline de Préval. Je ne crie pas à l'imposture. Cela ne sert à rien. Patrick Buisson mettrait ma réaction sur le compte de la jalousie. Au demeurant, je ne suis pas convaincu de l'utilité d'ébranler ses certitudes ; je ne souhaite pas qu'il la mette de côté. En réalité, je sais gré à Pauline de Préval de la place qu'elle a prise dans son existence. Sans le savoir, elle me décharge un peu de mon fardeau. Elle présente l'avantage incomparable de partager avec Patrick Buisson nombre de ses idées, de ses lectures et de ses centres d'intérêt. C'est avec elle qu'il dîne désormais toutes les semaines. C'est elle, sa plus proche voisine, qu'il appelle le plus souvent dans ses nuits d'angoisse. C'est encore elle qui vient, depuis l'île de Ré où elle passe ses étés, lui rendre visite aux Sables-d'Olonne. Pourquoi le dessiller ?

L'inquiétude peut le frapper comme une flèche. À l'appel d'un journaliste, à la lecture d'un article ou lorsqu'il tape son nom dans les moteurs de recherche sur Internet. Le danger est omniprésent. Durant la campagne présidentielle, les précautions prises pour ne pas ébruiter son rôle auprès de Nicolas Sarkozy n'avaient pas suffi. Le commentateur politique de LCI avait été confondu dans une bande dessinée-enquête du journaliste de *Marianne* Philippe Cohen, de l'avocat Richard Malka et du dessinateur Riss : *La Face karchée de Sarkozy*. Sur une double planche était parodié le tableau *La Distribution des aigles* du peintre David afin d'illustrer la proximité du candidat avec une partie des médias. Dans le costume de sacre de l'empereur Napoléon Ier : Nicolas Sarkozy. À ses côtés : les maréchaux, Martin Bouygues, Arnaud Lagardère, Serge Dassault et Bernard Arnault. Face à lui : Patrick Buisson. « C'est mon conseiller occulte, mais chut ! » Par extraordinaire, cette révélation dans un ouvrage vendu à des centaines de milliers d'exemplaires n'avait pas suscité d'enquêtes dans la presse. Le support choisi pour divulguer l'information autant que l'incrédulité du microcosme, expliquaient sans doute ce silence médiatique. L'avertissement avait été sans frais.

Depuis la victoire de Nicolas Sarkozy, Patrick Buisson sait pourtant que la curiosité des journalistes ne tardera pas à poindre, à se porter sur lui et sa carrière atypique. La cérémonie de remise de sa Légion d'honneur a déjà fait l'objet d'un billet sur le blog d'un des invités, Christophe Barbier, le directeur de la rédaction de *L'Express*, et son visage a été aperçu dans le sillage du président de la République, lors d'une visite au Vatican, le 20 décembre 2007. Il guette donc la moindre menace. Et s'emploie à circonscrire le travail des reporters en enfouissant toute mauvaise trace de son passé.

Je suis généralement averti du déclenchement du plan Orsec par une convocation solennelle dans son bureau. « Georges, tu as vu ce qui a été mis en vente sur eBay ? » me dit-il un jour, affolé. Je n'ai pas le temps de répondre par la négative qu'il tapote déjà fébrilement l'écran de son ordinateur pour me montrer *L'Album Le Pen*, sa coproduction avec Alain Renault, qu'un audacieux veut céder à un prix exorbitant : un tiers du salaire minimum. « Tu pourrais surveiller ce qui se passe ! Nettoyer tout ça ! Pourquoi tu ne l'achètes pas ? » J'ignore l'énormité du reproche et de sa demande. Je le laisse à ses antiquités. Un autre jour, c'est son seul agacement qu'il souhaite me faire partager : « Georges, tu connais ce site ? Je ne comprends pas qu'il soit encore en ligne. Ces abrutis vont finir par m'attirer des ennuis ! » Son écran affiche la page d'accueil du site Internet « Les anciens d'Occident, bulletin de liaison des anciens du "mouvement" et du "Relais" ». La prose n'a pas beaucoup évolué avec les années, même si elle ne manque pas d'intérêt : « Nostalgique, peut-être, revanchard non, fier certainement, ce bulletin se veut surtout un lien électronique entre ceux qui ont vécu l'époque du mouvement Occident. Vieux Bolchos engraissés par la Gauche Caviar ou à la Bourse, ne vous étranglez pas, la "bête immonde" ne revit pas ! Le Web n'avait pas de page sur Occident, eh bien c'est fait maintenant ! » Les animateurs du site sont soucieux de rétablir certaines vérités, et prient les historiens et les étudiants en sciences politique de les contacter. Ils sont à la disposition « de ceux qui veulent avoir de vraies sources » sur leur organisation dissoute, « qui, par inadvertance, a été le facteur déclenchant de Mai 68 » et peut se targuer d'avoir lancé la carrière de « deux ministres, un secrétaire d'État, neuf députés (au moins) et les cadres d'un parti faisant 16 % des voix ». Patrick Buisson ne goûte pas ce travail historique : il a toujours dissimulé son appartenance à Occident. Et justement, le site, qui n'a pas été actualisé depuis un certain temps, s'intéresse à ce que sont devenus les anciens adhérents du mouvement. Il y a les morts comme François Duprat, ceux qui continuent à faire de la politique, tels Alain Madelin, Gérard Longuet, Patrick Devedjian, Hervé Novelli, Claude Goasguen, Alain Robert, Jean-Jacques Guillet, Xavier Raufer, « criminologue qui se planque », et tous ceux dont ils respectent « l'anonymat » : « D.G. : magistrat instructeur dans une cité balnéaire » ; « Sicard : ex-journaliste au *Figaro* » ; « une juge d'instruction en vue » ; « une journaliste à *France-Soir* » ; « Toyohue : avocat » et « son frère : haut dirigeant de Publicis » ; « une amie à Deauville qui aime les chevaux » ; « la directrice artisane du plus gros succès de la cosmétique » ; « Jack M. : guitariste de rock et illustrateur de génie/rat noir d'honneur » ; « Pierre-Marie : historien et politologue » ; « Plus un qui doit rester très secret (non ce n'est pas Jospin !) »...

Patrick Buisson n'attend pas, cette fois, une intervention de ma part ; il m'interroge sur la manière de modifier sa notice biographique sur l'encyclopédie libre, Wikipédia. Il souhaite baliser lui-même le récit de son parcours. Masquer les passages les plus gênants et habiller ceux qui ne peuvent l'être. Je tente de lui faire comprendre la révolution qu'Internet est en train d'opérer sur la collecte et le partage de l'information, et lui dis que ses parades sont vaines. Il espère, malgré tout, pouvoir préempter les portraits que l'on dressera de lui. Je saisis alors l'origine de son inquiétude. Hier infréquentable, Patrick Buisson se vit aujourd'hui comme un surnuméraire du pouvoir. Après s'être frayé un chemin jusqu'aux salons du palais de l'Élysée, il craint par-dessus tout d'en être congédié. Chassé à grand fracas. Le scandale ! Le châtiment suprême : connaître la consécration pour en être aussitôt privé. Il redoute d'être puni par là où il a péché. Ses engagements à ne conseiller le chef de l'État et à n'occuper ses fonctions à la chaîne Histoire que brièvement, prennent un tout autre sens. Ce ne sont pas les promesses d'un homme jugeant qu'il est bientôt l'heure de se retirer, mais celles d'un intrus craignant d'être démasqué. Il ne veut pas forcer le destin, et souhaite garder le contrôle des événements. À lui, et lui seul, de maîtriser sa sortie.

Néanmoins, Patrick Buisson ne peut pas fuir la presse indéfiniment. Il se résout à aller au-devant du péril et ajuste sa tactique grâce à une nouvelle approche, expérimentée au début de l'année 2008 avec Anna Bitton de l'hebdomadaire *Le Point*. L'article relativement complaisant né de leur rencontre, « Patrick Buisson, l'oracle de Nicolas Sarkozy », lui a donné bon espoir de parvenir à manœuvrer certains de ses confrères. Pour fêter le premier anniversaire de la remise de sa Légion d'honneur, il accepte de parler à quelques journalistes politiques rôdant autour du palais de l'Élysée. Si son passé est au centre de ses préoccupations, il s'ingénie à ce qu'il ne soit pas au centre de celles de ses interlocuteurs. Il la joue au culot. Afin de les désarçonner, il assume. Bravache. Oui, il vient de l'extrême droite. Oui, il a longtemps fréquenté Jean-Marie Le Pen. Non, il n'a rien à cacher. Petite perfidie supplémentaire, il n'hésite pas à ajouter qu'il a commencé à conseiller Nicolas Sarkozy lorsque celui-ci était ministre de l'Intérieur : « Autant dire qu'il n'ignorait rien de mon passé. » Circulez, il n'y a rien à voir ! Son parcours encombrant évoqué dès l'abord pour mieux être évacué, il glisse naturellement sur un autre sujet. Il distille des anecdotes sur la campagne présidentielle ou l'Élysée, dispense ses analyses politiques, distribue les formules chocs dont il a le secret. Grâce à sa longue expérience dans la presse, il sait comment nourrir un papier et rassasier la faim d'un journaliste. Chacun a le droit à sa ration individuelle de « biscuits ». Dernière précaution : il s'assure auprès de tous les témoins de son passé, avec lesquels il n'est pas brouillé, qu'ils ne diront rien de compromettant aux journalistes.

Entre la fin septembre et la fin novembre 2008, pas moins de trois longs articles lui sont consacrés. Patrick Buisson est « Le conseiller en transgression de Sarkozy », pour Éric

Mandonnet, Romain Rosso et Ludovic Vigogne de *L'Express*, « L'hémisphère droit de Sarkozy », selon Raphaëlle Bacqué du *Monde*, et « Le stratège de l'ombre », d'après Carole Barjon du *Nouvel Observateur*. Aucun portrait ne fait l'impasse sur les années Nanterre, l'amitié avec Alain Renault, *L'Album Le Pen* ou sa carrière à *Minute*. Heureusement pour Patrick Buisson, il manque l'essentiel : son rôle fondamental dans la progression de l'extrême droite depuis son engagement à Occident. Et après ? Rien. Aucun bûcher n'est dressé, nul gibet à l'horizon. Il n'y a pas d'exécution publique. Nicolas Sarkozy hausse les épaules, son entourage fait savoir que tout le monde a le droit de changer, la terre continue de tourner. Mieux, la petite exposition médiatique profite au conseiller-stratège-oracle. Elle lui permet de vérifier l'extraordinaire capacité du pouvoir à modifier la perception des hommes. Si certains estiment que Patrick Buisson sent toujours le soufre, les autres sont enrhumés. Il n'est plus seulement l'ancien directeur de *Minute*, cette épithète si systématiquement accolée à son nom qu'elle semble faire partie de son état civil. Avec la série d'articles, ses compétences et sa position auprès du président de la République sont reconnues. Cela vaut tous les titres officiels. Ceux qui ignoraient la réalité de son influence, ou même jusqu'à son existence, s'intéressent dorénavant à lui. La quasi-totalité du gouvernement, des parlementaires, des chefs d'entreprise, des lobbyistes le contactent et le courtisent. Patrick Buisson n'en revient pas. Aurait-il réussi l'une des plus spectaculaires opérations d'entrisme de la Ve République ? De mon côté, une seule question revêt, dès lors, de l'importance : va-t-il perdre la mémoire et oublier ses promesses ?

Ces moments-là me réjouissent. Ils débutent lorsque mon oncle Jean-Pierre part d'un rire facétieux et enfantin, ou se met à grommeler en serrant sa serviette de table entre ses dents. Ils agacent Patrick Buisson au plus haut point : « Ça y est ! Le "déconographe" est branché. » C'est ainsi qu'il nomme les accès de folie douce de son frère aîné. Le propos est décousu, varie de temps à autre, mais comporte habituellement de furieuses imprécations contre les grands de ce monde et des appels à la lutte des classes auxquels viennent se greffer des considérations sur la glace à la vanille, la difficulté de se garer à Paris, la bande dessinée, les bonbons Ricola, les compositeurs russes de l'époque moderne et la fin des temps. Par tempérament, Patrick Buisson ne voit dans cet étourdissant pêle-mêle qu'un flot d'insanités débitées à la vitesse d'un téléscripteur. Aucune fantaisie ne doit troubler sa morosité. Et parasiter son propre « déconographe ». Je n'y ai pas prêté attention au début. Je pensais qu'il l'avait éteint avec son nouveau statut auprès du président de la République. Erreur. Il ne l'avait mis qu'en sourdine.

Peu de temps après mon arrivée à Histoire, il s'était inquiété des velléités de chambardement de Pauline de Préval. Il lui avait imprudemment communiqué la liste des documentaires que la chaîne avait en stock. Le dossier lui avait été retourné barré à l'encre rouge, et constellé de jugements définitifs sur les programmes. « Il faut que je la calme », avait-il estimé en contemplant l'entreprise de censure. Pauline de Préval était soucieuse de bien faire, après une période pleine de désillusions. Pendant la campagne présidentielle, elle avait acheté un banc de montage, afin de réaliser des vidéos virales qui n'étaient pas destinées à LCI. Elle devait faire appel à sa connaissance des images d'archives politiques pour monter des clips ridiculisant la candidate socialiste, Ségolène Royal, qui seraient ensuite propagés en ligne par la science du fils de Jean-Claude Dassier, chargé de la « netcampagne » de Nicolas Sarkozy. Personne n'en attendait grand-chose, et pourtant le résultat avait déçu. Les vidéos n'avaient même pas été présentées aux membres de l'équipe officielle. Enterrées avant d'avoir servi. Dans son nouvel emploi, elle avait à cœur de se rattraper. Mais Patrick Buisson avait dû lui expliquer qu'il fallait opérer plus subtilement avec la chaîne Histoire, ce véhicule idéal pour faire de la métapolitique.

Au cours de l'année 2008, le directeur procède par petites touches pour façonner la chaîne à son image et à ses idées. Histoire célèbre le 90e anniversaire de l'Armistice de la Première Guerre mondiale : Patrick Buisson et Max Gallo préfacent un album, *La Grande Guerre, 1914-1918*, coédité avec XO éditions, et accompagné d'un documentaire inédit, distribué par TF1 Vidéo. Cette opération, que je dois superviser, ne requiert pas toute son attention. Il consacre une bonne partie de son temps au lancement de nouvelles émissions, qu'il compte faire enregistrer dans le studio des journaux télévisés de TF1. Pour « Vive le patrimoine », il s'occupe lui-même de décrocher des financements, grâce à des contrats de parrainage publicitaire auprès du ministère de la Culture et de la Communication, du secrétariat d'État chargé du Tourisme, dirigé par son ami Hervé Novelli, et de la multinationale spécialisée dans les services collectifs, Veolia, où il a ses entrées grâce à l'ancien sondeur Philippe Méchet. La fabrication de cette émission de reportages et de plateaux, animée par Valérie Expert de LCI, me revient. Patrick Buisson confie les deux autres nouveaux programmes à Pauline de Préval, propulsée responsable éditoriale. Le premier,

« Le Forum de l'Histoire », est un rendez-vous hebdomadaire consacré à l'actualité historique : livres, films, expositions, etc. La présentation est assurée par une jeune femme de vingt-six ans, Diane Ducret, qui travaillait auparavant sur les livres de Jacques Attali ou pour « Des racines et des ailes », sur France 3. Le magazine *L'Express* est associé en tant que partenaire média, en raison des rapports amicaux entretenus par Patrick Buisson avec Christophe Barbier. Le second programme est certainement celui qui importe le plus aux yeux du directeur de la chaîne. Il entend ressusciter « Les Dossiers de l'écran », une émission mythique de l'ORTF et d'Antenne 2, créée par Armand Jammot. Le concept est connu : un film thématique ou un documentaire, suivi d'un débat sur le même sujet. Et justement le champ historique est un inépuisable réservoir à controverses. Mais Patrick Buisson n'attend pas uniquement de la querelle et de la polémique. Après tout, peu importe le genre, qu'il s'agisse de téléréalité ou de talk-show, les programmes de télévision se sont mis à obéir à la culture décadente de l'affrontement, du « clash » et de l'élimination, derniers avatars des jeux du cirque antiques. Non, Patrick Buisson veut aussi de la relecture. Du détonnant et du dissonant. Pour l'animation du « Grand Débat », il fait appel à Vincent Hervouët, le chef du service étranger de LCI, qui possède une solide culture et a commencé son parcours sous les meilleurs auspices en participant à la création de la radio de Philippe de Villiers, Alouette FM. Il est tellement satisfait de ses prestations qu'il l'intègre à l'équipe, animée par Patrick Poivre d'Arvor et David Pujadas, chargée d'interroger le président de la République Nicolas Sarkozy le 24 avril 2008. Il doit pourtant l'écarter au bout de quelques numéros, à cause d'une incompatibilité d'humeur avec Pauline de Préval. Patrick Buisson puise de nouveau dans le vivier de la chaîne info, et sollicite son acolyte de « Politiquement Show », Michel Field, pour le remplacer. Le journaliste est ouvert d'esprit, il accepte la contestation. En tant qu'ancien trotskiste, il connaît de surcroît le rôle de l'« idiot utile ». Mais qu'en est-il de la principale pièce du dispositif ? Qui tient l'emploi du contradicteur, de l'empêcheur de penser en rond, du troll ? Un homme nommé Éric Zemmour. Patrick Buisson l'a dans son viseur depuis plusieurs années. S'il s'agaçait au début de voir le journaliste du *Figaro* reprendre et paraphraser la plupart de ses analyses politiques, il avait fini par sympathiser avec lui. Leur communauté de vues était trop forte pour que les deux ne s'associent pas, un jour. Qui plus est, Éric Zemmour jouit d'une exposition médiatique incomparable depuis que Laurent Ruquier lui a donné, en 2006, une tribune dans son émission du samedi soir sur France 2, « On n'est pas couché ». Vraiment, il présente toutes les qualités pour attiser les « sujets encore brûlants de l'histoire contemporaine » : « Soldats français en Algérie, une armée de tortionnaires ? » avec Michel Rocard, Benjamin Stora et le colonel Jacques Allaire ; « La guerre d'Espagne est-elle finie ? » avec Anne Hidalgo et l'intervention de l'ancien chef du gouvernement espagnol, José Maria Aznar ; « Mai 68 : l'histoire secrète » avec Édouard Balladur, Alain Geismar, Stéphane Courtois et Henri-Christian Giraud ; « De Munich à Kaboul, la paix à tout prix ? » avec Hubert Védrine, Olivier Wieviorka, Rony Brauman et Aymeric Chauprade ; « Soljenitsyne : prophète ou réactionnaire ? » avec Jean-Luc Mélenchon, Jean-François Colosimo et Galia Ackerman... Autant d'opportunités de « remettre l'Histoire à l'endroit ». Et puis, même s'il vient à faiblir pendant l'émission, Éric Zemmour est assuré d'avoir le dernier mot. Grâce au partenariat conclu avec *Le Figaro Magazine*, il dispose d'une double page dans le supplément afin de clore « Le Grand Débat ». Assurément, Patrick Buisson fait bien les choses.

Le directeur de la chaîne Histoire se sent de mieux en mieux dans son nouveau pré carré. Et, comme jadis à *Minute* ou à *Valeurs actuelles*, l'autonomie dont il jouit ne lui suffit bientôt plus. Il souhaite renforcer son pouvoir, resserrer son emprise. Alors que Martin Bouygues et Nonce Paolini n'ont pas de projets de développement pour la chaîne, Patrick Buisson se donne le mandat d'en avoir pour eux. Il prend langue avec Patrick Le Lay, l'ancien P-DG de TF1, qui a créé un fonds d'investissement, Serendipity, détenu par le groupe Bouygues et Artemis, la holding de l'homme d'affaires François Pinault. Le courant avec le rugueux indépendantiste breton est toujours bien passé. Artemis compte parmi ses actifs un petit groupe de presse, comprenant les revues *L'Histoire*, *Historia*, *La Recherche* et *Le Magazine littéraire*, ainsi que la maison d'édition Tallandier. Bouygues détient la chaîne Histoire. Pourquoi ne pas marier les deux entités pour constituer le premier pôle français de médias spécialisés dans l'Histoire ? Peut-être parce qu'il n'y a pas assez d'argent à gagner. Patrick Buisson ne se décourage pas. Jamais. Il prospecte alors du côté des proches de Serge Dassault. Le milliardaire ne rechigne pas à perdre quelques millions d'euros quand la dépense peut servir ses intérêts ; toutefois, le rachat de la chaîne Histoire n'entre pas dans ce cas de figure. Heureusement, Patrick Buisson connaît meilleure fortune pour jouer de son influence au sein de la pépite du groupe Dassault : depuis l'élection de Nicolas Sarkozy, il a presque carte blanche au *Figaro*. Le changement de régime a, en effet, entraîné une réorganisation complète de la direction. Tout juste éconduit de TF1, Étienne Mougeotte a été nommé à la tête du *Figaro Magazine*, avant de ravir la direction des rédactions du *Figaro* à Nicolas Beytout. Pour lui succéder à la tête du supplément du week-end, Patrick Buisson a poussé la candidature de son ancien protégé à *Valeurs actuelles*. Lors de la prise de pouvoir de Marc Ladreit de Lacharrière, Alexis Brézet lui avait manqué : il avait privilégié sa carrière. À raison, puisqu'il avait pu gagner la direction de la rédaction de *Valeurs actuelles*, et rejoindre par la suite *Le Figaro*. Il s'était ensuite réconcilié avec Patrick Buisson, qui n'est pas rancunier quand cela l'arrange. Par ce jeu de chaises musicales, le conseiller politique dispose maintenant de toute latitude pour peser sur la ligne éditoriale du quotidien conservateur, et le directeur d'Histoire bénéficie d'un traitement de faveur dans la couverture médiatique des programmes de sa chaîne. À regarder de près, l'importance des partenariats et le nombre d'articles consacrés à Histoire sont totalement disproportionnés, eu égard à l'audience de la chaîne.

Ils sont, en revanche, la juste expression de la gratitude des dirigeants du *Figaro*.

À TF1, le pouvoir de Patrick Buisson n'est pas négligeable non plus. Si le bouleversement de l'organigramme n'est pas aussi rapide qu'au *Figaro*, il a tout de même lieu. Après le duo Le Lay-Mougeotte, le couperet tombe sur deux figures de l'information de TF1. En juillet 2008, Robert Namias est prié de céder sa place de directeur à un homme conciliant et méritant : Jean-Claude Dassier. Au bout de vingt et une années de présentation du journal télévisé le plus regardé de France, Patrick Poivre d'Arvor est remercié. Le journaliste star a eu le double tort de s'estimer propriétaire de son fauteuil et de s'être montré insolent envers Nicolas Sarkozy. Si le président de la République est en partie responsable de l'éviction de PPDA, il est également impliqué dans le couronnement de la nouvelle reine du « 20 Heures » : Laurence Ferrari. « Cette maison n'était pas tenue ! » Patrick Buisson ne peut qu'acquiescer, car il est l'un des destinataires des fiches de synthèse des JT, réalisées quotidiennement par le service communication de l'Élysée. Et il ne se prive pas de faire ses observations. À Martin Bouygues, qui peste fréquemment devant son téléviseur, à Jean-Claude Dassier et bientôt à Laurence Ferrari, vieille connaissance de LCI, qui viendra, comme d'autres, le voir discrètement dans son bureau pour échanger des informations. Patrick Buisson devient l'intercesseur privilégié entre TF1 et le pouvoir. Mais aussi entre une partie du monde politique et TF1. C'est lui que Jean-Luc Mélenchon rencontre, en octobre 2008, afin d'obtenir une faveur. Le sénateur de l'Essonne compte claquer la porte du Parti socialiste ; il s'apprête à lancer le Parti de gauche, un nouveau mouvement sur le modèle du Die Linke allemand, prélude à la constitution d'un « front de forces de gauche », avec le Parti communiste notamment. Il souhaite bénéficier de l'exposition médiatique la plus large possible, et demande à Patrick Buisson d'intervenir auprès de Jean-Claude Dassier pour que ce dernier mobilise les services politiques de TF1 et de LCI. Il n'hésite pas à jouer sur la corde sensible : « Patrick, nous avons des différends, mais nous sommes tous les deux des patriotes ! » Pas mécontent de favoriser tout ce qui peut affaiblir la gauche, le conseiller s'exécute, aussitôt rentré. Confortablement installé dans son siège de directeur de la chaîne Histoire, il se livre à son exercice de prédilection : le mélange des genres.

Sur son bureau aussi, l'amalgame règne. Des ouvrages d'histoire côtoient des revues destinées à l'oubli, telles que les publications de la fondation Polémia, lancée par Jean-Yves Le Gallou : *La Tyrannie médiatique ou bien Immigration, l'illusion de l'intégration*. Curieuses lectures pour stimuler sa réflexion politique. Je pensais que ses années noires étaient derrière lui, qu'il leur avait fait ses adieux lors des obsèques de Serge de Beketch, célébrées le 12 octobre 2007 en l'église Sainte-Odile, dans le XVIIe arrondissement. Toute la famille de l'extrême droite s'y était réunie pour enterrer l'un de ses membres : du patriarche Jean-Marie Le Pen jusqu'au banni Bruno Mégret, en passant par le cousin éloigné de Patagonie, Jean Raspail. Patrick Buisson, accompagné de Pauline de Préval, avait eu l'occasion de jeter une poignée de terre sur son passé. Il semble ne pas l'avoir saisie.

Après le succès de l'album-DVD consacré à la Grande Guerre, il désire poursuivre dans la même veine avec les guerres d'Indochine et d'Algérie. Il choisit, cette fois, de confier la fabrication des beaux livres à son éditeur Albin Michel, et de réutiliser sa formule fétiche : des textes des grands témoins, illustrés de photos grand format. Les opus sur les guerres d'indépendance sont mis en chantier pour sortir à la rentrée 2009. Patrick Buisson se réserve la sélection des extraits de livres, et reprend le dispositif du premier album-DVD. Les documents photographiques et cinématographiques sont puisés dans les archives des armées, gérées par l'ECPAD ; l'écriture des documentaires est déléguée à Jean-Yves Le Naour, qui n'est pas réputé pour être un historien de droite, et leur réalisation, à la société Kilaohm Productions d'Emmanuel Migeot. Pierre Schoendoerffer rédigera la préface de l'album sur la guerre d'Indochine, et l'académicien Michel Déon, celle de l'album sur la guerre d'Algérie. La coordination de l'ensemble, en lien avec l'éditeur, est de mon ressort. Patrick Buisson est ravi. Une idée saugrenue lui vient quand même à l'esprit. Son plan de travail n'est pas complet. Il n'a désigné personne pour écrire les chapitres retraçant le fil des événements. Le factuel manque. Afin de combler ce vide, il ne trouve rien de mieux que de missionner un ancien de *Minute*. Pas le plus doué, ni le plus présentable : Martin Peltier. Spécialiste des allers-retours entre les partis d'extrême droite et la presse d'extrême droite, le garçon porte à la boutonnière une condamnation pour « contestation de crimes contre l'humanité », datant de 1996. Animateur sur Radio Courtoisie, il s'est permis de récidiver le 9 avril 2008, en invitant le négationniste Robert Faurisson à s'exprimer. L'émission a dû être brutalement interrompue, et le journaliste, viré. L'offre de Patrick Buisson tombe à point nommé. Mais que peut-il résulter lorsque l'on demande à pareil personnage de travailler sur la guerre d'Indochine et surtout sur la guerre d'Algérie ? Eh bien, un torchon. Comprenant son erreur, Patrick Buisson réquisitionne Pauline de Préval qui doit réécrire en toute hâte la prose de Martin Peltier.

Plus de doute, à présent. Le « déconographe » joue de nouveau à plein volume. *Fortissimo.*

C'est son « monstre » : Patrick Buisson le dit lui-même. Il revendique de l'avoir désiré, fécondé, couvé, fait grandir jusqu'à en être dévoré. La conception remonte à l'époque où il travaillait sur une biographie de Pascal Jardin, le fantasque écrivain et scénariste qu'il croisait, de temps à autre, à *Minute*. Après son livre sur Sacha Guitry, il ne quittait pas le huis clos des rapports père-fils. La vie de l'auteur de *La Guerre à neuf ans* et du *Nain jaune* ne pouvait, en effet, s'apprécier qu'au prisme de la relation entretenue avec le géniteur, Jean Jardin, directeur de cabinet de Pierre Laval, chef du gouvernement de Vichy. Mais les personnages n'étaient pas suffisamment forts à son goût pour que Patrick Buisson leur consacre un livre entier. La période de l'Occupation, explorée à l'occasion de ce projet, le titillait davantage. Avec la Révolution française et Mai 68, c'est l'une des pages de l'histoire de France que les hommes de son espèce n'ont jamais tournées. S'il savait ne pouvoir l'aborder qu'avec la plus grande précaution, compte tenu de sa réputation, il se refusait à la traiter de manière académique. Pour suivre la voie ouverte par l'un de ses maîtres, il se devait d'écrire l'histoire des mentalités de cette époque. Et sous un prisme très particulier : la sexualité. Éros et Thanatos, les amants des heures sombres. Patrick Buisson tenait pour de bon le sujet de son nouveau livre : *1940-1945, Années érotiques*. Le fait est avéré, personne n'avait encore songé à qualifier ainsi ces années.

À l'instar de son modèle, Philippe Ariès, Patrick Buisson s'était alors fait « historien du dimanche », mais aussi historien du soir, de la nuit, du week-end et des vacances. Il avait consacré tout son temps libre à ce livre, et amassé une documentation dépassant l'entendement, qu'il dépouillait avec l'aide de Pauline de Préval. Chacun de leur côté, les deux complices avaient lu des milliers de pages, épluché autant de documents, dont ils partageaient les enseignements lors d'interminables repas, place Pereire. Car Patrick Buisson ambitionnait de nourrir son « monstre » aussi bien d'histoire politique et littéraire que de films, de chansons ou de faits divers. À l'origine, cet essai devait être écrit en deux ans et ne pas comporter plus de trois cents pages. Mais le « monstre » avait grossi, enflé. Il était devenu obèse. Thierry Pfister, l'éditeur de Patrick Buisson chez Albin Michel, s'en était ému, puis avait laissé faire. Il n'avait posé qu'une seule condition : le livre serait coupé en deux pour pouvoir se vendre. Au bout de dix ans de labeur, Patrick Buisson avait mis un point final à son œuvre. Le « monstre » pesait plus d'un millier de pages.

Le premier tome de *1940-1945, Années érotiques*, intitulé *Vichy ou les infortunes de la vertu*, est relâché au printemps 2008, le second, *De la Grande Prostituée à la revanche des mâles*, un an plus tard. Le livre promet « une fresque magistrale » sur « la face cachée de l'Occupation » et « une relecture vertigineuse de cette période ». Voyons ce qu'il en est. Le lecteur découvre une nation prise d'une « fureur utérine », des dizaines de milliers d'« occasionnelles » sur le pavé, des maisons closes pleines à craquer, des homosexuels enfin épanouis dans leur sexualité. « De Coco Chanel à la postière de Saint-Flour, d'Arletty aux lycéennes en mal de défi », toutes se seraient dévêtues devant l'uniforme nazi. La France était vaincue, la France était couchée. Elle était donc femelle, selon Patrick Buisson. Passé l'analyse misogyne, l'auteur pense avoir décelé la grande contradiction de ces « années érotiques ». L'ordre moral prôné par Vichy aurait, en fin de compte, été établi par la Résistance ; la « France virile » souhaitée par les partisans de la Révolution nationale serait advenue avec les tondeurs de la Libération. Ces justiciers auraient restauré « l'autorité patriarcale mise à mal par l'émancipation sexuelle », en punissant « celles et ceux qui [avaient] joui à l'heure où la France souffrait ». Mais le point de vue de Patrick Buisson ne se révèle véritablement qu'à l'épilogue. Le livre semble n'avoir été qu'un prétexte à cette conclusion couvrant la période de l'après-Vichy. L'exergue, glané dans l'œuvre de l'écrivain britannique Samuel Butler, avertit le lecteur de ce qui l'attend : « Dieu ne peut rien changer au passé. Les historiens, si. » En quelques pages de raccourcis culottés et d'envolées moralistes, Patrick Buisson cingle d'une plume rageuse les legs prétendument sacrilèges, de la Révolution française jusqu'à Mai 68 : « En procédant à la pendaison symbolique de l'effigie du Général, à la fois "monarque républicain" et "père de la nation", le mouvement étudiant parachève une évolution commencée deux siècles auparavant avec la Révolution française. À la sombre prophétie de Balzac selon laquelle "en coupant la tête du roi, la Révolution avait coupé la tête de tous les pères de famille" fait écho, par-dessus les siècles, le sobre constat du psychanalyste Jacques Lacan sur ce qu'il appelle la "forclusion du nom du père". [...] Dévaluation de la figure paternelle, dépréciation de l'ordre patriarcal, révolte contre le contrôle social des sexualités, légitimation des pulsions, proclamation du libre droit des femmes à disposer de leur corps et de la primauté de l'individu sur le holisme du groupe, célébration du désordre transgressif et permissif : personne n'en a vraiment conscience sur le moment, mais ce qui s'opère au printemps de 1968 n'est rien d'autre que le rejeu en sens inverse de l'été 1944. À leur insu, les étudiants contestataires offrent une éclatante revanche aux tondues de l'épuration en déclarant caduques toutes les règles du vieil ordre moral qui ont fait d'elles des réprouvées... »

La féminisation de la société et l'effacement des marqueurs du masculin comme l'autorité et la force physique, auraient balayé « les anciennes instances de régulation – de la foi religieuse à la morale républicaine ». Parvenue au pouvoir, la génération 68 aurait cherché à combler le vide ainsi créé par l'instauration de nouvelles normes. Au tour du désir masculin d'être dorénavant dénoncé et sanctionné. La révolution sexuelle n'aurait fait que substituer un ordre moral à un autre. Le besoin de punir étant intact, l'interdit aurait seulement changé de genre. Et de camp. Voici la leçon prodiguée par Patrick Buisson : « Vichy n'est plus dans Vichy, mais personne ne s'aventure à le dire. » Lui, si.

Patrick Buisson range, classe, protège, archive, conserve. Avec le plaisir effervescent de l'enfant recevant le cadeau qu'il n'espérait plus. Ses *Années érotiques* génèrent un nombre inhabituel d'articles dans la presse, qu'il considère comme une reconnaissance de son travail d'« historien ». A-t-il tort ? Contrairement au sort qui peut lui être réservé par les journalistes politiques, les critiques littéraires saluent les deux tomes de son livre. À l'exception du quotidien *Le Monde* et, plus tard, du magazine *Télérama*, Patrick Buisson n'a droit qu'à des douceurs : « Une œuvre stimulante à lire de toute urgence... L'Histoire comme elle s'écrit avec un grand H... Des pages d'une tranchante lucidité », de la part de Michel Déon, de l'Académie française, dans *Le Figaro Magazine* ; « Une lecture historico-libidinale de l'Occupation dans une langue charpentée et chatoyante. Dérangeant, mais passionnant », pour Jérôme Dupuis de *L'Express* ; « Buisson reconstitue avec gourmandise le film érotique de ces années noires », selon Jacques-Pierre Amette du *Point* ; « Une magistrale chronique des mœurs... Une comédie humaine de l'éros en temps de guerre », venant d'un autre académicien, Pierre-Jean Remy, dans *Le Figaro*. Et que dire de la réaction de la presse internationale, notamment anglo-saxonne, qui se délecte de cet ouvrage sur la sexualité coupable des Français durant la Seconde Guerre mondiale. Patrick Buisson collecte les coupures de presse par dizaines. Pour une fois, ce nationaliste ne s'émeut pas que des étrangers dénigrent son pays.

En plus d'un succès critique, les *Années érotiques* se fraient un chemin dans le classement des meilleures ventes d'« essais ». Richard Ducousset, le directeur éditorial d'Albin Michel, est alors plein d'attention pour son auteur, accessoirement conseiller du président de la République. Il lui réserve un tirage « grand papier » sur vélin pour chacun des deux tomes, et achète nombre d'encarts publicitaires dans la presse quotidienne et magazine, pour promouvoir les « best-sellers ». Mieux, il lui promet une édition en livre de poche. Les bonnes nouvelles ne s'arrêtent pas là. Des producteurs et des réalisateurs contactent Patrick Buisson, afin d'adapter son « monstre » en documentaire. Serge Moati tente une approche, mais Isabelle Clarke et Daniel Costelle, les auteurs de la série à succès *Apocalypse* sur France 2, font une offre qui ne se refuse pas : un documentaire « grand public » diffusé sur TF1 avec la voix d'Alain Delon, et un autre plus spécialisé pour les téléspectateurs de la chaîne Histoire. Un message envoyé à Nonce Paolini, le P-DG de TF1, pour lui demander son accord – « Bien sûr, Monsieur l'historien ! » –, et l'affaire est réglée. « Tu sais que certains académiciens militent pour que les *Années érotiques* décrochent un prix ? » me dit Patrick Buisson, au début de l'été 2009. Il est sur un nuage ; l'événement n'est pas si fréquent. Son influence auprès du chef de l'État a été reconnue, il n'a pas été chassé du pouvoir suite à une campagne de presse ; le voilà désormais auteur à succès. La question de sa retraite n'est plus du tout d'actualité : « Tu vois bien que ce n'est pas le moment ! » Avec la réussite débarque l'amnésie. Il en oublie jusqu'à la prophétie qu'il a si souvent délivrée : chaque bonheur est la promesse d'un malheur à venir.

Jeudi 16 juillet 2009, la Cour des comptes publie son premier rapport sur la gestion des services de la présidence de la République. Un chapitre éclipse tous les autres : « Le cas particulier des études ». La Cour s'attarde sur une convention, signée le 1er juin 2007, entre la présidence de la République et « un cabinet d'études », en dehors de tout appel d'offres ou de simple mise en concurrence. Elle souligne « le caractère non seulement très succinct de la convention (une seule page), mais également exorbitant au regard des règles de l'exécution de la dépense publique ». Ce cabinet a toute latitude « dans le temps et dans les thèmes » pour commander des sondages, dont « il confiera l'exécution aux instituts spécialisés de son choix », la présidence n'ayant « ni la maîtrise, ni le contrôle tant de l'engagement que du montant des dépenses correspondant à ce contrat ». Autrement dit, l'Élysée a signé un chèque en blanc à cette société : 1,5 million d'euros pour la seule année 2008. Parmi les cent trente factures réglées par la présidence figurent les honoraires mensuels du cabinet « pour sa fonction de conseil », près de 400 000 euros pour des enquêtes « omnibus », réalisées par l'institut OpinionWay pour *Le Figaro* et LCI, ainsi que quinze autres études ayant « également fait l'objet de publications dans la presse ».

Les journalistes ne tardent pas à mettre un nom sur ce « cabinet d'études », sévèrement épinglé par la Cour des comptes. Il s'agit de Publifact. Et l'homme qui a signé la convention s'appelle Patrick Buisson. Alors que la presse et l'opposition de gauche s'indignent des sommes dépensées et dénoncent les étranges arrangements entre l'Élysée, les instituts de sondage et certains médias, le conseiller du président de la République enrage. Sa colère n'épargne personne. Nicolas Sarkozy est visé au premier chef. Il est jugé coupable de presque tout : avoir fait entrer la Cour des comptes dans un sanctuaire qui lui était jusque-là interdit ; ne pas avoir imposé à ses services le respect des règles ; ne pas avoir exigé un minimum de confidentialité et d'indulgence de la part des magistrats. Ces derniers en prennent évidemment pour leur grade. Particulièrement Philippe Séguin. Patrick Buisson brandit le mot de remerciement et de félicitations que lui a adressé le premier président de la Cour des comptes, pour l'envoi de ses *Années érotiques*. Plus que son hypocrisie, il lui reproche d'avoir conservé de vieilles rancœurs, accumulées du temps de *Minute* et de *Valeurs actuelles*, et de s'être vengé. Il ne comprend pas non plus que l'attention se soit fixée principalement sur son contrat, et non sur tous ceux qui n'ont pas respecté le Code des marchés publics, notamment les conventions passées avec la société d'un autre conseiller de Nicolas Sarkozy, Pierre Giacometti, ancien directeur général de l'institut Ipsos. Il en veut, enfin, à la presse d'oublier les pratiques quasi monarchiques qui avaient cours à l'Élysée avant 2007. Tout le monde se retrouve sur le banc des accusés. Sauf lui. Ah, la culture de l'excuse ! Patrick Buisson ne voit pas le mal dans ses agissements. Après tout, n'est-il pas normal que les factures s'envolent lorsque l'on débite du vent ? La colère passée, il reste amer : « Georges, c'est terrible ! On veut me faire passer pour un homme d'argent. »

CHAPITRE VIII

L'arrachement

On ne peut corriger les hommes qu'en les faisant voir tels qu'ils sont.

Beaumarchais,
préface à *La Folle journée, ou le Mariage de Figaro.*

Toute ma vie, je n'ai vu que des temps troublés, d'extrêmes déchirements dans la société, et d'immenses destructions ; j'ai pris part à ces troubles.

Guy Debord, *Panégyrique,* éd. Gérard Lebovici.

Le 4 × 4 japonais cahote, manque de se coucher, se redresse, replonge. J'ai beau m'accrocher des deux mains à la poignée, ma tête heurte les parois de l'habitacle. Je me balance comme un possédé. Le chauffeur s'applique à respecter l'une des principales règles de la conduite à Madagascar : il ne sert à rien d'éviter les trous, il faut rouler sur les plus petits. « Vous avez des nids-de-poule en France, plaisante-t-il. Ici, nous avons des nids d'autruche ! » Sur la RN 13, qui n'a de route que le nom, seules quelques éminences goudronnées émergent encore des gouffres de boue solidifiée.

Nous sommes partis après le déjeuner. Nous avons quitté Fort-Dauphin, l'ancien comptoir commercial de la route des Indes, à l'extrême sud-est de la Grande Île, qui fut baptisé ainsi en l'honneur du prétendant à la couronne de France, le futur Louis XIV. Les plages blondes de l'océan Indien, abritées par les crêtes du massif de l'Anosy, ont laissé place à une végétation luxuriante, à un paysage doux comme une campagne anglaise perpétuellement baignée de lumière. Puis les rizières d'un vert fluorescent, les palmiers trièdres, les plantes carnivores népenthès, les plantations de manioc et de canne à sucre ont disparu en quelques kilomètres. Au col de Ranopiso, barrière climatique pour les alizés, nous avons franchi les portes de l'Androy. Une contrée sauvage et aride s'est ouverte devant nous. Sur les plateaux pelés ne poussent qu'aloès, cactus, didiéréacées, figuiers de Barbarie et baobabs. Ce sont les seules espèces à résister à la sécheresse, aux cyclones et aux invasions de criquets migrateurs. Notre monde recèle des terres qui paraissent frappées d'une malédiction éternelle. Celle-là en fait partie. C'est un pays où l'on a soif, où l'on a faim. C'est un pays pour des hommes forts et fiers. Ici règnent les Antandroy, « ceux du pays des épines ». L'environnement a façonné leur corps sec et leur comportement extrême. Ils ne connaissent pas la peur ; ils ignorent la douleur. Les femmes accouchent sans émettre le moindre cri ; les enfants apprennent à ne pas pleurer ; les rites d'initiation à l'âge adulte sont éprouvants. Dans toute l'histoire de Madagascar, les Antandroy n'ont jamais été soumis. Leurs pratiques de la divination, des sortilèges et leur maîtrise du combat ont toujours inspiré crainte et respect. Des ethnologues s'accordent sur le fait qu'en cas de catastrophe planétaire, seul ce peuple survivrait. Sparte sous le tropique du Capricorne.

Cela fait maintenant près de trois heures que nous roulons. Le chemin défoncé soumet nos corps à rude épreuve. Au bord de la piste ne se succèdent que bucranes, totems sculptés, nommés *aloalo*, et pierres levées mortuaires. Lorsque j'aperçois enfin un village, je supplie le chauffeur de s'arrêter quelques instants. Je suis le premier à m'extraire du véhicule pour étirer mes membres. La blancheur de ma peau agit comme un aimant. Oh, le petit *vazaha* ! L'étranger ! La chance du jour, la bonne fortune ! Des villageois se dirigent aussitôt vers moi. Je ne connais que des rudiments de malgache officiel et de dialecte de la côte ouest. Leur langue m'est totalement inconnue. Ma femme et le chauffeur me rejoignent pour traduire et faire les présentations. C'est au tour du chef du *fokontany* de faire son apparition. Je me hasarde à demander une visite de son village. Il accepte volontiers, et me guide seul à travers la vingtaine de cases en bois composant son domaine. Je ne comprends toujours pas ce qu'il me raconte, mais je me souviens de ce que m'a enseigné mon épouse sur les rites et traditions du pays. À Madagascar, on a coutume de dire que l'homme est en enfer sur la Terre. La mort est une libération. Cette croyance prend tout son sens chez les Antandroy. Ils ne vivent que pour préparer leurs funérailles et gagner leur passage vers le monde des ancêtres. Ni larmes ni abattement lors des enterrements : une immense fête. Le défunt est revêtu d'un linceul rouge, le *lambamena*, et des miroirs sont placés dans le cercueil, afin d'obliger l'esprit, effrayé par la couleur et le reflet, à quitter le corps. Une valise et des effets l'attendent pour le voyage dans l'autre monde. Le prix du billet est acquitté par le sacrifice des zébus et l'incendie des possessions du défunt. Ce qu'il a de plus précieux doit être offert. Partir avec lui. Et pour être certain que l'esprit ne reste pas hanter le village, la case où son être de chair vivait est détruite. Tout pour la mort. Ses descendants ne connaîtront pas de moments pénibles devant le notaire. Leurs cœurs ne seront pas brouillés, la fratrie ne sera pas déchirée. Ils recevront le plus beau des héritages : une attention bienveillante de l'au-delà.

La visite terminée, je retourne au véhicule. Des grappes d'hommes et de femmes y sont accrochées. Les villageois envisagent tranquillement la possibilité de nous détrousser. Ma femme, qui s'est invitée dans leur conversation, marque fermement son opposition au projet qu'ils fomentent. Elle hausse le ton, et met en avant son appartenance sakalava. Finalement, un échange de vivres contre des poignées de main autorise une séparation à l'amiable. Nous reprenons la route, et fendons bientôt d'immenses champs de sisal. Notre destination est proche. Il nous aura fallu un après-midi entier pour couvrir les quatre-vingt-cinq kilomètres de trajet jusqu'à la réserve naturelle de Berenty, oasis lovée le long du fleuve Mandrare, où vivent lémuriens, tortues, caméléons, crocodiles, papillons et oiseaux rares. Au loin dans le ciel couchant, une escadrille de roussettes – des chauves-souris géantes – décroche des tamariniers pour chercher pitance. L'Androy.

« Je ne porte pas de costume sur mesure, n'arbore pas de montre hors de prix à mon poignet. Je n'ai ni maison avec piscine, ni voiture avec chauffeur. » Patrick Buisson en est persuadé : il n'est pas un homme riche, car il n'en possède aucun des signes extérieurs. C'est son point de vue. S'il a commencé à bien gagner sa vie avant l'âge de quarante ans, l'aisance est venue plus tardivement. L'argent amassé depuis sa première campagne électorale lui a permis insensiblement de changer de statut. Il n'a pas modifié ses habitudes pour autant, et n'a fait son premier « coup de folie » que sous la contrainte. Après le décès de la propriétaire de l'appartement qu'il occupait, l'un des héritiers avait manifesté le désir légitime et légal de récupérer le logement à l'expiration du bail. Patrick Buisson s'y était opposé. Il ne voulait pas quitter les lieux, et encore moins laisser un malotru choisir à sa place le moment de son départ. Il avait fait traîner la procédure d'expulsion par principe et par nécessité, le temps de trouver un appartement dont on ne le chasserait pas. À la fin de l'année 2005, il s'était acheté un cent vingt mètres carrés sur cour, dans un immeuble élégant situé à quelques enjambées de la place Pereire ; le camion de déménagement n'avait eu que deux cents mètres à parcourir. Il avait payé comptant : « Quand on vient d'un petit milieu, la vraie fierté est de ne jamais vivre "à croum". » Mais son orgueil était ailleurs : « Les Buisson sont enfin propriétaires dans le XVIIe

arrondissement ! » Patrick Buisson a des revanches à prendre sur tout.

À quoi bon ! Ma grand-mère est partie avant d'assister à la réussite tant matérielle que professionnelle de son fils. Elle n'a pu voir sa grande acquisition, ni visiter les quatre pièces protégées par d'épais rideaux de velours rouge et des tentures moirées. Qu'aurait-elle de toute manière découvert qu'elle ne savait déjà ? Pour Patrick Buisson, un logement sert à travailler et à abriter ses collections. D'immenses bibliothèques en bois sombre, des placards, des armoires, des commodes recueillent par milliers des livres reliés, des éditions originales « avec envoi de l'auteur », des albums de musique, des films, des documentaires, des documents de propagande politique et des archives personnelles. Les objets engloutissent son habitation et peuplent sa solitude. Cette accumulation compulsive ne connaissant pas de frein, l'espace vient invariablement à manquer. À défaut de pouvoir pousser les murs, il est nécessaire d'en acquérir de nouveaux. C'est aux Sables-d'Olonne que Patrick Buisson a effectué son deuxième achat immobilier, peu après l'élection présidentielle de 2007 : une maison de ville discrète avec un petit jardin, à proximité de la plage. Des travaux de réhabilitation lui ont permis d'aménager des pièces entières pour héberger le surplus de ses collections.

« Tu ne peux pas comprendre, tu n'as jamais manqué de rien. » Je n'ai pas besoin de formuler la moindre réflexion pour qu'il se défende. Il n'est pas un homme riche, mais il a la richesse honteuse. Sa plaidoirie ne s'arrête pas à cette explication d'« enfant d'une famille modeste vivant à six dans soixante mètres carrés ». Combien de fois ne l'ai-je pas entendu présenter l'argent comme l'instrument suprême de la liberté, la meilleure manière d'assurer son indépendance actuelle et future. Cela calme l'angoisse qui le saisit à l'idée de ses vieux jours. Grâce à l'argent, il est certain de ne pas finir seul : il pourra rémunérer quelqu'un qui l'accompagnera jusqu'au bout. Les arguments sont recevables jusqu'au seuil d'imposition sur la fortune. Maintenant que Patrick Buisson a largement franchi ce palier, j'émets de sérieux doutes. L'instrument de liberté ressemble à s'y méprendre à un moyen de contrôle. Je ne lui connais pas une seule relation, même amicale, même amoureuse, et surtout familiale, qu'il n'a pas placée sous le signe de l'argent. Être un proche de Patrick Buisson implique obligatoirement de devenir son fournisseur, son associé, son employé : son débiteur. Il s'arrange pour que l'on ait le sentiment de lui être constamment redevable. Il lui faut toujours trouver un moyen de posséder ceux et ce qu'il aime. Personne ne le sait mieux que moi. Il ne me consent pas une seule faveur sans me le rappeler par la suite ; il ne me laisse pas décrocher un emploi sans intervenir d'une quelconque façon ; il ne me fait pas un cadeau sans y trouver son intérêt. Lorsqu'il me demande de lui rendre un service, il conclut sa requête ainsi : « Ne sois pas ingrat ! Après tout ce que j'ai fait pour toi ! »

La gérance fictive de ses sociétés et ma participation à leur capital font partie des contreparties dont je suis censé m'acquitter. Patrick Buisson veut me persuader, et se persuader lui-même, que le service que je lui rends est un bienfait qu'il dispense : « Je le fais pour toi. Cela sera ton héritage. » Le souci d'abaisser le montant de mes droits de succession n'est sans doute pas totalement mensonger, mais il s'inscrit dans une perspective lointaine. La faculté de réduire le montant de ses impôts grâce à cette méthode lui procure, en revanche, un bénéfice instantané. Depuis quelques années, il a pris pour habitude de me gratifier d'un joli chèque pour mon anniversaire. L'émetteur est la société Publifact, car l'argent ne doit pas sortir de sa propre poche : « J'ai déjà payé des impôts dessus, c'est trop précieux ! » Cet accès de générosité coïncide systématiquement avec une distribution de dividendes. Sa part lui est versée intégralement, alors que la mienne, retranchée de la somme de mon « cadeau », reste à dormir sur le compte de sa société, ou est réinvestie dans l'une des sociétés civiles immobilières qu'il a fondées pour acquérir ses propriétés. À choisir, je préférerais qu'il m'offre des chocolats.

Sa posture de père prodigue connaît, malgré tous ses efforts, des ratés. Quand il sent que l'héritage, dont il me rebat les oreilles, est en danger, la vérité surgit. Au hasard d'une conversation au début de l'année 2008, je lui ai avoué ne pas avoir signé de contrat de mariage avec mon épouse. Nous n'en voyions pas l'intérêt. La nouvelle l'a mis dans une colère noire ; il a fait mon siège pour que nous rectifiions notre « erreur » et passions devant le notaire. S'il est courant pour de futurs époux de prévenir les désagréments pécuniaires occasionnés par un divorce, il est plus rare qu'ils pensent illico à parer aux conséquences d'un décès. Patrick Buisson m'a vertement reproché de ne pas avoir songé aux deux. Outre un divorce qu'il souhaite, plus ou moins ouvertement, lui a froidement envisagé l'hypothèse de ma mort prématurée. L'héritage dont il se préoccupe est avant tout le sien. Il s'est mis à paniquer à l'idée que ma femme puisse récupérer de quelque manière que ce soit mes actions dans sa société. Je ne pensais toujours pas au cas de figure du divorce, mais sa peur d'être dépossédé de ce qu'il estime être son bien a fait naître en moi la crainte de laisser ma femme devoir l'affronter après ma mort. Je me suis mis à redouter un bras de fer à cause de Publifact. Mon épouse et moi avons alors accepté de compléter notre régime de base, qui est celui de la communauté de biens réduite aux acquêts, « par l'insertion d'une convention préciputaire au profit du conjoint survivant et d'une clause de remploi des biens propres ». Concrètement, ces derniers, à savoir mes parts dans Publifact et les revenus en découlant, seraient sortis de la communauté en cas de séparation ou de décès. Pour ne rien laisser au hasard, Patrick Buisson m'a également fait signer un acte lui conférant un droit de préemption sur mes actions dans sa société, et leur legs si je venais à mourir avant lui. « C'est mon bien », disait-il. Cela n'était plus mon héritage. Cela ne l'avait jamais été. Depuis cet incident, je sais à quoi m'en tenir sur son rapport à l'argent.

Patrick Buisson n'amasse pas des trésors pour se concilier l'éternité. Telle n'est pas sa temporalité. Il attend d'un investissement un retour immédiat. En empilant les objets, il croit construire une haute muraille pour se protéger ; il ne voit pas qu'il s'enferme. L'instrument de sa liberté est celui de sa perte. La voie de son asservissement. Il imagine pouvoir se forger des assurances pour l'avenir, confondant prévoyance et avarice. « Je me fous de ton héritage, puis-je tenter de le raisonner. Je préfère que tu portes plus d'attention à nos rapports de ton vivant. C'est la seule chose durable que je conserverai de toi. » Patrick Buisson ne l'entend pas ainsi. Et il n'est pas le premier homme à penser pouvoir se servir de l'argent, « racine de tous les maux ». À ce sujet, quelqu'un nous avait mis en garde, il y a près de deux mille ans. C'était dans le Sermon sur la montagne : « Nul ne peut servir deux maîtres. » Entre Dieu et l'argent, Patrick Buisson a choisi. Mammon, sa petite maman.

Il me faut sortir de ses sociétés. Je pensais l'aider, et non me condamner au sacrifice. Le rapport de la Cour des comptes ne met pas seulement au jour des pratiques suspectes ou illégales, il dévoile aussi une partie des mensonges que m'a servis Patrick Buisson. À sa lecture, je découvre que la présidence de la République indique avoir modifié ses relations contractuelles avec Publifact « dans le sens préconisé par la Cour », en établissant deux contrats distincts afin de séparer les fonctions de conseil et celles relatives aux sondages. La création d'une nouvelle société, dénommée Publi-Opinion, en mars 2009, n'avait donc rien d'innocent. Contrairement à ce que Patrick Buisson m'a expliqué, il ne s'agissait pas de réduire la facture fiscale en répartissant ses revenus sur deux entités, ou de surmonter une difficulté juridique liée à Publifact, dont l'objet social n'autorise pas la réalisation de sondages. La manœuvre répondait, en fait, aux premières observations formulées par les magistrats de la Cour des comptes, durant leur contrôle. Il s'est bien gardé de me livrer cette information quand il m'a demandé de prendre la gérance de Publi-Opinion et d'entrer à son capital. Pourtant, il a pris soin de me faire acheter des actions en nue-propriété, c'est-à-dire sans droit de vote, ni participation aux bénéfices, pour s'en réserver l'usufruit. Je n'avais droit à rien, si ce n'est aux ennuis. Peu de temps après, Patrick Buisson a également requis ma signature pour l'apposer au bas d'un document : « C'est pour Publi-Opinion. Il y a une convention avec l'Élysée, et une autre avec l'UMP. Tu dois en signer une des deux. » J'ai signé celle avec l'Élysée. Je n'avais pas encore pris le pli de chercher malice derrière chacun de ses faits et gestes, et n'avais aucune raison d'interroger la rectitude ou la compétence des services de la plus haute institution de l'État. La requête aurait, néanmoins, dû m'alerter. C'était la première fois qu'il me demandait de signer un contrat depuis mon encasernement au milieu des années quatre-vingt-dix. Cette prérogative était jusqu'alors de son ressort exclusif.

L'affaire des sondages de l'Élysée agit en moi comme un révélateur. Je comprends que Patrick Buisson m'a délibérément mis en avant dans ses entreprises. Il s'est servi de moi pour se protéger. Sans le moindre scrupule. Par l'effet d'une inversion contre nature des rôles, le père s'est caché comme un enfant derrière son fils. Son attitude et la troublante impéritie présidentielle ne me laissent pas le choix. Je dois abandonner la gérance de paille de ses sociétés, puis me défaire de toutes mes actions. L'opération peut paraître simple. Mes demandes ne sont pas « exorbitantes », et leur satisfaction ne présente aucune difficulté. Mais une longue bataille m'attend. Je m'attaque à l'un des points les plus sensibles : son argent.

Comme craint, mon sort ne figure pas parmi les préoccupations de Patrick Buisson. Je ne suis qu'un dommage collatéral. C'est lui qu'il faut sauver : « On veut m'abattre ! Je ne me laisserai pas faire. » Son départ d'Histoire est reporté *sine die*. Hors de question de montrer le moindre signe de faiblesse ou pis, de culpabilité. Pour lui, cela reviendrait à donner le signal de la curée. Ma sortie des sociétés est tout aussi inenvisageable pour le moment : « Plus tard, plus tard... Tu ne penses donc qu'à toi ! » Je ne me satisfais pas de sa réponse, même si je sais qu'il ne faut pas attendre d'un homme d'extrême droite qu'il assume ses responsabilités. J'insiste, le pousse à reconsidérer la question. Le souci de protéger son patrimoine lui vient comme un réflexe : « Je dois d'abord dégonfler la valeur des actions. Tu ne vas pas partir avec le fruit de mon travail. » Grâce à son fidèle ami et conseiller d'affaires, Alain Renault, il trouve le moyen de transformer la complication en avantage. Au prix d'une acrobatie juridique, Publifact est devenue la principale actionnaire et l'unique créancière de la société civile immobilière qui possède sa résidence secondaire aux Sables-d'Olonne. Patrick Buisson a la possibilité de mettre fin à cette anomalie. Il procède à une distribution massive de dividendes, afin de diminuer la cagnotte de Publifact tout en rachetant les parts et la créance que la société détient dans la SCI. Seule différence de traitement entre nous deux, je n'ai droit qu'à des actions en nue-propriété. Patrick Buisson reproduit la technique d'optimisation fiscale employée pour l'acquisition de son domicile parisien et Publi-Opinion. Il s'assure la jouissance exclusive de ses biens tout en déboursant le minimum d'argent de sa poche, et en versant le moins d'argent possible aux impôts. Il ne faut pas compter sur lui pour rendre à l'État ce qu'il s'est donné tant de mal à lui soutirer. Pour le moment, je me moque de ses arrangements avec la morale et de sa manière de capturer ce qui est censé me revenir. Il s'agit de son argent, comme il le répète. Seul m'importe de pouvoir sortir de ses entreprises politiques.

Après avoir accepté ses conditions, je le presse de tenir parole. Mon impatience se transforme en colère lorsque je prends connaissance d'un article de *Libération*, daté du 25 novembre 2009 : « Le jackpot derrière les Buisson. À la tête de Publifact, qui a réalisé de nombreux sondages pour l'Élysée, Patrick Buisson et son fils se sont octroyé un million d'euros en 2009. L'Assemblée doit décider demain de la mise en place d'une commission d'enquête. » La distribution de dividendes n'est pas passée inaperçue. Je suis rattrapé par la patrouille médiatique. Harponné à cause de l'obsession de Patrick Buisson pour son maudit pognon. *Buisson & Son*, association de malfaiteurs. Lignée de profiteurs. Je suis mortifié. Lui est à peine agacé, se contentant de blâmer Alain Renault pour avoir déposé les comptes annuels au greffe du tribunal de commerce de Paris et rendu l'information accessible. Je lui demande pourquoi il a accepté la sortie de son ami Antoine Cassan de Publifact alors qu'il retarde la mienne : « Parce qu'il n'avait que 2 % des parts ? » Patrick Buisson évacue le sujet, et utilise la publicité offerte par *Libération* afin de me prouver que le temps n'est pas propice à de nouveaux mouvements dans ses sociétés. Son attention ne se porte que sur la commission d'enquête parlementaire, mentionnée par le quotidien et réclamée par l'opposition. Patrick Buisson se rapproche du président du groupe UMP à l'Assemblée nationale, Jean-François Copé, et de son bras droit, Jérôme Lavrilleux, pour veiller à ce que la majorité fasse pièce à la revendication. Ils y parviennent en s'appuyant sur les principes constitutionnels de séparation des pouvoirs et d'irresponsabilité pénale du chef de l'État. Le président UMP de l'Assemblée nationale, Bernard Accoyer, suit les avis de la commission des lois et du bureau de la Chambre basse : il déclare la demande irrecevable. Les socialistes choisissent alors d'étendre le champ de l'investigation aux dépenses pour sondages relevant des « crédits budgétaires votés par le Parlement depuis 2007 ». La manœuvre ne prend pas. Le 20 janvier 2010, les députés UMP excluent explicitement les dépenses de l'Élysée, et vident de sa substance la commission d'enquête parlementaire. La menace est écartée. Désormais, que peut opposer Patrick Buisson à mes exigences ? Tout simplement, une plainte de l'association de lutte contre la corruption Anticor, déposée le 11 février pour délit de favoritisme. Le volet politique est clos, place à la justice. C'en est trop. Je me mets à le harceler quotidiennement. Le 28 mai, je démissionne enfin de la gérance de Publifact et de Publi-Opinion. Il ne prend pas ma suite, et nomme son frère Jean-Pierre à la tête des deux sociétés. Le modeste paysagiste, qui vit dans une HLM de Levallois-Perret, se retrouve, lui aussi, impliqué dans une affaire nationale et pénale.

Il manque toujours le plus important : « Et mes actions ? Tu les rachètes quand ? »

La représentation a lieu deux fois par semaine, en fin d'après-midi, dans le salon vert du palais de l'Élysée. Nicolas Sarkozy convoque son théâtre, pour que se joue la comédie du pouvoir. Face à lui, Patrick Buisson déclame le monologue d'entrée. Il donne le tempo. Cela ne change pas. En dépit de l'« affaire des sondages », il reste le premier à qui le président de la République daigne céder la parole lors des réunions de stratégie et de communication, où les plus proches conseillers du chef de l'État débattent de l'actualité politique et s'accordent sur les thèmes de ses interventions et de ses déplacements. Le scandale que redoutait Patrick Buisson est advenu, et le conseiller est toujours en place.

Au moment de la publication du rapport de la Cour des comptes, le président de la République n'a pas pris la mesure du retentissement qu'auraient les révélations sur le « cas particulier des études ». Patrick Buisson s'en est plaint. Il s'est agacé de l'inquiétude de Nicolas Sarkozy pour une section du rapport, passée relativement inaperçue. Au nombre des traditions dont « le Château » avait du mal à se défaire, figuraient les pratiques de l'« intendance privée ». Ce service avait pris en charge une partie des dépenses personnelles du président et de sa famille. Nicolas Sarkozy a insisté pour que la Cour lui « donne acte » dans son rapport d'avoir remboursé la totalité de ses dépenses privées ainsi que d'avoir « donné instruction » pour qu'elles soient désormais réglées par ses soins. Patrick Buisson a ensuite été effaré de la légèreté avec laquelle Nicolas Sarkozy s'est occupé de l'objet du scandale, se bornant à dépêcher le secrétaire général Claude Guéant devant les médias : « On commande des sondages, si des journaux veulent acheter les mêmes, nous, on n'y peut rien ! » Le contractant exorbitant s'est alors demandé si on ne cherchait pas à l'enfoncer davantage. Il n'en était rien. Pas vu, pas pris ; quand on est pris, on fait comme si on n'avait pas vu. Patrick Buisson n'avait pas intégré les codes de la morale sarkozyste. Heureusement pour lui, chacun a fini par reprendre ses esprits.

Après avoir laissé les parlementaires UMP torpiller la commission d'enquête voulue par les socialistes, le sommet de l'État surveille le parquet de Paris, dirigé par le procureur de la République Jean-Claude Marin, pour que la plainte déposée par Anticor ne prospère pas. Quant à Patrick Buisson, il rencontre Patrick Ouart, l'ancien conseiller du président qui, malgré son récent départ pour le groupe LVMH de Bernard Arnault, remplit toujours le rôle de ministre officieux de la Justice. À l'automne 2010, la plainte est classée sans suite, au motif que l'irresponsabilité pénale dont jouit le chef de l'État « doit s'étendre aux actes effectués au nom de la présidence de la République par ses collaborateurs ». L'association Anticor dépose une seconde plainte en se constituant partie civile, afin de court-circuiter le parquet. Le doyen des juges d'instruction ouvre une information judiciaire, et confie l'enquête au juge Serge Tournaire ; le parquet réagit immédiatement en saisissant la cour d'appel de Paris.

La sollicitude de la présidence de la République pour une affaire la concernant n'explique pas tout. Le quinquennat de Nicolas Sarkozy est en train de sombrer : les premiers mois d'exercice du pouvoir ont été désastreux ; la popularité de l'exécutif est en chute libre ; l'impact de la crise bancaire et financière de l'automne 2008 se fait durement ressentir. Le chef de l'État doit retrouver la magie qui avait opéré jusqu'à son élection. Nicolas Sarkozy semble avoir à cœur de protéger Patrick Buisson, car il a plus que jamais besoin de son sorcier, afin de reconquérir son électorat. Le scandale des sondages de l'Élysée coïncide avec le retour en force du principal accusé. C'est un paradoxe ou une injustice. Mais c'est ainsi.

« Il compte effectuer une retraite dans un monastère pour rentrer en lui-même. Il veut prendre la dimension de son sacerdoce, se préparer à endosser le costume présidentiel. » Cela devait être son programme après le second tour de l'élection présidentielle de 2007. Aussitôt élu, Nicolas Sarkozy s'était retiré au Fouquet's, puis avait enfilé son maillot de bain pour aller voguer au large de Malte, sur le yacht de Vincent Bolloré. Le candidat « bling-bling » inaugurait la présidence « gangsta ». Durant l'état de grâce, cette période où le nouveau pouvoir peut tout se permettre, Nicolas Sarkozy avait, à peu de chose près, fait n'importe quoi. Et des deux corps du Roi, dont parle Kantorowicz, on n'avait vu que le terrestre, le plus bas : en jogging, à vélo ou en costume Dior, Ray-Ban Aviator sur le nez et Rolex au poignet. Les Français avaient suivi, médusés, le voyage de leur président d'une luxueuse résidence sur les rives d'un lac des États-Unis jusqu'à une villa de luxe sur les bords de la mer Rouge, via Air Bolloré. Ils avaient appris le divorce avec Cécilia et le mariage avec Carla. Ils avaient assisté, interdits, aux échanges de familiarités avec des pêcheurs énervés du Guilvinec, et au « Casse-toi pauv'con ! », expédié à un visiteur malpoli du Salon de l'agriculture. En tout, les Français voyaient Nicolas Sarkozy passer du vulgaire au grossier. Ses premiers pas au pouvoir ne leur avaient pas fait meilleure impression. L'ouverture à gauche s'était opérée en direction des hommes et non de leurs idées ; la loi de relance du pouvoir d'achat, mis à part la défiscalisation des heures supplémentaires, avait viré au paquet-cadeau fiscal pour les contribuables les plus fortunés ; la signature du traité de Lisbonne avait piétiné les espoirs des opposants à la Constitution européenne de 2005 ; la croissance avait été engloutie par le tsunami ayant frappé le système financier. Quant à la politique étrangère, elle avait oscillé entre amateurisme et indignité : le président libyen, Mouammar Kadhafi, était reçu avec les honneurs de la République lors de la Journée internationale des droits de l'homme ; le président syrien, Bachar el-Assad, paradait en tribune officielle dans le carré des dictateurs, aux côtés du Tunisien Ben Ali et de l'Égyptien Moubarak, pendant que l'armée française défilait pour le 14 juillet.

Patrick Buisson ne pensait pas qu'en lui apprenant à transgresser, Nicolas Sarkozy allait développer une version personnalisée. Vie privée exhibée, signes ostentatoires de richesse, incontinence verbale, surmoi atrophié : on ne parvenait plus à l'arrêter. Personne ne lui avait enseigné à être chef de l'État. Où était passé celui qui promettait d'« être le président de la France des droits de l'homme » et de ne pas verser dans « la "realpolitik" qui fait renoncer à ses valeurs sans gagner des contrats » ? Il s'était perdu en même temps que celui qui jurait de tenir ses engagements, « pour que les Français n'aient pas le sentiment, au lendemain des élections, qu'une fois de plus on les a trompés ». Qu'était-il arrivé à celui qui brocardait les héritiers de Mai 68 « qui donnent aux autres des leçons qu'ils ne s'appliquent jamais à eux-mêmes » ? Il avait oublié son texte aussi rapidement qu'il l'avait prononcé.

« Je négocierai mon départ avec Bouygues. Je lui rappellerai ce qu'il a dit, en 2007, lors d'un déjeuner, devant quelques fidèles : "Nicolas doit être élu. Il faut aider Nicolas !" Je lui rappellerai aussi que Sarkozy l'a appelé pour lui dire : "Patrick Buisson est un type formidable ! Il faut l'aider, il faut l'aider !" Ensuite, foutu pour foutu, j'irai travailler avec Le Pen. » L'angoisse pousse parfois Patrick Buisson à tenir des propos déraisonnables. Le bras de fer engagé par l'association Anticor, pour que la justice enquête sur l'affaire des sondages de l'Élysée, le tourmente. Alors, il anticipe, imagine le pire. Le pressentiment que tout finira mal ne le quitte plus. Se ménager une porte de sortie, même la plus petite et la plus scandaleuse, le rassure. Il pense garder prise sur les événements. J'ai beau croire ce scénario invraisemblable, je suis détrompé le jour où il rentre d'un déjeuner au « 32 Hoche », le siège du groupe Bouygues à deux pas de l'Arc de Triomphe, en s'agaçant d'avoir oublié son enregistreur numérique : « Mais quel imbécile ! Quel imbécile je fais ! » Martin Bouygues, qui se désolait d'être maltraité par le gouvernement depuis l'attribution d'une quatrième licence de téléphonie mobile à l'entreprise Free, semble être revenu à de meilleurs sentiments. Et Patrick Buisson cherche à conserver un souvenir de ce revirement, afin d'augmenter le capital de son assurance-vie. En attendant, il compte tirer parti de son influence retrouvée auprès de Nicolas Sarkozy.

Le président de la République n'a pas manqué, une seule fois, d'attention ou de considération pour son stratège, mais il a refusé de mettre en œuvre nombre de ses propositions durant deux ans. L'accroissement de la fréquence des appels téléphoniques du président témoigne d'un tournant. Fini le suicide politique, Nicolas Sarkozy est disposé à écouter de nouveau son conseiller, qui lui intime d'« incarner la fonction présidentielle ». C'est le retour du régalien. Et pas du simili. Le parler-vrai ne donnera plus lieu à un faire-en-toc. Promis ! Croix de bois, croix de fer : chaque coup de menton sera accompagné d'un coup de pied au derrière. L'époque où Nicolas Sarkozy réclamait des têtes sans les obtenir, comme celle du patron de la Société Générale à la suite du scandale boursier Kerviel, est révolue. Au cours de l'été 2010, deux faits divers permettent à Nicolas Sarkozy de tester ses bonnes résolutions. Le braquage du casino d'Uriage-les-Bains se solde par la mort d'un malfaiteur et plusieurs nuits d'émeutes urbaines dans un quartier sensible d'Échirolles. Lors des affrontements déclenchés par des « jeunes » décidés à « venger » la mort de l'un des leurs, les forces de l'ordre sont visées par des tirs à balles réelles. Au même moment, un homme issu de la communauté des gens du voyage est tué par un gendarme alors qu'il tente de forcer un barrage dans le Loir-et-Cher. Là encore, le drame débouche sur des violences et des dégradations. Le ministre de l'Intérieur, Brice Hortefeux, se rend à chaque fois sur place pour réaffirmer l'autorité de l'État. Il faut croire que ce n'est pas suffisant. Nicolas Sarkozy limoge brutalement le préfet de l'Isère, et le remplace par un « super-flic ». Il vient en personne, le 30 juillet, présider sa prise de fonction. À Grenoble, ce jour-là, il prononce un discours dont on se souviendra. Sécurité, éducation, immigration, Code de la nationalité : Nicolas Sarkozy durcit le ton à tout-va. Le débat grotesque sur l'identité nationale, mené par le ministre de l'Immigration Éric Besson, ayant été stérile, il apporte ses propres conclusions : fin de l'acquisition automatique de la nationalité française pour les mineurs étrangers délinquants ;

réforme de l'ordonnance de 1945 relative à l'enfance délinquante ; responsabilité pénale des parents ; suppression des allocations familiales en cas d'absentéisme scolaire ; création d'établissements de réinsertion. Le choc vient ensuite. Le président de la République souhaite que la nationalité soit retirée aux personnes d'origine étrangère ayant porté atteinte à la vie de tout dépositaire de l'autorité publique, et promet de s'attaquer aux « conséquences de cinquante années d'immigration insuffisamment régulée qui ont abouti à un échec de l'intégration ». Il donne pour première instruction de démanteler au plus vite la moitié des campements illégaux de Roms.

Les paroles de Nicolas Sarkozy ne restent pas en l'air. Des implantations sauvages sont évacuées et leurs occupants renvoyés en Roumanie ou en Bulgarie, pendant que les annonces présidentielles font l'objet d'une transposition législative. Au final, le projet d'extension de la déchéance de nationalité se heurte à l'opposition de la majorité parlementaire ; la plupart des dispositions issues du discours de Grenoble sont censurées par le Conseil constitutionnel. Mais, pour une fois, Nicolas Sarkozy est allé au-delà des mots. Il a engagé la bataille, il a perdu, il est amer. Pour Patrick Buisson, c'est déjà un plus grand honneur que de n'avoir rien tenté. La séquence est la confirmation qu'il attendait : la campagne pour la réélection de Nicolas Sarkozy se jouera sur sa ligne. La ligne la plus dure, la plus à droite : la « ligne Buisson ». Le remaniement de novembre 2010 en est une illustration. Alors que le ministre de l'Écologie Jean-Louis Borloo est pressenti pour devenir Premier ministre, Patrick Buisson convainc le chef de l'État de reconduire François Fillon à son poste. Le stratège déteste cordialement l'hôte de Matignon – qui le lui rend bien –, mais fait primer l'intérêt politique sur toute considération personnelle. En mettant fin aux ambitions du centriste Borloo, il éloigne de Nicolas Sarkozy la tentation d'embrasser les thématiques sociétales et environnementales. Récupérer l'électorat populaire sera la seule boussole. Les nominations ultérieures de son copain d'Occident Gérard Longuet au ministère de la

Défense et de Claude Guéant à l'Intérieur s'inscrivent dans cette perspective. En attendant, les élections cantonales de mars 2011 permettent à Patrick Buisson de remporter l'un de ses plus grands combats. Sondages sous le bras et arguments implacables en tête, il persuade Nicolas Sarkozy de ne donner aucune consigne de vote pour le second tour, dans les deux cents duels opposant le Parti socialiste et le Front national : « Tes électeurs ne comprendraient pas que tu appelles à voter pour la gauche. Ils ne te le pardonneraient pas. » Satisfaction supplémentaire, Patrick Buisson constate que sa recommandation est répercutée par deux anciens chiraquiens, Jean-François Copé, le nouveau secrétaire général de l'UMP, et François Baroin, porte-parole du gouvernement. Le « ni-ni » est né. Le « front républicain » est tombé. « Enfin ! » peut-il se féliciter. Quand on remonte le fil de l'histoire de Patrick Buisson, on mesure aisément sa fierté.

Imposer sa ligne politique au chef de l'État, faire et défaire des carrières de ministres, refonder la droite : Patrick Buisson est au firmament de son influence. Plongé dans l'effervescence des « printemps arabes » de l'année 2011, Nicolas Sarkozy lui relate les négociations qu'il tient sur le sujet avec le président des États-Unis, Barack Obama. Il en vient aussi à lui confier, amusé, le marché passé avec Hamad Ben Jassem Al-Thani, Premier ministre et ministre des Affaires étrangères du Qatar. L'engagement du Talleyrand qatari auprès de son « frère » Sarkozy marque la mémoire du conseiller : « On fait comme convenu, et je t'achèterai de la "quincaillerie". » Le pays des droits de l'homme est en première ligne pour faire adopter, puis appliquer la résolution 1973 du Conseil de sécurité de l'ONU, qui prévoit de prendre « toutes mesures nécessaires » afin de protéger la population libyenne de la répression menée par les troupes du colonel Kadhafi ; la micro-monarchie wahhabite manœuvre politiquement et financièrement des mouvements qui visent, du Caire à Tripoli en passant par Damas, à confisquer les soulèvements populaires pour installer des régimes islamistes. Le premier détient la puissance militaire et diplomatique, le second, le carnet de chèques. Inutile de préciser qui, dans ce marché de dupes, deviendra le maître de l'autre.

Patrick Buisson voit l'Histoire s'écrire sous ses yeux. Cela serait dommage que tout s'arrête. Il a encore tant à faire. Des provisions d'indulgences, par exemple.

« Merci Très Saint Père pour le *motu proprio.* » La gratitude de Patrick Buisson pouvait laisser perplexe. Même sincère, elle n'était pas dénuée d'arrière-pensées. Le jeudi 20 décembre 2007, Nicolas Sarkozy avait rendu au pape Benoît XVI une visite que l'on aurait pu qualifier de solennelle si elle n'avait été menée au pas de course. Quelques instants avaient pourtant réussi à échapper à ce tourbillon. Le chef de l'État français avait flatteusement présenté au Souverain pontife de l'Église universelle son éminence grise, qui tenait à exprimer sa reconnaissance. Par le *motu proprio « Summorum Pontificum »*, le pape avait donné, six mois plus tôt, un cadre canonique à l'usage de « la forme extraordinaire du rite romain » : les catholiques attachés à la liturgie tridentine étaient autorisés à demander que les messes et célébrations religieuses de leur paroisse suivent leur missel de prédilection. Avec ce geste, le pape Benoît XVI entendait favoriser la réconciliation et la restauration de l'unité de l'Église, après des décennies de dérive schismatique et d'excommunications. Mais Patrick Buisson avait vu dans la main tendue aux traditionalistes l'opportunité de remettre l'Église dans le droit chemin. Pour cet adversaire acharné du concile Vatican II, « œuvre du Diable », il fallait saisir cette main et appliquer la stratégie qui était la sienne en politique : le noyautage, puis la prise d'otage. L'autre moment mémorable de cette journée de décembre avait été offert par Nicolas Sarkozy, gagné par l'émotion au point de se plonger à intervalles réguliers dans la contemplation de son téléphone portable et de donner au Vicaire du Christ un exemplaire rare du roman de Georges Bernanos, *L'Imposture*. Installé en tant que chanoine d'honneur de la basilique Saint-Jean-de-Latran, mère de toutes les églises de Rome et du monde, le président de la République avait livré un discours aussi hardi qu'inattendu, commandé à sa directrice de cabinet, Emmanuelle Mignon. « La France a besoin de catholiques convaincus qui ne craignent pas d'affirmer ce qu'ils sont », avait-il prévenu, avant de défendre l'héritage catholique de la France. Au prix d'un effort incroyable, il avait réussi à surmonter sa haine de la « repentance » pour évoquer les « souffrances » provoquées par la mise en œuvre de la loi de 1905 sur la séparation des Églises et de l'État. Et puisqu'il considérait que la laïcité avait par trop servi à nier le passé, il proposait de la redéfinir. À une « laïcité de combat » devait succéder une « laïcité positive », reconnaissant pleinement le rôle des religions dans la vie privée comme dans la sphère publique. Pour le président de la « fille aînée de l'Église », un constat s'imposait : « Dans la transmission des valeurs et dans l'apprentissage de la différence entre le bien et le mal, l'instituteur ne pourra jamais remplacer le curé ou le pasteur, même s'il est important qu'il s'en approche, parce qu'il lui manquera toujours la radicalité du sacrifice de sa vie et le charisme d'un engagement porté par l'espérance. »

Les réactions au discours de Latran avaient été virulentes. Les plus nombreux s'étaient étranglés qu'une telle hiérarchie soit établie, les plus taquins avaient demandé à quelle place Nicolas Sarkozy situait les imams. Et après ? Silence. Les transgressions du chef de l'État n'engageaient, à cette époque, que ceux qui les écoutaient. Il n'y avait rien d'autre que le plaisir adolescent de choquer pour observer l'indignation suscitée. Patrick Buisson s'était engouffré dans le vide laissé par le président. Et à défaut d'inviter l'Église à s'immiscer dans les affaires publiques, il avait décidé de se mêler des affaires religieuses. Il avait modestement commencé par tenter de résoudre le différend entre le ministère des Affaires étrangères et le Vatican, au sujet du choix de l'ambassadeur de France près le Saint-Siège. Le postulant proposé par le ministre Bernard Kouchner n'avait pas eu l'heur de plaire à la Curie, en raison, paraît-il, de son orientation sexuelle. Crainte du surnombre, peut-être ? Patrick Buisson avait donc glissé les noms de ses propres candidats au président, en court-circuitant le Quai d'Orsay. Mais il avait échoué à imposer l'un de ses protégés à la villa Bonaparte. Il n'avait pas eu davantage de succès dans ses entreprises pour le voyage en France du pape Benoît XVI, à l'occasion du 150e anniversaire des apparitions de Lourdes. Désireux de donner suite au discours de Latran, il avait essayé avec Emmanuelle Mignon d'orienter l'allocution que devait prononcer Nicolas Sarkozy en l'honneur du Souverain pontife, le 12 septembre 2008 au palais de l'Élysée. Seulement, le chef de l'État ne voulait plus s'étendre sur la « laïcité positive », il était passé à autre chose.

Mais l'influence de Patrick Buisson prenait une autre dimension lors de la seconde partie du quinquennat. Et, ô hasard, les conséquences du discours de Grenoble l'avait amené à prendre la robe du « Père Joseph », l'éminence grise de Richelieu. Alors que Brice Hortefeux engageait, sous la pression du chef de l'État, une politique musclée de démantèlement des campements et d'expulsion des Roms, le pape Benoît XVI s'était adressé aux pèlerins français dans leur langue, pour leur délivrer un court message à l'issue de la prière de l'Angélus, le dimanche 22 août 2010 : « Les textes liturgiques de ce jour nous redisent que tous les hommes sont appelés au salut. C'est aussi une invitation à savoir accueillir les légitimes diversités humaines, à la suite de Jésus venu rassembler les hommes de toute nation et de toute langue. Chers parents, puissiez-vous éduquer vos enfants à la fraternité universelle. » Les spécialistes du Vatican, l'épiscopat français et la presse avaient unanimement perçu dans cette prédication une condamnation de la politique sécuritaire de Nicolas Sarkozy. Le chanoine d'honneur de Saint-Jean-de-Latran était hors de lui. Il ne pensait pas que le pape finirait par prendre le concept de « laïcité positive » au sérieux. Tout autant froissé, Patrick Buisson n'imaginait pas non plus l'intervention d'un catholique dans la vie publique de cette façon, et s'étonnait que le pape envisage une application pratique des préceptes évangéliques. Avant 1789, Patrick Buisson aurait probablement été gallican. Depuis l'adoption de la Constitution civile du clergé, il ne peut se dire qu'ultramontain. En réalité, pour ce qui est des rapports entre le pouvoir et la papauté, Patrick Buisson est partisan de l'alliance du trône et de l'autel. Le postérieur calé sur l'un, les pieds posés sur l'autre. Il avait alors expliqué à Nicolas Sarkozy que le Pape Benoît XVI n'utilisait jamais l'Angélus pour faire passer ce genre de message. Et que la lutte contre l'immigration ne s'opposait en rien à la doctrine catholique. Pour lever l'ambiguïté, contrer les médias et ne pas s'aliéner totalement l'électorat catholique, il avait recommandé au chef de l'État de retourner au Vatican. Le président de la République avait accepté et lui avait délégué son autorité pour mettre en œuvre la proposition. Avec l'aide du sherpa Jean-David Levitte et du cabinet présidentiel, Patrick Buisson avait enjambé les canaux diplomatiques, afin de planifier rapidement la visite et s'épargner des désagréments. Car, Nicolas Sarkozy n'entendait aller ni à Canossa ni à confesse, il voulait arracher une bénédiction papale. Le 8 octobre, il avait été chaleureusement accueilli par le pape Benoît XVI au Saint-Siège, pour une audience d'une demi-heure. Certains en avaient tiré des conclusions hâtives ; c'était ignorer que ce pape ne se départait en aucune circonstance de sa douceur et de son affabilité naturelles. Le président de la République avait ensuite fait l'honneur à Patrick Buisson de le convier à l'entretien à huis clos avec le secrétaire d'État du Saint-Siège, le cardinal Tarcisio Bertone. Pensant la partie gagnée, Nicolas Sarkozy s'était mis à se signer compulsivement en remontant la basilique Saint-Pierre pour rejoindre la chapelle Sainte-Pétronille. Lors de la « prière pour la France », il avait même récité le « Notre-Père ». Il s'était immédiatement crispé quand avaient retenti les mots prononcés par le cardinal Jean-Louis Tauran, maître de la cérémonie : « Nous demandons à Dieu, pour le peuple de France et ses dirigeants, courage et persévérance, afin que chacun, à sa place, considère ce qu'il peut accomplir, seul ou avec d'autres, au service de son prochain, pour le respect absolu de la vie, pour la justice et pour l'emploi, pour l'éducation, pour la santé et l'environnement, pour la sécurité, pour l'accueil des persécutés et des immigrés. » Et vlan ! Le Saint-Siège avait accepté de jouer la carte de l'apaisement avec le pouvoir français, mais un proche du pape s'était occupé de rappeler la ligne. C'était feutré, vaticanesque. Et conclusif.

J'ai suivi de loin les pérégrinations romaines de Patrick Buisson. Je n'y ai pas été convié, et elles n'ont suscité en moi que dépit. Je n'ai pas eu besoin de ces épisodes pour me forger une opinion. La séquence entamée avec le discours de Grenoble ne m'a rien appris de son manque de considération envers les victimes millénaires des persécutions. Et, dans le cas présent, envers les Roms. Patrick Buisson en a fait une affaire personnelle depuis qu'une nuée d'adolescentes au « teint de cuivre et d'or », comme le chantait Léo Ferré, a voulu lui emprunter son portefeuille, place Pereire. Je suis, de la même manière, suffisamment instruit de sa manie d'enrôler la religion dans son combat politique et des noirs desseins qu'il nourrit à l'égard de ceux qui y font obstacle. Dans l'interminable liste des ennemis qu'il a dressée, l'épiscopat français, qualifié de « progressiste », est inscrit à la première page. « Il a bien mal tourné, celui-là », ne craint-il pas ainsi de me dire à propos d'Éric Aumonier. Je ne partage pas son avis, ni celui de Pauline de Préval qui l'a rejoint dans sa sentence. Vicaire de la paroisse Saint-Ferdinand-des-Ternes, ce prêtre m'a baptisé ; il a été nommé, bien plus tard, évêque auxiliaire de Paris, puis évêque de Versailles. Ces événements sont sans rapport, mais je juge favorablement l'évolution de Monseigneur Éric Aumonier. Pour Patrick Buisson, l'ancien ami de la famille a eu le grand tort de signer, en plein débat sur l'identité nationale, un texte dénonçant les injustices occasionnées par la politique de lutte contre l'immigration, et d'avoir aggravé son cas en se rendant « en frère » au campement de la plaine de Triel-sur-Seine, pour soutenir une soixantaine de Roms menacés d'expulsion, à la fin du mois d'août 2010. Prendre la défense des plus petits d'entre nous, quelle hérésie ! Patrick Buisson s'attendait sans doute à ce que l'évêque sorte son goupillon pour l'aspersion des cars d'évacuation ou des pelles de démolition, tel un pope de la Sainte Russie de Vladimir Poutine. Plus généralement, Patrick Buisson méprise la doctrine sociale de l'Église. L'option préférentielle pour les pauvres ? Très peu pour lui. La *via caritatis* ? La charité fraternelle, première loi des chrétiens ? Pas intéressé. « Des pauvres, il y en aura toujours », croit-il pouvoir prédire, tronquant de manière absurde les paroles de Jésus chez Marie de Béthanie. Pour lui, seule importe « la résistance de l'Église et de sa Tradition face au monde ». Ce qu'il retient de cette dernière est sujet à discussion. Patrick Buisson ne va pas à la messe, si ce n'est le soir de Noël ou le jour anniversaire de la mort de sa mère dans des lieux de culte occupés par la Fraternité sacerdotale Saint-Pie-X. Et de la même façon qu'il tord l'Histoire et les concepts en politique, cet irrégulier a une interprétation élastique de l'enseignement catholique. Il peut invoquer les écrits de tel Père ou de tel Docteur de l'Église pour sanctifier le refus de l'immigration ; il peut déceler dans les recoins de la *Somme théologique* de saint Thomas d'Aquin la genèse du principe de « préférence nationale ». Ses raisonnements sont redoutablement captieux et renvoient rarement aux Écritures. Une conversation lors d'un déjeuner lèvera mes derniers doutes à ce sujet. Alors que nous discutons de religion avec Pauline de Préval, Patrick Buisson nous apostrophe : « Cessez d'employer le terme d'Israël ! Les Évangiles ne le mentionnent pas. Il faut parler de Palestine. » Nous protestons de concert, avant de nous arrêter, abasourdis par l'énormité scripturaire qu'il vient de proférer. La culture de Patrick Buisson est immense, les livres qu'il a lus se comptent par milliers. Malheureusement, il a survolé le plus important d'entre eux. Depuis combien de temps n'a-t-il pas ouvert une Bible ?

Ses opinions ne l'empêchent nullement de naviguer avec

assurance parmi les ministres de la religion. Après m'avoir invité à la réception en l'honneur du pape Benoît XVI, il me convie à une cérémonie moins prestigieuse, mais plus significative de son rôle. À l'exemple des confidences politiques qu'il me distille, il tient à me donner un autre aperçu du pouvoir qu'il s'est arrogé. Je commence par refuser, puis change d'avis. Une opportunité de méditer l'Écclésiaste et la vanité des choses humaines doit toujours être saisie. Je me présente donc au palais de l'Élysée, le vendredi 4 mars 2011, pour assister à la cérémonie de remise de la Légion d'honneur à Monseigneur Nicolas Thévenin, membre du collège des protonotaires apostoliques participants et officier de la préfecture de la Maison pontificale. Les premières minutes passées dans la salle des fêtes suffisent à mon éducation : « Rien de nouveau sous le soleil. » Une distribution de hochets peut faire accourir des hommes d'Église aussi vite que les hommes de notre temps. Elle leur procure le même contentement. Des iPad et des iPhone sont sortis des soutanes pour immortaliser l'événement ; de larges sourires mettent de la blancheur sur les mines empourprées. J'écoute à peine l'éloge récité par le président de la République, pourtant très inspiré après son déplacement de la veille au Puy-en-Velay où il a exalté, sur les conseils de Patrick Buisson, « les racines chrétiennes de la France » ; je décroche de la réponse du récipiendaire lorsque ce dernier affirme son « identité de fils de la France ». Cela me suffit. Je connais la musique. Jamais une bonne idée d'autoriser des religieux – quels qu'ils soient – à prendre leurs aises dans un lieu de pouvoir. Je suis néanmoins fasciné par ce spectacle, dont je refuse la bande-son tout en permettant à l'image de s'imprimer dans ma mémoire. Après les mots vient la danse. Les princes de l'Église glissent sur la moquette présidentielle, cherchant de leurs doigts bagués ceux d'autres Éminences. Les voilà maintenant qui convergent vers le décoré en pleine discussion avec le véritable hôte de la réception. Le président de la République ayant laissé la lumière à son conseiller de l'ombre, Patrick Buisson joue la puissance invitante. De bout en bout, il a été aux commandes. S'il n'a pas été directement à l'origine de la nomination de Mgr Thévenin dans l'Ordre national de la Légion d'honneur, il a demandé à ce que l'impétrant soit épinglé par le chef de l'État, à l'Élysée. Il a décidé que le discours servirait à annoncer la venue de Nicolas Sarkozy à la cérémonie de béatification du pape Jean-Paul II à Rome, en a confié la rédaction à la nouvelle plume catholique du Palais, Camille Pascal, dont il veut se faire un affidé, et, privilège rare, a obtenu que le prélat de l'antichambre du pape puisse répondre à l'éloge. Pourquoi ce régime de faveur ? Car la visite au Vatican de l'automne 2010 n'aurait jamais pu être organisée aussi promptement sans le concours décisif de Mgr Thévenin, ancien secrétaire particulier du cardinal Bertone, qui ordonnance au quotidien les audiences du Saint-Père. Il s'agit, en ce jour de fête élyséenne, de le remercier à proportion de l'aide prodiguée. Patrick Buisson, qui a fait la connaissance de l'ecclésiastique grâce à Nicolas Diat, l'un des meilleurs spécialistes du Vatican et conseiller du ministre Laurent Wauquiez, a également un autre objectif en tête. À travers l'homme, il peut honorer la communauté dont Mgr Thévenin est issu.

Fondée par l'abbé français Jean-François Guérin en 1976, à Gênes en Italie, la communauté Saint-Martin met ses prêtres et diacres au service des diocèses confrontés à une pénurie de moyens. Ses membres vivent leur apostolat en commun, et volent de paroisses en aumôneries, au gré des besoins formulés par les évêques. Au cours de leur formation, ils apprennent à porter la soutane en tous lieux et en toutes circonstances, à se donner du « Don » au lieu de « Père », à aimer le chant grégorien et à dire la messe en latin. En quelques années, la communauté Saint-Martin s'est hissée au rang de premier séminaire de France, en fournissant chaque année près d'un quart des nouveaux prêtres.

Patrick Buisson s'est entiché des « martinistes », dont Philippe de Villiers lui avait dit tant de bien. Ces religieux reconnaissent le concile Vatican II, mais sont intransigeants sur la défense de la Tradition. Ils ont surtout pour eux d'être infiniment plus présentables que les hargneux lefebvristes de la

Fraternité sacerdotale Saint-Pie-X, qui ont la langue noire comme leurs habits. Eux n'ont pas rompu avec l'« Église conciliaire » et veulent exercer leur influence de l'intérieur, tant au Vatican qu'au sein du clergé français. Patrick Buisson ne pouvait que se rallier à ces catholiques décomplexés, engagés dans un mouvement de « droitisation » et de reconquête. Il a décidé de peser de tout son poids pour leur être utile, sollicitant tantôt Martin Bouygues afin qu'il finance la réhabilitation de l'abbaye acquise par la communauté en Mayenne, tantôt le ministre du Budget pour obtenir un régime fiscal de faveur.

La cérémonie à l'Élysée est révélatrice de l'aide que Patrick Buisson leur apporte pour pénétrer les plus hautes sphères des pouvoirs temporel et spirituel. Dans la salle des fêtes, les « martinistes » peuvent converser avec des dignitaires de la Curie romaine, des hommes politiques de premier plan et des journalistes « cathos tradis », dont certains doivent leur ascension à Patrick Buisson. La filière *Valeurs actuelles-Le Figaro* est la mieux représentée, avec Alexis Brézet, Michel De Jaeghere et Guillaume Roquette. Ont aussi fait le déplacement Guillaume Tabard du quotidien *Les Échos* et Jean-Sébastien Ferjou du site Atlantico. Autant de bobardiers considérant, à l'instar de Patrick Buisson, qu'il suffit de tremper sa plume dans le bénitier pour que les mots soient d'inspiration chrétienne.

Je m'apprête à quitter le palais de l'Élysée baignant dans les effluves d'encens, quand Patrick Buisson me retient par le bras. Il m'introduit auprès d'un cardinal à la stature imposante. J'avais remarqué sa présence et m'en étais étonné. Contrairement à la majorité des invités, il est férocement impliqué dans la lutte contre la pauvreté, soutient la théologie de la libération et aspire à ce que l'Église se rapproche du monde et des plus humbles. On dit aussi de lui qu'il est un *papabile*. Patrick Buisson ménage l'avenir. Au cas où. Je rentre chez moi, écœuré.

L'activisme de Patrick Buisson finit par être reconnu. Et récompensé. De bonnes nouvelles arrivent du Saint-Siège à la rentrée 2011. Il m'en informe presque aussitôt : « Je vais retourner au Vatican ! » Il est déjà plongé dans la préparation de la prochaine campagne présidentielle et des déplacements identitaires, mais compte s'offrir une parenthèse romaine. Il me parle d'un projet de documentaire, à l'occasion du 50e anniversaire de l'ouverture du concile Vatican II, et d'une interview exclusive du pape Benoît XVI. Pour aboutir, il n'y aurait qu'une seule condition à remplir : « Le cardinal Bertone impose que l'on passe par la boîte de production de ses amis, Lux Vide. » Je n'ose même pas imaginer à quelle horreur Patrick Buisson compte associer le Saint-Père. Le pire est à venir.

« Je vais être nommé commandeur de l'ordre de Saint-Grégoire-le-Grand.

— Comment !

— J'hésite encore à dire "oui". Je suis divorcé. Je ne sais pas si je suis moralement apte à recevoir cette décoration.

— S'il n'y a que cela qui taraude ta conscience, accepte ! »

Il ne comprend pas le sens de ma réflexion désabusée. Comment le pourrait-il ? Il y voit, au contraire, un encouragement dont il n'a aucunement besoin. Quoi qu'il arrive, Patrick Buisson sera reçu dans cet ordre conféré aux catholiques en reconnaissance de leurs services signalés au Saint-Siège et de leur bon exemple dans leurs communautés. Il ira chercher la médaille portant à son revers la devise « *Pro Deo et Principe* » : « Pour Dieu et le Prince ».

Je suis indéfectiblement catholique. Profondément attaché à l'Église, au successeur de Pierre et aux prêtres qui ne sont, après tout, que des hommes. Je sens pourtant sourdre en moi la colère historique, peut-être d'inspiration divine, qui avait saisi d'autres croyants, en d'autres temps. Des profondeurs de l'Histoire, un cri vient brûler mes lèvres : *Solus Christus* !

Tout le monde sur le pont ! Patrick Buisson a mobilisé tout le personnel de sa chaîne. Son *Paris Céline* doit être prêt à temps pour la projection qu'il organise le 21 novembre 2011, au cinéma Gaumont Opéra, l'ancien Paramount. C'est sur écran panoramique qu'il présentera, en avant-première, à plus de quatre cents personnalités politiques, médiatiques et céliniennes, le voyage de l'écrivain maudit du passage Choiseul jusqu'à sa destination finale, Meudon. Patrick Buisson a composé l'itinéraire, écrit le texte, choisi les images d'archives, la musique et jusqu'au guide, le comédien Lorànt Deutsch, après le faux bond de Fabrice Luchini. Il s'attache à ce que les employés d'Histoire se consacrent à la finalisation du film documentaire, avant que ne s'achève le 50e anniversaire de la mort de Louis Ferdinand Destouches.

Son appel à ce que je le rejoigne séance tenante, un après-midi, m'intrigue. L'affaire doit être suffisamment sérieuse pour me distraire de la tâche urgente qu'il nous a assignée. En entrant dans son bureau, je le trouve affaissé dans son fauteuil. Son visage est blanc. S'est-il décidé à racheter mes parts dans ses sociétés ? Ah, non ! Raté ! « Tu savais que Pauline a quelqu'un dans sa vie ? » me demande-t-il. Je n'entretiens que des rapports strictement professionnels avec elle, mais je lui fais observer que la nouvelle coupe de cheveux de la jeune femme et les gloussements d'allégresse qu'elle pousse en consultant ses textos sont des signes qui trompent rarement.

« Tu ne t'es rendu compte de rien ? lui dis-je.

— Non. J'aurais dû m'en douter. Elle me cache des choses, depuis plusieurs mois. Elle a écrit un livre sur Jeanne d'Arc, et a attendu le dernier moment pour m'en parler. C'est mièvre au possible. Elle le sort chez un éditeur de gauche, en plus. Au Seuil ! »

Il en vient à me confier les raisons de son abattement. Des messages ont atterri sur son téléphone. Par erreur. Patrick Buisson ne devait absolument pas en être le destinataire, car il en était le principal sujet de conversation. Leur contenu ne laisse aucune place au doute. Pauline de Préval s'est rapprochée d'un homme que Patrick Buisson lui a présenté. Les messages envoyés par le galant témoignent des sentiments que lui inspire la jeune femme, et de ses aspirations à être son chevalier servant. Il promet de l'arracher des griffes du « monstre ». Se perdre, nous sauver : le refrain des jeunes amants. Patrick Buisson s'est bien entendu reconnu dans le portrait résumé. Je compatis. Découvrir de cette manière ce qu'un être cher pense de vous est excessivement douloureux. J'essaie de le consoler, lui rappelle qu'il n'est plus seul depuis le retour de la jolie môme dans sa vie. Je tente aussi de lui ouvrir les yeux. Sur lui, d'abord. Ne lui a-t-il pas promis, à elle aussi, de ne pas s'éterniser en politique et sur la chaîne Histoire ? Il aurait dû partir depuis longtemps ou ne pas la retenir quand elle menaçait de quitter son emploi. Sur elle, ensuite. Je lui dis à demi-mot qu'il a été aveuglé : il lui faut accepter la véritable personnalité de Pauline de Préval. Cette issue était fatale. Tout finit mal avec Patrick Buisson. Il ne veut rien entendre. « J'ai tout fait pour elle », répète-t-il en boucle. Il énumère les avantages qu'il lui a consentis au cours des années : il lui a donné un travail, trouvé un logement ; il l'a fait participer à ses *Années érotiques* et a inscrit son nom dans les remerciements ; il lui a maintes fois proposé d'écrire un livre et de le faire publier ; il l'a couverte de cadeaux, d'argent et lui a octroyé le plus gros salaire de la chaîne Histoire, après le sien ; il a cédé à tous ses caprices, lui a accordé autant de congés qu'elle le désirait ; il a renvoyé, à sa demande, Vincent Hervouët, puis Diane Ducret, et lui a laissé une grande liberté dans la préparation des émissions. Patrick Buisson tient les comptes en vue du règlement.

Je le retrouve peu de temps après leur confrontation, et l'interroge tout naturellement. « Tu viens te repaître de mon malheur, c'est ça ? Eh bien, tu vas être déçu ! » me crache-t-il sur un ton qui n'augure effectivement rien de bon. Pauline de Préval a nié la responsabilité de son doux ami dans l'écriture et l'envoi des messages. Elle lui a servi une histoire abracadabrante, où il est question de vol du téléphone à la sortie d'un cinéma, de piraterie électronique, de personnes mal intentionnées et d'infortune partagée. Le genre de défense que même un avocat commis d'office au bord de l'épuisement se refuserait à plaider devant la 23e chambre correctionnelle du tribunal de grande instance de Paris, celle des flagrants délits. Le garçon a, quant à lui, déposé plainte au lendemain du prétendu vol, et s'est empressé de faire parvenir une copie du procès-verbal à Patrick Buisson. Le procédé est grossier, et ne prouve rien d'autre qu'une immense piperie. Le chevalier servant a subitement la queue basse. Plus du tout envie de ferrailler. Complètement calmé. Les désirs de grandeur et l'opération de sauvetage sont oubliés. La crainte de perdre sa situation a sûrement eu raison de son courage. Il est redescendu au niveau de sa jauge : la pleutrerie. Ce n'est pas le cas de Pauline de Préval, restée égale à elle-même. Tant pis pour elle ! N'étant ni liée par le sang ni ficelée dans des sociétés, elle n'avait que son emploi à sacrifier. Le prix à payer était faible pour se défaire de Patrick Buisson. Elle a choisi de ne pas s'en acquitter. Bien au contraire : « Pauline a fait le serment de m'accompagner jusqu'au bout de mon parcours. » *Persona*.

Patrick Buisson est prêt à croire les mensonges les plus éhontés, plutôt que perdre sa chère Pauline. « C'était bon. Elle avait le bleu regard, – qui ment ! » aurait-il pu avouer, comme Rimbaud dans *Les poètes de sept ans*. Tout sauf la vérité. Il est soulagé à présent, presque content. On a voulu déstabiliser le conseiller du prince avant l'élection présidentielle. C'est plus que plausible, c'est patent. Il en est persuadé. Et la barbouzerie a échoué. Elle n'a fait que resserrer les liens avec celle qu'on a cherché à lui enlever. Que puis-je faire face à ce délire ? Pauline de Préval a su tirer sur la corde affective et jouer de la paranoïa de Patrick Buisson. Elle a gagné. Qu'ils continuent à tourner sur le manège à illusions. Ils tomberont un jour. Violemment.

En l'absence de coupable identifié, Patrick Buisson a besoin de se défouler. Il me prend à partie : « Tu es jaloux de Pauline. Elle est ce que tu ne seras jamais. Je pense que tu cherches à nous séparer. Tu sais ce qu'on m'a dit de toi ? Que tu es une *bella figura*, un sournois ! » Bah, voyons. Il fallait que cela me retombe dessus. Pauline de Préval aurait-elle pointé un doigt accusateur en ma direction ? Je tourne les talons : « Allez, je te laisse. Salut ! » L'épisode ne prend pas fin. À mon tour d'être victime d'une erreur d'aiguillage. Des messages, électroniques cette fois, arrivent sur mes boîtes personnelle et professionnelle. Il y a des envois directs, des messages transférés qui me donnent à lire le sous-texte du psychodrame qui vient de se produire. Des actes manqués succèdent à d'autres. Une maîtrise incertaine de l'informatique et la manie de l'archivage ont trahi Patrick Buisson. Les masques ne tiennent plus sur les visages. Vite, un coup de vent !

Message transféré à Georges
De : Patrick Buisson
Envoyé : samedi 8 octobre 2011 19:27
À : Alain Renault
Objet : Précisions

Alain,

J'ai retrouvé l'adresse : il s'agit du restaurant « [*ndlr : le restaurant de ma femme*] », Paris.

Il y a un point resté en suspens : s'agissant des SMS intempestifs, dois-je demander une enquête ? Porter plainte ?

Amitiés.

Message transféré à Georges
De : Patrick Buisson
Envoyé : lundi 10 octobre 2011 00:20
À : Pauline
Objet : Mère taillée à coups de hache

Pauline,

Merci pour tes envois. J'aime beaucoup le dernier motet.

Je me souviens de ta bénévolence à l'égard de Georges lorsque je manifestai auprès de toi ma profonde inquiétude et mes premiers tourments. C'était au cours des années 2001-2003, et certains épisodes que tu as certainement à l'esprit m'apparaissent rétrospectivement comme prémonitoires.

Je ne te demande pas de lui pardonner, je sais que tu as en toi toutes les ressources qui t'ont déjà permis de le faire. Je crois que tu peux davantage pour lui. Je crois tout spécialement en la force de ta prière.

En mai 2010, tu me citais un père grec qui disait « Le Père est l'amour qui crucifie, le Fils est l'amour crucifié ».

Pour ma part et, quoi que j'aie pu par le passé te donner parfois à penser, dans un jeu de rôles dont tu connais les figures et les limites, j'ai toujours dit *fiat* à l'épreuve qui se présentait.

Je ne sais si je serai encore de ce monde quand Georges sortira de sa révolte. Ce que je sais, c'est que je me suis révélé incapable de le guider jusqu'à ce consentement. Pis encore : je n'ai fait que l'enfoncer dans la nuit de ses passions humaines.

Moi qui rêvais de le rapprocher de toi, j'en ai fait ton ennemi.

Un ennemi qui, lui aussi, a cherché à m'atteindre à travers toi.

C'est bien pourquoi, il a tout particulièrement besoin de tes prières.

Je suis sûr que tu ne les lui refuseras pas.

Patrick

De : Patrick Buisson
Envoyé : jeudi 3 novembre 2011 00:51
À : Buisson, Georges
Objet : Point sur affaire en cours

Alain,

Je regarde mes contrats d'assurance-vie.

Pauline propose que je dépose l'argent sur son compte plutôt que d'ouvrir un compte joint, source de paperasserie.

Qu'en penses-tu ?

Il faut avancer vite sur Publifact, le comportement de Georges m'inquiète.

Par ailleurs, tu m'avais proposé les coordonnées d'un relieur ?

Amitiés

Message transféré à Georges
De : Patrick Buisson
Envoyé : jeudi 3 novembre 2011 01:05
À : Alain Renault
Objet : Merde !!!

Voici le texte du mail que je voulais t'adresser et que par distraction j'ai envoyé à Georges.

J'essaie de péter son ordi avant qu'il ne retourne au bureau.

Message transféré à Georges
De : Patrick Buisson
Envoyé : vendredi 4 novembre 2011 03:35
À : Pauline
Objet : Et voili, et voilà !

Si tu ne te sens pas d'attaque pour affronter ce gai matin d'automne, je te dispense de venir à Histoire.

J'aurais alors tout loisir d'expliquer à mon petit garçon qu'il a eu bien raison de mettre en garde son papa contre ce que tramait dans son dos la méchante fée.

Je lui dirais que je lui garde tout mon héritage pour qu'il aille le donner aux gentils Africains ou qu'il peut, si le cœur lui en dit, ouvrir une léproserie dans les Hauts-de-Seine.

« Et mes livres et mes images
On peut les disperser au vent
La tendresse ni le courage
Ne sont objets de jugement »

En revanche, si le cœur t'en dit, tu peux venir à l'heure du déjeuner. Nous aurons levé le camp.

Et pour t'occuper, voici un peu de lecture roborative. [...]
Pièce jointe : 2 pastiches en un .doc.

Les larmes ne montent pas, la colère reste au seuil de la porte. Le passage est barré par une tristesse épaisse et lasse qui a pris en moi ses quartiers. Un document est joint au dernier message électronique, transféré par erreur. C'est un écrit de quelques pages destiné à Pauline de Préval. Une saynète grinçante dans laquelle Patrick Buisson pastiche le théâtre doux-amer de Jean Anouilh et les imprécations baveuses de Louis-Ferdinand Céline. Pour quelqu'un qui ne sait pas dire les choses simplement, cet exercice de style lui permet de se livrer. Un peu de sincérité, toujours un artifice. Un masque sous un masque.

Patrick Buisson campe le personnage d'un vieux fâcheux, le type d'homme désabusé et dérisoire, probablement réactionnaire, que l'on croise dans le répertoire d'Anouilh. Il est le vestige d'un monde ancien dont il entretient le souvenir, arrimé à son bureau et enfermé dans un décor de bibliothèque. Il se sait vaincu par notre époque, mais n'entend rien abdiquer. « *Si omnes ego non* », postillonne-t-il en trépignant sur son fauteuil. « Si tous, moi pas », répète-t-il en boucle. La voix de son père tombe des cintres pour l'encourager dans son entêtement : « Étudiants et camelots, préparez donc vos triques. C'est le dernier assaut contre la République. Il faut abattre enfin la gueuse tyrannique. » L'esprit reste combatif, pourtant le dépit est grand. Dans sa croisade, il est seul à présent. Il a été lâché par sa chère couvée. Ses proches se sont éloignés. Pis encore, ils se sont révoltés. L'un a cédé à « l'atroce confusion, la nouvelle frontière mélangiste du métissage et de la partouze », tandis que l'autre marivaude façon roman-photo. On entend leurs cris dans la coulisse, puis on les voit pénétrer sur la scène en brandissant des pancartes : « À mort le tyran », « Brisons nos chaînes ». Ils sont résolus à se libérer des « rets du monstre ». Le vieil homme a pitié d'eux. Les pauvres enfants « croient que c'est la servitude qui a atrophié leurs ailes quand, depuis toujours, ils se heurtent à leurs propres barreaux ». Ah ! qu'il regrette le temps « où les fils bien nés, ayant leurs seize quartiers de francité, ne songeaient pas à adopter une nichée de négrillons pour combler leurs carences affectives » et où les jeunes femmes « ne rêvaient pas d'épouser un Monsieur Mamamouchi ni de convoler en d'injustes noces avec un Juif du Pape en Avignon ». Lui ne se rendra pas au siècle. Enragé, il continuera à faire des moulinets avec sa canne de ligueur. La garde meurt, mais ne se rend pas.

Si la situation du fiston ne semble pas faire l'objet de discussion, le sort de la demoiselle le taraude intensément. Il ne comprend pas que l'on puisse ambitionner de se consacrer au bon Dieu et finir par barboter dans les sentiments. Car il décrète que « l'amour n'est pas un sentiment respectable ». Que l'on ne peut passer du Très-Haut à l'infiniment bas. Troquer une extase pour une autre. Il lui prescrit donc la lecture du docteur Destouches, « l'autre vieux dégoûtant qui a passé son temps à faire croire qu'il causait non pas appartenance ethnique, mais traits de caractère et particularités morales ». Le voilà qu'il déterre à son intention des passages des abjects pamphlets *Bagatelles pour un massacre* et *L'École des cadavres* sur le « "Parlez-moi d'amour" putréfiant » ou la « veulasserie des choses de l'âme ». Et si le remède ne fonctionne pas, il se résignera. Elle sera libre. « Salaud de propriétaire ! »

Dans ce texte, il n'y a rien, au fond, que je ne sache déjà. Ce qu'il pense, ce qu'il dit, ce qu'il fait ne m'étonne pas. Ses mots ne m'atteignent plus. Je ne dérangerai pas Patrick Buisson et Pauline de Préval. Les laisserai entre eux. Resterai dans mon coin. Je regarderai dans une glace ma gueule à être né au sud de la Loire. Je chercherai des traces de ma vieille « francité ». Ensuite, je couverai des yeux ma fille, dont je ne lui ai jamais parlé. « Le métissage est pire que la négation des identités, c'est la promesse de leur dissolution », m'a-t-il, un jour, écrit. Je dois protéger le trésor qui aère ma généalogie. Le garder caché derrière mon corps. À l'abri.

Patrick Buisson a définitivement basculé. Depuis quelque temps, il répète à ses proches autant qu'aux journalistes cette devise, qu'il a faite sienne : « *Si omnes ego non* ». Je ne sais comment cela lui est venu ; je n'avais jamais entendu cette formule dans sa bouche auparavant. Je peux seulement avancer une explication. L'exercice du pouvoir a aggravé son cas. Lui qui moquait l'*hubris* des politiques a été frappé à son tour par cette démesure, que la sagesse antique assimilait à un crime. Il semble avoir oublié le sévère châtiment que réservait Némésis à l'homme méprisant la tempérance et prétendant à la supériorité parmi les mortels. « *Si omnes ego non* » : cette devise était le cadeau du pape Calixte II à la Maison de Clermont-Tonnerre, pour avoir chassé un antipape et délivré le trône de Saint-Pierre. C'étaient surtout les mots de l'apôtre accompagnant le Christ dans le jardin de Gethsémani : « Prenant la parole, Pierre lui dit : "Si tous succombent à cause de toi, moi je ne succomberai jamais." Jésus lui répliqua : "En vérité je te le dis : cette nuit même, avant que le coq chante, tu m'auras renié trois fois" » (*Mt* 26, 33-34).

« Si tous, moi pas ». Si tous, lui aussi. Le péché originel. Et il trahira le Père, l'Esprit et jusqu'à son fils. Quand donc ouvrira-t-il une Bible ? Il pourrait y lire cet autre passage, dans le Livre des Proverbes. Cet avertissement solennel, sorti de la bouche de Salomon, fils de David, roi d'Israël : « L'arrogance précède la ruine, et l'orgueil précède la chute » (*Pr* 16, 18). Pour lui, la débâcle commence maintenant.

Mon ordinateur est en un seul morceau. Rien d'anormal à signaler. Je vois Patrick Buisson quitter les locaux de la chaîne Histoire pour partir en week-end. Son regard fuit le mien. La semaine suivante, une agréable surprise l'attend. La chambre d'instruction de la cour d'appel de Paris a suivi l'avis du Parquet : il n'y aura pas d'enquête pour favoritisme sur les sondages de l'Élysée, afin d'éviter toute atteinte à l'immunité pénale du président de la République. L'actualité judiciaire vient opportunément servir ses intérêts, et lui donner une raison supplémentaire de presser Alain Renault d'« avancer vite » sur les sociétés. Mon cadeau doit encore attendre quelques jours. Une chemise cartonnée est déposée, en mon absence, sur mon bureau ; elle contient un acte de cession de parts sociales de Publi-Opinion. Patrick Buisson s'engage à acheter l'intégralité de mes actions dans cette société. Ne donnant droit à aucune rémunération, elles n'ont pas de valeur. Je signe sans la moindre hésitation. En revanche, je m'arrête longuement sur le deuxième document rangé dans la chemise. Il s'agit d'un acte de vente concernant, cette fois, la société Publifact. L'acheteur n'est plus Patrick Buisson, mais son frère Jean-Pierre, qui ne reprend qu'une partie de mes actions. Au centième de leur valeur ! Je range mon stylo et lui rapporte un seul acte sur les deux signé. La réaction de Patrick Buisson est conforme à son tempérament.

« Qu'est-ce qui ne va pas ? Ce n'est pas ce que tu souhaitais ?

— Tu te moques de moi ! Tu refuses de me faire sortir complètement de Publifact, et tu veux nous mettre, Jean-Pierre et moi, dans la merde. Tu connais les risques encourus pour une cession à vil prix ?

— Je ne vois pas où est le problème. Tu ne veux pas que ton oncle gagne de l'argent, c'est ça ?

— Parce que tu as besoin de Publifact pour donner de l'argent à ton frère ! Ta générosité doit être défiscalisée ? Que cherches-tu au juste ? Pourquoi vouloir continuer à impliquer tout le monde dans tes affaires ? Tu veux conserver un moyen de pression ? Ou tu es inquiet pour ton pognon ?

— Parce que tu pensais peut-être que j'allais te laisser me dépouiller. C'est mon argent. Tu ne sais pas ce que c'est, tu n'en as jamais gagné de ta vie ! »

« Au voleur ! Au voleur ! À l'assassin ! Au meurtrier ! » Patrick Buisson n'a pas le talent de Michel Bouquet, qu'il m'avait emmené voir jouer le rôle d'Harpagon dans *L'Avare* de Molière, sur la scène du Théâtre Hébertot, en 1988. Mais le propos reste d'actualité. Il s'affole à l'idée que je me libère de la dernière corde qui me retient à lui, et lui dérobe sa « chère cassette ». Il ne peut consentir à être privé d'une part de son « pauvre argent », son « cher ami », son « support », sa « consolation », sa « joie ». Ses simagrées ne m'arrachant pas le moindre signe d'attendrissement, Patrick Buisson change de registre : « De là-haut, ta grand-mère te regarde. Elle doit pleurer des larmes de sang ! » Ah ! l'invocation des disparus… Il faut le voir appeler la cohorte des trépassés, pour les ranger sous sa bannière. Tenir dans sa main la longue chaîne des Buisson, des morts jusqu'aux vivants. Il n'est plus un, il est une multitude. Impressionnant ! J'anticipe la suite, je sens venir le récit tragique de l'inexorable effacement de la puissance paternelle. Je me prépare à l'arrivée des trémolos dans sa voix lorsqu'il récapitulera toutes les atteintes portées à l'autorité du *pater familias* depuis l'abandon du Code justinien : l'abolition du pouvoir de vie et de mort sur sa famille, dite

« sous sa main » ; l'extinction de la possibilité de livrer ses enfants en réparation de ses fautes ; la fin de la propriété de leurs biens et du choix de leurs conjoints ; l'exécution finale avec la loi du 4 juin 1970 établissant un exercice conjoint de l'autorité parentale. En fait, non ! Patrick Buisson déjoue mon pronostic, et sort un autre tour de sa boîte à malice : « Je connais un prêtre que je te propose de rencontrer. Il a l'habitude des cas difficiles. Seul un homme d'Église peut te ramener à la raison.

— Ah oui ! C'est un exorciste ? » dis-je, par provocation.

Nous en restons là. Son documentaire sur Céline l'accapare. Après l'avant-première au Gaumont Opéra, je pars deux semaines en famille à Madagascar. À mon retour, j'ai l'esprit vidé et les bras toujours chargés de mes actions dans Publifact. Je repars donc à l'assaut pour que Patrick Buisson m'en débarrasse. Son énervement grandit. À quelques jours des vacances de Noël, Patrick Buisson explose. Il s'attaque à ma femme qu'il juge responsable de mon empressement. Elle serait l'instigatrice de ma révolte, la main cachée qui voudrait lui subtiliser son argent. Je me récrie, et lui rappelle que je ferai don de l'intégralité de la somme que je toucherai. Il enrage : « Tu as quitté Papa pour te réfugier dans les jupes de ta femme ! » Libre à lui de penser que j'ai changé de propriétaire, il ne se rend pas compte que cette attaque contre mon caractère est surtout révélatrice du sien. Il n'est plus en état de mesurer l'aveu qu'il vient de faire. Son esprit est occupé à trouver le moyen de me faire plier. Après avoir tenté de m'abuser avec le concours d'un représentant de l'Église, il cherche à m'intimider en se réclamant de l'action d'un grand serviteur de l'État.

« J'ai demandé à Péchenard d'enquêter sur le restaurant de ta femme. C'est pas joli ! Ça pue, hein ! C'est une couverture pour blanchir de l'argent sale en provenance de Madagascar. Tu n'étais pas au courant, peut-être ?

— Ah bon, tu as demandé une enquête ? Eh bien, je vais contacter ce monsieur Péchenard pour savoir ce qu'il en est.

— Si tu oses faire ça, je t'écrabouillerai toi et ta métisse. »

Patrick Buisson blêmit, se met à trembler. Son petit garçon ne cède pas ; il n'est même pas effrayé. Je prends la direction de la porte qu'il barre de son corps, et le dégage violemment de mon chemin. Je vais dénoncer son bluff. Le forcer à abattre son jeu.

M. Frédéric Péchenard
Directeur général de la police nationale
Ministère de l'Intérieur, de l'Outre-mer,
des Collectivités territoriales et de l'Immigration

Sèvres, le 15 décembre 2011

Monsieur le Directeur général,

Au cours d'une conversation, mercredi 14 décembre 2011, avec mon père, Patrick Buisson, président de la chaîne Histoire, celui-ci m'a informé qu'il vous avait sollicité afin de mener une enquête de police sur le restaurant « [...] », dont je détiens avec mon épouse la totalité des parts sociales.

Selon ses dires, cette enquête révélerait des opérations de « blanchiment d'argent en provenance de Madagascar ».

Vous comprendrez que mon épouse et moi-même sommes scandalisés d'apprendre qu'une telle investigation ait été ordonnée, semble-t-il, hors de tout cadre légal, sur la pression d'une personne ne disposant d'autre autorité que celle dont elle se prévaut, mais jouant habilement de ses liens avec le chef de l'État.

Vous comprendrez également que devant la gravité de cette accusation que nous récusons formellement, nous vous demandons de bien vouloir confirmer les propos rapportés.

Par souci d'honnêteté, une copie de cette lettre sera adressée à Patrick Buisson, malgré sa menace de nous « écrabouiller », la « métisse » et moi-même (« la métisse » étant mon épouse franco-malgache), dans le cas où nous entreprendrions la présente démarche.

Nous espérons que vous donnerez suite à notre requête avant de nous tourner, le cas échéant, vers le procureur de la République de Paris ou toute autre personne susceptible de nous fournir les réponses demandées et/ou de donner suite à cette affaire.

Dans l'attente, nous vous prions de recevoir, Monsieur le Directeur général, nos salutations distinguées.

« Papa ! Papa ! » L'enfant parle doucement à l'oreille de son père, lui secoue gentiment le bras pour le réveiller. La sieste est terminée. Il doit se lever pour l'accompagner à la plage. Mais il n'ouvre pas les yeux, il ne réagit pas. Il ne se réveillera plus. C'est ainsi que ma femme perd son père et la félicité de son enfance, un après-midi de septembre 1980. Sa mère l'envoie vivre chez une de ses sœurs, en France. Elle quitte le soleil de Majunga et atterrit en plein hiver à Paris. Elle apprend à vivre avec le froid qui raidit ses robes de coton, et avec l'absence qui glace son cœur. Dans sa nouvelle école, on moque ses cheveux frisés et son mutisme insolent. « Quelle étrange petite Française fait-elle ! » dit-on à son propos. Elle ne ressemble pas aux autres élèves, et ne parle pas la langue du pays dont elle a la nationalité. Ni son père qui s'adressait à elle en corse, ni sa mère qui ne lui parlait qu'en malgache, n'avaient jugé utile de la lui apprendre. À raison, finit-elle par croire. Si elle sait ne pas avoir la peau noire de ses camarades de Madagascar, les premiers mots de français qu'elle est en mesure de comprendre lui enseignent qu'elle n'a pas non plus la peau blanche. Alors, elle se met à attendre impatiemment les vacances d'été pour retrouver Majunga, le parfum évanescent de ses années insouciantes, et sa meilleure amie, Zoalina, avec qui elle a été élevée. Elle seule peut saisir la violence d'une peine qui ne s'efface pas, et le choc d'une perte qui bouleverse une vie à tout jamais. Elle aussi n'a plus de père. Elle n'a même presque plus rien de lui. Zoalina est la fille d'une Indo-Malgache et de Philibert Tsiranana, premier président de la République de Madagascar. Cette histoire d'amour n'avait pas été admise par la famille officielle de Tsiranana. À la mort du « père de l'indépendance » malgache en 1978, l'épouse légitime et un avocat véreux avaient maquillé le testament, pour priver la mère des biens qui lui étaient destinés et empêcher la fille de porter l'illustre patronyme. Zoalina n'avait eu le droit d'accoler à son prénom que celui de son père, Philibert, et de ne conserver qu'un album aux photos jaunies. Au milieu de la place de l'Hôtel de Ville, à quelques dizaines de mètres de sa maison, se tient le buste en bronze de celui que tout un pays avait chéri. Comme pour lui rappeler son bonheur enfui.

Ma femme et Zoalina sont unies par les joies qu'elles ont connues ensemble, et par le chagrin qui les a foudroyées en même temps. La disparition du père a fait basculer leurs vies. Je ne peux blâmer ma femme lorsqu'elle me retient de rompre les liens avec Patrick Buisson. Ce n'est pourtant pas du vide dont je souffre, mais du trop-plein. Son omniprésence dévore mon existence.

Les locaux de la chaîne Histoire sont déserts au lendemain du jour de Noël 2011. Il n'y a que nous deux. Ni lui ni moi n'avons l'intention de fuir la confrontation. Lorsqu'il me demande de le rejoindre dans son bureau, je me saisis de mon téléphone portable. Pour une fois, je vais suivre son exemple et enregistrer la conversation. Je ne me fais pas d'illusion sur les explications qu'il a fournies au directeur de la police. Pour se défendre des faits que ma femme et moi avons rapportés, il a certainement dû mettre en cause notre santé mentale : « Quand quelqu'un crie au loup, il faut crier au fou ! » Au cas où le « grand flic » aurait l'idée de faire un travail de police et de procéder à des investigations, il me faut recueillir la preuve de la tentative d'intimidation de Patrick Buisson. Seulement, je n'ai pas son talent de dissimulation. Alors que je m'apprête à glisser mon téléphone dans la poche arrière de mon pantalon, il surprend mon geste : « Tu enregistres la conversation ? » Je l'assure maladroitement du contraire ; bien que méfiant, il m'autorise à entrer sans vérifier si la fonction d'enregistrement de l'appareil est activée. Il ouvre les hostilités en évoquant notre lettre à Frédéric Péchenard sur un ton qu'il place entre la désolation et la gravité :

« Je ne savais pas que tu pratiquais la délation. [...] Le fait que tu aies envoyé cette lettre est... il en reçoit des centaines comme ça... Qu'est-ce que tu veux que je te dise ? Tu es content ? Tu as la conscience tranquille, Jojo ?

— Entièrement.

— Tu as écrit à qui d'autre ?

— J'ai écrit à Péchenard, comme je te l'ai dit.

— On est dans une relation où on ne peut plus travailler ensemble. De ta part, ce comportement… Je pense que ça te passera, je pense que tu vas beaucoup souffrir, mais c'est plus mon problème. J'ai fait ce que je pouvais pour toi, je l'ai sans doute fait mal, mais je l'ai fait. Que tu en arrives à ce genre d'extrémité est triste pour toi, Jojo !

— Non. Tu me menaces, je me protège.

— Toi, t'as pas fait de menaces, tu as fait une lettre de délation à l'égard de ton père.

— Ce n'est pas une lettre de délation. Tu me dis que tu as fait une enquête sur ma femme et mon restaurant. Je demande la vérité.

— Bohhhh ! Tu sais très bien que je ne l'ai pas fait ! […] Il va te répondre, Péchenard.

— J'y compte bien.

— Mais oui, mais euh… comme on répond…

— Comme on répond à quoi ?

— À ce genre de lettres et à ceux qui les écrivent, Jojo. »

Ayant eu l'aveu que j'attendais, je prends le chemin de la sortie. Patrick Buisson se positionne aussitôt devant la porte pour me barrer le passage. Cela devient une habitude. Il n'a pas eu ce qu'il désirait. Et il ne l'aura pas. Je ne présenterai pas d'excuses, n'exprimerai ni remords ni regrets. J'assume totalement.

« Tu as dit que ça puait, que c'était du blanchiment d'argent ! Je suis désolé, je ne laisse plus passer ça… la moindre menace sur moi ou sur ma femme… je ne laisse plus passer ça ! […] Je ne me laisserai plus faire, plus jamais humilier, plus jamais menacer, plus rien ! »

Patrick Buisson essaie de reprendre l'ascendant. Il détaille ses interventions pour me trouver du travail, s'insurge que je puisse penser qu'il s'est servi de moi et de mon nom dans ses sociétés, et souligne que personne ne m'a forcé à accepter quoi que ce soit. Je serais une victime consentante, privée du droit de se révolter. Il ne faudrait pas que je gratte le plâtre de la statue du père généreux et protecteur qu'il a si patiemment construite.

« Je t'ai lésé ? Je t'ai donné le maximum de biens, j'ai tout organisé pour tout te transmettre, et tu vas dire que j'ai abusé de ta confiance. Je t'ai laissé la nue-propriété de mes biens. Je t'ai lesé ? J'ai utilisé ton nom ? Bah, dis donc, à ce prix-là ! J'ai fait des escroqueries ? Je me suis livré à des malversations avec la société ? Je t'ai porté tort ?

— Ah, oui ! »

Être associé à Patrick Buisson occasionne certains désagréments ; les inévitables appels anonymes et menaçants en font partie. Ma femme a pu s'en rendre compte, peu de temps après l'ouverture de son établissement. Les coups de téléphone se sont multipliés au moment de la révélation de l'affaire des sondages de l'Élysée, et ont étrangement repris depuis peu, en l'absence de tout scandale. Goûtant modérément l'ironie d'être elle-même traitée de « facho » et de raciste, ma femme a déposé plusieurs mains courantes au commissariat. Pour Patrick Buisson, c'est le signe d'une tromperie. Si des appels avaient réellement été passés, elle aurait porté plainte, explique-t-il.

« Là, c'étaient des menaces, et tu ne vas pas porter plainte. En revanche, tu vas me dénoncer !

— Pour éviter que tout le monde sache, et vienne emmerder ma femme.

— Jojo, tu reconnaîtras que tout cela est totalement incohérent. Cette histoire ne tient pas debout. C'est pour cela que... je pense que tu es... tu dois être très malheureux pour faire ça.

— Non, je ne suis pas malheureux. Je ne me laisse plus faire. C'est tout.

— Si ! Parce que écrire... dénoncer son père à un tiers !

— Et menacer son fils et sa femme, en disant que tu vas nous écrabouiller, c'est ? Je ne me laisserai plus faire. Je rendrai coup pour coup.

— Tu vas rendre coup pour coup ? Eh bien, Georges, tu

ne vas pas rendre coup pour coup. On va se séparer, tu vas aller vivre ta vie de ton côté, avec la bonne conscience que tu as.

— La très bonne conscience…

— Eh bah, écoute, tu veux qu'on aille voir un prêtre ? Tu veux qu'on aille voir Louis-Hervé Guiny ?

— N'importe quel prêtre ! Et on ira parler de ta conception des races et des hommes supérieurs. Le père qui veut séparer son fils de sa femme, et qui menace leur couple. Pas de souci, on ira en parler. On demandera l'opinion de n'importe quel prêtre.

— On parlera aussi de ton attitude.

— Mon attitude ? C'est normal. Je me protège, je protège ma femme et je protège mon couple. […]

— D'accord. Ce n'est pas la peine de discuter avec toi. Je crois que tu es de mauvaise foi. Je crois que ça n'a strictement aucune importance. M'accuser de racisme ! Tu veux aussi me démolir professionnellement…

— Je ne veux rien, je me protège. C'est tout.

— Tu te protèges de quoi ?

— De toi ! »

Au chapitre des justifications farfelues, il ne craint pas d'affirmer que je lui aurais dit verser un loyer correspondant à 90 % de mon salaire. Malgré mes dénégations et l'absurdité d'un tel cas de figure, il se sert de cet argument pour expliquer l'accusation de blanchiment d'argent.

« Écoute, de toute façon, Jojo, je pense que tu es entre les mains d'une chose qui va te rendre non seulement extrêmement malheureux, mais qui va gâcher toute ta vie. Tu as commis des choses qui sont… Tu as beau m'accuser de tout ce que tu veux, ça n'a aucune importance. Je n'ai jamais fait un acte mauvais contre toi. Jamais ! […] Je vais maintenant être obligé de dire à Jean-Pierre et à Michel ce qu'il en est. »

Je l'encourage à dire la vérité à mes deux oncles. Face à la résistance que je lui oppose, il hausse le ton. Il me promet un licenciement pour faute, en se servant de la lettre au directeur de la police. D'ailleurs, il lui brûle les lèvres de me faire connaître l'opinion de Frédéric Péchenard, ainsi que la manière dont il a réussi à le manipuler.

« On dira : "Ce type est un assisté qui a été pris en charge par son père ; il n'a jamais trouvé un travail ; il reçoit l'argent de son père ; et brusquement, il va dire : "il menace de m'écrabouiller." Jojo, je ne te dirai pas quelle a été la réaction de Péchenard. Il t'a gentiment répondu [...]. Je n'ai pas envie de faire la guerre avec toi. Je vais m'occuper des gens qui m'aiment un petit peu, et qui m'apportent des choses. Toi, tu es dans la haine. C'est pour ça que tu ne veux pas voir un prêtre. Je comprends très bien sinon...

— Ne mets pas la religion catholique là-dedans. T'as vraiment rien à dire...

— Que tu puisses passer Noël après avoir fait de la délation ! La pire des choses, la pire des choses !

— Ne parle pas de catholicisme, parce que c'est à pleurer...

— Eh bien moi, je suis avec des catholiques qui pensent la même chose que moi. Ils pensent la même chose de l'ordre naturel. Aucun racisme !

— Bien sûr, bien sûr, l'ordre naturel... L'homme blanc supérieur aux races inférieures...

— Aucun racisme ! Écoute Georges, fais ce que tu veux. Utilise même les choses les plus abjectes !

— T'as aussi des prêtres qui ont couvert l'esclavage, t'en as eu des dizaines.

— Rien ne me surprendra, rien ne me surprendra de ta part ! Rien ! Tu déformes mes propos.

— Ah, non ! Je ne les déforme pas.

— Tu les rends outranciers !

— "Écrabouiller ta métisse"...

— Je ne vais pas vivre sous la menace de quelqu'un qui veut me dénoncer pour racisme, Georges. Nous sommes à un point où je réclame la médiation de Louis-Hervé Guiny, pour organiser notre séparation totale.

— La médiation de qui ?

— De Louis-Hervé Guiny, le père Louis-Hervé Guiny de la communauté Saint-Martin, si tu es catholique…

— Mais qu'est-ce que j'en ai à foutre de ton prêtre ! »

Louis-Hervé Guiny est un abbé de province qui dirige la formation du séminaire de la communauté Saint-Martin. Il rêve de porter la mitre pour devenir un prélat de cour. Et la fréquentation d'un conseiller du chef de l'État n'est pas inutile pour pénétrer les cercles du pouvoir. Elle lui a déjà permis d'être introduit auprès de nombreux hommes d'influence, lors de la cérémonie de remise de la Légion d'honneur à Mgr Thévenin. Patrick Buisson apporte volontiers son concours à ce prêtre qui lit Charles Maurras et dispose de solides lettres de recommandation. Le professeur de théologie morale et de spiritualité n'est pas de ceux qui négligent la casuistique, fût-elle la plus revêche. Il est un ami de jeunesse de Guillaume Peltier que, justement, Patrick Buisson s'emploie à promouvoir depuis que le garçon a rejoint l'UMP afin de faire décoller sa carrière. Le prêtre est aussi le confident de la famille Villiers. C'est lui que Philippe de Villiers avait dépêché auprès de son plus jeune fils Laurent, dont il était proche, pour le dissuader de porter plainte pour viol contre son frère aîné, Guillaume. La réputation de pieux catholique du père ne devait en aucun cas être salie par une affaire d'inceste. Si l'abbé avait échoué dans sa tentative, il avait clairement démontré où se situait sa loyauté. Il est, enfin, proche de Pauline de Préval. Je n'ai pas besoin du dixième de ces éléments biographiques pour décliner violemment la proposition de Patrick Buisson. Les confesseurs-rapporteurs, hors de ma vue ! Les directeurs de conscience qui ont égaré la leur, non merci ! Je connais trop bien ces onctueux, mi-prêtres mi-psys, qui vous mettent la main sur l'épaule pour que vous vous épanchiez, avant de courir se répandre. Je fuis ces médecins de l'âme qui, sous couvert de vouloir vous guérir, entretiennent leurs manies. Oui, je n'en ai rien à faire de son prêtre. Je pense plutôt à un autre type d'homme portant la robe, qui m'aidera dans mes relations avec Patrick Buisson.

« Tu veux un avocat, Georges ? Tu veux qu'on fasse la guerre ?

— En quoi as-tu besoin d'un prêtre ?

— Parce que j'ai le souci de toi. [...] Sachant que j'ai été aux côtés d'une personne mourante... »

Il fait monter de petits sanglots dans sa voix. Peut-être cela fonctionnera-t-il ? La mourante est la jolie môme. Victime d'un accident de santé, elle a été admise à l'hôpital militaire du Val-de-Grâce, grâce à l'intervention de Patrick Buisson auprès du président de la République. Elle est tirée d'affaire, mais le reconnaître ne lui permettrait pas de se servir de l'état de sa compagne pour que l'on s'apitoie sur son sort. Je ne suis pas dupe.

« Mais j'en ai rien à foutre que tu aies été aux côtés d'une personne mourante !

— Mais je sais bien, je sais bien...

— Excuse-moi, c'est ta vie !

— Tu es envoûté ! Tu es envoûté ! »

Je suis estomaqué. Je ne m'attendais pas au procès en sorcellerie. Il doit penser que ma femme profite de nos séjours à Madagascar pour me faire boire de drôles de potions. Allons-y pour les accusations de maraboutage ! En tout cas, ses sanglots ont disparu. Ils ont fait place à une colère qui, elle, n'est pas feinte.

« La haine que tu me portes ! Tu te rends compte ? La haine ! Tout le monde voit le visage de la haine !

— Au contraire, tu vois, je suis débarrassé !

— Mais oui, tu es délivré du père qui t'a écrasé. Bien sûr !

— Si quelqu'un m'a envoûté, c'est toi ! Et je m'en suis libéré !

— Bien sûr, je t'ai envoûté ! Je t'ai obligé à faire tout ce que tu as fait. Je suis le Mal, Jojo ! »

Après avoir brandi la menace du licenciement pour faute, il souhaite désormais que je négocie mon départ. Si je n'entends plus travailler avec lui, je ne peux plus accepter qu'il m'impose ses choix. Je sais ce qu'il en coûte de lui céder. Lorsqu'il installe un rapport de force, il ne faut pas montrer le moindre signe de faiblesse, et encore moins reculer. Je ne renoncerai pas à lui vendre mes actions, et je demanderai une nouvelle affectation.

« Il y a du boulot à TF1, aussi, lui fais-je remarquer.

— Moi, je ne peux pas. La confiance est rompue.

— Sauf que toi, ce n'est pas TF1.

— Ah, mais Bouygues, il fera ce que je veux, tu vois !

— Je ne suis pas sûr.

— Ben moi, j'en suis sûr. Parce que je lui en ai déjà parlé.

— Je vais lui demander un rendez-vous, alors. »

La perspective d'être également mis dans l'embarras avec le président du groupe Bouygues lui fait perdre ses nerfs.

« Il faut partir, Jojo !

— Comme tu mens en permanence, je demande la vérité aux gens. C'est plus simple.

— Je ne mens pas en permanence. J'en ai parlé à Laurent Solly.

— Laurent Solly n'est pas Martin Bouygues.

— Martin, il fera ce que je veux. J'ai prévenu que j'avais de gros ennuis avec mon fils et ma collaboratrice. [...]

— Pas de souci, j'irai voir Martin Bouygues et je demanderai à rester sur TF1.

— Il te recevra pas, il te recevra pas. »

Patrick Buisson ne parvient plus à se contenir. Il revient sur la lettre adressée à Frédéric Péchenard et tire la munition qu'il avait jusque-là mise de côté. Fièrement, il avoue le système de défense employé avec succès auprès du directeur de la police. Je ne suis aucunement surpris.

« Quand on reçoit une lettre comme ça, on se dit que c'est une lettre de déséquilibré. [...]

— Je peux aller voir Péchenard, demander un rendez-vous.

— Il te recevra pas, parce que tu existes pas, Jojo. Tu es considéré comme quelqu'un qui fait de la menace, qui fait de la délation. On reçoit pas les délateurs. »

Je n'ai pas le temps de m'interroger sur la manière dont la police arrive à faire son travail, je suis trop occupé à lui résister.

« Ah non ! Je ne fais pas de la délation, je rapporte une menace. [...]

— Tu as des preuves ? »

Je me garde bien de dire quoi que ce soit.

« Georges, tu te rends compte de la conversation qu'on a ? Tu penses à ta grand-mère ?

— Oui, je pense à ma grand-mère.

— Elle doit te regarder… En larmes, en larmes ! […] Tu sais, elle a vu que le malheur rentrait dans la maison. À la première minute. Elle a vu, elle a vu ! […] Elle a vu ce qu'il y avait à l'intérieur. Jojo, on va arrêter. C'est pas la peine de s'engueuler. On va faire baisser la pression. »

Patrick Buisson a une drôle de manière de s'employer à calmer les esprits. Son attaque était d'abord voilée ; elle est tout à fait précise, à présent. Il ne craint pas de nier la réalité des ennuis que son nom nous a valus et de s'en prendre à ma femme.

« Elle t'a menti ! Elle t'a manipulé pour te dresser contre moi ! Comme elle le fait depuis deux ans !

— Je n'ai pas besoin de ma femme pour ouvrir les yeux.

— Ouvrir les yeux sur quoi ?

— Sur toi !

— Tu vas dire que je t'ai fait du mal ?

— Ah oui, depuis des années ! […]

— Je t'ai donné de l'argent. Qu'est-ce que j'ai fait ? […]

— T'as essayé de me séparer de ma femme.

— Je te jure que non, Jojo !

— Je ne te crois pas, je te regarde dans les yeux.

— Moi, je te regarde dans les yeux. Dis-moi ce que j'ai fait ! Je n'ai rien fait ! Je vivais ça comme un malheur. Non, Jojo, c'est trop triste ! Je n'ai absolument rien fait. Je te donne ma parole sur la tête de ma mère ! Tu es fou !

— Elle est déjà morte.

— Tu as raison, tu as raison. Elle est morte. Mais, moi, je ne suis pas comme toi. Ma parole, j'y tiens ! Je suis considéré comme un homme de cœur, un homme généreux par tous ceux qui me connaissent !

— C'est parce qu'ils te connaissent pas, alors.

— Par tous ! Par Pauline, par la jolie môme, par tous…

Comme un homme de cœur généreux, oui, parfaitement ! [...] Et Pauline, le soir de Noël, elle est là ! Elle est là pour la jolie môme, elle est là pour les gens qui ont du cœur ! Pas toi ! Pas toi !

— Non, je n'ai pas de cœur. [...]

— Non, tu es devenu un monstre ! Tu es devenu un monstre !

— Oui, je suis devenu un monstre. Un monstre qui a épousé une "négresse", pour reprendre les paroles d'un homme de cœur généreux.

— Ce sont des accusations... Va les donner à *Libération*, si tu veux. Tu passeras à la postérité. Tu seras comme le fils Villiers.

— Pourquoi ? Tu as peur de la vérité ?

— Quelle vérité ?

— La vérité !

— Mais j'ai jamais dit ça. J'ai jamais dit qu'elle était une "négresse".

— Ah bon ? "Négresse", métisse... Que comme toutes les métisses, elle était haineuse !

— C'est toi qui me dis qu'elle est métisse, je ne savais pas.

— Ah bon ? Tu as pas dit "ta métisse" ?

— Non ! Bon ! Georges, tu veux continuer à me faire chanter ? Qu'est-ce que tu veux ?

— Je ne te fais pas chanter.

— Vous voulez de l'argent ?

— Je veux sortir de la société, ça c'est clair !

— Mais attends, on peut pas !

— Quoi qu'il t'en coûte, je sortirai de la société.

— Georges, je te signale que si tu fais le couillon, alors Renault me dit que le premier responsable, c'est toi !

— Pas de souci.

— T'es fou, hein ! T'es fou, t'es fou ! Bon, écoute... euh...

— Tu as essayé de me faire signer un papier pour céder des parts à Jean-Pierre. Une vente au nominal pour une entreprise qui a plein d'argent ! C'est redressement fiscal assuré et plainte au pénal !

— Qu'est-ce que tu veux ? Tu veux l'argent ?

— Change de conseil, hein !

— Non, non ! Je ne change pas de conseil. Tu veux… On en est à l'essentiel ! C'est le chantage que tu as monté ! Lettre au procureur, délation…

— Un redressement fiscal assuré pour Jean-Pierre et pour moi…

— Peu importe !

— Peu importe ? Ah bon ?

— Ça te regarde pas !

— Ça me regarde pas ?

— Allez, tais-toi !

— Je veux sortir de la société. Ça fait trois ans que je t'en parle !

— Ton projet, c'est d'avoir l'argent. Vous avez monté un système de délation. Je vais donc porter plainte. […]

— Porte plainte, on va rigoler ! Porte plainte, je te promets le feu nucléaire !

— Le feu nucléaire, c'est toi qui l'auras, Jojo ! Mais tu es fou !

— Ah non, je ne suis pas fou ! Toi, tu as pris tes précautions pour te protéger du pouvoir. Moi, j'ai pris mes précautions pour me protéger de toi. »

Patrick Buisson s'étrangle à cette évocation. L'échange ne s'arrêtera pas là. Il aura encore des remarques désobligeantes sur l'« attitude » de mon épouse, et même sur son physique. Et au milieu de ses paroles blessantes, une mise en garde : « Tu veux la guerre avec moi ? C'est ça que tu veux ! Il y aura trois victimes. Il y aura toi, il y aura ta femme et il y aura moi. » Encore une fois, il me faudra lutter physiquement pour mettre fin au face-à-face. De retour chez moi, je raconte tout à Magnolia. Elle aussi est décidée à passer un message à Patrick Buisson.

Rendez-vous est pris le 29 décembre, après le service du midi. Je m'y oppose, mais ma femme tient à s'expliquer avec lui. Elle a voulu cette entrevue, afin de lui dire ce qu'elle a sur le cœur. Je l'avertis qu'il est inutile de chercher à lui faire entendre raison, et la mets en garde contre sa propension à la manipulation. Elle me promet de garder en toutes circonstances son sang-froid. Il lui en faudra pour supporter la comédie que va lui jouer Patrick Buisson, dans un café proche de notre restaurant. C'est la deuxième fois qu'ils se voient.

« Bon, il faut des circonstances un peu exceptionnelles pour que les montagnes se rencontrent. Ce que je vous propose – je ne sais pas si c'est votre état d'esprit –, c'est de mettre de côté tous les griefs qu'on peut avoir. Moi, je ne vous cache pas que je suis très inquiet de l'évolution de la situation, mais très inquiet pour Georges. Très !

— Et moi je vis avec Georges, je ne vois pas ce qui vous inquiète parce qu'il n'y a pas de…

— Alors, je vous le dis. J'ai affaire à un bloc de haine compacte. Une réaction extrêmement violente à mon égard.

— Disons que l'affaire Péchenard, ça a été la goutte de trop. Je vous le dis honnêtement.

— Attendez, si on repart sur tout ça, je crois qu'on va faire fausse route.

— Justement, je pense qu'il faut en parler.

— Non, mais attendez !

— Monsieur Buisson, vous ne pouvez pas dire à Georges : “On a fait une enquête à ma demande”…

— Georges sait très bien ce qui dans une conversation… Écoutez, si on reprend l'origine des choses, c'est ça qu'il faut quand même voir. D'abord, il faut voir mes intentions à l'égard de Georges : j'ai toujours protégé Georges. Je l'ai trop protégé.

— Alors protéger Georges, ce n'est pas toujours essayer de nous faire passer pour des mauvais, en disant qu'on blanchit de l'argent dans le restaurant. Ça, ce n'est pas normal !

— Non, mais attendez, attendez… Je comprends bien la réaction que vous pouvez avoir. Si on ne remet pas les choses à plat et si on remonte à Mathusalem, on ne va pas y arriver. »

J'ai oublié de prévenir ma femme de se méfier lorsque Patrick Buisson se lance dans les rappels historiques. Dans ces moments-là, le révisionnisme n'est jamais loin. De mes études « cahin-caha » où il prétend m'avoir tenu à bout de bras jusqu'aux postes qu'il m'a aidé à décrocher, il ne se reconnaît qu'un seul tort : m'avoir surprotégé. C'est à cette aune qu'il prie ma femme de juger son attitude. C'est dans cet esprit qu'il a désiré que j'intègre ses sociétés : « J'ai toujours voulu que le fruit de mon travail lui revienne directement sans impôts ; je lui ai donné, en échange des dividendes qu'il recevait, la nue-propriété de mes biens immobiliers. » Cela étant posé, tout le reste est sinon compréhensible, du moins excusable. Mon épouse ne doit pas espérer une autocritique de la part de Patrick Buisson. Ce n'est ni dans sa nature ni dans sa culture. Il ne confessera jamais qu'à rebours du comportement commun, il ne prodigue pas ses bienfaits dans le but de susciter de la gratitude ou de la réciprocité, mais pour faire naître chez l'autre un sentiment de culpabilité. Les services qu'il s'empresse, et même impose de rendre, sont pleins des reproches qu'il pourra plus tard formuler. Comment pourrait-il stigmatiser ma dépendance s'il n'était pas intervenu à chaque fois que je tentais de gagner mon autonomie ? Quel meilleur moyen de justifier ses largesses qu'arguer de ma faiblesse de tempérament ? Il n'est pas de camouflage plus efficace pour un prédateur que de revêtir le costume du protecteur.

De tout cela, Patrick Buisson ne dit rien. Au contraire, il met en garde mon épouse : « Georges, il faut que vous le sachiez, a un problème avec la vérité. Quand il est dans la situation où il ne veut pas s'expliquer, il préfère mentir. » Après cette longue introduction, Patrick Buisson peut entrer dans le vif du sujet. Enfin, presque.

« Avant même cette histoire… de… discussion où… euh… votre restaurant est venu dans le débat, si j'ose dire, j'ai un Georges qui s'est, depuis l'été, considérablement durci. Il est devenu d'une violence inouïe, me reprochant le divorce, son adolescence, son enfance malheureuse. […] À son retour de Madagascar mi-décembre, ça faisait quinze jours que je ne l'avais pas vu, je lui parle du travail, et lui demande un service. Il me répond : "Je ne suis pas ton larbin !" Bon, d'accord. Et puis toute une tirade : "J'ai ouvert les yeux.

« — Mais t'as ouvert les yeux sur quoi, Georges ?

« — Rhoo ! Mais sur la manière dont tu mets les êtres dans ta dépendance. Tu les façonnes.

« — Écoute Georges, on n'est pas là pour faire de la psychologie. Je peux avoir des torts, j'en ai certainement beaucoup. J'ai aussi quelques inconvénients, celui d'avoir toujours été ton soutien dans tous les coups. Ce que je ne comprends pas, c'est ce manque de confiance aujourd'hui et la violence avec laquelle tu réagis."

« Là j'ai un Georges qui – il ne vous l'a peut-être pas raconté – m'a pris comme ça, m'a poussé contre la porte de mon bureau, m'envoyant valdinguer.

— Oui, parce que vous ne vouliez pas le laisser sortir. Si, si, il m'a raconté. Contrairement à ce que vous pensez, mon mari me parle beaucoup. »

Après avoir tout contextualisé à sa manière et rappelé le montant délirant du loyer que, selon lui, nous devons nous acquitter, Patrick Buisson peut aborder, dans de meilleures conditions, l'accusation de blanchiment d'argent et l'utilisation du nom de Frédéric Péchenard.

« Et, évidemment, dans la conversation, on échange des propos qui n'étaient dictés que par la colère. Il m'a dit des choses horribles de son côté ! Horribles ! Mais je ne vous les rapporte pas. Horribles sur ce que je suis, sur… Peu importe. Moi, je ne suis pas dans le grief. Derrière, le directeur de la police nationale me téléphone pour me dire : "J'ai reçu cette lettre." Simplement, je voudrais que vous compreniez une chose. Georges savait très bien que Frédéric Péchenard n'avait pas enquêté. C'est parce qu'il m'entend parler de Sarkozy, de Bouygues, etc. Pour lui, ce sont des personnages familiers. Mais, en fait, eux ne le connaissent pas, ou ils ne le connaissent qu'à travers moi. Et donc il se dit "comme il a une relation avec Péchenard, il est capable", "comme il est conseiller du président, il est capable d'avoir fait ça". Et il envoie cette lettre. Alors je vais vous dire la conséquence pratique : si Nicolas Sarkozy est battu au mois de mai, le prochain directeur de la police nationale, c'est pas un ami ! Laisser traîner ça dans les archives, c'est bon pour personne ! Je crois que c'est une erreur de Georges d'avoir fait ça. Péchenard lui a répondu en lui disant : "Je n'ai jamais enquêté."

— On ne l'a pas reçue.

— Vous allez la recevoir. "On n'a jamais enquêté ; Patrick Buisson ne m'a jamais demandé ça…" Enfin, bon ! On n'en est plus là. Essayons d'avancer ! […] D'abord, on ne fait pas ça à l'égard de son père !

— Surtout, on ne fait pas ça à l'égard de son fils unique !

— Quoi ? Lui trouver du travail, lui proposer de l'argent, lui donner de la…

— Lui avoir dit que vous aviez demandé une enquête à monsieur Péchenard. »

Le débit de la voix de Patrick Buisson s'accélère. Son monologue d'entrée n'a servi à rien. Il est contrarié : il est en train de perdre le fil de sa manipulation.

« Vous savez ce que me dit Georges ? C'est pour ça que vous pouvez comprendre qu'à un moment, violence verbale pour violence verbale, Georges me dit la chose suivante : "Avant même que je sois marié, tu as téléphoné, tu as passé des coups de fil !"

— Ce qui est vrai. Il y a eu une jeune personne qui nous a appelés. Il était là d'ailleurs, heureusement pour moi. Elle a appelé en disant : "Oui, je suis la fiancée de Georges. Je voudrais lui parler.

« — Qui êtes-vous ?

« — Ça ne vous regarde pas.

« — Mais pourquoi vous m'appelez sur mon téléphone ?"

— Madame, je voudrais que vous soyez sûre d'une chose : j'ignorais votre existence jusqu'au moment où Georges nous a mis en contact.

— Mais non, puisqu'un soir, quand il vivait encore chez vous, il a voulu sortir, vous lui avez cassé la figure pour ne pas qu'il sorte me rejoindre.

— Non, non ! C'est le jour où il est parti ça, vous savez très bien. Mais j'ignorais votre nom… on ne va pas refaire… je vous dis si on peut passer à autre chose… tout je ce que je voulais vous dire, c'est que JA-MAIS, vous m'entendez, jamais, à aucun moment – j'en ai donné ma parole à Georges – je n'ai essayé de vous séparer ou de dresser Georges contre vous. Je n'ai demandé ni coups de téléphone ni passé de coups de téléphone. Comment pouvez-vous penser que quelqu'un comme moi – même si vous ne me connaissez pas – puisse s'amuser à ce genre de choses ? Je vous en donne ma parole.

— Justement, je ne vous connais pas. »

Patrick Buisson jure ses grands dieux qu'il est étranger à ces appels malveillants. Il proteste de son innocence, et assure qu'il ne s'est jamais mêlé de notre couple.

« Georges fait ses choix d'adulte, il vit sa vie. Et qu'il n'aille pas s'imaginer, et ça il l'a dans la tête, que je puisse intervenir. […] Donc je ne voulais pas le mal du couple. Je distribuais des dividendes pour que Georges ait de l'argent et puisse subvenir aux problèmes qui pouvaient se poser. Je lui ai donné des parts pour qu'il puisse en hériter hors du fisc, mais ces parts ont été valorisées par mon travail. Maintenant il me dit : “Je ne veux plus être dans la société.” Je lui réponds : “Je ne peux pas te sortir sauf à te les racheter à leur valeur marchande d’aujourd’hui, ce qui représente une très grosse somme.” [...] Je souhaiterais que, sur ce plan-là, Georges me laisse trois, quatre, cinq mois. De toute façon, je vais m’acheter un appartement plus grand, pour agrandir cette SCI, dans laquelle il a la moitié des parts. Et je distribuerai chaque année des dividendes. S’il a des besoins d’argent, qu’il me le demande. Je lui distribue les dividendes qu’il souhaite. Je n’ai jamais dit le contraire, vous le savez.

— Je pense que c’est là où vous n’arrivez pas à communiquer avec votre propre fils. Ce n’est pas une histoire d’argent. Ce n’est pas ça. Je vais vous dire la vérité... c’est un mail que nous avons reçu par mégarde. Vous devriez savoir ?

— Un mail ?

— Que nous avons reçu de votre part, par mégarde. Que vous aviez envoyé à votre amie...

— Non ! Alors, attendez.

— Ce mail où vous écriviez que nous allions prendre votre argent pour ouvrir une léproserie dans les Hauts-de-Seine. Vous trouvez ça normal, monsieur Buisson ?

— C’est une folie, ça ! Je n’ai jamais écrit ça ! Mais je n’ai jamais écrit ça ! Mais chère madame, montrez-moi le mail, et nous demandons une enquête tout de suite ! Nous demandons une enquête tout de suite !

— Ah, je vais dire à mon mari de vous envoyer le mail. Oui, vous l’avez écrit ! Bien sûr que vous l’avez écrit, monsieur Buisson !

— Non, mais attendez, je vous assure que non ! Je vous donne ma parole que non. On est devant des faits totalement inexplicables. Comme effectivement le blanchiment d’argent...

— Ce n’est pas avec moi qu’il faut évacuer tout ça, c’est avec votre fils. Car quand votre fils voit ce genre de choses, lit ce genre de choses, comprenez qu’il est profondément blessé. [...]

— Pffff, écoutez, franchement, sortez toutes ces histoires de votre tête ! Il faut que vous sachiez une chose. Sur les coups de téléphone, bien… Blessée vous l'avez été, blessé je l'ai été également par Georges.

— Non ! Moi, dans le fond, je me dis, le plus à plaindre, c'est bien mon mari.

— Ah, mais je suis tout à fait d'accord ! »

Ébranlé, Patrick Buisson cherche le mensonge le plus efficace pour ensevelir la vérité. Il va recycler une explication qu'il pense crédible.

« Vous savez ce que je fais ? Vous savez quel enjeu je représente ? Est-ce que Georges vous a raconté que, depuis deux mois, il se passe des choses extrêmement bizarres autour de moi ? Est-ce qu'il vous l'a raconté ?

— Mais vous n'avez pas entendu ce que je vous ai dit, Georges me raconte tout.

— Bon, vous pouvez comprendre qu'il y a un certain nombre de manipulations destinées à me nuire. J'en ai eu la preuve il y a deux mois. J'ai reçu – Georges a dû vous le raconter puisqu'il vous raconte tout – des SMS qui ne m'étaient pas destinés.

— Ils ont été envoyés par Pauline à son petit ami. Oui, je suis tout à fait au courant.

— Non pas envoyés par Pauline, puisque ça venait de lui. Peu importe. Tout ça relève de la manipulation, tout ça relève probablement d'une officine qui essaie, par tous les moyens, de me déstabiliser en utilisant mes proches. C'est la politique. C'est le jeu le plus cruel et le plus dur qui soit.

— En attendant, celui qui en souffre le plus, cela ne semble pas être vous. Ça semble être mon mari.

— Attendez, moi je ne suis pas obligé de dire quelles sont mes souffrances. Je vois que Georges est arrivé à une situation de blocage et de haine, où il a perdu contact avec la réalité.

— Non, non, non ! Il est dans la réalité.

— NON ! NON ! Je vous assure, il est dans un délire. Par exemple, la simple idée de demander rendez-vous à Martin Bouygues…

Martin Bouygues ne le recevra jamais. Jamais. Martin Bouygues, il a besoin de quelqu'un qui s'appelle Patrick Buisson. [...] Georges me tient le discours un peu fou qui consiste à dire "J'ai envoyé une lettre de délation", pour dire les choses comme elles sont. Vous êtes blessée, madame ? Je le suis aussi que mon fils écrive au directeur de la police nationale en ces termes, en disant que j'utilise mon influence pour demander une enquête. Péchenard, ça l'a fait rire. Il connaît nos relations. Il connaît la situation. Peu importe. Je comprends que Georges, par une réaction d'amour pour vous, ait cherché à vous protéger, mais c'est là où il est dans la schizophrénie. C'est là où il quitte le réel, car il savait très bien qu'il n'y avait rien de vrai dans cette histoire.

— Oui, mais c'était peut-être un moyen pour lui de dire : "Arrêtez ! Maintenant, ça suffit !"

— Mais ce n'est pas à moi qu'il envoie ce message, c'est à Péchenard ! Parce que les traces, elles sont aux archives de la police !

— Oui, mais nous, on est sûrs de ce qu'on a écrit et de ce que vous avez dit.

— Madame, ce n'est pas le problème. Moi aussi je suis sûr des accusations que Georges porte contre moi, c'est-à-dire que je vous téléphone pour vous injurier ou je fais téléphoner mes proches pour vous injurier. [...] On est dans la folie la plus totale. Parce que Georges est dans un monde imaginaire. »

C'est incroyable, tout de même. Comment puis-je penser que Patrick Buisson s'amuse à ce genre de choses ? Alors qu'il n'est que générosité et serviabilité.

« "Est-ce que tu veux que je te donne de l'argent, Georges ? Est-ce que tu veux que je te prête de l'argent, Georges ?" S'il vous raconte tout, il vous dit ça aussi ? Vous êtes au courant du fait que, libéralement, je lui donne des dividendes ?

Georges me dit : "Tu sais, je n'ai pas besoin de ton argent. Cet argent est maudit.

« — T'occupe pas de savoir si l'argent est maudit ! Je le gagne honnêtement. Je sais ce que je gagne, et je sais ce que vaut ma prestation. Un certain nombre de gens voudraient me l'acheter encore plus cher. Prends-le. Et si t'en as besoin d'autre, demande-le."

Donc mon attitude a toujours été une attitude de protection, y compris vis-à-vis de votre couple. »

La sollicitude de Patrick Buisson n'a pas de limites, ma femme doit en être convaincue. Seulement, son mauvais jeu d'acteur ternit quelque peu sa prestation. « J'ignore même jusqu'à votre prénom, je suis obligé de vous le demander », ose-t-il interroger mon épouse. Elle répond par politesse et amusement pour que Patrick Buisson poursuive, en toute confiance, l'étalage de ses bienfaits.

« Je l'ai fait entrer dans le groupe avec l'idée que Laurent Solly pourrait être le futur patron de TF1. Martin Bouygues me l'a encore dit il y a huit jours, lorsque j'ai déjeuné avec lui. C'est pour assurer la carrière de Georges derrière. [...] Moi, je suis prêt à tout pour l'aider. Tout. Parce que c'est mon fils, et que ma mère adorait Georges. C'est un devoir moral que j'ai vis-à-vis d'elle que de le protéger, même de le protéger contre lui-même. Même quand il me porte des coups, parce que c'est un coup qu'il m'a porté. [...] Là, aujourd'hui, il est dans cette situation où il est en partie coupé du réel, parce qu'il ne peut pas en même temps me donner un coup de poignard et me demander de le garder. Faut choisir ! C'est l'un ou c'est l'autre !

— Vous, vous considérez ça comme un coup de poignard, mais vous ne vous dites pas : "Peut-être que j'ai commis une erreur en lui disant ça !"

— Mais attendez, est-ce que lui n'a pas commis des erreurs en portant des accusations formelles ?

— Mais le père c'est vous, c'est vous le sage. Lui c'est l'enfant, je suis désolée.

— Mais il a trente-cinq ans.

— Peu importe. Vous êtes son père. Lui c'est votre enfant. Vous ne pouvez pas vous servir de ce genre de choses pour faire du mal, blesser votre enfant. Excusez-moi, aujourd'hui nous sommes parents, Georges et moi. Je ne sais pas si vous êtes au courant. »

Patrick Buisson l'apprend à ce moment précis. Il ne réagit pas, et fera par la suite comme si je l'en avais informé. Cette annonce a moins d'importance pour lui que de réussir à préserver ses intérêts.

« Moi, je crois aussi aux Évangiles, et je crois qu'on doit respecter son père. On ne doit pas lui dire des choses comme il m'en dit. [...] Il faut qu'il me facilite la tâche aussi. Moi je suis prêt à tout ce qu'il veut. Simplement, nous ne sommes pas obligés de mélanger nos vies. Voilà. Georges ne comprend pas ça. Il veut la bénédiction de Papa. Pour tout. Papa, il est pas là pour donner la caution morale. Ce n'est plus un enfant. Il a trente-cinq ans, c'est un homme.

— Justement ! Et il veut sortir de votre société. Il semblerait que vous ne vouliez pas.

— Attendez, il faut dire les choses comme elles sont. Moi, je suis prêt à tout entendre. Il y avait deux sociétés. Je l'ai fait sortir de la première à sa demande, je lui ai enlevé la gérance. Et l'autre, je lui ai enlevé également la gérance. Maintenant, je lui avais donné ses parts gratuitement. Elles ont été valorisées par le fruit de mon travail. »

Patrick Buisson en vient à l'essentiel : la préservation de son capital face à ma volonté de céder mes actions dans Publifact. Il explique à ma femme ce qu'il estime être les attendus du problème.

« J'ai un droit de préemption. Il n'y a qu'à moi qu'il peut vendre ses actions. Ça ne vaut rien en dehors de moi. [...] Il crée une situation de chantage. Il crée une situation impossible à vivre à la chaîne Histoire. Je ne veux pas de scandale. Et puis le groupe Bouygues, j'en ai parlé à la DRH, ne veut pas de scandale non plus. Dans cette histoire-là, ça se termine comment ? Par le départ de Georges. Moi, je ne veux pas le départ de Georges. Car dans la situation actuelle, je sais qu'il va galérer, et je n'ai pas envie qu'il se retrouve dans la merde. Il ajoute à ça : "Je veux sortir de ta société." Il sait très bien que sortir de la société, c'est créer des conditions telles que je suis obligé de racheter ses parts. Aujourd'hui, je ne peux pas faire autrement, j'ai regardé les autres possibilités. Si Georges a besoin d'argent, qu'il me le dise. À ce moment-là, on en discute, on voit les choses. [...]

— Il ne veut plus avoir à se dire : "S'il y a un problème avec un juge, est-ce que je vais être convoqué ?"

— De toute façon, les faits sont passés. Ce n'est parce pas qu'il quittera la société qu'il ne sera pas convoqué. En plus, il n'était pas gérant de fait. Personne ne l'impliquera. Alors qu'il n'aille pas se raconter d'histoires ou se faire un cinéma. Mais ça, il ne peut pas changer de père.

— Ne pensez pas que Georges veuille changer de père. Georges est peut-être en révolte, mais ça n'empêche pas qu'il considère quand même que vous êtes son père.

— La révolte va conduire à une chose : elle va faire trois morts. Tout le monde va être sur le tapis. Moi, je vais être blessé. Et quand le gros est blessé, le petit meurt. C'est la loi. Il faut qu'on arrête cette escalade. »

Bien entendu, Patrick Buisson a la solution pour sortir de cette situation. Il l'expose en priorité à mon épouse : « Georges me dit : "Tu m'as mis dans les sociétés, car tu ne veux pas être en première ligne !" Je lui réponds : "Espèce de couillon ! Je me suis engagé politiquement depuis l'âge de douze ans ! J'ai pris tous les coups possibles. Je t'ai mis comme gérant pour une seule et simple raison : je t'ai donné les parts pour te les transmettre librement fiscalement." Étant salarié par ailleurs, j'avais des problèmes fiscalement de gérant majoritaire. C'est sur les conseils de mon expert-comptable que j'ai fait ça. Et pour le reste, quand il a voulu sortir, j'ai demandé à mon frère de prendre la gérance, exactement pour les mêmes raisons. Il y a eu une période où je ne pouvais pas être gérant parce que j'étais au chômage, Georges le sait. Je ne pouvais pas toucher les Assédic et en même temps être gérant majoritaire d'une société dont je touchais les revenus. Donc ce n'était pas pour me planquer derrière lui, contrairement à ce qu'il m'a dit. Ce qui est quand même très blessant, vous en conviendrez. Je lui demande quatre mois. Je voudrais acheter cet appartement, je le paie sur la société, je vais vider cette coquille. [...] Qu'il me foute la paix avec ça ! Moi, je lui fous la paix sur tout le reste. Et j'oublie la lettre ! Vous, vous oubliez la conversation, et moi j'oublie également les accusations. J'oublie tout ça. »

Quant aux éventuels problèmes judiciaires qui pourraient se poser dans le cadre de l'affaire des sondages de l'Élysée, Patrick Buisson les considère comme quantité négligeable.

« Les faits sont antérieurs. La Cour d'appel a rendu un arrêt, la Cour de cassation fera ce qu'elle voudra. De toute façon, elle le rendra après l'élection. Soit Nicolas est réélu, auquel cas la Cour de cassation, pfffff ! elle s'écrase. Soit il est battu et je ne suis plus un enjeu. Je ne suis qu'un enjeu mineur, ce qui compte à travers moi, c'est d'atteindre le président. Ils m'emmerdent parce qu'ils veulent atteindre le président. Si Sarkozy est battu, il n'y a plus rien. Pénalement, je n'ai rien fait de répréhensible. Georges le sait très bien, il a fait du droit. Donc il ne risque rien. Moi pas grand-chose, et lui rien du tout. Je risque une amende. On dira "délit de favoritisme", et encore, c'est le président de la République qui sera impliqué. Vous savez, ces campagnes sont faites pour quoi ? Elles sont faites pour tuer le bonhomme ! Et si on tue pas le bonhomme, on fait des dommages collatéraux. Si le bonhomme ne craque pas, c'est son entourage qui craque. Parce que son entourage n'a pas choisi la politique, il n'a pas choisi la violence, la cruauté de ce monde-là. Il reçoit les balles perdues, et il reçoit les éclats d'obus. Georges, effectivement, a reçu des balles perdues. Il a eu quelques avantages, il les oublie aujourd'hui. Il y a un jour où il sera content de les trouver : le jour où il sera propriétaire de tous mes biens sans avoir à payer un euro au fisc. »

Tiens, je ne suis plus le premier responsable dans cette affaire. Ses arguments ne résistent tout de même pas à un examen critique. Si les risques sont minimes, pourquoi s'est-il démené pour qu'aucune enquête ne voie le jour ? Aurait-il d'autres opérations à dissimuler ? Et, surtout, pourquoi prétendre vouloir me protéger et me maintenir dans une société qui opère dans un monde si cruel et violent ? À cause de l'argent. Certainement, mais pas uniquement. Patrick Buisson propose un marché à ma femme. Il a accepté de la rencontrer dans cet unique objectif. À ma femme de me convaincre de cesser les hostilités et d'accepter ses conditions pour ma sortie de Publifact.

« Je constate que mon fils est incontrôlable. La seule personne qui a un peu d'influence sur lui, c'est vous ! C'est vous ! Il faut lui faire comprendre que je ne demande qu'une seule chose : qu'on ait des rapports de travail ; qu'il me dise bonjour le matin quand je lui dis bonjour ; et quand je lui demande un service qui relève de son boulot, qu'il ne m'envoie pas paître.

— Prendre un billet pour Les Sables-d'Olonne ne relève pas de son travail.

— Je ne suis pas obligé non plus de lui donner de dividendes chaque année. Eh bien, la stagiaire qui lui a été affectée, je vais me l'affecter pour qu'elle prenne mes billets. Et il n'aura plus personne pour l'aider. C'est ça qu'il veut ? [...] Moi, je serai toujours dans un esprit de pacification, car je ne veux pas qu'il arrive du mal à Georges. Je ne veux pas que Georges ait des ennuis. Quoi qu'il m'ait fait ! Même après cette histoire de lettre. Et si tout se passe bien, je me débrouillerai pour que cette lettre et la réponse ne soient pas archivées, et soient détruites à la Préfecture de police. Je le demanderai. Je ne sais pas si je l'obtiendrai, mais, en tout cas, je le demanderai. Pour qu'il n'y ait aucune trace. Pour le reste, vous êtes la seule personne qui puisse le convaincre d'une chose : "On s'est expliqués avec ton père." Disons que, allez pour faire simple, les torts sont partagés. On ne dit pas si c'est 50-50, si c'est 70-30, ou si c'est 80-20. On ne cherche pas à savoir qui est le plus responsable. On dit en personnes responsables et adultes : "Les torts sont partagés." Il y a eu des fautes d'un côté comme de l'autre. Maintenant, l'intérêt de tout le monde, c'est que l'on redescende d'un cran, que les choses deviennent plus simples et plus pacifiées. [...] Je n'ai pas imposé à Georges une compagne, après ma femme. Jamais ! Jamais, jamais, jamais ! C'est mes affaires. Je sépare les choses. C'est pour ça que Georges doit comprendre que nos vies sont des vies parallèles. Elles n'ont pas forcément à se rencontrer et à se mélanger. Je n'ai rien contre le fait de vous rencontrer puisque je le lui ai proposé dix fois. Mais il faut que vous fassiez comprendre à Georges que la situation actuelle, si elle doit perdurer, débouchera sur une catastrophe qui nous touchera tous, qui nous affectera tous. Parce que ce n'est pas le moment qu'il perde son travail, ce n'est pas le moment pour moi d'être affaibli par un conflit familial. C'est une logique où tout échappe. On ne contrôle plus rien. C'est la passion. La passion de ces affaires familiales, c'est ce qu'il y a de pire. C'est destructeur. Il faut arrêter ça. Pour lui. »

Je retrouve ma femme tard dans la nuit. Elle est exténuée. La rencontre avec Patrick Buisson a été interminable. Pendant des heures, il l'a soûlée de mots, répétant sans cesse les mêmes arguments, les mêmes événements. Elle a expérimenté ce que j'ai subi toute ma vie. Cette manière dont il cherche à s'insinuer dans votre esprit, à en occuper tout l'espace pour en prendre le contrôle. Sa technique n'est pourtant pas infaillible, son efficacité s'est émoussée avec le temps. Il n'a pas véritablement prêté attention à ce qu'elle lui a dit : « Georges me raconte tout. » Il n'a pas compris non plus qu'elle en fait de même avec moi. Nous ne pouvions que débusquer son double discours ; ses manœuvres n'avaient aucune chance d'aboutir. Je tance néanmoins mon épouse pour avoir révélé l'existence de notre enfant. J'aurais préféré que Patrick Buisson continue à s'imaginer que nous vivions seuls avec nos chiens. Mais puisqu'il est au courant, autant lui faire savoir que la naissance de ma fille a renforcé ma détermination. Je ne céderai plus. Sur rien.

De : Georges Buisson
Envoyé : samedi 31 décembre 2011 23:13
À : Patrick Buisson
Objet :

Après avoir écouté le récit de ta rencontre avec ma femme, j'ai décidé de t'écrire ces quelques lignes pour que tu saches ce que je ressens.

Je ne suis ni fou ni empli de haine. J'ai simplement décidé d'arrêter de souffrir par ta faute et de ne plus subir ton comportement odieux, tes manipulations, tes mensonges, ton chantage affectif, ton chantage à l'argent, tes tentatives de me culpabiliser, de m'intimider.

Tout cela doit prendre fin.

Tu ne supportes pas que je ne sois pas comme toi, que je ne pense pas comme toi, que je ne me comporte pas selon tes désirs. J'allais écrire : tu ne supportes pas ce que je suis. Encore faudrait-il que tu saches qui je suis.

Tu ne supportes pas ma femme. Elle est métisse, elle ne correspond pas à tes goûts physiques, et pire que tout, elle est pour toi un obstacle à ta volonté de me garder sous ta coupe.

Tu as toujours désiré que nous nous séparions, et tu as d'ailleurs tout tenté pour cela. Dès les premiers mois, tu as demandé à une de tes « amies » d'appeler ma femme et de se faire passer pour ma « petite amie ». Dix ans plus tard, tu essaies toujours de nous monter l'un contre l'autre.

Je ne suis dupe de rien, ma femme non plus.

Il serait temps que tu en prennes ton parti. Nous sommes un couple uni et soudé. La rejeter, c'est me rejeter également.

C'est pourquoi je regrette amèrement d'avoir accepté durant toutes ces années que tu la tiennes à l'écart, que tu la caches. Tous ces dimanches chez ma grand-mère, les fêtes de Noël, les repas de « famille », les vacances aux Sables-d'Olonne, les réceptions officielles...

J'ai longtemps espéré que le temps fasse son œuvre et permette que tu acceptes mon épouse. J'ai eu tort. J'en ai souffert, ma femme en a souffert. Et tout cela pour quoi ? Pour t'entendre nous accuser de « blanchir » de l'argent et menacer de nous « écrabouiller ».

Tu es allé trop loin. Une nouvelle fois. La dernière fois.

Nous n'avons pas écrit une lettre de délation à Péchenard. Nous n'avons fait que te mettre face à tes manipulations et à tes mensonges. Nous nous sommes protégés. Comme nous nous protégerons à chaque fois que tu nous attaqueras.

Je dis bien « nous » : ma femme, moi et notre petite fille, ce « produit hors sol » pour reprendre tes mots, que tu as, elle aussi, rejetée.

La campagne présidentielle approche, elle a même, pour toi, déjà commencé. Cela fait deux ans que je te demande de sortir des sociétés. Je ne suis plus dans Publi-Opinion. Je suis malheureusement toujours dans Publifact.

Il est hors de question que nous revivions ce qui s'est passé en 2009 : les papiers dans la presse où je suis mentionné, les menaces au restaurant...

Nous n'avons pas à souffrir de ton engagement politique et de la manière dont tu en vis. Tu m'as dit à de nombreuses reprises que cette campagne serait extrêmement violente. Libre à toi d'en être un acteur de premier plan. Mais ce n'est pas notre choix. Ce n'est pas notre vie.

Je tiens donc à sortir de Publifact le plus rapidement possible, dans les semaines à venir. Cette opération a un coût, j'en ai parfaitement conscience. Tu avais deux ans pour trouver une solution. Tu as joué la montre comme à ton habitude, afin de me « tenir », de conserver ce lien « contractuel » insupportable entre un père et un fils.

Il est l'heure de rompre ce lien.

Sache bien que je ne suis pas motivé par l'argent. Le fruit que je récolterai de cette vente me permettra de mener enfin à bien un projet qui nous tient à cœur, et pour lequel nous avons déjà obtenu un terrain : la création d'un orphelinat et d'un refuge pour animaux à Madagascar.

Il ne sert à rien que nous construisions une léproserie dans les Hauts-de-Seine. Ce serait de l'argent dépensé en pure perte.

Je t'entends d'ici objecter qu'il est facile de faire la charité avec l'argent des autres. Je te répondrai simplement que je n'ai pas demandé à dix-huit ans à devenir gérant de Publifact, ni d'en obtenir des parts. Tu me l'as imposé et je l'ai payé chèrement : les ennuis, les articles dans *Libération*, *Le Canard enchaîné*... Cela se retourne aujourd'hui contre toi. Il me semble que cela est juste, et qu'il est inscrit que cet argent doive servir à faire le bien.

Tout comme toi, je crois à la justice immanente.

À la veille de 2012, j'espère que tu as compris que je souhaitais tourner la page, rompre avec ces années de malheur et de souffrance. Pour toi comme pour nous trois.

Cela passe par ma sortie de la société et par le maintien de rapports strictement professionnels.

Tout cela peut se dérouler calmement, de manière apaisée, ou bien se défaire dans le bruit et la fureur.

Ce que je ne souhaite pas, car tu restes mon père.

Malgré tout.

Georges

P-S : ci-après des mails qui, visiblement, ne m'étaient pas adressés.

De : Buisson, Patrick
Envoyé : lundi 2 janvier 2012 12:55
À : Buisson, Georges
Objet :

J'ai bien reçu tes vœux pour 2012.

Je te ferai connaître mes réponses le 11 janvier.

Je peux attendre. La politique, non. Patrick Buisson a un rendez-vous prioritaire à honorer : le 600e anniversaire de la naissance de Jeanne d'Arc. À cette occasion, il pousse Nicolas Sarkozy à embrigader « la Pucelle », pour le combat à venir. Le vendredi 6 janvier 2012, le chef de l'État s'exécute en passant par la Lorraine en compagnie de son conseiller, d'historiens et de la fine fleur des élus locaux : Gérard Longuet et Nadine Morano. De Domrémy à Vaucouleurs, Nicolas Sarkozy laboure avec ses sabots « les racines chrétiennes de la France » ; il exalte la figure de Jeanne d'Arc, érigée en symbole de l'« unité nationale » et de la « résistance française dans les épreuves ». À l'endroit où la bergère avait entrepris de libérer le royaume de l'envahisseur anglais, Nicolas Sarkozy donne le ton de sa campagne présidentielle. Lui aussi a entendu des voix : elles lui ont commandé de retourner chasser sur les terres du Front national pour être réélu.

Après ce déplacement identitaire, Patrick Buisson daigne me réserver un créneau dans son emploi du temps. Il me demande de le rejoindre mercredi 11 janvier, en fin de journée, dans une brasserie de la place Pereire où il a ses habitudes. Loin des bureaux de la chaîne Histoire, afin d'éviter tout esclandre devant ses employés. Alors que je m'installe face à lui, il interroge comiquement le serveur qui vient prendre notre commande :

« Et au premier tour, on vote pour qui ?

— Monsieur Sarkozy !

— Ah bah, j'espère bien !

— Mais de toute façon, je pense qu'il va gagner haut la main. Parce qu'on a pas envie d'être présidé…

— Il n'a pas l'air de faire une grosse impression.

— Hollande ? Oh, non ! Ça fait un peu trop pour lui d'être président de la République ! »

C'est sur cette leçon de sagesse populaire que Patrick Buisson et moi-même entamons notre propre duel.

« Bon, écoute, je vais m'efforcer de te le dire le plus calmement possible. Tu as fait très fort, Georges. Enfin, bon ! Avec le feu nucléaire, tout le monde est à terre ! Tu veux trois morts ? Tu auras trois morts. Le premier mort, ça sera toi ! Ça sera pas moi ! […] Je ne sais pas où tu as vu que je voulais dresser ta femme contre toi. J'ai été gentiment lui dire, lui faire toucher du doigt quel était ton intérêt. […] C'est elle qui me demandait, donc je pensais qu'elle était dans l'idée d'apaiser les choses et de faire en sorte que tu arrêtes les folies. J'ai été, du début à la fin, dans cette ligne-là. À savoir, moi, je veux bien aider, je veux bien faire tout ce qu'on veut. Mais je ne veux pas de menaces, je ne veux pas de lettre de dénonciation ou de délation.

— Ce n'est pas une lettre de délation. […]

— On ne va pas s'engueuler pour ça. Simplement, quand tu parles de mensonges à mon propos, c'est quand même assez sale. Je ne t'ai jamais menti ! Jamais ! Je ne suis pas là pour étaler les griefs. »

Patrick Buisson va les poser un à un sur la table de bistrot, en commençant par mettre en doute ma parole et celle de ma femme. Et il va répondre quasiment point par point à mon courriel, avant d'aborder les modalités de ma sortie de Publifact.

« Ce que je ne veux pas, c'est le chantage […]. Rien que pour ça, j'ai envie de te dire : "Non, Georges !" J'ai envie de te dire : "Fais le chantage que tu veux ! Va à *Libération*, joue Laurent de Villiers ! Fais ce que tu veux ! Tu verras bien." Tu diras "mon père est raciste". Moi, tout l'argent que tu veux, je te le donne. Je te l'ai toujours proposé. Mais du chantage, non ! Ça ne va pas ! […] Oui, je vis de la politique. J'ai pris des coups pendant trente-cinq ans, je me suis battu. Aujourd'hui, je sers mes idées et, en même temps, je gagne de l'argent. Oui, je gagne beaucoup d'argent. C'est mon talent, c'est mon mérite ! C'est parce que les gens acceptent de me payer à ce prix-là. Parce que je vaux ça, et ça ne te regarde pas ! Si tu n'es pas d'accord avec ce choix, c'est très simple, qu'est-ce qui t'a obligé à venir à Histoire ? Personne.

— Ça me regarde dans la mesure où je suis dans la société. »

Patrick Buisson s'agace. Il se met à taper, avec les phalanges de ses doigts, sur la table pour appuyer son propos.

« Oui, oui, oui ! Mais qui t'a obligé à venir sous ma coupe, là, à Histoire ?

— Mais, tu ne devais pas être à Histoire, je te rappelle.

— Je ne devais pas être là ? Je devais être où ?

— Non, tu ne devais pas être là. Et après, tu devais être là pour un an.

— Qu'est-ce qui t'interdisait de partir et de démissionner, Georges ? Je crois que tu as pété les plombs à partir de 2009. Parce que tu n'as pas supporté la campagne qui a été faite contre moi et de voir ton nom cité. »

Patrick Buisson me signale que nous devons à Nicolas Sarkozy notre présence sur la chaîne Histoire : « Parce qu'il y a eu le repas avec Bouygues et Mougeotte sur le thème : "Il faut aider Nicolas !" Et que Nicolas a appelé Bouygues en disant : "Vous avez un type formidable ! Il faut l'aider, il faut l'aider !" » Il avoue d'ailleurs quelques instants plus tard : « Tu crois qu'il t'a recruté pour quoi ? Parce que j'étais le conseiller de Sarkozy, et qu'il en attendait des cadeaux. » Je serai donc associé à ce que fait Patrick Buisson en politique, tant que je travaillerai avec lui. Je lui fais remarquer qu'il s'agit d'une excellente raison pour quitter Publifact également.

« Mais tu vas sortir ! Tu vas sortir ! Parce que moi, je ne veux plus que tu y sois. Tu vas sortir de la société dans un premier temps, et d'Histoire dans un deuxième temps. […] Je ne veux plus. Je n'ai plus confiance, ça c'est évident ! Après ce que j'ai entendu et vu de toi…

— Moi non plus, je n'ai plus confiance. Encore plus quand les juges de Bordeaux demandent les comptes de la campagne de 2007...

— Et alors ! Qu'est-ce qui se passe ? Euh... 2007, tout est en ordre. Il n'y a absolument rien.

— Alors 2012, ça va être pire !

— Et alors ! Qu'est-ce que j'en ai à... Tout sera en ordre. Il n'y aura absolument rien. Si tu as peur, c'est ton problème. C'est risqué aussi le métier de restaurateur. T'as pas simplement que des enfants de chœur ! Vous avez été cambriolés trois fois ou quatre fois. Il y a des risques partout. Dans tous les métiers. Les comptes de 2007 comme ceux de 2012, ils sont parfaitement en ordre. Il n'y a absolument rien à craindre. Pour faire chier Sarkozy, ils feront tout. Il y en aura encore pour des mois... »

Patrick Buisson évacue le sujet pour ne parler que de ce qui le préoccupe : l'argent que j'essaie de lui « spolier ».

« J'ai eu deux ans pour essayer de te faire sortir de la société. Il n'y avait pas d'autre solution. Bien ! Tu as neuf mois pour trouver un autre travail. [...] Maintenant, je vais te racheter tes parts. J'ai demandé d'accélérer la réalisation du bilan qui sera prêt, je pense, le 10 février. Sur la base de l'estimation du bilan, nous te rachèterons tes 40 % de parts. Et au revoir ! Mais je te dis également que c'est un solde de tout compte, Georges. Je réorganise toutes mes sociétés, y compris les SCI, à la faveur de ce départ. C'est-à-dire que ce que tu touches là, en gros, c'est ce que tu toucheras de moi. Au lieu de toucher tout le jour de ma mort. Le reste, je me démerde. La communauté Saint-Martin, Louis-Hervé, tout ce qui est patrimoine familial, mes archives, etc. : ça ira à eux. Le reste, j'en ferai ce que je veux. Tu auras ta part réservataire dans les conditions que tu découvriras le jour de ma mort. [...] Il faut que tu sois bien conscient des conséquences, parce que c'est l'abandon total de toutes mes sociétés.

— Ça m'est égal !

— Eh ben, c'est tout ! Moi, j'avais travaillé pour que tu reçoives tout. La notion d'héritier est importante, Georges. Pas pour toi, mais pour moi !

— Bah non ! Je ne suis pas passionné par l'argent.

— Non, mais c'est pas simplement l'argent. [...] Toute la valeur culturelle, spirituelle que j'ai réunie autour de moi.

— Je ne vois pas le rapport avec les sociétés.

— Ça ira à des gens qui sauront en faire leur profit : Louis-Hervé et la communauté Saint-Martin. D'ailleurs, j'ai mis Martin Bouygues dans le coup. Il a accepté de devenir donateur, et va être le mécène de la restauration de l'abbaye du xe siècle qu'ils vont acheter en Mayenne. J'en suis très content. Moi, je suis en paix avec ma conscience. J'aurai fait tout ce que je pouvais vis-à-vis de toi. Tout ! Je suis parfaitement en paix. Je suis en parfaite tranquillité d'esprit. Et pour le reste, j'ai proposé d'aider. J'ai dit à ta femme : "Rien ne m'y obligeait, j'ai donné des dividendes." C'étaient donc des dividendes pour aider le couple. »

Je me retiens de rire. Je sais d'expérience que l'interrompre dans son délire ou relever les énormités qu'il profère est le plus sûr moyen pour que la discussion s'éternise.

« Ce que je n'aime pas, c'est qu'on vienne me braquer. Qu'on me dise : "Avec tout ce que je sais..." ; "J'ai pris mes précautions". Moyennant quoi, trois lignes après : "Je vais sortir de la société, quoi qu'il en coûte." Quoi qu'il t'en coûte ! Quoi qu'il t'en coûte ! Pas "quoi qu'il en coûte" ! J'ai bien compris la menace, le racket, l'argent. Eh bien, Georges, je ne cède ni à la menace ni au racket. Parce que je pourrais te dire : "Et alors ! Tu vas trouver *Libération* ?" "Il enregistre les réunions de Sarkozy." Formidable ! "Il payait les sondages qui étaient..." Comme si les autres ne le faisaient pas... et qu'il n'y a aucune preuve. Et alors ! "Et mon père est un raciste." Ah bah, oui ! Raciste... très bien ! Mon pauvre ami, tu vivrais un enfer jusqu'au bout de ta vie. Dans ces affaires-là, c'est le petit qui trinque. Les gros sont blessés, les petits meurent. »

Patrick Buisson s'interrompt. Il veut m'administrer une preuve de l'inefficacité de toute démarche que j'entreprendrais contre lui.

« Tu as bien reçu la lettre de Péchenard ?

— Oui, j'ai reçu la lettre de Péchenard.

— Il m'a dit : "Des histoires de fous, j'en ai vu ! Mais à ce point-là…" Il t'a répondu : "Vous qui prétendez être le fils de Patrick Buisson." Tu sais très bien qu'il n'y a rien de vrai dans ce que je t'ai dit, c'était pour te faire chier. »

J'ai effectivement reçu un courrier référencé, à l'en-tête du directeur général de la police nationale. La réponse de Frédéric Péchenard est d'une rare condescendance. S'il reconnaît ne pas avoir été sollicité, ni même avoir diligenté d'enquête sur le restaurant de mon épouse, il ne fait pas l'économie d'une perfidie : « Vous qui prétendez être le fils de Patrick Buisson »… Après tout, il a le droit de juger que mon comportement n'est pas celui d'un fils. De mon côté, je constate qu'il n'a pas pris la peine de vérifier quel type de père est Patrick Buisson. Le « superflic » ne m'a évidemment pas reçu ou contacté, mais il n'a pas effectué le plus élémentaire travail de police. Il s'est contenté de la parole d'une seule des parties, dans une affaire impliquant le plus proche conseiller du président de la République. À croire que Frédéric Péchenard doit sa place à son ami d'enfance, Nicolas Sarkozy, et à cette mauvaise habitude de l'administration de promouvoir les fonctionnaires les moins qualifiés, en pensant qu'ils seront moins nocifs à des postes de responsabilité que sur le terrain.

Patrick Buisson marque une pause. Il fait le tour de son esprit pour vérifier s'il a répondu à tous les points soulevés dans mon courriel. Il finit par en trouver un auquel il n'a pas répliqué.

« "Ton engagement politique et la façon dont tu en vis !" Ouais, coco ! Trente ans de boulot, trente ans de lectures, trente ans de solitude pour être le meilleur. Aujourd'hui, il y en a un seul qui a de l'influence sur le président de la République : c'est moi ! C'est pas un hasard. […] Le président d'Histoire, il est président d'Histoire grâce à Nicolas Sarkozy. J'ai la reconnaissance du ventre. Je ne crache pas sur ceux qui m'ont nommé ; je ne crache pas sur celui qui me permet de faire ce que je fais aujourd'hui, et d'aller porter une lettre du président de la République au pape, le 21 janvier. Mandaté expressément par le président de la République ! Et faire nommer le premier conseiller à l'ambassade...

— Et tu as eu aussi beaucoup d'influence sur le Traité européen ? Une grande réussite...

— Tu liras la déclaration sur la bioéthique d'hier de Nicolas Sarkozy, tu liras la lettre envoyée au pape...

— Dire les choses et les faire, c'est différent !

— Il n'y aura ni mariage homosexuel ni adoption d'enfants par les homosexuels. Pas d'euthanasie, pas d'expérimentations sur les embryons... Ça, il l'a fait ! Il l'a pas dit ! Tu prendras la peine de lire le discours de Domrémy, c'est le discours le plus providentialiste...

— Ce qui colle très bien avec le Traité européen...

— Mais attends, le Traité européen, c'est des chiffons de papier. La seule chose qui compte, c'est ce que je lui fais faire en France. Ce que je lui fais faire en France, t'as qu'à lire la presse ! Pour la première fois, un chef d'État de droite peut dire ce qu'était Jeanne d'Arc dans une version providentialiste : le plus beau visage de la France. Respectueux de l'histoire des hommes ! J'ai emmené tous les historiens : Contamine, Colette Beaune. Et je porte, il l'a annoncé à tous ses collaborateurs – je ne le voulais pas –, un message au pape, le 21. Une lettre de sa part dont le contenu est ce que je viens de te dire. Écoute ! Si, un, je gagne de l'argent, et deux, je sers ce à quoi j'ai toujours cru... Je gagne de l'argent parce qu'il me considère comme le meilleur. Bah oui, qu'est-ce que tu veux que je te dise ? C'est pas le seul, d'ailleurs. Jimmy Goldsmith, c'était la même chose, Philippe de Villiers, même François Bayrou, même Alain Madelin, tu vois ! [...] Alors, il y a des risques. Il y a eu 2009. Bah oui ! Ton nom a été cité deux fois dans la presse. Il y a de quoi mourir, hein ! *Libération* :

“Jackpot pour Georges Buisson !” C’est une souffrance inouïe, ça ! Et quelques coups de téléphone au restaurant. Souffrance inouïe ! Épreuve terrible ! À côté des avantages : un boulot intéressant, motivant, un contenu… un sens à la vie. Qu’est-ce que tu veux ? La vie, c’est effectivement se battre pour ce qui fonde une civilisation. “Il faut que France, il faut que chrétienté continuent.” Péguy ! »

Patrick Buisson regarde au loin, les yeux plissés, le verbe enflé, la pensée déformée.

« À ma manière, j’aurai fait que France et chrétienté continuent. Voilà ! Les deux ont été associés, ça a été longtemps la même histoire. C’est la mienne. Les autres… Moi, je respecte tellement les autres quand ils participent à l’universel. Surtout, ne nous mélangeons pas ! Chacun apporte ce qui est sa spécificité et sa richesse. C’est ce qui s’appelle l’ordre naturel. Chacun apporte son art, sa culture. L’Église catholique dit bien : égalité essentielle devant Dieu, tous égaux devant Dieu ; inégalité existentielle, les hommes ne sont pas égaux dans la vie, ni sur terre. Elle n’a jamais dit autre chose. Que les hommes sont égaux devant Dieu et qu’on leur demandera en fonction de leur talent, c’est-à-dire du tribut qu’ils ont reçu à la naissance. À celui qui a reçu beaucoup, on demandera beaucoup. À celui qui a reçu peu, on demandera peu. Et sur le reste, l’Église dit : inégalité existentielle, oui. Les peuples… les races, les ethnies, les cultures sont différentes. Oui, elles sont inégales ! Elle n’a jamais dit autre chose. Le mot “racisme” ! Tu es victime de la grande entreprise de mondialisation qu’est le métissage. Il faut avoir des sujets interchangeables. Plus de métiers, mais des emplois, des professions. On peut changer du jour au lendemain. C’est ça, leur grand projet. Tout ce qui est racine, identité, enracinement, c’est l’ennemi, puisque ça s’oppose à la mondialisation, au marché unique.

— À l’Europe ! » renchéris-je ironiquement.

Si Patrick Buisson peut falsifier à ce point l’enseignement de l’Église pour le rapprocher d’un racisme différentialiste que ne renierait pas la Nouvelle Droite, il y a peu de chances qu'il apprécie avec discernement la politique européenne de Nicolas Sarkozy. Il ne peut se résoudre à avouer que son influence sur des enjeux majeurs est nulle, ou qu'il travaille pour un homme qui oppose si peu de résistance à un système qu'il abhorre.

« Oui, tout à fait d'accord ! Le monde est entièrement colonisé. Je ne cite pas souvent Debord, mais c'est la thèse connue que reprend aujourd'hui Michéa. "L'économie transforme le monde", oui. "Mais en monde de l'économie." Elle vire tout le périmètre du sacré. C'est ce que j'ai dit aux journalistes : "Vous savez ce que je vais faire ? Je vais réintroduire le périmètre du sacré dans l'espace public." Avec Jeanne d'Arc, c'est ce que je fais. C'est l'incarnation de l'aristocratie populaire ! Tout ce qui n'est pas marchand, marchandisable, tout ce qui n'est pas valeur d'échange, tout ce qui est valeur d'usage est appelé à être éliminé par la société marchande et par la mondialisation. "L'économie transforme le monde en monde de l'économie." Tout doit être régulé par l'économie, tout doit être marchandisable : plus de famille ; plus d'espace gratuit... L'art est devenu la culture, un objet marchand. Pour lutter contre ça, il faut défendre l'enracinement, l'identité. Ce qu'on est. Partout où on est. Que ça soit en Afrique, en Asie ou en... Moi, je suis particulièrement fier de la civilisation à laquelle j'appartiens, la plus brillante au monde. Point barre ! Et donc, je considère que c'est un combat d'honneur. Ça donne du sens à une vie. Et ça je l'ai compris quand j'avais douze ans. Et depuis, je n'en ai pas varié. De douze ans à cinquante-six ans, ça m'a valu des coups sur la gueule et des crachats. Aujourd'hui, ça me vaut reconnaissance et un peu d'argent. Alors, c'est un crime ! C'est effectivement une épreuve insupportable que de voir ton nom imprimé une fois dans *Le Canard enchaîné* et dans *Libération*... »

La leçon est terminée. Retour à l'essentiel : son cas personnel. Patrick Buisson peut reparler de son activité marchande, et de l'argent qui transforme son monde en monde de l'argent. Il n'entend pas être privé de la manne que génèrent les prochaines échéances électorales : « Car moi, je ne quitte pas la campagne. Je ferai tout pour faire réélire Sarkozy. Et je pense que je vais y arriver. Il y aura des coups, comme tu dis. Qu'est-ce que j'en ai à foutre ! Je vais apparaître pour 200 000 ou 300 000 euros dans les comptes de campagne, et le reste, c'est sur l'UMP. Et alors ! Tout est justifié par les factures... Quel est le problème ? Les comptes sont publics, Georges. Tu sais qu'ils sont publiés par la Commission des comptes de campagne ? Est-ce qu'un juge fait saisir quelque chose qui est public ? Tu penses qu'il va y avoir un relevé "don en espèces de madame Bettencourt : 50 000 euros" ? Attends, c'est mis aux archives des campagnes électorales ! Mais tu rigoles ! Tout ça est public ! Tout ça est publié au *Journal officiel*, six mois après l'élection. »

Patrick Buisson imagine probablement que ce genre d'argument est de nature à me rassurer, à défaut de me faire changer d'avis. Il me conforte dans ma décision de quitter au plus vite sa société. Cela ne semble pas lui plaire : « J'avais deux ans pour trouver une solution. Tu me forces à en trouver une qui n'est pas très honnête, il faut dire les choses comme elles sont. Peu importe ! Moi, je paie pour être débarrassé, pour pouvoir réorganiser toutes les sociétés et avoir la paix ! Et je ne pourrai pas être traîné dans tes affaires. Si un jour tu as un pépin, je ne veux pas en être solidaire, et je ne veux pas avoir à payer. Donc, on sépare les deux. Tu n'aurais rien pu faire de tes actions. Elles valent rien. J'ai un droit de préemption. La seule chose que tu aurais pu faire, c'est nantir les actions. Si un jour tu as besoin d'argent, c'est t'en servir comme garantie pour un emprunt. [...] T'aurais voté en assemblée générale contre ta propre gestion, la gestion de Jean-Pierre ? Rien à foutre ! De même dans les SCI, t'as pas de droit de vote et je suis gérant majoritaire. Quand même, pas totalement fou ! Confiant, mais avec des limites. Donc Renault, il ne fait pas n'importe quoi, tu vois ! Je vais te racheter tes actions et puis tranquillement tu vas te trouver un boulot. Comme ça nos chemins seront séparés. Tu n'auras plus à subir. »

J'apprécie à sa juste valeur le moment de sincérité. S'il est hors de question pour lui d'être « traîné » dans mes affaires ou contraint à la solidarité, ma situation, à l'inverse, ne le dérange aucunement. Patrick Buisson détaille les procédés auxquels il a eu recours pour me ficeler au sein de Publifact et de ses SCI. Le but de cette démonstration est évident : ma libération se fera selon ses termes. Il en va de même pour ma sortie de la chaîne Histoire. Comme il n'a pas réussi à manipuler ma femme, il évacue sèchement la possibilité que je sois placé en mobilité dans le groupe TF1 : « Non ! J'en ai parlé à Solly [...]. Ils te placardiseront. Ils te garderont ton salaire, ils te feront rien foutre, et tu n'auras pas de poste dans les six mois... » D'ici à mon départ, il m'avertit qu'il ne tolérera plus le moindre incident entre nous : « La lettre à Péchenard, ça a été le coup de poing à l'estomac ! Parce que tu savais très bien que je n'avais pas demandé à Péchenard, que je n'allais pas me donner le ridicule de demander à Péchenard une enquête sur ton restaurant. C'était uniquement pour te montrer les conneries, t'acculer à ta série de trucs grotesques. » Enfin, il me fait comprendre qu'il n'espère pas revoir Magnolia de sitôt : « Maintenant Georges, oui, je reconnais une chose : on n'est pas obligé d'adopter, d'épouser les goûts et les choix des uns et des autres. Je ne t'ai pas imposé d'autre femme que ta mère, je ne suis pas obligé d'accepter ton épouse. »

L'« homme de cœur généreux » n'a plus de bile à déverser. Patrick Buisson le signifie en évoquant, comme si de rien n'était, les projets d'émissions en attente sur la chaîne Histoire. Nos rapports ne lui permettent plus de se vanter longuement de son action auprès du président de la République. Mais dans la rue, il n'y tient plus. Avant la séparation, il raconte quelques-uns de ses derniers exploits. Le temps de la pré-campagne a été celui de la métapolitique et des discrets messages envoyés à certaines composantes de l'électorat droitier. Patrick Buisson a conseillé au chef de l'État de faire du 11 Novembre « la date de commémoration de la Grande Guerre et de tous les morts pour la France » ; il l'a expédié se recueillir sur la tombe de Charles Péguy, tombé au champ d'honneur en 1914 ; il lui a fait présider la traditionnelle prise d'armes d'automne aux Invalides et remettre les insignes de grand-croix de la Légion d'honneur à Hélie Denoix de Saint Marc, l'ancien résistant et déporté qui avait commandé le 1er régiment étranger de parachutistes ayant lancé le putsch des généraux à Alger. Dans l'exploitation des événements tragiques du passé, Patrick Buisson ne compte pas s'arrêter là. Il veut maintenant obtenir la réalisation d'une promesse du candidat Sarkozy, faite en mars 2007. Pour le 50e anniversaire de la signature des accords d'Évian et de la fin de la guerre d'Algérie, le président de la République doit officiellement reconnaître la responsabilité de la France dans l'abandon et le massacre des harkis. En période électorale, la « repentance » sélective est autorisée.

Pour l'heure, le conseiller a une autre mission à remplir. Il s'apprête à s'envoler pour Rome, en compagnie de Pauline de Préval et de Nicolas Diat, aux frais de la chaîne Histoire. Sous couvert de développer des projets de documentaires avec la Curie romaine, Patrick Buisson se rend au Vatican exprimer ses remerciements pour sa réception dans l'ordre pontifical de Saint-Grégoire-le-Grand. Il doit également porter un courrier confidentiel au pape Benoît XVI. Y sont exposés les principes de la politique de civilisation que Nicolas Sarkozy révélera bientôt aux Français. Le putsch sur la campagne présidentielle de 2012 a déjà commencé.

« Aux masses ! Allez aux masses ! » Encore ce maudit IIIe congrès de l'Internationale communiste. Le mot d'ordre, lancé à l'été 1921 aux « prolétaires de tous les pays », résonne à travers les âges et atterrit dans les oreilles des participants à l'élection présidentielle française de 2012. La plupart des candidats ont décidé de partir « à la conquête des masses ». Les semeurs de scandale sont de sortie. Les accusateurs publics sont prêts à invoquer Pan ou toute autre divinité, pour métamorphoser une multitude différenciée en une foule hystérique ; ils ont le doigt pointé à la recherche de victimes expiatoires ; ils vont aiguiser les « désirs rivalitaires » et déchaîner « la tempête des crises mimétiques ». Leurs talents sont employés à déclencher et nourrir le mécanisme victimaire, tel que l'a décrit René Girard. La compétence de Nicolas Sarkozy est grande en la matière, celle de son stratège l'est encore plus.

Patrick Buisson n'a aucun doute : Nicolas Sarkozy ne doit « aller ni à gauche, ni à droite, ni au centre, mais au peuple ». C'est là que se joue sa réélection. Le peuple est en train de basculer, il devient réactionnaire. Le vote populaire se mue en vote populiste. Pour le cueillir, le candidat de la droite doit achever la fusion initiée en 2007 entre l'électorat de l'UMP et celui du Front national. Patrick Buisson ne renonce pas à ses lubies ; il considère toujours que l'union des droites refusée par les partis peut se concrétiser au niveau des électeurs. Pour parvenir à ses fins, il ne laisse entrevoir aucune autre alternative à Nicolas Sarkozy. À défaut de donner la victoire, il assure que seule sa stratégie de « droitisation » permettra d'éviter une défaite cuisante. Le conseiller n'a pas besoin de produire de savantes analyses à l'appui de sa recommandation. Les faits parlent à sa place. En Irlande, au Portugal, en Espagne, en Italie, les gouvernements ont été balayés les uns après les autres ; les électeurs européens ont fait payer à leurs dirigeants les mesures de rigueur et d'austérité budgétaire qu'ils ont prises à la suite de la crise financière mondiale et de la crise de l'euro. Un sort identique est promis au chef de l'État français : les tentatives de Nicolas Sarkozy de se poser en président responsable échouent ; ses propositions de nouvelles réformes, notamment la TVA sociale, rebutent l'opinion ; son impopularité, cimentée par la combinaison d'un usage inconvenant de la fonction présidentielle, d'une parole forte et d'un bilan faible, plombe ses ambitions à quelques mois de l'échéance de son mandat. Dans les intentions de vote, Nicolas Sarkozy est distancé au premier tour de la présidentielle par François Hollande, qui a remporté la primaire socialiste, et talonné par Marine Le Pen, qui a pris la succession de son père à la tête du Front national ; au second tour, il est écrasé par le candidat de la gauche. Une campagne au centre, axée sur les enjeux économiques, peut-elle le mener ailleurs qu'à la catastrophe électorale ? Quand la plupart de ses conseillers et proches l'invitent à la mesure et font appel à sa raison d'homme d'État, Patrick Buisson s'adresse à l'homme et à son caractère. Il active un ressort autrement puissant : l'orgueil. Il sait que tout responsable politique désire la victoire, envisage l'échec, mais refuse l'humiliation. Le conseiller s'est fait confident, il a pris en charge le soutien psychologique du président. Le nombre des soutiens de Nicolas Sarkozy peut bien fondre au rythme de ses chances de se maintenir au pouvoir, le chef de l'État lui-même peut se mettre à vaciller, Patrick Buisson est inébranlable. L'adversité l'a construit, la difficulté le stimule, le combat est son moteur. Dans la tourmente, il veut être celui qui tient bon. Un pieu fiché dans la terre de France… « S'il le faut, je serai le dernier des sarkozystes », me confiait-il lorsque les premiers vents de la défaite emportaient en 2011 les espoirs des uns et l'adhésion des autres. S'il n'a jamais tenu Nicolas Sarkozy en grande estime – « Il est ce qu'il est » –, il lui sait gré de lui avoir offert la plus belle opportunité de sa vie politique. Patrick Buisson, le dernier des sarkozystes ? Oui, tant que Nicolas Sarkozy est le premier à suivre la « ligne Buisson ». Dans son esprit, l'homme est toujours accessoire, seules comptent les idées. Et la période est propice pour manipuler l'un, afin de servir au mieux les autres. Dans les moments difficiles, il peut déployer la même énergie pour rassurer que pour convaincre. À celui qui est en proie aux hésitations et aux interrogations, il apporte ses certitudes et offre ses solutions. « J'ai un plan pour qu'il soit réélu : il doit faire appel au peuple, lui redonner la parole par le référendum », disait-il encore à un an de l'échéance électorale. « L'imbécile loi du nombre », qu'il avait naguère vilipendée dans la revue *Item*, trouvait finalement grâce à ses yeux.

Le plan est rendu public dans *Le Figaro Magazine*, daté du samedi 11 février 2012. « Je crois que la meilleure façon de surmonter des blocages dans notre société, c'est de s'adresser directement au peuple français », avance Nicolas Sarkozy. Il propose de soumettre à l'approbation de ses concitoyens une réforme du système d'indemnisation des chômeurs, pour conditionner le versement des allocations au suivi d'une formation professionnelle, et une autre visant à confier à la seule justice administrative compétence en matière de droit des étrangers, afin de faciliter les expulsions. Le recours au référendum ne pose plus de cas de conscience à celui qui déclarait en 2007 : « Si je suis élu, est-ce que vous croyez que je pourrai dire au pays : "j'ai encore besoin d'avoir votre opinion ?" » Nicolas Sarkozy a changé d'avis. Il a changé. Encore une fois. En bon animal politique, sa période de mue suit le cycle électoral. Le président de la République, qui brigue un second mandat, prend désormais le parti du « peuple » contre les « élites ». Il transmet le message dicté par Patrick Buisson. Et se trompe d'auditoire. Nicolas Sarkozy inaugure, de manière informelle, une « campagne au peuple » dans le magazine de la droite bourgeoise et conservatrice. Cela ne porte pas à conséquence. Car l'entretien publié dans *Le Figaro Magazine* doit également servir à donner des gages à l'électorat traditionnel de la droite, déboussolé par le comportement du chef de l'État dans ses fonctions. Nicolas Sarkozy vante longuement ses « valeurs pour la France » : travail, responsabilité, autorité, éducation, famille, laïcité. Et s'engage à refuser le mariage homosexuel, l'adoption par les couples de même sexe ou encore l'euthanasie. Toutes les prises de position que Patrick Buisson avait été chargé de présenter au Vatican, quelques semaines plus tôt...

L'officialisation de sa candidature intervient quelques jours plus tard, sur le plateau du « Journal de 20 heures » de TF1. À partir de ce moment, il ne déviera plus de l'orientation fixée par son conseiller ; l'emprise de Patrick Buisson sur la campagne de Nicolas Sarkozy sera totale. Le stratège sait que celui sur qui l'on peut compter finit par être celui qui compte. En la matière, il possède une qualité à nulle autre pareille, une force qui assoit sa supériorité sur la plupart de ses congénères : une détermination sans faille. Patrick Buisson n'est pas un grand croyant, il ne traverse pas de « nuit de la foi » : il est imperméable au doute. C'est ainsi qu'il est arrivé à prendre le dessus sur tous les conseillers, pétrifiés par la perspective de la défaite au point de balbutier leurs préconisations. Venant de l'extrême droite, il a l'expérience des batailles « perdues d'avance ». Elles lui ont appris à ne jamais renoncer. Patrick Buisson a su imposer sa vision comme une évidence : point de salut hors d'une campagne droitière et populiste. Devant les caméras de TF1, puis face aux militants lors de ses premiers meetings à Annecy et à Marseille, le président-candidat du « travail, de la responsabilité et de l'autorité » démontre qu'il en est, lui aussi, convaincu. Avec la foi des nouveaux convertis, il continue de plaider la cause du référendum sur la formation des demandeurs d'emploi et sur l'immigration, et envisage d'aller plus loin : « Il y a une idée centrale dans mon projet, c'est redonner la parole au peuple français par le référendum. » Ses deux propositions ne sont que le prélude à une charge virulente : « Pendant cinq ans, j'ai pu mesurer la puissance des corps intermédiaires qui s'interposent parfois entre le peuple et le sommet de l'État, qui prétendent souvent parler au nom des Français, et qui, en vérité, confisquent la parole des Français. Ce ne sont pas les Français qui sont rétifs aux réformes, mais les corps intermédiaires qui n'aiment rien tant que l'immobilisme. » Syndicats, partis politiques, groupes de pression, experts, commentateurs : Nicolas Sarkozy veut contourner tous ceux qui ont « dépossédé » les Français de leur pouvoir. Même s'il se vante d'avoir pu mener à bien son action à la tête de l'État sans que le pays ait été une seule fois paralysé, il ne souhaite plus prendre aucun risque ; à l'avenir, il fera « appel au peuple » dès qu'un blocage surviendra. Il estime que les corps intermédiaires sont devenus des commissionnaires de la revendication catégorielle, gavés des prébendes obtenues des pouvoirs voulant se concilier leurs faveurs lors de chaque réforme entreprise. À ses yeux, ils n'opèrent plus que pour leur compte personnel, sans se soucier de l'intérêt général : « Ils font écran entre le peuple et le gouvernement. » Pris d'une ferveur gaullienne, Nicolas Sarkozy espère renouer avec l'« esprit de la Ve République ». Alors, il est permis de ne pas croire un homme qui n'a pas songé à se retirer de la vie politique après avoir soutenu, par deux fois, une proposition rejetée par référendum. Celui-ci semble davantage possédé par la fureur des révolutionnaires qui, avec le décret d'Allarde puis la loi Le Chapelier, supprimèrent en 1791 les corporations, héritages de l'Ancien Régime et garantes de certaines libertés face à la monarchie, au motif que nul intermédiaire ne pouvait s'interposer entre le citoyen et la Nation. Cet emportement priva pendant près d'un siècle la France de syndicats et d'organisations professionnelles. La volonté affichée de Nicolas Sarkozy de réduire la participation à la vie démocratique à sa plus simple expression – le bulletin de vote déposé dans l'urne –, inquiète sa famille politique. Aux figures de la droite qui rappellent l'impossibilité de réformer durablement sans les corps intermédiaires et mettent en garde contre une dérive plébiscitaire, le président-candidat oppose l'indifférence la plus totale. L'urgence est ailleurs. Son concurrent socialiste est en passe de remporter la médaille d'or au concours Lépine de la démagogie électorale, que Nicolas Sarkozy avait décrochée en 2007 avec la promesse d'un ministère de l'Immigration et de l'Identité nationale. Le 27 février, sur le plateau de l'émission de TF1 « Parole de candidat », François Hollande annonce à l'improviste son intention, en cas d'élection, de taxer à 75 % la part des revenus supérieure à un million d'euros. Avec cette mesure, il renvoie « le candidat du peuple de France » à son image de « président des riches », et parvient à contrer l'entrée fracassante en campagne de Nicolas Sarkozy. Il forge sa stature présidentielle à l'opposé de celle du président de la République. François Hollande a pour ennemi la « finance », quand le chef de l'État est accusé de frayer avec les puissances de l'argent ; le candidat socialiste s'engage à être un président normal face à celui qui s'est comporté, durant cinq ans, comme un hyper-président. François Hollande n'est plus l'homme de la « synthèse » ; il n'est pas celui du progrès ; il se contente d'être celui du changement. « Le changement, c'est maintenant », propose-t-il pour tout programme. La dynamique de sa campagne tient au souffle du vent. Court, et suffisant.

Nicolas Sarkozy peine à prouver qu'il a embrassé « la cause du peuple », même s'il multiplie les annonces et les attaques contre ses adversaires. Pour convaincre, il ne peut plus se contenter de saturer l'espace médiatique et rabâcher sa dernière campagne. Patrick Buisson l'encourage à s'emparer du thème des frontières. Non celles que l'on repousse ou que l'on abat, mais celles que l'on dresse. Il n'est plus question de « cliver » comme en 2007, il faut « fermer » à présent. Pour diviser les hommes, les frontières sont autrement plus parlantes et efficaces. Dès lors, le président-candidat s'emploie à alimenter la fièvre obsidionale dans l'électorat, notamment dans la frange qui a voté « non » lors du référendum de 2005. Économiquement, socialement et culturellement, « une France forte » doit être une France protégée, martèle-t-il. Il veut tracer des frontières pour prémunir le pays contre l'« assistanat », l'insécurité et bien entendu l'immigration. Nicolas Sarkozy dénonce la mise en œuvre des accords de Schengen, qui ont éliminé les contrôles frontaliers entre les membres de l'espace et ne parviennent plus à assurer les contrôles des frontières dites « extérieures » ; il menace de suspendre leur application. Dans la même veine, il propose de diviser par deux l'immigration légale et de mettre sous condition de séjour l'attribution des minima sociaux. Nicolas Sarkozy n'envisage plus du tout d'accorder le droit de vote aux immigrés aux élections locales ; il laisse cette promesse à son adversaire socialiste. Face à la montée du communautarisme, il invoque maintenant l'enjeu de civilisation. Avec bien plus de force que la simple référence aux « racines chrétiennes de la France », la question de l'immigration lui permet de pointer du doigt les atteintes portées à l'identité de notre pays. Les revendications des pratiquants fondamentalistes de l'islam, telles que la présence de viande halal dans les cantines scolaires et les horaires séparés entre les hommes et les femmes dans des piscines municipales, sont dans son viseur.

Les médias identifient sans difficulté la source d'inspiration de la campagne décomplexée de Nicolas Sarkozy. Dans les articles de presse, la dérive droitière du président candidat porte un nom : la « ligne Buisson ». Le terme est paré des habits de la nouveauté, mais couvre un ensemble de vieilles hardes. La « ligne Buisson » ou la ligne Maginot défendant une France en voie de disparition. Le recyclage le plus abouti de toutes les idées de cet homme d'extrême droite. Un pot-pourri de ses obsessions. Cinquante années d'engagement politique de Patrick Buisson, consacrées par un président de la République en quête d'un second mandat. Plus qu'une campagne, une frise historique. La consécration. Apprécions.

« Aidez-moi ! » Nicolas Sarkozy lance cet appel aux Français, de meeting en meeting. Loin d'être gagné par l'humilité, il cherche à marcher dans les pas d'un grand homme. Charles de Gaulle avait prononcé ces mots lors de son retour au pouvoir en juin 1958, mais c'est à une autre occasion que la formule était passée à la postérité. Le 23 avril 1961 à l'Élysée, le président de la République, en uniforme militaire, avait poussé ce cri après le putsch des généraux : « Françaises, Français, voyez où risque d'aller la France, par rapport à ce qu'elle était en train de redevenir. Françaises, Français, aidez-moi ! » L'emprunt, censé réveiller la fibre gaulliste des électeurs, revêt une dimension occulte. De l'une de ses premières déconvenues en politique, Patrick Buisson opère un détournement historique. Les conjurés ne sont plus les réfractaires d'Alger, ce sont les élites installées de Paris. Un quarteron de médiacrates qui, à coup de sondages, d'articles de presse et d'accusations forcément infondées, chercheraient à « voler l'élection » et à tromper les Français. En faisant prononcer la formule gaulliste à Nicolas Sarkozy, Patrick Buisson réinvente, dans le paysage politique, la fracture maurrassienne entre le pays réel et le pays légal. Le « Tout est politique » de Mai 68 fait place au « Politique d'abord ! ». C'est le couronnement du travail effectué avec Jean-Marie Le Pen, puis avec Philippe de Villiers.

Nicolas Sarkozy s'adresse à la « France périphérique », chère au géographe Christophe Guilluy, cette France des « invisibles », contraints de s'exiler dans les zones périurbaines sous les effets conjugués de la mondialisation de l'économie, du dérèglement du marché de l'immobilier et de la hausse de l'immigration. Il leur parle comme d'autres avant lui s'adressaient à la France des ouvriers désœuvrés et des exclus menaçant de sombrer dans le quart-monde. Il s'inscrit dans le sillon creusé par les néofascistes qui recommandaient dans les années soixante-dix, de s'intéresser à ceux qui subissaient de plein fouet les chocs pétroliers, la désindustrialisation et les conséquences de l'instauration du regroupement familial, pour les arracher aux serres du Parti communiste. Il vise ce cœur de cible qu'avait entrepris de conquérir Jean-Marie Le Pen à partir de 1983. Et que sont les promesses de recours au référendum, l'appel au peuple ou la référence à l'identité chrétienne de la France qu'entonne Nicolas Sarkozy, sinon les décalques de la stratégie élaborée pour la présidentielle de 1988 avec la campagne « Le Pen, le peuple » ? Celle-là même qui avait été dévoilée en avril 1987, dans le *Minute* de Patrick Buisson : « Il sera le candidat du peuple contre la bureaucratie, contre les oligarchies, les syndicats ou les partis qui ont confisqué le pouvoir et qui agissent contre ses intérêts et ses aspirations. » À la suite de qui Nicolas Sarkozy joue-t-il le couplet immigration-identité nationale, dont la partition avait été réécrite par le Club de l'Horloge ? Quel étendard brandit-il en s'engageant pour une « France forte » et en dénonçant les accords de Schengen, si ce n'est celui qu'avait levé Philippe de Villiers au mitan des années quatre-vingt-dix, lorsqu'il prophétisait l'avènement d'une « Europe passoire » ?

Tout à son destin personnel, Nicolas Sarkozy ne voit pas que la machine à recycler fonctionne à plein régime, que les concepts qu'il déploie ont été maquillés et les mots qu'il emploie, puisés dans un dictionnaire des synonymes. Illusionné jusque dans les plus petits détails, à l'image de cette « Lettre aux Français », envoyée le 5 avril à des millions d'exemplaires pour exposer son programme. Cette lettre dont la paternité publique appartient à François Mitterrand et la descendance cachée, à Patrick Buisson, qui en a vendu le principe à tous ses clients en politique. Le président de la République ne saisit pas la portée du rôle qu'il tient, après d'autres, dans une histoire dont son conseiller est le seul auteur récurrent. Alors que la France est en proie à toutes les divisions, Nicolas Sarkozy érige des murs sans s'apercevoir qu'il ne fait tomber qu'une seule frontière : la frontière avec l'extrême droite.

À plus d'un mois du premier tour de l'élection présidentielle, Patrick Buisson accorde un entretien aux journalistes Arnaud Leparmentier et Vanessa Schneider, pour le quotidien *Le Monde*. Il n'a plus besoin de se cacher, comme lors de la précédente campagne. Mieux, il préempte publiquement le résultat de l'élection ; en cas d'issue favorable, personne ne doit pouvoir lui disputer les lauriers de la victoire. Présomptueux, il tient à faire mentir toutes les prédictions en prenant le pari d'un succès de son candidat. Les intentions de vote en faveur de François Hollande ne cessent de baisser, tandis que celles pour Nicolas Sarkozy augmentent depuis son entrée en campagne, affirme-t-il, chiffres à l'appui. La dynamique est du côté du président-candidat. Interrogé sur son influence dans la « droitisation », Patrick Buisson récuse le concept, « plus sûr indice de la confusion mentale qui s'est emparée de certains esprits », pour revendiquer celui des frontières, « préoccupation des Français les plus vulnérables » : « Les privilégiés, eux, ne comptent pas sur l'État pour construire des frontières. Ils n'ont eu besoin de personne pour se les acheter. » Ceux-ci habitent les beaux quartiers, envoient leurs enfants dans les meilleures écoles et profitent pleinement du libre-échange, argumente-t-il. Selon le conseiller, c'est en enfourchant ce thème des frontières que Nicolas Sarkozy réussira, comme en 2007 et « comme de Gaulle en 1958 », à amalgamer « un vote populaire avec un vote de droite traditionnel » : « Transgression idéologique, désenclavement sociologique et victoire électorale ont fait système. » Patrick Buisson fustige la gauche, qui se serait reniée en privilégiant « le combat sociétal en faveur d'un communautarisme multiculturel » à la question sociale, et raille la stratégie de référendum anti-Sarkozy : « Les motivations du vote Hollande sont pour les deux tiers de battre le candidat sortant. » Plus intéressant, il livre en creux la contribution involontaire qu'il espère des deux autres petits diables de la campagne, étymologiquement « ceux qui désunissent ». « Marine Le Pen s'est aventurée sur des thèmes où sa crédibilité était faible tout en cessant d'actionner les ressorts du vote frontiste. Son retour précipité aux fondamentaux de son parti a surtout mis en évidence une impasse stratégique. » Patrick Buisson craint par-dessus tout la configuration où Nicolas Sarkozy se retrouverait face à la présidente du Front national au second tour, car cela obligerait son candidat à compter sur les voix de la gauche pour être élu, puis à gouverner au centre. Mais le conseiller a tout de même besoin que Marine Le Pen réalise un score élevé, afin que Nicolas Sarkozy ne cesse pas de chasser le même électorat qu'elle. Le satisfecit qu'il donne à Jean-Luc Mélenchon, dont il salue la percée dans les intentions de vote, répond à une autre de ses préoccupations :

« Le candidat de la gauche populiste sera toujours plus crédible qu'une pâle copie social-démocrate dans le registre de la lutte des classes qui réclame une certaine tonicité. » « Méluche » a un grand mérite : n'avoir pour ambition que de prendre des voix au candidat socialiste. Afin d'abattre la social-démocratie, il engage la lutte contre le Front national. C'est en montrant qu'il est le plus qualifié pour vaincre la « vermine fasciste » que le candidat du Front de gauche peut prétendre former son front unique prolétarien. Regard au loin et visage hiératique dans le plus pur style soviétique sur son affiche de campagne, lyrisme enflammé de révolutionnaire tropical lors de ses meetings en plein air, il part « aux masses ». Le combat contre la droite de gouvernement viendra plus tard, lorsqu'il aura imposé son hégémonie à gauche.

Chacun dans leur formation, Marine Le Pen, Jean-Luc Mélenchon et Nicolas Sarkozy jouent la musique grinçante de l'affrontement entre le peuple et les élites. Sous prétexte de mettre à bas le système, ils introduisent un nouveau clivage en espérant être les premiers à en tirer profit. Et là réside l'éternel dessein de Patrick Buisson. En cherchant à se débarrasser aussi bien des résidus de la social-démocratie que des scories de la démocratie chrétienne, il souhaite redessiner un paysage conforme à ses désirs. Stop aux dérives, mort au centre : chaque camp retourne à ses fondamentaux et s'assoit sur ses extrêmes. Front contre front, tel est son idéal politique.

La sortie médiatique de Patrick Buisson est interprétée par les commentateurs du temps court comme un numéro de cartomancien, une rodomontade pour masquer la détresse d'une campagne en perdition. Le 22 avril 2012, sa stratégie est pourtant validée en grande partie. Le président-candidat revient des abîmes : avec 27,18 % des voix, Nicolas Sarkozy distance Marine Le Pen de près de dix points et se qualifie pour le second tour de l'élection présidentielle. S'il échoue de peu à rattraper François Hollande, qui ne le devance que de 1,5 point, la raison tient au score obtenu par le candidat du Front de gauche : 11,1 %. Tout le monde voyait Jean-Luc Mélenchon plus haut, à commencer par lui-même. Pauvre « Santerre » ! Il est dépité. Ses rêves de grandeur sont ensevelis, comme jadis on voulut enterrer le brasseur sans-culotte avec cette épitaphe : « Ci-gît le général Santerre. Qui n'eut de Mars que la Bière. »

Le duel final de la présidentielle se présente néanmoins tel que l'avait souhaité Patrick Buisson. Nicolas Sarkozy est piégé par « la campagne au peuple » que lui a fait mener son conseiller au premier tour. Il est privé d'alternative sérieuse, confronté à un non-choix. L'extrême droitisation de son discours l'empêche d'aller chercher des voix au centre ; il n'a plus aucune crédibilité pour prôner le rassemblement. Du reste, les 9,13 % de voix recueillies par François Bayrou ne l'incitent pas à réorienter sa campagne, et le choix du candidat du Modem d'appeler à voter François Hollande lui ôtera ses derniers scrupules. Patrick Buisson peut sans effort indiquer à Nicolas Sarkozy que les seules réserves de voix à sa disposition se situent à sa droite. Pour espérer l'emporter ou éviter l'humiliation d'une large défaite, il doit récupérer les suffrages qui se sont portés sur Marine Le Pen. Le cap est fixé toujours plus à droite, consigne est donnée de ne plus hésiter à se salir les mains. Les partisans d'une ligne humaniste ont le mal de mer ; l'équipe de campagne tangue de voir Patrick Buisson tenir la barre ; d'autres n'ont aucune difficulté à naviguer dans les eaux fangeuses.

Gérard Longuet est mandaté pour délivrer un message aux amis : « Les patriotes ne peuvent pas laisser passer François Hollande. » Le mot d'ordre est confié à *Minute*, qui le répercutera dans son numéro du 2 mai : « Adoption par les homosexuels, euthanasie, droit de vote aux immigrés extra-européens… Barrage à Hollande. » Le ministre de la Défense demande aux électeurs du Front national de se mobiliser en faveur de Nicolas Sarkozy, et évoque la rupture du cordon sanitaire érigé entre la droite et l'extrême droite : « La gauche n'a de leçon de morale à donner à personne. […] Il y a une différence notable entre Marine Le Pen et son père. […] Il sera désormais possible de parler de sujets difficiles avec un interlocuteur qui n'est pas bienveillant, mais qui, au moins, n'est pas disqualifié. » En parallèle, Patrick Buisson charge Bruno Larebière, un de ses anciens collaborateurs à *Minute* et ex-cadre du Bloc identitaire, de contacter des responsables du FN pour qu'ils appellent à voter Sarkozy. Seul le vieux camarade de la FNEF, Bruno Gollnisch, prend ce risque dans une interview au journal *Le Progrès*, en affirmant « à titre personnel » pencher « plutôt pour un vote Sarkozy », à condition « qu'il désavoue ses lieutenants qui ont répondu qu'en cas de duel FN-PS aux législatives, ils choisiraient le candidat socialo-communiste ».

Le président de la République ne s'aventure pas aussi loin que son ministre de la Défense, ou que ne le voudrait son stratège, mais tous les signes qu'il donne vont dans le même sens. Ils sont inédits de la part d'un homme politique de sa stature, et inquiétants. Dès le lendemain du premier tour, Nicolas Sarkozy annonce son souhait d'organiser sa propre fête du 1er mai. Pendant que les syndicats défilent pour les travailleurs et que le Front national honore Jeanne d'Arc, lui compte célébrer « la fête du vrai travail, de ceux qui travaillent dur, de ceux qui sont exposés, qui souffrent ». Face à la provocation, la gauche et les syndicats assurent humer des relents du régime de Vichy. Le quotidien *L'Humanité* dresse un parallèle, à la une de son édition du 25 avril, entre les propos du chef de l'État sur les corps intermédiaires et ceux tenus par le maréchal Philippe Pétain dans un discours prononcé le 11 octobre 1940 : « Jamais, dans l'histoire de la France, l'État n'a été plus asservi qu'au cours des vingt dernières années par des coalitions d'intérêts économiques et par des équipes politiques ou syndicales, prétendant fallacieusement représenter la classe ouvrière. » Le tollé contraint Nicolas Sarkozy à rebaptiser sa fête du « vrai travail » en « vraie fête du travail ». Mais ne parvient pas à éteindre la polémique ; seule une autre la chasse. Cette fois, ce sont ses déclarations du mardi 24 avril, à Longjumeau en Essonne, qui mettent en émoi la classe politique et les médias : « S'il y a une candidate du Front national, c'est qu'elle avait le droit d'être candidate. À partir du moment où vous vous présentez aux élections, où vous avez le droit de vous présenter, à ma connaissance, vous êtes compatible avec la République. »

« Le Pen est compatible avec la République », titre le lendemain *Libération*, en affichant un portrait en noir et blanc de Nicolas Sarkozy. Le raccourci frappe d'autant plus les esprits que le candidat propose peu de temps après, suite à la mise en examen pour homicide volontaire d'un policier ayant tué un fuyard d'une balle dans le dos, de créer une « présomption de légitime défense » pour les forces de l'ordre. La mesure figure dans le programme de Marine Le Pen, qui se réjouit de sa « victoire idéologique » : « Chaque jour, Nicolas Sarkozy puise dans mon projet. » Les plagiats sont d'ailleurs de plus en plus visibles. Dans ses meetings, le président-candidat tonne contre la « pensée unique », les élites ou les « bobos du boulevard Saint-Germain » ; il met en cause les médias et les sondeurs, sous les sifflets des militants. Dans l'un des clips de la campagne officielle, sa dénonciation de l'immigration incontrôlée et de l'Europe sans frontières est illustrée par un zoom sur un panneau de la douane traduit en français, en sicilien et en arabe, ou par des images de fouilles de réfugiés tunisiens, effectuées par des policiers sur l'île italienne de Lampedusa.

La campagne finit dans l'hystérie. L'entre-deux-tours est propice aux débordements verbaux et aux épanchements amoureux. En 2007, Ségolène Royal avait prédit le déclenchement d'« émeutes d'une violence extrême » en cas de défaite, avant de se montrer plus précise dans un discours au stade Charléty : « C'est la brutalité dans la conduite des affaires publiques, on le sait, qui peut mettre en danger la paix sociale, la paix civile en dressant les Français les uns contre les autres. Ce danger, il est contenu dans le programme du candidat de la droite. » S'abandonnant à sa fougue, elle avait conclu sa prédication par une exhortation christique : « Aimons-nous les uns les autres ! » Nicolas Sarkozy succombe à la même fièvre. Le 1er mai, il noie la place du Trocadéro sous une marée de drapeaux tricolores. Tel le mari qui a trahi sa femme, il couvre d'innombrables témoignages d'affection un pays sur le point de lui échapper. Nicolas Sarkozy a beaucoup parlé et même trop parlé ; il a beaucoup promis et si peu tenu. À Bercy en tant que candidat, puis au Latran, à Dakar ou encore à Grenoble en tant que président. Pour quel résultat ! Désemparé face à une France désireuse de le quitter, il se jette à ses pieds, proteste de son amour. Il redouble d'ardeur pour faire oublier le passé. Lui qui sait conquérir mais n'a pas appris à conserver, est prêt à se rouler par terre afin qu'elle lui fasse confiance une dernière fois. Oui, dorénavant, il l'écoutera, lui demandera son avis, la laissera choisir, se pliera à sa volonté. La France sera souveraine et il sera son sujet. Il en fait le serment. Nicolas Sarkozy chante une ultime sérénade le vendredi 4 mai, dans la ville des Sables-d'Olonne, en présence de Patrick Buisson, Cyrano malveillant qui lui aura soufflé jusqu'au bout la partition.

En comparaison, son rival, François Hollande, ne s'est pas donné autant de peine. Il sait qu'avec une femme trompée, un nouveau soupirant doit miser sur la sobriété. Dans le débat télévisé qui a opposé les candidats du second tour, il s'est contenté de jurer de devenir celui que Nicolas Sarkozy n'avait pas été. En se servant d'une anaphore, instantanément passée à la postérité, « Moi président de la République », il s'est engagé quinze fois à être un président normal. Et, tout le monde l'assure, cet objectif est à la hauteur de ses capacités. Alors, il attend sereinement son heure, les poches pleines d'espoirs à décevoir et de promesses à bafouer. À son tour de cocufier.

« Vous êtes la France éternelle, je vous aime, merci, merci ! » Nicolas Sarkozy reste digne au moment de reconnaître sa défaite et de dire au revoir à ses sympathisants, réunis le soir du dimanche 6 mai 2012 dans la grande salle de la Mutualité. Avec cette référence connotée, il reste digne de la campagne qu'il a menée et du conseiller qui l'a inspirée. Patrick Buisson effectue une sortie moins remarquée. S'il n'a pas réussi à faire réélire son candidat, il lui a évité la déroute que certains médias et sondeurs avaient pronostiquée : 48,36 % des suffrages, à 1 140 000 voix de François Hollande. Mais son cas personnel est différent. Il a probablement songé à prendre le chemin de l'exil ; il quitte, quoi qu'il en soit, Paris dès le lendemain du second tour. Patrick Buisson sait que sa responsabilité sera fatalement mise en cause. Avis de gros temps. À droite, les amers et les intègres dégainent rapidement. Haro sur la « ligne Buisson » ! Nathalie Kosciusko-Morizet, porte-parole imposée par Nicolas Sarkozy contre la volonté du conseiller, qui ne voulait pas d'une « grande bourgeoise » pour une campagne au peuple, vise juste : « Moi, le reproche principal que je fais à Patrick Buisson, c'est que son objectif, à mon avis, n'était pas de faire gagner Nicolas Sarkozy. Il était de faire gagner Charles Maurras. Il était sur un objectif plus idéologique que politique. » Patrick Buisson n'a pas besoin de répondre à l'attaque de celle qui avait publiquement soutenu une ligne politique qui la révulsait, Marine Le Pen le fait à sa place : « Il faut lui dire à madame Kosciusko-Morizet que Maurras est mort parce que sinon elle va continuer de se ridiculiser [...]. Je ne suis pas dans la tête de monsieur Buisson, je l'ai rencontré une seule fois, mais après tout, se battre pour ses idées c'est plutôt noble, c'est mieux que de se battre pour une place comme madame Kosciusko-Morizet. » Le soutien inattendu apporté par la présidente du Front national est sans réserve : « Patrick Buisson a contribué à décomplexer une grande partie de l'électorat UMP qui, en réalité, pense la même chose que nous, mais n'osait pas encore le dire. Voilà, c'est un fait et c'est une avancée. C'est incontestable. » Marine Le Pen ne s'arrête pas là, le baiser de la mort n'a pas encore été donné : « Je pense qu'il a défendu ses idées, et il se trouve qu'une grande partie de ses idées sont également les nôtres. Il n'y a qu'un malheur, c'est qu'il n'a pas réussi à obtenir de Nicolas Sarkozy qu'au-delà des mots, ses idées soient réellement mises en application. »

Patrick Buisson a bien fait de prendre le large. Son absence prévue pour durer quelques jours, selon le message qu'une employée d'Histoire m'a transmis, se prolonge au-delà de quelques semaines, sans que cela nuise davantage au fonctionnement de la chaîne de télévision qu'il dirige. Absorbé par ses obligations politiques, il n'avait fait que de rares apparitions pendant la campagne, le plus souvent pour s'enfermer dans son bureau, le téléphone vissé à l'oreille, ou pour recevoir des personnalités politiques dans cette annexe officieuse du siège de Nicolas Sarkozy ; les salariés de l'entreprise avaient dû prendre la mauvaise habitude de travailler en autogestion. Je n'endure pas la situation aussi paisiblement que mes collègues, car je ne peux m'empêcher de penser que Patrick Buisson cherche un moyen de ne pas respecter les engagements pris en début d'année. C'est donc soulagé que j'accueille l'appel d'un avocat, peu avant l'été. Le nom de celui-ci ne m'est pas inconnu ; je me souviens que ce spécialiste du droit pénal des affaires était venu rendre visite à Patrick Buisson au moment du scandale des sondages de l'Élysée, pour lui proposer ses services, sa discrétion et son expérience dans la gestion des dossiers les plus sensibles. Il souhaite que nous convenions d'une date pour évoquer mon retrait de Publifact.

Le jour dit, je marche avec conviction et espérance en direction du lieu de rendez-vous, situé dans le petit triangle d'or parisien, entre l'avenue Montaigne et les quais de Seine. Arrivé dans le bel hôtel particulier qui abrite le cabinet d'avocats, on me fait patienter quelques instants. Je prends place autour d'une immense table, occupant la quasi-totalité d'une salle de réunion. L'homme de loi, flanqué de deux collaborateurs, fait son entrée. Il me salue, s'installe face à moi et présente ses excuses. Il aurait aimé me recevoir plus tôt, m'explique-t-il, mais l'évaluation de la valeur de Publifact a pris plus de temps qu'il ne le pensait. Je me garde de tout mauvais esprit devant la grande complexité de ce labeur, comparable au calcul de la valeur d'une multinationale opérant sur tous les continents et sous tous les régimes fiscaux. J'écoute la suite de l'exposé, consacré à la révélation des actifs composant le patrimoine de l'entreprise et au montant de leur valorisation.

« Sur cette base, Patrick Buisson propose de vous racheter 20 % des parts de Publifact.

— Vous voulez dire 40 % ?

— Non, 20 %. La moitié de vos parts.

— C'est une plaisanterie ? Patrick Buisson s'est engagé à racheter la totalité de mes parts. Pas une partie seulement.

— Écoutez, il s'agit d'une somme importante. Il ne faudrait pas attirer l'attention du fisc. Nous préférons procéder ainsi : 20 % maintenant et le reste, plus tard.

— L'excuse des impôts ne tient pas. Qu'est-ce que ça change de tout racheter d'un seul coup ? Et qu'entendez-vous par "plus tard" ?

— C'est plus tard.

— Je souhaite sortir de cette société. Je vends la totalité des mes parts ou rien.

— Je n'ai pas de mandat pour négocier. Alors, cela sera rien. »

Ils avaient donc besoin d'être trois pour me prendre pour

un imbécile. Je suppose que je devrais me sentir flatté ; je préfère quitter, furieux, cette compagnie de cauteleux appointés. J'ignore qui a eu l'idée de cette proposition, mais elle a dû ravir Patrick Buisson. Si je l'avais acceptée, j'aurais fini mi-vendu mi-tenu : il ne m'aurait évidemment jamais racheté le reste de mes actions. Encore une fois, je m'en veux d'avoir voulu le croire, et de lui avoir laissé une chance. La campagne est terminée, les promesses se sont envolées, et je n'ai que trop perdu de temps. Puisque notre conflit ne peut connaître de résolution à l'amiable, je sollicite, moi aussi, le concours d'un avocat. C'est ainsi qu'en préparant le premier entretien, je m'aperçois que Patrick Buisson ne daigne même plus respecter le strict minimum légal dans la gestion de ses sociétés. L'assemblée générale annuelle de Publifact s'est tenue sans que j'en sois informé. Je n'ai reçu ni convocation ni le moindre bilan comptable. Je dois me contenter du procès-verbal de l'assemblée générale d'approbation des comptes de l'année 2011, que je commande au greffe du tribunal de commerce de Paris. Cette mesquinerie m'inquiète. Que cherche-t-il à dissimuler ? Après la défaite aux élections présidentielle et législatives, le secrétaire général de l'UMP, Jean-François Copé, a reconnu l'existence de contrats entre son parti et les sociétés de Patrick Buisson. Je n'ai aucune envie de revivre un scandale semblable à celui des sondages de l'Élysée. D'autant que la situation au sein de la chaîne Histoire n'a rien de rassurant. Patrick Buisson a fini par sortir de sa retraite vendéenne. Loin d'avoir été congédié – ainsi qu'il feignait de le craindre en cas de défaite de Nicolas Sarkozy –, il est de retour dans le groupe TF1. Il est chez lui, ou tout comme. À Histoire, il est seul maître à bord, et ne se gêne nullement pour utiliser à son profit les moyens humains et matériels de l'entreprise. Il confie à une jeune salariée travaillant en alternance des tâches sans aucun rapport avec ce qu'elle est censée effectuer. Sur le bureau de celle-ci repose un exemplaire du livre *L'Argent* de Charles Péguy, dont elle doit recopier les passages soulignés. Dans son ordinateur, à l'intérieur d'un dossier où figurent des scans d'articles de presse mentionnant Patrick Buisson, sont stockés des dizaines de fichiers contenant des extraits d'ouvrages politiques. Les libertés prises par Patrick Buisson avec le Code du travail ne s'arrêtent pas là. Une main innocente a déposé, en mon absence, sur ma table de travail, l'impression d'un article du site internet Rue89 : « Oubliez les gauchistes : "La cause du peuple", c'est Patrick Buisson. » L'article daté du 19 octobre 2012 m'apprend que la marque a été déposée à l'Institut national de la propriété industrielle par la responsable juridique de la chaîne Histoire, pour le compte de la société Publi-Opinion : « Juridiquement, Patrick Buisson est désormais le seul à pouvoir se réclamer de "La cause du peuple" », l'organe de presse des maoïstes de la Gauche prolétarienne, dirigé par Jean-Paul Sartre et ancêtre de *Libération*. Si le journaliste s'émeut de voir le conseiller venu de l'extrême droite voler « à l'extrême gauche un de ses mythes », c'est qu'il ignore l'histoire de la captation d'héritage de la formule de Karl Radek : « La cause du peuple devenue la cause de la nation, celle-ci à son tour devient la cause du peuple. » Et l'auteur de l'article de conclure en s'interrogeant sur l'usage que pourrait faire Patick Buisson de la marque : un journal, une émission de télévision, un film, un livre, un slogan de campagne pour la présidentielle de 2017... La spéculation ne me gagne pas ; je ne doute pas que Patrick Buisson fera de « La cause du peuple » l'instrument de sa revanche. Dans l'attente, je reste frappé par les sentiments de toute-puissance et d'impunité qui semblent l'avoir atteint. Il pousse le mélange des genres comme jamais auparavant, et enclenche l'engrenage qui mène à la catastrophe.

Je finalise avec mon avocat le courrier qui doit lancer l'offensive judiciaire contre Patrick Buisson ; je m'apprête à mettre en demeure le gérant de réunir, en bonne et due forme, l'assemblée générale des associés de Publifact, de me communiquer les documents sociaux ainsi que les contrats passés avec la présidence de la République et l'UMP, sous peine de saisir la justice pour que soit nommé un expert chargé d'examiner toutes les opérations de gestion. Avant de lui adresser cette lettre, j'accomplis une démarche qui me tient à cœur. Patrick

Buisson gère de fait ses sociétés, mais légalement, le gérant s'appelle Jean-Pierre Buisson. Je retrouve mon oncle, mardi 23 octobre, dans un restaurant de la porte de Saint-Cloud. Au cours du déjeuner, je le sens embarrassé. Sachant l'affection que je porte à mon oncle et parrain, Patrick Buisson a sûrement dû lui confier la mission de me ramener à la raison. Je coupe court à toute tentative en ce sens, et l'informe de ma volonté de donner un prolongement public à l'affrontement privé. Je presse Jean-Pierre de démissionner de la gérance de Publifact, afin qu'il n'ait pas à souffrir des conséquences de mon action. Il refuse.

« Je ne peux pas. Ton père me l'a demandé comme une faveur. Je peux bien lui rendre ce service.

— Tu n'as que des coups à prendre ! Et tu n'as pas à les prendre à sa place. La politique n'est pas ton affaire. »

Je tente de le convaincre que, hormis les démarches que je souhaite entreprendre, Patrick Buisson finira par être rattrapé par la justice.

« Tu ne veux pas que ta fille ou tes petits-enfants voient ton nom sali dans la presse, en étant associé aux turpitudes de ton frère. Tu te vois faire de la garde à vue ? À ton âge et avec tes problèmes de cœur ?

— Oh, ça peut pas être pire que le service militaire ! me lance-t-il, bravache.

— S'il te plaît, Jean-Pierre.

— Non, vraiment, je ne peux pas, Jojo. »

Je quitte mon oncle en le serrant dans mes bras, et me dirige tristement vers le bureau de poste pour envoyer la mise en demeure par lettre recommandée. La réponse se fait un peu attendre ; elle est courte et cinglante. Entre deux mensonges, Patrick Buisson oppose une fin de non-recevoir à mes demandes de communication des contrats passés par Publifact, mais se voit contraint, puisque je compte « donner un aspect contentieux à cette affaire », de convoquer « aux fins de régularisation » une nouvelle assemblée générale des actionnaires. Il invite également mon conseil à se rapprocher du sien.

L'échange entre les deux professionnels du droit intervient sans retard et ne manque pas de saveur. L'avocat de Patrick Buisson fait savoir que son client est maintenant disposé à racheter l'ensemble de mes parts dans Publifact, pour peu que je renonce à me montrer trop curieux et à mettre mon nez dans ses affaires. Ne comptant plus me laisser prendre au piège de ses manœuvres dilatoires, je réponds que je consens uniquement à céder mes actions. Le mardi 20 novembre, je communique par écrit mon intention d'assister à l'assemblée générale, prévue le 1er décembre au domicile de Patrick Buisson. Je joins à la missive une liste de questions « auxquelles le gérant est tenu de répondre au cours de l'assemblée », en vertu de la loi. Je renouvelle mes interrogations sur l'état des contrats en cours, et dénonce la gestion de fait de l'entreprise par Patrick Buisson. En guise d'ultime main tendue, je prie, enfin, mon oncle d'inscrire à l'ordre du jour la révocation de son mandat.

Trois jours plus tard, Patrick Buisson me prend à partie et me somme de le retrouver dans son bureau, à Histoire.

« Tu dégages ! Tu vas aller voir Laurent Solly, puis tu seras convoqué lundi par la DRH. J'ai déjà averti tous les employés de la chaîne de ton départ.

— Tu sais que Laurent Solly n'a plus rien à voir avec Histoire. Il est le patron de la régie publicitaire de TF1, maintenant. Et puis, tu sais qu'il y a aussi des procédures et des lois à respecter. Même si tu prends ça par-dessus la jambe…

— Oui, j'en ai rien à foutre ! Tu vas partir, Georges ! »

Je ne compte pas partir de cette façon. Hors de question de me laisser écraser et de rester avec mes parts de Publifact sur les bras. Je vais devoir me battre sur un nouveau front. Plus le choix. Heureusement, Patrick Buisson m'a involontairement fourni des munitions, ces derniers mois. Feu !

De : Buisson, Georges
Envoyé : mardi 27 novembre 2012 14:34
À : Paolini, Nonce
Objet : Pour Nonce Paolini – PERSONNEL ET CONFIDENTIEL

Monsieur le Président,

Je travaille pour la société Histoire, filiale de TF1, depuis décembre 2007. À mon corps défendant, mon nom a davantage été associé, ces derniers temps, aux démêlés politico-judiciaires de Patrick Buisson qu'à mes activités au sein d'Histoire. Je réalise le tort que cette affaire peut causer à la réputation du groupe TF1. C'est la raison pour laquelle il me faut aujourd'hui vous alerter du probable préjudice financier et des risques pénaux que Patrick Buisson fait encourir à Histoire et au groupe.

Je pourrais passer outre les multiples acteurs de l'UMP que Patrick Buisson a reçus dans son bureau de président d'Histoire ; je pourrais oublier que le fonctionnement quotidien d'Histoire a été, durant de longs mois, perturbé par les absences de son président, alors tout absorbé, si l'on en croit les médias, par son engagement dans les dernières campagnes présidentielle et législatives.

En revanche, il est de mon devoir de porter à votre attention et de requérir votre intervention sur les points suivants.

J'ai, tout à fait fortuitement, découvert que Patrick Buisson avait demandé, cet été, à un apprenti d'Histoire de réaliser, durant le temps de travail, des travaux pour son compte personnel (recopie de citations, extraites d'ouvrages politiques). Tout à fait publiquement, il continue, jusqu'à ce jour, de lui demander de scanner des articles de presse le mentionnant et qui, comme vous le devinez, n'ont aucun rapport avec sa qualité de président d'Histoire. Dans le même temps, on a « innocemment » porté à ma connaissance un article du site Internet Rue89, révélant que Patrick Buisson avait fait déposer à l'INPI une marque pour Publi-Opinion, l'une de ses sociétés, par la responsable juridique de la chaîne Histoire.

Ces anomalies m'ont conduit à examiner attentivement les « frais de représentation » que Patrick Buisson me demande d'enregistrer tous les mois pour son compte dans le logiciel Notilus. Cet examen a mis en lumière de nombreuses irrégularités : les justificatifs des notes de restaurant font étonnamment apparaître les mêmes noms d'un mois sur l'autre, des noms qui, pour la plupart, sont ceux de responsables ou de journalistes politiques ; les justificatifs des notes de taxi révèlent des adresses notoirement connues comme étant celles de formations ou de personnalités politiques ; l'importante documentation que Patrick Buisson se fait rembourser ne semble pas garnir les étagères de son bureau de fonction ; plus grave, Patrick Buisson s'est fait payer un voyage à Rome en janvier 2012 sous couvert de la préparation d'un documentaire, alors que la presse rapportait qu'il s'était rendu au Vatican pour recevoir la médaille de commandeur de l'ordre de Saint-Grégoire-le-Grand.

Patrick Buisson est peut-être mécontent de son traitement, mais il me semble qu'il existe d'autres moyens de porter une revendication salariale que de se livrer à ces pratiques.

Il est, en revanche, tout à fait certain que l'on ne peut pas le laisser impunément continuer à impliquer, à leur insu, des employés de la chaîne Histoire. Je ne me laisserai en tout cas plus impliquer, comme je l'ai déclaré à Patrick Buisson.

C'est sans doute la raison qui l'a conduit à me dire, dans son bureau, vendredi 23 novembre dernier, que j'allais bientôt être convoqué par la DRH et que je verrais également Laurent Solly pour négocier mon départ.

Vous comprendrez que je m'en remette à vous plutôt qu'au directeur de TF1 publicité pour que cesse, d'une manière ou d'une autre, cette situation intolérable au sein de l'une des filiales du groupe que vous présidez.

Je souhaite pouvoir discuter du contenu de la présente de vive voix, et sollicite à cette fin un rendez-vous.

Dans l'attente, je vous prie de croire, Monsieur le Président, en ma considération distinguée.

Georges Buisson
Histoire – Groupe TF1

L'huissier de justice et son sténotypiste m'attendent en bas du domicile de Patrick Buisson, samedi 1er décembre à 14 h 30. Mon avocat a obtenu en urgence, du président du tribunal de grande instance de Paris, la désignation d'un officier ministériel pour dresser un procès-verbal de l'assemblée générale de Publifact. Cette précaution s'impose pour démontrer la volonté de dissimulation des activités de la société et éviter un guet-apens.

Nous montons les escaliers jusqu'à l'étage de l'appartement de Patrick Buisson. Je sonne. Il ouvre la porte et ne dit mot devant l'huissier de justice qui lui demande de décliner son identité. Elle lui tend alors une copie de l'ordonnance du tribunal. Il saisit prestement le document et nous ferme la porte au nez. Nous nous regardons avec l'huissier. Je sonne de nouveau. Quelques instants se passent avant qu'il ne rouvre : « Je n'arrive pas à joindre mon conseil, il ne répond pas au téléphone. Je vais aller le chercher. » Paniqué, il nous laisse tous les trois sur le palier.

Il fait son retour au bout de cinq minutes, en compagnie d'Alain Renault, qui devait sans doute attendre le moment d'intervenir dans un café de la place Pereire. J'avais raison de redouter la présence d'un comité d'accueil hostile. Alain Renault se présente à l'huissier comme l'assistant administratif du gérant. Patrick Buisson est presque triomphant ; il a en tout cas retrouvé son assurance et sa morgue. Il nous autorise enfin à pénétrer dans son appartement, où se trouve mon oncle qui patiente, mal à l'aise, dans un coin du salon. L'assemblée générale peut avoir lieu. Jean-Pierre prend la parole. Je ne lui laisse pas terminer sa première phrase en contestant d'emblée sa capacité à présider la séance en tant que gérant non associé dans Publifact. Je lui réclame ensuite les preuves de la convocation régulière de l'assemblée générale. Patrick Buisson répond à la place de son frère : « Tu as fait des études de droit extrêmement laborieuses. Mais aujourd'hui, tu essaies de les rattraper, c'est bien, nous t'en donnons acte.

— Vous refusez donc de me montrer les preuves de dépôt. »

La dispute procédurière témoigne du rapport de force que nous tentons chacun d'établir. Patrick Buisson s'agace : « Nous n'allons pas y passer trois heures. Tout cela va te coûter très cher, tu sais. Tu n'as pas les moyens. Je suis donc là pour te protéger, malgré tout. » Je reste imperturbable et impose la lecture du rapport de gestion à Patrick Buisson, qui s'exécute de mauvaise grâce, puis redonne la parole à son frère. Jean-Pierre en vient aux questions que j'ai envoyées par courrier ; il lit scrupuleusement un papier sur lequel sont notées toutes les réponses. Je ne mets pas longtemps à faire sortir mon oncle du texte qu'on lui a écrit : je l'interroge sur les actes de l'assemblée irrégulière déposés au greffe, qui ne comportaient pas les comptes annuels de Publifact, mais ceux de Publi-Opinion. C'est au tour d'Alain Renault, assistant administratif distrait et désinvolte, de voler au secours de mon oncle en plaidant l'erreur. Nous échangeons encore quelques paroles acrimonieuses avant d'en arriver au cœur de la discorde. Jean-Pierre aborde le cas de l'activité de Publifact.

« Question : "L'activité de conseil concerne-t-elle les contrats passés avec la présidence de la République ?" Réponse : "Oui, le contrat avec la présidence de la République s'est poursuivi durant tout l'exercice 2011." Question : "Comment se fait-il que l'existence de plaintes pénales déposées cette année visant la société ne soit pas mentionnée ?" Réponse : "La société n'a à ce jour aucune connaissance particulière à cet égard." Question :

"Pouvez-vous faire l'état des contrats en cours et nous éclairer sur leur devenir ?" Réponse : "Au cours de l'exercice 2011, aucun contrat nouveau n'a été signé, ni aucun contrat précédemment dénoncé. Le résultat courant devrait être positif en 2012."

— Cela ne répond pas à la question de l'état des contrats en cours. Je n'ai pas demandé si un contrat avait été signé en 2011 ; j'ai demandé quels étaient les contrats en cours. »

Jean-Pierre se tait pour que Patrick Buisson laisse ses mensonges prospérer librement.

« La réponse est très claire : les contrats sont ceux qui ont été signés par le gérant, Georges Buisson.

— Quels sont-ils ?

— Ce sont les mêmes.

— Pouvez-vous nous donner l'état des contrats ?

— Si le gérant ne connaît pas les contrats qu'il a signés, cela est grave pour le gérant.

— Pouvez-vous donner les contrats en cours de la société ?

— Notre réponse se limite à préciser qu'il n'y a aucun contrat que tu n'as pas signé en tant que gérant. Aucun ! »

Telle est la ligne de défense lâche et indigne qu'il a adoptée : j'étais le gérant, donc le principal, voire le seul responsable ; j'étais le gérant et j'ai naturellement signé tous les contrats. Patrick Buisson n'a pas peur de lutter contre l'évidence et la vérité. Il les écarte toutes deux dès qu'elles cessent de l'avantager. La Cour des comptes a révélé l'existence de la convention de Publifact avec l'Élysée ; le document portant sa seule signature a été publié par la presse. De mon côté, je sais n'avoir pas signé le moindre contrat pour cette société. Mais Patrick Buisson continue de broder sur l'histoire qu'il a envie de faire passer pour la réalité. Alors, j'insiste : « Il faut me montrer les contrats que j'ai signés, dans ce cas. On parle d'un contrat signé avec la présidence de la République pour la société Publifact. Je veux bien voir ce contrat, si je l'ai signé.

— Ils seront communiqués. Si tu veux faire de la procédure, tu en feras. »

Patrick Buisson n'en démord pas ; il répond à côté pour ne pas avoir à me donner raison. Jean-Pierre est sollicité pour poursuivre la mission qui lui a été assignée.

« Question : "Pouvez-vous nous expliquer la perte du client important, mentionnée dans le rapport de gestion ?" Réponse : "Pour information de l'actionnaire, la présidence de la République sortante n'a pas été réélue le 6 mai 2012."

— Voilà, au cas où cela t'aurait échappé, persifle Patrick Buisson.

— Au cas où cela vous aurait échappé, il y a une plainte pénale contre la société Publifact.

— Eh bien, cela nous a totalement échappé ! Nous n'en sommes pas informés, nous ne croyons pas ce qui est dans la presse. »

Jean-Pierre nous interrompt.

« Question : "Pouvez-vous nous informer des actions que vous avez entreprises ou que vous comptez entreprendre pour assurer la pérennité de la société ?" Réponse : "Comme indiqué dans les assemblées générales de ces vingt dernières années, notre activité est de nature cyclique et très liée aux élections. La société a été structurée dans cette perspective, avec de très faibles frais fixes et la constitution d'importantes réserves lui permettant d'affronter les creux d'activité."

— Dans ce cas, monsieur le gérant, comment se fait-il que vous indiquiez, dans le rapport de gestion, "qu'il faudra prendre des décisions quant au devenir de la société" ? Votre réponse et ce que vous indiquez dans le rapport de gestion sont un peu contradictoires. »

Patrick Buisson se croit une nouvelle fois obligé d'intervenir, démontrant ainsi qu'il est seul à diriger Publifact.

« Il n'y a aucune inquiétude sur le devenir de la société – je réponds à l'actionnaire –, il peut en être satisfait. Les résultats sont d'ailleurs excellents. Il le sait très bien, puisqu'il cherche à vendre des parts que je lui ai données. Je tiens à le dire, toute cette démarche s'inscrit dans une négociation entre avocats, et il a des manœuvres qui peuvent s'apparenter à une pression – pour ne pas dire autre chose, il y a des mots pour cela – pour essayer d'obtenir la meilleure valorisation d'un capital minoritaire, qui ne peut être vendu qu'à moi-même, puisque j'ai un droit de préemption. Monsieur Buisson ne peut vendre ses parts qu'à son père, et il cherche à valoriser celles-ci par des procédures qui lui coûteront plus d'argent qu'elles ne lui en rapporteront.

— Je laisse à monsieur Patrick Buisson ces propos diffamatoires, et je tiens à observer qu'une nouvelle fois, c'est l'actionnaire majoritaire qui répond, et non pas le gérant, aux questions qui sont posées, ce qui met en doute la capacité du gérant à gérer la société. C'est la raison pour laquelle je vais demander la révocation du gérant pour justes motifs, et la mise aux voix de cette résolution en lieu et place du quitus. »

Alors que j'offre une porte de sortie à mon oncle, Patrick Buisson s'irrite que l'on puisse mettre en cause la réalité de la gestion de Publifact. Assumer le rôle de dirigeant de fait devant un auxiliaire de justice l'incommode. Il me prend donc à partie : « Quel était ton rôle en tant que gérant ? Veux-tu le préciser devant l'huissier ?

— Les questions qui n'ont pas de rapport avec l'ordre du jour n'ont pas à être prises en compte.

— Si ! Tu étais le précédent gérant. Quel était ton rôle ?

— Ce sont des questions qui n'ont pas de rapport avec l'ordre du jour.

— Georges, tu es fou, tu es fou !

— Question : "Je propose d'inscrire à l'ordre du jour votre révocation en lieu et place du quitus", continue Jean-Pierre.

— Monsieur le gérant, je ne sais pas si vous savez lire les courriers, mais cela n'est pas une question. »

Patrick Buisson est maintenant pressé d'en finir. « Eh bien, nous la soumettons au vote des associés ! Sommes-nous d'accord ?

— Qui vote pour ? demande Jean-Pierre.

— Je vote pour la révocation, dis-je.

— Monsieur Georges Buisson est titulaire de deux cents parts, souligne Patrick Buisson.

— Qui vote contre ?

— Moi, trois cents parts. Révocation rejetée. »

Le gérant soumet au vote les autres résolutions de l'assemblée générale. Le résultat est sans surprise. La séance levée, l'huissier et son assistant se dirigent vers la sortie. Patrick Buisson m'interpelle à voix basse : « Tu es fou, Georges ! *Fanafody ! Fanafody !* » Je marque le plus grand étonnement devant l'emploi de ce mot malgache. Les habitants de Madagascar l'utilisent pour parler d'un « médicament », et les sorciers, d'un charme d'envoûtement. Non, la raison ne m'échappe pas. Elle le quitte doucement.

« Conseiller du président » : la fonction n'est pas faite pour m'inspirer confiance. J'appelle Jean-Pierre Rousseau, qui a désespérément cherché à me joindre, puis le rejoins dans son officine. Inconnu du grand public, cet ancien directeur des ressources humaines est une figure de TF1 ; il attend la retraite en gérant les affaires dites « sensibles » du groupe. Je suis ravi d'être désormais classé dans cette catégorie. Jean-Pierre Rousseau a pour mission de me recevoir et probablement d'évaluer ma dangerosité. Les dirigeants des grandes entreprises cherchent tous à dresser un cordon sanitaire autour de leur personne dès que le mot « pénal » parvient à leurs oreilles. Compte tenu du courriel que j'ai adressé à Nonce Paolini, cette protection ne tient plus. S'il est amené un jour à rendre des comptes, le président-directeur général pourra difficilement plaider l'ignorance. Après un rapide entretien, ferme mais courtois, Jean-Pierre Rousseau m'autorise à contacter la secrétaire du P-DG, pour fixer un rendez-vous au plus vite.

C'est à l'heure où les *open spaces* se vident et les couloirs se libèrent des regards indiscrets que je gagne l'étage de la direction. L'ascenseur stoppe sa progression au treizième niveau. Il me faut encore emprunter un escalier en colimaçon, afin d'accéder au bureau présidentiel, situé au sommet de la tour TF1. Les immenses baies vitrées ne donnent presque rien à voir de Paris, plongé dans une nuit dense. Je n'ai qu'un décor, prétendument moderne et déjà suranné, à contempler. L'attente ne dure pas. Nonce Paolini n'est pas homme à faire patienter inutilement ses visiteurs dans le but de marquer son pouvoir et d'asseoir son statut social. Il me prie de m'installer autour d'une petite table, m'épargnant également la position du subalterne, assis sur une chaise raide pendant que le patron pérore derrière son bureau.

« Je ne savais pas que vous travailliez dans le groupe. » Je suis un garçon poli, alors je fais mine de croire celui qui a été, lui aussi, le directeur des ressources humaines de TF1 et qui demeure l'affidé de Martin Bouygues dans l'entreprise. « Je ne vous cache pas que votre lettre m'a beaucoup surpris. Cette démarche d'un fils contre son père est assez inhabituelle. » Il explique avoir accepté de me recevoir pour connaître mes motivations. Et m'avoue avoir demandé que lui soit communiqué l'historique de ma rémunération : « Je n'y ai rien vu d'anormal. » Traitement honteux, augmentation salariale subite ou refusée, Nonce Paolini avait dû penser que l'argent dictait mon comportement. Cette révélation m'étonne, sans pour autant me déstabiliser. Chacun parle le langage qu'il pratique le mieux.

Il m'interroge, je lui réponds. Il me relance, je lui livre par bribes les événements qui ont distendu les liens filiaux et m'ont conduit dans son bureau. Il finit par se montrer compatissant et s'inquiète, avec une gentillesse qui n'est manifestement plus travaillée, des relations que j'entretiens avec ma mère. Comme si son patronyme ne m'avait pas fourni d'indice, Nonce Paolini proclame : « La famille, c'est sacré ! On doit se sacrifier pour ses enfants. » Mais faut-il être corse pour le penser ?

La confession dure près d'une heure. Je m'enquiers du sort que me réserve la DRH, qui ne m'a pas convoqué, et l'interroge sur Laurent Solly. Il me confirme qu'aucune procédure de licenciement n'est en cours et s'étonne de l'implication du directeur de la régie publicitaire : « Mais, enfin, qu'est-ce qu'il vient faire là-dedans ? Il n'a plus rien à voir avec Histoire. » Voilà de quoi améliorer les relations notoirement mauvaises entre le P-DG et le jeune ambitieux qui, poussé par Patrick Buisson, cherche à prendre sa place. Je déclare à Nonce Paolini remettre mon sort professionnel entre ses mains, et j'en appelle à son autorité contre Patrick Buisson. Qu'il me licencie, nous licencie, mais surtout qu'il nous sépare ! La situation n'est plus tenable. Nonce Paolini doit rendre des comptes à l'actionnaire majoritaire, Martin Bouygues ; il promet toutefois de mener son enquête sur les agissements que j'ai dénoncés, et s'engage à me recevoir de nouveau. *Persona*.

Je n'ai pas d'illusions, encore un peu d'espoir. Au moins, je ne pense plus être seul face à Patrick Buisson.

« TRÈS URGENT IMPORTANT. Merci d'entrer en contact avec votre ex-mari Patrick. » Maman ignore délibérément le billet anonyme que lui a glissé un homme de main, au pied de son immeuble. Elle ne prête pas davantage attention à la carte manuscrite qui lui parvient quelques jours plus tard : « Georges est en train de s'autodétruire. » Elle ne veut pas répondre à son ex-mari qui lui demande de l'appeler au plus tôt. Mais la lettre qu'elle reçoit le 5 décembre 2012 a raison de sa placidité. Patrick Buisson lui fait part de son extrême inquiétude et travestit éhontément ma situation : je ne viendrais pratiquement plus travailler et me trouverais dans une solitude morale pouvant conduire au pire. Patrick Buisson se dit sidéré par ma haine et la violence de mon comportement dont seraient témoins les salariés de la chaîne Histoire. Ma mère doit me sauver de cet abîme. Il l'y aidera. Leur devoir est de me protéger jusqu'au bout, y compris contre moi-même. Et s'il l'informe aujourd'hui des événements, c'est pour ne pas se reprocher de ne pas avoir tout tenté, au cas où un malheur surviendrait. Il la presse une dernière fois d'accepter de le rencontrer : « Pour l'amour de notre fils. »

Maman décide de sortir de son silence. Elle le somme de ne plus l'importuner. « Reste à ta place », lui écrit-elle. Qu'il cesse de se tourmenter, je vais bien et j'agis « en adulte responsable ». Patrick Buisson n'est pas de cet avis. Sa colère frappe le papier de la réponse qu'il envoie le 14 décembre :

« Ma pauvre Christine,

Ta lettre serait dérisoire si n'étaient les enjeux… »

Plus de vingt ans après, ses mots ne changent pas… Non, ma mère se trompe : je n'irais pas bien du tout, selon lui. Je serais totalement désocialisé et vivrais dans la plus grande solitude. C'est d'ailleurs ce que mon oncle et tout le monde au sein de la chaîne Histoire constateraient, et qu'elle pourrait elle-même découvrir si elle cessait de s'en tenir aux apparences et à mes dires. Il ne la dérangera plus, dorénavant. Il a voulu croire qu'elle avait encore un peu le sens du devoir. C'était une erreur, affirme-t-il. Après tout, mon adolescence, mes études, mes emplois et mes « nombreux ! » problèmes ne lui auraient coûté ni argent ni tracas. Toute réflexion faite, il considère qu'il était illusoire d'espérer un sursaut de la part d'une « mère lamentable et démissionnaire ».

Aujourd'hui, il prétend se rendre compte que la haine de ma mère est intacte et qu'elle continue de me la communiquer. Mais c'est à un « Autre » que lui qu'elle aura à en rendre compte, se permet-il de conclure. Tout cela est très triste. Il la plaint.

En *post-scriptum*, il rappelle qu'elle n'a pas assisté aux obsèques de son ex-belle-mère. En conséquence, il juge qu'il serait digne – si toutefois elle connaît « le sens de ce mot » – qu'elle abandonne d'elle-même l'usage du patronyme Buisson.

La scène commence dans son bureau, pour ne pas changer. Patrick Buisson a eu vent de mon rendez-vous avec Nonce Paolini ; il ignore, en revanche, la teneur de notre conversation. La direction n'est nullement pressée de crever l'abcès : elle prie pour un enterrement discret de l'affaire. Je décide alors de renseigner Patrick Buisson, ce lundi 17 décembre 2012, en lui remettant après le déjeuner une copie du courriel envoyé au P-DG de TF1. Ses yeux avalent les lignes du texte, sa voix reproduit fébrilement des extraits de la lettre : « risques pénaux que Patrick Buisson fait encourir à Histoire » ; « frais de représentation » ; « se livrer à ces pratiques… » Il explose.

« Tu cherches à me faire virer ? Qu'est-ce que tu veux ? De l'argent ? Dénoncer son père ! crie-t-il en m'accusant d'exercer la profession de sycophante.

— Je ne me laisserai plus jamais associer à tes magouilles.

— Qu'est-ce que tu crois ? Que Martin Bouygues va me lâcher ? Oh, il a l'habitude des maîtres chanteurs ! On ne l'intimide pas aussi facilement. Tu n'auras rien ! »

Sa frénésie se déplace sur la conduite des affaires de ses sociétés lorsque je le préviens qu'il ne pourra plus se jouer longtemps des règles et de la loi.

« Si quelqu'un a des choses à se reprocher, c'est toi ! Tu verras ce qui se passera si la justice enquête sur Publifact.

— En plus d'être un escroc, tu es un menteur ! Tu veux que

je paie à ta place. Mais c'est toi qui vas aller en taule ! » dis-je en perdant mes nerfs.

Il se jette alors sur moi. Je bascule sous le poids de son corps, avant de parvenir à me dégager avec la force de la rage. Agitant ma lettre, il me poursuit jusque dans mon recoin d'*open space*, au cinquième étage de l'aile nord du complexe TF1. Il entretient sa furie en la lisant encore et encore.

Devant les salariés médusés, il offre la vision de son visage éructant et de sa lippe pendante. Il n'a plus suffisamment de conscience pour retenir le masque qui dissimule, en temps normal, sa face. Il me menace, j'en fais de même : « Tu vas aller en prison ! » ; « Escroc, tu finiras en taule ! ». Les anathèmes sont expulsés en d'interminables hurlements. Les mots diffèrent, mais nous prononçons une sentence identique. Nous nous promettons le même malheur. Il continue de vouloir m'empoigner ; je m'efforce de le repousser. Deux employés se décident à nous séparer jusqu'à l'arrivée des gros bras de la sécurité. Patrick Buisson ordonne en criant : « Sortez-le ! Sortez-le ! » Je suis exfiltré.

Je compose le numéro de ma femme sur mon téléphone portable. Elle ne répond pas. Je me vois entraîné dans le bureau du directeur de la sécurité du groupe TF1 ; je lui explique confusément les raisons de l'altercation. Il me demande si je compte partir en congé en cette fin d'année. Je dois effectivement prendre l'avion, le lendemain, pour Madagascar. Il m'invite à venir le voir à mon retour. Ma femme me rappelle enfin ; elle me récupère au pied de la tour TF1. Deux jours plus tard, je suis dans un café d'Antananarivo. Une pluie drue typique de l'été austral s'abat sur la capitale malgache. Les réseaux de télécommunication sont perturbés, mais je parviens à me connecter pour consulter ma messagerie électronique. J'apprends que la Cour de cassation a annulé l'arrêt rendu par la chambre de l'instruction de la cour d'appel de Paris en novembre 2011 : « Aucune disposition constitutionnelle, légale ou conventionnelle, ne prévoit l'immunité ou l'irresponsabilité pénale des membres du cabinet du président de la République ». La justice va pouvoir enquêter sur les sondages de l'Élysée. Noël. *Dies Natalis*.

C'est grand. Spacieux, aéré, lumineux. Je ne peux pas me plaindre. C'est un beau placard que l'on m'a attribué. J'ai rencontré, comme convenu, le directeur de la sécurité de TF1, à mon retour de vacances. Il m'a informé que les plus hautes instances du groupe avaient pris la sage décision de séparer « provisoirement » les belligérants. Au gré d'une énième réorganisation des espaces de travail, il était prévu que la chaîne Histoire quitte la tour TF1 pour migrer vers un immeuble voisin, l'« Atrium », au début de l'année 2013. « Je t'ai installé un étage en dessous des bureaux d'Histoire. Tu y seras bien, et tu pourras continuer à voir tes collègues tout en étant éloigné de ton père. » J'y suis seul, en tout cas. La première trace de vie humaine se trouve à une vingtaine de mètres devant moi : un autre placardisé, ancien adjoint de Laurent Solly au sein de TF1 digital. Et je suis rapidement désœuvré, après avoir tourné la dernière émission figurant sur le plan de mission fixé par Patrick Buisson.

Mes journées ne sont plus rythmées que par des rencontres avec des membres de la direction. Le DRH de TF1, Arnaud Bosom, me fait l'honneur d'un seul entretien pour se plaindre de mes procédés et connaître les informations compromettantes en ma possession. Alors que le directeur de la sécurité prend fréquemment de mes nouvelles. C'est un homme affable, sincèrement préoccupé de mon sort, à qui l'on a assigné la tâche impossible de trouver un terrain d'entente entre Patrick Buisson et moi-même. Son empressement irénique à nous réunir dans une même pièce m'exaspère. Il ne peut plus y avoir de conciliation. Je sais d'expérience que transiger avec Patrick Buisson revient à lui donner un permis d'écraser. Le directeur de la sécurité ne le comprend pas : « Ton père a des garanties à t'offrir. » En fait de garanties, TF1 et Patrick Buisson assurent leurs arrières. Le 19 décembre 2012, soit deux jours après l'altercation et au moment où la Cour de cassation autorisait la justice à enquêter sur les sondages de l'Élysée, l'état-major du groupe de télévision a modifié la gouvernance de sa filiale thématique : celui qui avait été nommé président de la chaîne Histoire après le départ de Laurent Solly pour la régie publicitaire, était rétrogradé au poste de directeur général. Patrick Buisson s'est séparé de son avocat, jugé pas assez inventif ou insuffisamment docile, pour confier tous ses dossiers à celui qui était son conseil lors d'actions en diffamation intentées contre *Marianne* et *Libération*. Sécuritaire et partisan d'une « révolution conservatrice », Gilles-William Goldnadel est tout à fait le genre de beauté du conseiller politique. C'est un « ami personnel » de Benyamin Netanyahou, le Premier ministre qui a réalisé l'union de la droite et de l'extrême droite en Israël. Et il juge que le danger antisémite ne vient plus du Front national de Marine Le Pen, dont il ne s'inquiète pas des amitiés particulières, mais de l'« islamo-gauchisme » et des « altermondialistes en keffieh ». Cyclope, comme il faut. Le président de l'association France-Israël sera un défenseur zélé et bienveillant ; il en sera d'ailleurs récompensé par une charge honorifique de secrétaire national de l'UMP.

Patrick Buisson s'est aussi attaché à faire jouer une sale petite musique dans les médias. Les premières notes ont retenti dans un article du *Figaro*, daté lui aussi du 19 décembre 2012 : « Avec Publifact, l'Élysée avait concédé, dans une convention signée en 2007 avec reconduction automatique, un versement annuel de 1,5 million d'euros en conseil et sondages, plus 10 000 euros de rémunération mensuelle. Georges Buisson, fils de Patrick

Buisson, avait quant à lui obtenu 300 000 euros de commande. » Le choix du messager n'est pas anodin. *Le Figaro* est un allié, qui a longtemps entretenu des relations contractuelles avec Publifact. Et depuis quelques mois, toutes les rédactions sont dirigées par Alexis Brézet, une nomination que Patrick Buisson se vante d'avoir obtenue en ayant fait intervenir Nicolas Sarkozy auprès de Serge Dassault. Le message ne laisse pas non plus place à l'interprétation : Patrick Buisson liera nos sorts, afin de diluer sa responsabilité pénale.

Ma patience est à bout. L'heure n'est plus aux petits arrangements, elle est aux résolutions. J'attends des choix tranchés, des décisions définitives. Je fais part de mes exigences : TF1 ne doit plus chercher un jugement de Salomon ; Patrick Buisson doit racheter mes actions dans Publifact et reconnaître, dans un acte d'avocat, que je n'ai jamais été qu'un gérant de paille dans ses sociétés. Pour toute réponse, le directeur de la sécurité m'informe du geste de bonne volonté qu'est prêt à consentir Patrick Buisson : notre litige sera réglé si j'abandonne mon avocat pour prendre le sien. Le haut de mon corps tressaille sous l'effet d'un rire nerveux. Je saisis en référé le président du tribunal de commerce de Paris aux fins de voir ordonner une expertise de gestion de Publifact. L'assignation est délivrée le 22 janvier 2013. J'espère que ma démarche permettra de desserrer l'étau. Elle me procure déjà une petite victoire : mon oncle Jean-Pierre démissionne de la gérance de Publifact, le 18 février. Patrick Buisson est enfin contraint d'assumer sa charge et de se retrouver en première ligne. Ailleurs, les choses évoluent également. La présidence de la République fait savoir, à la fin du mois de mars, que les sondages commandés lors des deux dernières années du mandat de Nicolas Sarkozy sont introuvables. Il n'y a rien dans les archives, ni au service financier. Où sont-ils passés ?

Mon téléphone portable n'arrête pas de sonner en ce matin du jeudi 4 avril 2013. « Il faut que je me lève, je vais être en retard pour déposer ma fille à l'école. » Mais ce n'est pas le réveil qui me rappelle à mes obligations. Je décroche le téléphone. Des officiers de police judiciaire m'attendent devant la porte d'entrée de mon domicile, la sonnette ne fonctionnant pas. « Vous savez pourquoi nous sommes là ? » La devinette n'appelle pas de réponse, car elle est immédiatement suivie de la formule rituelle : « Nous sommes là dans le cadre d'une commission rogatoire délivrée par le juge… »

Ils sont trois, un commandant de police et deux gradés, à mener la perquisition. Alors que chacun s'affaire à fouiller une pièce de mon logement, l'un d'eux prend le temps de s'adresser à ma femme : « Il a l'air énervé, votre mari ! » Et c'est parfaitement observé. Tout en leur préparant civilement des cafés, je me dis qu'après m'avoir obtenu du travail et assuré un héritage, je devrais songer à remercier Patrick Buisson de m'envoyer de l'aide pour le grand ménage de printemps. Le même officier remarque ensuite la présence d'une icône de la Vierge Marie, que ma mère a commandée à mon intention aux Fraternités monastiques de Jérusalem. Il m'interpelle : « Vous êtes croyant ? Ça réconforte, la religion. Allez, vous verrez, une bonne enquête pénale, ça arrange beaucoup de choses ! » Là encore, je ne puis qu'acquiescer. La lumière crue de la vérité chasse nombre de difficultés.

La perquisition se poursuit dans mon placard, à TF1. Le directeur des affaires juridiques du groupe de télévision m'attend. Tiens, je ne le connaissais pas encore celui-là. Il propose son aide, me tend sa carte de visite : « Merci, mais non merci ! » On me fait patienter quelques dizaines de minutes, avant de me demander de rejoindre le juge d'instruction, qui supervise les opérations depuis le bureau du directeur de la chaîne Histoire, à l'étage du dessus. J'ouvre la porte et voit Patrick Buisson, qui me lance aussitôt : « Tu n'as aucune inquiétude à avoir !

— Tu donnes des conseils en matière pénale, maintenant ? C'est une nouvelle activité ? »

Il ne sourit pas. Il est bien le seul. Le juge me signifie la fin de la perquisition me concernant, et m'autorise à partir. Je peux alors découvrir que six opérations ont été menées conjointement. Dans le lot, l'appartement d'une victime collatérale, mon oncle Jean-Pierre, a malheureusement été retourné par les enquêteurs. Dans les médias, Gilles-William Goldnadel s'emporte déjà : ces perquisitions matinales qui ont mobilisé « plus de 40 personnes » ne sont qu'une « mise en scène grossière », pour détourner l'attention de l'affaire Cahuzac, du nom du ministre délégué au Budget de François Hollande, pris la main dans le pot au noir de l'évasion fiscale. L'avocat rappelle que le magistrat instructeur, le juge Serge Tournaire, avait signé une tribune dans *Le Monde* pour dénoncer les réformes judiciaires engagées par Nicolas Sarkozy ; il accuse également la ministre de la Justice Christiane Taubira, « toujours membre du comité de parrainage de l'association Anticor », de vouloir instrumentaliser la justice. J'arrête là ma consultation des sites d'information en ligne. J'ai plus important à faire, je dois récupérer ma fille à l'école.

De : Buisson, Georges
Envoyé : mardi 16 avril 2013 13:23
À : Paolini, Nonce
Cc : DRH du groupe TF1 ; Directeur Sécurité et Sûreté du groupe TF1 ; Président de TF1 Thématiques ; Directeur adjoint TF1 Pôle Découverte

Monsieur le Président,

Je vous écris de mon bureau du 2e étage de l'Atrium, dont la tranquillité n'a été que récemment perturbée par la visite impromptue des services de police judiciaire. Il s'agit là d'une péripétie dont je me serais bien passé, mais qui a eu au moins le mérite de rappeler ma situation – si ce n'est mon existence – à mes employeurs. Car, il vous faut bien reconnaître que j'ai été progressivement et sûrement privé d'activité depuis que je vous ai rapporté, preuves à l'appui, le 27 novembre et le 11 janvier derniers, les faits délictueux auxquels se livraient Patrick Buisson dans l'exercice de son mandat social à Histoire.

Cette perquisition, donc, a été suivie quelques jours après d'un appel du président des chaînes thématiques m'invitant à découvrir les orientations que pourrait prendre ma carrière au sein de ce grand groupe qu'est TF1. Je me suis rendu à cet entretien, le vendredi 12 avril pour être précis, avec le fol espoir de faire mentir Sophocle et Shakespeare – rien que ça ! – qui nous ont tous deux enseigné les malheurs frappant le porteur de mauvaises nouvelles. Bon, l'entreprise était un rien ambitieuse. On m'a bien dessillé les yeux.

Il n'était pas suffisant que le DRH de TF1, Arnaud Bosom, ose prétendre, il y a quelques semaines, que mon discret coup de sifflet était sans fondement – sans d'ailleurs en tirer toutes les conclusions en procédant à mon licenciement –, il fallait en plus me faire rentrer dans le rang.

Sous la forme d'une fusée à étages qui, avec le recul, ressemble étrangement à un gigantesque suppositoire, on m'a proposé de :

— Produire des documentaires pour la chaîne Stylia ;

— Reprendre l'émission « Vive le patrimoine », dont je m'occupais et qui a été arrêtée par Patrick Buisson en mesure de rétorsion ;

— Produire des documentaires pour la chaîne Histoire, d'après une liste de sujets dressée par Patrick Buisson ;

— Et enfin, remplacer Pauline de Préval, la collaboratrice de longue date de Patrick Buisson, en arrêt maladie depuis la perquisition, dans la production de l'émission « Historiquement Show ».

Si la première de ces propositions n'était pas *a priori* de nature à me faire décoller, je ne lui ai opposé aucune force d'inertie. Il n'en est pas de même des suivantes qui m'ont fait l'effet d'un injuste *contrapasso*. Les syndicats, qui citent rarement Dante, traduisent le terme par « harcèlement moral ». Dalloz aussi.

Loin de me préserver de l'*hubris* de Patrick Buisson, comme je l'ai demandé à de nombreuses reprises et par de nombreux canaux, on m'a montré le chemin de la bergerie. Et à défaut de la banque. Devant mon refus justifié de tout contact, même indirect, avec Patrick Buisson, il m'a en effet été conseillé d'aller monnayer mon indignation en même temps que mon départ auprès de la DRH.

Il m'importe peu que TF1 couvre et couve Patrick Buisson. C'est son affaire, et cela sera sa responsabilité.

Après tout, chacun est libre de choisir son chemin en fonction de la direction du vent.

Il m'importe, en revanche, de ne plus travailler dans un climat délétère et de pouvoir honorer sereinement la contrepartie de ma rémunération, dans un groupe qui détient de nombreuses filiales et emploie près de 3 700 salariés.

Vous trouverez sûrement cette demande insensée, mais je n'en ai pas d'autre. Et je me dis qu'à force de la répéter, elle sera peut-être exaucée.

Georges Buisson

P-S : Je suis officiellement le maître d'apprentissage de mademoiselle [...]. Dans la réalité et comme je vous l'ai écrit, cette dernière sert bien trop souvent de *factotum* à Patrick Buisson pour ses affaires personnelles. Étant empêché de m'assurer de la légalité des tâches qui lui sont confiées, je vous demande de bien vouloir la rapprocher physiquement de mon bureau, ou de désigner dans les plus brefs délais un nouveau maître d'apprentissage. À moins que vous ne souhaitiez que je me charge des démarches.

Quel heureux à-propos ! Quel merveilleux sens du timing ! Dès le lendemain de la descente de police, Patrick Buisson pontifie sur les valeurs, la morale et la religion. *Le Figaro Magazine* publie un sermon du conseiller, redevenu analyste politique, dans un entretien de quatre pages mené par Patrice de Méritens : « L'État nous impose une religion séculière. » Les grandes manifestations contre le projet de loi ouvrant le mariage aux couples homosexuels lui ont inspiré des réflexions intéressées. Dans la « manif pour tous » qui refuse le « mariage pour tous », Patrick Buisson a vu les prémices d'un mouvement de fond et un bénéfice politique à retirer : un Mai 68 conservateur, peut-être ? Le chapeau de l'article promet le pire : « Derrière les "nouveaux droits" que l'on promeut radicalement en France depuis plusieurs mois, Patrick Buisson décèle la haine du catholicisme et constate un vaste processus de déliaison au sein de notre société. Selon lui, ce n'est donc pas sur le terrain de l'expertise que la droite devra se refonder, mais sur celui des valeurs. »

C'est à s'en frotter les yeux. Il débute son propos en convoquant Nietzsche, en ces temps de « tyrannie extrême des médiocres », pour s'attaquer à la nouvelle religion d'État de la même manière que le philosophe allemand avait entrepris de démolir le christianisme qu'il tenait pour la religion des faibles et comme une morale du ressentiment. Le débat suscité par le projet de loi sur le mariage homosexuel constitue le point d'entrée de l'offensive : « Ce grand marqueur sociétal de ce début de mandat aura été surtout marqué par l'affirmation conjointe d'un néolaïcisme tapageur et d'un antichristianisme particulièrement agressif. Toujours prompt à dénoncer les "dérapages", le tribunal médiatique de la non-discrimination, et plus généralement, tous ceux qui font de la politique un département de la morale, n'ont pas cru devoir pointer la christianophobie ambiante de la manifestation du 27 janvier en faveur du mariage gay, pourtant bien lisible sur d'innombrables pancartes. » Pour Patrick Buisson, « la volonté d'abolir symboliquement la nature et d'effacer l'altérité sexuelle » ainsi que « la conquête de "nouveaux droits" » signent « le primat de la logique contemporaine de l'affectivité », soutenu par un « athéisme d'État de plus en plus prégnant ». Une entreprise de substitution serait à l'œuvre : « La volonté du laïcisme de supplanter totalement et définitivement la religion l'a conduit en fait à se modeler sur elle. À s'ériger en "métaphysique d'État", disait Péguy. D'où l'avènement d'une religion séculière qui est sortie du retrait du divin : la religion de l'humanité, autrement dit le règne de l'immanence, où l'homme ne trouve plus qu'en lui-même sa finalité. » Cette religion, « socle de l'extension indéfinie des droits de l'homme », serait devenue une religion d'État « qui s'impose à toute la société civile par le biais d'un appareil réglementariste, coercitif et répressif d'une ampleur inégalée ». Avec le laïcisme, « grand liquidateur de la laïcité », ont été sécularisées des « valeurs chrétiennes perverties » : « l'amour de l'"autre" – à ne pas confondre avec l'amour du prochain, du *proximus* –, la religion sans frontière des droits de l'homme poussée jusqu'à la haine de soi et jusqu'au mépris de la cité terrestre ». À lire Patrick Buisson, les conséquences de ce processus seraient catastrophiques : « La sortie du catholicisme comme des grands récits communautaires qui donnaient sens à la vie aura été le moment clé d'un vaste processus de déliaison, qui a abouti au sacre du choix individuel, où "chacun a comme objectif suprême son propre ego et ses propres désirs", et à cette dictature du relativisme justement dénoncée par Benoît XVI. » Face à ce « génocide culturel », il prône une refondation de la droite sur les valeurs en prenant exemple sur la « manif pour tous » : « La force motrice des grands rassemblements populaires à droite n'a jamais été la défense d'intérêts, mais de principes et de valeurs non mercantiles. Ce fut le cas le 30 mai 1968, le 23 juin 1984 et, tout récemment, les 13 janvier et 24 mars 2013. Tandis que la gauche qui, depuis Marx, était censée s'opposer à la réification des êtres opérée par l'univers marchand, n'a eu de cesse d'offrir de nouveaux territoires au marché en légitimant des courants ou des pratiques (jeunisme, sexualisme, communautarisme gay et, demain, la gestation pour autrui) dont l'une des principales caractéristiques est de favoriser les activités mercantiles, quand ce n'est pas la marchandisation des corps. Veut-on une société de l'avoir où la seule valeur qui subsiste soit la valeur d'échange ? Il y a là, pour la droite, une occasion historique de reprendre un avantage moral décisif, en incarnant le refus de ce "progrès"-là. »

L'entretien est illustré sur une demi-page par une photo prise au Vatican, le 8 octobre 2010 : Patrick Buisson y figure au milieu de Nicolas Sarkozy, lui tenant l'épaule, et du pape Benoît XVI, lui donnant la main. À qui sait regarder, le *consigliere* dévoile le véritable sens de sa sortie médiatique : il est celui qui veut symboliquement rétablir l'alliance du trône et de l'autel.

Pour les mal-comprenants, le message est délivré plus frontalement dans une interview pour le numéro du 8 juin du quotidien *Le Monde*, réalisée par Arnaud Leparmentier et Vanessa Schneider. Patrick Buisson révèle le fruit conceptuel d'une association monstrueuse qui a pris forme dans son esprit. Le mouvement de lutte contre le « mariage pour tous » a marqué l'apparition d'un « populisme chrétien » : « La France des invisibles est devenue visible. À travers la "manif pour tous", cette France a accédé à une conscience civique et politique. Nul ne peut mesurer l'impact qu'aura cette révolution culturelle. Nous sommes dans cette phase que décrivait Lénine de politisation de catégories jusque-là réfractaires ou indifférentes à l'égard de la chose publique. [...] Il y a là incontestablement comme un écho à l'appel lancé par Nicolas Sarkozy lors de son discours du Latran en 2007 : "La France a besoin de catholiques convaincus qui ne craignent pas d'affirmer ce qu'ils sont et ce en quoi ils croient." D'une certaine manière, ce mouvement aura été la première manifestation de ce qu'on peut appeler un populisme chrétien. » Patrick Buisson décèle dans cette mobilisation « un continuum parfait » avec la campagne de Nicolas Sarkozy engagée en février 2012 « sous la bannière des valeurs » : « La synergie dialectique créée par le candidat Sarkozy a rendu à ce peuple la fierté de se battre pour autre chose que des intérêts catégoriels. Elle lui a du même coup redonné une suprématie morale. En ce sens, la présidentielle n'a pas été un échec, mais une défaite fondatrice. » Il répond enfin aux critiques qui s'abattent, depuis un an, sur la ligne qu'il a imposée à l'UMP, et prévient que tous ceux « qui voudraient à nouveau faire de la gauche et des médias les arbitres de la stratégie de la droite mènent un combat d'arrière-garde ». La reconquête du pouvoir ne pourra se construire que sur la base d'une offre politique prenant en charge « la souffrance sociale ». Et il ne voit qu'une seule personne pour la porter : « Aujourd'hui, il n'y a en France qu'un homme d'État, c'est Nicolas Sarkozy. Face à la dynamique du FN, toute autre candidature que la sienne exposerait la droite au risque d'une élimination au premier tour. Il est le seul en capacité de rassembler. C'est pourquoi sa candidature s'imposera naturellement comme l'unique recours. Pour peu qu'il sache renouer son dialogue singulier avec le peuple français et avec son histoire. Et sur ce point, je n'ai aucun doute. »

Les prises de parole publiques de Patrick Buisson sont accueillies dans une relative indifférence. L'entretien donné au *Figaro Magazine* est surtout remarqué pour les plagiats qui truffent les réponses. Patrick Buisson a négligemment pillé le livre d'un universitaire n'appartenant pas non plus au camp du progrès : *Le Vrai Génie du christianisme : laïcité, liberté, développement* de Jean-Louis Harouel. Le travail de recopie de la jeune femme en apprentissage à Histoire a probablement connu quelques ratés.

De mon côté, je suis effaré. Même si je ne le voyais pas laisser passer une si belle occasion politique. Le peuple de droite dans la rue, pensez-vous ! C'est un événement aussi peu fréquent que le passage de la comète de Halley près de la Terre. Alors que les manifestations relèvent à gauche d'une logique de répétition, et chez certains syndicats, du trouble obsessionnel compulsif, elles obéissent à droite à la stratégie de la rareté. Les combats sont soigneusement choisis. Pas un mocassin n'est mis dehors à moins de mobiliser un million de manifestants. Question de standing et d'estime de soi. Choc et feu ! Il s'agit de provoquer chez l'adversaire un effet de sidération. Et il est en effet sidérant de voir la droite emportée par le microclimat propre à toute manifestation. Dès qu'elle bat le pavé, elle cède tout autant que la gauche à l'emballement décrit par Gustave Le Bon dans *Psychologie des foules*. « Peu aptes au raisonnement, les foules sont au contraire très aptes à l'action » : elles sont irresponsables, extrémistes, contagieuses, primitives. Poings levés, drapeaux brandis, jupes plissées et pantalons de flanelle, les hommes et les femmes de droite peuvent s'époumoner à leur tour contre un pouvoir forcément dictatorial. Et cracher des « CRS = SS ! ». Parfait ! Tout l'enjeu est d'orienter intelligemment ce déchaînement de « populisme chrétien ». Que cherche Patrick Buisson, si ce n'est à jouer du sabre et du goupillon, pour ressusciter la vieille pensée maurrassienne ? Il peut bien s'en défendre, et s'il est plus discret que celui du livre d'Harouel, le plagiat des réflexions de Charles Maurras est tout aussi patent. Qui d'autre que le théoricien du nationalisme intégral s'était attaqué au laïcisme, considéré comme une « théologie diminuée, mais théologie, et d'autant plus ardente, fanatique, féroce, qu'elle évite de prononcer le nom de Dieu ou qu'elle y ajoute un cortège de qualificatifs belliqueux » ? Qui avait résumé l'affrontement autour de l'adoption de la loi de séparation de l'Église et de l'État à une « querelle entre une religion et une autre religion », dans *La Gazette de France* en septembre 1904 ? Qui avait mis en garde contre l'État qui « laïcise au nom d'une libre pensée très déterminée (par conséquent sans liberté) » ? Et qui avait condamné ce « véritable dogme » conduisant à tous les relativismes, intellectuels, moraux, religieux et déliant l'individu non « de ses chaînes », mais de « ses points d'appui, de ses aides et de ses contreforts », dans le numéro du 30 septembre 1909 de *L'Action française* ? *A contrario*, qui avait considéré que l'Église devait servir sur le plan politique à unir les Français ? Qui avait vu dans le catholicisme un principe de civilisation et d'ordre arrachant l'homme à l'individualisme ?

Comme Charles Maurras avant lui, l'objectif de Patrick Buisson est de mettre fin à la vile substitution. Le « populisme chrétien », ou comment remettre Dieu dans l'urne. Catholiques de France, prenez la carte du Parti !

Rares sont ceux qui comprennent aujourd'hui ces références anachroniques. Le catholicisme de Patrick Buisson sonne différemment en notre temps. Il n'y a guère que les nationalismes islamistes pour se rapprocher d'une telle instrumentalisation de la religion au profit d'une idéologie. Dans tous les cas, la manipulation me révulse ; la tartufferie que Patrick Buisson étale dans la presse m'insupporte. Je cherche un moyen de réagir publiquement, et non plus dans le vide de mon placard. Je suis d'autant plus enclin à le faire que les circonstances ne plaident pas pour l'apaisement. Après une intervention inopportune du parquet, qui a demandé le sursis à statuer dans l'attente de la fin de l'instruction sur les sondages de l'Élysée puis s'est ravisé, le président du tribunal de commerce de Paris rend sa décision le 28 avril 2013. Il me déboute de ma demande d'expertise de gestion de Publifact, au motif que le contenu de la mission n'est pas défini de manière précise… Je dois m'en remettre à la cour d'appel pour que soit nommé un expert chargé de m'éclairer sur la gestion d'une société dont je sais si peu. À TF1, la situation ne m'apporte pas plus de réconfort. Lassé de voir son ambition d'accéder au poste de P-DG sans cesse contrariée, Laurent Solly quitte le groupe à la fin du mois d'avril pour rejoindre le géant du Net Facebook. Malgré la perte de cet allié de poids et la démarche que j'ai entreprise contre lui, Patrick Buisson n'est pas fragilisé. Des bruits parviennent jusqu'à mon placard : il cherche à me faire passer soit pour un fou, soit pour un dépressif au bord du suicide auprès de ses interlocuteurs. Il semble avoir réussi à inverser le rapport de force en sa faveur. La direction de TF1 le laisse faire lorsqu'il me propose de revenir dans son giron, ou de travailler pour une chaîne de télévision consacrée à la mode et à l'art de vivre, Stylia, qu'il sait ne pas correspondre à mes goûts.

Je ne lui ferai donc aucun cadeau. Je me décide à écrire une tribune pour dénoncer son rapport corrompu au catholicisme, que j'intitule « La religion du père, une histoire de paille et de poutre ». Je la soumets au magazine *Le Point*, qui accepte de la publier dans son numéro du 13 juin. Aux journalistes de l'hebdomadaire, je me défends de vouloir adresser « une lettre au père » : il s'agit d'un « haut-le-cœur ». Je dois pourtant avouer que je cherche à dévoiler en partie la personnalité de Patrick Buisson ainsi qu'à le mettre en garde. Mais j'ai des scrupules à donner mon accord pour la publication de cette tribune. Contrairement à lui, je n'ai pas l'amour de la transgression. J'approche du point de non-retour. Après la sortie du magazine, le conflit qui nous oppose prendra une tournure publique. Pire, médiatique. Le cas de conscience s'évapore le deuxième dimanche de juin. Je reçois un appel d'un membre de ma famille : « Jean-Pierre est mort cette nuit. »

La voix de la jeune soprano vague au-dessus de la nef de l'église Saint-Ferdinand-des-Ternes. L'aria *Dank sei Dir, Herr* impose le recueillement à l'assistance ; le cercueil est porté jusqu'au pied de l'autel. Patrick Buisson a réglé dans les moindres détails la messe de funérailles de son frère. La cérémonie est en tous points semblable aux volontés que lui-même a laissées pour son propre enterrement. La mort mérite bien une répétition. Et celle-ci est impeccablement à son goût. Il n'y a aucun prêtre de couleur, comme lors des obsèques de sa mère. Patrick Buisson s'en est assuré en confiant l'office à Don Louis-Hervé Guiny et aux prêtres de la communauté Saint-Martin. Les célébrants sont cinq. Tous blancs, tout en blanc.

Patrick Buisson est le premier et le seul à prendre la parole pour rendre hommage au disparu : « Jean-Pierre avait horreur de l'emphase, le dédain des sentiments affichés, de l'étalage pathétique. Il avait la pudeur du cœur, une indicible préférence pour tout ce qui est secret, tamisé, tu. » Les mots qu'il prononce, en cet après-midi du jeudi 13 juin, répondent à ceux que j'ai fait publier le matin même dans *Le Point*. Mes lèvres se crispent, les siennes se détendent. « Jean-Pierre Buisson était un homme de racines et de glèbe. Jean-Pierre Buisson était un homme d'autrefois. » Le voilà qui se met à lire *La Grande Peur des bien-pensants* de Georges Bernanos. Le deuil ne l'empêche pas de trouver matière à vitupérer contre notre temps ; il doit tout salir, y compris cet hommage, qui tourne au réquisitoire. « Par l'amour des siens, au mépris total de sa personne... » Il marque une pause pour planter son regard dans le mien. « Poussé jusqu'à l'oubli de soi, Jean-Pierre Buisson était un homme de l'ancienne France. » Au tour de Charles Péguy d'être convoqué pour parler de ce « peuple de l'ancienne France », mentionné dans *L'Argent*. À ce moment précis, des cris perturbent le discours politique de Patrick Buisson. Ils émanent d'une personne déambulant dans les travées. Les paroles sont insensées. Une folie en confronte une autre, et désigne où se trouve la plus grande déraison. Pour qui croit, il s'agit de la manifestation d'un mécontentement ne venant pas de ce monde.

Patrick Buisson achève son hommage au bord des larmes, la voix encombrée de sanglots réprimés. Ma femme me serre la main. Elle et ma colère m'ont accompagné et ne me quittent pas. Mon regard est fixé sur le cercueil de mon oncle. Je me contiens de plus en plus difficilement, alors je lève les yeux vers le Christ Pantocrator. Ce Christ en majesté, ouvrant ses bras dans l'abside : la Parousie. Vivement le Jugement dernier ! Je tiens Patrick Buisson responsable de la mort de Jean-Pierre : « L'œil était dans la tombe et regardait Caïn. » Mon oncle souffrait depuis plusieurs années de problèmes cardiaques, diagnostiqués dans la chaleur d'un été. J'avais été le seul à lui rendre visite à l'hôpital après son opération à cœur ouvert ; Patrick Buisson n'avait pas voulu interrompre ses vacances aux Sables-d'Olonne et ne s'était pas davantage préoccupé de l'état de santé de son frère au moment de l'impliquer dans Publifact. À un cœur qui n'est plus vaillant, l'action de la justice peut se révéler fatale : mon oncle est décédé un mois après la perquisition de son appartement.

Cette messe me fait l'effet d'un sacrilège. Je ne sens aucune larme monter lorsque la soprano entonne le bouleversant *Pie Jesu* du *Requiem* de Gabriel Fauré. Je lis sèchement l'extrait des *Grands Cimetières sous la lune* de Bernanos, que Patrick Buisson a inséré dans le livret de messe : « Certes, ma vie est déjà pleine de morts. Mais le plus mort des morts est le petit garçon que je fus.

Et pourtant, l'heure venue, c'est lui qui reprendra sa place à la tête de ma vie, rassemblera mes pauvres années jusqu'à la dernière ; et comme un jeune chef ses vétérans, ralliant la troupe en désordre, entrera le premier dans la maison du Père. » L'absoute est un supplice. Don Louis-Hervé Guiny et ses assistants se placent autour du cercueil pour confier le défunt à Dieu et demander l'absolution de ses péchés. Commence alors le rite de l'aspersion au son de l'antienne *In Paradisum*. Pour ce dernier adieu, ceux qui ont connu et aimé Jean-Pierre se comptent sur les doigts des deux mains. Les funérailles ne sont pas faites pour les morts, mais pour consoler les vivants. Et cette messe n'est l'affaire que d'un homme. Il l'a confisquée. Après la famille et d'anciens collègues de mon oncle, jardiniers ou ouvriers, processionne la cour de Patrick Buisson : la jolie môme, Camille Pascal, Guillaume Peltier, Alexis Brézet du *Figaro*, Vincent Hervouët de LCI, Fabrice Madouas de *Valeurs actuelles*, Pierre Beylau du *Point*, Alain Renault et le personnel de la chaîne Histoire au grand complet qui, pour l'occasion, a été excusé de son travail et dispensé de peine. Les caméras d'un prestataire de la chaîne documentaire filment cet indécent défilé.

Une fois l'*Ave Maria* envoyé, je sors de l'église en évitant de saluer la plupart des mains qui se tendent. Je n'irai pas au cimetière des Batignolles ; je n'assisterai pas à l'enterrement de mon oncle dans la tombe où reposent ses parents. C'est au-dessus de mes forces. Je ne jetterai rien sur le cercueil. Il n'y a pas assez de terre et j'ai trop de chagrin.

Enfin de l'occupation ! La publication de ma tribune dans *Le Point* m'a valu une leçon de morale de Patrick Buisson et l'attention des journalistes. Je refuse de satisfaire la curiosité de l'immense majorité d'entre eux ; je prends simplement le temps de répondre à Gérald Andrieu de *Marianne*, qui enquête sur les sociétés de Patrick Buisson, « un gourou près de ses sous ». Je lui révèle qu'il suffit de se pencher sur l'entrelacs de ses affaires pour comprendre que, loin du mépris affiché, ce catholique entretient un rapport obsessionnel avec l'argent. Après la disparition de mon oncle, je lui confie qu'il cherche systématiquement à entraîner ses proches dans ses entreprises, quitte à les exposer sur le plan judiciaire ; il désire les tenir, se protéger et réduire le montant de ses impôts. J'aimerais m'en arrêter là avec les confidences aux journalistes, mais le rédacteur en chef du *Journal du Dimanche*, Bruno Jeudy, encombre mon répondeur de messages insistants. Je cède pour avoir la paix, et le rencontre à proximité de la place Saint-Augustin. Tout comme ses confrères, il feint de vouloir connaître les motivations de ma tribune dans le seul but de débusquer un scandale plus croustillant. Je lui concède qu'il y a probablement une explication à la tranquillité dont jouit Patrick Buisson à TF1 et auprès de Nicolas Sarkozy. Le conseiller appartient à une génération où l'on a coutume de prendre des assurances-vie, en accumulant les informations compromettantes sur ses adversaires comme sur ses amis. Si les policiers montent des « chantiers » pour faire tomber des voyous, d'autres constituent des « dossiers ».

Ces interludes avec la presse ne prennent que quelques heures de mon temps, ils laissent inoccupé le reste de mes journées. La direction de TF1 ne m'a fait aucune autre proposition depuis le mois d'avril. Je ne leur ferai pourtant pas le plaisir de démissionner ou de négocier mon départ ; j'accepte de rejoindre la chaîne Stylia, en obtenant que le contrat spécifie qu'il s'agit d'un poste « dans l'attente d'une mobilité interne ». Une responsable des ressources humaines s'engage à suivre personnellement mon cas et à me soumettre rapidement de nouvelles offres d'emploi.

En septembre 2013, je fais mon retour dans la tour TF1, comme tous les salariés des chaînes du Pôle Découverte qui reprennent leurs quartiers dans le navire amiral. Mon morceau d'*open space* se situe à quinze mètres du bureau de Patrick Buisson. Chargé de produire un documentaire, je saisis toutes les occasions de fuir les lieux. De la préparation du tournage jusqu'au montage, je passe mes journées à l'extérieur ou dans les locaux de la société de production exécutive à qui j'ai confié la fabrication du film. Quand je ne peux faire autrement que de travailler à TF1, je m'emploie à éviter les rencontres fâcheuses, en utilisant des chemins détournés. Un appel de Saïd Mahrane, journaliste au *Point*, au début du mois de février 2014, m'arrache à la partie de cache-cache. Il m'invite à prendre un verre pour parler d'un sujet « extrêmement sensible ». Nous nous retrouvons dans une brasserie de la porte de Saint-Cloud et sympathisons. Son père dissimulait, lui aussi, une montagne de secrets ; il est mort avant d'avoir pu tous les transmettre à son fils. Saïd s'est alors lancé dans une enquête entre Paris et Alger, afin de déterrer le passé enfoui de celui qui avait mené la guerre du côté du FLN. Un livre en est sorti, *C'était en 58 ou 59*, publié chez Calmann-Lévy. Saïd Mahrane se renseigne aujourd'hui sur Patrick Buisson, qui a toujours refusé de le recevoir afin de privilégier sa consœur Anna Cabana. Il a pensé à me contacter pour confirmer une information explosive, qui lui est parvenue par un membre de l'entourage de l'ancien président de la République, introduit dans les milieux judiciaires et policiers. « Est-il vrai que votre père enregistrait avec un dictaphone toutes ses réunions avec Nicolas Sarkozy ? » Cela ne sert à rien de mentir. Je réponds par l'affirmative et lui dévoile la manière dont j'ai moi-même découvert cette pratique. Il m'interroge sur le contenu exact des fichiers, puis sur les personnalités qui ont pu être écoutées : « A-t-il enregistré ses conversations avec Martin Bouygues ?

— Probablement.

— Ces enregistrements sont en votre possession ?

— Non, je ne les ai pas. Heureusement pour moi ! Je ne m'amuse pas à jongler avec des bâtons de dynamite. »

Un écho d'une dizaine de lignes est publié dans *Le Point* du 13 février 2014 : « EXCLUSIF. Quand Patrick Buisson enregistrait Sarkozy ! »

Le site d'information Atlantico lâche la bombe politico-médiatique en premier, dans la soirée du mardi 4 mars 2014, en mettant en ligne plusieurs enregistrements clandestins réalisés par Patrick Buisson. L'hebdomadaire satirique *Le Canard enchaîné* déclenche, le lendemain, une seconde explosion en publiant le verbatim de réunions stratégiques entre l'ancien président de la République et ses conseillers. L'artilleur n'est pas connu, mais il a veillé à ce que les munitions employées soient mortelles. Les enregistrements ont été choisis avec soin, pour frapper Patrick Buisson sur les sujets les plus délicats : son influence politique et son rôle dans le remaniement ministériel du 27 février 2011 ; les propos peu amènes qu'il tient dans le dos de Nicolas Sarkozy et de son épouse Carla ; son monarchisme assumé ; les interventions auprès des juges du parquet pour empêcher l'ouverture d'une enquête dans l'affaire des sondages de l'Élysée.

Patrick Buisson refuse de répondre aux journalistes. Après avoir vivement démenti l'écho du *Point* et annoncé un dépôt de plainte contre cet « article ignominieux », il ne s'exprime plus que par communiqué ou par la voix de son avocat, Me Gilles-William Goldnadel. Maintenant, il n'a plus la possibilité de nier devant les preuves, qui sont immédiatement reproduites sur tous les sites d'information et dans toute la presse. Il hésite cependant sur la ligne de défense à adopter. Il essaie celle-ci : les enregistrements constituaient un outil de travail indispensable à l'accomplissement de sa mission de conseil auprès de Nicolas Sarkozy. Il « ne pouvait prendre des notes écrites et utilisait ces enregistrements pour préparer la réunion suivante », sachant que ces fichiers « étaient détruits au fur et à mesure, sauf manifestement quelques-uns qui lui ont été dérobés et dont il est fait présentement un usage extravagant et pervers ». Le soupçon se porte sur Pauline de Préval. Des journalistes ont eu vent de son départ précipité de la chaîne Histoire et de sa brouille avec celui qui avait été pendant près de quinze ans son patron ; ils connaissent également l'amitié qui la lie au fondateur du site Atlantico, Jean-Sébastien Ferjou, depuis leur collaboration à LCI. Mais ils ne savent pas que ce dernier a pris son parti contre Patrick Buisson, qui lui avait pourtant ouvert les portes de l'Élysée pour faciliter la naissance d'Atlantico, puis donné de nombreux scoops sur le scandale sexuel impliquant Dominique Strauss-Kahn ou sur l'affaire du « mur des cons » affiché dans le local du Syndicat de la magistrature. Les reporters sont tout aussi ignorants du bras de fer qui a opposé, durant de longs mois, Pauline de Préval avec Patrick Buisson et la direction de TF1. Selon ce que m'a confié le directeur de la sécurité, elle aurait non seulement exigé de percevoir une importante somme d'argent de la part du groupe audiovisuel, mais également de la part de Patrick Buisson, en paiement de travaux effectués pour le compte de Publifact. Pauline de Préval dément formellement avoir transmis les enregistrements à la presse, et menace de poursuites ceux qui affirmeraient le contraire.

Il ne reste que moi dans le viseur des médias. Je suis assailli. Mon téléphone portable, ma ligne fixe de bureau, mes boîtes aux lettres électroniques professionnelle et personnelle sont saturés de dizaines de messages de journalistes. Peu importe que j'aie choisi d'affronter publiquement et judiciairement Patrick Buisson, je suis le suspect idéal de la fuite anonyme ayant déclenché une affaire d'État. Je ne peux laisser prospérer pareil mensonge, et démens à mon tour sur le site Internet du *Point*. À Saïd Mahrane qui m'interroge, je réponds être au courant des mauvaises manières de Patrick Buisson, et raconte sa réaction lorsque je lui avais demandé ce qu'il comptait faire des enregistrements : « Ça peut toujours servir. » Pris d'un accès d'optimisme ou de naïveté, je déclare que le temps du Carême est « le meilleur moment pour demander pardon ». En ce Mercredi des Cendres, je veux croire à la reconnaissance des fautes et à la rédemption.

Cela ne suffit pas. La pression médiatique ne retombe pas. Je reçois un SMS, le jeudi 6 mars : « Bonjour monsieur. Je suis désolée, je me suis fait piéger par des journalistes qui sont passés à la maison hier soir, et je leur ai donné votre numéro de portable. Bon courage. » J'habitais, il y a quelques mois encore, en face de la villa de mon ancienne propriétaire. Je redoute désormais que des caméras de télévision ou des photographes me surprennent à la sortie de mon nouveau domicile en compagnie de ma femme ou, pis, de ma fille. Les deux grands courageux que sont Patrick Buisson et Pauline de Préval ont fui Paris : le premier se terre aux Sables-d'Olonne ; et la deuxième se cache en Espagne, dit-on. Il me faut trouver le moyen de protéger ma famille. J'envoie ma fille chez ma mère, et me concerte avec mon épouse. Il n'y a plus qu'une seule solution pour retrouver de la tranquillité. Je dois nourrir la meute en me montrant sur un plateau de télévision. Je laisse ma femme choisir parmi toutes les propositions que j'ai reçues. Ce sera « Le Grand Journal » sur Canal+.

Le communiqué est diffusé en début d'après-midi : « Le fils de Patrick Buisson s'exprimera pour la première fois ce soir sur le plateau du Grand Journal. » Lundi 10 mars, je me présente à 18 h 45 à l'entrée des studios de l'émission phare de Canal+, situés quai André-Citroën dans le XVe arrondissement. Je suis accueilli par le rédacteur en chef du « Grand Journal » : « Votre passage est très attendu. La direction de la communication de TF1 nous a appelés pour savoir ce que vous comptiez dire. » Elle n'aura pas longtemps à patienter. Antoine de Caunes, le présentateur du programme, vient me serrer la main. Il cherche à me mettre à l'aise : « Je sais ce que c'est d'entretenir des relations difficiles avec son père. » C'est l'une des premières personnes à se montrer bienveillante depuis que la tempête s'est abattue sur moi. Maquillage, coiffage. Une assistante de plateau m'emmène ensuite en coulisses. Elle me détaille le conducteur de l'émission, me prévient qu'un « magnéto » sera diffusé pendant mon passage et m'indique les emplacements des caméras. Elle me positionne en haut des escaliers que je dois descendre pour pénétrer dans l'arène. Je suis malade et gavé d'antibiotiques. La mise en scène ajoute au stress et à mon mal-être ; mes jambes me portent de plus en plus difficilement.

Des secondes de lumière aveuglante et des applaudissements plus tard, je prends la place qui m'a été désignée autour de la table, pour répondre aux questions posées en rafale par Antoine de Caunes et ses chroniqueurs. « Non, je n'ai pas livré d'enregistrements à la presse, car je n'en disposais pas… Oui, je suis choqué, car il a trahi la confiance de quelqu'un. » Je reconnais ne pas être surpris par les agissements de Patrick Buisson : « Il y a longtemps que j'ai ouvert les yeux, je ne suis plus étonné. » Je répète ensuite tout ce que j'ai déjà dévoilé dans *Le Point* sur ma connaissance des enregistrements, leur étendue et les justifications apportées par Patrick Buisson. Pourquoi a-t-il fait cela ? « Pour se ménager l'avenir… il faut le lui demander. » Antoine de Caunes lance alors un extrait d'un sujet qui passe en boucle depuis la soirée du 6 mars. La chaîne d'information en continu iTélé a dépêché un de ses chasseurs, Mickaël Chaillou, pour traquer Patrick Buisson dans sa retraite des Sables-d'Olonne. Les images montrent l'homme de l'ombre marchant en pleine nuit dans les ruelles étroites de la station balnéaire. Coiffé d'un feutre noir et vêtu d'un pardessus sombre, il tente d'échapper à l'œil de la caméra et aux questions insistantes de celui qui la tient. La séquence est interminable, glaçante, nauséeuse. Méphistophélique. « Monsieur, je vous prie de cesser de me filmer ! […] Ce sont des méthodes de basse police, d'État totalitaire que vous employez. Vous ne devriez pas être fier du métier que vous faites, ni de votre comportement. […] Vous utilisez des méthodes de gestapiste et de voyou. » Patrick Buisson perd son sang-froid, écarte brutalement la caméra du bras et se place hors champ pour secouer le « journaliste » tout en feignant d'être violenté : « Vous me frappez ! » Il se met ensuite à courir jusqu'à sa résidence. Fière d'avoir fabriqué un « scoop » à défaut d'avoir obtenu une information, la chaîne en fait la promotion avec un bandeau : « URGENT. Première réaction de Patrick Buisson en exclusivité sur iTélé : "Je n'ai rien à dire, laissez-moi tranquille." » Antoine de Caunes me demande de réagir à ces images qui réveillent en moi le courroux ressenti au plus fort du déchaînement médiatique. Je condamne le procédé : il ne s'apparente en rien à un travail de journaliste. C'est précisément pour échapper à ce genre de chasse à l'homme que je me suis décidé à montrer le triste spectacle d'un fils jugeant son père sur un plateau de télévision. Je m'interroge alors sur « tous ces journalistes qui cherchent à connaître la source de leurs confrères ». Je n'oublie pas aussi facilement les mises en accusation, même formulées au conditionnel, dont j'ai eu à souffrir.

On s'étonne de ne pas m'entendre parler de lui autrement qu'en l'appelant « Patrick Buisson » : « J'ai du mal à dire "mon père", car il aurait fallu qu'il se comporte comme un père. » J'ajoute que nos rapports sont inexistants : « On ne se parle plus depuis un an et demi. » C'est un homme qui « a fait beaucoup de mal à beaucoup de gens ». « Tout se finit mal avec Patrick Buisson. » Pour conclure, Antoine de Caunes souhaite savoir si j'ai un message à transmettre. Il attend que j'invite Patrick Buisson à demander pardon, comme je l'ai fait dans *Le Point*. Son espoir sera déçu tout comme les miens l'ont été. « Sois pécheur et pèche fortement – tant que la conscience que tu as de ce péché se réfère au Dieu que tu bafoues ! Ta souffrance est son point de possibilité », prétendait Patrick Buisson dans la revue *Item*. La douleur ne doit pas être assez grande, car l'heure n'est pas venue de demander pardon. Viendra-t-elle jamais ? Qu'on se le dise, cet homme n'appartient pas à l'espèce des invertébrés, des scrupuleux, des empêtrés de la morale, des flexibles, des transigeants. Il ne doute pas, ne s'interroge pas, ne change pas, ne progresse pas, ne s'améliore pas. La préparation pénitentielle qui ouvre la messe : il ne sait plus ce que c'est. Le chrétien sommé de faire son examen de conscience : et puis quoi, encore ? Confesser à Dieu ? Oui, à la rigueur. Reconnaître devant ses frères que l'on a péché ? Non, jamais. Debout, plutôt qu'à genoux. Immobile, nul mouvement. Dans ces conditions, comment pourrait-il comprendre et accepter la repentance, ce don du judaïsme (*techouva*) et du catholicisme que l'Église défend avec force depuis le concile Vatican II ? Patrick Buisson fait partie de ces hommes incapables de se mettre en chemin. C'est un impénitent. Alors je ne dis rien. Je ne dirai plus rien. Cela a assez duré. Un autre invité présent sur le plateau, l'avocat Georges Kiejman, intervient. Il prononce des paroles aimables ; je l'écoute à peine. Je n'attends plus que la coupure publicitaire et la fin de ce calvaire.

Dans la loge où j'ai déposé mes affaires, une équipe de reporters d'iTélé s'est installée pour recueillir mes impressions. Je les éconduis. Sur le chemin du retour, j'appelle mon épouse, qui essaie de me réconforter : « Ta fille t'a vu à la télévision ! Elle a ri. » Ma mère et mon beau-père ont pleuré. Je suis assommé par les médicaments et par la honte. Hâte de fermer les yeux.

Je croise des sourires embarrassés et des regards en coin lorsque je rejoins mon bureau dans la tour TF1. Je lis les messages de sympathie qui m'ont été envoyés, et survole les comptes rendus des médias : « La famille Buisson lave son linge sale en public », écrit *L'Express* ; « Georges Buisson au "Grand Journal" : a-t-il manipulé l'équipe d'Antoine de Caunes ? » s'interroge Bruno Roger-Petit sur le site du *Nouvel Observateur*, en moquant la crédulité des gens de télévision « endormis par le personnage incarné par le jeune Buisson », venu assouvir sa soif de revanche contre son père. Je n'ai plus envie de répondre à ceux qui se permettent de juger le tribut qu'ils ont sommé de voir payer, ou qui entendent compenser par la malveillance l'absence de finesse d'esprit. Patrick Buisson se croit chargé de le faire dans une déclaration à l'AFP, mercredi 12 mars : « Les médias, dans un déchaînement d'une violence inouïe et indigne, se sont abattus sur mon fils Georges. J'ai la totale certitude que ce n'est pas lui qui a volé les fichiers numériques des enregistrements publiés. Je tiens à dire que je conserve à Georges, malgré nos différends, tout mon amour paternel. » Cette initiative me surprend ; j'en parle aussitôt à mon épouse. Elle avoue l'avoir appelé pour lui enjoindre de se comporter enfin comme un père. « Je sais que tu as voulu bien faire, mais tu n'aurais pas dû ! Il va croire qu'une réconciliation est possible entre nous. »

Que reste-t-il à Patrick Buisson sinon l'espoir ? Il est isolé comme il ne l'a jamais été. De manière prévisible, le « Buisson Gate » fait s'évaporer nombre de ses proches et amis politiques. Ils le lâchent presque tous. Nicolas Sarkozy et son épouse Carla Bruni engagent une procédure judiciaire contre lui, tandis que les condamnations médiatiques sont prononcées sans tarder. Même Marine Le Pen s'y met. Sur le plateau du « Journal de 20 heures » de France 2, elle se défend de toute proximité. La pratique du mensonge est pour elle une nécessité politique : « Je l'ai croisé une seule fois, et il ne m'a pas particulièrement fait bonne impression. » La présidente du Front national croit se souvenir que cette rencontre avait eu lieu pendant l'entre-deux-tours de la présidentielle de 2007, à l'occasion d'un déjeuner avec Jean-Marie Le Pen à Montretout. Patrick Buisson lui avait alors fait penser à « un serpent ». *Persona.*

Il n'y a plus qu'Éric Zemmour pour prendre la défense du conseiller banni, sur les plateaux de la chaîne iTélé ou dans les colonnes de *Spectacle du Monde*. Et *Minute*, qui consacre sa une du 12 mars à son directeur le plus connu : « Buisson victime de la fausse droite. » En pages intérieures, un singulier hommage est rendu par un ancien journaliste de l'hebdomadaire, qui se rappelle du départ de Patrick Buisson pour *Valeurs actuelles*, à l'automne 1987 : « Nous lui en avons voulu sur le coup, se souvient le même, mais il avait raison. Nous partions dans une impasse et il a fait le bon choix, et pas seulement pour sa carrière. Il a fait plus, tout seul, pour la droitisation de la société – ce mouvement dextrogyre dont parle le politologue Guillaume Bernard – que nous ne l'aurions fait en équipe. Il avait compris que le moment était venu d'influer de l'intérieur, ce à quoi nous ne croyions pas, car les tentatives avaient toutes échoué et tous ceux qui s'y étaient essayés avaient été absorbés par le système. En tectonique des plaques politiques, il est vraiment le meilleur. »

Je ne me réjouis pas : ma situation n'est guère plus avantageuse. Je me suis dépêtré comme je l'ai pu des sollicitations des journalistes et de la police, qui a encore souhaité m'auditionner en qualité de témoin dans cette affaire d'État. La direction de

TF1 ne m'a pas adressé un seul signe. Je n'ai reçu que des propositions culottées d'interviews pour les journaux télévisés de TF1 et de LCI, au cours desquelles j'aurais pu régler le cas de Patrick Buisson à leur place. L'état-major du groupe veut se protéger : les Buisson sont radioactifs. J'en ai la confirmation en découvrant le compte rendu de la réunion des délégués du personnel du Pôle Découverte du 11 mars, affiché à l'entrée des locaux : « Certains collaborateurs du Pôle s'interrogent sur le fait que seuls les contrats Histoire aient été rencontrés par la Direction suite aux remous médiatiques de la semaine dernière. Dans leur travail quotidien, pratiquement tous les collaborateurs du Pôle Découverte sont en contact avec le directeur d'Histoire et se sentent donc concernés. Pourriez-vous le prendre en compte à l'avenir ? Le directeur délégué explique que les collaborateurs Histoire rattachés hiérarchiquement à Patrick Buisson ont été reçus afin de les associer à la communication du groupe TF1 sur cette affaire. Il tient à souligner que la volonté n'est pas de commenter l'actualité de Patrick Buisson en invitant l'ensemble des collaborateurs travaillant pour le Pôle Découverte à une réunion plénière. » Je n'ai reçu aucune invitation.

La direction a enterré sa promesse de me trouver un autre emploi. Je traîne mon ennui dans un poste créé sur mesure à Stylia, et sans réel contenu. Exactement ce qui m'avait été annoncé deux ans plus tôt : « Ils te placardiseront. Ils te garderont ton salaire, ils te feront rien foutre, et tu n'auras pas de poste dans les six mois... » Pour seul changement, je dois me contenter d'une nouvelle voisine d'*open space*, qui s'occupe de la programmation d'Histoire. Un matin, Patrick Buisson effectue son retour dans la tour TF1. Il est sorti de son terrier pour reprendre ses fonctions de directeur de la chaîne documentaire. Il fait le tour de ses employés, puis s'arrête au niveau de mon bureau : « Bonjour, Georges ! »

De : Buisson, Georges
Envoyé : mardi 8 avril 2014 13:19
À : Paolini, Nonce
Cc : DRH du groupe TF1 ; Directrice adjointe RH
Pôles Antenne Production et Cinéma de TF1 ;
Responsable RH de TF1 Thématiques ;
Présidente de TF1 Thématiques et Directrice de l'antenne
de TF1 ; Directeur délégué de TF1 Thématiques ;
Directeur Sécurité et Sûreté du groupe TF1 ;
Directeur des affaires réglementaires et judiciaires de TF1 ;
Directeur de la communication de TF1 ;
DGA Marketing Stratégie Innovation de TF1 Publicité
Objet : Point de situation

Monsieur le Président,

Il y a un an, la police perquisitionnait à TF1 dans l'affaire des sondages de l'Élysée.

Il y a un an, vous sembliez décidé à me sortir du placard (d'une manière un peu perverse, il faut bien l'avouer : un petit aide-mémoire en pièce jointe).

Il y a un an, je vous enjoignais de me tenir à l'écart de Patrick Buisson.

Que s'est-il passé depuis ?

Je végète à la chaîne Stylia.

J'ai eu deux rendez-vous étrangement infructueux avec la DRH au sujet de ma mobilité.

Par la magie de multiples déménagements, mon bureau se trouve aujourd'hui à quinze mètres de celui de Patrick Buisson que j'ai l'heur de croiser quotidiennement.

En somme, je crains que vous ne vous foutiez légèrement de ma gueule.

Sachez que j'ai très peu goûté les déclarations et les « off » distillés par les porte-parole de la maison : ce « conflit privé » entre un père et un fils, qui déborde du cadre familial et s'étale à Histoire ; la noble volonté de la direction de « vouloir séparer » les belligérants, etc.

Que votre voix et/ou celle de votre maître aient pu être enregistrées par un historien indélicat ne vous autorise pas à vous défausser de la sorte.

Je refuse d'être l'otage de la lâcheté des uns et des turpitudes des autres.

Je ne sais le sort que vous comptez me réserver. Sachez seulement que je ne serai pas une victime expiatoire du groupe TF1.

Ils sont presque tous réunis. Les « mis en copie » de mon courriel discutent de mon cas, dans le bureau du directeur délégué de TF1 Thématiques. À mon passage dans l'allée, l'un d'eux referme la porte vitrée. Je découvrirai leur riposte bien assez tôt : je suis convoqué le lendemain par le DRH du groupe TF1. Arnaud Bosom connaît son affaire ; il doit à ses talents dans la gestion du personnel d'avoir été nommé à ce poste prestigieux. Alors président d'e-TF1, il avait fait ses preuves en traitant d'une main ferme l'insolence du responsable du Pôle Innovation Web, Jérôme Bourreau-Guggenheim, cn 2009. Ce dernier avait eu l'audace de critiquer la loi Hadopi de lutte contre le piratage sur Internet, dans un courriel envoyé à Françoise de Panafieu, députée de son arrondissement. Le message électronique avait été transféré dans la foulée au cabinet de la ministre de la Culture, qui s'en était plaint auprès de TF1. Arnaud Bosom avait sermonné le jeune effronté et lui avait intimé l'ordre de présenter ses excuses. Devant son refus, il l'avait viré. Voyons si ce monsieur me réserve le même sort, ce jeudi 10 avril 2014 à 10 heures.

« Je voulais vous voir parce que euh… Est-ce que vous considérez que dans les relations normales entre un salarié et son entreprise…

— Est-ce que TF1 est une entreprise normale ? puis-je rectifier avant de le laisser poursuivre son propos.

— Oui, TF1 est une entreprise normale. Est-ce que c'est la nature des relations entre un salarié et son entreprise que d'envoyer de tels mails ?

— C'est vrai, j'aurais pu faire autrement. J'aurais pu porter plainte.

— Euh… porter plainte contre ?

— Contre TF1, contre Nonce Paolini… »

Il marque un long silence. Ma réflexion a le mérite d'effacer l'expression de condescendance qui habillait son visage. Arnaud Bosom ne se départ pas, pour autant, de son hypocrisie. *Persona.*

« Bon, il y a deux choses, si vous voulez. Il y a le mail que vous avez envoyé, son contenu, la forme, etc., qui pour nous est inacceptable. Et vous le savez bien, si vous envoyez ce mail, vous vous doutez bien, compte tenu de ce que vous écrivez, de la forme que ça prend, du nombre de destinataires que vous impliquez, que l'entreprise ne peut pas accepter d'être… euh… je dirais… dans une relation de cette nature avec un salarié. Bon ! Donc on va vous répondre selon les règles en vigueur dans l'entreprise, selon le respect du Code du travail. On va certainement vous convoquer à un entretien, selon une procédure habituelle quand il arrive pareils dysfonctionnements. Après, il y a autre chose, la question que j'ai un peu envie de vous poser, c'est : qu'est-ce que vous souhaitez ? Parce que, si vous voulez, fort de cette démarche, j'avoue que ça n'apparaît pas très clairement.

— Et vous, qu'est-ce que vous comptez faire ? Je peux vous retourner la question.

— TF1 n'avait pas et n'a pas à votre égard, contrairement à ce que vous imaginez, la moindre volonté de nuire. Vous êtes un collaborateur de l'entreprise. Vous pouvez à la fois vous épanouir et rencontrer des difficultés dans l'entreprise, comme tout un chacun. Moi je considère qu'il y a une voie normale d'action quand on veut manifester sa satisfaction et quand on veut manifester son insatisfaction. Vous avez un responsable, une hiérarchie. Bon ! Puisque vous prenez une forme d'expression, qui est pour le moins originale, moi j'ai besoin de savoir ce que vous souhaitez.

— Moi j'ai besoin de savoir ce que vous comptez faire. Ce que je souhaite, je l'ai déjà exprimé par mail, l'année dernière. Il ne s'est rien passé. C'est même pire. Maintenant, je veux savoir ce que l'entreprise compte faire.

— Il ne s'est pas rien passé !

— Il ne s'est absolument rien passé. On m'a mis dans un placard un peu plus agréable. Enfin, le problème, c'est que je suis à quinze mètres du bureau de Patrick Buisson, comme je l'ai écrit.

— Il ne s'est pas rien passé puisque vous n'êtes plus sous la hiérarchie précédente. [...] On vous a quand même changé de société, de chaîne. Bon, vous estimez que la situation est pire qu'avant sur le plan du contenu, de l'intérêt du travail, de l'occupation. Encore une fois, on est toujours prêt à entendre quand quelqu'un estime qu'il pourrait faire davantage...

— Non, mais là vous n'entendez rien ! Vous n'entendez rien ! Vous jouez à l'imbécile ! Ça commence franchement à m'énerver. Donc, on va s'arrêter là. Vous allez me convoquer dans les formes, et on va régler ça d'une manière publique. J'ai tout pour le faire.

— Attendez, attendez ! »

Trop tard, j'ai déjà franchi le seuil de sa porte. Et je ne reviendrai plus.

Dimanche 25 mai 2014, le Front national arrive en tête des élections européennes. Avec 24,86 %, la formation de Marine Le Pen devance l'UMP et le Parti socialiste. C'est l'aboutissement d'une ambition née dans l'esprit de quelques hommes, il y a quarante ans. Ce soir-là, le Front national devient le premier parti de France.

De : Patrick Buisson
Envoyé : dimanche 8 juin 2014 20:51
À : Georges Buisson
Objet : À Georges

Georges,

Je t'écris en ce jour du premier anniversaire de la mort de Pierrot, ton parrain, mon frère tant aimé.

Je t'écris en pensant à sa bonté paisible et en espérant que de là où il est, il intercède pour toi afin que tu obtiennes la paix de l'âme.

Car elle seule peut arrêter l'œuvre de destruction.

Au bout de ce que tu fais actuellement, Georges, il n'y a rien si ce n'est le déshonneur, le désespoir et le malheur : le tien et celui de ceux qui te sont chers.

Repousse les forces du mal qui veulent t'instrumentaliser. Le prix à payer pour toi en remords serait terrible.

Regarde comment les événements évoluent dans le bon sens depuis quelques semaines.

Regarde à quel point ils me donnent raison et sanctifient mon combat.

Regarde où en sont ceux qui par leur ingratitude ou leur trahison ont cherché à m'abattre.

Vois comme la Providence nous protège et de façon

souterraine, invisible, aimante, commence tout doucement à nous rapprocher.

L'épreuve seule est rédemptrice, Georges, et il faut croire avec un autre Georges (Bernanos) que « Le malheur de l'homme est la merveille du monde ».

Personne ne veut te virer de TF1. Ils veulent au contraire te proposer un autre poste avec du contenu et des responsabilités.

Laisse tomber la haine et la guerre injuste que tu mènes d'abord contre toi-même et dont tu es la première victime.

Ouvre tes bras comme les miens sont ouverts à ce pardon mutuel qui, tôt ou tard, je te le promets, nous rendra enfin à la joie.

Georges, Madeleine, Jean-Pierre et toute la communion des saints prient pour toi.

Il souffrent pour toi.

Ils souffrent avec toi.

Par l'esprit, ils ne t'ont jamais quitté.

Ils ne te quitteront jamais

Ils attendent ton retour.

Ils t'aideront à retrouver le chemin.

Oui, Georges, tout est grâce !

Ton Père.

Boulogne, le 27 juin 2014

Objet : Avertissement

Monsieur,

Je fais suite au courrier électronique daté du 8 avril 2014, transmis au Président du groupe TF1, qui a justifié votre convocation à un entretien préalable, d'abord pour le 23 avril 2014 et ensuite repoussé plusieurs fois compte tenu de votre persistance à ne pas vouloir vous y présenter.

Compte tenu de votre position nous obligeant à faire le constat de l'impossibilité de vous rencontrer et donc de vous expliquer de vive voix le point de vue de la société, nous sommes dans l'obligation de vous transmettre ce courrier.

Votre email du 8 avril 2014, écrit en toute conscience de son effet, est totalement inadmissible dans sa forme et son contenu.

En premier lieu, sur le contenu, vous avez à dessein employé des termes particulièrement provocateurs, injurieux, et laissant induire que vos interlocuteurs cherchent à vous nuire, ce qui est bien sûr totalement faux.

En fait, votre courrier démontre votre incapacité à maîtriser les débordements que vous exprimez, et votre incapacité à avoir un rapport aux autres un tant soit peu rationnel.

En écrivant cela, nous avons compris que vous recherchiez le conflit sans la moindre posture constructive.

En second lieu, sur la forme, vous avez choisi de transmettre cet email en copie à pas moins de neuf collaborateurs de la société et du groupe, qui n'avaient pas vocation à se trouver ainsi les témoins de vos excès.

Ce choix délibéré de mise en copie de votre courrier, pour le rendre public auprès de certains, accentue son caractère dommageable et démontre encore plus votre volonté de nuisance.

De notre côté, et à l'inverse de vos provocations, alors qu'une mesure très lourde se justifierait, ce qu'*a priori* vous attendiez, nous faisons le choix réfléchi d'un avertissement solennel.

Nous souhaitons également attirer votre attention sur le fait que votre choix d'un email injurieux est une démarche, quoi que vous ayez à exprimer et que la société a toute faculté d'entendre et de traiter, relève d'une méthodologie de nature à conduire à l'effet inverse à celui que vous semblez rechercher.

C'est pourquoi nous vous rappelons donc les règles de la réserve, de la retenue, de la politesse élémentaire et le respect de la hiérarchie. Nous attendons de votre part un comportement responsable.

Nous vous prions d'agréer, Monsieur, l'expression de nos salutations distinguées.

Directeur délégué du Pôle Thématiques

« Quand quelqu'un crie au loup, il faut crier au fou ! » Cela devient une manie. Au tour de Patrick Buisson de voir ses facultés mentales mises en cause. Lui a droit à un traitement de faveur : une procédure disciplinaire instruite en public par le propriétaire. Dans *Le Nouvel Observateur* daté du 3 juillet, Martin Bouygues éreinte son salarié avec flegme. Plus rien ne l'étonne, dit-il en réaction au scandale des enregistrements clandestins. Il n'a pas jugé utile de convoquer celui qu'il considère être « par ailleurs un bon directeur de la chaîne Histoire ». « Je ne suis pas psychiatre », reconnaît-il, lucidement. De toute manière, le P-DG du groupe Bouygues affirme ne pas craindre d'avoir été enregistré à son insu. Il fanfaronne : « En dehors des informations confidentielles sur le groupe, nous n'avons rien à cacher. Nous n'avons aucune activité illégale ou mafieuse. » Il révèle qu'il a fait étudier par ses avocats la possibilité de révoquer Patrick Buisson de la chaîne Histoire. Mais, puisque ce dernier « part à la retraite à la fin de l'année, je ne vois pas pourquoi nous dépenserions de l'argent pour le faire partir ».

Patrick Buisson, qui a fêté son 65e anniversaire, répond à son actionnaire dans *La Lettre de l'audiovisuel* du 16 juillet : « Je ne compte absolument pas faire valoir mes droits à la retraite à la fin de l'année 2014. » Il se permet ce type d'effronterie, car il sait que Martin Bouygues est un homme accommodant, pour peu que l'on emploie les bons arguments. Patrick Buisson n'a jamais oublié un épisode de la campagne des européennes de 1994 : il avait suffi au *raider* Jimmy Goldsmith de rafler en Bourse des paquets d'actions de l'entreprise pour que Philippe de Villiers soit invité dans toutes les grandes émissions de TF1. « Oh, Martin Bouygues a l'habitude des maîtres chanteurs... »

Je ne dispose pas des mêmes moyens pour faire entendre mon point de vue. Je ne laisse pourtant pas sans réponse l'« avertissement solennel » que j'ai reçu, ni la nouvelle proposition de la direction de TF1 de me confier un nouveau poste, exactement dans les mêmes locaux et sous la même hiérarchie qu'auparavant. Je saisis le conseil de prud'hommes. Sur ma lancée, je me mets à examiner dans le détail les comptes sociaux des sociétés de Patrick Buisson. La cour d'appel de Paris a refusé la nomination d'un expert, dans un arrêt rendu le 5 juin. Je n'aurais invoqué aucune opération de gestion qui aurait pu être réalisée de manière irrégulière ou contraire à l'intérêt social de Publifact. Puisque les contrats passés avec la présidence de la République ne semblent entrer dans aucune de ces catégories, je me dis que des abus de biens sociaux et des mouvements de fonds illicites intéresseront peut-être la justice. Je porte plainte auprès du procureur de la République de Paris, à la fin du mois de juillet 2014.

20 décembre 2014,

Mon petit Jojo,

Personne, ni rien au monde ne m'empêchera de m'adresser à toi comme on doit le faire à un fils malheureux, à un enfant perdu.

En ces derniers jours de l'Avent, il faut que tu saches que l'Espérance est là, qu'elle finira bien par te rattraper et te prendre par la main, qu'elle finira bien par te sauver du processus mortifère dans lequel tu t'es engagé.

L'Espérance, tu le sais, c'est du désespoir surmonté.

Je suis totalement convaincu qu'une autre vie pour toi est possible, qu'elle est à portée de ta main. Une vie où tu aurais de la tendresse et les enfants dont tu rêvais. Une vie où tu t'accomplirais professionnellement. Une vie où tu connaîtrais la paix du cœur et où tu serais en accord avec ta conscience, avec tes racines.

Ne désespère pas, tout cela va se présenter à toi. Il suffit que tu te lèves et que tu dises non à tout ce qui fait ton malheur présent et futur.

Abandonne la voie contentieuse avec TF1. Au mieux, et ce n'est pas gagné, tu peux espérer entre six mois et deux ans de salaires devant les prud'hommes. Si tu leur fais savoir par « le directeur de la sécurité de TF1 » ou directement à la DRH que tu as changé d'avis et que tu souhaites maintenant une rupture conventionnelle, je te garantis que tu obtiendrais contractuellement une indemnité équivalente au moins à quatre ans. Ce qui ne sera pas du superflu eu égard à ce qui t'attend.

Il me serait moralement insupportable que tu ne bénéficies pas d'une rupture aussi avantageuse que ce dont a bénéficié celle qui m'a trahi.

Après le succès de *Si je mourais là-bas* (les textes des grands écrivains racontant la guerre, interprétés par des comédiens, cf. notre page Facebook), je prépare avec « le producteur » deux autres films conçus selon la même structure narrative :

– *Si Paname m'était conté*, le Paris des écrivains des années cinquante (de Marcel Aymé à Blondin, de Simonin à Audiard, de Simenon à Léo Malet).

Avant-première : juin 2015.

– *Les dieux meurent en Algérie*, la guerre d'Algérie racontée par les combattants.

Avant-première : décembre 2015.

J'ai une bonne équipe entièrement renouvelée, **mais je sais d'expérience d'après le *Paris Céline* tout ce que tu pourrais apporter à de tels films**.

Les deux films seront coproduits avec l'INA.

Je ferai prendre en charge ta prestation par la société de prod.

Réfléchis avant de rejeter mécaniquement ma proposition.

Il te suffit de tourner le dos au malheur, d'avoir cette force et ce courage-là plutôt que de t'abandonner à une mort sociale, professionnelle et spirituelle.

Georges, tu ne peux plus en douter au vu de l'actualité, je vais remporter la bataille des idées et la bataille de l'Histoire face à ce pauvre Sarkozy. Tu le vois bien : tout va dans ce sens et les événements me donnent chaque jour un peu plus raison, et ce n'est qu'un début.

Tu risques d'avoir à payer au prix fort jusqu'à la fin de tes jours la faiblesse d'avoir cédé au Mal et à ceux qui te poussent à le faire.

La communauté Saint-Martin, à qui j'ai présenté, la semaine

dernière, mon dernier film suivi d'une conférence dans leur magnifique abbaye d'Évron, prie pour toi. Plusieurs jeunes prêtres et séminaristes qui suivent mon combat, sont venus me le dire.

Noël ! Souviens-toi du Noël de ton enfance qui te tend les bras.

Je le passerai pour ma part au Puy du Fou.

Puisses-tu de ton côté, mon petit Jojo, accueillir la parole de celui qui va naître : « Paix sur terre aux hommes de bonne volonté. »

Et t'abandonner à l'infinie miséricorde de Dieu.

P-S : Je ne sais plus si je t'ai envoyé *Si je mourais là-bas*. Je te le poste à nouveau.

J'ai choisi les vers de Péguy et notamment la dernière strophe qui clôt le film en pensant à toi. En pensant à nous…

Brasserie Lipp, boulevard Saint-Germain, mercredi 7 janvier 2015. Je déjeune avec « les forces du Mal », telles que les a désignées Patrick Buisson. Mes éditeurs chez Grasset sont inquiets. Je devais leur remettre un manuscrit, il y a plusieurs semaines de cela. Au lendemain de mon passage au « Grand Journal », Jean-Paul Enthoven m'avait proposé d'écrire un livre. Après un temps de réflexion, j'avais accepté de lui livrer rapidement le récit des événements qui ont conduit à un « parricide » en direct à la télévision. La parution avait été annoncée pour le début du mois d'octobre 2014. Aujourd'hui, Jean-Paul Enthoven et Christophe Bataille veulent s'assurer de ma détermination à honorer mon engagement. Je leur raconte les obstacles que je rencontre pour retracer une histoire qui mêle de manière inextricable l'intime, la politique et l'argent. Patrick Buisson est un bloc. Avec moi, il s'est comporté à la fois comme un père, un directeur de conscience, un juge, un créancier, un employeur, un propriétaire et un adversaire. C'est la raison pour laquelle je n'arrive presque plus à l'appeler autrement que par le seul dénominateur commun à tous les rôles qu'il a occupés : son nom. L'expliquer nécessite de démêler les fils d'un parcours courant sur plus d'un demi-siècle et de dénouer l'écheveau de mensonges dont il a recouvert sa vie. Dans ce labeur, il me faut réunir une masse de documents rares, me plonger dans mes souvenirs et ceux des miens. Accomplir une anamnèse. Ma mère dispose, elle aussi, d'un stock de douleurs qu'elle conserve dans l'obscurité d'une armoire. Des lettres, des témoignages, des morceaux d'un passé qu'elle n'est jamais parvenue à surmonter. Elle me les a transmis dans l'espoir que je saurais les exposer à la force purificatrice de la lumière, cette puissance qui démasque et assainit ce que les hommes « font en cachette » et dont on a honte de parler, comme le dit saint Paul dans sa lettre aux Éphésiens.

À l'intérieur du restaurant de Saint-Germain-des-Prés, je repère la présence d'Henri Weber, de Michel Charasse et de Florian Philippot. Une figure de Mai 68 voisine avec un proche de François Mitterrand et le « numéro deux » du Front national. Partout, Patrick Buisson et les symboles de son histoire se rappellent à moi. Oui, il est temps de tout sortir. De raconter. Mon livre sera ma « pierre de patience », recueil de mes colères et de mes peines, qui devra imploser.

Au-dehors, des innocents sont tombés. Au siège du journal *Charlie Hebdo*, les vraies forces du mal se sont déchaînées.

Le 28 janvier 2015,

Mon vieux Jojo,

J'ai été comme prévu reconduit à la tête d'Histoire, et j'ai mis sur la table une offre de rachat de la chaîne dont nous sommes convenus de discuter en 2016.

J'ai lancé un gros programme de productions avec une équipe très performante et très motivée.

La prochaine sortie est une coproduction avec l'INA : *Les Hussards. Leur après-guerre*, très beau film retraçant l'épopée de Nimier, Blondin, Laurent et Déon. L'avant-première sera présentée par Bernard de Fallois et moi-même. Tu recevras un carton d'invitation.

Puis ce sera notre *Si Paname m'était conté*, autre copro avec l'INA pour laquelle je prépare un événement parisien. En chantier également, *Freud, histoire d'une imposture* que Michel Onfray a tenu à faire avec moi, et une autre grosse surprise qui fera du bruit.

Je ne me lasserai de te le répéter, car c'est mon devoir de le faire :

1 – Une bonne médiation avec TF1 vaudrait beaucoup mieux pour toi qu'un mauvais procès. Il te suffit d'appeler William au [...] qui est tout prêt à t'aider gracieusement et qui connaît bien les interlocuteurs.

2 – Je dispose à l'extérieur de toutes les structures nécessaires

pour rémunérer les prestations que tu pourrais faire pour nos films tant ta valeur ajoutée serait appréciable et appréciée.

3 – L'histoire est en train de me donner raison au-delà de tout. Je te conseille de regarder le site de Zemmour qui reprend l'émission de Paris Première de dimanche dernier où il explique à Naulleau pourquoi « Sarkozy sans Buisson, c'est zéro ». Il n'est d'ailleurs plus le seul à le reconnaître et à le dire.

Mon vieux Jojo, tu as autour de toi tous les éléments pour prendre un nouveau départ, pour commencer une autre vie sur des bases radicalement différentes. Il te suffit d'avoir le vrai courage de faire les bons choix pour retrouver la paix de l'âme et du cœur.

Je pense à toi tous les jours.

[...]

Dieu te garde !

Ton Père

« Allô ! Oui, bonsoir. C'est Ariane Chemin. Je ne vous dérange pas ? » La journaliste me cueille aux alentours de 21 h 15, samedi 21 février 2015. Elle m'explique travailler sur une série d'articles consacrés à Patrick Buisson pour *M, le magazine du Monde*, et désire obtenir confirmation des éléments biographiques qu'elle a récoltés. Je ne me méfie pas. Un premier reportage sur ses années estudiantines à Nanterre a été publié la veille par François Krug, dans ce supplément hebdomadaire du journal *Le Monde* : « Quand Patrick Buisson faisait la contre-révolution. » Je souhaite à Ariane Chemin de faire mieux que son collègue, qui a été berné par de malicieuses sources d'information. « Ah bon ! Ah, c'est embêtant ! » réagit-elle. Je la mets en garde contre la difficulté d'enquêter sur le milieu de Patrick Buisson, l'extrême droite, où ne règnent que le mensonge et la manipulation. « Oui, je m'en suis rendu compte ! » acquiesce-t-elle. Elle me presse de questions ; je m'attache à corriger les erreurs factuelles et les approximations qui ponctuent chacune de ses interrogations. J'écourte la conversation au bout d'un quart d'heure pour aller dîner, en l'invitant à travailler davantage un sujet qu'elle maîtrise mal, à l'évidence. J'ai encore en tête l'article qu'elle avait écrit avec Émeline Cazi au moment de l'affaire des enregistrements clandestins : « Les Buisson, une famille en miettes. » Les informations que j'avais données avaient été arrangées d'une drôle de manière ; celles, très intimes, qui ne venaient pas de moi étaient de seconde main. Je recommande à Ariane Chemin la plus grande prudence avant de publier quoi que ce soit.

Trois semaines plus tard sort *Le Mauvais Génie*. Ce n'est pas un article du magazine du *Monde,* mais un livre d'Ariane Chemin et de Vanessa Schneider, publié chez Fayard, autrefois l'éditeur de tous les historiens maurrassiens... Il n'a été annoncé nulle part. Personne n'était au courant. Les auteurs reconnaissent à demi-mot avoir eu recours à la duperie dans la page des remerciements : « Merci à la centaine de personnes – femmes et hommes politiques, hauts fonctionnaires, historiens, éditeurs, avocats et journalistes – que nous avons interrogées – sans toujours leur dire que nous les consultions pour un livre, qu'elles nous pardonnent donc. » Voilà une exigence exprimée de façon bien désinvolte ! *Le Mauvais Génie* est un livre mauvais, fait avec de mauvaises manières. Pour écrire sur Patrick Buisson, et accessoirement sur moi, elles ont employé des méthodes sournoises dignes d'un journaliste de *Minute.* Leur sujet a déteint sur elles.

Dans leur essai biographique, il y a des paragraphes qui comportent des erreurs, des pages qui relèvent du mensonge, et des chapitres qui sont des inventions. Pas des maniaques du *fact checking,* Ariane Chemin et Vanessa Schneider. Elles ont travaillé comme les échotiers du temps passé : un tiers de vrai, un autre de vraisemblable, le reste à l'intuition. Seulement, les proportions n'ont pas été respectées. À l'issue d'une colossale « enquête de quatre mois », elles ont aligné à toute vitesse sur le papier les inexactitudes, les confusions d'époques et de personnes, les contradictions et les passages de pure fiction. Pour compenser leurs lacunes factuelles et les vérifications qu'elles n'ont pas menées, les deux journalistes ont versé, à l'image d'un nombre croissant de leurs confrères, dans le psychojournalisme. Un bon filon, ça. L'épithète ambiguë, l'insinuation et l'interrogation interprétative, c'est l'idéal pour échapper aux procès en diffamation et s'asseoir sur la déontologie. Pourtant, ce n'est souvent que pure méchanceté et accusations sans fondement. Tels ces passages qui me sont consacrés : « Georges savait que son épouse ne serait pas du goût de ce paternel, un Buisson du Limousin. Peut-être même, qui sait, a-t-il choisi sa femme pour cela ? » ; « Qu'écoute donc Georges dans ce casque vissé sur les oreilles ? ».

Quelque chose me gêne plus profondément à la lecture de leur livre. *Le Mauvais Génie* a été soufflé. Il n'est pas question de Patrick Buisson, mais de se venger de lui. Je comprends ainsi comment les journalistes du *Monde* ont pu avoir accès à des détails intimes de la vie de Patrick Buisson et de la mienne. Ceux-ci sont suffisamment tordus pour n'avoir été rapportés que par quelqu'un à qui on les a confiés ; ils sont passablement déformés pour n'être que des éléments à charge destinés à nuire et à humilier. D'où vient alors l'inspiration ? À moi de poser innocemment des questions. Où en est le « roman distancé » auquel Pauline de Préval mettait la dernière main lorsqu'elle avait été interrogée par Ariane Chemin pour l'article « Les Buisson, une famille en miettes » ? Qu'est-il advenu du récit de sa relation avec Patrick Buisson et qui promettait de se situer « entre Dostoïevski, John le Carré et Bernanos » ? En aurait-elle fait cadeau ? Qui sait ?

Patrick Buisson a survécu au scandale de la divulgation de ses enregistrements clandestins, il faut l'achever maintenant. Ne plus le rater. La promotion du livre a été correctement calibrée : deux pleines pages de bonnes feuilles dans *Le Monde* et un article de révélations sur le site Internet de Jean-Sébastien Ferjou. « L'étonnante prolongation par TF1 du mandat de Patrick Buisson à la tête de la chaîne Histoire », s'indigne Atlantico dans un article non signé, daté du mercredi 18 mars. Entre deux extraits du livre *Le Mauvais Génie*, l'auteur anonyme s'interroge sur les raisons qui ont poussé les dirigeants de TF1 à reconduire Patrick Buisson à la tête de la chaîne Histoire, pour deux ans. Martin Bouygues n'avait-il pas déclaré dans *Le Nouvel Observateur* attendre que son salarié parte en retraite à la fin de l'année 2014 ? Serait-il « tenu » par les enregistrements de Patrick Buisson ?

Pour abattre leur sujet et vendre le maximum de livres, les deux auteures ne s'encombrent plus de la forme interrogative et de l'emploi du conditionnel. *Persona*. Sur le plateau du « Grand Journal », ce même 18 mars, Ariane Chemin se montre la plus en verve : « Patrick Buisson est obsédé justement par l'exorcisme. Sur la tombe de ses parents, il y a une épitaphe étrange qui fait penser effectivement à tous ceux qui aiment la sorcellerie. » Dans *Le Mauvais Génie*, elle l'avait formulé ainsi : « Sur la sépulture en granit de Georges et Madeleine Buisson [...] nul hommage gravé, juste une étrange inscription, sur une haute croix sans grâce, qui résonne presque comme une menace : "J'attirerai tout à moi." » Cette épitaphe est bien présente sur la croix veillant les dépouilles de mes grands-parents et de mon oncle. Elle est issue de l'Évangile selon saint Jean : « Et moi, une fois élevé de terre, j'attirerai tous les hommes à moi » (*Jn* 12, 32).

La vie de Patrick Buisson était trop singulière pour ne pas être racontée ; elle l'a été de manière biaisée, indigne et souvent falsifiée. Si le livre que je suis en train d'écrire devait trouver une seule justification, elle serait là. Reprendre le récit d'une histoire qui est en partie la mienne. Et rétablir la vérité.

Épilogue

Je suis convaincu que nous sommes entrés dans une période où l'anthropologie va devenir un outil plus pertinent que les sciences politiques.

René Girard, *Achever Clausewitz.*

À cause de l'ampleur du mal, la charité de la plupart des hommes se refroidira.

Évangile selon saint Matthieu (24-12).

Les vents mauvais se sont levés. À quelques mois d'intervalle, des manifestants d'extrême droite et des antisionistes ont crié « Mort aux Juifs ! » dans les rues de Paris. Dans l'Histoire, ce signe n'a jamais trompé. Viennent les temps troublés.

À la tête de l'État, François Hollande fait de la médiocrité une déclaration de politique générale. Alchimiste contrarié, il transforme l'or du pays en plomb, et synthétise le Parti socialiste dans le dissolvant. Il s'applique tous les jours à démontrer le principe de Peter. Il s'élève à son niveau d'incompétence. Mieux, il se met à le dépasser. Depuis la formation du premier gouvernement de Jean-Marc Ayrault, l'un des ministères les plus inaptes aux affaires de l'État de l'époque contemporaine, le président de la République mène consciencieusement sa propre procédure d'empêchement, déplaçant son inefficacité d'un sujet à l'autre, jusqu'à s'essayer à la « ligne Buisson », avec sa tentative d'étendre les possibilités de déchéance de la nationalité.

Marine Le Pen en profite pour s'imposer de manière prévisible au centre de la vie politique française. La présidente du Front national ne fait pourtant qu'appliquer la stratégie de dédiabolisation, élaborée à une autre époque pour un autre président. Pour cela, elle doit « tuer le père » après que Jean-Marie Le Pen, « Menhir » devenu biniou gonflé d'aigreur, a multiplié les fausses notes et réaffirmé ses propos sur les chambres à gaz, « détail de l'histoire ». Que le vieux saboteur, mortifié de voir sa fille le surpasser, cesse de s'inquiéter ; le droit d'inventaire se limite presque exclusivement à sa personne. Marine Le Pen conserve la plupart des invariants du parti qu'il a fondé : les orientations politiques sont fixées par le « numéro deux » ; le goût et l'habileté pour les affaires sont intacts ; le mouvement traîne toujours dans son sillage les hommes les plus détestables, comme Frédéric Chatillon et les « Gudards ». Par piété filiale, Marine Le Pen pousse même très loin le vieux rêve du Front national de supplanter le Parti communiste dans le cœur des petites gens, en adoptant une partie de son programme.

Nicolas Sarkozy feint de croire à la comédie qu'il joue aux Français. Entre deux conférences grassement rémunérées et une convocation chez les juges, il se décide à revenir sur la scène politique. À court d'idées pour démontrer qu'il a encore changé, il se contente de repeindre l'UMP en Les Républicains, et de s'adjoindre l'aide du chiraquien François Baroin.

Patrick Buisson rumine son retour dans son bureau de directeur d'Histoire ou depuis sa retraite des Sables-d'Olonne, dont la mairie a été conquise par son camarade, Didier Gallot. *Le Mauvais Génie* l'a davantage vexé que blessé. Lui qui aime tant mener des combats léonins a été suprêmement agacé d'avoir été mordillé aux mollets. Qui plus est par des « folliculaires », journalistes sans talent et sans scrupules, selon le dictionnaire et son expression. La lutte contre Nicolas Sarkozy est, elle en revanche, à la hauteur de son ressentiment. Les paroles de l'ex-chef de l'État au 20 Heures de France 2, en septembre 2014, résonnent toujours à ses oreilles : « J'en ai connu des trahisons, mais comme celle-là, rarement ! » Patrick Buisson n'a plus « la reconnaissance du ventre », il désire maintenant « cracher » sur celui qui avait fait de lui son conseiller. Ses promesses se sont envolées. Patrick Buisson choisit de transformer ce qui devait être l'arme de la reconquête du pouvoir en instrument de sa vengeance : *La cause du peuple* devient un livre publié chez Perrin. L'ancien conseiller vient s'en expliquer devant David Pujadas et les Français, le 28 septembre 2016, pratiquement deux ans jour pour jour après la condamnation formulée par Nicolas Sarkozy, sur le même plateau du « 20 Heures » de France 2. Avec cet ouvrage, il tient à présenter son action sous un meilleur jour qu'elle ne l'a été jusqu'à présent : « Pour les besoins de l'Histoire, de leur histoire, il fallait que je sois facho, salaud, et pour couronner le tout escroc. » Alors il a écrit ce « livre d'idées » : « Je l'ai conçu comme un témoignage pour l'Histoire. » L'idée est de mettre un point final à l'histoire politique de Nicolas Sarkozy. Sa cible a été patiemment ajustée, il ne la manque pas. Engluée dans une grossière copie de campagne populiste, clouée au mur par les juges, sa victime ne bougeait de toute façon presque plus. Lors des primaires de la droite pour l'élection présidentielle, Nicolas Sarkozy, qui a voulu faire du Buisson sans Buisson, est battu. Et abattu. Patrick Buisson n'en a pas fini pour autant. Inquiet de la parution de mon livre, il avait essayé de disqualifier ma démarche en répandant le bruit selon lequel je ne faisais qu'exécuter une commande vengeresse passée par Carla Bruni au grand-père de son fils, Jean-Paul Enthoven. Quelques organes de presse complaisants s'étaient fait l'écho d'un rendez-vous – totalement imaginaire – que j'aurais eu avec Nicolas Sarkozy à cette fin, dans ses bureaux de la rue de Miromesnil. Pensant mon livre enterré, Patrick Buisson peut poursuivre son entreprise de réhabilitation. Et puisqu'il ne juge pas de son niveau de corriger lui-même Ariane Chemin et Vanessa Schneider, il confie le soin à François Bousquet de polir son legs politique et de décaper sa biographie. *La Droite buissonnière*, qui paraît aux éditions du Rocher le 25 janvier 2017, est une réponse directe au livre *Le Mauvais Génie* et à sa déclinaison en format poche et en documentaire pour France 3. Cette hagiographie, écrite par un ancien collaborateur de Jean-Edern Hallier, se tient à peu près aussi loin de la vérité que la biographie à laquelle elle est censée faire pièce. Là où les journalistes du *Monde* ont ajouté des éléments à charge, l'essayiste néodroitiste en a retranché. À leurs erreurs et approximations, il a répondu par les siennes, pour que son sujet puisse revenir dans l'arène.

« La présidentielle de 2012 n'a pas été un échec, mais une défaite fondatrice. » Est-il affirmation plus juste ? Pour l'échéance majeure de 2017, tous les candidats se disputent la cause du peuple. Cela vire à l'idolâtrie. De l'inspecteur des Finances jusqu'au hobereau de province, en passant par les professionnels de la politique vivant des mannes publiques, il n'y en a pas un qui ne revendique pas être en dehors du système. Messianisme et terreur islamistes, afflux de réfugiés dans les « camps des saints », Royaume-Uni qui se boute hors d'Europe, marche turque vers la dictature, réveil de l'Empire russe, élection de Donald Trump aux États-Unis, paupérisation des classes moyennes – fondement de toute stabilité politique – accroissement des inégalités, montée des populismes, des communautarismes et des différentialismes, crises éducative, sécuritaire, judiciaire et identitaire : tout annonce un grand chambardement. Un désordre précédant un nouvel ordre : une substitution. Face à une droite ne parvenant plus à retenir son centre et des éléphants socialistes ne se cachant pas pour mourir, les électeurs français sont désemparés. Les conditions historiques sont réunies pour que triomphe la « ligne Buisson ». Patrick Buisson cherche par tous les moyens à ce que cela n'advienne pas sans lui. Après la victoire de François Fillon aux primaires de la droite, il salue sur la radio Europe 1 l'avènement d'une « révolution conservatrice ». L'ancien Premier ministre a rassemblé autour de lui un certain nombre d'« anciens » : Gérard Longuet, Hervé Novelli, la communicante Anne Méaux et même un ex-« bébé Villiers » en la personne de Bruno Retailleau. Malgré leurs différends personnels, pourquoi ne pas faire appel aux talents du stratège ? Patrick Buisson est pourtant éconduit. C'est dommage. Ce dernier pensait avoir reconnu toutes les qualités qu'il avait auparavant décelées chez Nicolas Sarkozy : François Fillon veut mener, selon lui, une « campagne de transgression des tabous » ; le candidat s'affirme chrétien et bâtit un programme manquant à la plus élémentaire charité ; il se proclame intègre et montre un amour coupable de l'argent. La droite aurait enfin pu retrouver le chemin du « réarmement moral ». *Persona*.

Patrick Buisson n'est pas découragé. Pour vendre ses services et ne pas rater le grand soir, il est prêt à tout. Avec la complicité de Michel Field, nouveau directeur de l'information de France Télévisions, et David Pujadas, il joue l'invité mystère sur le plateau de « L'émission politique » de France 2, le 9 février 2017. En le voyant pénétrer sur le plateau, la présidente du Front national pousse un cri d'étonnement : elle ne pourra plus dire qu'elle n'a croisé qu'une seule fois le « serpent ». Patrick Buisson questionne gentiment Marine Le Pen et la recadre, afin qu'elle suive sa ligne catholico-identitaire. Il lui prodiguera ses conseils jusqu'au bout de la campagne, mais secrètement cette fois. Pour le moment, ses efforts ne mènent à rien. Il ne trouve personne à qui vendre son « populisme chrétien ». Du reste, sa nouvelle martingale rencontre une opposition de taille au Vatican avec le pape François. Comment l'ultramontain pourrait-il se réclamer d'un Souverain pontif qui ne sépare pas la foi des œuvres, plaide pour une Église moins moralisante, plus évangélique et déclare à la fin du mois d'avril 2017 au Caire : « L'expérience des disciples d'Emmaüs nous enseigne qu'il ne vaut pas la peine de remplir les lieux de culte, si nos cœurs sont vidés de la crainte de Dieu et de sa présence ; il ne vaut pas la peine de prier, si notre prière adressée à Dieu ne se transforme pas en amour du frère ; beaucoup de dévotion ne vaut pas la peine, si elle n'est pas animée par beaucoup de foi et par beaucoup de charité ; il ne vaut pas la peine de soigner l'apparence, car Dieu regarde l'âme et le cœur et déteste l'hypocrisie. Pour Dieu, il vaut mieux ne pas croire que d'être un faux croyant, un hypocrite ! La vraie foi est celle qui nous rend plus charitables, plus miséricordieux, plus honnêtes et plus humains ; c'est celle qui anime les cœurs pour les porter à aimer tout le monde gratuitement, sans distinction et sans préférences ; c'est celle qui nous conduit à voir dans l'autre non pas un ennemi à vaincre, mais un frère à aimer, à servir et à aider [...]. La vraie foi est celle qui nous conduit à protéger les droits des autres, avec la même force et avec le même enthousiasme avec lesquels nous défendons les nôtres. [...] Dieu n'apprécie que la foi professée par la vie, parce que l'unique extrémisme admis pour les croyants est celui de la charité ! Toute autre forme d'extrémisme ne vient pas de Dieu et ne lui plaît pas ! »

Patrick Buisson est contraint de rester replié dans son bureau de directeur de la chaîne Histoire, où il peut continuer de mal faire en toute impunité, aussi bien en matière de religion, grâce au documentaire *Gustave Thibon, il était une foi*, qui lui permet de donner son point de vue sur la crise spirituelle frappant l'Europe aux membres de la communauté Saint-Martin, puis devant les moines de l'abbaye bénédictine Sainte-Madeleine du Barroux, que dans le domaine historique avec un énième film consacré au putsch d'Alger, *Dans la tête des quatre généraux*. Politiquement, il est exilé dans une droite « hors les murs », en compagnie des bretteurs de la maison Albin Michel : Philippe de Villiers, qui sonne à chacun de ses ouvrages l'heure de la *Reconquista* contre l'islam, et Éric Zemmour, qui a enfilé la tunique du réprouvé depuis la sortie de son livre *Le Suicide français*, rotement de thèses plus ou moins bien digérées de l'extrême droite. À cheval entre la politique et la métapolitique, ces écuyers infernaux tentent de maintenir un attelage entre la droite qui tire à hue et son extrême, à dia. Dans cet exercice, Patrick Buisson suit l'exemple de ses camarades en multipliant les interventions sur les terrains les plus propices : conférences données chez Robert Ménard à Béziers et les « Éveilleurs d'Espérance » à Versailles ; entretiens accordés à la revue gréciste *Éléments*, au mensuel *Causeur*, à TV Libertés, aux indéfectibles *Valeurs actuelles* et *Le Figaro Magazine*, dont le directeur adjoint de la rédaction, Jean-Christophe Buisson, a repris la présentation d'« Historiquement Show » sur la chaîne Histoire... Ses incursions dans la presse convenable et grand public ne lui servent pas à promouvoir son livre ou sa propre cause, mais à régler ses comptes avec ceux qui l'ont rabroué. Dans *L'Express* du 1er février 2017, il brocarde le candidat de la droite : « Jadis, Malraux pouvait dire du gaullisme que c'était le métro à l'heure de pointe. Aujourd'hui, le fillonisme, ce n'est guère plus que le Rotary à l'heure de l'apéritif. » Et ose même lui faire la morale en lui reprochant de sacrifier le sacré sur l'autel du marché : « Le christianisme postule le refus de la domination absolue du monde marchand, la malédiction biblique des idoles, que Marx recyclera en se faisant le contempteur du "fétichisme de la marchandise". À cette aune, Mélenchon est plus chrétien que Fillon. Plus chrétien de ce point de vue, parce que plus marxiste. » Il récidive d'une manière plus perverse dans le numéro du *Point* du 13 avril 2017, en encensant Jean-Luc Mélenchon afin de mettre en lumière les lacunes de François Fillon : « Mélenchon est avec Marine Le Pen le seul à véritablement parler de religion dans cette campagne. Même s'il déclare "foutez-nous la paix avec les Églises !", il adopte un discours qui emprunte des symboles à la spiritualité. À Marseille, il avait un rameau pour évoquer la Méditerranée. Un franc-maçon qui arbore des rameaux, le jour des Rameaux ! [...] Mélenchon est plus chrétien que Fillon lorsque celui-ci se rend à Las Vegas ou entend faire de la France une *smart nation*. [...] Le peuple de Mélenchon est en train d'évoluer. Il n'est pas seulement le peuple constituant, pas uniquement le peuple *demos*, il est aussi le peuple enraciné. Le candidat n'invoque plus seulement la nation contractuelle. Chez lui, elle relève de plus en plus de la mémoire et de l'Histoire partagées. » Patrick Buisson applaudit celui qui refuse le « primat de l'économie sur la fonction souveraine », et fait un geste en direction du « vrai peuple », celui de l'*ethnos*.

De fait, Jean-Luc Mélenchon a tiré les leçons de son échec en 2012 et du succès d'une autre entreprise. Lassé des incessantes négociations d'appareil, il s'est débarrassé des groupuscules constituant le Front de gauche. Il en a terminé avec le front unique par le haut, il veut essayer par le bas. Prétextant cette fois prendre l'inspiration chez les Espagnols du mouvement Podemos, il a confectionné une formation en dehors du cadre des partis et sous sa direction : La France insoumise.

L'ancien apparatchik s'est converti au césarisme pour faire passer une ambition personnelle en aventure collective ; il a réussi à rassembler une foule de vaniteux se disant Insoumis et prêts à défiler en ligne derrière lui. Il espère faire fructifier quarante années de carrière aux frais de l'État et de colères subventionnées sur fonds publics. Son objectif affiché est de reconquérir l'hégémonie culturelle confisquée par les « réacs », afin de remettre à gauche le centre de gravité de la vie politique française. Il remise la stratégie de la conflictualité qui avait été la sienne lors de la précédente campagne présidentielle, et maquille les aspects les plus repoussoirs de son programme et de sa personnalité. Sa sortie du « bruit et de la fureur » correspond à sa volonté de ne pas se laisser enfermer dans le piège de la diabolisation. Il affirme ne pas être d'extrême gauche, déborde la « caste médiatique » en organisant ses propres canaux de communication, et élabore un populisme de gauche bon teint. Dans la réalité, il réactive un vote de classe dirigé contre le libéralisme et les possédants. Il n'a plus besoin de s'en prendre frontalement au Front national, dont il guigne une partie des électeurs. La décomposition du Parti socialiste libère de l'espace à gauche. Le renoncement de François Hollande à se représenter a conduit les militants à choisir leur accompagnateur de fin de vie le plus qualifié en la personne de Benoît Hamon. L'ancien protégé de Martine Aubry veut actualiser la « société du *care* », il propose de passer directement aux soins palliatifs. Avec le revenu universel – invention des libéraux pour faire accepter le développement des sociétés inégalitaires –, la légalisation du cannabis et de l'euthanasie, il tient un projet cohérent à soumettre aux Français : une existence abrutie sous perfusion. Et même si Jean-Luc Mélenchon offre une alliance ou plutôt une reddition sans conditions que Benoît Hamon refuse, le leader charismatique de la France insoumise n'a aucun mal à récupérer les électeurs de gauche, qui ne pardonnent plus aux socialistes d'avoir abandonné le fait social pour les questions sociétales. La dynamique de sa campagne l'autorise à rêver d'une présence au second tour. Celle de son double gémellaire connaît un sort inverse. Après avoir culminé à près de 30 %, Marine Le Pen reflue continûment dans les intentions de vote. L'installation durable des thèmes de prédilection de l'extrême droite dans l'opinion lui a donné l'illusion qu'elle pouvait tourner le dos aux préoccupations identitaires et sécuritaires, troquer un nationalisme intégral pour un souverainisme intégral, et opérer un virage social éculé en faveur d'une économie administrée. Leurrée par son « numéro deux », Florian Philippot, elle n'a pas compris que sa normalisation marchait de conserve avec la radicalisation de l'électorat, et que ses réserves de voix se situaient non à l'extrême gauche, mais à droite. Marine Le Pen bafouille la ligne politique du Front national, s'empêtre dans sa campagne et ne parvient même plus à suivre les précautions les plus élémentaires. Alors qu'elle avait toujours veillé à prendre ses distances avec le révisionnisme de son père et considérait que les camps de concentration étaient « le summum de la barbarie », elle craque à deux semaines du premier tour de l'élection présidentielle : elle juge que « la France n'est pas responsable » de la rafle du Vél' d'Hiv, en juillet 1942, durant laquelle des policiers et des gendarmes français arrêtèrent 13 000 Juifs qui, pour la plupart, furent déportés et exterminés dans les camps nazis. Maintenir le masque de la dédiabolisation en toutes circonstances n'est pas chose aisée lorsque son entourage est colonisé par des nationalistes-révolutionnaires. Comme Jean-Marie Le Pen en son temps, la présidente du Front national fait un refus d'obstacle. Cette névrose de destinée n'est pas affaire de nature contrariée, mais d'incapacité. Elle n'est pas apte à présider le pays.

Emmanuel Macron n'a pas ce type de complexe. L'aventure qu'il mène à la tête de son mouvement En Marche ! démontre même qu'il n'en a aucun. De tous les prétendants, il est celui qui a le mieux assimilé la dimension monarchique de l'élection présidentielle, telle que l'avait souhaitée le général de Gaulle. Tous les candidats issus de primaires se retrouvent assignés à leur base partisane et paient le prix d'un contresens historique et institutionnel total. Tous sont victimes de la vague de

« dégagisme » frappant le régime endogame des partis, qui a voulu s'interposer dans la rencontre entre des hommes et les Français. À commencer par François Fillon, à qui la victoire était promise jusqu'aux révélations sur son train de vie et sa manière de l'alimenter. Il ne peut plus se reposer que sur le noyau dur de l'électorat traditionnel de la droite : une classe au portefeuille scellé au plomb ; un peuple qui n'est ni celui de l'*ethnos*, ni celui du *demos*, mais du *fiscalos*. En revanche, la marche d'Emmanuel Macron vers le pouvoir n'est lestée d'aucun poids. Cet homme de droite, réfugié au centre gauche après avoir été victime de la morale rance de la bourgeoisie de province, est libre de se revendiquer des deux camps. Cet énarque, inspecteur des Finances passé banquier d'affaires avant d'être secrétaire général adjoint de l'Élysée et ministre de François Hollande, peut se poser en alternative du système puisqu'il en est le produit le plus abouti. Il est en même temps l'élite et son renouvellement. Il n'a pas besoin de chercher la transgression décisive : il incarne la plus grande transgression. En avant pour l'effraction.

Privés de l'engouement adolescent qui les saisit à chaque élection présidentielle, les Français décident *in extremis* de porter Emmanuel Macron en tête du premier tour. Avec 24 % des suffrages, le jeune prétendant devance de près de trois points Marine Le Pen. La cristallisation, ce moment de l'idéalisation présidant à la naissance de toute relation amoureuse selon Stendhal, s'est faite aux derniers instants de la campagne. Jean-Luc Mélenchon était jusqu'au bout persuadé qu'elle se ferait sur sa personne. Mais 600 000 voix le séparent du second tour ; arrivé en quatrième position derrière François Fillon, il en conçoit une amertume inextinguible. Jean-Luc Mélenchon refuse de donner une consigne de vote et autorise ses « gens » à se prononcer sur la plate-forme Internet de son mouvement. En 2002, il appelait sans états d'âme à faire barrage à Jean-Marie Le Pen ; en 2012, il faisait de l'affrontement avec l'extrême droite une question de principe ; en 2017, il décide de garder intime son vote. Dans ce choix, il est difficile de faire la part du dépit et de la tactique. À quelques semaines des législatives, Jean-Luc Mélenchon ne veut pas risquer de diviser ses électeurs et d'écorner son image toute neuve de principal opposant à Emmanuel Macron. Il faut dire que la configuration du duel final froisse de nombreux ego. Le samedi 22 avril, *Libération* avait prié les Français de ne pas éliminer la gauche du second tour en laissant face à face Marine Le Pen et François Fillon : « Tout sauf eux », avait titré cet organe préférentiel des indignations sélectives et des imprécations borgnes. Désormais, c'est moins l'élimination inédite du candidat de la droite qui pose problème à certains, que l'absence de représentant de la « vraie gauche ». Des électeurs de Jean-Luc Mélenchon contestent l'issue du scrutin, pétitionnent pour bloquer le pays et appellent à une « révolution citoyenne ». Les digues morales sautent, les trahisons s'organisent. Les titulaires de brevet de bonne conscience politique, les décorés avec palmes de la guerre contre le fascisme, expliquent vouloir s'opposer au Front national en ne votant pas pour Emmanuel Macron. Avant le second tour, les cerveaux bouillonnent, les esprits s'échauffent et échafaudent des équivalences indignes, afin de justifier la lâcheté et le déshonneur de leur position. Bref, les intellectuels sont de sortie. Régis Debray, soutien de Mélenchon, tourne en ridicule la réunion du catholicisme social et de la lignée protestante qu'il perçoit chez Emmanuel Macron ; il estime devoir réflechir longuement avant d'aller voter : « Prendre la cause d'un mal pour son remède n'est pas d'une astuce folle », déclare-t-il dans *L'Express*. Michel Onfray, soutien de lui-même, poursuit dans la veine qui a fait son succès. Sophiste bilieux de confession complotiste, brasseur normand de contre-vérités et d'erreurs historiques, il s'interroge dans *Le Figaro* : « Qu'est-ce qui explique cette étrange perversion qui consiste à nourrir le monstre qu'on prétend combattre ? » L'homme qui n'avait pas écarté que l'on puisse négocier avec les islamistes de Daech, dénonce la machination du « Capital » qui est en train de porter Emmanuel Macron au pouvoir.

L'attitude de Jean-Luc Mélenchon ébranle le pilier le plus

solide du « front républicain ». Le « ni-ni » gagne la gauche. Les résultats de la consultation lancée par la France insoumise sont édifiants : les deux tiers des militants choisissent le vote blanc, nul ou l'abstention ; seuls 35 % se prononcent pour un vote Macron. La France ne connaît pas de grandes processions comme en 2002, le pays semble atone face à la présence de la représentante de l'extrême droite au second tour de la mère des élections. Même l'Église catholique française, qui perd parfois des occasions de se taire, rate l'opportunité de délivrer sa parole. Dans un communiqué alambiqué, la Conférence des évêques de France refuse de prendre parti, mais renonce également à prendre position. Au motif qu'aucun candidat ne respecte tous ses critères, elle oublie son magistère moral et sa fonction prophétique contre la manifestation de ce qui ment, accuse et divise. Si quelques prélats brisent la ligne officielle, la hiérarchie catholique donne l'impression d'être tenue par le traditionalisme de certains évêques et le poids grandissant de certaines communautés religieuses.

Patrick Buisson est absent de cette campagne, son œuvre ne l'est pas. Le constat peut paraître exagéré et présomptueux. Mais qui a le plus contribué à affaiblir les défenses immunitaires de la société et à la mithridatiser ? Qui a porté le premier coup de boutoir contre le « front républicain » pour permettre tous les transferts de voix ? D'où provient en partie l'inspiration de la nouvelle stratégie de Jean-Luc Mélenchon ? Qui a emmené l'adversaire sur le terrain le plus favorable aux grands bouleversements ? Les mots et les positionnements de certains hommes en ce printemps 2017 dessinent une permanence des comportements politiques dans l'Histoire : ceux d'une gauche qui s'est déjà laissé piéger et a sombré.

Au tournant des années trente, la « bolchevisation » du KPD, le Parti communiste, aggrave l'instabilité politique qui secouait l'Allemagne, économiquement exsangue. L'adoption de la tactique « classe contre classe », imposée par Staline depuis Moscou, conduisit le KPD à rejeter toute alliance avec les partis social-démocrates, qualifiés de « social-fascistes ». Ce sectarisme eut pour conséquence de démunir la gauche face à la montée du nazisme. Dans la conclusion d'un texte de janvier 1932, intitulé *La Révolution allemande et la bureaucratie stalinienne*, Léon Trotski avertit de l'inefficacité de cette tactique dans la lutte contre la social-démocratie et le fascisme :

« Un marchand menait des bœufs à l'abattoir. Le boucher s'avance, un couteau à la main. "Serrons les rangs et transperçons ce bourreau de nos cornes", propose un des bœufs. "Mais en quoi le boucher est-il pire que le marchand qui nous a conduits jusqu'ici avec sa trique ?" lui répondirent les bœufs qui avaient reçu leur éducation politique au pensionnat de Manouïlski. "C'est qu'ensuite nous pourrons régler son compte au marchand !" "Non", répondirent les bœufs à principes à leur conseilleur. "Tu es la caution de gauche de nos ennemis, tu es toi-même un social-boucher." Et ils refusèrent de serrer les rangs. (Tiré des fables d'Ésope.) »

Quelques mois plus tard, le parti nazi remporta les élections législatives ; il devint la première formation politique au Reichstag.

Communistes, léninistes, trotskistes, anarcho-libertaires, guévaristes, maoïstes et autres mal soignés du marxisme ou des utopies meurtrières : il est écrit que tous finissent par se révéler d'excellents staliniens.

À une semaine de l'échéance, Jean-Luc Mélenchon reprend quelque peu ses esprits en appelant ses électeurs à ne pas donner « une voix au Front national », et en mettant en garde contre la « terrible erreur » que représenterait un soutien à l'extrême droite. Mais il n'arrive toujours pas à conseiller de glisser un bulletin Macron dans l'urne. Ce faux-fuyant n'a aucune conséquence fâcheuse dans l'immédiat. Marine Le Pen n'a besoin de l'aide de personne, pour torpiller sa candidature. N'ayant réussi qu'à rallier la mauvaise droite, elle drague les élécteurs Insoumis, tient un discours incompréhensible sur la sortie de l'euro et oublie les thèmes fondamentaux de son parti.

En tous points, elle réitère, en les amplifiant, les erreurs de sa campagne du premier tour. Marine Le Pen naufrage durant le débat qui l'oppose à Emmanuel Macron. Menteuse, ricanante, arrogante, agressive, confuse, s'emmêlant dans ses dossiers : toutes ses tentatives pour mettre en difficulté son adversaire et l'humilier se retournent contre elles. Le masque, que la présidente du Front national avait mis de si nombreuses années à se forger, se décompose en direct devant 16,5 millions de téléspectateurs. Les commentateurs sont outrés, dénoncent un pugilat qui ne sied pas à la gravité attendue d'un tel débat. Plus encore que par la violence et la division qu'elle est susceptible de semer dans le pays, les Français sont écœurés par la grossièreté et l'impréparation d'une femme incapable de se hisser à la hauteur de la fonction à laquelle elle prétend. Jusqu'alors, l'extrême droite cultivait la flamboyance et l'érudition pour pallier ses irréductibles lacunes et la réprobation dont elle faisait l'objet. Celle-ci se montre maintenant au diapason d'une société creuse, gangrenée par la vulgarité, le cri, l'appauvrissement du langage et de la culture. Au final, Marine Le Pen est sèchement battue : 34 % des voix. Et si elle récolte le double des suffrages obtenus par son père en 2002, elle atteint, elle aussi, sa limite.

Emmanuel Macron n'a mis qu'un an à accéder au pouvoir. Il ne lui faut qu'une semaine pour tomber dans les pires travers de son exercice. Fulgurant, effectivement. Pour son premier gouvernement, il prend des hommes et non des idées dans chaque camp, comme l'avaient déjà fait François Mitterrand et Nicolas Sarkozy. L'union nationale se transforme en réunion des semblables ; la promesse du « en même temps » est remplacée par une quête de l'homothétie ; l'élargissement « et à droite, et à gauche » devient le rapprochement des libéraux des deux rives. Pour se situer au-dessus des partis, Emmanuel Macron s'emploie à dynamiter les formations existantes. Sa conception de la recomposition du paysage politique, c'est le parti unique. En vue des élections législatives, La République en marche ! impose le caporalisme et l'adhésion à son mouvement. Pour ce faire, elle sélectionne les profils les plus homogènes parmi les

16 000 prétendants à l'obéissance. Les impératifs du renouvellement, de la promotion de la société civile, de la diversité et du respect de la parité permettent de dissimuler l'inexpérience des nouveaux venus, de rajeunir les ambitions et de construire une future représentation nationale socialement uniforme. Ce qui s'accorde avec la nouvelle génération de l'énarchie qui a accompagné Emmanuel Macron dans la conquête du pouvoir. Après avoir pratiquement dispersé les partis, le président de la République peut s'atteler à faire disparaître le peuple. L'abstention aux élections législatives atteint un niveau record sous la Ve République. En franchissant la barre symbolique de la moitié des inscrits aux deux tours, elle représente de loin le premier parti de France. Cette bouderie des urnes n'est pas que l'expression de la lassitude des électeurs, dont les suffrages sont sollicités *ad nauseam* depuis les primaires ; elle n'est pas non plus le symptôme d'une résignation devant un scrutin ne servant plus que d'enregistrement des résultats de la présidentielle ; elle symbolise le mécontentement d'une classe majoritaire contre le triomphe insolent d'une classe minoritaire, qui obtient la majorité absolue à l'Assemblée nationale avec seulement un cinquième des votes des électeurs inscrits. La sociologie électorale ne ment pas : les jeunes, les personnes les moins éduquées et les plus précaires, les catégories populaires et les électeurs contestataires se sont massivement abstenus ; l'autre bout du spectre a voté Macron. La fracture entre la France « d'en bas » et celle dite « d'en haut » n'est jamais apparue aussi clairement qu'aux législatives de 2017.

Les premiers mois du quinquennat ne résorbent rien. Le narcissisme, l'arrogance, les postures exagérées, la communication à outrance du président de la République caractérisent une « politique-spectacle » qui déplaît à l'opinion. Emmanuel Macron éteint le Parlement, méprise les médias, rejette la contradiction et humilie ceux qui lui résistent, comme le chef d'état-major des armées Pierre de Villiers. Le président jupitérien se prend la foudre dans le tapis élyséen. *Persona.*

Pour mettre fin au clivage droite-gauche, Emmanuel

Macron en embrasse un autre. L'hyper-président dessine un hyper-centre de nantis qui repousse les partis des deux camps et leurs électeurs vers les extrêmes. Il solidifie un front élitaire qui donne raison à ceux dénonçant l'existence d'un « parti unique de la mondialisation ». L'effacement de la *summa divisio* consacre l'opposition délétère entre le système et le peuple, comme l'a voulu un autre homme avant lui. L'alternance ne se jouant plus entre la gauche et la droite, que restera-t-il aux Français lorsqu'ils voudront congédier les élites ? Le populisme.

La politique française n'en a pas fini avec Patrick Buisson. À droite, Laurent Wauquiez est favori pour s'emparer de la présidence du parti Les Républicains. Longtemps considéré comme l'un des « bébés Buisson », il doit au conseiller de ne pas avoir été limogé du gouvernement par François Fillon lorsqu'il avait dénoncé le « cancer de l'assistanat », en mai 2011. Il lui est également redevable d'une grande partie de son crédit politique. À lui d'être utile, à présent. Du côté de l'extrême droite, le champ des possibles s'ouvre à nouveau. Marion Maréchal-Le Pen a choisi de ne pas se représenter dans la troisième circonscription du Vaucluse. Celle qui avait été la plus jeune députée de l'histoire de l'Assemblée nationale, s'est mise en retrait de la vie politique. Elle laisse sa tante trancher la ligne politique, tuer le « numéro deux » du Front national, faire le dernier ménage et se saborder. Le gaucho-lepénisme était une aberration ; Marine Le Pen a enfermé son parti dans la même impasse électorale qu'a connue le Parti communiste français, et montré qu'elle n'avait pas vocation à gouverner. Marion Maréchal-Le Pen prépare la troisième métamorphose du Front national. La petite-fille de Jean-Marie Le Pen représente le troisième temps de l'évolution d'une famille qui, à chaque nouvelle génération, apprend de ses erreurs et de ses échecs passés. Encombrée d'aucun des handicaps de ses aînés, elle pourra mener à bien « le combat d'une vie ». Elle saura vaincre le système et les élites grâce au plus vieux des clivages : faire converger les forces conservatrices et l'électorat populaire en réalisant l'union des droites. Plus rien alors ne pourra s'opposer au malheur. Dans le numéro de *Valeurs actuelles* du 18 mai 2017, elle ne délivre pas son testament politique, mais sa profession de foi pour gagner la prochaine élection présidentielle : « Lorsqu'on me demande à quelle droite j'appartiens, je réponds, en reprenant la classification de René Rémond, que je suis à la confluence de la droite légitimiste et de la droite bonapartiste. Mais, pour prendre une catégorie plus récente, j'appartiens à la "droite Buisson". »

J'ai quitté TF1. Tout en transigeant avec la direction du groupe, j'ai trouvé le moyen de ne plus en être une victime expiatoire. En revanche, je ne suis toujours pas parvenu à m'extraire des sociétés de Patrick Buisson. Le 6 janvier 2017, je suis convoqué à une assemblée générale extraordinaire de la SCI propriétaire de sa maison des Sables-d'Olonne. Je le revois pour la première fois depuis trois ans. Aucune effusion, mais une tension palpable. En compagnie d'Alain Renault, il veut encore m'administrer une leçon. Il convoite la demeure mitoyenne à la sienne pour se ménager une sortie de secours, en cas de nouveau siège. D'après ce que me révèle l'agent immobilier dont j'ai retrouvé la trace, la maison a été acquise par un avocat : Benoît Fleury, ancien dirigeant du GUD, ex-employé du conseil général de Vendée et époux d'une fille d'Herbais. Patrick Buisson veut faire racheter le bien par la SCI d'une manière illicite, afin de diluer mes parts dans le capital. Il cherche à reprendre son héritage. La magnanimité et la bienveillance, dont il avait fait montre dans ses lettres, ont disparu. Puisque je suis venu m'opposer à lui, son ton redevient blessant et menaçant. Patrick Buisson n'a pas changé : « Mon pauvre Georges, tu vas finir, t'auras pas un rond ! Ta haine t'aura aveuglé au point de te faire oublier ton intérêt. Et Dieu sait si t'auras besoin d'argent. Parce que ce n'est pas avec tes qualités professionnelles que t'arriveras à vivre et à survivre. »

Il renoncera à son projet après que j'ai saisi la justice, mais choisira Benoît Fleury pour le défendre. Je devrai, moi aussi, aller jusqu'au bout. L'histoire ne peut plus se répéter. Je ne tendrai plus l'autre joue et ne serai pas un martyr de la cause de Patrick Buisson. Le fils ne peut plus payer pour les fautes du père. Il faut que cela s'arrête. J'opposerai la vérité à ses mensonges, la justice à ses manœuvres, une résolution supérieure à sa détermination. Quitte à ne le revoir que dans la vallée de Josaphat.

« Tout arrive, même tard. Tout finit, même mal. » Telle est la seule devise des Buisson.

« On ne saurait, tout compte fait, trop admirer la sagesse de ces politiciens "modérés", de ces parlementaires "indépendants" qui ont toujours refusé de se dire et d'être dits "de Droite". Ils semblent avoir pressenti l'inexorable processus de stérilisation qui n'a pas manqué de frapper, depuis que s'est affirmé le mythe de la "Gauche unie", quelques-unes des familles de pensée qui comptèrent en un temps parmi les plus fécondes de notre histoire. À la multiplicité des analyses, à l'originalité des recherches, à l'éclat des débats s'est substituée la monotonie figée d'une rhétorique inlassablement répétée. La tristesse d'un prêche du dimanche dont chacun connaît d'avance et la forme et le contenu. Tout ce qui échappe encore à cette zone de morosité et que l'on désigne en effet (non par son contenu positif, mais négativement, par opposition) du terme de "Droite", est-il condamné à suivre cet exemple ? Au nom de quoi conviendrait-il d'opposer une uniformité factice à une autre uniformité, et non moins factice ? Un catéchisme à un autre catéchisme ? Un psittacisme à un autre psittacisme ? Une dogmatique schizophrène à une schizophrénie dogmatique ? Il y a des dialectiques qu'il est juste – et honorable – de récuser.

Piètre façon d'approcher les hommes que de les distribuer autoritairement en deux catégories antagonistes étiquetées selon les lois d'un vieux rituel parlementaire ou les critères du code de la route. Faut-il compter pour rien l'attitude devant les dieux, devant la mort et les morts, l'amour, l'amitié, le destin, ou ce nuage qui passe, ce chat qui dort sur le pas de la porte ? Quand saurons-nous enfin reconnaître que la réduction au politique, la coloration par le politique de toutes les faces de l'aventure humaine constituent l'une des formes les plus évidentes de la barbarie en notre siècle ? "Guelfe aux gibelins, gibelin aux guelfes", tel se reconnaissait Montaigne au centre des grands déchirements de son temps. Sans doute est-ce ce qui lui a permis de se retrouver lui-même. »

Ce texte a été écrit par Raoul Girardet pour le premier numéro d'*Item*, consacré à « la Droite », en janvier 1976. Il n'a pas été publié par la revue, qui n'a pas dû le juger conforme à sa ligne. Il ne sera reproduit que quinze ans plus tard, dans un livre d'entretiens menés avec Pierre Assouline, *Singulièrement libre*, chez Perrin. Patrick Buisson n'a donc jamais pu comprendre l'enseignement de son maître, « le plus fin sans doute des observateurs politiques de la Droite contemporaine ». Durant son parcours, le stratège n'a fait que s'attacher à briser la malédiction qu'il avait lui-même décrite : « Analystes pertinents des réalités politiques, les nationalistes se sont immanquablement révélés de piètres hommes d'action. [...] Ils ont régressé vers la tribu, phase intermédiaire qui conduit au dernier carré idéal des droitiers : le clan ; communauté de refus où se recueillent enfin les enfants humiliés. [...] La Droite n'a jamais consacré aux techniques de la prise du pouvoir le temps de réflexion nécessaire. [...] L'homme de Droite ne s'intéresse pas aux moyens. Visant au perdurable, il méprise les contingences considérées globalement comme un champ d'action pour les esprits étroits ou pervers. Quand il conspire, c'est au grand jour, en prenant bien soin que cela se sache. Du marquis de La Rouerie aux putschistes du printemps 1961, le complot se déroule immuablement à ciel ouvert. »

Patrick Buisson avait prévenu. Il avait tout mis par écrit. Dans ce premier numéro d'*Item*, l'oracle avait montré la voie à suivre et donné toutes les explications : « Pour appréhender l'univers de la Droite, il faut en effet délaisser le plan relativement stable des idées et des doctrines pour gagner, celui infiniment plus mouvant, des sensibilités et des tempéraments, des comportements et des attitudes, des mythologies et du légendaire collectif. » L'histoire de cette « Droite » n'est peuplée que d'affrontements : la Révolution française, le régime de Vichy, la guerre d'Algérie, Mai 68… Les hommes du ressassement sont ceux du ressentiment ; leur légendaire ne fleurit que sur le fumier de la guerre civile. « Antigone et Créon, tout est là, tout est à nouveau là comme scellé au profond de la tragédie droitière. » Le malheur provient d'une histoire de famille : Étéocle et Polynice, les deux fils d'Œdipe, s'entretuent afin de ravir le trône de Thèbes et laissent leur maison se confontrer à des choix impossibles. Et pour comprendre parfaitement, il faut remonter à la source de la violence. Revenir à l'opposition primordiale, à la transgression originelle, à la première substitution.

Il y a Caïn. Il cultive la terre. C'est un homme de racines et de glèbe. Et puis il y a Abel. Il est pasteur. C'est un homme qui mène son troupeau. L'un est immobile, l'autre est en chemin. Le premier dresse des barrières que le second ignore. Les deux sont les fils d'Adam et Ève. À l'Éternel, Caïn n'offre que des produits de la terre, Abel sacrifie les premiers-nés de ses bêtes. Dieu délaisse Caïn et choisit Abel. L'un devra porter la marque de la malédiction, et l'autre, le sceau de l'élu. Alors Caïn, humilié et jaloux, espère devenir Abel. Dans le cœur divin, il veut se substituer à lui. Avant de le tuer, il est le premier homme à dire : « Mon frère, tu es l'ennemi. »

Achevé d'écrire le 25 septembre 2017.

Épître dédicatoire

À Mamie qui repose avec ma croix de communiant et mes joies d'enfant,

À Bonne-maman, exemple de courage dans la plus grande adversité,

À ma mère qui m'a montré ce qu'est le sacrifice d'un parent,

À ma femme qui m'a sauvé,

À ma fille, mon espérance d'une histoire réconciliée,

Et à toi l'homme qui m'a fait tant pleurer.

Je t'ai pardonné soixante-dix fois sept fois,
Je n'y arrive plus.
Laisse-moi à mes peines,
N'en ajoute plus.
Renonce à celui que je n'ai jamais été.
Garde le souvenir de l'amour que je t'ai porté.
Et si dans une nuit de solitude,
Ton désespoir est trop grand.
Si tu te remets à crier :
« Il n'y aura personne à mon enterrement ! »
Rappelle-toi mes pauvres mots de réconfort,
Ceux que je prononçais tout bas :
« Non, Papa !
Je serai là. »

Remerciements

Je tiens à remercier Olivier Nora pour ses conseils, Jean-Paul Enthoven qui a eu l'idée de ce livre, Christophe Bataille pour sa patience infaillible et ses encouragements de tous les instants, Pauline Perrignon et Pierre Marlière pour leur aide précieuse.

Je tiens enfin à exprimer ma reconnaissance à ma femme et à ceux qui, à Madagascar, m'ont donné la force d'écrire cette histoire.

Bibliographie

De nombreux livres, articles, documents sonores, photographiques et audiovisuels ont nourri le présent ouvrage. S'ils n'ont pas été cités dans le texte, ils figurent probablement ici.

Œuvres, articles et documents réalisés par Patrick Buisson :

« La Droite n'existe pas », *Item*, n° 01. *La Droite*, SPL, janvier 1976.

« Ordres nouveaux, nouveaux désordres », *Item*, n° 1. *L'Ordre*, SPL, mars-avril 1976.

« Lettre à mon père », *Item*, n° 5. *La Tradition*, SPL, septembre-octobre 1976.

OAS. Histoire de la Résistance française en Algérie, avec Pascal Gauchon, Jeune Pied-Noir, 1984.

L'Album Le Pen. Images d'un Français, avec Alain Renault, Intervalles, 1984.

Le Pen sur le front, réal. avec Serge de Beketch, Intervalles, 1985.

L'école libre est dans la rue. Paris, 24 juin 1984, réal. avec Hervé de Canteloube, Intervalles, 1985.

Philippe de Villiers ou la politique autrement, avec Éric Branca, Éditions du Rocher, 1993.

Vendée, le livre de la mémoire, 1793-1993, avec Jean Tulard et alii, Valmonde, 1993.

Avec le temps. C'est l'histoire d'un métamec, sur Léo Ferré, photographies Hubert Grooteclaes, Éditions du Chêne, 1995.

Sacha Guitry et ses femmes, Albin Michel, 1996.

1940-1945, Années érotiques. Tome I : *Vichy ou les infortunes de la vertu*, Albin Michel, 2008.

1940-1945, Années érotiques. Tome II : *De la Grande Prostituée à la revanche des mâles*, Albin Michel, 2009.

La cause du peuple, Perrin, 2016.

Sur Patrick Buisson :

Ariane Chemin et Vanessa Schneider, *Le Mauvais Génie*, Fayard, 2015.

François Bousquet, *La Droite buissonnière*, Éditions du Rocher, 2017.
Qui est Patrick Buisson ?, émission « Envoyé spécial », France 2, 20 mars 2014.

Sur Mai 1968 :
Jean Bertolino, *Les Trublions*, Stock, 1969.
Alain Peyrefitte, *C'était de Gaulle,* tome III, Éditions de Fallois et Fayard, 2000.
Claude Paillat, *Archives secrètes, 1968-1969. Les coulisses d'une année terrible*, Denoël, 1969.
Mouvement du 22 Mars, *Ce n'est qu'un début continuons le combat. Cahiers libres 124*, François Maspero, 1968.
L'Insurrection étudiante. 2-13 mai 1968, ensemble critique et documentaire établi par Marc Kravetz avec la collaboration de Raymond Bellour et Annette Karsenty, UGE, 1968.
Maurice Grimaud, *En Mai, fais ce qu'il te plaît*, Stock, 1977.
Jean-Raymond Tournoux, *Le Mois de mai du Général. Livre blanc des événements*, Plon, 1969.
Adrien Dansette, *Mai 1968*, Plon, 1971.
Hervé Hamon et Patrick Rotman, *Génération.* Tome I : *Les années de rêve*, Seuil, 1987.
Daniel Cohn-Bendit, *Le Grand Bazar.* Entretiens avec Michel Lévy, Jean-Marc Salmon et Maren Sell, Éditions Pierre Belfond, 1975.
Daniel Cohn-Bendit, *Forget 68*. Entretiens avec Stéphane Paoli et Jean Viard, Éditions de l'Aube, 2008.
François Duprat, *Les Journées de Mai 68. Les dessous d'une révolution*, introduction et postface de Maurice Bardèche, Nouvelles éditions latines et Défense de l'Occident, 1968.
Les Résidents de Nanterre, émission « Tel quel », réal. Claude Ventura et Victor Franco, ORTF, INA, 26 mars 1968.
Nanterre, la genèse du mouvement, réal. Jean-Jacques Vierne et Anna Sibert, documentaire radiophonique, INA, 1er août 1988.

Sur l'extrême droite française :
Stéphane Giocanti, *Charles Maurras. Le chaos et l'ordre*, Flammarion, 2006.
François Duprat, *Les Mouvements d'extrême droite en France depuis 1944*, Les Éditions Albatros, 1972.
Les Rats maudits. Histoire des étudiants nationalistes 1965-1995, sous la direction de Frédéric Chatillon, Les Éditions des Monts d'Arrée, 1995.

Frédéric Charpier, *Génération Occident. De l'extrême droite à la droite*, Seuil, 2005.

Nicolas Lebourg et Joseph Beauregard, *François Duprat. L'homme qui inventa le Front national*, Denoël, 2012.

Valérie Igounet, *Histoire du négationnisme en France*, Seuil, 2000.

Valérie Igounet, *Le Front national de 1972 à nos jours : le parti, les hommes, les idées*, Seuil, 2014.

Philippe Cohen et Pierre Péan, *Le Pen. Une histoire française*, Robert Laffont, 2012.

L'Heure de vérité. Invité : Jean-Marie Le Pen, réal. Jean-Luc Leridon, présenté par François-Henri de Virieu, Antenne 2, INA, 13 février 1984.

« Don Louis-Hervé Guiny, le prêtre qui inspire la droite », Mathias Destal et Marie Huret, *Marianne* n° 945 du 29 mai au 4 juin 2015.

Mais également :

Raoul Girardet, *Mythes et mythologies politiques*, Seuil, 1986.

Raoul Girardet et Pierre Assouline, *Singulièrement libre. Entretiens*, Perrin, 1990.

Philippe Ariès, *Le Présent quotidien 1955-1966*, Seuil, 1997.

Lucien Aimé-Blanc avec Jean-Michel Caradec'h, *La Chasse à l'homme. La Vérité sur la mort de Mesrine*, Plon, 2002.

Jacques Tillier, *Une plume libre. De Mesrine à Sarkozy, souvenirs d'un journaliste pas comme les autres*, Pygmalion, 2013.

Jean-Marie Pontaut et Jérôme Dupuis, *Les Oreilles du Président, suivi de la liste des 2 000 personnes « écoutées » par François Mitterrand*, Fayard, 1996.

Camille Pascal, *Scènes de la vie quotidienne à l'Élysée*, Plon, 2012.

L'œuvre lumineuse de René Girard, notamment :

Je vois Satan tomber comme l'éclair, Grasset, 1999.

Et enfin :

Victor Hugo, *La Conscience*, in *La Légende des siècles*, Le Livre de Poche, 2000.

Mise en pages
PCA 44400 Rezé

Cet ouvrage a été imprimé
par CPI Brodard & Taupin
pour le compte des éditions Grasset
à La Flèche (Sarthe)
en août 2019

Grasset s'engage pour l'environnement en réduisant l'empreinte carbone de ses livres. Celle de cet exemplaire est de
2.0 kg éq. CO_2
Rendez-vous sur www.grasset-durable.fr

PAPIER À BASE DE FIBRES CERTIFIÉES

N° d'édition : 20983 – N° d'impression : 3033764
Dépôt légal : septembre 2019
Imprimé en France